디트리히
본회퍼

일 러 두 기

1 본문에 인용한 성경은 대한성서공회에서 펴낸 새번역을 따랐으며, 개역개정판을 인용할 때에는 따로 표기했다. 〈지혜서〉를 인용한 구절은 공동번역판을 따랐다.
2 인명과 지명은 국립국어원 외래어 표기법을 따르되, 가독성을 높이고자 본문에 병기하지 않고 찾아보기에 일괄 정리했다. 예)칼→카를, 마하트마 간디→모한다스 간디
3 본문에 대한 부연설명과 옮긴이 주는 해당 부분에 *표로 표시한 다음 본문 아래에 각주로 정리했고, 문헌을 비롯한 인터뷰, 영상 자료의 출처는 미주로 정리했다. 본문에 인용한 문헌의 페이지는 원서 페이지를 가리킨다.
4 본문에 삽입한 사진은 모두 저작권자의 허락을 받아 사용했다.

Bonhoeffer

Copyright © 2010 by Eric Metaxas
Originally published in English under the title Bonhoeffer
by Thomas Nelson, Inc., 501 Nelson Place, Nashville, TN 37214, USA
All rights reserved.
This Korean Edition Copyright © 2011 by Poiema, an imprint of Gimm-Young Publishers, Inc., Seoul, Republic of Korea
This Korean edition is translated and used by arrangement of Thomas Nelson, Inc. through rMaeng2, Seoul, Republic of Korea.

디트리히 본회퍼

DIETRICH BONHOEFFER

목사
순교자
예언자
스파이

에릭 메택시스

김순현 옮김

포이에마

디트리히 본회퍼

에릭 메택시스 지음 | 김순현 옮김

1판 1쇄 발행 2011. 8. 10. | 2판 1쇄 발행 2018. 1. 10. | 2판 2쇄 발행 2021. 9. 10. | **발행처** 포이에마 | **발행인** 고세규 | **등록번호** 제300-2006-190호 | **등록일자** 2006. 10. 16. | 서울특별시 종로구 북촌로 63-3 우편번호 03052 | 마케팅부 02)3668-3260, 편집부 02)730-8648, 팩스 02)745-4827

이 한국어판의 저작권은 알맹2 에이전시를 통하여 Thomas Nelson, Inc.와 독점 계약한 포이에마에 있습니다. 신 저작권법에 의하여 한국 내에서 보호받는 저작물이므로 무단전재와 무단복제를 금합니다.

값은 뒤표지에 있습니다. ISBN 978-89-93474-60-2 03230 | 이메일 masterpiece@poiema.co.kr | 좋은 독자가 좋은 책을 만듭니다. | 포이에마는 독자 여러분의 의견에 항상 귀를 기울이고 있습니다.

나의 조부 에리히 크래겐을 기리며

"아들을 보고 그를 믿는 사람은
누구든지 영생을 얻게 하시는 것이 내 아버지의 뜻이다.
나는 마지막 날에 그들을 살릴 것이다."

요한복음 6장 40절

추천의 글

1

신앙과 행위가 일치된 삶을 살았던 본회퍼는 정의와 평화를 위한 그리스도인의 책임을 강조하였다. 이 책은 이 시대에 참된 교회의 모습과 올바른 예수 그리스도 제자의 길을 제시할 것이다. _유석성, 한국본회퍼학회장·서울신학대학교 총장

본회퍼의 또 다른 전기가 필요한가? 그렇다! 격동의 역사 한가운데서 자신의 몫을 살아낸 사람일수록 다양한 각도의 조명이 필요하기 때문이다. 본회퍼야 말로 목사, 신학자, 선지자, 운동가, 순교자, 그리고 무엇보다도 하나님과 역사 앞에 섰던 한 인간이었다. 본회퍼를 처음 접하는 사람뿐 아니라, 이미 접한 사람들에게도 그가 살았던 시대와 그가 걸었던 발자취를 신선하고도 통합적으로 조명하여 지금 이 시대를 사는 우리의 발걸음을 살피게 해줄 책이다. _김형국, 나들목교회 대표목사

디트리히 본회퍼의 삶을 보고 믿음이 더 돈독해진 사람이라면 누구나 기다리고 고대했던 전기다. 에릭 메택시스는 히틀러에 맞서 자기 삶을 온전히 내던진 이 위대한 목사요 신학자의 일생을 다채롭고 상세하고 아름답게 써내려간다. 기념비적인 성과이자 매우 중요한 작품이다. _그레그 손베리, 유니언 대학교 기독교학과 학과장

첫 페이지부터 마지막 페이지까지 본회퍼의 삶이 내 마음을 온통 사로잡았다. 가슴이 설렜다. 그가 얼마나 성경 말씀에 깊이 헌신했는지, 그로 하여금 유대인들을 구하는 싸움에 일생을 바치게 한 진리를 그가 얼마나 열정적으로 붙들었는지 온전하게 보여준다. 이 책을 사라. 당신의 인생을 바꿀 수 있는 책이다. _제임스 레인, New Canaan Society 창립자

갈등의 시기에 믿음이 어떠해야 하는지 후세들에게 온 삶으로 보여준 것이야말로 디트리히 본회퍼가 가진 훌륭한 은사다. 지금 이 세대가 꼭 읽어야 할 책이

다. 훌륭한 소설을 읽고 있다는 착각이 들 정도로 유려한 글 솜씨로 본회퍼의 신학과 20세기 독일의 복잡하고 비극적인 역사, 진정한 그리스도인의 인간적인 몸부림을 하나의 작품으로 엮어낸 걸작이다. 에릭 메택시스는 걸출한 전기 작가로서 독보적인 자리를 확보했다. _마틴 도블마이어, 영화감독

뛰어난 글 솜씨와 넘치는 에너지, 따뜻한 시선으로 왜 디트리히 본회퍼가 신자와 회의론자 모두를 질책하고 각성시키는 위치에 서 있는지 제대로 보여준다. 순교자 이야기가 이 정도의 사실성과 깊이를 갖기란 절대 쉽지 않다. 한 마디로 보석 같은 책이다. _조지프 로콩트, 킹스 칼리지 정치학 교수

20세기 대표 인물 본회퍼에 관한 새롭고 반가운 전기다. 메택시스는 신학자요 반나치 활동가였던 디트리히 본회퍼의 삶을 참으로 훌륭하게 담아냈다. 본회퍼는 반나치 활동을 '그리스도인의 분명한 의무'라 여겼고 고통받는 자들과 함께 고통받는 것을 특권이자 영광이라 여겼다. 메택시스는 이 중요한 인물의 일생을 전 세계 어느 독자가 읽어도 좋을 정도로 감동적으로 풀어냈다. 21세기에 걸맞은 거의 완벽에 가까운 전기다. _커커스 리뷰

에릭 메택시스는 열정과 신학적 깊이를 지닌 본회퍼의 이야기를 들려준다. 이 책에서 우리는 복잡하고도 도발적인 한 인물을 만난다. 그는 역사의 암흑기에 행함이 없는 믿음을 설파하는 '값싼 은혜'를 거부한 정통 그리스도인이다. 또한 저자는 지극히 훌륭하고 가정적이고 소심한 종교 형태들이 자기 자신을 위해 악의 일에 동참할 수도 있다는 사실을 우리에게 상기시키며 엄중히 경고한다. _월스트리트저널

역사적 사실을 상세하고 명쾌하게 설명하는 한편, 오해를 자주 받아온 본회퍼의 신학적 유산을 구체적인 맥락 안에서 제대로 조명한 멋진 작품이다. 저자는 파란만장한 본회퍼의 삶에서 정수를 뽑아 그야말로 서사적인 전기를 만들어냈다. 포괄적이고 생생한 묘사가 살아 있지만, 절대 넘치지 않는다. _매튜 밀러, 크리스천북닷컴

추천의 글
2

역사소설처럼 읽히는 감동의 대작

에릭 메택시스의 《디트리히 본회퍼》는 본회퍼의 생애를 소설적 기법으로 재구성한다. 1906년 2월 4일 출생부터 1945년 4월 9일 처형까지 디트리히 본회퍼가 걸어온 생의 궤적을 연대기별로 치밀하게 추적한다. 그동안 본회퍼의 전기를 여러 권 읽었지만, 이 책만큼 처음부터 끝까지 긴장과 감동을 동시에 안겨주는 책을 만나지 못했다. 본회퍼가 쓴 일기와 소론과 논문, 그리고 가족과 친구, 친지, 동료 들의 증언과 회고, 여러 장의 사진을 통해 그의 출생부터 성장 및 교육 과정, 사역 전반에 관한 이야기를 생생하게 들려준다.

유복한 가정에서 남부럽지 않게 자란 전형적인 독일 중산층에 속하는 본회퍼가 어떻게 인류 사상 최악의 권력자라 할 수 있는 아돌프 히틀러와 운명적으로 대결할 수밖에 없었는지 설득력 있게 그려나간다. 공동체가 직면한 역사적 위기 앞에서 사려 깊고 동정심 많던 신학도가 전사요 순교자로 성숙해가는 과정은 장편 대하드라마를 방불케 한다. 은을 연단하는 도가니처럼 제1차 세계대전 후부터 제2차 세계대전까지 독일의 역사는 영웅과 배교자를 가르며 온 세계를 소용돌이치게 한다. 그 속에서 본회퍼는 기독교 신앙의 이름으로 고뇌하고 갈등하다 마침내 결단을 내린다.

악마를 피해 도망칠 기회는 많았다. 그러나 그때마다 그는 좁은 길을 택했다. 자신을 위기의 현장으로 불러내어 당신의 이름으로 당신의 정의와 자비를 공포하라고 강권하시는 하나님의 손길을 끝내 뿌리치지 못한 까닭이다. 결국, 본회퍼는 기독교 신앙을 왜곡하고 유대인을 학살하는 것도 모자라 우생학을 앞세워 장애인들을 집단적으로 제거하고 비열한 침략전쟁을 감행하는 나치의 질주를 최소한의 희생으로 멈추게 하는 것이 하나님의 뜻이라 확신한다. 그리하여 나치 국방정보국에서 비밀요원으로 활동하며 본격적으로 히틀러 암살 공모에 동참한다. 하지만 몇 차례에 걸친 암살 공모는 실패를 거듭하고 그 사이 제3제국은 파국을 향해 전력으로 질주한다. 독일 패전을 약 넉 달 앞두고 본회퍼는 형 클라우스, 매형 폰 도나니와 함께 처형되었다. 1945년 4월 9일, 본회퍼는 죽음을 통해 자유의 도상에 들어섰다.

아버지 카를 본회퍼와 어머니 파울라 폰 하우제의 화려한 족보 이야기부터 시작되는 이 책은 치밀한 연대기식 구성을 통해 독자들의 손을 잡고 사건 현장으로 깊숙이 들어간다. 그리하여 수줍음 많던 소년이 악마적 세력이 위세를 떨치는 역사의 위기 앞에 반응하며 성장하는 과정을 자세히 보여준다. 광범위한 1차 자료를 바탕으로 삽화와도 같은 생생한 증언, 추억에서 건져 올린 아련한 순간들에 대한 회고는 본회퍼 전기의 최종판이라고 해도 과언이 아닌 걸작을 탄생시켰다. 수많은 인물의 증언과 편지, 소론, 논문, 설교 등의 문헌자료가 책에 사실성을 더한다. 또한 저자는 본회퍼가 만났던 다양한 인물과의 상호작용을 세세히 다룸으로써 그가 하나님에게 사로잡힌 사람이었을 뿐 아니라 동시대를 살아가는 이들과의 교제에도 성실한 사람이었음을 증명한다. 기독교 신앙에 입문하는 데 도움을 준 이들부터 신앙

및 신학 형성에 영향을 끼친 학자들, 뉴욕 아비니시안 침례교회에서 만난 목사와 교우들, 포메른의 융커 귀족들, 고백교회 형제들, 핑켄발데 신학원의 설교자 후보생들과 나누었던 사귐과 동역, 배움과 익힘의 과정이 상세히 담겨 있다. 이를 통해 저자는 본회퍼와 히틀러의 대결이 불가피했다는 걸 보여준다. 본회퍼의 기독교적 양심과 히틀러의 야심은 한 시대 한 공간에 공존할 수 없는 것이었다.

또한 저자는 본회퍼의 영적 성장과 목회 투신, 히틀러 암살 공모와 순교로 이어지는 일련의 과정을 유럽과 독일의 역사라는 거시적 맥락에서 생동감 있게 서술한다. 특히 나치가 등장하는 과정을 비교적 자세히 담아내면서 황폐해진 독일 민중의 마음과 제국주의적 야욕에 사로잡힌 유럽 기독교 문명이 히틀러라는 괴물을 탄생시킨 원시 바다였음을 보여준다.

800쪽이 넘는 방대한 분량에 지레 겁을 먹을 필요는 없다. 일단 첫 페이지를 읽기 시작하면 장대한 이야기에 압도되어 자기도 모르는 사이 마지막 페이지에 다다르게 될 것이다. 저자는 차츰차츰 긴장의 끈을 조이며 독자들로 하여금 본회퍼와 히틀러가 벌일 마지막 전투를 고대하게 만든다. 때로는 추리소설처럼, 때로는 장편 대하드라마처럼, 때로는 가족소설처럼 이야기를 풀어내는 저자의 필력이 놀랍다.

무엇보다 먼저 어두운 역사 앞에 절망하는 기독 청년들에게 일독을 권한다. 악한 정사와 권세가 지상의 역사를 장악하여 반기독교적 법령을 발포하고 신앙의 양심을 짓밟을 때, 기독 청년들이 어떻게 영적 지조와 패기를 지켜낼 것인지 명쾌하게 보여주기 때문이다. 또한 이 세상이 악인의 손에 떨어졌다고 절망하는 모든 그리스도인에게도 일독을 권하고 싶다. 나치체제나 히틀러가 아무리 계략을 짜도 없앨 수 없었던 진실은 하나님 사랑과 이웃 사랑을 위해 자기 몸을 바치는 십자가 신앙이었다. 저자는 본회퍼의 이야기를 통해 악인을 무장 해제시키는 힘이 십자가에 나타난 하나님의 무한한 사랑과 그분을 향한 예수님의 무한한 신뢰임을 잘 보여준다. 또한 낙담한 청년들을 일으켜 세워야 할 청년 사역자들에게도 일독을 권한다. 기독교 신앙이 정치권력이나 군사적 폭력보다 훨씬 강하다는 것을 이 책이 확신하게 해줄 것이다.

김회권, 숭실대학교 기독교학과 교수

차 례

서문 값싼 은혜로부터 우리를 구원하다 14
프롤로그 한 사람을 위한 추모 예배 17

01	가족과 유년기	22
02	튀빙겐, 1923년	79
03	로마의 휴일, 1924년	90
04	베를린에서 공부하다, 1924-1927년	103
05	바르셀로나, 1928년	118
06	베를린, 1929년	144
07	미국 체류, 1930-1931년	159
08	베를린, 1931-1932년	185
09	총통 원리, 1933년	212
10	유대인 문제에 직면한 교회	228
11	나치 신학	248
12	교회투쟁이 시작되다	263
13	베텔 신앙고백	273
14	런던 목회, 1934-1935년	289
15	한층 달아오른 교회투쟁	300
16	파뇌 대회	339
17	칭스트와 핑켄발데 가는 길	356
18	칭스트와 핑켄발데	376
19	진퇴양난, 1935-1937년	401

20	떠오르는 전쟁, 1938년	434
21	위대한 결단, 1939년	462
22	독일의 종말	498
23	고백에서 공모로	514
24	히틀러 반대 음모	546
25	승리를 거두다	567
26	사랑에 빠지다	582
27	아돌프 히틀러 죽이기	608
28	테겔 형무소 92호실	622
29	발키리 작전과 슈타우펜베르크 음모	686
30	부헨발트	726
31	자유에 이르는 길 위에서	743

감사의 말	779
미주	784
참고문헌	809
사진 출처	812
찾아보기	814

서문

값싼 은혜로부터 우리를 구원하다

에릭 메택시스가 디트리히 본회퍼에 관한 책을 써주어서 기쁘다. 우리는 본회퍼의 생애는 물론이고 그의 사상도 더 많이 알 필요가 있다. 내가 대학생 때 그리스도인이 되고 나서 가장 먼저 읽은 책이 몇 권 있는데, 그중 하나가 본회퍼가 쓴 《나를 따르라 Nachfolge》였다. 이 책을 읽고 얼마 지나지 않아 《신도의 공동생활 Gemeinsames Leben》도 읽었다. 기독교 공동체의 성격을 이해하려고 이제까지 읽은 책 중에서 가장 뛰어난 책이 아닐까 싶다. 한편, 《나를 따르라》는 내 평생에 은혜의 의미를 일깨워준 책이다.

1930년대에 독일 교회가 히틀러에게 굴복한 충격적 사건을 염두에 두지 않으면, 본회퍼의 《나를 따르라》를 제대로 이해할 수 없다. 복음의 위대한 교사 루터의 교회가 어째서 그런 자리로 나아간 걸까? 본회퍼가 값비싼 은혜로 요약한 참 복음을 잃어버렸기 때문이다. 또한 당시 독일 교회는 형식주의에 치우쳐 있었다. 형식주의는 예배에 참석하여 하나님이 모든 이를 사랑하시고 용서하신다는 말씀만 들으려 하고, 어찌 살아야 하는지는 그리 중요하게 생각하지 않는다.

본회퍼는 그것을 일컬어 "값싼 은혜"라 불렀다. 또한 당시 독일 교회는 율법주의, 곧 율법과 선행으로 구원받는다는 생각을 붙들고 있었다. 율법주의는 "하나님이 그대를 사랑하시는 것은 그대가 마음을 차분히 가라앉혀 선하고 훈련된 삶을 살려고 애쓰기 때문"이라는 걸 의미한다.

이 두 가지 충동이 힘을 합쳐 히틀러가 집권할 수 있게 해주었다. 독일의 형식주의자들은 자신들을 괴롭히는 문제를 보고도 일신의 안전을 희생하면서까지 당면한 문제에 맞서려 하지 않았다. 율법주의자들은 다른 민족과 다른 인종에게 바리새인 같은 태도를 취하며 문제에 대응했고, 이를 통해 히틀러가 내세운 정책을 승인해주었다. 하지만 그 한 가지 행위로 독일은 루터가 끊임없이 설명한 복음의 찬란한 균형을 잃고 말았다. 루터는 이렇게 말했다. "우리는 독단적인 믿음으로 구원을 얻는 것이 아니라 오직 믿음으로만 구원을 얻는다." 말하자면 우리가 구원을 얻는 것은 우리가 하는 어떤 행위에 의해서가 아니라 은혜에 의해서라는 것이다. 하지만 우리가 복음을 제대로 이해하고 믿는다면, 우리가 하는 일과 삶의 방식이 바뀔 수밖에 없다.

히틀러가 집권할 무렵 독일 교회는 은혜를 추상적으로만 이해했다. 이를테면 "하나님은 용서하신다. 그것이 그분의 일이다"라는 식이었다. 그러나 참된 은혜는 값비싼 희생을 통해서만 우리에게 다가온다. 하나님이 우리를 구원하시려고 십자가에 달리시고 고통을 견디시고 대가를 치르셨으니, 우리도 희생적으로 살면서 타자를 섬겨야 한다. 하나님의 은혜가 우리에게 어떻게 다가오는지 제대로 이해하는 사람이라면 누구나 변화된 삶을 살 것이다. 복음이란 그런 것이다. 그것은 율법이나 값싼 은혜로 얻는 구원이 아니라 값비싼 은혜로 얻는 구원이다. 값비싼 은혜로만 우리는 속속들이 변한다. 율법이나 값싼 은혜로는 변할 수 없다.

오늘날 우리가 당시 독일 교회가 그랬던 것처럼 똑같은 실수를 저지르지 말란 법이 어디 있는가? 이런 일은 오늘날에도 충분히 일어날 수 있다. 우리가 속한 교회 안에는 상당한 율법주의와 도덕주의가 여전히 자리하고 있다. 이런 율법주의와 도덕주의에 대한 반응으로 수많은 그리스도인이 하나님의 사랑과 영접하심에 대해서만 이야기하려 할 뿐, 십자가에 달려 죽으심으로 하나님의 진노와 그분의 정의를 충족시키신 예수에 대해서는 이야기하려 하지 않는다. 어떤 이들은 예수의 죽음을 가리켜 "하나님이 저지른 아동학대"라 부를지도 모른다. 그러나 그들은 자칫 값싼 은혜에 빠질 위험이 크다. 값싼 은혜는 우리를 사랑하고 영접하기만 하는 하나님, 전혀 거룩하지 않은 하나님에게서 오는 아무 값어치 없는 사랑일 뿐이다. 값싼 은혜로는 우리의 삶을 결코 변화시킬 수 없다.

그러므로 우리는 이 책의 저자처럼 본회퍼와 복음의 본질을 깊이 있게 논하는 이들의 말을 귀담아들어야 한다.

티모시 켈러,
《하나님을 위한 변명 The Reason for God》의 저자

프롤로그

한 사람을 위한 추모 예배

1945년 7월 27일, 런던

우리는 사방으로 죄어들어도 움츠러들지 않으며, 답답한 일을 당해도 낙심하지 않으며, 박해를 당해도 버림받지 않으며, 거꾸러뜨림을 당해도 망하지 않습니다. 우리는 언제나 예수의 죽임당하심을 우리 몸에 짊어지고 다닙니다. 그것은 예수의 생명도 또한 우리 몸에 나타나게 하기 위함입니다. 우리는 살아 있으나, 예수로 말미암아 늘 몸을 죽음에 내어 맡깁니다. 그것은 예수의 생명도 또한 우리의 죽을 육신에 나타나게 하기 위함입니다. 그리하여 죽음은 우리에게서 작용하고 생명은 여러분에게서 작용합니다. _고린도후서 4장 8-12절

    마침내 유럽에 평화가 돌아왔다. 한때 흉하게 일그러져 사람들을 놀라게 하던 유럽의 얼굴이 예전의 평온을 되찾아 당당하고 생기 있어졌다. 유럽이 어떤 일을 겪었는지 다 이해하려면 여러 해가 걸릴 것이다. 유럽은 끔찍하게 긴 구마驅魔 의식을 치른 것이나 다름없다. 그 의식을 치르느라 최근 유럽 역사의 상당 부분이 할애되었다. 그러나 악마의 군단은 비명을 지르며 저항하다 마침내 추방되었다.
    전쟁이 끝나고 두 달이 지났다. 초토화된 수도의 어두컴컴한 지하 벙커에서 폭군이 스스로 목숨을 끊었고 연합국은 승전을 선언했다.
    영국이 느릿느릿 활기를 되찾고 국가 재건에 착수했다. 바로 그때,

신호라도 받은 것처럼 여름이 찾아왔다. 6년 만에 맛보는 평화로운 여름이었다. 그러나 모든 일이 꿈도 아니고 악몽도 아니었음을 입증이라도 하듯, 이미 일어난 사건을 떠올리게 하는 일들이 속속 새롭게 드러났다. 그것들은 이전의 어떤 일 못잖게 무시무시했고, 훨씬 더 극악해 보이는 것도 왕왕 있었다. 올해 초여름, 나치가 단명한 제국의 지옥 같은 전진기지에 있던 피해자들에게 저지른 잔학무도한 만행과 함께 죽음의 수용소에 관한 무시무시한 소식이 알려졌다.

전쟁 중에 떠돌던 소문이 사진과 뉴스영화와 목격담을 통해 사실로 확인되었다. 관련 증거는 대개 전쟁이 끝날 무렵 4월의 며칠간 여러 수용소를 해방한 병사들에게서 흘러나왔다. 잔학 행위가 얼마나 심각했는지 이전에 그 누구도 듣거나 상상해본 적이 없는 수준이었다. 영국 국민이 견뎌내기에는 너무나 버거웠다. 토악질 나는 세세한 묘사를 접할 때마다 독일인에 대한 영국인의 증오는 한층 강해졌다. 영국 국민은 악인들의 사악함에 치를 떨었다.

전쟁 초기에는 나치와 평범한 독일인을 구분할 수 있었다. 독일인이라고 해서 다 나치는 아니라는 사실도 인정했다. 그러나 두 나라 간의 충돌이 장기화되고 영국인 아버지와 아들과 형제 들이 차츰 죽어나가자 나치와 독일인을 구별하기가 어려워졌다. 결국에는 그 차이가 희미해지고 말았다. 급기야 윈스턴 처칠은 영국이 전쟁에 더 열성적으로 매달리게 하려고 독일인과 나치를 한데 묶어 가증스러운 적으로 규정했다. 적을 신속히 처부수어 무자비한 악몽을 빨리 끝내는 게 낫다는 생각에서였다.

히틀러와 나치 정권을 무너뜨리려고 애쓰던 독일인들이 처칠 및 영국 정부와 접촉하여 공동의 적을 내부에서부터 무너뜨리려고 도움을 청했다. 제3제국에 갇힌 신세이지만 몇몇 독일인이 세계의 나머지 나라들과 생각이 같음을 알리려고 했던 것이다. 하지만 그들의 요청은

퇴짜를 맞고 말았다. 아무도 그들의 제안에 관심을 보이지 않았다. 너무 때늦은 제안이었다. 그들이 저 악행들에 가담하지 않았다고 해도, 마음 편히 단독강화를 맺으려고 해선 안 된다는 거였다. 처칠은 전쟁에 총력을 기울이고자 선한 독일인은 없다고 단언했다. 이는 "선한 독일인 – 이런 표현을 써야 한다면 – 은 죽은 독일인뿐이다"라는 뜻으로 한 말이었을 것이다. 이 미묘한 의미 차이를 빼고 말한 것도 전쟁의 소름끼치는 일면이었다.

그러나 이제 전쟁은 끝났다. 제3제국이 저지른 형언하기 어려운 악행이 드러나자 사람들은 이 사태가 지닌 다른 면도 직시해야 했다. 흑과 백으로 나뉜 전쟁의 이면을 살피고 색조와 음영, 그림자와 빛깔을 다시 분별해내는 것 역시 평시의 사고방식으로 복귀하는 길이었다.

이 때문에 오늘 런던 브롬프턴가 맞은편에 있는 성삼위일체교회에서 예배를 거행하게 된 것이다. 어떤 이들에게는 도저히 이해가 안 되는 예배였다. 많은 이들, 특히 전쟁 중에 사랑하는 사람을 잃은 이들에게 이 예배는 불쾌하고 불온한 예배였다. 오늘 영국 땅에서 거행되고 BBC에서 방송한 추모 예배는 석 달 전에 죽은 한 독일인을 위한 예배였다. 부고는 전쟁의 혼란과 잔해 속에서 서서히 퍼져나갔고 최근에야 몇몇 친구와 가족이 소식을 접했다. 그러나 여전히 많은 친구와 가족 대다수는 그가 죽은 걸 모르고 있다. 그래서 런던 성삼위일체교회에는 부고를 접한 소수의 사람만 모였다.

서른아홉의 짧은 생을 마친 고인의 쌍둥이 여동생과 그녀의 반#유대계 남편, 그리고 이 부부의 두 딸이 참석했다. 그들은 전쟁이 일어나기 전에 독일을 빠져나와 한밤에 국경을 넘어 스위스에 들어갔다. 불법 도주를 주선하고 다시 런던에서 자리를 잡게 도와준 사람이 고인이었다.

고인의 친구 중에는 걸출한 인물이 꽤 많았다. 치체스터의 주교 조지 벨도 그중 하나였다. 벨 주교가 추모 예배를 인도했다. 평소에 고인을 잘 알고 아꼈기 때문이다. 벨 주교는 전쟁이 발발하기 몇 해 전에 그를 만났다. 두 사람은 에큐메니컬 협의회에서 활동하면서 나치의 음모를 유럽에 알리고 유대인들을 구출하고 독일 내 저항 세력의 존재를 영국 정부에 알리는 데 힘썼다. 고인은 플로센뷔르크 강제수용소에서 처형당하기 몇 시간 전에 자신의 마지막 말을 벨 주교에게 전해달라고 했다. 처형당하던 일요일에 예배를 인도하며 마지막 설교를 한 후 함께 옥살이를 하던 영국 장교에게 마지막 말을 남겼다. 이 장교가 풀려나 고인이 남긴 마지막 말과 부고를 유럽 전역에 알렸다.

영국 해협을 건너고 프랑스를 건너 독일 베를린 샤를로텐부르크에 있는 마리엔부르크 알레 43번지 3층 주택에서는 노부부가 라디오를 끼고 앉아 있었다. 부인은 한창 때 4남 4녀를 낳았다. 둘째 아들이 제1차 세계대전에서 전사하자 젊은 어머니는 그해가 다가도록 아무 일도 할 수 없었다. 27년 뒤에 발발한 제2차 세계대전은 두 아들을 더 앗아갔다. 남편은 독일에서 가장 저명한 정신과 의사였다. 부부는 처음부터 히틀러에 반대했고 아들과 사위 들이 히틀러 반대 공모에 연루된 걸 자랑스럽게 여겼다. 가족 모두 얼마나 위험한 일인지 잘 알고 있었다. 그러나 마침내 전쟁이 끝났는데도 두 아들의 소식은 좀처럼 들리지 않았다. 마침내 부부는 한 달 전에 셋째 아들 클라우스가 사망했다는 소식을 접했다. 하지만 그때까지 막내아들 디트리히의 소식은 들리지 않았다. 살아 있는 걸 분명히 보았다고 말하는 이도 있었다. 그러다 이웃 사람이 소식을 전해왔다. BBC가 다음날 런던에서 열리는 추모 예배를 방송한다는 이야기였다. 디트리히를 추모하는 예배였다.

추모 예배가 거행될 시간에 노부부는 라디오를 켰다. 라디오에서 아들을 위한 추모 예배가 시작되었음을 알렸다. 그렇게 부부는 아들이 사망했다는 걸 알게 되었다.

선한 일을 하던 아들이 이제 죽고 없다는 중대 뉴스를 부부가 이해할 즈음 대다수 영국인도 독일인인 고인이 선한 사람이었다는 중대 뉴스를 이해했다. 그리하여 세계가 다시 화해하기 시작했다.

고인은 결혼 상대가 있는 몸이었다. 목사이자 신학자였던 그는 히틀러 암살을 공모한 죄로 처형당했다.

이 책은 그에 관한 이야기다.

01

가족과
유년기

선조들의 풍부한 세계는 디트리히 본회퍼의 삶에 여러 기준을 제시했다. 또한 한 세대 안에서는 절대로 습득할 수 없는 정확한 판단력과 태도를 그에게 전수했다. 디트리히는 정규 교육이 아니라 위대한 역사 유산과 지적 전통을 지키려는 책임의식에 학문의 본질이 있다고 믿는 가정에서 자랐다. _에버하르트 베트게

앞서 말한 노부부가 처음 만났을 때의 일이다. 1896년 겨울, 두 사람은 정신과 의사 오스카 마이어의 저택에서 열린 저녁 모임에 초대를 받았다. 카를 본회퍼는 여러 해 뒤에 이렇게 썼다. "거기에서 나는 푸른 눈의 젊고 아리따운 아가씨를 만났다. 움직임이 활달하고 자연스러운 데다 표정은 또 어찌나 서글서글하고 자신만만한지, 그녀가 방에 들어서자마자 그녀에게 푹 빠지고 말았다. 미래의 신부를 처음 보던 그 순간이 내 기억 속에 신비로울 정도로 강렬하게 남아 있다."[1]

카를 본회퍼는 국제적으로 명성이 자자한 정신의학 교수 카를 베르

카를 본회퍼는 정신의학 교수 카를 베르니케 밑에서 조교로 일하려고 브레슬라우에 왔다. 대학 부속 병원에서 일하면서 튀빙겐 출신 친구들과 교제하며 지냈다. 튀빙겐에서 의학을 공부하던 시절의 카를 본회퍼(앞줄 가운데)

브레슬라우에서 결혼식을 올린 카를과 파울라 본회퍼

니케 밑에서 조교로 일하려고 3년 전에 브레슬라우에 왔다. 브레슬라우는 현 폴란드의 브로츠와프에 해당한다. 카를 본회퍼는 대학 부속 병원에서 일하면서 튀빙겐 출신 친구들과 교제하며 시간을 보냈다. 튀빙겐은 카를 본회퍼가 지적으로 성장하는 데 중요한 배경이 된 매력적인 대학 도시다.

그런데 1896년 겨울, 저녁 모임 이후 카를 본회퍼의 삶은 극적으로 변했다. 무엇보다도 아침마다 운하에서 스케이트를 타기 시작했다. 그날 저녁에 만난 푸른 눈의 매혹적인 아가씨를 만나기 위해서였다. 실제로 만나기도 했다. 학교에서 아이들을 가르치는 교사로 이름은 파울라 폰 하제였다. 두 사람은 1898년 3월 5일에 결혼했다. 신랑이 서른 번째 생일을 3주 앞둔 날이었다. 당시 신부는 스물두 살이었다.

의사와 교사인 두 사람의 가정환경은 믿기지 않을 만큼 화려했다. 파울라 본회퍼의 부모님과 가족은 포츠담에 있는 황실과 긴밀하게 연결되어 있었다. 파울라의 이모 파울리네는 프레데릭 3세의 아내 빅토리아 왕세자비의 시녀였다. 아버지 카를 알프레트 폰 하제는 군목으로 근무하다 황제 빌헬름 2세의 궁정 설교가가 되었다. 그러나 프롤레타리아를 "개떼"라 부른 황제를 비판하고 사임했다.[2]

파울라의 할아버지 카를 아우구스트 폰 하제는 집안에서 아주 중요한 인물로 저명한 신학자였다. 그는 예나 대학에서 60년간 가르쳤다. 예나 대학에는 지금도 그의 조각상이 세워져 있다. 그를 교수직으로 부른 이는 바이마르공국의 장관 요한 괴테였다. 카를 아우구스트는 국가의 보물과도 같은 여든 살의 괴테를 은밀히 만나곤 했다. 당시 괴테는 《파우스트Faust》 제2부를 집필 중이었다. 카를 아우구스트가 저술한 교리사 교과서는 20세기까지도 신학생들이 즐겨 이용하는 책이었다. 그는 말년에 바이마르 대공에게 세습 귀족 작위를 받았고, 뷔르템베르크 왕에게는 세습이 안 되는 귀족 작위를 받았다.

파울라의 외가에는 예술가와 음악가가 많았다. 파울라의 어머니이자 칼크로이트 여백작 출신인 클라라 폰 하제는 로베르트 슈만의 아내 클라라 슈만과 프란츠 리스트에게 피아노 교습을 받았다. 그녀는 음악과 노래에 대한 깊은 애정을 딸 파울라에게 물려주었고, 이는 본회퍼가의 삶에서 아주 중요한 역할을 했다. 클라라의 아버지 슈타니슬라우스 칼크로이트 백작은 대형 화폭에 그린 알프스 풍경화로 유명한 화가였다. 군대 귀족 가문과 지주 계급 출신이었지만, 슈타니슬라우스 백작은 조각가 집안인 카우어 가문에 장가들어 바이마르 대공의 예술학교 교장이 되었다. 아들 레오폴트 칼크로이트 백작은 아버지가 화가로서 거둔 성공을 한층 더 끌어올렸다. 시적 사실주의를 다룬 레오폴트의 작품은 오늘날에도 독일 전역에 있는 박물관에 걸려 있다. 폰 하제 가문은 사교계와 지성계에 이름을 떨친 요르크 폰 바르텐부르크 가문과도 친분이 있었다. 한스 루트비히 요르크 폰 바르텐부르크* 백작은 철학자로서 빌헬름 딜타이와 편지를 주고받으면서 해석학적 역사철학을 발전시켰다. 그의 해석학적 역사철학은 마르틴 하이데거에게 영향을 끼쳤다.

카를 본회퍼의 계보 역시 인상적이다. 독일 국경과 인접한 네덜란드의 발 강 유역에 있는 작은 도시 네이메헨의 연대기에서는 카를 본회퍼 가문을 1403년부터 찾을 수 있다. 1513년, 카스파르 판 덴 뵌호프가 네덜란드를 떠나 독일 도시 슈베비슈 할에 정착했다. 그 후 이 가문은 본회퍼라 불리며, 1800년까지 성씨에 움라우트를 유지했다. Bonhöffer는 콩을 재배하는 농사꾼을 뜻한다. 지금도 슈베비슈 할에 있는 건물 곳곳에는 푸른 배경에 앞발로 콩 넝쿨을 붙잡고 있는 사자를 형상화한 본회퍼 가문의 문장이 새겨져 있다.** 에버하르트 베트게는 디트리히 본회퍼가 이따금 가문의 문장이 새겨진 인장 반지를 끼고 다녔다고 말한다.

본회퍼 가문은 3세기 동안 슈베비슈 할을 대표하는 가문이었다.³ 초창기 세대들은 주로 금 세공사로 일했고 후세들은 대개 의사, 목사, 판사, 교수, 변호사로 활동했다. 본회퍼 가문은 슈베비슈 할에서 수세기에 걸쳐 의회의원 일흔 명과 시장 세 명을 배출했다. 성 미하엘 교회에 가면 이들이 슈베비슈 할에서 얼마나 중요한 인물이었고 얼마나 큰 영향력을 행사했는지 확인할 수 있다. 대리석에는 본회퍼 가문 사람들의 얼굴이 새겨져 있고 이들을 기념하는 바로크 양식과 로코코 양식의 조각 작품과 비명碑銘도 있다. 본회퍼 가문에서 슈베비슈 할에서 태어난 마지막 인물은 1797년에 태어난 조포니아스 본회퍼다. 바로 카를 본회퍼의 조부다. 1806년, 나폴레옹이 자유 도시 슈베비슈

---
* 그의 손자 페터 그라프 요르크 폰 바르텐부르크는 클라우스 솅크 폰 슈타우펜베르크 대령의 사촌으로 1944년 7월 20일 히틀러 암살 공모에서 중추적인 역할을 했다.
** 슈베비슈 할의 클로스터슈트라세 7번지에 가면 본회퍼 가문의 문장을 볼 수 있다.

할에 쳐들어와 도시의 위상을 무너뜨리고 본회퍼 가문을 뿔뿔이 흩어 버렸다. 하지만 본회퍼 가문의 묘당廟堂은 아직 남아 있다. 이 묘당은 이후에 성씨에서 움라우트를 뺀 후세들이 복원했다. 카를 본회퍼의 아버지는 아들을 이 중세 도시로 자주 데려가 "헤렌가스에 있는 본회퍼 저택의 유명한 떡갈나무 계단"과 성 미하엘 교회에 걸려 있는 초상화 〈사랑스러운 본회퍼 아가씨〉, 디트리히의 유년기 내내 본회퍼가에 걸려 있던 모사화에 이르기까지 그들의 귀족사를 자세히 가르쳤다.[4] 카를 본회퍼 역시 아들들에게 똑같이 했다.

카를 본회퍼의 아버지 프리드리히 에른스트 필립 토비아스 본회퍼는 뷔르템베르크 전역을 관할하는 고등법원 판사였다. 그리고 울름 주 지방법원장으로 은퇴했다. 은퇴하고 튀빙겐으로 이주하자 왕은 그에게 세습이 안 되는 귀족 작위를 수여했다. 그는 "마차를 타고 지역 이곳저곳을 둘러볼 만큼 원기왕성하고 기운찬 사람"이었다. 카를 본회퍼의 어머니 율리 본회퍼는 타펠 태생으로 19세기 민주주의 운동에서 주도적인 역할을 하고 진심으로 자유를 존중한 슈바비안 가문 출신이다. 훗날 카를 본회퍼는 이렇게 썼다. "외할아버지와 세 형제는 평범한 분들이 아니셨다. 저마다 독특한 면모를 지녔지만, 모두 이상주의 성향을 지니고 있었다. 그분들은 담대하게 자기 확신을 좇아 행동했다."[5] 그들 중 두 사람은 민주적 성향 때문에 뷔르템베르크에서 일시적으로 추방되었다. 그중 하나이자 카를 본회퍼의 외종조부인 고틀로프 타펠은 호에나스페르크 요새에 수감되었다. 청년 시절 신학으로 출세가도를 달리기 전에 정치활동을 했던 디트리히의 외증조부 카를 아우구스트 폰 하제도 같은 시기에 호에나스페르크 요새에 투옥되었다. 두 사람은 함께 수감생활을 하면서 서로 친해졌다. 카를 본회퍼의 어머니는 아흔세 살까지 살았고 손자 디트리히와 친밀하게 지냈다. 디트리히는 1936년 할머니의 장례식에서 추모사를 발표하면서

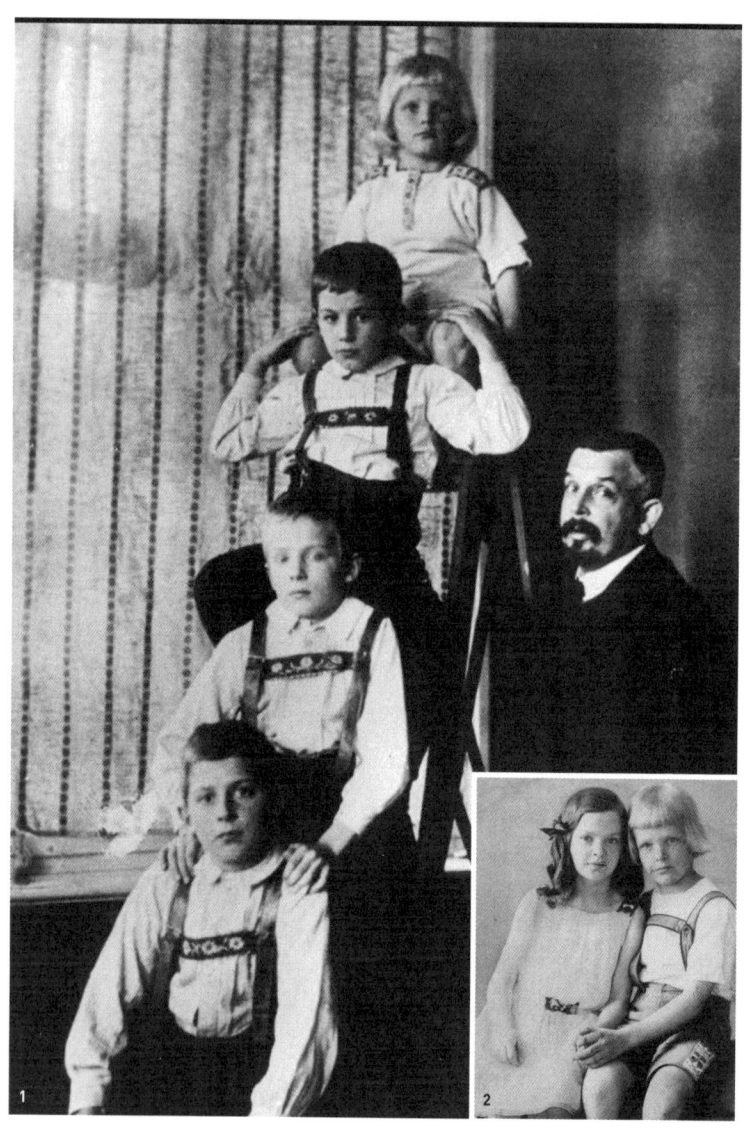

1 1911년경 네 아들과 함께한 카를 본회퍼. 아래부터 위로 카를 프리드리히, 발터, 클라우스, 디트리히
2 1914년, 쌍둥이 남매 디트리히와 자비네

할머니를 그 세대의 위대함을 보여주는 생생한 모범으로 삼았다.

카를 본회퍼와 파울라 폰 하제의 가계도에는 위인들의 업적이 넘쳐난다. 혹자는 후세들이 그 모든 업적 때문에 부담스러웠을 거라고 생각할지도 모른다. 하지만 위인들이 물려준 경이로운 유산은 후세들에게 기운을 불어넣는 선물이 된 것 같다. 저마다 거인들의 어깨를 딛고 일어섰을 뿐 아니라 그 어깨 위에서 춤까지 춘 듯하다.

탁월한 이 두 집안은 카를 본회퍼와 파울라 폰 하제의 혼인으로 하나가 되었다. 카를과 파울라는 10년간 8남매를 낳았다. 장남과 차남은 같은 해에 태어났다. 카를 프리드리히는 1899년 1월 13일에 태어났고 발터는 같은 해 12월 10일에 팔삭둥이로 태어났다. 삼남 클라우스는 1901년에 태어났고 이어서 두 딸이 태어났는데, 우르줄라는 1902년에, 크리스티네는 1903년에 태어났다. 그리고 1906년 2월 4일, 넷째 아들이자 막내아들인 디트리히가 쌍둥이 여동생 자비네보다 10분 먼저 세상에 나왔다. 디트리히는 일평생 이 우월한 지위를 이용하여 동생을 놀리곤 했다. 쌍둥이들은 황제의 궁정 설교자였던 외할아버지 카를 알프레트 폰 하제에게 세례를 받았다. 외할아버지는 걸어서 7분 거리에 살았다. 막내 주잔네는 1909년에 태어났다.

이들 본회퍼가 자녀들은 모두 브레슬라우에서 태어났다. 카를 본회퍼는 브레슬라우 대학교에서 정신의학과 신경학을 가르치는 교수이자 신경질환 전문 병원 원장이었다. 그는 주잔네가 태어난 해에 한 해를 마감하며 일기에 이렇게 썼다.

"요즘 같은 시대에는 굉장히 많아 보이는 8남매를 두었지만, 우리는 자식이 그다지 많지 않다고 생각한다. 집은 널찍하고, 아이들은 정상적으로 자라고 있다. 우리 부부의 나이도 그다지 많지 않다. 우리는 아이들을 응석받이로 키우지 않고, 아이들이 어린 시절을 마음 편히

보내게 하려고 애쓰고 있다."⁶

비르켄벨트헨 7번가에 있는 본회퍼 부부의 집은 대학 부속병원 옆이었다. 엄청나게 크고 무질서하게 뻗은 3층 집으로 지붕에는 박공(博栱)을 냈고 굴뚝이 여러 개였으며 현관에는 방충망이 달려 있었다. 발코니에서 넓은 정원을 내려다보며 아이들이 뛰노는 모습을 지켜볼 수 있었다. 아이들은 동굴도 파고 나무에도 오르고 천막도 설치했다. 본회퍼가 아이들과 오데르 강 건너편에 사는 외할아버지 하제 사이에는 왕래가 잦았다. 외할머니는 1903년에 하늘나라로 떠났다. 그 뒤 아이들의 이모 엘리자베트가 외할아버지를 보살펴 드렸다. 이모도 아이들의 삶에 중요한 일부가 되었다.

바쁜 일정에도 불구하고 카를 본회퍼는 아이들에게서 많은 기쁨을 얻었다. 그는 이렇게 썼다. "겨울에 우리 부부는 아스팔트로 포장된 테니스 코트에 물을 부어 첫째와 둘째가 난생 처음 스케이트를 타게 해주었다. 마차를 보관하려고 따로 지은 별채도 있었다. 마차도 없고 말도 없었지만, 우리는 이 별채를 활용해 온갖 가축을 길렀다."⁷ 집에는 애완동물도 있었다. 방 한 칸은 아이들이 키우는 애완동물을 위해 동물원으로 사용했다. 그 방에서 아이들은 토끼, 기니피그, 멧비둘기, 다람쥐, 도마뱀, 뱀을 여러 마리씩 키웠다. 아이들은 또한 그 방을 다양한 새알과 박제된 풍뎅이, 나비를 수집하는 자연사 박물관으로도 활용했다. 큰딸과 둘째딸은 방 한 칸을 인형의 집으로 꾸몄고, 1층에서는 손위 삼형제가 작업장을 차렸다. 작업장에는 목수용 작업대까지 완비되어 있었다.

어머니는 잘 짜인 가정을 관장했다. 잘 짜인 가정이라고 한 것은 가정교사, 보모, 하녀, 요리사가 근무하고 있었기 때문이다. 위층은 책상 여러 개를 갖춘 교실이었다. 파울라는 거기에서 아이들을 가르쳤다. 파울라 본회퍼가 그 시대에 홍일점으로 교사 자격시험을 치른 것은 다소 충격적인 일이었다.* 하지만 그녀는 결혼한 여자답게 자기가 배운 것을 효과적으로 활용하여 잘 가르쳤다. 파울라는 독일 공립학교와 프로이센식 교육법을 신뢰하지 않았다. "독일인은 등이 두 번 부러진다. 한 번은 학교에서, 한 번은 군대에서!"라는 격언에 전적으로 공감했다. 파울라는 자기보다 덜 섬세한 이들의 손에 유년기 아이들을 맡기고 싶지 않았다. 그래서 아이들이 어느 정도 자란 뒤에야 지역 공립학교에 보냈다. 학교에 간 아이들은 집에서 그랬던 것처럼 계속 두각을 나타냈다. 하지만 아이들이 일고여덟 살이 될 때까지는 파울라가 아이들 교육을 전담했다.

파울라 본회퍼는 시와 찬송가와 민요를 외워서 아이들에게 가르쳤고, 아이들은 나이가 들어서도 그것을 기억했다. 아이들은 서로를 위해 그리고 어른들을 위해 분장을 하고 연극을 공연하는 걸 좋아했다. 가정용 인형 극장도 있어서 파울라 본회퍼는 해마다 12월 30일이 되면 〈빨간 모자Little Red Riding Hood〉라는 인형극을 공연했다. 12월 30일은 파울라의 생일이었다. 공연은 파울라가 노년이 될 때까지 이어졌다. 노년에 이르러서는 손자손녀들을 위해 공연했다. 할머니의 공연을 보며 자란 레나테 베트게는 이렇게 말했다. "할머니는 우리 집안의 영혼이자 정신이셨어요."

1910년, 본회퍼 일가는 휴가를 보낼 장소를 물색하다가 보헤미아 국경 근처 글라츠 산맥 숲에 있는 별장 한 채를 선택했다. 기차로 두 시간이 걸리는 브레슬라우 남쪽에 있었다. 카를 본회퍼는 그 별장을 이렇게 묘사했다. "별장은 우르니츠 산기슭의 작은 골짜기, 숲 가장자리에 있다. 풀밭과 작은 시내, 낡은 헛간, 과일나무 한 그루가 딸려 있

---

*파울라는 1896년 4월에 브레슬라우 왕립 지방대학에서 졸업장을 받았다.

1910년경 글라츠 산맥에 자리한 뵐페스그룬트 별장에서 즐거운 시간을 보내는 본회퍼가 팔남매와 가정교사. 오른쪽 뒤편에는 카를과 파울라 부부가 서 있다. 막내 주잔네를 잡고 있는 가정교사 바로 오른쪽에 있는 아이가 디트리히. 카를 본회퍼는 뵐페스그룬트 별장을 이렇게 묘사했다. "별장은 우르니츠 산기슭의 작은 골짜기, 숲 가장자리에 있다. 풀밭과 작은 시내, 오래된 헛간, 과일나무 한 그루가 딸려 있다. 넓게 갈라진 과일 나무 가지 사이에 누대를 올리고 아이들이 앉을 수 있게 작은 벤치를 설치했다."

다. 넓게 갈라진 나무 가지 사이에 누대를 올리고 아이들이 앉을 수 있게 작은 벤치를 설치했다." 이 소박한 낙원의 이름은 뵐페스그룬트였다. 별장은 이따금씩 돌아다니는 특이한 인물, 고집불통의 산림 관리원을 빼면 아무도 다니지 않는 외진 곳에 있었다. 훗날 본회퍼는 한 소설에서 그 관리원을 노란 장화로 묘사했다.[8]

디트리히가 네다섯 살가량 되었을 때는 어땠을까? 쌍둥이 여동생 자비네는 오빠의 모습을 이렇게 전한다.

나의 첫 기억은 1910년으로 거슬러 올라간다. 파티 옷을 입고 앙증맞은 손으로 푸른색 비단 페티코트를 만지작거리는 디트리히가 보인다. 디트리히는 여동생 주잔네를 무릎에 앉히고 창가에 앉아 계신 할아버지 옆에 있다. 오후의 태양이 황금 빛살을 뿌린다. 여기서 윤곽이 흐릿해지다가 장면이 하나 더 떠오른다. 1911년, 정원에서 처음 뛰노는 장면이다. 햇볕에 그을린 디트리히의 얼굴이 옅은 금발에 싸여 있다. 잔뜩 들떠서 뛰놀며 작은 곤충들을 쫓아다니고 그늘을 찾아다닌다. 그러다 보모가 들어오라고 부르면 마지못해 따른다. 신나는 놀이가 아직 끝나지 않았기 때문이다. 어찌나 열심히 뛰놀았는지 더위와 목마름까지 잊을 정도였다.[9]

디트리히는 어머니의 고운 피부색과 옅은 금발을 물려받은 유일한 아이였다.[10] 형 셋은 아버지를 닮아 거무스름했다. 셋째 형 클라우스는 디트리히보다 다섯 살 위였다. 형 셋과 누나 둘은 5인조를 이뤄 어울렸고 디트리히는 자비네와 막내 여동생 주잔네하고 어울렸다. 이들은 꼬마 삼총사로 불렸다. 이 삼총사 안에서 디트리히는 기사처럼 든든한 보호자 노릇을 톡톡히 했다. 자비네는 훗날 이렇게 말했다. "산비탈에서 딸기를 딸 때 디트리히가 보여준 다정다감한 모습이 잊히지 않아요. 애써 따 모은 딸기를 내 작은 주전자에 가득 채워 함께 나누고 음료수도 나눠 마셨답니다. 함께 책을 읽을 때면 책을 내 앞으로 내밀곤 했지요. 그러면 자기가 책을 읽기 어려워지는데도 말이에요. 언제나 상냥했고 도움을 청하면 언제든 도와주었어요."[11]

디트리히의 기사도 기질은 여동생들 안에만 머물지 않았다. 어릴 적부터 가정교사 케테 판 호른 선생을 몹시 존경했고 "자원해서 그녀를 돕고 받드는 착한 요정 역할을 떠맡았다. 그녀가 좋아하는 요리가 식탁에 오르면, '저는 배불리 먹었어요'라고 말하고 자기 몫도 그녀에게 주었다. 디트리히는 케테에게 이렇게 말하곤 했다. '나중에 크면 선생님과 결혼할 거예요. 그래야 선생님이 우리와 계속 함께 있을 테니까요.'"[12]

자비네는 오빠가 여섯 살이 되었을 무렵 개울 위로 날아다니는 잠자리를 보고 깜짝 놀라던 모습도 떠올렸다. 디트리히는 눈을 동그랗게 뜨고 어머니에게 이렇게 속삭였다. "보세요! 저기 물 위에 괴물이 있어요! 하지만 제가 지켜드릴 테니, 걱정하지 마세요!"¹³

디트리히와 자비네가 학령기에 이르자 어머니는 가르치는 임무를 케테 선생에게 맡겼다.¹⁴ 하지만 아이들의 종교 교육만은 직접 했다. 디트리히가 가장 이른 시기에 던진 신학적 질문은 이랬다. "선하신 하나님께서 굴뚝 청소부도 사랑하시나요? 하나님도 앉아서 점심을 드시나요?" 네 살 때 어머니에게 한 질문이다.

케테와 마리아 판 호른 자매가 본회퍼 가문에 들어온 것은 쌍둥이 남매가 태어나고 6개월 뒤의 일이다. 두 사람은 스무 해 동안 본회퍼 집안에서 아주 중요한 일원으로 함께했다. 케테 선생은 주로 꼬마 삼총사를 맡았다. 두 사람 다 헤른후트 공동체에서 수학한 독실한 그리스도인이었다. 헤른후트Herrnhut는 주님의 파수꾼이란 뜻이다. 케테와 마리아는 본회퍼가 아이들에게 영적으로 아주 중요한 영향을 끼쳤다. 18세기에 친첸도르프 백작이 설립한 헤른후트 공동체는 모라비안 형제단의 경건 전통으로 이어졌다. 파울라 본회퍼도 소녀 시절에 헤른후트 공동체를 섬긴 적이 있다.

친첸도르프 백작은 당시 형식적으로 예배하던 루터교보다는 하나님과의 인격적 관계를 옹호했다. 그리고 '살아 있는 믿음'이라는 표현을 사용함으로써 당시 유행하던 프로테스탄트 정통주의의 지루한 유명론nominalism에 반대 입장을 분명히 했다. 친첸도르프에게 믿음은 교리에 대한 지적 동의가 아니라 하나님과의 인격적인 만남, 즉 변화를 일으키는 만남이었다. 그래서 헤른후트 공동체는 성경 읽기와 가정 예배를 강조했다. 1738년, 헤른후트 공동체를 찾은 요한 웨슬리는 친첸도르프의 이상에 큰 감화를 받았다. 1738년은 요한 웨슬리가 회심한 유명한 사건이 일어난 해이기도 하다.

본회퍼 가문에서 종교가 차지하는 위치는 경건주의와는 거리가 있었다. 하지만 본회퍼 가문은 헤른후트 전통 몇 가지를 따랐다. 우선 본회퍼 사람들은 좀처럼 교회에 나가지 않았다. 세례를 받거나 장례를 치러야 할 때에는 대개 파울라의 아버지나 오빠를 찾았다. 그렇다고 반교권주의자였던 것은 아니다. 실제로 아이들은 서로 세례를 베풀며 노는 것을 좋아했다.

하지만 그들의 기독교는 자생적 다양성의 기독교였다. 일상생활은 성경 읽기와 찬송가 부르기로 채워졌고 이를 주도한 사람은 파울라였다. 파울라의 성경 지식은 탁월했다. 어린이들을 위해 개작한 이야기가 아니라 성경 텍스트에서 이야기를 찾아 아이들에게 읽어줄 정도였다. 주로 삽화가 있는 성경을 활용하고 자신이 음미한 그림들을 설명하기도 했다.*

파울라 본회퍼의 믿음은 남편과 함께 자녀들에게 가르친 가치관에서 가장 분명하게 드러났다. 이타심 드러내기, 너그러움 표현하기, 다른 사람들 돕기가 가족 문화의 중심이었다. 케테 선생의 회상에 따르면, 꼬마 삼총사는 그녀를 놀래주려고 흐뭇한 일을 즐겼다고 한다. "예컨대, 그 아이들은 나보다 먼저 나서서 저녁 밥상을 차리곤 했어요. 디트리히가 여동생들에게 그렇게 하라고 권했는지는 모르겠어요. 하지만 그랬을 거라고 생각해요." 케테와 마리아는 본회퍼가 아이들

---

* 디트리히 본회퍼는 경건주의의 위험성을 잘 알고 있었지만, 평생토록 헤른후트 형제단의 보수적 신학 전통에 의지하고 개인 예배를 위해 펴낸 모라비안 매일 성구집을 활용했다. 거기에는 날마다 읽어야 할 성경 구절이 수록되어 있었다. 친첸도르프 시대 이래로 해마다 출간된 그 성구집은 암호집으로 알려졌지만, 이따금 '성구집'이라 불리기도 했다. 이 암호집은 본회퍼가 1939년에 독일에 귀국하기로 결심하는 데 결정적인 역할을 했다. 그는 생을 마치는 날까지 이 예배를 이어갔고 약혼녀와 수많은 지인에게 소개했다.

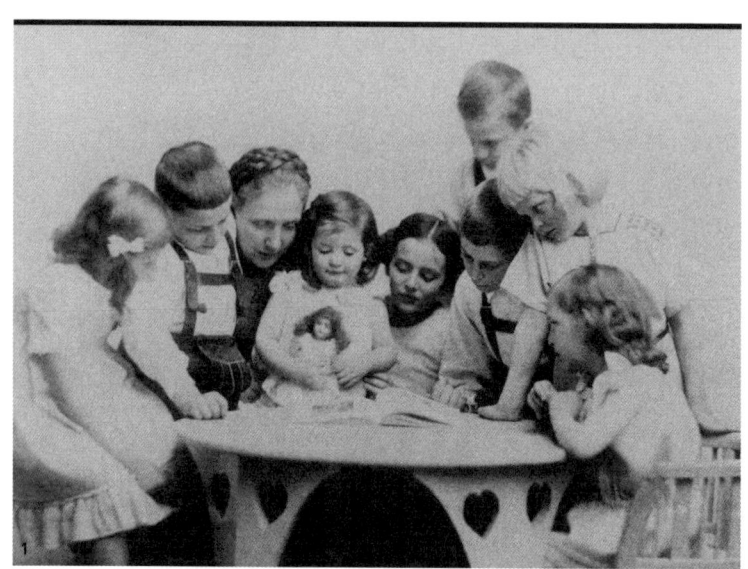

1 팔남매와 함께 책을 보는 파울라 본회퍼
2 1909년, 할아버지 카를 알프레트 폰 하제가 막내 주잔네에게 세례를 주는 모습. 할아버지와 주잔네를 사이에 두고 자비네와 디트리히가 앉아 있다.

을 두고 "괄괄하지만 무례하거나 버릇없이 구는" 아이들이 아니었다고 말한다.¹⁵ 그러나 그들의 선행이 늘 자연스럽게 이어진 건 아니었다. 케테 선생은 이렇게 회상했다.

디트리히는 장난기가 심해서 갖가지 짓궂은 장난을 쳤다. 항상 봐줄 만한 때에 장난을 친 것만은 아니었다. 외출할 일이 있어서 빨리 씻고 옷을 입어야 할 때 특히 장난이 심했다. 그런 날이면 디트리히는 방에서 빙글빙글 춤을 추거나 노래를 부르거나 성가시게 굴었다. 그러면 갑자기 문이 열리고 그의 어머니가 와락 달려들어 아들의 두 뺨을 찰싹찰싹 때리고는 사라졌다. 그제야 바보 같은 짓이 끝났고 디트리히는 눈물을 흘리거나 할 일을 해야 했다.¹⁶

1912년, 베를린 이사

1912년, 디트리히의 아버지가 베를린 대학교에서 정신의학 및 신경학 교수로 임명되었다. 이 일로 그는 독일에서 자기 분야의 수장이 되었고, 1948년에 운명할 때까지 그 지위를 유지했다. 카를 본회퍼의 영향력은 말로 표현하기 어려울 정도다. 베트게는 이렇게 말했다. 그가 베를린에 있는 것만으로도 "그 도시는 프로이트와 융의 정신분석이 침입하는 것을 막는 성채가 되었다. 이는 카를 본회퍼가 정통이 아닌 학설에 귀를 기울이지 않았다거나, 정신 작용 중에서 아직 탐구되지 않은 영역을 조사하는 수고를 인정하지 않았다는 말이 아니다."¹⁷ 카를 본회퍼는 프로이트, 융, 아들러, 그리고 그들의 학설을 공공연히 내친 적이 한 번도 없었다. 다만 그가 그들을 멀리한 것은 경험과학에 대한 충정에서 비롯된 신중한 회의주의 때문이었다. 의사이자 과학자인 카를 본회퍼는 알려지지 않은 정신 영역에 대한 지나친 추측을 좋게 보지 않았다. 베트게는 카를 본회퍼의 친구이자 하이델베르크 대학의 정신의학자 로베르트 가우프의 말을 이렇게 인용했다.

> 감정을 이입하는 심리학과 꼼꼼한 관찰 면에서는 카를 본회퍼를 능가할 자가 없었다. 하지만 그는 카를 베르니케 학파 출신이었다. 그 학파는 연구방향을 대뇌에 맞추고 대뇌병리학 사상으로부터 떨어져 나가는 것을 용인하지 않았다. … 그는 어둡고 증명할 수 없는 것의 영역, 대담하지만 공상으로 가득한 해석의 영역, 주장은 분분하지만 입증은 적은 영역으로 뛰어들지 않았다. … 그는 …자기에게 열려 있는 경험 세계의 경계 안에 머물렀다.[18]

카를 본회퍼는 오감을 가지고 관찰하거나 그런 관찰로부터 추론할 수 있는 것 너머의 것을 경계했다. 정신분석과 종교에 관한 한 불가지론자로 불릴지도 모르겠다.

그의 가정에는 흐리멍덩한 생각을 배척하는 분위기가 강하게 감돌았다. 또한 특정 종교 표현에 대한 편견도 배척했다. 아버지와 어머니의 영역 사이에는 어떠한 충돌도 일어나지 않았다. 어느 모로 보나 두 사람은 서로 아름답게 보완하는 관계였다. 두 사람이 서로 사랑하고 존중했다는 걸 모든 사람이 분명히 알 수 있었다. 에버하르트 베트게는 두 사람의 관계를 이렇게 묘사했다. "부부가 서로 상대의 장점을 빈틈없이 강화해주는 바람직한 관계였다. 금혼식 자리에서 그들은 이런 말을 했다고 한다. '결혼생활 50년을 통틀어 우리 부부가 서로 떨어져 있은 시간은 채 1개월이 되지 않는다. 세고 또 세어도 며칠에 불과하다.'"[19]

카를 본회퍼는 자신을 그리스도인이라 칭하려 하지 않았지만, 아이

카를과 파울라 본회퍼. 에버하르트 베트게는 그들의 결혼생활을 이렇게 기술했다. "부부가 상대방의 장점을 더 빛나게 해주는 바람직한 관계였다. 금혼식에서 두 사람은 이런 말을 했다고 한다. '결혼생활 50년을 통틀어 우리 부부가 서로 떨어져 있은 시간은 채 1개월이 되지 않는다. 세고 또 세어도 며칠에 불과하다.'"

들에 대한 아내의 종교 교육을 존중했으며, 관찰자로 참여한 것이기는 하지만 그러한 교육을 암묵적으로 찬성했다. 그는 물질적인 것 너머에 존재하는 영역을 배제하지는 않았지만, 이성의 한계를 진실로 존중한 과학자였던 것 같다. 카를 본회퍼는 아내가 아이들에게 가르친 가치관에 전적으로 동의했다. 그 가치관에는 아내를 포함한 다른 이들의 감정과 의견을 진지하게 존중하는 것도 들어 있었다. 파울라 본회퍼는 평생을 신학에 바친 남자들의 손녀이자 딸이며 누이였고, 카를 본회퍼는 아내의 믿음이 진실하다는 것을 알고 그런 믿음에 걸맞은 가정교사를 고용했다. 그는 가족의 종교 활동과 아내가 조직한 축제가 있을 때면 꼭 참석했다. 축제 의식에는 찬송가 부르기, 성경 읽기, 기도가 포함되었다. 자비네는 이렇게 회상했다. "우리 교육과 관련된 모든 사안에서 부모님은 하나의 벽처럼 혼연일체가 되셨다. 한 분은 이렇게 말하고 다른 한 분은 저렇게 말하는 문제는 전혀 일어나지 않았다." 카를과 파울라 사이에서 자라나는 신학자에게는 더없이 좋은 환경이었다.[20]

파울라 본회퍼가 드러내 보인 믿음은 자명했다. 그것은 행함 속에 살아 있는 믿음, 그녀가 자신보다 타인을 앞세우고 자녀들에게도 그렇게 하라고 가르쳤을 만큼 분명한 믿음이었다. 자비네는 이렇게 말했다. "우리 집에는 거짓 경건이나 거짓 종교성이 끼어들 여지가 전혀 없었다. 엄마는 우리가 확고한 결단을 보여주길 바라셨다."[21] 파울라는 그저 교회에 다니기만 하는 것을 달가워하지 않았다. 훗날 디트리히를 통해 유명세를 탄 값싼 은혜라는 개념은 "행함이 없는 믿음은 믿음이 아니라 하나님에 대한 불순종에 불과하다"는 견해로 어머니 파울라에게서 비롯되었는지도 모른다. 용어 자체로가 아니라 이면에 깔려 있는 사상으로 말이다. 나치의 지배가 한창이던 때 파울라가 아들에게 조심스러우면서도 단호하게 촉구한 것이 있다. 교회로 하여금 히틀러와 나치를 공개적으로 반대하고 그들에게 조치를 취하여 자기가 믿는다고 주장한 바를 실천하게 하라는 것이었다.

본회퍼 집안은 오늘날 우리가 보수적 가치관과 자유주의적 가치관, 전통적 가치관과 진보적 가치관으로 여길 법한 것 중에서 가장 좋은 것을 갖추고 있었다. 디트리히의 형 클라우스와 결혼하기 오래 전부터 본회퍼 집안과 잘 알고 지낸 엠미 본회퍼는 이렇게 회상했다. "시어머니가 시댁과 시댁의 가풍과 시댁의 살림을 주관했음은 틀림없는 사실이다. 하지만 시어머니는 시아버지가 원하지 않는 일, 시아버지의 마음에 들지 않는 일을 결정하거나 도모한 적이 한 번도 없었다. 키르케고르는 사람이 도덕적 유형과 예술적 유형 중 어느 한쪽에 속하게 마련이라고 말한다. 이는 두 유형의 조화를 이룬 이 집안을 모르고 한 말이다."[22]

자비네는 이렇게 말했다.

아버지에게는 편협함이 전혀 없었다. 아버지는 우리 가족의 시야를 넓혀 주실 만큼 도량이 넓으셨다. 우리가 옳은 일 하는 것을 당연하게 여기고 우리에게 많은 것을 기대했지만, 우리는 늘 아버지의 보살핌과 올바른 판단에 의지할 수밖에 없었다. 아버지는 유머감각이 뛰어나셔서 종종 시의적절한 농담으로 우리가 어려워하지 않고 다가갈 수 있게 하셨다. 자신의 감정 상태를 너무나 잘 알고 계셔서 온당하지 않은 말을 우리에게 하는 법이 없으셨다. 또한 허튼소리를 싫어하셔서 우리 중 몇몇은 말을 더듬거나 자신 없어 할 때가 간혹 있었다. 하지만 이는 나중에 우리가 어른이 되어 유행어, 험담, 진부한 말, 수다를 즐기지 않게 하는 효과가 있었다. 아버지는 상투적 표어나 유행어를 전혀 사용하려 하지 않으셨다.[23]

카를 본회퍼는 자녀들에게 할 말이 있을 때에만 말하도록 가르쳤다. 훌쩍거리는 말투는 물론이고 자기 연민이나 이기심이나 자만심도 용납하지 않았다. 자녀들이 그를 어찌나 사랑하고 존경했던지 다들 그의 인정을 받으려고 열심을 낼 정도였다. 카를은 어떤 문제에 대한 자기감정을 쏟아붓기 위해 막말을 하는 법이 거의 없었다. 있더라도 눈썹을 위로 치켜 올리는 게 전부였다.

카를 본회퍼의 동료 교수 셸러는 언젠가 이렇게 말했다. "그는 무절제한 것, 과장된 것, 훈련되지 않은 것을 극도로 싫어했다. 그 정도로 그의 인격 안에서 모든 것이 완벽하게 통제되고 있었다."[24] 본회퍼 자녀들은 감정을 철저히 제어하도록 교육받았다. 훌쩍거리며 의사를 전달하는 식의 주정주의emotionalism는 방종으로 여겼다. 카를 본회퍼는 자기 아버지가 운명했을 때 이렇게 썼다. "우리 아이들이 할아버지의 자질 중에서 검소함과 진실함을 물려받았으면 좋겠다. 나는 아버지에게서 진부한 말을 한 번도 들어본 적이 없다. 아버지는 적게 말씀하셨다. 변덕스럽고 부자연스러운 모든 것을 배척하셨다."[25]

가족 모두 브레슬라우에서 베를린으로 이사한 일을 분명 도약으로 여겼을 것이다. 베를린은 많은 사람에게 우주의 중심이었다. 베를린 대학교는 세계 최고의 대학에 속했고 베를린은 지성의 중심이자 문화의 중심, 제국의 중심이었다.

티어가르텐 북서부 근처 브뤼켄알레에 있는 집은 브레슬라우에서 살던 집만큼 넓지는 않았다. 하지만 황실 자제들이 뛰노는 벨레뷰 공원과 담 하나를 사이에 두고 있었다. 본회퍼가 가정교사 중에 렌헨 선생은 군주제를 열렬히 지지하는 사람이었다. 렌헨 선생은 황제나 공주가 지나갈 때면 그 모습을 조금이라도 보려고 아이들을 데리고 부리나케 달려가곤 했다. 그러나 본회퍼가 사람들은 겸손과 검소함을 소중히 여겨서 황족을 멍하니 바라보는 짓을 용납하지 않았다. 나이

어린 왕자 하나가 자기에게 다가와 막대기로 콕콕 찌르려 했다고 자비네가 떠벌렸을 때 온 가족이 보인 반응은 인정하지 못하겠다는 투의 침묵이었다.

성장한 아이들은 더 이상 집에서 교육받지 않고 근처에 있는 학교에 다녔다. 아침식사는 베란다에서 했는데, 호밀 빵에 버터와 잼을 발라서 먹고 뜨거운 우유와 이따금 코코아도 마셨다. 수업은 여덟 시에 시작되었다. 점심은 버터와 치즈 혹은 양념을 곁들여 종이에 싼 작은 샌드위치였는데, 아이들은 샌드위치를 작은 가방에 넣어 학교에 가져가곤 했다. 당시 독일에는 점심 같은 것이 없었다. 그래서 아이들은 그것을 두 번째 아침식사라 불렀다.

1913년, 일곱 살이 된 디트리히는 집 밖에서 공부하기 시작했다. 그 후 그는 6년간 프리드리히 베르더 김나지움에 다녔다. 자비네의 말에 따르면 식구들이 디트리히가 혼자 등교하기를 바랐다고 한다.

> 디트리히는 혼자 걷는 것을 두려워했을 뿐 아니라 긴 다리를 건너는 것도 두려워했다. 그래서 처음에는 학교까지 데려다주어야 했다. 그것도 다른 아이들 앞에서 수줍어하지 않도록 길을 사이에 두고 다른 쪽에서 디트리히와 나란히 걸어야 했다. 디트리히는 산타클로스도 무서워했고 수영을 배울 때에는 물도 무서워했다. 처음 몇 번은 무시무시한 소리를 질렀다. … 한참 지나서야 수영을 잘하게 되었다.[26]

디트리히는 학교에서 공부를 잘하기는 했지만, 부모가 망설임 없이 지목해준 필수 과목만 잘했다. 여덟 살이 되었을 때 아버지 카를 본회퍼는 이렇게 썼다. "디트리히는 자기 공부를 스스로 하고 썩 잘하지만 싸움을 좋아한다. 그것도 아주 많이." 언젠가 디트리히가 동급생을 때리자 동급생의 어머니가 그 집안에 반유대주의 분위기가 감도는 건 아닌가 하고 의심하기도 했다. 파울라 본회퍼는 그런 의심을 받고 섬뜩해하면서 자기 집안에서는 그런 걸 절대로 용납하지 않는다고 분명하게 알려주었다.[27]

프리드리히스브룬

베를린으로 이사하자 뵐페스그룬트 별장이 너무 멀어지고 말았다. 그래서 별장을 팔고 대신 하르츠 산맥 프리드리히스브룬에 있는 시골집을 하나 구했다. 원래 산림 관리원이 살던 집이었다. 본회퍼 식구들은 그 집이 원래 갖고 있는 소박한 느낌을 그대로 유지했다. 30년간 전기도 가설하지 않았다. 자비네는 그곳으로 여행하던 때를 이렇게 묘사했다.

특별히 예약한 열차 객실 두 칸에 앉아 호른 선생님의 인솔을 받으며 떠나는 여행은 기쁨 자체였다. 탈레에 도착하자 마차 두 대와 말 한 쌍이 우리를 기다리고 있었다. 마차 한 대에는 꼬맹이들과 어른들이 타고 나머지 한 대에는 여행 가방을 실었다. 그중에서도 무거운 가방은 대부분 미리 보냈다. 집을 청소하고 따뜻하게 덥히려고 가정부 두 명도 며칠 먼저 출발했다.[28]

사내아이들은 이따금 5마일 정도 남겨두고 마차를 먼저 보낸 뒤 숲길을 걸어왔다. 관리인 잔더호프 부부는 시골집 목장에 있는 오두막에서 살았다. 잔더호프 씨는 목초지를 관리하고 부인은 채마밭에서 푸성귀를 기르고 장작을 마련했다. 케테와 마리아는 아이들을 데리고 카를과 파울라보다 먼저 프리드리히스브룬에 가곤 했다. 부부가 도착할 즈음이면 분위기가 무르익어 언제나 흥분의 도가니였다. 이따금 자비네와 디트리히가 마차를 타고 탈레 역으로 가서 부모님을 맞이했다. 자비네는 이렇게 회고했다. "그와 동시에… 우리는 집을 밝게 하려고 작은 컵 양초 여러 개에 불을 붙여 창문 곳곳에 놓아두곤 했다. 그러면 멀리서도 집이 벌겋게 달아올라 새로 도착한 이들을 맞이했다."[29]

그들이 프리드리히스브룬을 찾은 30여 년간 디트리히가 기억하는 악몽 같은 사건이 딱 한 번 있었다. 1913년, 시골집에서 첫 번째 여름을 보낼 때였다. 찌는 듯이 더운 7월의 어느 날, 마리아 선생이 꼬마 삼총사와 우르줄라를 인근에 있는 산속 호수에 데려갔다. 렌헨 선생도 같이 갔다. 몸의 열기를 충분히 식히고 나서 물에 들어가야 한다고 마리아 선생이 경고했지만, 렌헨 선생은 그 경고를 무시하고 호수 한가운데로 빠르게 헤엄치다 곧바로 가라앉고 말았다. 자비네는 그때를 이렇게 떠올렸다.

디트리히가 가장 먼저 목격하고 날카로운 비명을 질렀다. 마리아 선생님은 무슨 일이 일어났는지 대번에 알아차렸다. 회중시계 쇠줄을 옆으로 던지더니 긴 모직 치마를 입은 채로 힘차고 빠르게 헤엄치다가 "다들 호숫가에 그대로 있어!" 하고 우리에게 소리쳤다.

디트리히와 나는 일곱 살이었고 아직 수영하는 법도 몰랐다. 우리는 울부짖으며 떨면서 막내 주잔네를 꼭 붙잡았다. 친애하는 마리아 선생님이 익사 직전의 여자를 향해 크게 외쳤다. "계속 헤엄쳐요! 계속 헤엄쳐!" 우리는 마리아 선생님이 렌헨 선생님을 구해서 물 밖으로 끌어내는 게 얼마나 어려운 일인지 똑똑히 보았다. 렌헨 선생님은 처음에는 마리아 선생님의 목에 매달려 있더니 이내 의식을 잃고 말았다. 마리아 선생님이 렌헨 선생님을 업고 돌아오면서 큰소리로 외쳤다. "하나님, 도와주세요! 도와주세요!" 마리아 선생님은 무의식 상태의 렌헨 선생님을 누이고 손가락으로 목을 눌러 물을 토하게 했다. 디트리히가 마리아 선생님의 등을 부드럽게 토닥였고 우리 모두는 렌헨 선생님 주위에 웅크리고 앉았다. 곧이어 렌헨 선생님이 의식을 회복했고, 마리아 선생님은 길게 감사 기도를 드렸다.[30]

본회퍼가 아이들은 친구들도 프리드리히스브룬에 데려갔다. 그러나 디트리히의 유년기를 통틀어 또래 친구들은 일가친척에 국한되었다. 외사촌 한스 크리스토프 폰 하제가 오랫동안 시골집에 함께 머물렀다. 함께 도랑을 파기도 하고 드넓은 소나무 숲을 헤치며 걷고 딸기와 양파, 버섯을 찾아다니기도 했다.

디트리히는 독서에도 많은 시간을 들였다.

디트리히는 초원에서 자라는 마가목 아래 앉아 책 읽기를 좋아했다. 특히 석기 시대 인간을 다룬 이야기 《룰라만 *Rulamann*》[*]을 좋아했고 《피노키오 *Pinocchio*》를 읽으며 큰소리로 웃곤 했다. 디트리히는 《피노키오》에서 가장 재미있는 글귀를 뽑아 우리에게 반복해서 읽어주곤 했다. 당시 열 살이었지만 유머감각이 아주 뛰어났다. 디트리히가 감명 깊게 읽은 책은 《일상생활의 영웅들 *Heroes of Everyday*》이었다.[**] 용기와 침착함과 이타심으로 다른 이들의 목숨을 구한 젊은이들의 이야기였다. 이야기는 종종 슬프게 끝이 났다. 한편 디트리히를 오랫동안 분주히 움직이게 한 책은 《톰 아저씨의 오두막 *Uncle Tom's Cabin*》이었다. 디트리히는 이곳 프리드리히스브룬에서 난생 처음 위대한 고전 시인들의 작품을 접했는데, 저녁이 되면 우리는 각기 다른 부분을 읽곤 했다.[31]

---

[*] 슈바비안 알프스에서 발견된 선사시대 혈거인의 모험을 들려주려고 쓴 청소년 인기도서.
[**] 디트리히가 말년에 읽은 책 중 한 권은 《플루타르크 영웅전》이었다. 그는 처형당하기 몇 시간 전에야 그 책을 손에서 내려놓았다.

저녁시간에는 때때로 마을 아이들과 함께 초원에서 공놀이를 하기도 했다. 안에서는 스무고개 게임을 하거나 민요를 불렀다. "초원에서 안개가 떠다니는 걸 지켜보기도 하고 전나무를 타고 오르기도 했다"고 자비네는 말했다. 그리고 땅거미가 내리는 모습을 지켜보기도 했다. 달이 뜨면 〈달이 떠오르니〉라는 노래를 불렀다.[32]

달이 떠오르니
금빛 작은 별들 눈부시게 빛나네.
하늘에서 밝고 맑게!
숲은 어둡고 말이 없는데
초원에서 하얀 안개
기묘하게 피어오르네.[*]

20세기 초 독일 문화에는 교회에 다니지 않는 가구들조차 속속들이 기독교적일 만큼 민간전승과 종교가 뒤섞여 있었다. 이 민요가 대표적인 예다. 〈달이 떠오르니〉는 자연의 아름다움을 찬미하다가 이내 하나님의 도움을 필요로 하는 인간의 상태를 묵상하고 "가련하고 오만한 죄인들"인 우리가 죽을 때 그분의 구원을 보게 해달라고, 그리고 그때까지는 이 세상에서 "어린아이들처럼 밝고 신실하게" 살게 해달라고 기도하는 것으로 끝을 맺는다.

독일 문화는 기독교 문화였다. 이는 개신교를 탄생시킨 가톨릭 수도사 마르틴 루터의 유산 덕분이다. 독일 문화와 독일 민족을 아버지와 어머니 삼아 떠오른 루터와 독일의 관계는 모세와 이스라엘의 관계와 흡사하다. 루터는 독일 민족과 자신의 믿음을 강인하고 까다로

* 〈아름다운 물방앗간의 처녀〉에 수록된 〈시냇물의 자장가〉.

운 인격 안에 절묘하게 결합시켰다. 루터의 영향력은 아무리 높이 평가해도 지나치지 않다. 성경을 독일어로 번역한 건 일대사건이었다. 중세의 폴 번연*이라 해도 무방할 만큼 루터는 유럽 가톨릭 체제를 일거에 무너뜨리고, 덤으로 근대 독일어를 탄생시켰으며, 나아가 독일 민족을 탄생시켰다. 루터는 기독교계를 양분하고 독일 민족Deutsche Volk을 땅에서 솟구치게 한 장본인이다.

루터가 번역한 성경과 근대 독일어의 관계는 킹 제임스 버전과 근대 영어의 관계와 같다. 루터 성경 이전에는 통일된 독일어가 없었다. 여러 지방 사투리가 뒤섞여 있을 뿐이었다. 루터가 보기에 민족으로서의 독일은 먼 미래에나 실현될 희미한 이상이었다. 하지만 루터는 성경을 독일어로 번역함으로써 단일 언어를 한 권의 책에 담아 모든 이가 읽을 수 있게 했다. 실로 그 당시에 그 책 말고는 달리 읽을 것이 없었다. 이윽고 모든 독일인이 루터가 번역한 대로 독일어를 말하게 되었다. 텔레비전이 미국인들의 억양과 사투리를 효과적으로 통일한 것처럼 루터가 번역한 성경은 억양을 적당히 조절하고 날카로운 콧소리를 부드럽게 함으로써 단일 독일어를 만들어냈다. 갑자기 뮌헨 출신 제분업자들이 브레멘 출신 제빵업자들과 대화를 할 수 있게 되었다. 이로 말미암아 공동의 유산과 문화에 대한 의식이 자라났다.

또한 루터는 독일인들이 찬송을 부름으로써 믿음을 더 돈독히 하게 했다. 수많은 찬송가를 지었으며 회중 찬송이라는 개념을 처음 소개했다. 루터 이전에는 성가대만 교회에서 찬송을 불렀다. 루터가 지은 찬송가 중에서 가장 널리 알려진 곡이 〈내 주는 강한 성이요〉다.

---

*미국 전설에 나오는 거구의 나무꾼.

"만세, 전쟁이다!"

본회퍼 아이들은 1914년 여름을 프리드리히스브룬에서 보냈다. 그러나 작은 아이들 셋이 선생님과 마을에서 즐거운 한때를 보내던 8월 1일, 세상이 뒤바뀌고 말았다. 독일이 러시아에 선전포고를 했다는 소식이 사람들 사이에 퍼져나갔고, 마침내 그들도 소식을 전해 들었다. 당시 디트리히와 자비네는 여덟 살이었다. 자비네는 그 시절을 이렇게 회상했다.

> 마을에서 사냥 축제를 하고 있었다. 작고 매혹적인 시장에는 노점 여러 개와 회전목마가 있었다. 회전목마는 가련한 흰 말이 끌었다. 선생님이 우리를 갑자기 잡아챘다. 베를린에 계신 부모님께 가급적 빨리 데려가기 위해서였다. 나는 슬픈 눈망울로 텅 빈 축제장을 바라보았다. 노점상들이 바삐 천막을 거두었다. 늦은 밤, 우리는 전송 행사에 참석한 군인들이 부르는 군가와 함성을 창문을 통해 들을 수 있었다. 이튿날, 어른들이 황급히 짐을 꾸리고 나서 우리는 베를린행 열차에 올랐다.[33]

집에 도착하자 여자 아이들 중 하나가 집으로 뛰어가면서 큰소리로 외쳤다. "만세! 전쟁이다!" 아이는 곧바로 뺨을 맞았다. 본회퍼 집안 사람들은 전쟁에 반대하지도 않았지만 축하할 생각도 없었다.

그런 점에서 그들은 소수자였다. 처음 며칠간은 대체로 들뜬 분위기가 주류를 이뤘다. 하지만 8월 4일, 영국이 독일에 선전포고를 했다는 시끌벅적한 음성이 들려오자 갑자기 앞일이 모두가 생각한 것만큼 녹록해 보이지는 않았다. 그날 카를 본회퍼는 큰 아들 셋과 베를린 중심가에 있는 운터 덴 린덴을 따라 걸었다.

지난 며칠간 황궁과 정부 청사 바깥에 운집하여 의기양양하게 외치던 군중의 함성은 이제 침울한 침묵으로 바뀌었다. 그 침묵은 답답해서 미치겠다는 인상을 풍겼다. 임박한 전쟁의 참혹성이 이제야 대중의 눈에 똑똑히 보인 것이다. 영국이 독일의 반대편에 선 순간 전쟁을 신속히 끝내리라는 희망이 선견지명이 있다는 사람들에게서조차 가뭇없이 사라지고 말았다.[34]

그러나 큰 아들 셋은 대체로 흥분했고 드러내놓고 표현하지는 않았지만 얼마 동안은 계속 그랬다. 전쟁이 아직 유럽 전역에서 총애를 잃지 않았던 때였다. 그러나 그 전쟁은 이후 4년의 세월을 앗아갈 터였다. 전쟁 초기에 남학생들 사이에는 "조국을 위해 죽는 것은 달콤하고 고귀한 일이다"라는 표어가 회자되었다. 아직은 이 표어를 입에 담아도 비통하거나 얄궂게 들리지 않았다. 뛰어난 군인들의 세계에서 사는 것, 과거의 영웅들이 그랬듯이 제복을 입고 전쟁터로 나가는 것은 짜릿한 낭만이었다.

디트리히의 형들은 1917년이 될 때까지 군에 입대할 자격이 없었다. 그리고 전쟁이 그리 오래 이어질 거라고 생각하는 이도 없었다. 그런데도 그들은 전쟁에 골몰하여 어른들이 하는 것처럼 다 안다는 투로 떠벌린 것 같다. 디트리히는 종종 외사촌 한스 크리스토프와 병정놀이를 했고, 1915년 여름에는 프리드리히스브룬에서 부모님에게 편지를 쓰면서 전황을 다룬 신문 기사를 보내달라고 부탁하기도 했다. 여느 사내아이들처럼 디트리히도 지도를 만들어 색깔 있는 핀을 꽂고 독일의 전황을 표시했다.

카를 본회퍼 부부는 진실로 애국적이었지만, 대다수 독일인처럼 국수주의를 표출하지는 않았다. 두 사람은 자녀들에게 연마하라고 가르친 관점과 냉정을 유지했다. 한 번은 렌헨 선생이 자비네에게 작은 브

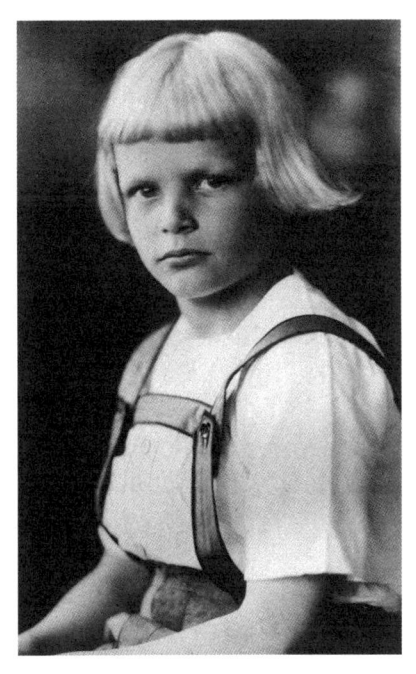

1915년의 디트리히 본회퍼

로치를 주었다. 브로치에는 "이제는 우리가 그들을 때려눕힐 것이다"라는 글귀가 쓰여 있었다. 자비네는 이렇게 회상했다. "나는 너무 뿌듯해서 브로치를 하얀 옷깃에 달아 반짝이게 했다. 하지만 정오 무렵에 브로치를 단 모습을 부모님께 보여드리자, 아버지가 '얘야, 거기 무얼 달고 있는 거냐? 이리 줘보렴' 하고 말씀하셨다. 그리고 브로치는 이내 아버지의 호주머니 속으로 사라지고 말았다." 어머니 파울라는 브로치를 두고 어디에서 났느냐고 묻고는 그보다 훨씬 예쁜 브로치를 마련해주겠다고 약속했다.[35]

이윽고 전쟁의 현실이 본회퍼 가문에도 들이닥쳤다. 사촌 하나가 전사했다. 그리고 또 하나가 전사했다. 또 다른 사촌은 한쪽 다리를 잃었다. 사촌 로타르는 한쪽 눈알이 빠지고 한쪽 다리가 심하게 으스러졌다.

쌍둥이 남매는 열 살이 될 때까지 같은 침대에서 잤다. 둘은 기도와 찬송을 마치고 어둠 속에 누웠다. 대화 소재는 죽음과 영원이었다. 죽어서 영원히 사는 것이 어떤 것인지 궁금했다. 어쨌든 그들은 영원 Ewigkeit이라는 단어에 집중함으로써 영원과 접촉할 수 있다고 생각했다. 다른 생각을 모두 떨쳐버리는 게 열쇠였다. 자비네는 이렇게 말했다. "오랫동안 집중하고 나면 현기증이 나곤 했다. 좋아서 하는 이

훈련을 우리는 오랫동안 충실히 실행에 옮겼다."

양식도 부족해졌다. 비교적 넉넉했던 본회퍼가 사람들에게도 굶주림은 문제가 되었다. 디트리히는 양식 조달에 남다른 재주가 있었다. 아버지가 '심부름꾼과 식량 배급처 정탐꾼'으로서 그의 솜씨를 칭찬할 정도로 식량 배급처를 추적하는 일에 골몰했다. 용돈을 아꼈다가 암탉 한 마리를 사기도 했다. 디트리히는 자기 몫의 일을 열심히 감당했다. 형들과 경쟁하는 것도 그중 하나였다. 형들은 그보다 다섯 살, 여섯 살, 일곱 살 위였고, 누이들과 마찬가지로 디트리히보다 머리가 좋았다. 그러나 디트리히에게는 다른 형제들보다 뛰어난 재능이 하나 있었다. 바로 음악이다.

디트리히는 여덟 살부터 피아노 교습을 받았다. 아이들 모두 음악 교습을 받았지만, 누구도 디트리히만 한 가능성을 보여주지 못했다. 즉석에서 악보를 보고 연주하는 능력이 탁월했다. 음악을 직업으로 삼는 걸 진지하게 생각할 만큼 능숙한 연주자가 되었다. 열 살 때에는 모차르트가 작곡한 소나타를 여럿 연주했다. 베를린에서는 위대한 연주회가 한없이 열렸다. 디트리히는 열한 살에 아르투르 니키쉬의 지휘 아래 베를린 필하모닉이 베토벤 9번 교향곡을 연주하는 걸 관람하고 할머니에게 보내는 편지에 그 소감을 밝히기도 했다. 종국에는 편곡과 작곡까지 하게 되었다. 슈베르트의 〈잘 자라〉*를 좋아했고 열네 살 무렵에는 이 곡을 삼중주로 편곡하기도 했다. 같은 해에 디트리히는 시편 42편 6절 "내 영혼이 너무 낙심하였지만"을 토대로 칸타타를 작곡했다. 결국 음악을 택하지 않고 신학을 택했지만, 일평생 음악에 강한 열정을 느꼈다. 음악은 그가 신앙을 표현하는 중요한 요소였다. 디트리히는 제자들에게 음악을 감상하는 법과 음악으로 신앙을 표현

* 〈아름다운 물방앗간의 처녀〉에 수록된 〈시냇물의 자장가〉.

하는 법을 가르치기도 했다.

본회퍼 일가는 음악을 대단히 좋아했다. 디트리히가 어린 시절에 쌓은 음악 경험은 대부분 매주 토요일 밤에 열린 야간 가족음악회에서 이루어졌다. 여동생 주잔네는 이렇게 떠올렸다.

우리는 7시 30분경에 저녁식사를 하고 응접실로 갔다. 대개 사내아이들은 삼중주를 시작했다. 카를 프리드리히는 피아노를, 발터는 바이올린을, 클라우스는 첼로를 연주했다. 그러고 나면 어머니가 회른헨*의 반주에 맞춰 노래를 부르셨다. 그 주에 교습 받은 사람은 누구나 그날 밤에 조금이라도 발표를 해야 했다. 자비네는 바이올린을 배웠다. 큰 언니 둘은 슈베르트, 브람스, 베토벤의 가곡은 물론이고 듀엣곡도 불렀다. 디트리히는 카를 프리드리히보다 피아노를 훨씬 잘 쳤다.[36]

자비네에 따르면 디트리히는 반주자로서 특히 감수성이 뛰어났을 뿐 아니라 관대함까지 갖추고 있었다. 그는 "다른 연주자들의 실수를 덮어주고 연주자들이 곤혹스러워하지 않게 하려고 늘 애썼다." 장차 형수가 될 엠미 델브뤼크도 그 음악회에 종종 참여했다.

연주할 때면 피아노를 맡은 디트리히가 우리 모두를 지휘했다. 각 사람이 어느 파트를 맡고 있는지 정확히 꿰고 있었다. 자기 파트만 연주하는 법이 없었다. 처음부터 과정 전체를 귀여겨들었다. 연주가 시작되기 전에 첼로가 장시간 조율을 하거나 악장 사이에 조율을 할 때면, 고개를 수그리고 조금도 조급한 마음을 드러내지 않았다. 천성적으로 예의바른 사람이었다.[37]

---

* 회른헨은 가정교사 마리아 폰 호른을 지칭할 때 종종 사용한 이름이다.

디트리히는 어머니가 크리스티안 겔러트가 작사하고 베토벤이 작곡한 노래를 부를 때 반주하는 걸 특히 좋아했다. 해마다 크리스마스이브에 어머니가 페터 코르넬리우스의 가곡을 부를 때면 디트리히가 반주를 맡았다. 토요일 야간 가족음악회는 여러 해 동안 열렸고 끊임없이 새로운 친구들을 영입했다. 동아리가 끊임없이 넓어지는 듯했다. 생일을 맞거나 다른 특별한 행사가 있을 때면 특별 공연과 연주회도 열었다. 카를 본회퍼의 고희를 맞아 1943년 3월 말에 온 가족이 함께한 마지막 공연은 그야말로 절정이었다. 꽤 많이 늘어난 가족이 헬무트 발하의 칸타타 〈주님을 찬양하라〉를 공연했다. 그때 지휘와 피아노 연주를 맡은 이도 디트리히였다.

그루네발트

전쟁이 맹위를 떨치던 1916년 3월, 온 가족이 브뤼켄알레에서 베를린 그루네발트에 있는 집으로 이사했다. 베를린의 저명한 교수들이 모여 사는 유명한 동네였다. 본회퍼 부부는 그들 상당수와 친분을 맺었고 자녀들끼리도 많은 시간을 함께 보냈으며 나중에는 혼인을 하기도 했다.

그루네발트에 있는 주택 대다수와 마찬가지로 방겐하임슈트라세 14번지에 위치한 본회퍼 일가의 주택도 거대했다. 4,046제곱미터가 넘는 정원과 운동장이 딸려 있었다. 본회퍼 부부가 그 주택을 택한 것도 넓은 마당 때문이었던 것 같다. 전시였고 십대 아들 셋을 포함하여 자식이 여덟이나 딸려 있어서 양식이 넉넉하지 않았다. 그래서 그들은 꽤 넓은 남새밭을 일구고 병아리와 염소도 여러 마리 키웠다.

베를린 그루네발트 구역에 있는 방겐하임슈트라세 14번지, 2008년 모습. 본회퍼 일가는 1916년에 이곳으로 이사했다. 지금 이 저택은 여덟 개의 셋방으로 나뉘어 있다.

    집에는 예술품과 가보家寶가 아주 많았다. 거실에는 유화 물감으로 그린 조상들의 초상화가 18세기 이탈리아 예술가 피라네시의 동판화들과 나란히 걸려 있었다. 아이들의 외증조부 슈타니슬라우스 폰 칼크로이트 백작이 그린 대형 풍경화도 여러 점 진열되어 있었다. 그가 설계한 식기 선반도 식당을 내려다보고 있었다. 높이가 2미터 40센티미터에 여러 개의 소벽小壁과 조각물로 이뤄져 있어서 그리스 신전을 연상시켰다. 두 기둥은 총구멍 무늬의 박공牔栱을 지탱하고 있었다. 디트리히는 어떻게 해서든 이 가보에 올라가 호젓한 누벽에 앉아 아래쪽의 넓은 식당에 드나드는 이들을 감시하곤 했다. 식당에 있는 식탁에는 좌석이 스무 개나 되었고 나무 조각으로 모자이크한 마루는 날마다 닦아 만질만질하게 윤이 났다. 한쪽 구석에는 본회퍼가의 저명한 선조이자 신학자인 카를 아우구스트 폰 하제의 흉상이 있고, 이 흉상을 떠받치는 받침대는 양념 병을 놓을 수 있게 활짝 열려 있었다. 카를 아우구스트 폰 하제가 파울라의 외할아버지인 까닭에 다들 복잡하게 조각한 받침대를 그로스파터 Grossvater라 불렀다. 할아버지라는 뜻이다.

잠재적 불안 요소와 불길한 조짐을 빼면 디트리히의 유년기는 스웨덴 화가 카를 라르손이 세기적 전환기에 펴낸 화첩이나 잉마르 베리만의 영화〈패니와 알렉산더〉에서 튀어나온 것 같았다. 본회퍼 집안 사람들은 그 정도로 보기 드문 가족, 진짜 행복한 가족이었다. 그들의 정연한 삶은 주와 달과 해를 거듭하며 매주 토요일마다 야간 음악회를 열고 수많은 생일잔치와 축하 행사를 열면서 한결같이 이어졌다. 1917년, 디트리히는 맹장염을 앓다가 맹장 절제수술을 받았다. 이 때문에 음악회를 일시 중단했지만, 언짢아하는 이는 아무도 없었다. 언제나 그랬듯이 파울라가 해마다 연출한 크리스마스 음악회는 특히 빼어났다. 파울라는 특별히 종교적이지 않은 이들까지 소속감을 느끼도록 음악회 안에 성경 읽기와 찬송가 부르기를 끼워 넣었다. 자비네는 이렇게 회고했다.

강림절이 되면 우리는 엄마와 함께 기다란 식탁에 둘러앉아 크리스마스캐럴을 불렀다. 아빠도 합류해서 안데르센의 동화를 읽어주셨다. 크리스마스이브는 성탄 이야기와 함께 시작되었다. 온 가족이 동그랗게 둘러앉았다. 하얀 앞치마를 두른 하녀들도 함께했다. 다들 근엄한 모습을 하고서 기대감을 잔뜩 품고 있을 즈음 어머니가 읽기 시작하셨다. … 어머니는 안정감 있고 풍부한 목소리로 성탄 이야기를 읽어주셨다. 그런 다음에는 찬송가〈이 날은 주의 정하신 참 기쁜 날일세〉를 읊조리셨다. … 등불이 꺼졌고 우리는 어둠 속에서 크리스마스캐럴을 불렀다. 그러면 아버지가 슬그머니 빠져나가서 구유와 트리에 있는 양초에 불을 붙이셨다. 곧이어 종이 울리고 우리 꼬마 삼총사는 가장 먼저 허락을 받고 구유와 트리가 있는 방으로 들어가 트리에 있는 촛불로 다가갔다. 거기 서서 우리는 〈크리스마스트리는 가장 사랑스러운 트리〉를 즐겁게 불렀다. 그제야 우리 몫의 크리스마스 선물을 볼 수 있었다.[38]

전쟁이 집에 들이닥치다

전쟁이 계속되면서 본회퍼가 아이들은 폭넓은 동아리에 속해 있던 이들의 사망 소식과 부상 소식을 점점 더 많이 듣게 되었다. 1917년, 장남과 차남인 카를 프리드리히와 발터가 소집 명령을 받았다. 두 사람 다 1899년에 태어났으니 참전도 같이하려고 했다. 두 사람은 편한 마음으로 소집 명령에 응했고, 카를과 파울라 역시 두 아들이 최전선에서 복무하지 않게 하려고 연줄을 동원하는 짓은 하지 않았다. 독일은 보병이 절대적으로 필요한 상황이라 두 청년은 육군에 입대했다. 그들의 용기는 20년 뒤에 벌어진 제2차 세계대전에서 일어날 일을 어느 정도 예시한 것이었다. 본회퍼 부부는 자녀들에게 옳은 일을 하라고 가르쳤고, 그래서 아들들이 사심 없이 용감하게 행동하자 반대할 명분이 없었다. 카를 본회퍼가 1945년에 두 아들 디트리히와 클라우스, 그리고 두 사위의 사망 소식을 전해 듣고 동료에게 써 보낸 비범한 말은 양차 대전 중에 본회퍼 집안사람들이 가졌던 마음가짐을 여실히 보여준다. "슬프지만 뿌듯하기도 하다네."[39]

기초 훈련을 받은 두 젊은이는 전선으로 파견될 예정이었다. 카를 프리드리히는 늘 물리학 교과서를 가지고 다녔다. 발터는 전쟁이 발발한 이래 이 순간에 대비하고자 배낭에 여분의 무거운 짐을 넣고 긴 도보여행을 하면서 자신을 단련해왔다. 그해 독일의 전황은 매우 좋아 보였다. 실제로 황제가 1918년 3월 24일을 국경일로 선포할 만큼 자신만만했다.

1918년 4월, 발터의 차례가 되었다. 늘 그랬고 25년 뒤에도 그럴 테지만, 가족들은 발터를 위해 즐거운 송별 만찬을 베풀었다. 대가족이 커다란 식탁에 둘러 앉아 손수 만든 선물을 건네고 여러 편의 시를 읊고 그날을 위해 작곡한 노래도 여러 곡 불렀다. 당시 열두 살이던 디트리히가 〈이 마지막 순간에 그대의 여행 중 안전을 비네〉라는 곡을 편곡하여 직접 피아노를 치면서 형에게 불러주었다. 이튿날 아침, 온 가족이 발터를 역까지 배웅했다. 기차가 움직이기 시작하자 파울라 본회퍼가 기차와 나란히 뛰면서 발랄한 표정을 한 아들에게 이렇게 말했다. "우리를 떼어놓는 건 공간뿐이야." 그로부터 두 주 뒤에 발터는 프랑스에서 유산탄榴散彈에 부상을 입어 사망했다. 발터의 죽음으로 모든 것이 달라졌다.

자비네는 이렇게 썼다.

그해 5월의 화창한 아침과 우리에게서 그 아침을 갑자기 앗아간 끔찍한 어둠을 지금도 잊지 못한다. 아버지는 집을 나와 진찰실로 가려던 참이었고 나는 학교에 가려고 현관문을 나서던 참이었다. 우편배달부가 전보 두 통을 건넬 때는 현관에 서 있었다. 아버지가 봉투를 열어 보시더니 갑자기 하얗게 질려 서재로 들어가셨다. 그리고는 책상 앞 의자에 털썩 주저앉아 책상 위에 몸을 수그린 채 두 팔로 머리를 감싸셨다. 두 손에 가려 얼굴이 보이지 않았다. … 잠시 후 아버지는 반쯤 열린 문을 빠져나와 여느 때 같으면 가볍게 올랐을 널찍한 계단을 난간을 잡고 힘겹게 오르셨다. 그리고는 어머니가 계신 침실로 들어가셨다. 아버지는 거기에서 여러 시간 꼼짝도 하지 않으셨다.[40]

발터는 4월 23일 유탄에 맞아 부상을 입었다. 군의관들은 부상이 심하지 않다고 여기고 걱정하는 가족을 진정시키려고 편지를 보냈다. 그러나 염증이 생겨 상태가 악화되었다. 숨을 거두기 세 시간 전에 발터는 부모님에게 보내는 편지를 받아쓰게 했다.

사랑하는 부모님,
오늘 두 번째 수술을 받았습니다. 그리 달가운 수술은 아니었지요. 파편이 너무 깊이 박혀 있었기 때문입니다. 그 후 시차를 두고 장뇌 주사를 두 차례나 맞았습니다. 하지만 저는 이것으로 불행이 끝나기를 바라고 있습니다. 고통을 아무렇지 않게 생각하는 기술이 이곳에서도 발휘되어야 했습니다. 하지만 세상에는 제가 입은 부상보다 훨씬 중요한 사실이 있답니다. 끝없이 이어진 케멜 산과 오늘 우리가 점령했다고 보도된 이페른 지역은 우리에게 많은 희망을 줍니다. 제가 속해 있던 가련한 연대聯隊는 떠올리기도 싫습니다. 최후가 너무나 끔찍했기 때문입니다. 다른 사관생도들은 어떠할까요? 이렇게 멀리 떨어져서 두 분 모두를 생각하고, 두 분이 보여주신 사랑, 두 분과 함께 보낸 기나긴 세월의 순간순간을 떠올리노라면 그리움이 북받칩니다.[41]
  먼 곳에서
                              부모님의 아들 발터

나중에 가족들은 발터가 눈을 감기 며칠 전에 쓴 다른 편지들도 받았다. 가족이 면회를 와주길 바란다는 내용이었다. 아버지 카를 본회퍼는 여러 해 뒤에 이렇게 썼다. "지금도 그 편지들을 떠올리면 나를 질책하지 않을 수 없다. 먼젓번 전보에서 부상이 깊지 않으니 면회 올 필요 없다고 하긴 했지만, 그래도 곧장 달려갔어야 했는데 그러지 않았기 때문이다." 가족들은 발터의 지휘관이 너무나 미숙해서 부하 장병들을 모두 최전선으로 데려간 걸 나중에야 알았다.[42]

디트리히의 둘째 형 발터. 열여덟 살에 소집 명령을 받고 제1차 세계대전에 참전했다가 사망했다.

5월 초에 참모본부에 근무하던 사촌이 발터의 시신을 집으로 호송해왔다. 자비네는 그해 봄에 치른 장례식을 이렇게 회상했다. "말이 끄는 검은색 영구차는 온통 화환으로 장식되어 있었고 극도로 창백해진 어머니는 커다란 검은 베일을 쓰고 계셨다. … 아버지와 친척들과 수많은 사람이 검은 옷을 입고 말없이 예배당으로 가고 있었다." 디트리히의 외사촌 한스 크리스토프 폰 하제는 이렇게 회고했다. "어린 아들들과 딸들은 울고 또 울었다. 디트리히의 어머니가 그렇게 많이 우는 모습은 한 번도 본 적이 없었다."

발터의 죽음은 디트리히에게 하나의 전환점이었다. 장례식에서 가장 먼저 부른 찬송가는 〈예루살렘, 너 아름답고 우뚝한 도시여〉였다. 디트리히는 어머니가 늘 가족에게 바라던 대로 소리 높여 정확하게 노래했다. 파울라도 찬송가 가사에서 힘을 얻어 함께 노래했다. 가사에는 천상의 도시를 향한 깊은 갈망이 담겨 있었고, 그 도시는 하나님이 우리를 기다리시고 우리를 위로해주시고 "모든 눈물을 닦아 주실" 곳이었다. 〈예루살렘, 너 아름답고 우뚝한 도시여〉는 분명 디트리히에게 웅장하고 아주 커다란 의미로 다가왔을 것이다.

족장들과 예언자들의 고귀한 행렬
십자가를 지고 폭군들의 악행을 경멸하는

그리스도의 모든 신실한 제자들
나는 보네, 그들이 영원토록 빛나는 모습
영원히 꺼지지 않는 빛 가운데 자리하여
햇빛처럼 찬란히 빛나는 모습
완전한 자유를 쟁취한 모습을

설교는 디트리히의 외삼촌 한스 폰 하제가 맡았다. 그는 파울 에르하르트의 찬송가를 상기시키면서 이 세상은 고통과 슬픔이 가득하지만, 하나님과 함께하는 영원한 기쁨에 견주면 한순간에 불과하다고 말했다. 장례식 마지막 순서로 발터의 친구들이 복도를 따라 관을 옮겼고 트럼펫 주자들이 운구 행렬을 따라가면서 파울라 본회퍼가 고른 찬송가 〈하나님이 하시는 일은 좋은 일이다〉를 연주했다. 자비네는 트럼펫 주자들이 익숙한 칸타타를 연주하던 모습을 떠올리고 나서 어머니가 고른 가사 내용에 깜짝 놀랐다고 한다.

하나님이 하신 일은 좋은 일이다.
그분의 뜻은 언제나 바르다.
그분이 나에게 무슨 일을 하시든
나 언제나 그분을 신뢰하리라.

파울라 본회퍼는 그 가사를 진지하게 받아들였지만, 사랑스러운 아들 발터의 죽음은 그녀를 황폐하게 만들고 말았다. 이 쓰라린 기간에도 카를 프리드리히가 여전히 보병부대에 남아 있었던 것이다. 다들 말은 하지 않았지만, 첫째마저 잃을 수 있다는 실제적인 가능성이 파울라의 고통을 가중시켰다. 그 무렵 열일곱 살의 클라우스에게 소집 통보가 날아왔다. 너무 지나친 처사였다. 파울라는 맥없이 쓰러졌다.

몇 주간 병상에서 일어나지 못하고 가까운 이웃인 쇠네 집안사람들과 함께 지냈다. 대단히 유능하고 강인한 이 여인은 집에 돌아와서도 한 해 동안 예전 기운을 회복하지 못했다. 몇 해가 지나고 나서야 회복한 듯했다. 이 힘든 시기에 카를 본회퍼는 가족들에게 의지가 되어주었다. 하지만 그 역시 해마다 쓰던 신년 일기를 10년간 쓰지 않았다.

디트리히 본회퍼가 가장 이른 시기에 쓴 글은 발터가 숨을 거두기 몇 달 전에 할머니에게 보낸 편지다. 당시는 디트리히와 자비네가 열두 번째 생일을 며칠 앞둔 때였고, 군사 훈련을 거의 마친 발터가 전선 배치를 기다리던 때였다.

사랑하는 할머니,
2월 1일에 꼭 오세요. 그러면 우리 생일날 이곳에 계시게 될 거예요. 할머니가 여기에 계시면 훨씬 좋을 거예요. 바로 결심하시고 2월 1일에 꼭 오세요. … 카를 프리드리히 형이 우리에게 더 자주 편지를 보낸답니다. 얼마 전에도 편지가 왔는데, 형이 속한 부대의 모든 초급 장교가 참가한 경마대회에서 형이 1등을 했대요. 상금은 5마르크랍니다. 발터 형은 토요일에 돌아올 거예요. 오늘 우리는 발트 해의 볼텐하겐에서 싱싱한 넙치를 열일곱 마리나 얻었어요. 오늘 저녁에 먹을 거예요.[43]

볼텐하겐은 발트 해에 있는 해수욕장이다. 디트리히와 자비네와 주잔네는 이따금 판 호른 자매들과 함께 볼텐하겐에 갔다. 이웃인 쇠네가의 별장이 거기에 있었다.

발터가 숨을 거두고 몇 주가 지난 1918년 6월, 카를과 파울라는 디트리히를 판 호른 자매들과 함께 볼텐하겐에 보냈다. 거기에서 디트리히는 방겐하임슈트라세를 짓누른 무거운 분위기를 털어버리고 자유롭게 뛰놀며 소년으로 지낼 수 있었다. 디트리히가 보낸 두 번째 편지는 그 무렵 누나 우르줄라에게 보낸 것이다.

> 우리는 일요일 아침 7시 30분에 일어났어. 먼저 아침을 먹었어. … 그러고 나서 바닷가로 달려가 멋진 모래성을 쌓았어. 그런 다음 버드나무로 엮어 만든 해변용 의자 주위에 성벽을 만들었어. 요새도 만들었어. 저녁을 먹고 차를 마시느라 네다섯 시간 내버려두었더니 파도가 싹 쓸어버렸지 뭐야. 그래도 깃발만큼은 잊지 않고 챙겼어. 차를 마시고 다시 돌아가서 도랑을 팠어. 그때 비가 오기 시작하더라. 그래서 크발만 씨가 암소 젖 짜는 모습을 지켜보았어.**44**

할머니에게 보낸 7월 3일자 소인이 찍힌 또 다른 편지에서 디트리히는 잔뜩 들떠 비슷한 기분을 재잘거렸지만, 모래성을 쌓고 가상의 전투를 벌이는 유년의 세계에도 죽음이라는 외부 세계가 들이닥쳤다. 디트리히는 수상 비행기 두 대가 기동작전을 펼치다 갑자기 한 대가 급강하했다고 묘사했다.

> 지면에서 솟구치는 검고 두터운 연기 기둥을 보자마자 비행기가 추락한 걸 알아차렸어요! … 누군가가 말했어요. 조종사는 완전히 불길에 휩싸였지만, 다른 사람은 비행기에서 뛰쳐나와 한쪽 손만 부상을 입었다고요. 뒤에 그가 지나가다 들렀을 때 홀랑 타버린 양쪽 눈썹을 보았어요. … 몇 주 전 일요일 오후에 우리는 모래성 안에서 자다가 햇볕에 엄청 그을렸어요. … 우리는 날마다 오후가 되면 낮잠을 잤어요. 다른 남자 아이 둘도 이곳에 있어요. 한 명은 열 살이고 다른 한 명은 열네 살이에요. 유대인 꼬마 한 명도 이곳에 있어요. … 어젯밤에는 그 조종사들과 관련된 모든 일이 다시 주목을 받았답니다. … 이곳에서 보내는 마지막 날인 내일은 떡갈나

무 잎으로 화환을 만들 거예요. 발터 형 무덤에 놓으려고요.⁴⁵

9월에 디트리히는 브레슬라우에서 동쪽으로 40마일 떨어진 발다우에서 외사촌들과 합류했다. 한스 외삼촌이 그 지역에 있는 리크니츠 교회의 관리자 자격으로 목사관에 살고 있었다. 디트리히는 외가를 자주 오가며 친밀하게 지냈다. 외가에서는 목사나 신학자가 되는 것이 친가에서 과학자가 되는 것만큼이나 흔했다.

디트리히는 여러 번 외사촌 한스 크리스토프와 휴가를 함께 보냈다. 헨셴이란 이름으로 불린 한스 크리스토프는 디트리히보다 한 살 어렸다. 둘은 친하게 지내며 어른들의 세계로 진입했다. 한스 크리스토프는 디트리히의 뒤를 따라 디트리히가 유니언 신학교를 다녀가고 3년이 지난 1933년에 유니언 신학교 슬로언 학회 장학생이 되었다. 두 소년은 1918년 9월을 발다우에서 보내며 라틴어 수업을 함께 받았다. 하지만 누이들에게 보내는 편지를 보면 디트리히는 다른 일로 들떠 있었다.

내가 이미 편지에 써 보냈는지 모르겠는데, 메추라기 알을 여러 개 발견했지 뭐야. 그중 네 개가 부화했어. 두 개는 알을 깨고 나오지 못해서 우리가 도와줘야 했어. 부화한 새끼들은 닭장에 넣었어. 그런데 닭들이 새끼들에게 모이 먹는 법을 가르쳐주지 않는 거야. 우리도 어떻게 가르쳐야 할지 모르고 말이야. 헨셴이 가축을 우리에 들일 때 나도 더 자주 도와주고 있어. 나는 언제나 선수를 쳐. 무슨 말이냐 하면, 내가 가축들을 건초 더미로 몰아. 최근에는 짐마차도 몰았는데, 몇 바퀴를 제법 잘 돌았어. 어제는 클레르헨이랑 말도 탔어. 굉장히 근사했어. 종종 이삭을 주워 상당히 많이 모으기도 해. 오늘은 다시 탈곡을 해보고 싶어서 탈곡기로 한 번 해봤어. … 유감스럽게도 수확 결과는 썩 좋지 않았어. … 오늘 오후에는 호수에서

보트를 타려고 해.⁴⁶

디트리히의 천진난만한 장난기는 그칠 줄 몰랐고 어른이 되어서도 변함이 없었다. 하지만 한편으로는 일사분란하고 신중한 면도 있었다. 발터의 죽음과 독일의 패전 가능성이 그런 면을 촉발시켰다. 디트리히가 신학 공부를 생각한 것도 이 무렵이었다. 전쟁 막바지에 경제가 황폐화되어 독일이 휘청거리자 디트리히는 양식 조달을 주도했다. 9월 말에 그는 이런 편지를 부모님에게 보냈다.

어제는 제가 주위 모은 이삭을 찧었답니다. 얼마나 곱게 찧었느냐에 따라 다르지만, 제가 생각했던 것보다 10-15파운드는 더 나갈 것 같아요. … 이곳 날씨는 아주 화창합니다. 거의 하루 종일 햇빛이 비치거든요. 앞으로 며칠간은 감자를 수확할 거예요. … 저는 이곳에서 날마다 헨셴과 함께 일하고 한스 외삼촌은 라틴어를 번역하신답니다. 카를 프리드리히 형이 현역으로 복무하는 것도 아니니, 사랑하는 어머니, 이번만은 브레슬라우로 와 주시겠습니까?⁴⁷

독일이 패하다

디트리히 본회퍼가 유년기를 벗어난 해가 1918년이라면, 독일이 유년기를 벗어난 해도 1918년이라고 할 수 있다. 자비네는 전쟁 이전 시기를 일컬어 '다른 질서가 압도한' 시기라고 불렀다. "그 질서는 영원히 지속될 만큼 견고하게 확립된 질서, 기독교적 의미를 지닌 질서, 우리로 하여금 안전한 유년기를 보낼 수 있게 해주는 질서였다." 1918년에 그 모든 것이 변했다. 교회와 국가의 권위를 대표하고 독일과 독일식 생활방식을 대표하는 황제가 퇴위하려고 했다. 모두를 곤혹스럽게 하는 일이었다.

사태가 수습되던 8월에 독일의 마지막 공격이 실패했다. 이후 아무도 상상하지 못한 방식으로 사태가 전개되었다. 다수의 독일 사병이 불만을 품고 지휘관들에게 반기를 들었다. 지치고 굶주린 병사들은 자신들을 불행으로 이끈 권력자들에게 분노한 나머지 은밀히 유포되던 사상에 열중하기 시작했다. 공산주의는 여전히 근사한 신사상이었다. 스탈린의 잔혹 행위와 수용소 군도는 몇 십 년 뒤에나 있을 일이었다. 다시 한 번 공산주의가 그들에게 희망을 손짓하며 누군가를 탓하게 했다. 로자 룩셈부르크의 〈스파르타쿠스 통신Spartacus Letters〉[*]이 유포되어 사병들의 불만을 자극했다. 사병들은 혼란으로부터 무언가를 조금이라도 건지려면 자신들이 주도권을 잡아야 한다고 생각했다. 러시아 군대도 지휘관들에게 반기를 들지 않았던가? 이윽고 독일 사병들도 자신들을 대표할 대의원을 선출하고 옛 정부와 황제에 대한 불신을 공공연히 표출했다.

11월에 마침내 악몽이 현실이 되었다. 독일이 패전했다. 뒤이어 일어난 사태는 미증유의 혼란이었다. 불과 몇 달 전만 해도 승전 직전이었는데, 도대체 무슨 일이 일어났던 걸까? 많은 사람이 공산주의자들을 비난했다. 공산주의자들이 결정적인 시기에 군대에 불만의 씨를 뿌렸다는 거였다. 그 결과 그 유명한 패망음모론, 즉 '돌히슈토스 설Dolchstosslegende'이 생겨났다. 제1차 세계대전에서 독일의 진짜 적은 연합국이 아니라 공산주의를 지지하는 자들이었다는 것이다. 볼셰비키 사상을 지지하는 독일인들이 독일의 승전 기회를 안에서부터 무너뜨리고 독일의 등에 비수를 꽂았다는 얘기였다. 그들의 반역은

---

[*] 공산주의를 지지하는 불법 신문.

독일이 전쟁터를 가로지르면서 마주했던 다른 적들보다 훨씬 악했다. 처벌받아 마땅한 자들이었다. 전후에 싹튼 돌히슈토스 설은 새롭게 떠오른 국가사회주의자들과 그들의 지도자 히틀러가 특히 애용했다. 히틀러는 반역을 꾀한 공산주의자들에게 악담을 퍼붓는 재미로 살았다. 대성공을 거둔 그는 불길처럼 번지는 돌히슈토스 설에 부채질을 하고, 볼셰비즘은 국제 유대인 사회의 사상이며 유대인들과 공산주의자들이 독일을 파괴한 거라는 견해를 끊임없이 뇌고 또 뇌었다.

1918년 말, 공산주의자가 주도하는 쿠데타 조짐이 뚜렷하게 감지되었다. 한 해 전 러시아에서 일어난 사건들이 독일인들에게 신선한 충격을 안겨주었다. 정부 인사들은 똑같은 공포가 독일을 덮치는 걸 막아야 했다. 그들은 늑대들에게 늙은 황제를 던져주어야 독일이 다른 형태이긴 하지만 민주 정부로 살아남을 수 있다고 확신했다. 크나큰 희생이긴 하지만 뾰족한 대안이 없었다. 황제가 퇴위해야 했다. 국민이 그것을 요구했고 연합국도 그것을 바랐다.

결국 11월에 육군 원수 폰 힌덴부르크가 가장 추악한 임무를 맡았다. 최고사령부로 가서 빌헬름 황제에게 독일이 끝났다는 걸 납득시켜야 했다.

힌덴부르크는 군주제를 지지한 인물이니 이는 심히 괴이하고 괴로운 임무였다. 하지만 그는 국가를 위해 벨기에의 도시 스파로 가서 황제에게 전대미문의 최후통첩을 보냈다. 힌덴부르크가 알현을 마치고 회의실을 떠날 무렵 현관에는 그루네발트 출신의 열일곱 살 된 전령이 서 있었다. 클라우스 본회퍼는 용감한 힌덴부르크가 자기를 스쳐 지나간 순간을 결코 잊지 못했다. 카를 프리드리히가 여전히 보병부대에 소속되어 있는 상태에서 발터가 죽었으니 카를과 파울라가 어린 아들에게만이라도 안전한 보직을 찾아주려 한 건 당연했다. 그 결과 클라우스는 스파에 배치되었고 그날의 역사를 목격했다. 훗날 클라우스는 현관을 빠져나가는 힌덴부르크를 "생김새와 거동이 동상처럼 절도 있는" 인물로 묘사했다.⁴⁸

11월 9일, 황제는 대안을 찾지 못하고 퇴위했다. 지난 50년간 이어온 독일의 역사가 한 순간에 사라졌다. 하지만 폭도들은 만족하지 못하고 베를린 시내를 이리저리 몰려다녔다. 혁명이 일어날 것 같은 분위기였다. 로자 룩셈부르크와 카를 리프크네히트가 이끄는 극좌파 스파르타쿠스 단원들이 황궁을 점거하고 또 하나의 소비에트공화국을 선언하려는 찰나였다. 제국의사당에서는 좌파인 사민당이 다수를 차지했지만, 자칫하면 모두 사라질 수도 있었다. 쾨니히스플라츠 광장 위 제국의사당 창밖에서는 성난 군중이 변화를 촉구하고 무언가를 요구하고 아무것이나 요구했다. 그들이 얻을 것은 하나뿐이었다. 정당의 경고를 대담하게 무시하고 군중에게 싸구려 미끼를 던지려고 필립 샤이데만*이 육중한 창문을 열고 그럴 만한 권한도 없으면서 또 하나의 독일공화국을 선언했다! 던져줄 미끼가 그것뿐이었다.

하지만 상황은 그리 간단하지 않았다. 이 성급한 바이마르공화국 선언은 흔히 상상할 수 있는 것처럼 불완전한 민주주의 정부의 시작이었다. 누구도 동의한 적이 없는 절충안이었다. 이 절충안은 독일 정치 단체 간에 깊이 갈라진 틈을 메우기는커녕 오히려 균열을 숨겨 미래에 더 큰 화를 자초했다. 군주제를 지지하는 우익과 군부는 새로운 정부를 지지하기로 해놓고 그러지 않았다. 오히려 정부에서 발을 빼고 패전의 책임을 정부와 다른 극좌파 분자들, 특히 공산주의자들과 유대인들에게 전가했다.

한편 길에서 1마일도 안 떨어진 곳에서 황제의 황궁을 점거한 공산

* 필립 샤이데만은 독일 정치인이다.

주의자들은 항복할 마음이 없었다. 그들은 여전히 완전한 소비에트공화국을 원했다. 샤이데만이 제국의사당 창문에서 독일공화국을 선언하고 두 시간이 지난 뒤에 리프크네히트가 황궁 창문을 활짝 열고 같은 패를 내밀며 자유사회주의공화국을 선언했다! 유치한 방식이기는 하지만, 두 역사적 건물의 창문을 활짝 열어젖힘으로써 크나큰 불행이 시작되었다. 바야흐로 독일혁명이라 불리는 내란이 시작되어 장장 넉 달간 이어졌다.

마침내 군부가 공산주의자들을 물리치고 룩셈부르크와 리프크네히트를 살해함으로써 질서를 되찾았다. 1919년에 선거를 실시했지만 다수표를 얻은 이가 없었다. 합의가 도출되지 않았다. 정치 세력들은 수년에 걸쳐 서로 치고받았고, 독일은 1933년까지 사분오열된 채 지리멸렬한 상태를 면치 못했다. 1933년, 오스트리아 출신의 과격한 건달이 모든 의견 대립을 금지하고 분란에 마침표를 찍었다. 그러자 진짜 불행이 시작되었다.

하지만 다들 함께 살 수 있는 방식으로 회복되리라 기대하던 1919년 봄이 지나갈 무렵, 가장 굴욕적이고 결정적인 재난이 찾아왔다. 그해 5월, 연합국은 자신들이 요구하는 강화 조건을 공표하고 베르사유 궁에 있는 거울의 방에서 서명했다. 독일인들은 경악했다. 최악의 사태는 끝났다고 생각했었다. 연합국의 요구사항을 다 이행하고 황제도 퇴위시키고 공산주의자들까지 격퇴시켰다. 좌파와 우파를 주물러 미국과 영국, 프랑스, 스위스 정부를 본 따 어엿한 민주정부도 수립했다. 그런데 어떻게 그 이상을 기대할 수 있단 말인가? 연합국이 바라는 건 훨씬 가혹한 거라는 게 곧 판명났다.

베르사유조약은 독일에게 아시아와 아프리카에 있는 식민지는 물론이고 프랑스와 벨기에, 덴마크에 있는 영토까지 포기하라고 요구했다. 또한 터무니없는 전쟁 복구비용을 금, 선박, 목재, 석탄, 가축으로 변상하라고 했다. 그러나 무엇보다 다음 세 가지 요구 사항은 정말로 참을 수 없었다. "첫째, 독일은 폴란드 대부분을 포기하고 동프로이센을 할양해야 한다. 둘째, 전쟁의 책임은 독일이 홀로 떠맡아야 한다. 셋째, 독일은 군대를 없애야 한다." 요구 조건 하나하나가 가증스럽기도 했지만, 다 합쳐 놓으니 도저히 이해할 수 없었다.

독일 전역에서 격렬한 반대가 이어졌다. 베르사유조약을 도저히 용납할 수 없었다. 한 국가에 사형 선고를 내린 것이나 다름없었다. 하지만 그때는 상환 청구와 그로 말미암은 극심한 굴욕을 받아들이는 것 외에 다른 길이 없었다. 제국의사당 창문을 열고 멍청하게 독일공화국을 선언한 샤이데만은 이제 저주를 퍼부었다. "이 조약에 서명하는 손은 마비될진저!" 그럼에도 조약을 조인할 수밖에 없었다.

완벽한 승전을 예상하고 러시아를 쳐부수던 1년 전만 해도 독일인이 러시아인에게 서명하라고 들이댄 조약은 지금 이 조약보다 훨씬 가혹하지 않았던가? 독일인은 러시아인에게 연합국이 베푸는 자비보다 훨씬 못한 자비를 베풀지 않았던가? 지렁이가 꿈틀거렸고 앙갚음을 하려는 마음이 바람을 타고 독일 전역에 뿌려져 서서히 자라났다.

여느 독일인 집안과 마찬가지로 본회퍼가도 교전을 주의 깊게 지켜보았다. 베를린 도심에서 몇 마일 떨어진 곳에 살던 그들은 교전을 피할 수 없었다. 어느 날 본회퍼 집에서 0.5마일 정도 떨어진 할렌제 기차역에서 공산주의자들과 정부군이 교전을 벌였다. 디트리히는 교전 지역 근처에서 흥분한 열세 살 소년의 어조로 할머니에게 이런 편지를 보냈다.

그다지 위험하지 않았어요. 하지만 교전 상황을 분명하게 들을 수 있었어요. 교전이 밤에 벌어졌거든요. 한 시간가량 교전이 이어지고 나서 양쪽

다 물러났어요. 아침 여섯 시에 다시 교전을 시도했지만, 얻은 거라곤 피투성이가 된 머리 몇 개뿐이었어요. 오늘 아침에 포격 소리를 들었지만, 어디에서 들려온 건지는 아직도 모르겠어요. 다시 쿵쿵 때리고 있는데, 멀리서 그러는 것 같아요.[49]

그러나 디트리히는 집안에 더 많은 관심을 기울였다.[50] 어머니는 발터의 죽음으로 여전히 휘청거렸다. 1918년 12월, 디트리히는 할머니에게 다음과 같은 편지를 보냈다. "엄마는 많이 좋아지고 있어요. 아침에는 연약한 느낌을 주다가도 저녁이 되면 안정을 되찾고 있어요. 안타깝게도 엄마는 거의 아무것도 드시지 않아요." 한 달 뒤에는 이런 편지를 보냈다. "지금까지는 엄마가 상당히 좋아지고 계세요. … 엄마는 잠시 길 건너편에 있는 쇠네 씨 집에서 지내셨어요. 그때부터 상당히 좋아진 것 같아요."[51]

이듬해에 디트리히는 프리드리히 베르더 김나지움을 졸업하고 그루네발트 김나지움에 입학했다. 이미 신학자가 되기로 마음먹은 상태였지만, 드러내놓고 말하지는 않았다. 열세 살이 넘으면 유년기에서 성인기로 접어드는 시기다. 부모님은 디트리히의 입학을 허락했고 자비네에게는 무용 교습을 받게 했다. 그해가 저물 무렵 디트리히와 자비네가 어른들과 함께 밤을 지새우는 것도 허락했다.

열한 시쯤 되자 등불이 모두 꺼졌다. 우리는 뜨거운 펀치를 마시고 크리스마스트리에 달린 양초에 불을 붙였다. 모두 우리 집안 전통이었다. 온 가족이 한자리에 앉자 어머니가 시편 90편을 읽어주셨다. "주님은 대대로 우리의 거처이셨습니다." 촛불이 차츰 희미해지고 크리스마스트리의 그림자가 점점 길어졌다. 한해가 저무는 걸 보면서 우리는 파울 게르하르트가 쓴 송구영신 찬송가를 불렀다. "이제 우리가 노래와 기도를 바치러 가서, 지금까지 우리 삶에 힘을 주신 우리 주님 앞에 서게 하소서." 마지막 절을 마칠 즈음 교회 종이 뎅그렁뎅그렁 울리며 새해를 알렸다.⁵²

그루네발트의 사교계는 열한 살인 주잔네를 비롯하여 스물한 살인 카를 프리드리히에 이르기까지 아이들에게 특히 귀중한 세계였다. 아직 결혼한 아이는 없었지만, 모든 것을 함께하는 친구들이 있었다. 훗날 클라우스와 결혼한 엠미 델브뤼크는 이렇게 회고했다.

우리는 재치와 상상력이 넘치는 곳에서 파티와 춤판을 벌이고 어두워질 때까지 호수에서 스케이트를 타곤 했다. 친구들은 왈츠를 추었고 얼음판 위에서는 황홀하고 우아한 춤사위로 피겨 기술을 뽐냈다. 여름밤에는 도나니 가문의 아이들, 델브뤼크 가문의 아이들, 본회퍼 가문의 아이들이 네다섯 쌍을 이루어 그루네발트를 산책하곤 했다. 잡담도 하고 말다툼을 할 때도 있었지만, 그런 것들은 이내 사라졌다. 품격과 취미에 대한 분명한 기준, 다른 분야의 지식에 대한 관심도 컸다. 청소년기는 나에게 거대한 책무를 지닌 선물이었던 것 같다. 우리는 모두 얼마간 의식적으로 그렇게 느꼈던 것 같다.⁵³

신학을 택하다

열네 살이 되던 1920년, 디트리히는 신학자가 되기로 결심했다는 걸 알릴 준비가 되었다. 그러한 사실을 본회퍼 집안에 알리는 건 용기가 필요했다. 아버지는 그와 견해가 달랐지만 아들의 결심을 진심으로 존중했던 것 같다. 하지만 형들과 누이들 그리고 친구들은 그러지 않았다. 그들은 만만찮은 집단, 대단히 명석한 집단이었다. 대부분

건방진 동생의 생각에 대놓고 반대했고 때로는 조롱하기도 했다. 디트리히를 끊임없이 놀려댔고 그다지 중요하지 않은 것들을 들이대며 웃어댔다. 디트리히는 열한 살 무렵 프리드리히 실러가 쓴 희곡 이름을 잘못 발음해서 비웃음을 산 일도 있었다. 그 나이에 실러의 작품을 읽는 건 당연했다.

엠미 본회퍼는 그때의 분위기를 이렇게 회고했다.

냉담해지지 않으면서 매너리즘이나 시대풍조와 거리 두기, 천박한 호기심이 아닌 진심어린 관심 보이기, 이것이 디트리히가 선택한 노선이었다. … 그는 쓸데없는 이야기를 견디지 못했다. 그리고 다른 사람이 무슨 뜻으로 하는 말인지 정확히 알아챘다. 본회퍼 집안사람들은 너나할 것 없이 가장하거나 꾸며낸 생각과 매너리즘을 극도로 싫어했다. 천성이 그랬고 교육에 의해 강화된 면도 있다. 본회퍼가 사람들은 그런 것들에 살짝 닿는 것조차 싫어했다. 그런 것들을 허용하지 않았고 심지어 부정하다고 여겼다. 델브뤼크 집안사람들이 평범한 이야기를 하는 걸 꺼렸다면, 본회퍼 집안사람들은 재미있는 이야기를 하는 걸 꺼렸다. 재미없는 것으로 판명 나서 비웃음을 살까 봐 두려웠기 때문이다. 아버님의 비꼬는 듯한 웃음은 온화한 기질을 지닌 사람들의 마음을 종종 상하게도 했지만, 강인한 기질을 지닌 사람들을 더욱 예리하게 해주었다. (중략)

본회퍼 집안에서는 자연스럽게 질문을 하거나 말하기 전에 먼저 생각하는 법을 배웠다. 아버님이 미심쩍은 표정으로 눈썹을 치뜨면 다들 곤혹스러워했다. 이런 일이 온화한 웃음과 함께 이루어질 때에는 다들 안도했지만, 아버님 표정이 심상치 않으면 다들 여지없이 곤혹스러워했다. 하지만 실제로는 누군가를 곤혹스럽게 하려고 하신 행동이 아니었다. 다들 그 사실을 잘 알았다.[54]

엠미의 회고에 따르면 디트리히가 신학을 공부하기로 결심했다고 알렸을 때 가족들은 질문을 퍼부었다.

우리는 머릿속에 떠오르는 질문을 그에게 던지곤 했다. 예를 들면 이런 것들이다. 선이 정말로 악을 이긴 걸까? 예수님은 우리가 거만한 자들에게도 다른 쪽 뺨까지 돌려대길 원했을까? 우리는 젊은이들이 실생활에서 부닥치는 수백 가지 문제들, 젊은이들을 막다른 골목으로 밀어 넣는 질문들도 던졌다. 디트리히는 종종 간단명료하게 답할 수 없는 질문과도 씨름했다. 예를 들면 이런 것들이다. "너는 예수가 무정부 상태를 원했다고 생각하니? 그분은 성전에 들어가 채찍으로 환전상들을 내쫓았잖아?" 디트리히 역시 그런 질문을 자신에게 던졌다.[55]

디트리히의 형 클라우스는 직업으로 법학을 선택하고 독일 항공사 루프트한자의 수석 변호사가 되었다. 신학을 선택한 디트리히의 진로를 놓고 논쟁하던 중에 클라우스가 교회가 지닌 문제를 집중적으로 늘어놓고 나서 교회를 가리켜 "소시민적이고 따분하고 허약한 기관"이라고 말하자, 디트리히는 "그러면 내가 개혁하면 되지 뭐!"라고 대꾸했다. 주로 형의 공격을 대담하게 저지하려는 뜻에서 한 말이었지만, 농담 삼아 한 말이기도 했다. 본회퍼 가족은 뽐내는 말을 하는 사람들이 아니었기 때문이다. 다른 한편, 그는 장차 그런 방향으로 활동할 인물이었다.

형 카를 프리드리히는 디트리히의 결심을 가장 덜 기뻐했다. 그는 이미 훌륭한 과학자로 이름을 날리고 있었다. 그래서인지 디트리히가 과학으로 입증 가능한 사실을 버리고 안개 같은 형이상학 속으로 달아나고 있다고 느꼈다. 이 문제를 두고 여러 번 논쟁하면서 디트리히는 이렇게 말했다. "Dass es einen Gott gibt, dafür lass ich mir den

Kopf abschlagen." "내 목에 칼이 들어와도 하나님은 여전히 계셔"
라는 뜻이다.

본회퍼가 튀빙겐에 사는 할머니를 찾아갔을 때 만난 친구 게르하르트 폰 라트는 이렇게 회상했다. "학구적인 엘리트에 속한 청년이 신학을 공부하기로 마음먹은 건 대단히 드문 일이었다. 신학 공부와 신학자라는 직업은 엘리트 집단에서 크게 존경받지 못했다. 계급을 확연히 구분할 수 있는 사회에서 대학 신학자들은 학계에서도 떨어져 있었고 사회에서도 떨어져 있었다."[56]

본회퍼 집안사람들은 교인이 아니었다. 하지만 모든 자녀가 견신례를 받았다. 열네 살에 디트리히와 자비네는 그루네발트 교회 목사 헤르만 프리베가 이끄는 견신례 반에 등록했다. 디트리히가 견신례를 받을 때 어머니 파울라 본회퍼는 그에게 발터가 읽던 성경을 주었다. 이후 디트리히는 평생 그 성경을 가지고 매일 예배를 드렸다.

신학자가 되겠다는 결심은 확고했다. 그러나 부모님은 그것이 최선의 길이라고 생각하지 않았다. 그에게는 음악적 재능이 있었기에 그쪽으로 돌아서기를 바랐다. 유명한 피아니스트 레오니트 크로이처*가 베를린 음악고등학교에서 가르치고 있었는데, 가족들은 디트리히가 크로이처 앞에서 피아노를 연주할 수 있게 주선하여 의견을 들어 보기로 했다. 크로이처의 판단은 그리 중요한 영향을 끼치지 못했다. 어쨌든 그해가 지나자 디트리히는 선택과목으로 히브리어를 택했다. 신학을 택한 그의 선택을 돌이킬 수 없었을 때 행한 일일 것이다.

1921년 11월, 열다섯 살의 디트리히는 난생 처음 전도 집회에 참석했다. 구세군 대장 브람웰 부스는 전쟁 전에 독일에서 사역했다.

---

* 크로이처는 독일계 유대인이다. 1933년에 나치, 특히 알프레트 로젠베르크는 크로이처를 '문화의 적'으로 규정하여 미국으로 강제 이주시켰다.

1921년, 베를린 그루네발트 고등학교 교실에 앉아 있는 디트리히. 왼쪽에서 오른쪽으로 엘리자베트 카스파리, 펠릭스 프렌첼, 발터 라테나우의 조카 우르줄라 안데애, 나중에 페터 요르크 백작 부인이 된 엘렌 마리온 빈터, 마리아 바이거르트, 교사 빌리발트 하이닝거, 한스 로베르트 파일, 게오르크 젤리히존, 디트리히 본회퍼, 에르트만 니키쉬 폰 로제네크, 쿠르트 매네, 헤르버트 만키비츠. 이듬해 6월 25일 수업 시간에 디트리히는 총성을 들었다. 온 건파 유대인 라테나우를 암살하는 총성이었다.

1919년에 그는 독일의 고통, 특히 굶어 죽는 어린이들을 다룬 보도에 크게 자극받아 공식 루트의 우회로를 찾아 우유가 분배될 수 있게 했다. 원조 운동에 5,000파운드를 내놓기도 했다.

그로부터 2년이 지나 부스는 일련의 전도 집회를 인도하려고 베를린에 왔다. 전쟁으로 낙담한 사병들을 포함하여 수천 명이 얼굴을 내밀었다. 자비네는 이렇게 회상했다. "디트리히는 전도 집회에 열심히 참석했다. 집회에 참석한 사람들 중에서 나이가 가장 어렸지만 대단히 즐거워했다. 기쁜 빛이 얼굴에 가득한 부스를 보고 깊은 감명을 받았고, 부스에게 흠뻑 빠진 사람들과 회심한 사람들 이야기를 우리에게 들려주기도 했다." 디트리히의 일부가 이런 종류의 일에 강하게 끌리긴 했지만, 그는 뉴욕시에 있는 아비시니안 침례교회에 출석할

때까지 이후 10년간은 그런 전도 집회를 다시 보지 못했다.⁵⁷

초기 바이마르공화국의 혼란은 끝이 없었다. 베를린에서 특히 심각했다. 디트리히가 열여섯 살이 되던 해는 일촉즉발의 상황이었다. 1922년 6월 25일, 그는 자비네에게 이런 편지를 보냈다. "학교로 출발해서 3교시 이후에야 도착했어. 바로 그때 안마당에서 괴상한 총성이 들렸어. 우리에게서 300미터도 안 떨어진 곳에서 라테나우가 암살당했지 뭐야! 우익 과격파 깡패들 소행이었어! … 이곳 베를린에서는 사람들이 미친 듯이 흥분하고 사납게 날뛰어. 제국의사당에서 사람들이 주먹싸움을 해."⁵⁸

정치적으로 온건한 유대인 발터 라테나우는 독일 외무장관이었다. 그는 베르사유조약에 명시된 전쟁 부채를 독일이 갚아야 한다고 생각했고 부채 금액을 다시 조정하려 했다. 이러한 관점과 유대인 기질 때문에 우익은 라테나우를 경멸했다. 그날 그는 디트리히의 학교 근처 빌헬름슈트라세에 있는 집무실로 가고 있었고, 우익은 차량 한 대에 암살자들과 기관총을 실어 급파했다. 11년 뒤, 히틀러는 집권하자마자 이 암살자들이 독일 국민의 영웅이라 선언하고, 6월 24일을 국경일로 지정하여 그들의 행위를 기리게 했다.

디트리히의 동급생 페터 올덴은 수업 중에 여러 발의 총성을 들었다고 회상했다. "내 친구 본회퍼의 격렬한 의분, 그의 깊고 자발적인 분노가 지금도 생각납니다. … 독일의 가장 뛰어난 지도자를 살해하다니 독일은 앞으로 어찌 될 것인가 하고 묻던 그의 모습이 떠오릅니다. 내가 그의 모습을 떠올리는 것은, 어떤 사람이 자신이 서 있는 자리를 그리도 정확히 알 수 있다는 사실에 놀랐기 때문입니다."⁵⁹

디트리히의 가족 친지 상당수는 유대인이었다. 그는 그런 친지들로 이루어진 엘리트 공동체에서 자랐다. 그날 아침 디트리히의 학급에도 저명한 유대인 가문의 아이들이 몇 명 있었다. 그중 하나는 라테나우의 조카딸이었다.

몇 주 뒤 디트리히는 기차를 타고 튀빙겐으로 여행했던 일을 편지에 적어 부모님에게 보냈다. "한 남자가 철도 객실로 들어오자마자 정치에 대해 이야기했습니다. 대단히 속 좁은 우익이었습니다. … 그가 말하지 않고 빠뜨린 것이 하나 있는데, 바로 그의 어금꺾쇠 십자 기장이었습니다."[60]

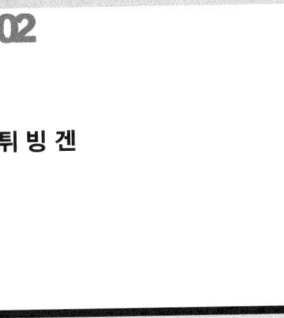

튀빙겐

1923년

내가 신학을 공부하리라는 건 열세 살 무렵부터 분명해졌다. _디트리히 본회퍼

1923년, 본회퍼 집안사람들에게 의미심장한 변화가 일어났다. 이 변화에는 첫째 딸의 결혼도 들어 있다. 우르줄라가 명석한 변호사 뤼디거 슐라이허와 결혼했다. 뤼디거의 아버지는 카를 본회퍼가 튀빙겐에서 수학하던 시절 친구이자 동급생이었다. 뤼디거도 튀빙겐에서 수학했고 '고슴도치'라는 학우회 출신이었다. 카를 본회퍼도 예전에 고슴도치의 유명한 회원이었다. 뤼디거는 베를린에 있는 이 유명한 동문을 한 차례 찾아갔다가 미래의 아내를 만났다.

1923년, 마리아 판 호른도 결혼했다. 남편 리하르트 스체판은 그루네발트 김나지움에서 사랑받는 고전어 교사였고 본회퍼 가족이 방겐하임슈트라세 14번지에서 지내는 몇 해 동안 함께했다. 클라우스의 가정교사였고 가족음악회에서 종종 피아노를 쳤다. 1922년에는 디트리히와 함께 포메른으로 도보여행을 떠나기도 했다.

1923년, 카를 프리드리히가 카이저 빌헬름 연구소에서 명망 높은 연구원 자리를 얻었다. 이내 그는 이 연구소에서 원자를 분리시켜 똑똑하고 야심찬 형제자매들이 성취해야 할 목표를 한없이 끌어올렸다. 물리학자로서 성공을 거둔 카를 프리드리히는 전 세계 유수의 대학으로부터 초청을 받았다. 미국을 방문한 다음에는 디트리히의 진로를 위해 길을 터주기도 했다.

1923년, 디트리히가 집을 떠났다. 하지만 이 끈끈한 가족 중에서 정말로 집을 떠난 이는 하나도 없었다. 몇 해 안에 크리스티네가 남편과 함께 길 건너편으로 이사했다. 그리고 1930년대에는 우르줄라와 뤼디거가 샤를로텐부르크에 사는 부모님 곁으로 이사했다. 마리엔부르크 알레 42번지와 43번지로 두 집은 서로 붙어 있다시피 했다. 이듬해인 1924년, 디트리히는 베를린 대학교에서 수학하려고 튀빙겐에서 돌아와 다시 부모님 집에서 살았다. 그는 이후 1943년에 체포될 때까지 20년간 부모님과 함께 살았다. 하지만 디트리히의 튀빙겐행은 가족에게 중대한 계기나 다름없었다.

디트리히는 여름학기에 맞춰 4월 말에 집을 떠났다. 튀빙겐에서 수학하던 누나 크리스티네와 함께 떠난 길이었다. 튀빙겐 네카어 강변 네카어할데 38번지에는 할머니 율리 본회퍼가 살고 있었다. 두 사람은 튀빙겐에서 지내는 동안 대부분의 시간을 할머니와 함께 보냈다. 부모님도 자주 찾아왔다. 베트게에 따르면 디트리히는 "동료 학생들 사이에 뿌리를 박기보다는 자기 집에 훨씬 더 깊이 뿌리를 박았고, 부모님과 먼저 상의하기 전에는 아무 일도 하지 않았다"고 한다. 본회퍼가 자녀들이 튀빙겐에서 한 해라도 대학 공부를 하는 건 집안의 전통이었다. 카를 프리드리히가 1919년에 튀빙겐에서 공부했고 클라우스와 자비네가 그 뒤를 이었다. 크리스티네는 이미 튀빙겐에서 지내는 중이었다. 물론 이 전통은 카를과 파울라 때부터 시작되었다.[1]

디트리히는 아버지의 뒤를 따라 고슴도치 학우회에 가입했다. 고슴도치 학우회는 독일 제국이 탄생한 해인 1871년에 발족했다. 프랑스-프로이센 전쟁에서 프랑스가 패한 뒤 프로이센이 독일의 25개 국가를 통일하여 주도권을 잡았다. 그 국가들은 독일 제국이라는 하나의 연방체가 되었다. 보통 이 제국을 제2제국이라 부르고 히틀러의 나치 정부를 제3제국이라 부른다. 이후 거의 50년간 독일 제국을 이끈 것은 프로이센과 호엔촐레른 왕조였다. 초대 황제는 프로이센의 왕 빌헬름 1세였다. 그는 다른 24개국의 수장들과 손을 잡고 '동등한 사람들 가운데 1인자 *primus inter pares*'로 군림했다. 빌헬름 황제는 프로이센의 제후 오토 폰 비스마르크를 독일 제국의 초대 수상으로 임명했다. 비스마르크는 재상이라는 직함을 받아 철혈 재상으로 알려졌다. 고슴도치 학우회는 제국과 황제에게 우국충정을 품긴 했지만, 당시의 여러 학우회와 달리 국수주의나 군국주의에 빠지지 않았다. 정치적으로 온건한 본회퍼 가문과 교분을 유지함으로써 고슴도치 학우회의 가치는 더욱 높아졌다. 디트리히는 편한 마음으로 이 학우회에 가입했다. 하지만 형제들 가운데 마음 편히 가입한 사람은 디트리히뿐이었다.

고슴도치 회원들은 고슴도치 가죽으로 만든 모자를 쓰고 다녔다. 그리고 천연덕스럽게도 학우회를 상징하는 색깔로 담회색, 중간 회색, 진회색을 택했다. 단색 계열을 택한 것은 밝은 색 계열의 모자들과 섬뜩한 결투 흉터를 소중히 여기는 다른 학우회들을 조롱하기 위해서였다. 19세기와 20세기 초 독일 사회에서는 학우회 간 결투에서 남자답게 얼굴에 영광의 상처를 남기는 것이 일대 유행이었다.*

1923년 고슴도치 학우회 신입회원들

본회퍼 집안사람들은 너무나 신념이 확고하여 그런 지나친 익살에 매혹되지 않았다. 극단적인 국수주의자도 아니고 군주제를 지지하지도 않았지만, 애국심만은 누구에게도 뒤지지 않았다. 그런 까닭에 고슴도치 학우회의 특색이라 할 수 있는 민족적 긍지는 매력이 있었다. 카를 본회퍼는 학우회에서 활동하던 시절을 늘 호의적으로 회상했지만, 동료의 음주 압력만큼은 찬성하지 않았다. 그와 함께 활동한 고슴도치 회원들 상당수는 중도적인 정치 신념을 지니고 있었고 황제와 비스마르크의 정책을 옹호했다. 고슴도치 학우회의 성채 같은 본부는 튀빙겐 시내를 굽어보는 언덕마루에 있었다.

몇 년 뒤, 한 동료 회원은 디트리히를 대단히 안정감 있고 자신만만한 사람, 우쭐대지 않으면서도 "비판을 너그러이 수용할 줄 아는" 사람으로 회상했다. 디트리히는 "벗으로 삼을 만하고 육체적으로 민첩

---

* 결투에서 얻은 흉터를 다들 슈미스(Schmiss) 혹은 레노미어슈미스(Renomierschmiss)라 불렀다. 상흔 또는 자랑스러운 상처라는 뜻이다. 결투는 대개 바로크식으로 구성된 찌르기 시합, 이른바 참가자가 서로 검이 닿는 거리 안에서 벌이는 시합보다는 덜 위험한 시합이었다. 몸통과 팔다리에 보호 장비를 착용했지만, 얼굴만큼은 보호 장비를 착용하지 않았다. 이 시시한 결투의 핵심이 흉터를 얻어 자신의 용맹을 입증하는 데 있었기 때문이다. 뺨에 섬뜩하게 패인 상처나 코에 수직으로 난 흉터는 용맹의 증표가 되어 그가 독일 엘리트 계층이 모이는 고귀한 모임에 얼마나 적합한 사람인지 뭇사람들에게 떠벌리는 효과가 있었다. 흉터는 이들에게 무시무시한 배지나 다름없었다. 결투에서 흉터를 얻지 못한 풋내기들은 다른 방법으로라도 용맹을 증명하려 애쓸 만큼 흉터는 선망의 대상이었다.

하고 튼튼한 청년." "본질적인 것들을 간파하는 예리한 능력과 사태의 진상을 규명하는 능력"의 소유자, "사람들을 묘하게 놀리지만 엄청난 유머감각을 지닌 사람"이기도 했다.[2]

독일에게 1923년은 비참한 해였다. 마르크화의 가치가 두 해 전부터 미끄러지더니 급속히 추락했다. 1921년에는 달러당 75마르크로 떨어졌고, 이듬해에는 달러당 400마르크, 1923년 초에는 달러당 7,000마르크로 급락했다. 그러나 이것은 고통의 시작에 불과했다. 독일은 베르사유조약에 명시된 보상비를 지불하라는 압력에 시달렸다. 1922년, 독일 정부는 더 이상 버티지 못하고 모라토리엄moratorium, 즉 지불유예를 신청했다. 영악한 프랑스는 이 책략에 속지 않고 완고하게 거절했다. 하지만 그것은 책략이 아니었다. 독일은 보상비를 지불하지 않았다. 프랑스는 즉각 군을 파견하여 독일의 산업 중심지인 루르 지역을 점령했다. 이 때문에 일어난 혼란은 몇 달 전에 있었던 황폐한 상태를 오히려 호시절로 여기게 만들었다. 8월에는 마르크화의 가치가 달러당 100만 마르크로 떨어졌다. 9월에는 8월이 호시절로 여겨졌다. 1923년 11월에는 마르크화의 가치가 달러당 대략 400만 마르크로 떨어졌다.

11월 8일, 때가 왔음을 감지한 히틀러가 뮌헨 비어홀 폭동을 주도했다. 하지만 시기상조였음을 곧 알아챘다. 히틀러는 대역죄로 잠시 투옥되었다. 유배 중인 황제라도 되는 양 히틀러는 평화롭고 조용한 란스베르크 암 레흐에서 옛 친구들과 만나고《나의 투쟁Mein Kampf》이라는 정신 나간 교서를 받아쓰게 하면서 다음 거사를 획책했다.

1923년 말이 되자 카를 본회퍼의 생명보험이 만기가 되어 10만 마르크가 나왔다. 수십 년간 보험료를 납입했는데, 보상으로 받은 보험금은 포도주 한 병과 딸기 몇 알을 구입할 정도밖에 되지 않았다. 거기다 정작 보험금이 도착할 즈음에는 딸기 몇 알을 구입할 정도의 가치밖에 되지 않았다. 그가 전 유럽에서 온 수많은 환자를 돌본 것이 그나마 다행이었다. 환자들이 자국 화폐로 치료비를 지불했기 때문이다. 그럼에도 1923년 말에는 정상적인 상태를 유지할 수 없게 되었다. 10월에 디트리히는 매끼 식사 때마다 10억 마르크가 든다고 편지에 썼다. 두세 주의 식비를 미리 지불하고 싶었지만, 가족이 돈을 보내주어야 가능한 일이었다. "제 수중에는 그렇게 많은 돈이 없습니다. 빵을 사는 데만 60억 마르크가 들거든요"라고 그는 설명했다.

고슴도치 학우회는 새내기 회원을 푹스Fuchs라 불렀다. 독일어로 여우를 뜻한다. 고대 그리스 시인 아킬로쿠스가 남긴 유명한 말을 암시하는 호칭이었다. "여우는 자잘한 일 여러 가지를 알지만, 고슴도치는 큰 일 한 가지를 안다." 모든 푹스는 저마다 학우회의 푹스부흐(Fuchsbuch, 여우책)에 자신의 이력을 간략히 작성해야 했다.³ 디트리히는 자신을 이렇게 소개했다.

나는 1906년 2월 4일에 브레슬라우에서 쌍둥이 여동생과 함께 이 학우회를 거쳐 간 대학 교수 카를 본회퍼와 어머니 파울라 폰 하제의 아들로 태어났다. 여섯 살 무렵 실레지아를 떠나 베를린으로 이사했고 프리드리히 베르더 김나지움에 입학했다. 그루네발트로 이사하여 그곳 학교에 입학했다. 그 학교에서 1923년 부활절에 고등학교 졸업시험을 통과했다. 내가 신학을 공부하리라는 건 열세 살이 되던 때부터 분명해졌다. 지난 두 해 동안은 음악만이 나를 들뜨게 했다. 지금 나는 이곳 튀빙겐에서 첫 학기 공부를 하면서 모든 성실한 아들이 일반적으로 밟는 단계에 따라 고슴도치 회원이 되었다. 나는 프리츠 슈미트를 개인 경호원으로 택했다. 이 외에 나에 대해 알릴 만한 것이 없다.⁴

디트리히 본회퍼

"오늘 저는 군인이 되었습니다"

베르사유조약의 가장 가혹한 조항 중 하나는 징병금지였다. 독일은 10만 명의 군대만 유지할 수 있었다. 이는 국가적 자살 행위에 빠지는 것을 의미했다. 폴란드 국경을 갓 넘은 러시아가 언제든 진군해 들어와 독일을 정복할지도 모르고 국내의 한 집단(몇몇 후보자가 있었다)이 군사적으로 별 어려움 없이 국가를 접수할지도 모르는 일이었다. 11월 8일에는 히틀러가 시도한 폭동으로 그런 사태가 거의 발생할 뻔했다. 연합국은 승인하려 하지 않겠지만, 그러한 정치적 혼란 때문에라도 일정한 수준의 군비가 필요했다. 그래서 독일은 연합국 관리위원회의 간섭을 피하고자 우회적인 방법을 궁리해냈다. 대학생들이 학기 중에 은밀한 훈련을 받는 것도 그중 하나였다. 이 병력을 가리켜 '검은 제복의 국방군'이라 불렀다. 1923년 11월, 드디어 디트리히의 차례가 되었다.

훈련은 2주간 진행되었고 튀빙겐에서 그다지 멀지 않은 울름 소총부대의 감독 아래 이루어졌다. 고슴도치 회원들 상당수가 그와 함께 훈련을 받았고 다른 학우회 회원들도 모두 참가했다. 디트리히는 크게 주저하지 않았다. 그 훈련을 자신에게 주어진 가장 기본적인 애국 의무 중 하나로 여겼다. 하지만 부모님의 승인을 얻어야 한다는 것을 알고 떠나기 전날 편지를 보냈다.

유일한 목적은 관리위원회가 설치되기 전에 가급적 많은 사람을 훈련시키는 것입니다. 하루만 고지되고, 고슴도치회의 모든 회원이 훈련을 받으러 갑니다. 7학기 미만의 회원들이지요. … 저는 먼저 부모님의 회답이 올 때까지 기다리다 화요일쯤에 가겠다고 말했습니다. 부모님이 특별히 반대하시면 튀빙겐으로 돌아가겠습니다. 처음에는 아직 시간이 있을지도 모르니

학기 중에 떠나지 않는 게 더 나을 거라고 생각했습니다. 하지만 이제는 의무를 이행하여 우리도 위기 상황에 대처할 수 있다는 안도감을 갖는 게 빠르면 빠를수록 좋다고 생각합니다. 할머니는 14일 동안 홀로 지내게 되어 서운해 하시면서도 제가 그래야 한다고 생각하십니다.[5]

이틀 뒤에 디트리히는 다음과 같은 편지를 보냈다. "오늘 저는 군인이 되었답니다. 어제 우리는 이곳에 도착하자마자 제복과 장비를 지급받았습니다. 오늘은 수류탄과 여러 무기도 지급받았습니다. 지금까지 우리가 한 일이라고는 우리의 침상을 모았다 헤쳤다 하는 것뿐입니다."[6]

며칠 뒤에도 편지를 보냈다.

훈련은 그다지 고되지 않았습니다. 날마다 다섯 시간 동안 행군과 사격과 체조를 하고 3교시의 정훈교육을 받고 다른 일도 합니다. 나머지 시간은 자유시간입니다. 열네 명이 한 내무반에서 지냅니다. … 신체검사에서 좋지 않게 나온 건 시력뿐입니다. 무기를 발사할 때에는 안경을 써야 할 것 같습니다. 우리를 훈련하는 일병은 성품이 좋고 유쾌한 사람입니다.[7]

음식도 더할 나위 없이 좋았다. 두 번째 주에 그는 자비네에게 이런 편지를 보냈다.

지상기동훈련을 하고 백병전도 익혔어. 소총 한 자루와 배낭을 메고 꽝꽝 언 땅에 몸을 던지는 게 특히 끔찍해. 내일은 완전군장을 하고 장거리 행군을 하고 수요일에는 대대 기동훈련을 하게 될 거야. 그러고 나면 2주간의 훈련이 끝나. 이 편지지에 찍힌 기름얼룩은 정오에 받은 팬케이크 때문이 아니라 소총을 소제하다가 생긴 거야.[8]

12월 1일, 드디어 훈련이 끝났다. 디트리히는 또 다른 편지에서 부모님에게 이렇게 신고했다. "사랑하는 부모님, 오늘 저는 민간인 복귀를 명받았습니다."

우연히 로마를 여행하다

디트리히는 그해 겨울을 할머니와 함께 보내면서 간디를 만나러 인도에 가는 것에 대해 이야기를 나눴다. 할머니는 그렇게 하라고 격려했다. 간디에 대한 할머니의 관심이 어느 정도였는지는 정확히 알 수 없다. 지난 19세기 동안 할머니는 막 싹이 튼 여성 인권 분야에서 활약했다. 나이 지긋한 여성들을 위해 집을 짓고 슈투트가르트에 소녀들을 위한 가내 학교를 설립했다. 뷔르템베르크 공국의 여왕 올가가 그녀의 노고를 기려 올가 훈장 메달을 하사했다. 간디가 여성 인권을 강력히 지지한 것이 그녀의 주의를 끌었을 수도 있다. 어쨌든 그녀는 디트리히가 경험을 쌓는 것이 좋다고 여겨 경비를 대주겠다고 제안했다. 하지만 디트리히는 다른 이유로 전혀 다른 방향으로 나가게 되었다.[9]

그해 겨울, 열일곱 살의 디트리히는 종종 네카어 강에서 스케이트를 타곤 했다. 하지만 1924년 1월 말, 얼음판에서 미끄러져 넘어지고 말았다. 얼마 동안 실신할 정도로 머리를 세게 부딪쳤다. 뇌 전문의인 아버지가 사고의 자세한 경위와 아들이 얼마나 오랫동안 실신해 있었는지를 전해 듣고 아내와 함께 튀빙겐으로 곧장 달려왔다. 디트리히는 진탕震盪을 앓았을 뿐 더 이상 악화되지 않았다. 불쾌한 여행으로 시작된 것이 유쾌한 방문으로 바뀌었다. 디트리히에게는 대단히 유쾌한 일이었다. 회복기에 열여덟 번째 생일 파티를 하다가 로마에서 한 학기를 보내야겠다는 생각이 번쩍 떠올랐기 때문이다. 로마의 전망을 떠올리노라면 즐거워서 미칠 지경이었다.

생일 다음 날, 그는 자비네에게 편지를 보냈다. 두 사람의 우스꽝스러운 지분거림은 끝이 없었다.

생일에 근사하고 굉장한 것들을 몽땅 받았지 뭐야. 당연히 너는 책을 여러 권 떠올릴 테지만, 난 네가 추측조차 못할 선물을 받았어. 멋진 기타! 굉장히 멋진 음색을 지닌 기타니까, 네가 보면 분명 샘낼 거야. 갖고 싶은 걸 사라고 아빠가 50마르크를 주셨거든. 그 돈으로 기타를 사고는 무척 행복했어. 경악을 금치 못하겠지만, 전혀 믿기지 않는 사건도 알려주지. 그냥 생각만 해봐. 다음 학기에 로마에서 공부하게 될 것 같아!! 물론 아직 확실하게 정해진 건 아니지만, 가장 근사한 일이 꼭 일어날 것 같아. 얼마나 멋진 경험이 될지는 상상도 못하겠어! … 나에게 조언을 퍼붓는 건 괜찮지만, 그럴 때에도 샘은 내지 말았으면 해. 나는 이미 이곳 주위를 돌아다니며 물어보고 있어. 다들 비용이 많이 들지 않을 거라더라. 아직도 아빠는 내가 로마 여행을 연기해야 하지 않을까 하고 생각하셔. 하지만 생각하면 할수록 꼭 가고 싶어 뭐야. 지금 여행하는 것보다 더 잘하는 모습을 상상할 수 없을 만큼 꼭 하고 싶어. … 집에서 나의 로마 여행을 두고 많이 이야기했으면 해. 너의 두 귀도 활짝 열어놓길 바라. … 행복을 빌며, 그리고 너무 샘내지 않기를 바라며.[10]

너의 오빠 디트리히

곧이어 보낸 일련의 편지에서 디트리히는 여행 허락을 받아내려고 이번 여행의 유익을 조목조목 제시하되 자신이 얼마나 들떠 있는지는 감추려고 애쓰면서 감언이설로 부모님을 설득했다. 자신의 엄청난 만족을 위해, 그리고 형 클라우스가 자신과 동행할 것 같아서 클라우스와 짜고 부모님에게 허락을 받아냈다. 드디어 출발 날짜가 잡했다. 4월 3일 저녁, 디트리히와 클라우스는 기대감에 반쯤 미친 상태로 로마행 야간열차에 올랐다. 화려하고 유서 깊은 도시에서 한 체험은 당시보다는 미래에 더 중요하게 작용했다.

디트리히가 튀빙겐에서 마지막으로 보낸 시간은 출발 전 두 주가 전부였다. 그는 로마에서 여름을 보낸 뒤 튀빙겐으로 돌아가지 않고 베를린에서 학업을 마쳤다. 몇 해 뒤, 시대정신이 고슴도치 학우회를 우익으로 기울게 하여 1935년에 가공할 만한 아리안 조항을 공식 채택하자 디트리히와 매제 발터 드레스는 분노를 표하며 공개적으로 회원 자격을 포기했다.

03

로마의
휴일

1924년

교회의 보편성이 대단히 효과적인 방식으로 예시되고 있었다. 여러 수도회의 백인, 흑인, 황인 회원 모두가 통합된 성직 복장을 하고 교회 아래 있었다. 정말로 이상적인 것처럼 보인다. _디트리히 본회퍼

전쟁과 베르사유조약으로 영국과 프랑스를 싫어했으므로 이탈리아 여행은 독일인들 사이에서 특히 인기가 있었다. 클라우스와 디트리히에게 이탈리아 여행은 인생에서 가장 멋진 문화여행이자 조상들의 발자취를 확인하는 순례여행이었다.

그들 세대 아이들과 마찬가지로 둘 다 로마의 영광을 노래하는 교육을 받았고 로마의 언어와 예술, 문학, 역사를 잘 알았다. 열여섯 살 때 디트리히는 호라티우스와 카툴루스의 서정시를 놓고 긴 졸업 논문을 썼다. 그루네발트 김나지움 교실 벽에는 로마의 공공집회장 그림이 장식되어 있었다. 그루네발트 김나지움 고전어 교사 리하르트 스

체판은 걸어 다니는 고대 로마 사전이었다. 그는 셀 수 없을 만큼 로마를 자주 방문했고, 그때의 일들을 떠올리며 디트리히와 클라우스를 짜릿하게 해주기도 했다. 가족 중에도 로마와 인연을 맺은 이가 있었다. 외증조부이자 유명한 신학자인 카를 아우구스트 폰 하제는 로마를 스무 차례나 방문하고 로마와 끈끈한 인연을 맺었다. 세월이 흐를수록 그의 영향력은 커져만 갔고 디트리히는 외증조부의 신학적 족적을 따르는 일에 흥미가 생겼다.[1]

열여덟 살의 순례자는 자세하게 일기를 썼다. 열차가 오스트리아와 이탈리아 사이에 있는 알프스산맥을 지나는 브레너 고개를 넘자마자 디트리히는 이렇게 기록했다. "난생 처음 국경을 넘어 이탈리아로 들어가니 이상한 기분이 든다. 환상이 현실로 바뀌기 시작한다. 소원을 성취하는 건 정말로 좋은 일일까? 환멸을 느끼고 집에 돌아가는 건 아닐까?"[2]

그렇게 질문하고 얼마 지나지 않아 답을 달았다. 볼로냐에서 큰 충격을 받은 그는 "대단히 아름답고 놀라우리만치 아름다운" 도시라 썼다. 그런 다음 드디어 로마에 도착했다! 디트리히는 껄끄러운 정보를 소개하면서 이렇게 기록했다. "기차역에서부터 속임수가 시작되었다." 택시에 합승하여 목적지까지 데려다 준 이탈리아 소년이 자기 요금까지 대신 지불하게 하더니 팁까지 요구했던 것이다. 두 사람은 요금까지는 지불했지만, 팁은 주지 않았다. 숙박시설에 도착해서는 숙소를 마련하는 데 이틀이 걸렸다는 소리를 듣고 이틀 치 요금까지 치러야 했다![3]

디트리히는 회오리바람처럼 로마를 빙빙 돌며 로마의 문화를 가급적 흠뻑 빨아들였다. 의외로 예술사에 얼마나 조예가 깊은지를 드러냈다. 콜로세움에 대해서는 이렇게 기록했다. "콜로세움을 보는 순간부터 그와 같은 것을 한 번도 보지 못했거나 상상하지 못했단 걸 시인할 수밖에 없을 정도로 이 건축물은 힘과 아름다움을 지니고 있다. 고대는 완전히 죽은 것이 아니다. … 잠시만 들여다보아도 '위대한 판신은 죽었다Pan o megas tethniken'는 말이 얼마나 잘못된 것인지 확실히 알 수 있다. 콜로세움은 어마어마하게 크고 가장 화려한 초목, 종려나무, 실측백나무, 소나무, 약초, 온갖 종류의 풀로 치장되어 있다. 거기에 한 시간가량 앉아 있었다."4 라오콘에 대해서는 이렇게 썼다. "난생처음 라오콘을 보았다. 온몸에 전율이 일었다. 어마어마했다." 시스티나 예배당을 두고는 이렇게 기록했다. "꽉 찼다. 보이는 이라곤 온통 외국인뿐이다. 그럼에도 감명을 이루 형언하지 못하겠다."5 트라얀 광장을 두고는 이렇게 썼다. "기둥은 장대하지만, 나머지는 추수 뒤의 채소밭 같다." 성 베드로의 의자를 두고는 이렇게 기록했다. "그 의자 곁에 쓰여 있는 *Christus Factus*(그리스도께서 이루셨다), *Benedictus*(찬미를 받으소서), *Miserere*(불쌍히 여기소서)는 말로 표현할 수 없을 정도다."6 그날 알토 독창곡을 부른 거세된 남자를 두고는 이렇게 기록했다. "그들이 노래하는 방식에는 사람 같지 않으면서, 영국인 같으면서 냉정한 무언가가 있다. 그러면서도 미칠 듯이 기뻐하는 환희와 연결되어 있다."7 구이도 레니와 미켈란젤로에 대해서는 이렇게 기록했다. "레니의 〈천사들의 연주회〉는 황홀하리만치 아름답다. 누구든 이 작품을 보지 않고 로마를 떠나면 안 된다. 소묘가 정말로 완벽하고 로마 최고의 예술작품에 속한다. 하지만 미켈란젤로가 시작한 흉상들은 감명을 주지 않는다. 예술적 표현양식 면에서 정교함이 전혀 없는 교황의 흉상이 특히 그런 것 같다."8

디트리히는 바티칸에서 시스티나 예배당에 흠뻑 반했다.

아담에게서 좀처럼 눈을 뗄 수 없었다. 그 그림에는 무진장 많은 사상이 담겨 있다. 하나님의 모습에서는 어마어마한 힘과 부드러운 자애와 거룩한 속성이 뻗어 나온다. 하나님의 속성은 종종 서로에게서 멀어지는 두 인간의 속성을 소용없게 만든다. 인간이 처음으로 생명을 깨달으려 하고 있다. 풀밭은 끝없는 산맥 앞에 새싹을 내어 인간이 나중에 겪을 운명을 예시한다. 매우 세속적이지만 대단히 순수한 그림이다. 요컨대, 우리는 그렇게 표현하지 못할 것이다.[9]

미켈란젤로의 걸작 중 디트리히가 특히 좋아한 인물은 요나였다. 자신의 미학 성적표를 이채롭게 하려는 듯 디트리히는 그 그림의 원근화법에 의한 생략에 관해 일기장에 열심히 이야기했다.
　열여덟 살 청년의 이런 조숙한 관찰보다 뛰어난 것이 있는데, 바로 해석과 관찰에 대한 자신 있는 사색이다.

　지금 나는 유파들과 개별 예술가들을 알아맞히려고 애쓰면서 엄청난 즐거움을 맛보고 있다. 차차 그 주제에 대해 전보다 더 정통하게 되었다고 생각한다. 그러나 문외한은 완전히 입을 다물고 모든 것을 예술가들에게 일임하는 것이 좋을 것이다. 현대 예술 사학자들은 최악의 안내자들이기 때문이다. 그들보다 낫다고 하는 자들도 터무니없기는 마찬가지다. 셰플러와 보링거가 그런 축에 낀다. 그들은 예술작품을 멋대로 해석하고 또 해석하고 또 해석한다. 그들의 해석에는 이렇다 할 기준이 없고, 그들의 해석이 정확한지를 판단할 만한 기준도 없다. 해석은 대체로 가장 어려운 문제 가운데 하나다. 그렇기는 하지만 우리의 모든 사고 과정은 해석의 지배를 받는다. 우리는 작품을 해석하고 작품에 의미를 부여해야 한다. 그래야 우리가 살 수 있고 사고할 수 있다. 이 모든 것은 대단히 어려운 일이다. 해석하지 않으려면 작품을 그대로 두어야 한다. 나는 예술 분야에서 해석이 불필요하다고 생각한다. 우리는 예술작품이 고딕 양식인지 원시적인지 알 필요가 없다. 예술로 자신을 표현하는 이들을 알 필요도 없다. 그저 명료한 지성과 이해력으로 관찰하면 된다. 그렇게 관찰할 때라야 예술작품이 무의식에 영향을 미친다. 더 많이 해석한다고 예술을 더 잘 이해하는 것은 아니다. 직관적으로 보아야 제대로 보인다. 그러지 않으면 보이지 않는다. 이것이 내가 말하는 예술 이해다. 그저 작품을 보면서 이해하려고 열심히 애쓰면 된다. 절대 확실한 직감을 얻은 뒤에야 "나는 이 작품의 본질을 이해했어"라고 말할 수 있는 것이다. 직관적 확신은 어떤 알 수 없는 과정을 통해 생긴다. 이런 결론을 말로 표현하고 그것으로 작품을 해석하려는 시도는 누구에게도 무의미하다. 그것이 한 사람에게 도움이 되지 않는다면, 다른 사람들도 그것을 필요로 하지 않을 것이다. 화제畫題 자체로는 아무것도 얻을 수 없다.[10]

디트리히는 집에 보내는 편지에 이보다 덜 고상한 주제도 다루었다. 부모님에게 보낸 4월 21일자 편지에서 그는 나폴리에 도착해서 경험한 것을 이렇게 묘사했다. "트라토리아(trattoria, 작은 음식점)를 오래 찾아다닌 끝에 독일에서 가장 지저분한 농가만큼이나 불결한 부오나 트라토리아로 안내를 받았습니다. 암탉과 고양이, 더러운 아이들, 불쾌한 냄새가 우리를 에워쌌습니다. 빨랫줄에 걸린 빨래들이 주위에서 펄럭거렸습니다. 하지만 배도 고프고 피곤하기도 하고 시골 지리도 잘 몰라서 자리에 앉을 수밖에 없었습니다."[11]

두 형제는 지저분한 음식을 먹고 얼마 지나지 않아 시칠리아로 가는 배에 올랐다. 클라우스의 위胃와 바다 여행은 최상의 환경에서도 조화를 이룰 수 없었다. 이윽고 둘은 철천지원수가 되었다. 디트리히는 이렇게 기록했다. "바다가 형에게 엄청난 것을 요구했고 형은 잠시 저항하다가 이내 굴복하고 말았다. 나는 본분을 다하느라 장쾌하게 번쩍이는 거대한 절벽들을 처음에만 얼핏 보았을 뿐이다." 디트리히는 여러 번의 구토를 묘사하면서도 예의를 잃지 않았다. 늘 그렇듯이 그의 여행담은 또 다른 여행담을 낳았다. 두 형제는 북아프리카를 둘러보기로 마음먹고 트리폴리로 가는 배를 탔다. "항해는 조용했다. 클라우스 형은 여느 때와 마찬가지로 자기 본분을 다했다." 그들은 폼페이를 찾아갔다. "베수비오 화산은 적절히 작동했다. 가끔씩 약간의 용암을 토해냈다. 화산의 정상에 서면 다들 자신이 세계 창조 이전 시기로 돌아갔다고 생각할 것이다." 디트리히는 성 스테파노 로톤도 교회와 성 마리아 나비첼라 교회를 방문하고 느낀 바를 이렇게 적었다. "교회 관리인의 아내가 도둑질을 해서 다투긴 했지만, 그것조차도 교회 전체의 목가적 풍취를 떨어뜨릴 수 없었다."[12]

여행은 여러 달 계속되었다. 하지만 디트리히에게 이번 여행은 중장기 여행을 하며 견문을 넓히거나 학술적인 취지로 외국에서 학기를 보내는 데 의의가 있지 않았다. 그는 이번 여행을 계기로 일생 답하게 될 물음을 던지고 숙고했다. 바로 "교회란 무엇인가?"라는 질문이었다.

교회란 무엇인가

본회퍼는 일기장에 이렇게 기록했다. "종려주일에 가톨릭의 실체를 처음 알게 되었다. 전혀 낭만적이지 않았다. 하지만 나는 교회라는 개념을 이해하기 시작했다."[13] 그날 로마에서 열여덟 살 청년 안에 싹튼 이 새로운 자각은 이후 대단히 의미심장한 결과를 산출했다.

그날 그가 그런 자각을 하게 된 건 미사에 참석하고 나서였다. 성 베드로 대성당에서 추기경이 미사를 거행했고 소년 성가대가 부르는 찬미가 그를 움찔 놀라게 했다. 제단에는 다른 성직자들이 앉아 있었다. 선교사들과 수도사들도 있었다. "교회의 보편성이 대단히 효과적인 방식으로 예시되고 있었다. 여러 수도회의 백인, 흑인, 황인 회원 모두가 통합된 성직 복장을 하고 교회 아래 있었다. 정말로 이상적인 것처럼 보인다."[14] 디트리히는 독일에서 거행된 가톨릭 미사에 참석한 적이 있을 수도 있다. 하지만 영원의 도시이자 베드로와 바울의 도시인 로마에서 인종을 뛰어넘고 민족의 정체성을 뛰어넘는 교회의 생생한 실례를 보았다. 그리고 거기서 깊은 감동을 받았다. 미사가 진행되는 동안 디트리히는 미사 전서를 든 여성 옆에 서서 그 전서를 따라 즐거운 시간을 보낼 수 있었다. 소년 성가대가 부르는 크레도를 두고 신이 나서 이야기하기도 했다.

교회를 보편적인 것으로 생각하자 모든 것이 바뀌었고, 바로 그것이 디트리히의 남은 인생 전체를 움직였다. 교회라는 것이 실제로 존재한다면, 그것은 독일이나 로마에만 있는 것이 아니라 그 너머에 존재할 것이기 때문이다. 교회를 독일 루터파 개신교 너머에 있는 것으로, 보편적 기독교 공동체로 어렴풋하게나마 보게 된 것은 그야말로 계시이자 더 많은 숙고를 요하는 도전이었다. 교회란 무엇인가? 이것은 디트리히가 박사학위 논문 《성도의 교제 Sanctorum Communio》와 교수 자격 취득 논문 《행위와 존재 Akt und Sein》에서 씨름한 문제였다.

그러나 디트리히는 학구적이기만 한 사람이 아니었다. 관념과 신념이 우리의 마음 바깥에 있는 현실 세계와 이어지지 않는다면, 아무것도 아니었다. 실제로 그는 교회의 본질을 사색함으로써 유럽의 에큐메니컬 협의회에 뛰어들고, 독일 바깥에 있는 그리스도인들과 손을 잡았으며, 교회를 독일 민족과 연결한 창조신학의 위계질서에 속임수가 있다는 걸 간파했다. 교회가 민족 정체성과 혈통의 제한을 받는다는 생각은 나치가 맹렬히 추진하고 비참하게도 대다수 독일인이 신봉한 생각으로 교회가 보편적이라는 생각에 위배되었다. 디트리히의 진로는 로마에서 맞은 종려주일에 결정된 것이나 다름없었다. 생각은 반드시 결과를 가져오게 마련이다. 이제 갓 싹튼 이런 생각은 디트리히가 국가사회주의자들에게 저항함으로써 꽃을 피웠고 히틀러라는 한 인간의 암살 공모에 연루됨으로써 열매를 맺었다.

디트리히가 교회에 제시한 개방성은 루터교 신자들에게는 낯선 것이었다. 교회라는 개념에 개방성을 제시한 데에는 몇 가지 이유가 있다. 첫째, 디트리히가 받은 교육이 그러했다. 부모님은 그에게 편협성을 조심하고 감정에 치우치는 일이 없게 하고 확실한 논거로 뒷받침되지 않는 것을 의지하지 말라고 가르쳤다. 디트리히가 보기에 루터교나 개신교를 위해, 혹은 기독교를 위해 편견을 고수하는 신학자는 올바른 신학자가 아니었다. 말하자면 모든 가능성을 낱낱이 숙고하고 그 가능성이 이끄는 곳으로 치우치는 것을 피해야 한다는 것이다. 본회퍼는 일평생 이처럼 비판적이고 과학적인 태도를 견지하고 모든 믿음과 신학 문제에 대처했다.

그러나 디트리히가 가톨릭교회에 개방적이었던 또 다른 이유는 로마와 관계가 있었다. 로마에서는 그가 흠뻑 반한 고대 이교 세계의 최선의 것이 기독교 세계와 만나 조화를 이루며 공존하고 있었다. 로마에서는 모든 것이 어떤 연속체의 일부였다. 전형적인 고대의 광휘에 참여하여 그 속에서 최선의 것을 찾아내고 그것의 일부를 구원하기까지 한 교회(가톨릭교회)를 배척하는 것은 어려운 일이었다. 루터 전통과 개신교 전통은 고전시대의 위대한 과거와 그다지 연결되어 있지 않았으며, 그로 말미암아 육체를 부정하고 이 세계의 선을 부정하는 이단, 곧 영지주의 이원론으로 방향을 틀 가능성이 있었다. 그러나 로마에서는 이 두 세계가 어우러져 있었다. 예컨대, 그가 라오콘을 본 것도 바티칸에서였다. 라오콘은 디트리히가 특히 좋아한 조각 작품이었던 것 같다. 몇 해 뒤, 에버하르트 베트게에게 보내는 편지에서 디트리히는 그리스의 고전적 주제를 담아 헬레니즘 양식으로 조각된 이 이교 사제가 이후 그리스도를 예술적으로 묘사하는 데 참고한 하나의 모델이 되었을 거라고까지 말했다. 어쨌든 로마는 모든 것을 그럴싸하게 접합해놓은 도시였다. 디트리히는 일기에 이렇게 썼다. "성 베드로 대성당은 로마 전체를 가장 잘 묘사한 축소판이다. 로마는 고대의 로마이기도 하고 중세의 로마이기도 하고 현대의 로마이기도 하다. 요컨대, 로마는 유럽 문화와 유럽식 생활방식의 받침대나 다름없다. 옛 수로가 도시의 성벽에까지 이어져 있는 것을 두 번이나 보았을 때, 내 심장은 아주 크게 고동쳤다."[15]

디트리히가 가톨릭교회에 개방적이었던 세 번째 이유는 그가 사사한 아돌프 슐라터의 격려 때문이었다. 슐라터는 그에게 가장 많은 영향을 끼친 튀빙겐 대학교 교수였다. 슐라터는 전통적으로 가톨릭 신학자들만 이용하던 신학 텍스트를 종종 사용하곤 했다. 디트리히는 이 가톨릭 텍스트들을 더 넓은 기독교 신학계에 전반적으로 끌어들이고 싶은 갈망을 느꼈다.

로마에서 맞은 종려주일에 디트리히는 저녁기도에도 참석했다. 저녁 여섯 시, 그는 성 삼위일체 교회에 있었다. 디트리히는 저녁기도 광경을 보고 "거의 아무 말도 하지 못했다." 그는 이렇게 기록했다. "수녀가 되려는 젊은 여성 마흔 명가량이 수녀 복장을 하고 푸른색이나 녹색 허리띠를 두른 채 장엄한 행렬에 참여했다. … 사제가 제단에서 의식을 거행하는 동안 그들은 믿기지 않을 만큼 단순하고 우아하고 진지하게 저녁기도를 드렸다. … 모든 절차를 진실한 마음으로 행했고, 그 모습이 더없는 감명을 주었다."[16]

성주간에 디트리히는 종교개혁을 떠올리면서 종교개혁이 하나의 분파로 머물지 않고 공식적인 하나의 교회가 된 건 길을 잘못 접어든 게 아닐까 하고 생각했다. 이것은 수년 안에 그에게 결정적인 물음이 될 터였다. 나치가 독일의 루터교를 접수하려 하자 디트리히는 루터교로부터의 이탈을 주도하고 고백교회를 출범시켰다. 처음에는 하나의 운동으로 여겨졌지만, 이후 하나의 공식적인 교회가 되었다. 고백운동이 그런 방향을 취하게 된 데에는 디트리히 본회퍼의 영향이 컸다고 할 수 있다. 본회퍼는 제3제국의 독일에서 마주할 문제에 대처하는 데 필요한 지적 토대를 이미 10년 전부터 다지고 있었던 셈이다.

하지만 로마에 있을 때에는 조직화된 교회보다는 운동이라는 개념을 더 좋아했던 것 같다. 그는 일기에 이렇게 적었다.

> 개신교가 제도화된 교회가 되지 않았더라면, 상황이 완전히 달라졌을 것이다. … 개신교는 색다른 종교생활과 대단히 사려 깊은 신심을 대변하면서 이상적인 종교 형식이 되었을 것이다. … 교회는 국가와 완전히 분리되어야 한다. … 그랬다면 이윽고 사람들이 무언가를 얻으려고 돌아왔을 것이다. 그리고 자신들에게 신심이 필요하단 걸 다시 깨달았을 것이다. 이것도 하나의 해법이 되지 않을까?[17]

새로운 환경을 십분 활용하는 것이야말로 디트리히의 주특기였다. 그는 성주간에 로마에 머물면서 수요일부터 토요일이 지날 때까지 아침저녁으로 성 베드로 대성당이나 성 요한 라테라노 성당에서 거행하는 미사에 참석했다. 그리고 미사에 참석할 때마다 미사 전서를 활용하고 꼼꼼히 익혔다. 부모님에게 보내는 편지에다 그는 이렇게 썼다. "미사 전서를 익히 아는 사제와 성가대는 지독할 정도로 열심히 음송합니다. 누군가가 듣는다면, 미사 전서가 한결같이 형편없다고 생각할는지도 모르겠습니다. 하지만 잘못된 생각입니다. 미사 전서는 대체로 아주 시적이고 명료하거든요."[18]

디트리히는 "딱딱해 보이고 신선함이라고는 전혀 없는 것 같은" 아르메니아-가톨릭 예배에도 참석했다. 로마 가톨릭이 그런 방향으로 움직이고 있다고 느끼는 한편, "여러 종교 시설 안에서 활기 넘치는 종교생활이 여전히 중요한 역할을 하고 있다는 것도" 알게 되었다.[19] 고해제도가 대표적인 예였다. 디트리히는 많은 것을 보고 크게 기뻐했다. 하지만 가톨릭으로 개종할 마음은 없었다. 로마에서 만난 지인이 개종시키려 했지만, 디트리히는 요지부동이었다. "그는 나를 개종시키고 싶어 했고 자신의 방법을 확신하고 있었다. … 그와 토론하고 나서 나는 다시 한 번 가톨릭에 훨씬 덜 공감하게 되었다. 가톨릭 교의는 모든 이상적인 것에 베일을 씌우고 자신이 그런 행동을 하고 있다는 걸 전혀 모르고 있다. 고해와 고해에 관한 교리를 주입하는 것 사이에는 엄청난 차이가 있다. 공교롭지만 교회와 교회에 관한 교리 사이에도 그런 차이가 있다." 디트리히는 두 교회의 통합을 두고 이렇게 생각했다. "가톨릭과 개신교의 통합은 실현불가능한 일일 것이다. 하지만 통합이 된다면 양측에 엄청난 이익이 될 것이다."[20] 수년 내에 그는 양측의 가장 좋은 점을 따서 칭스트와 핑켄발데에 세운 기독교 공동체에 적용했다. 그리고 이 일로 독일에 있는 수많은 루터교 신자에게 호된 비판을 받았다.

로마 견학이 끝나기 전에 디트리히에게는 교황을 알현할 기회가 생겼다. "토요일, 교황을 알현했다. 커다란 기대가 실망으로 바뀌고 말았다. 알현은 인간미 없고 차가웠다. 의례적이었다. 교황은 상당히 냉담한 인상을 풍겼다. 교황이라고 할 만한 구석이 전혀 없었다. 위엄도 없고 비범한 면도 없었다. 유감스럽게도 그저 그랬다!"[21]

어느덧 로마에서 보내는 유쾌한 시간이 끝났다. "마지막으로 성 베드로 대성당을 보는 순간 마음이 아렸다. 나는 곧 시내 전차에 올라타 로마를 떠났다."[22]

3년 뒤, 디트리히는 목요 동아리라는 토론 단체를 이끌었다. 열예닐곱 살가량의 명석한 청소년들로 구성되었다. 여러 주제를 망라하여 다뤘다. 목요 동아리에서 한 주간 가톨릭교회에 관해 이야기할 때 디트리히는 자신의 생각을 짤막한 논문으로 요약하여 발표했다.

가톨릭교회가 자신의 역사 속에서 유럽 문화와 전 세계를 위해 세운 공로는 아무리 과대평가해도 지나치지 않다. 가톨릭교회는 야만인들을 그리스도교 신자로 변화시키고 문명인으로 탈바꿈시켰으며, 오랫동안 과학과 예술의 유일한 수호자 노릇을 해왔다. 가톨릭 수도원들이 이 방면의 선두다. 가톨릭교회는 비할 데 없는 영적 능력을 발휘했다. 가톨릭교회가 공교회성이라는 원리를 유일하게 구원을 베푸는 교회라는 원리와 결합시키고, 관용을 불관용과 결합시킨 방식을 보면 지금도 감탄을 금할 수 없다. 가톨릭교회는 하나의 세계 그 자체다. 무수한 다양성이 그 속에 녹아들고, 이 다채로운 그림은 가톨릭교회에 저항할 수 없는 매력을 더해준다(대립자들의 종합*complex compositorum*). 어느 나라도 가톨릭교회만큼 다양한 사람들을 만들어내지 못했다. 가톨릭교회는 경탄할 만한 능력을 발휘하여 다양성 속에 일치를 유지하는 법, 대중들의 사랑과 존경을 얻는 법, 강력한 공동체 의식을 일깨우는 법을 알아냈다. 그러나 이 위대함 때문에 우리는 다음과 같이 중대한 물음을 제기하지 않을 수 없다. 가톨릭교회의 이러한 세계는 정말로 그리스도의 교회로 지내왔는가? 가톨릭교회는 하나님께 이르는 길의 이정표가 되기는커녕 그 길의 장벽이 되지는 않았는가? 가톨릭교회는 유일하게 구원을 베푸는 길을 가로막지는 않았는가? 그러나 누구도 하나님의 길을 막지 못했다. 가톨릭교회는 여전히 성경을 소유하고 있다. 가톨릭교회가 성경을 소유하는 한 우리는 가톨릭교회 안에도 거룩한 그리스도교회가 자리하고 있다고 믿어야 한다. 우리에게 선포되든, 우리의 자매교회에 선포되든, 하나님의 말씀은 결코 헛나가지 않는다(사

55:11). 우리는 같은 신앙고백을 표현하고, 같은 주기도문을 바치고, 예로부터 이어 내려온 여러 관습을 공유한다. 이것이 우리를 묶어주기 때문에 우리가 이 다른 자매교회와 평화로이 병존하고 싶어 하는 것이다. 그러나 우리는 우리가 하나님의 말씀으로 알고 있는 것을 조금도 빼앗기고 싶은 마음이 없다. 가톨릭이든 개신교든 명칭이 중요한 것이 아니다. 중요한 것은 하나님의 말씀이다. 달리 말해, 우리는 다른 이의 믿음을 억압할 생각이 전혀 없다. 하나님은 마지못해서 하는 섬김을 원치 않으신다. 하나님은 각자에게 양심을 주셨다. 우리는 우리의 자매교회가 자기를 성찰하고 하나님의 말씀만을 바라보기를 바란다(고전 2:2). 그런 날이 올 때까지 우리는 인내심을 가져야 한다. 설령 거짓으로 어두워져 "유일하게 구원을 베푸는 교회"가 우리의 교회를 향해 저주를 퍼부을지라도 우리는 그것마저 참아야 할 것이다. 가톨릭교회는 더 나은 것을 알지 못하고 이단자를 미워하지 않는다. 다만 이단을 미워할 뿐이다. 말씀을 우리의 유일한 피난처로 삼기만 한다면, 우리는 마음 편히 미래를 내다보게 될 것이다.[23]

04

베를린에서 공부하다

1924-1927년

어떤 집단에 속한 사람이든 방겐하임슈트라세에서 요구하고 옹호하는 기준에 맞게 사는 건 쉽지 않았다. 디트리히 본회퍼가 인정하듯이 그의 집에서는 새로 들어온 사람을 면밀히 살폈다. 그런 배경 때문에 그는 잘난 체하고 쌀쌀맞다는 인상을 곧잘 풍겼다. _에버하르트 베트게

디트리히는 6월 중순에 로마에서 돌아와 베를린 대학교 여름학기에 등록했다. 한두 해 뒤에 학부를 바꾸는 게 독일에서는 흔한 일이었다. 그는 튀빙겐에서 1년 이상 머무를 생각이 없었다. 베를린에서 7학기를 수학하고 1927년 스물한 살의 나이로 박사학위를 받았다.

다시 집에서 지냈지만, 그가 떠난 이래로 무언가 중요한 것이 변한 상태였다. 자비네는 브레슬라우에서 공부하고 있었다. 게르하르트 라이프홀츠라는 젊은 유대인 변호사와 약혼한 상태였다. 본회퍼 일가는 장차 자비네와 그녀의 시댁 때문에 여러 해에 걸쳐 곤경을 겪게 될 터였다.

베를린 대학교에서 공부하겠다는 디트리히의 결심은 어려운 것이 아니었다. 첫 번째 이유는 베를린에 있었다. 문화적 자극에 빠진 사람에게 베를린은 그러한 자극을 완벽하게 제공하는 도시였다. 디트리히는 일주일도 못돼 박물관과 오페라 공연, 연주회를 찾아다녔다. 베를린은 모든 것을 갖춘 안식처였다. 베를린만큼 자극적인 도시는 상상할 수도 없었다. 카를 프리드리히는 알베르트 아인슈타인과 막스 플랑크 휘하에서 일하고 있었다. 베트게는 이렇게 말했다. "어떤 집단에 속한 사람이든 방겐하임슈트라세에서 요구하고 옹호하는 기준에 맞게 사는 건 쉽지 않았다. 디트리히가 인정하듯이 그의 집에서는 새로 들어온 사람을 면밀히 살피곤 했다. 그런 배경 때문에 그는 잘난 체하고 쌀쌀맞다는 인상을 곧잘 풍겼다." 하지만 디트리히가 베를린 대학교를 택한 주된 이유는 신학부 때문이었다. 베를린 대학교 신학부는 세계적으로 명성이 높았다. 유명한 프리드리히 슐라이어마허도 여기 교수였고 아직도 그의 유령이 신학부 주변을 맴돌고 있었다.[1]

1924년, 베를린 대학교 신학부는 당시 일흔셋의 살아 있는 전설 아돌프 폰 하르낙이 이끌었다. 하르낙은 철두철미한 자유주의 신학자 슐라이어마허의 제자로 19-20세기 초 역사비평 방법론의 선도자 중 하나였다. 하르낙의 성경 접근법은 본문비평과 역사비평에 한정되었다. 그는 그러한 접근법에 이끌려 성경에 기술된 기적들은 전혀 일어나지 않았고 요한복음은 정경이 아니라고 결론지었다. 저명한 교수들과 함께 하르낙은 그루네발트 인근에 살았다. 젊은 디트리히는 종종 하르낙과 할렌제 기차역까지 걸어가서 함께 기차를 타고 베를린에 가곤 했다. 하르낙이 지도한 유명한 세미나에 세 학기나 참석했고 덕망 있는 이 학자를 무척 존경했다. 하지만 디트리히는 하르낙의 신학적 결론에는 좀처럼 동의하지 않았다. 하르낙의 세미나에 함께 참석했던 동문 헬무트 괴스는 디트리히의 "자유롭고 비판적이며 독자적인" 신학 사상에 "남몰래 열광했다"고 회상했다.

내가 정말 감동한 건 디트리히가 신학 지식과 학식 면에서 우리 모두를 능가해서만이 아니었다. 내가 디트리히 본회퍼에게 강력히 끌린 이유는 이 자리에 있는 한 사람이 어떤 대가의 말과 글을 익히고 주워 담는 것은 물론이고, 독자적으로 사색하고 자기가 무엇을 원하는지를 이미 알아서 그것을 손에 넣으려 한다는 사실을 알았기 때문이다. 나는 금발의 한 젊은 학생이 박식가 폰 하르낙 각하에게 반론을 제기하는 모습, 정중하되 의문의 여지가 없는 신학적 근거로 논박하는 모습을 목격했다. 그것은 우려스러우면서도 대단히 신선한 사건이었다! 하르낙이 해명해도 그 학생은 몇 번이고 반박했다.[2]

그토록 젊은 학생이 보기에도 디트리히 본회퍼는 대단히 독자적인 사상가였다. 몇몇 교수들은 그가 건방지다고 생각했다. 디트리히가 교수들 중 누구의 영향도 받지 않고 얼마간의 거리를 유지하고 싶어 했기 때문이다. 카를 본회퍼와 함께 식사하며 자란 한 인물, 음절 하나하나의 정당성을 입증할 수 있을 때에만 발언을 허락받았던 한 인물이 얼마간 지적 배짱을 부린 것도 사실인 듯하다. 다른 위대한 지성들에게 주눅 들지 않는 이런 태도가 교수들에게는 다소 실례가 되었을 것이다.

하르낙 외에 다른 베를린 대학 교수 세 명도 디트리히에게 결정적인 영향을 끼쳤다. 그 세대의 가장 뛰어난 루터 연구가 카를 홀, 조직신학을 전공하고 디트리히의 박사학위 논문을 지도한 라인홀트 제베르크, 디트리히에게 에큐메니컬 협의회를 소개하여 일생동안 중요한 역할을 감당하면서 히틀러 암살 공모에 가담하도록 길을 터준 아돌프 다이스만이 그 주인공이다. 그러나 이들보다 디트리히에게 훨씬 많은 영향을 끼친 또 다른 신학자가 있었다. 디트리히는 평생토록 그를 존경하고 존중했다. 그는 디트리히의 좋은 조언자이자 친구이기도 했다. 바로 괴팅겐의 카를 바르트다.

바르트는 스위스 태생으로 그 세기에 가장 중요한 신학자였다. 수많은 사람이 그를 두고 지난 5세기 동안 가장 중요한 신학자라고 말했을 정도다. 본회퍼의 외사촌 한스 크리스토프는 1924년 괴팅겐에서 물리학을 전공하다가 바르트의 소문을 듣고 곧바로 신학으로 전과했다. 19세기 말에 신학생 대다수가 그랬듯이 바르트도 당시 유행하던 자유주의 신학을 흡수했다. 하지만 서서히 그 신학을 버리고 이내 자유주의 신학의 가장 가공할 대적자가 되었다. 바르트가 1922년에 펴낸 주석서 《로마서 Der Römerbrief》가 작은 폭탄처럼 아돌프 폰 하르낙을 위시한 자유주의 학자들의 상아탑 안에 떨어졌다. 하르낙은 역사비평의 요새가 취약하다는 사실을 생각해본 적이 없었으므로 신정통주의라 불리는 바르트의 성경 접근법에 분개했다. 바르트의 성경 접근법은 하나님은 확실히 존재하며 모든 신학과 성경 학문은 이 기본 전제를 바탕에 깔고 있어야 한다고 주장함으로써 독일 신학계에 일대 파란을 일으켰다. 바르트는 슐라이어마허가 베를린 대학교에서 개척하고 하르낙이 앞잡이 노릇을 한 독일의 역사비평 접근법에 도전장을 내밀고 송두리째 뒤엎은 핵심 인물이다. 바르트는 하나님의 초월성을 역설하고 하나님을 전적 타자로, 계시를 거치지 않고서는 인간이 전혀 알 수 없는 분으로 기술했다. 다행히 그는 계시를 믿었고 하르낙과 같은 자유주의 신학자들에게 치욕을 안겨주었다. 바르트는 히틀러에 대한 충성 맹세를 거절했다는 이유로 1934년에 독일에서 쫓겨났다. 당시는 나치가 자신들의 철학을 독일 교회에 주입하려고 애쓰는 상황이었다. 바르트는 바르멘선언의 주요 기초자가 되어 고백교회로 하여금 나치의 시도를 거부하게 하고 이를 널리 알린 장본인이다.

하르낙의 신학이 아킬로쿠스의 격언에 등장하는 여우처럼 자잘한 일 여러 가지를 아는 신학이었다면, 바르트의 신학은 고슴도치처럼 큰일 한 가지를 아는 신학이었다. 디트리히는 고슴도치의 편을 들었지만, 여우의 세미나에 참석했고 가족과 그루네발트 공동체를 통해 여우와 친분을 맺었다. 디트리히는 고슴도치 학우회에 속해 있었지만, 지적으로 열려 있었던 까닭에 여우처럼 생각하는 법을 익히고 여우의 사고방식도 존중했다. 무언가를 버릴 때에도 그 속에서 쓸모 있는 것을 식별하고 무언가를 받아들일 때에도 그 속에서 오류와 결점을 볼 줄 아는 사람이었다. 이런 자세는 디트리히가 칭스트와 핑켄발데에 불법적인 신학원을 설립할 때에도 적용되었다. 개신교 전통과 가톨릭 전통의 가장 좋은 점을 통합했던 것이다. 디트리히 본회퍼가 거만해 보일 정도로 자신이 내린 결론을 신뢰한 것은 자기 비판적이고 지적인 성실성 때문이었다.

본회퍼의 시대에 바르트 계열의 신정통주의자들과 역사비평을 추종하는 자유주의 신학자들이 벌인 논쟁은 오늘날 엄격한 다윈 진화론자들과 지적설계론Intelligent Design 옹호자들이 벌이는 논쟁과 흡사하다. 지적설계론 옹호자들은 우주 밖의 어떤 것, 즉 어떤 지적 창조자나 신 등 여타의 존재가 연관되어 있을 수 있다고 인정하지만, 엄격한 다윈 진화론자들은 지적설계를 거부한다. 하르낙 같은 자유주의 신학자들은 "하나님은 누구인가"라는 물음을 숙고하는 것을 비과학적이라 여겼다. 신학자는 여기에 있는 것, 곧 텍스트와 텍스트의 역사만 연구해야 한다는 것이다. 하지만 바르트 계열의 신학자들은 그들의 주장에 찬성하지 않았다. 말하자면 울타리 너머에 있는 하나님이 텍스트를 통해 자신을 계시했으므로 텍스트의 유일한 존재 이유는 그를 아는 데 있다는 것이다.

디트리히 본회퍼는 바르트의 견해에 동조하여 텍스트를 "역사적

1 아돌프 폰 하르낙
2 라인홀트 제베르크

자료로만" 보지 않고 "계시의 작인作因으로" 보았으며, "견본 문서들로만" 보지 않고 "거룩한 정경正經"으로 보았다. 디트리히는 성경 텍스트에 대한 역사비평 작업에 반대하지 않았다. 하르낙에게서 역사비평 방법을 배우고 그 작업을 훌륭히 수행하기까지 했다. 한 번은 디트리히가 하르낙이 주관한 세미나에 57쪽 분량의 소론을 써서 제출한 적이 있다. 하르낙은 그 소론을 읽고 나서 디트리히가 장차 그 분야로 학위 논문을 쓰길 기대하면서 열여덟 살 청년을 한껏 치켜세웠다. 디트리히가 교회사를 선택하고 자신의 족적을 그대로 따라주길 바랐던 것이다.³

늘 그랬듯이 디트리히는 일정한 거리를 유지했다. 노대가老大家로부터 배우길 바라면서도 자신의 지적 독자성을 지키려 했다. 결국 디트리히는 교회사를 선택하지 않았다. 교회사를 존중하고 그 분야에 정통하다는 걸 입증하여 하르낙을 즐겁게 했지만, 역사비평에서 멈춰야 한다는 견해에는 동조하지 않았다. 디트리히는 텍스트를 자세히 검토하기만 하고 앞으로 나아가지 않으면 "깨진 기와조각과 파편들만" 남겨놓게 될 거라고 생각했다. 텍스트의 저자이자 텍스트를 통해 인간에게 말을 거시는 이는 그것들 너머에 계신 하나님이라는 사실, 그것이 디트리히의 흥미를 돋웠다.

박사학위 논문을 앞에 두고 디트리히 본회퍼는 교회 신경을 연구하는 교의학에 마음이 끌렸다. 교의학은 철학과 가까운 학문이었고, 디트리히는 성경 원전 비평학자라기보다는 철학자에 가까웠다. 그는 자기를 끊임없이 설득하는 노교수 하르낙을 실망시키고 싶지 않았지만, 다른 저명한 교수를 거래상대로 점찍었다. 라인홀트 제베르크 교수가 교의학 전공이었다. 디트리히는 그의 지도 아래 논문을 쓰고 싶었던 것 같다. 그러나 거기에는 두 가지 난제가 있었다. 첫째, 제베르크는 하르낙의 치열한 경쟁자였다. 둘 다 젊은 천재 신학도의 신학 열정을 얻으려고 경쟁했다. 둘째, 제베르크는 바르트 신학의 반대편에 서 있었다.

본회퍼는 제베르크의 세미나에 제출한 소론에서 하나님에 대해 조금이라도 알려면 하나님으로부터 오는 계시에 의지해야 한다는 바르트의 사상을 언급했다. 바꾸어 말하면, 하나님이 이 세상에 말을 거실 수 있으니 인간은 하나님을 조사하기 위해 이 세상을 벗어나지 않아도 된다는 거였다. 그것은 일방통행로였고, 무엇보다도 다음과 같은 루터의 은총론과 직접 연결되어 있었다. "인간은 하늘에 이르는 방법을 찾을 수 없지만, 하나님은 이 세상으로 내려오시어 인간을 자신에게로 끌어올리실 수 있다."

제베르크는 동의하지 않았다. 그는 디트리히의 소론을 읽고 격분했다. 바르트 계열의 수탉 한 마리가 자기 닭장 안으로 기어들어온 격이었다. 제베르크는 더 높은 권위에 의지하여 건방진 젊은 천재를 설득할 수 있다고 생각했다. 그해 여름, 제베르크는 베를린 대학교의 저명한 교수들이 모인 자리에서 카를 본회퍼와 대화를 나누었다. 이 저명한 과학자는 이 무렵 자기 아들을 만났던 것 같다. 지적인 면에서 카를 본회퍼는 자기 아들의 관점보다는 제베르크의 관점에 더 가까웠다. 하지만 아들의 지성과 지적 성실성을 존중하여 굳이 그를 설득하지 않았다.

그해 8월, 디트리히는 발트 해 해안을 따라 도보 여행을 하고 있었다. 브레멘 인근에 있는 한 고슴도치 학우의 집에서 아버지에게 편지를 써서 제베르크가 무슨 말을 했고 어떻게 대처해야 하는지를 물었다. 아버지는 결론을 내리지 못했다. 그러자 어머니가 끼어들어 제베르크를 제쳐두고 루터 전문가 카를 홀 밑에서 공부하며 교의학으로 학위논문을 쓰면 되지 않겠냐는 뜻을 내비쳤다. 존경받는 신학자의 딸이자 세계적인 유명 인사의 손녀로서 파울라는 독일의 여느 어머니보다 그 주제에 대해 할 말이 많았던 것 같다. 카를과 파울라의 지성과 그들이 아들의 학문적 진척 상황에 기울인 관심은 주목할 만하다. 우리는 디트리히가 부모님과 나눈 끈끈한 정을 보고 놀라지 않을 수 없다. 부모님은 디트리히에게 끝까지 확고하고 든든한 지혜의 원천이자 사랑의 원천이었다.

디트리히는 9월에 결론을 내렸다. 제베르크 밑에서 박사학위 논문을 쓰기로 했다. 하지만 교의학과 역사비평을 주제로 삼아야 했다. 디트리히는 로마에서 씨름하기 시작한 문제, 곧 "교회란 무엇인가?"를 논문 주제로 삼았다. 제목은 《성도의 교제: 교회의 사회학에 대한 교의학적 연구》였다. 본회퍼는 교회를 역사적 실체나 제도와 동일시하지 않고 교회공동체로 존재하는 그리스도와 동일시했다. 대단히 근사한 데뷔였다.

베를린에서 3년을 보내는 동안 디트리히는 작업량이 엄청났지만, 18개월 만에 박사학위 논문을 마쳤다. 그러나 그는 학자들의 세계를 넘어 대단히 충만한 삶을 살았다. 오페라 공연, 연주회, 미술전시회,

연극을 끝없이 찾아다니고 친구와 동료, 가족과 서신왕래를 활발히 하고 프리드리히스브룬으로 떠나는 단기여행이든 발트 해로 떠나는 장기여행이든 계속 여행을 다녔다. 1925년 8월에는 슐레스비히홀슈타인 반도에서 도보여행을 하고 북해에서는 항해를 즐겼다. 1926년 8월에는 카를 프리드리히와 함께 돌로미티케 산맥과 베니스를 찾아가고, 1927년 4월에는 여동생 주잔네와 함께 발터 드레스와 일제 드레스 남매를 데리고 독일의 한 지방을 여행했다. 그루네발트 인근에서 자란 대다수 아이들이 그러듯 주잔네와 발터 드레스도 이내 한 쌍이 되어 결혼했다.

디트리히는 집에서도 많은 시간을 보냈다. 방겐하임슈트라세 14번지는 친구와 친척, 동료 들이 끊임없이 드나들며 북새통을 이뤘다. 카를과 파울라의 자녀들이 결혼해서 아이들을 낳았고 이 가족들도 드나들었다. 인원이 늘었어도 다들 서로 어울려 지냈다. 할머니 율리 본회퍼도 튀빙겐에서 이사를 와 함께 지냈다. 집에 4대가 모일 때도 간혹 있었다. 토요일 야간 음악회도 계속되었고, 거의 매주 누군가가 생일을 맞거나 기념일을 맞았다.

디트리히 본회퍼는 견습 목사로 교구 사역의 의무도 다했다. 윗사람들이 그가 수행하는 학업이 얼마나 고된지 알고 있었으므로 허락을 받고 최소한의 일만 할 수도 있었지만, 그는 정반대로 했다. 디트리히는 의욕적으로 주일학교를 맡아 활기와 비전을 담아 운영했다. 그는 젊은 목사 카를 모이만 밑에서 일했다. 매주 금요일에는 다른 교사들과 함께 모이만의 집에서 주일학교 수업을 준비했다. 본회퍼는 이 주일학교 수업에 깊이 관여했다. 매주 많은 시간을 요하는 일이었다. 수업 외에 종종 설교를 하기도 했다. 그럴 때면 극적인 이야기를 섞어 복음을 전하고 가끔은 직접 창작한 동화나 비유를 섞어 전하기도 했다. 자비네가 떠나고 나서 디트리히는 막내 주잔네와 더 친해졌다.

주잔네는 오빠의 권유로 주일학교 수업을 도왔다. 두 사람은 아이들을 집에 초대하고 어울려 놀거나 아이들을 데리고 베를린 근처로 소풍을 가기도 했다.

디트리히 본회퍼는 눈에 띌 정도로 아이들과 친하게 지내는 재주가 있었다. 아이들을 무척 좋아했다. 얼마 안 있어 세 차례나 아이들을 섬겼다. 바르셀로나와 뉴욕 체류 시절, 그리고 귀국하여 베를린에서 지내는 동안 노동자 계급의 거친 동네에서 잊지 못할 견신례 반을 이끌었다. 그루네발트에서 일어난 일은 가까운 장래에 일어날 일의 예시나 다름없었다. 디트리히는 교실을 벗어나서까지 아이들과 친하게 지내면서 귀중한 시간과 에너지를 아이들에게 쏟았다. 다른 반 아이들까지 그의 반에 합류하여 당혹스러울 정도로 인기가 높았다. 그 무렵 디트리히 본회퍼는 학자의 삶보다는 목사의 삶을 살아야 하지 않을까 생각하기 시작했다. 아버지와 형들은 목사의 삶이 그의 뛰어난 지성을 소모하게 될 거라고 생각했지만, 그는 하나님과 성경에 대한 이해가 아무리 심오해도 그것을 아이들에게 전하지 못한다면 무언가 잘못된 거라고 종종 말했다. 실생활에는 학문의 세계를 뛰어넘는 뭔가가 있었다.

이 주일학교에서 무언가가 싹을 틔웠다. 목요 동아리, 디트리히가 직접 선발한 청소년 독서토론 모임이었다. 모임은 디트리히 집에서 열렸고 그가 직접 가르쳤다. 디트리히는 1927년 4월부터 이 모임을 알리는 초대장을 발송했다. 초대장에는 모임이 매주 목요일 오후 5시 25분부터 7시까지 열린다고 적혀 있었다. 디트리히가 자진해서 꾸린 모임으로 교회 사역과는 무관했다. 하지만 디트리히는 다음 세대 청소년 양성을 무엇보다 중요하게 여겼다. 참가자들은 밝고 나이에 비해 조숙한 편이었다. 일부는 유대인 청소년으로 그루네발트에서 이름난 집안 출신이었다.

목요 동아리는 종교, 윤리, 정치, 문화에 걸쳐 다방면의 주제를 다루었다. 모임의 필수조건은 문화 행사를 관람하는 것이었다. 이를테면 본회퍼가 한 주간 바그너의 〈파르시팔〉에 대해 이야기하고 나서 그들을 인솔하여 오페라를 관람하는 식이었다. 목요 모임에서 다룬 문제에는 기독교 변증학자들이 던진 다음과 같은 질문도 있었다. "하나님이 세상을 창조하셨는가? 기도는 왜 하는가? 예수 그리스도는 누구인가?" 윤리적인 질문도 있었다. "꼭 필요한 거짓말이란 게 있을까?" 유대인을 바라보는 기독교의 시각, 빈부 문제, 정당에 대해서도 토론했다. 한 주는 고대 게르만족의 신들을 다루고, 다른 한 주는 니그로 부족의 신들을 다루고, 또 한 주는 괴테나 실러 같은 이름난 시인들과 그들의 하나님을 다루고, 또 한 주는 그뤼네발트, 뒤러, 렘브란트 같은 유명한 화가들과 그들의 하나님을 다루었다. 신비종파들, 이슬람교, 음악, 루터, 가톨릭교회에 대해서도 토론했다.

디트리히 본회퍼는 바르셀로나에 가서도 이 청소년들 여럿과 계속 연락을 취했다. 디트리히가 바르셀로나로 떠나자 목요 동아리 회원 괴츠 그로쉬가 그의 뒤를 이었고, 7년 뒤에는 핑켄발데 신학원의 목회자 후보생이 되었다. 안타깝게도 그로쉬와 목요 동아리 출신의 청년 대다수가 전쟁 중에 전장에서 죽거나 강제수용소에서 사망했다.

첫 사 랑

디트리히 본회퍼를 아는 이들 상당수는 그가 마치 자기 방어를 하려는 듯 너무 수줍어서, 또는 다른 이들의 존엄을 해치지 않으려는 듯 다른 이들과 약간의 거리를 유지했다고 말한다. 냉랭한 사람이었다고 말하는 이들도 더러 있다. 디트리히는 의심할 바 없이 열정적인 사람이었지만, 다들 다른 사람들과의 관계로 그를 평가했다. 디트리히는 다른 이들을 경시한 적이 없었다. 설령 그들이 스스로를 경시할 때에도 디트리히는 그러지 않았다. 누구에게나 필요한 지적 자극과 사회적 자극을 안겨주는 가족을 빼면, 디트리히는 만년에 이를 때까지 가까운 친구가 있을 것 같지 않았다. 베를린에서 지내는 3년 동안 디트리히는 상당히 고독한 사람이었다. 하지만 그 시기가 끝날 무렵 디트리히 본회퍼의 인생에 한 여인이 들어와 이십대 대부분을 함께 했다.4

본회퍼를 다룬 전기가 여러 편이지만, 그녀에 대해 언급한 책은 거의 없다. 사정이 그러하다 보니 그녀의 이름도 밝혀진 적이 없다. 여러 얘기를 종합해 보건대, 두 사람은 많은 시간을 함께 보냈고 사랑에 빠졌으며 약혼까지 했던 것 같다. 관계는 1927년에 시작되었다. 디트리히가 스물한 살, 그녀는 스무 살이었다. 디트리히와 마찬가지로 그녀도 베를린 대학교 신학생이었다. 두 사람은 연주회와 미술관, 오페라 공연을 찾아다녔고 깊이 있는 신학적 대화도 자주 나눴다. 거의 8년간 친밀한 사이로 지냈다. 사실 그녀는 디트리히와 먼 사촌뻘이었고 쌍둥이 여동생 자비네와 닮은 구석이 있었다고 한다. 그녀의 이름은 엘리자베트 친이다.

엘리자베트는 신지학자 프리드리히 크리스토프 외팅거로 박사학위 논문을 썼다. 본회퍼가 좋아하는 인용구 중 하나도 외팅거가 한 말이다. "성육신은 하나님의 길 가운데 최고의 길이다." 이 글귀는 엘리자베트가 디트리히에게 전해준 것이다. 디트리히는 1930년에 교수 자격 취득 논문이 출간되자 엘리자베트에게 한 부를 증정했고, 엘리자베트는 1932년에 자신의 박사학위 논문이 출간되자 디트리히에게 한 부를 증정했다. 1933년부터 1935년까지 런던에서 목회하는 동안 디트리히는 설교 원고를 전부 엘리자베트에게 보냈다. 그 덕분에 설교들이 보존될 수 있었다.

테겔 형무소에서 수감생활을 하던 1944년, 본회퍼는 마리아 폰 베데마이어와 약혼한 상태였다. 《92호 감방에서 보내온 연애편지 Brautbriefe Zelle 92》에는 두 사람 사이에 오간 감동적인 서신이 담겨 있다. 두 사람 다 조만간 감옥에서 풀려날 거라 확신하고 곧 있을 결혼식을 준비하는 중이었다. 디트리히는 한 편지에서 자신이 일찍이 엘리자베트 친을 사랑했노라고 마리아에게 털어놓았다.

> 한때 나는 한 여인을 사랑했습니다. 그녀는 신학자였습니다. 우리는 여러 해 동안 한 길을 함께 걸었습니다. 그녀는 나와 나이가 비슷했습니다. 그때 나는 스물한 살이었습니다. 우리는 서로 사랑한다는 것을 깨닫지 못했습니다. 그렇게 8년여 세월이 흘렀습니다. 그러고 나서 우리는 우리를 도와줘야겠다고 생각한 제3자에게서 진상을 전해 들었습니다. 우리는 그 문제를 놓고 허심탄회하게 의논했습니다. 하지만 때늦은 의논이었습니다. 우리는 너무나 오래 서로 피해 다니고 오해하는 상태였거든요. 우리는 다시 한 마음이 될 수 없었고 나는 그런 사실을 그녀에게 알렸습니다. 2년 뒤, 그녀는 결혼했고 내 마음의 부담도 서서히 줄어들었습니다. 그 후 우리는 서로 만나거나 서로에게 편지한 적이 없습니다. 그 당시 나는 내가 결혼한다면 훨씬 어린 여자와 결혼할 수밖에 없을 거란 걸 알았지만, 그때도 그 후에도 그것이 불가능하다고 생각했습니다. 그 후 나는 몇 년간 교회 사역에 완전히 헌신하고 있었으므로 아예 결혼하지 않고 지내는 것이 불가피하고 또 적절하다고 생각했습니다.[5]

우리는 위의 편지와 여타 단서를 토대로 엘리자베트와의 관계가 1927년부터 1936년까지 디트리히의 삶에서 중요한 부분이었다는 걸 확인할 수 있다. 이 기간에 디트리히는 바르셀로나에서 1년, 뉴욕에서 9개월, 런던에서 18개월을 보냈다. 베를린에서 지내는 동안에도 종종 에큐메니컬 협의회 일로 여행을 다니곤 했다. 바르셀로나 체류 이후 다소 냉랭해진 것으로 보이지만, 그렇게 떨어져 지내는 동안에도 관계는 이어졌다. 선의의 제3자가 그들에게 서로에 대한 감정을 알린 것은 1935년 말 디트리히가 런던에서 돌아온 뒤의 일이다. 하지만 디트리히가 편지에서 설명한 대로 너무 늦은 조치였다. 디트리히는 여러 해 동안 크게 변해 나치의 손아귀에서 교회를 구출해내는 전쟁에 마음과 영혼을 송두리째 바치고 있었고, 핑켄발데에서 고백교회 신학원을 운영하는 중이었다. 디트리히는 1936년 초에 엘리자베트에게 사정을 정확히 알렸고 둘의 관계는 단절되었다. 디트리히는 엘리자베트에게 편지를 보내 자신이 변했다는 걸 알리고 하나님이 자신을 부르시어 교회 사역에 매진하게 하셨다고 설명했다. "나는 나의 소명을 분명히 알고 있습니다. 하나님이 나의 소명을 가지고 무슨 일을 하실지는 모르겠습니다. … 나는 그 길을 따르지 않을 수 없습니다. 그 길은 그리 먼 길이 아닐 것 같습니다. … 이따금 우리는 그리되기를 바랍니다(빌 1:23). 그러나 나의 소명을 깨달은 것은 잘 한 일입니다. … 이 소명이 얼마나 고귀한지는 장차 다가올 시간과 사건들 속에서 분명히 드러날 것입니다. 우리가 견딜 수 있다면 말입니다."[6]

디트리히가 1936년에 빌립보서 1장 23절을 인용한 건 비범한 일이 아닐 수 없다. 그 구절에는 "세상을 떠나서 그리스도와 함께 있고" 싶어 하는 바울의 소망이 담겨 있다. 엘리자베트 친이 그의 진심을 의심했을 거라는 의혹은 근거가 없다. 그녀는 누구보다 디트리히를 잘 알았다. 따라서 의혹은 미심쩍은 의혹일 뿐이다. 1938년, 엘리자베트는 신약학자 귄터 보른캄과 결혼했다.

1927년 말, 디트리히 본회퍼는 박사학위 시험에 통과하고 나서 동료 신학생 세 명 앞에서 박사학위 논문을 변호했다. 한 사람은 장차 그의 매제가 될 발터 드레스였고, 다른 한 명은 친구 헬무트 뢰슬러였다. 모두 잘나가는 사람들이었다. 그해 베를린 대학교 신학부에서 박사학위를 받은 열두 명 중에서 디트리히 본회퍼는 최우등 졸업의 영예를 안았다. 박사학위와 함께 지역 교회에서 목회 실습을 할 자격도 얻었다. 하지만 목회에 돌입할지 학계에 남을지 아직 고민하고 있었다. 가족들은 학계에 남길 바랐지만, 디트리히는 목회를 지향했다. 그해 11월, 디트리히 본회퍼는 스페인 바르셀로나에 있는 독일 교회로부터 부목사 자리를 제안받았다. 기간은 1년이었다. 디트리히는 그러기로 했다.

디트리히는 이렇게 썼다. "이 제안은 지난 몇 해와 몇 개월에 걸쳐 차츰 강력하게 자라난 소원, 내가 이전에 알고 지내던 지인들의 동아리에서 완전히 벗어나 자립하려는 오랜 소원을 성취하게 해주는 것처럼 보였다."[7]

05

바르셀로나

1928년

사람들이 기도하는 곳에는 교회가 있고 교회가 있는 곳에는 외로움이 있을 수 없다.

내게는 기도하는 살인자, 기도하는 매춘부를 상상하는 것이 허영심 강한 사람이 기도하는 것을 상상하는 것보다 훨씬 쉬운 일이다. 허영심만큼 기도와 사이가 나쁜 것도 없을 것이다.

그리스도의 종교는 빵을 먹은 다음 입에 넣는 디저트가 아니다. 그리스도의 종교는 어엿한 빵이다. 그렇지 않다면 아무것도 아니다. 스스로 그리스도인이라 칭하는 사람이라면 적어도 이 정도는 이해할 것이다.

기독교는 교회에 적대적인 세균을 자기 안에 감추고 있다. _디트리히 본회퍼

1928년 초에 쓴 일기에서 디트리히 본회퍼는 어떻게 바르셀로나행을 결정했는지를 밝힌다. 이 글은 결정 과정과 디트리히의 자의식을 들여다볼 수 있도록 하나의 창을 제공한다.

그러한 결정이 어떻게 일어나는지는 불확실하다. 그러나 나는 다음 한 가지만은 분명히 알고 있다. 우리는 개인적으로(의식적으로) 가부피否를 결정할 수 없고 시간이 모든 것을 결정한다는 것이다. 누구에게나 그렇다는 말이 아니라 내 경우에 그렇다는 말이다. 최근에 나는 내가 해야 했던 모든 결정이 사실은 스스로 내린 결정이 아니었단 걸 알게 되었다. 딜레마에

빠질 때면, 나는 그것을 그냥 미결 상태로 내버려둔다. 의식적으로 집중해서 해결하려 하지 않고, 자연스럽게 명확한 결정이 이루어지도록 내버려둔다. 하지만 이 명확한 결정은 지적인 것이 아니라 본능적인 것이다. 결정이 이루어진 다음에 그 결정을 추후에 충분히 정당화할 수 있을지는 별개의 문제다. 내게는 결정이 그런 식으로 이루어졌다.[1]

디트리히 본회퍼는 늘 생각을 생각하는 사람이었다. 사태를 밑바닥까지 샅샅이 살펴 가급적 명료하게 해명하고 싶어 했다. 틀림없이 과학자인 아버지의 영향이었을 것이다. 하지만 이때의 생각과 나중의 생각은 달랐다. 이때의 그는 신학자이자 목사였음에도 결정 과정에서 차지하는 하나님의 역할이나 하나님의 뜻을 언급하지 않았다. 그러나 위의 일기에서 그가 내뱉은 말은 1939년에 하게 될 굉장히 어려운 결단을 예시하는 것이다. 미국에 남아서 안전을 도모할지, 아니면 배를 타고 고국이라는 무시무시한 미지의 땅 Terra Incognita 으로 돌아갈지, 둘 중 하나를 정하려고 애쓰면서 그는 어려운 결단을 내렸다. 1928년의 경우든, 1939년의 경우든, 디트리히는 옳은 결단이 이루어지긴 했지만 자기 스스로 내린 결단이 아니란 걸 알았다. 그는 나중에야 자기가 하나님에게 붙잡혔다고, 하나님이 자기를 이끄셨다고, 가끔은 자기가 원하지 않는 곳으로 하나님이 데려가셨다고 명쾌하게 말할 수 있었다.

베를린을 떠나기 전에 송별회가 여러 번 열렸다. 1월 18일에는 목요동아리를 마지막으로 만나서 자주 다루던 주제, 곧 인간이 만든 종교와 기독교의 진정한 본질이 어떤 차이가 있는지 토론했다. 1월 22일에는 그루네발트 교회에서 어린이 예배를 마지막으로 인도했다.

나는 중풍병자에 대해 말하고 특히 "네 죄가 용서함을 받았다"는 말씀에 대해 말했다. 그리고 어린이들에게 복음의 핵심을 한 번 더 알리려고 애썼다. 약간의 감정을 섞어 말하자 아이들이 주의 깊게 듣고 약간의 감동을 받은 것 같았다. 그리고 나서 송별회가 열렸다. … 회중 기도가 오래 이어져 나를 설레게 했다. 여러 해를 같이 보낸 아이들이 나를 위해 기도해줄 때보다 더 설렜다. 사람들이 기도하는 곳에는 교회가 있고 교회가 있는 곳에는 외로움이 있을 수 없다.[2]

다른 송별회도 있었다. 2월 4일에는 모든 이가 디트리히의 스물두 번째 생일을 축하했다. 출발 날짜는 2월 8일로 잡혔다. 디트리히는 파리행 야간 열차표를 샀다. 파리에서 그루네발트 동급생 페터 올덴을 만나 한 주를 함께 보내고 혼자 바르셀로나로 갈 생각이었다.

출발일 저녁에는 온 가족이 함께하는 성대한 송별 만찬이 있었다. 부모님과 할머니, 모든 형제자매와 오토 삼촌 등 모든 이가 그 특별한 날을 기념하려고 참석했다. 오토 삼촌이 참석한 건 우연이었다. 가족 행사가 끝날 즈음 택시 두 대를 불렀다. 간신히 할머니에게 작별인사를 하고 밤 10시에 가족이 택시 두 대에 올라타 기차역으로 향했다. 11시에 기적이 울리고 기차가 떠났다. 난생 처음 경험하는 독립이었다. 디트리히는 다음 해에도 가족들과 떨어져 지낼 생각이었다. 아무리 생각해도 학생 신분을 벗어나기는 이번이 처음이었다. 드디어 넓은 세계로 들어간 것이다.

넓은 세계는 파리에서부터 시작되었다. 그리고 전통적인 의미에서는 아니지만 매춘부들과 함께 시작되었다. 기차는 벨기에 리그에서 한 시간가량 정차했다. 디트리히는 새로운 것을 볼 기회를 놓치기 싫어 택시 한 대를 전세 내어 빗속을 뚫고 시내를 한 바퀴 돌았다. 이미 페터 올덴이 자르뎅 두 라넬라 인근에 있는 보세주르 호텔에 방 하나를 예약해놓은 상태였다. 디트리히는 파리에 도착하자마자 즉시 숙소로 갔다. 두 사람은 다음 한 주를 관광하며 보냈다. 날씨는 대체로 좋지 않았다. 루브르 박물관을 여러 번 방문하고 오페라 극장도 두 차례나 찾아 〈리골레토〉와 〈카르멘〉을 관람했다. 디트리히가 매춘부들을 만난 건 교회에서였다. 하나님은 그들을 사용하여 디트리히에게 은총을 설명하셨다.

주일 오후에 나는 샤크레 쾨르 대성당에서 거행하는 성대한 미사에 참석했다. 교인들은 거의 다 몽마르트르에서 온 이들이었다. 매춘부들과 그들의 남자들도 미사에 참석하여 모든 의식에 복종했다. 대단히 인상적인 그림이었다. 비운과 죄책감으로 말미암아 가장 무거운 짐을 짊어진 사람들이 복음의 핵심에 얼마나 가까이 있는지를 다시 한 번 분명하게 볼 수 있었다. 나는 베를린 홍등가 타우엔친슈트라세가 대단히 비옥한 사역지가 될 수 있을 거라고 오랫동안 생각해왔다. 나에게는 기도하는 살인자, 기도하는 매춘부를 상상하는 것이 허영심 강한 사람이 기도하는 것을 상상하는 것보다 훨씬 더 쉬운 일이다. 허영심만큼 기도와 사이가 나쁜 것도 없을 것이다.[3]

화요일에 디트리히는 콰이 도르세에서 늦은 오후 기차를 타고 파리에 작별을 고했다. 이튿날 새벽, 그는 해안을 낀 어딘가에서 눈을 떴다. 스페인 국경에서 한 시간 거리에 있는 나르본이었다. 디트리히는 이렇게 적었다. "열네 시간 동안 보지 못한 태양이 막 떠올라 이른 봄의 경치를 밝게 비추었다. 동화에서나 나올 법한 경치였다."[4] 그가 잠든 밤중에도 기차는 그를 다른 지역으로 실어 날랐고 파리의 잿빛 냉기와 비는 밝은 빛깔의 세계에 길을 내주었다. "초원은 푸르고 아몬드 나무와 자귀나무에서 꽃이 피었다. … 이윽고 눈에 덮여 햇빛에 반짝이는 피레네 고봉들이 보이고 왼쪽으로는 푸른 바다가 펼쳐졌다."[5] 국경 지역에 도착한 다음 디트리히는 남쪽으로 가는 남은 여행을 위해 포르부에서 고급 마차에 올랐고 12시 55분에 바르셀로나에 도착했다.

프리드리히 올브리히트 목사가 역에서 본회퍼를 맞았다. "키가 크고 머리카락이 검고 무척 친절해 보이지만, 빠르고 불분명하게 말하는 사람, 목사 같지 않고 세련되지 않은 사람"이었다.[6] 올브리히트는 새로 온 부목사를 삐걱거리는 하숙집으로 안내했다. 디트리히 본회퍼가 살 집이었다. 목사관 근처에 있던 그 집은 디트리히가 내린 가혹한 평가에 따르면 상당히 원시적이었다. 씻을 수 있는 곳이라곤 화장실밖에 없었다. 나중에 방문한 카를 프리드리히는 그 화장실이 "흔들거리지 않는 것만 빼면, 꼭 기차의 삼등칸 화장실 같았다"고 묘사했다.[7] 하숙집을 운영하는 세 여인은 스페인어만 할 줄 아는 이들이어서 그날 '디트리히'를 발음하느라 무진 애를 쓰다가 실패하고 말았다. 집에는 독일 사람이 두 명 더 살고 있었다. 하아크 씨는 사업가였고 툼 씨는 초등학교 교사였다. 두 사람 다 그 집에서 산 지 얼마 안 되었는데, 이내 디트리히를 좋아했고 곧바로 점심식사에 그를 초대했다.

디트리히 본회퍼는 점심을 먹고 올브리히트 목사를 찾아갔다. 두 사람은 디트리히가 앞으로 할 일에 관해 서로 이야기했다. 어린이 예배를 인도하는 일과 올브리히트의 목회를 분담하는 일도 포함되었다. 올브리히트가 여행 중에는 디트리히가 설교도 해야 했다. 그런 일은 자주 있었다. 올브리히트는 장기 휴가를 떠날 때에도 교회를 안심하고 맡길 수 있게 되길 바랐다. 그해 여름 올브리히트는 독일에 있는 부모님 댁을 찾아가 3개월이나 머물렀다.

디트리히 본회퍼는 바르셀로나에서 베를린과는 너무 다른 세계를 발견했다. 스페인으로 이주한 독일인 공동체는 성실하고 보수적이었

1928년의 디트리히 본회퍼

다. 지난 10년간 독일에서 일어난 사건들로부터 전혀 영향을 받지 않은 것처럼 보였다. 바르셀로나의 독일인 공동체는 베를린의 지적이고 세련되고 개방적인 세계와 아주 달랐다. 디트리히가 그 공동체로 간 건 그리니치빌리지의 지적이고 사교적인 소란을 떠나 부유하고 자족적이며 지적 호기심이 없는 코네티컷 교외 거주자들의 공동체로 간 것과 같았을 것이다. 그러나 옮아가는 것은 쉽지 않았다. 그달 말, 디트리히는 "베를린 그루네발트에서 하듯 환담을 나눈 적이 한 번도 없다"고 썼다. 몇 주 뒤에는 자비네에게 이런 편지를 보냈다. "독일을 떠나온 이주자, 모험가, 사업가 들은 지독한 유물론자들이고, 자신들의 거주지에서 해외로 나가 이렇다 할 지적 고양을 받아보지 못한 자들이야. 교사들도 마찬가지고."**8**

유물론은 전쟁과 전쟁으로 말미암은 궁핍을 겪어보지 못한 젊은 세대 사이에서도 뚜렷하게 나타났다. 수십 년간 지속되어온 독일의 유력한 청년 운동이 바르셀로나에는 알려지지 않았고, 그 운동의 낭만적 관념들도 남쪽으로 흘러들지 않은 상태였다. 청년들 대다수는 자신들에게 열려 있는 가능성들을 좀처럼 생각하지 않았다. 그저 부친의 가업을 잇는 것만 생각했다.

바르셀로나의 지적 둔감함과 대단히 권태로운 분위기가 지극히 활동적인 디트리히의 지성과 개성을 심하게 압박했다. 디트리히는 모든 연령층의 사람들이 한낮에 커피숍에 앉아 쓸데없는 말을 몇 시간씩 지껄이는 모습에 경악했다. 커피 외에 베르무트 소다수가 특히 인기 있다는 사실도 알게 되었다. 베르무트에는 대개 굴 여섯 개가 딸려 나왔다. 새로운 경험에 깜짝 놀라긴 했지만, 디트리히는 그런 자극적인 것들에 발길질을 하지 않음으로써 사람들의 신망을 얻은 듯하다. 그 고장의 생활양식에 적응한 것이다. 가장 가까운 지인들에게 은밀히 불평했을 수도 있지만, 디트리히는 그런 생활양식 때문에 우울해하거나 좌절하지 않았다. 목사로서 자기가 해야 할 일을 효과적으로 감당하고 싶었고, 그러려면 실생활로 뛰어들어야 한다는 것도 잘 알았다. 말하자면 자기가 맡아 섬기는 사람들의 생활양식 속으로 어느 정도 뛰어들어야 했던 것이다.

로마에서와 마찬가지로 바르셀로나에서도 가톨릭의 신앙 표현들에 관심이 갔다. 할머니에게 보내는 편지에서 디트리히는 다음과 같이 놀라운 장면을 묘사했다.

> 최근에 멋진 장면을 보았답니다. 이곳 도심에서 일련의 자동차들이 꼬리에 꼬리를 물고 늘어선 채 특별히 만들어놓은 좁은 문 두 개로 들어가려고 애썼고, 문 아래에서는 사제들이 서서 자동차가 들어올 때마다 성수를 흩뿌렸지요. 행진하면서 춤을 추는 악대도 있었는데, 익살을 떨며 함성을 지르더군요. 무슨 일로 그랬을 것 같으세요? 그날은 자동차와 타이어 때문에 죽은 이들을 기리는 날이었습니다!⁹

디트리히 본회퍼는 새로운 환경을 가급적 많이 경험하고 이해하려 애썼다. 무용과 여타의 축제를 벌이는 바르셀로나 독일 클럽에도 과감히 가입했다. 그러자 곧바로 가면을 쓴 한 사람이 나타났다. 그곳에서는 누구나 스카트Skat 게임*을 즐겼다. 디트리히는 독일인 테니스 클럽과 독일인 합창단에도 가입했다. 독일인 합창단에서는 곧바로 피아노 반주자가 되었다. 이 모든 단체에서 여러 사회관계를 발전시켰고 이 관계들이 목회의 문을 활짝 열어주었다. 마음만 먹으면 언제든 별다른 시간을 들이지 않고 관계들에 접근할 수 있었다.

디트리히에게는 가장 힘든 일이었을 수도 있지만, 이 새로운 공동체의 필수 요소는 오락이었다. 하지만 그는 그 방면에도 최선을 다했다. 바르셀로나에 도착하고 열이틀이 지난 뒤 디트리히는 화요일 오후 내내 영화를 보며 지냈다. 2월 28일에는 새로 만난 초등학교 교사 헤르만 툼과 함께 1926년에 나온 무성영화 〈돈키호테〉를 관람했다. 당시 인기를 누리던 덴마크인 2인조 희극 배우 파트와 파타혼이 주연한 영화였다. 이 2인조 희극 배우는 로렐과 하디가 출현하기 전에 명성을 떨치던 뚱뚱이와 홀쭉이 배우였다. 영화는 3시간 19분짜리로 그다지 마음에 들지 않았지만, 자기가 그 이야기를 잘 모르기 때문이려니 하고 그냥 관람했다. 그리고는 세르반테스의 소설을 원어로 읽어 보리라 마음먹었다. 이 결심은 이미 출중한 상태였던 스페인어 실력을 향상시키는 계기가 되었다.

디트리히 본회퍼는 바르셀로나를 대체로 좋아했다. 막스 디스텔 관리감독에게 보내는 편지에서 바르셀로나를 "모든 면에서 상당히 즐겁게 지낼 수 있는 도시, 호화로운 생활을 하면서도 경제 발전에 골몰하는 도시, 이상하리만치 활기 넘치는 대도시"로 묘사했다. 디트리히가 보기에 그 지역과 도시는 "전에 없이 매력적인" 곳이었다. 두더지라 불리는 노동자들은 더없이 훌륭했고 "훌륭한 연주회"와 "무척 구식이기는 하지만 훌륭한 극장"도 있었다. 하지만 없는 것도 있었다. "지적

---

*19세기 초 알텐부르크 시에서 개발한, 독일에서 가장 인기 있고 전 세계 독일 사람이 즐기는 카드 게임.

인 토론 모임은 아무리 찾아도 찾을 수 없었다. 스페인 학계에도 없었다." 그러다가 마침내 한 스페인 교수를 만나 한층 높은 차원의 대화를 나눌 수 있었다. 하지만 그 교수는 지독한 교권 반대론자였다. 디트리히는 현대 스페인 작가들의 작품을 읽고 나서 그들도 그 교수와 비슷한 기질이라는 걸 알게 되었다.[10]

바르셀로나에는 디트리히가 즐겨 관람하던 경기가 하나 있었다. 베를린에서는 관람할 수 없는 경기였다. 바로 투우 경기였다. 디트리히는 탐미주의자요 지성인이었지만, 나약하거나 경직된 사람이 아니었다. 형 클라우스가 부활주일에 디트리히를 방문했다. 디트리히는 그날 오전 설교를 마치고 오후에 툼이었을 것으로 추정되는 한 독일인 교사에게 "이끌려" 클라우스와 함께 "어마어마한 부활절 투우"를 관람했다. 부모님에게 보내는 편지에서 그 광경을 이렇게 묘사했다.

수많은 사람이 유럽 중심부에 위치한 자신들의 문명 덕분이라고 생각하지만, 저는 이미 투우 경기를 본 적이 있었고 그래서 그때만큼 충격을 받지는 않았습니다. 어쨌든 엄청난 구경거리입니다. 사납게 날뛰는 힘과 무분별한 격정이 잘 훈련된 용기, 냉철한 정신, 노련한 솜씨에 맞서 싸우다가 마침내 굴복하는 것을 볼 수 있습니다. 무시무시한 요소는 별다른 역할을 하지 않습니다. 최근의 투우 경기부터 말들이 복대腹帶를 착용하기 때문입니다. 그래서 제가 투우를 처음 접할 때 보았던 끔찍한 모습은 전혀 없답니다. 흥미로운 건 말들이 복대를 착용하기까지 오랜 투쟁이 있었다는 겁니다. 구경꾼들 대다수는 유혈이 낭자하는 끔찍한 모습을 보고 싶어 하는 것 같습니다. 이곳 사람들은 어디서나 이처럼 강렬한 감정을 분출한답니다. 부모님께서도 직접 보시면 흠뻑 빠지실 겁니다.[11]

디트리히는 투우 경기 이야기를 듣고 새파랗게 질린 자비네에게 편지를 보내면서 자신도 깜짝 놀랐노라고 말했다. "첫 번째보다는 두 번째 본 게 더 잔인했어. 그래도 멀리서 보면 사람들이 좋아할 만한 매력이 있다는 걸 알 수 있어."

디트리히는 신학자가 되고 나서 마음속에 뭔가가 떠오르면 무엇이든 자비네에게 말했다.

"호산나!"를 외치던 환호성부터 "십자가에 못 박으시오!"라고 소리치던 포악함까지 둘 사이의 진폭을 이보다 사실적으로 환기시키는 건 이제껏 본 적이 없어. 투우사가 민첩하게 돌아서면 군중은 미친 듯이 광포해져. 그러다가 불행한 일이 일어나면 곧바로 미친 듯이 악을 쓰고 휘파람을 불어대지. 시시각각 변하는 대중의 기분은 진폭이 상당히 넓어. 투우사가 겁쟁이라는 게 드러나고(충분히 이해할 수 있는 일이지만) 잠시라도 용기를 잃으면, 대중은 황소를 성원하고 투우사에게 야유를 보내거든.[12]

하지만 디트리히가 늘 진중하기만 했던 것은 아니다. 10월에 그는 색다른 엽서 한 장을 뤼디거 슐라이허에게 보냈다. 실물 크기의 투우사와 황소 사진을 배경으로 구멍 뚫린 투우사 얼굴에 자신의 얼굴을 넣고 찍은 사진이었다. "따로 시간을 내어 투우 기술을 익혔답니다. 그래서 자형도 보시다시피 투우장에서 엄청난 성공을 거뒀지요. … 투우사의 인사를 보내며. 디트리히."[13]

디트리히는 골동품과 중고품 상점을 둘러보는 걸 좋아했다. 어느 날 그는 밤나무를 파서 만든 18세기의 거대한 화로와 무지하게 큰 놋쇠 그릇을 하나 샀다. 놋쇠 그릇은 나중에 핑켄발데 신학원의 비품이 되었다. 클라우스가 방문했을 때에는 함께 마드리드로 여행을 떠났다. 클라우스는 거기에서 피카소의 작품으로 보이는 유화 한 점을 구입한 다음 부모님에게 보내는 편지에 이렇게 묘사했다. "식전 와인을 마시는 타락한 여인을 그린 그림이에요."14 클라우스가 그 그림을 베를린으로 가져가자 미국인 화상畫商이 2만 마르크에 그림을 사겠다고 제안했다. 다른 화상들도 관심을 보였다. 그들 중 한 사람이 피카소에게 직접 연락을 취했다. 피카소는 마드리드에 사는 한 친구가 종종 자기 작품을 모사한다고 말했다. 아무도 이렇다 저렇다 결정을 내리지 않자, 클라우스는 그 그림을 그냥 간직했다. 그림과 화로는 1945년 연합국의 폭격으로 소실되고 말았다.

디트리히 본회퍼는 마드리드에서 엘 그레코의 작품 감상법을 익히기도 했다. 클라우스와 함께 톨레도, 코르도바, 그라나다를 방문했으며, 지브롤터 인근의 알헤시라스 같은 남부 지역도 방문했다. 디트리히가 방문한 지역들은 더 넓은 견학으로 나아가는 발판이 되었던 것 같다. 카나리아 제도로 여행을 떠날 수 있게 할머니가 여비를 보내주기도 했다. 그러나 디트리히는 여행을 떠나기 전에 베를린으로 돌아가야 했다. 할머니에게는 간디를 만나러 인도에 갈 때 보내주신 여비를 쓰겠다고 말했다. 그때에도 인도 여행은 그의 꿈이었다.

부목사

디트리히 본회퍼가 바르셀로나에 간 것은 주로 교회를 섬기기 위해서였다. 바르셀로나에서 지내는 동안 그는 열아홉 번의 설교를 하고 어린이 예배를 인도했다. 하지만 어린이 예배만큼은 그가 바라던 대로 흥분과 함께 시작되지 않았다.

디트리히가 바르셀로나에 간 건 어린이 예배를 신설할 수 있게 베를린에서 젊은 목사를 보내주었으면 좋겠다며 올브리히트가 초청장

1928년 어린이 예배에 참석한 아이들과 디트리히 본회퍼

을 보냈기 때문이다. 그러나 디트리히가 맞이한 첫 주일에 어린이 예배에 참석한 사람은 소녀 한 명이 전부였다. 디트리히는 일기장에 "개선해야 할 사항"이라고 썼다. 그리고 그렇게 했다. 사람의 마음을 잡아끄는 디트리히의 됨됨이가 좋은 인상을 주었다. 다음 주에는 열다섯 명이나 참석했다. 그 주에 이 열다섯 명의 집을 방문하자 다음 주일에는 학생이 서른 명으로 늘었다. 그때부터 매번 예배를 드릴 때마다 서른 명가량이 참석했다. 디트리히는 아이들을 섬기는 게 좋았다. 아이들의 신학적 무지에 놀랐지만, 놀라운 사실도 발견했다. "아이들은 어느 모로 보나 아직 교회에 오염되지 않은 상태였다."15

당시 바르셀로나에 거주하는 독일인들은 대략 6,000명가량이었다. 그들 중 극소수만 교인이었고, 이들 중 40명 정도가 주일마다 얼굴을 보였다. 여름철에는 숫자가 더 떨어졌다. 디트리히는 그해 여름 완전히 혼자였다. 올브리히트마저 독일에 머물렀기 때문이다.

디트리히 본회퍼의 설교는 영적으로도 지적으로도 회중들에게 도전을 주었다. 첫 부임 설교에서 그는 대뜸 자기가 좋아하는 주제로 뛰어들었다. 우리의 도덕적 노력에 근거한 믿음과 하나님의 은총에 근거한 믿음의 차이를 이야기했다. 그러면서 플라톤과 헤겔, 칸트를 언급하고 아우구스티누스의 말을 인용했다. 바르셀로나에서 일하는 독일인 사업가들이 상아탑에서 갓 내려온 스물두 살 청년의 진지한 설교에 당혹해하는 모습을 상상할 수 있다. 하지만 디트리히의 설교에는 부인할 수 없는 활기가 있었다. 그는 항상 회중을 집중시키는 힘이 있었다.

올브리히트가 외유 중이어서 부활절에도 디트리히가 설교하고 그 다음 주에도 그랬다. 매번 청중에게 도전하고 어떻게 하든 그들을 설득했다. 이윽고 디트리히가 설교를 맡을 때마다 회중 수가 눈에 띄게 늘어나는 일이 벌어졌다. 올브리히트는 그 사실을 알아채고 설교 일정을 미리 알려주던 일을 중단했다.

올브리히트는 대체로 디트리히를 마음에 들어 했다. 하지만 두 사람 사이에는 확실히 문제가 있었다. 디트리히는 집에 보내는 편지에서 올브리히트는 "엄밀히 말해 역동적인 설교자가 아니고," 다른 결점들도 알아채지 못한다고 말했다.[16] 또 다른 편지에서는 올브리히트가 "이제까지 자기 교구의 젊은 세대에게 말을 거는 방법을 전혀 모색하지 않은 것 같다"고 썼다.[17] 예컨대, 디트리히 본회퍼는 툼 선생이 가르치는 독일인 학교에서 종교 교육이 한 해에 네 번밖에 시행되지 않았다는 걸 알았다. 그래서 고학년 아이들을 위해 수업을 신설하자고 제안했다. 올브리히트가 방침을 바꿀 때마다 디트리히는 무언가를 제안하곤 했다. 디트리히가 떠나고 나면 올브리히트가 고스란히 떠맡아야 할 일이었다. 그래서 그는 디트리히의 제안을 묵살했다.

디트리히는 상황을 파악하고서 올브리히트를 깍듯이 존중했다. 긴장을 고조시킬 만한 일은 하지 않았다. 올브리히트는 대체로 디트리히의 진가와 그가 기울인 노력을 인정했다. 디트리히는 자신을 감시하고 교만에 빠지지 않게 근신하는 능력이 탁월했다. 이런 능력은 그가 이기심과 교만을 용납하지 않는 가정에서 교육받았다는 걸 보여주는 증거라고 할 수 있다. 하지만 디트리히는 기독교적인 관점에서도 교만의 유혹을 잘 알았다. 친구이자 목사인 헬무트 뢰슬러에게 보내는 편지에서 디트리히는 자기 일에 만족하고 있다며 만족이 지닌 두 가지 속성을 이렇게 이야기했다.

> 올여름 나는 석 달간 홀로 지내면서 두 주에 한 번꼴로 설교를 해야 합니다. … 그리고 그 일을 제법 잘해내고 있어서 감사합니다. …자부심이라는 주관적인 기쁨과 객관적인 감사가 혼합된 셈입니다. 하지만 이 주관적인 것과 객관적인 것의 혼합은 모든 종교에 대한 심판이 아닐까 싶습니다. 다들 그것을 고상하게 하려고만 할 뿐 철저히 근절하려 하지는 않으니 말입니다. 신학자는 다음과 같은 물음 때문에 이중의 고통을 겪는답니다. 한편으로는 "가득 찬 교회를 보고 기뻐해서는 안 되는가? 여러 해 동안 출석하지 않던 사람들이 출석하는 것을 보고 기뻐해서는 안 되는가?"라는 물음 때문에 고통을 겪고, 다른 한편으로는 "누가 감히 이 기쁨을 분석하겠는가? 이 기쁨에 어둠의 씨앗이 전혀 없다고 누가 감히 확신하겠는가?"라는 물음 때문에 고통을 겪는답니다.[18]

디트리히 본회퍼는 도이체 힐프스페어라인이라는 독일 자선회와 손을 잡고 전에 하던 것과는 전혀 다른 일을 하게 되었다. 자선회 사무실이 목사관에 있었다. 디트리히는 아침마다 사무실을 열었고 이를 통해 청춘기에 그루네발트에서 보낸 특권으로 가득한 세계를 스스로 넘어섰다. 디트리히는 다른 사람들이 어찌 사는지 보려고 사업에 실패한 이들, 가난과 범죄의 피해자들, 절망에 빠진 개인들, 선의의 범죄자들과 만나 함께 시간을 보냈다. 카를 프리드리히에게 보내는 편지에서 그는 이렇게 생생하게 묘사했다.

이곳은 가장 기이한 사람들을 상대해야 하는 곳이야. 그러지 않고서는 그들과 좀처럼 말을 섞을 수 없어. 세계 각국을 여행하는 사람들, 유랑자들, 쫓기는 범법자들, 수많은 외인부대 병사들, 스페인을 순회 중인 크로네 서커스단에서 도망쳐 나온 사자 조련사들과 맹수 조련사들, 버라이어티 쇼 무대에서 춤추는 독일 여인들, 정치인을 암살하고 쫓기는 독일인들. 이들 모두 자신이 겪은 비운의 삶을 자세히 들려주지. … 어제는 대단히 뻔뻔한 사람이 나를 찾아왔어. 생전 처음 보는 사람이었어. 목사가 자신의 서명을 위조했다고 주장하더군. 나는 호통을 치며 그를 쫓아냈어. … 그는 황급히 떠나면서 저주와 욕설을 퍼붓고 협박까지 하더군. 내가 자주 듣던 협박이었지. "우리는 다시 만나게 될 거요. 항구에 오기만 해보시오!" 그 후 영사관에 문의했더니 유명한 사기꾼이래. 오랫동안 이 지역에서 어슬렁거린 사기꾼이었던 거야.[19]

디트리히 본회퍼는 그러한 경험들을 통해 가난한 이들과 부랑자들의 비참한 처지를 깨닫고 곧바로 그들의 처지를 자기 인생과 신학의 주제로 삼았다. 뢰슬러에게 보내는 편지에서 다음과 같은 사실도 언급했다.

그들의 환경이 어떠하건 간에 날마다 사람들을 알아가고 있네. 가끔은 그들이 하는 이야기를 통해 그들을 들여다보기도 하지. 다음 한 가지가 나를 계속 감동시킨다네. 이곳에서 나는 사람들을 있는 그대로 만나고 있어. 기독교 세계의 가면무도회에서 멀리 벗어나 만나는 거지. 울분을 지닌 사람들, 범죄자 유형의 사람들, 천한 사람들, 목표도 보잘것없고 급료도 보잘것없고 죄도 적게 짓는 사람들. 그들 모두 기독교 세계에도 이 세상에도 집이 없다고 느끼지만, 누군가가 상냥하게 말을 건네면 곧바로 눈 녹듯 풀리는 사람들이야. 진짜 사람들이지. 그들을 보면서 나는 '그들은 진노보다는 은총 아래 더 많이 자리하고, 기독교 세계는 은총보다는 진노 아래 더 많이 자리하고 있다'고 느껴.[20]

6월 말이 되자 바르셀로나에 거주하는 독일인 수가 급격히 줄었다. 많은 사람이 석 달간 바르셀로나를 떠났다가 10월에 돌아오기 때문이다. 올브리히트 목사도 그들 가운데 하나였다. 디트리히가 알고 지내던 교사들 대다수도 바르셀로나를 떠났다. 하지만 디트리히는 즐겁고 생산적인 시간을 보낸 것 같다. 아침 10시까지 자선회 사무실을 운영하고, 그 다음에는 설교를 작성하거나 출판에 대비하여 박사학위 논문 《성도의 교제》를 다듬었다. 또한 교수 자격 취득 논문 《행위와 존재》를 쓰려고 여러 주제를 읽고 사색했다. 오후 1시에는 하숙집으로 돌아가 점심을 먹었다. 그런 다음에는 편지를 쓰고 피아노를 연습하고 병원이나 가정에 있는 교구민들을 방문하고 갖가지 글을 쓰거나 시내로 나가 커피를 마시거나 지인을 만났다. 가끔은 불볕더위에 굴복하여 바르셀로나 주민 상당수와 마찬가지로 오후 시간을 잠자는 데 썼다. 그해 여름 디트리히는 주일마다 어린이 예배를 인도했다. 하지만 설교는 두 주에 한 번만 했다. 이에 대해 카를 프리드리히에게 보내는 편지에 이렇게 썼다. "그 정도면 만족스러운 것 같아. 이 더위 속에서 설교하는 건 그다지 즐거운 일이 아니야. 게다가 매년 이 시기에는 태양이 설교단을 비추거든."[21]

디트리히 본회퍼는 어려운 신학 사상을 평범한 교인들에게 전달하는 보기 드문 능력을 갖추고 있었다. 하지만 그가 바르셀로나에서 한 설교 중에 몇몇 구절은 불볕더위에 받아들이기에는 조금 지나친 면이 있었을 것이다. 디트리히는 이따금 청중의 머리 위로 날아올라 고매한 신학의 고지로 날아가곤 했다. 그러면 청중은 푸른 하늘 속으로 가물가물 사라지는 한 점을 따라가려고 애쓰다가 그만 좌절하여 눈을 가리거나 사팔뜨기가 되곤 했다. 아마도 그들은 속으로 이런 말을 했을 것이다. '이곳에서 설교하던 늙은 까마귀, 우리가 귀여워하여 사과와 비스킷 조각으로 먹여 살리던 순한 까마귀는 어디에 있는 거지? 마음씨 착한 늙은 올브리히트가 돌아오지 않으면 어떻게 하지?'

하지만 디트리히의 단독 비행은 부인할 수 없을 만큼 성공적이었다. 해마다 여름이 되면 교회 출석률이 급격히 떨어졌지만, 그해 여름만큼은 출석률이 증가했다. 8월에 디트리히는 친구에게 이런 편지를 보냈다. "일과 삶이 실제로 하나가 되는 것을 보는 건 주목할 만한 경험이네. 우리 모두가 학창시절에 찾아 헤매다 좀처럼 찾아내지 못한 종합을 나는 보고 있다네. … 그것은 일을 가치 있게 해주고 일하는 이에게는 객관성을 안겨준다네. 이를테면 자신의 한계를 인식하게 해주지. 그런 건 실생활에서만 얻을 수 있다네."[22]

9월에는 부모님이 디트리히를 방문했다. 내친 김에 그는 부모님과 함께 여행을 떠났다. 스페인 북쪽 해안을 따라 프랑스로 들어가 아를, 아비뇽, 님을 둘러보고 스페인 남쪽 해안을 따라 몬세라트를 둘러보았다. 9월 23일, 부모님은 아들이 하는 설교를 들었다. 디트리히는 그날 자신의 일평생 중심 주제가 될 내용을 건드리면서 육체가 영혼보다 열등하다고 생각하는 영지주의 이원론에 맞서 대단히 현세적이고 구체적인 기독교 신앙을 옹호했다. 그는 "하나님이 보고 싶어 하시는 것은 이 세상을 멀리하는 유령들이 아닙니다. 하나님은 인간을 보고 싶어 하십니다"라고 말한 다음 이렇게 말했다. "세계 역사 속에 자리하는 단 하나의 의미심장한 시간은 언제나 현재뿐입니다. … 영원을 찾고 싶다면, 현재의 시간들을 섬기십시오." 이는 몇 년 뒤에 수감생활을 하는 중에 약혼녀에게 보내는 편지의 전주곡이었다. "우리의 결혼은 하나님의 대지大地를 긍정하는 것이 되어야 합니다. 우리의 결혼은 대지 위에서 일하고 성취하겠다는 결의를 강화하는 것이어야 합니다. 나는 그리스도인들이 한쪽 발로만 대지 위에 서려고 하다가 천국에서도 한쪽 발로만 서게 될까 걱정입니다." 그녀에게 보내는 다른 편지에서는 이렇게 말했다. "인간은 흙으로 이루어진 것이지, 희박한 공기와 생각으로 이루어진 것이 아닙니다." [23]

당시의 설교와 이후의 설교에 자주 등장한 또 하나의 주제는 "하나님이 주도권을 잡고 계신다"는 바르트의 사상이었다. 우리가 하나님에게 도달하기 위해 할 수 있는 일이 전혀 없으니 하나님이 우리에게 자신을 알려주셔야 한다는 것이다. 디트리히 본회퍼는 바르트가 언급한 바벨탑 이미지를 활용하여 종교를 묘사하고 자신의 노력으로 하늘에 도달하려 하나 늘 실패하기만 하는 인간을 여러 번 묘사했다. 하지만 거기에 머무르지 않고 뢰슬러에게 보내는 편지에서 그 사상을 더 먼 곳까지 밀고 나갔다.

> 자네도 알다시피 나는 오랫동안 설교는 누군가를 감동시키거나 누군가를 결단에 이르게 하는 중심을 지니고 있다고 생각했네. 하지만 더 이상은 그리 생각하지 않네. 설교는 중심을 붙잡을 수 없고, 중심이신 그리스도에게 붙잡힐 수 있을 뿐이네. 그리스도는 경건한 이들의 말 속에서 육신이 되시는 것과 마찬가지로 성직자들의 말이나 종교사회학자들의 말 속에서도 육신이 되시네. 설교는 경험으로 알 수 있는 관계들로 말미암아 상대적인 난제는 물론이고 절대적인 난제도 안고 있다고 할 수 있네.[24]

대단히 급진적이고 극적인 발언이었다. 하지만 이 발언은 하나님의 은총을 떠나서는 누구도 의미 있는 일을 할 수 없다는 인식이 낳은 논리적 결론이라고 할 수 있다. 좋은 것은 무엇이나 하나님으로부터 온다. 하나님은 설교가 아무리 빈약하게 작성되어 선포되더라도 그 속에 자신을 드러내어 회중을 감동시키실 수 있고, 역으로 설교가 아무리 훌륭하게 작성되어 선포되더라도 그 속에 자신을 드러내지 않으실 수도 있다. 설교의 성공은 돌파하여 우리를 붙잡으시는 하나님에게 전적으로 달려 있다. 하나님만이 우리를 붙잡으실 수 있다.

이는 몇 년 뒤에 나치 체제에서 자신의 운명을 대하는 마음자세를 담아 선포한 유명한 설교 〈예레미야〉의 전주곡이었다. 하나님께 붙잡힌다는 건 무슨 뜻이었을까? 어째서 디트리히는 하나님이 그를 붙잡으시고 그를 선택하시어 무언가를 하게 하셨다는 심원한 인식을 갖게 된 걸까?

세 차례의 강연

1928년 가을, 디트리히 본회퍼는 자신이 맡은 일 외에 세 차례의 강연을 하기로 마음먹었다. 11월과 12월, 그리고 출국 예정일 직전인 2월에 한 차례씩 화요일 저녁에 하기로 했다. 디트리히가 그런 강연을 하리라고는 아무도 예상하지 못했다. 올브리히트는 그 참신한 제안을 어떻게 생각했을까? 강연은 시야가 대단히 넓었다. 디트리히가 강연을 하기로 마음먹은 건 독일인 학교 6학년 아이들에 대한 관심 때문이었다. 아이들은 목요 동아리 회원들과 같은 또래였다. 교회는 그들에게까지 손을 뻗지 못했고, 디트리히는 자기가 할 수 있는 일을 하고 싶었다.

세 차례 강연은 인상적이었다. 고등학교를 졸업한 지 몇 년 안 된 이들에게는 특히 그랬을 것이다. 강연에서 디트리히는 장차 그를 유명하게 해줄 주제들을 다루었다. 첫 번째 강연 제목은 〈예언자 정신의 비극적 요소와 그것의 영속적 의미〉였고, 두 번째 강연 제목은 〈예수 그리스도 그리고 기독교의 본질에 대하여〉였으며, 세 번째 강연 제목은 〈기독교 윤리의 근본문제들〉이었다.

12월 11일에 행한 두 번째 강연이 단연 돋보였다. 그가 한 설교 대부분이 그러하듯이 디트리히는 도발적으로 문을 열고 그리스도는 대다수 그리스도인의 삶에서 추방된 상태라는 생각을 개진했다. "우리는 그분에게 신전을 지어드리면서도 생활은 자기 집에서 한다." 종교는 주일 오전으로 추방되었고 "우리는 몇 시간 동안 그리로 기꺼이 물러나 있다가 곧바로 자기의 일터로 돌아갈 뿐이다." 디트리히는 우리가 그분에게 "우리네 영성 생활의 작은 방"만을 내어드려서는 안 되고 전부 아니면 무無를 드려야 한다고 말했다. "그리스도의 종교는 빵을 먹고 나서 입에 넣는 한입 거리 진미가 아니다. 그리스도의 종교는 어엿한 빵이다. 그렇지 않다면 그것은 아무것도 아니다. 스스로 그리스도인이라 칭하는 사람이라면 적어도 이 정도는 이해하고 인정할 것이다."[25]

C. S. 루이스의 《순전한 기독교 Mere Christianity》를 떠올리게 하는 잘 표현된 문장에서 디트리히 본회퍼는 그리스도의 독자성에 대해 이렇게 말했다.

혹자는 그리스도를 미학적 범주에 따라 미학적 천재로 추어올리고, 혹자는 그분을 가장 위대한 도덕가라 부르고, 혹자는 그분의 죽음을 자기의 사상을 위해 결행한 영웅적 희생으로 추어올린다. 그들은 그분을 진지하게 받아들이지 않는다. 그리스도께서 자신이 하나님의 계시를 말하고 있고 자신이 바로 그 계시라고 주장하시건만, 우리는 삶의 중심을 그분과 접촉시키지 않는다. 우리는 그리스도의 말씀과 거리를 유지한 채 진지한 만남이 일어나는 것을 허락하지 않는다. 그리스도가 한 사람의 종교적 천재, 한 사람의 도덕가, 한 사람의 군자라면, 나는 그가 있어도 살 수 있고 그가 없어도 살 수 있다. 이는 플라톤과 칸트가 없어도 살 수 있는 것과 마찬가지다. … 그러나 나의 삶을 정말로 진지하게 요구하시는 그리스도 안에 하나님이 직접 말씀하시는 무언가가 있다면, 그리고 하나님의 말씀이 그리스도 안에만 존재했다면, 그리스도는 나에게 상대적인 의미는 물론이고 절대적이고 절박한 의미도 갖으실 것이다. … 그리스도를 이해한다는 건 그리스도를 진지하게 받아들이는 걸 의미하고, 이 요구를 이해한다는 건 우리의 헌신에 대한 그분의 절대적 요구를 진지하게 받아들이는 걸 의미한다. 지금 중요한 것은 이 문제의 중요성을 해명하고 계몽주의 이래로 세속화 과정에 편입된 그리스도를 그 과정으로부터 구출해내는 것이다.

어쩌면 올브리히트가 얼마 전에 회중에게 계몽주의를 언급했는지도 모른다. 이 강연에서 디트리히 본회퍼는 신성불가침의 것을 차례로 쓰러뜨렸다. 그리스도는 위대한 도덕가에 불과한 분이 아니라는 생각을 피력하면서 기독교와 타종교의 유사성을 설명한 다음 자신의 요점을 다음과 같이 단도직입적으로 제시했다. "기독교의 본질은 종교와 관계가 있는 것이 아니라 그리스도라는 인물과 관계가 있다." 이는 카를 바르트에게 배운 주제, 곧 몇 해가 지나지 않아 그의 사유와 저작 상당 부분을 차지할 주제를 부연 설명한 것이다. 그 주제는 다음과 같다. "종교는 죽은 것, 인간이 만든 것에 불과하고 기독교의 핵심에는 전혀 다른 것(하나님 자신)이 생생히 자리하고 있다." 디트리히는 이렇게 말했다. "사실에 입각해서 말하면, 그리스도는 현대 유대교 랍비들이나 이교 문학에서 찾아볼 수 없는 윤리적 규범들을 제시한 분이 전혀 아니다." 기독교는 참신하고 더 나은 행동 규범 내지 도덕적 성취와 무관했다. 청중들 가운데 일부는 디트리히의 말에 분명히 충격을 받았을 테지만, 어쨌거나 그는 부인할 수 없을 만큼 흥미진진하게 논리를 펼쳤다. 그러고 나서 종교라는 개념과 도덕적 행위를 기독교와 그리스도의 적으로 규정하고 맹공격했다. 그것들이 우리가 우리의 도덕적 노력을 통해 어느 정도 하나님에게 도달할 수 있다는 잘못된 견해를 제시하여 기독교의 공공연한 적인 오만과 영적 자만을 야기했기 때문이다. "따라서 역설적으로 들리겠지만, 기독교의 메시지는 근본적으로 도덕 및 종교와는 관계가 없다."²⁶

디트리히 본회퍼가 1928년에 이와 같은 말을 했다는 게 그저 놀라울 뿐이다. 이는 그가 에버하르트 베트게에게 보낸 여러 편지에서 비종교적 기독교를 언급하고, 베트게가 그 편지들을 방독면 여과통에 담아 슐라이허의 뒤뜰에 묻기 16년 전의 일이었다. 하지만 더 놀라운 건 발굴된 편지들이 반추의 결과물인데도 사람들은 그것을 두고 디트리히 본회퍼의 신학에서 일어난 심오하고 새로운 전환이라고 평한 것이다. 디트리히가 나중에 말하고 쓴 것은 거의 모두 이전에 말하고 쓴 것을 심화하고 확대한 것이지 신학적으로 의미심장하고 새롭게 바뀐 것이 아니다. 디트리히는 과학자나 수학자처럼 기존의 것 위에다 쌓아올렸다. 높이 쌓아올려 기초에서 멀리 떨어져 있다고 해도 그 기초를 무시하거나 그 기초 없이 떠 있을 수 있는 것은 아니다. 실은 높이 올라가면 올라갈수록 기초와 아래층들이 견고하고 통합적이라는 것을 더욱 확신하게 된다. 디트리히 본회퍼는 그런 식으로 높이 올라가고 멀리까지 나아갔다. 사람들이 나중에 발굴된 편지들에 나타난 신학적 고지에 과도하게 집중한 까닭은 구름 아래쪽에 정통주의 신학의 기초가 자리하고 있다는 것과 그 고지들이 기초와 단단히 연결되어 있다는 걸 몰랐기 때문이다.

같은 강연에서 디트리히는 또 하나의 대담하고 도발적인 관점을 개진했다.

이로써 우리는 신에게 나아가려는 인간의 모든 시도 가운데 가장 엄청난 시도, 곧 교회를 통한 시도를 근본적으로 비판했다. 기독교는 교회에 적대적인 세균을 자기 안에 감추고 있다. 기독교의 종교성과 교회에 대한 우리의 헌신을 토대로 우리가 하나님에게 이를 수 있다고 주장함으로써 기독교 사상을 철저히 오해하고 왜곡하는 건 너무나 쉬운 일이다.[27]

스물두 살 청년이 고등학생 몇 명에게 한 강연에서 우리는 장차 그의 가장 원숙한 사상이 될 무언가를 접하게 된다. 디트리히는 종교로서의 기독교와 그리스도 따르기를 구별했다. 종교로서의 기독교는 다른 모든 종교들처럼 인간의 힘으로 하늘에 이르기 위해 윤리적인 길을 모색하다가 실패하는 종교인 반면, 그리스도 따르기는 우리의 삶을 포함하여 모든 것을 요구하는 그리스도에게 온전히 헌신하는 것을 의미했다.

강연을 하면서 디트리히는 이따금 참석자들이 이해하기 어려운 용어를 골라서 말했다. 예컨대 이런 식이다. 기독교의 본질은 "영원한 타자의 메시지다. 그분은 이 세상 위에 계시지만, 그분에게만 영광을 돌리는 이에게 자기 존재의 깊은 곳에서 자비를 베푸는 분이시다." 강연을 듣던 대다수가 바르트를 알았거나 '타자'라는 단어가 추상적인 철학 개념으로 사용되고 있다는 걸 알아챘을 것 같지는 않다.[28]

디트리히 본회퍼의 문장들은 감동을 주었을 것이다. "은총의 메시지는 민족과 국가 들의 영원한 죽음을 다음과 같이 선고한다. '나는 너희를 영원 전부터 사랑하였다. 나와 같이 있어라. 그러면 너희가 살리라.'" 디트리히는 G.K. 체스터튼식 경구도 말했다. "기독교는 무가치해 보이는 것의 무한한 가치와 가치 있어 보이는 것의 무한한 무가치를 선포한다."[29]

디트리히는 강연을 마치기 전에 도발적인 관점을 하나 더 개진했다. 그리스 정신 내지 인본주의를 기독교가 이제껏 대면해온 적 중에 가장 껄끄러운 적으로 규정한 다음 종교라는 개념과 도덕적 성취를 능숙하게 결부시켰다. 그리스 정신과 인본주의는 영혼이 육체와 전쟁을 벌인다는 이원론에 의거하여 하나님에게 이르려 하는 잘못된 길이었다. 이원론은 그리스의 개념이지 히브리의 개념이나 성경의 개념이 아니었다. 육체와 물질계에 대한 성경의 긍정이야말로 그가 살면서 거듭거듭 돌아간 또 하나의 주제였다.[30]

오늘날 기독교적 종교에 의해 피어난 가장 아름다운 꽃처럼 보이는 인본주의와 신비주의를 인간 정신의 가장 높은 이상으로 칭송하고 종종 기독교 사상의 면류관이라 여기지만, 사실 인본주의와 신비주의는 피조물을 신격화한 것에 지나지 않다. 하나님 한 분에게만 속해 있어야 할 영광을 가로챈 것이므로 기독교 사상이 단호히 물리쳐야 할 것들이다. 인본주의의 신은 기독교가 제시한 하나님 개념으로서 인간의 바람들을 자신에게로만 향하게 할 뿐 반대쪽으로 향하게 하지 않기 때문이다.[31]

"볼프 씨가 죽었어요!"

디트리히 본회퍼가 바르셀로나에서 목사의 직무를 감당하며 1년을 보내려 한 까닭은 자신이 신학적으로 알고 있는 것을 냉담한 사업가, 십대 청소년, 어린이들에게 전하는 것이 신학 자체만큼이나 중요하다고 여겼기 때문이다. 아래의 글은 디트리히가 어린이 사역에 성공했다는 걸 보여준다. 장차 매제가 될 발터 드레스에게 보내는 편지를 통해 우리는 디트리히가 바르셀로나에서 보낸 세월을 어렴풋하게나마 이해할 수 있다.

오늘 목회 상담을 하면서 대단히 특이한 사례를 접했다네. 단순하지만 내게 생각할 거리를 안겨준 사례를 짤막하게나마 들려주고 싶네. 오전 11시에 열 살 정도 된 소년이 문을 두드리고 방으로 들어왔네. 손에는 내가 그 아이 부모에게 부탁한 것이 들려 있었지. 나는 대체로 활달한 편인 그 소년에게 무언가 좋지 않은 일이 일어났다는 걸 알아챘네. 이윽고 그 일의 정체가 밝혀졌네. 소년은 완전히 정신을 잃고 울어댔네. "볼프 씨가 죽었어요!"라는 말만 겨우 알아들을 수 있었네. 소년은 울고 또 울었네. 나는 "볼프 씨가 누군데?"라고 물었지. 알고 보니 볼프는 독일산 셰퍼드 강아지였어. 여드레 동안 앓다가 30분 전에 죽었다더군. 소년은 슬픔에 잠겨 내 무릎에 앉아서도 평정을 되찾지 못했어. 강아지가 죽어서 모든 희망이 사라졌다고 말하더군.

 소년은 강아지하고만 뛰놀았고 강아지는 아침마다 소년의 침대로 달려들어 그를 깨웠거든. 그랬던 강아지가 그만 죽고 만 거야. 나는 달리 할 말이 없었어. 소년은 아주 잠깐 말하더니 갑자기 울음을 그치고 아주 차분하게 이렇게 말했네. "하지만 나는 볼프 씨가 죽지 않았다는 걸 알고 있어요." "무슨 말이지?" "볼프 씨의 영이 천국에 있으니 행복할 거예요. 전에 수업 시간에 한 아이가 종교 선생님에게 천국이 무엇과 같냐고 묻자 선생님은 아직 거기에 가본 적이 없다고 말씀하셨어요. 하지만 나는 볼프 씨를 다시 만나게 되겠죠? 볼프 씨는 천국에 있는 것이 확실하니까요." 그 자리에 서 있던 나는 긍정과 부정 가운데 하나로 답을 제시하지 않으면 안 되었네. 내가 "아니, 우리는 잘 몰라" 하고 말하면, 그건 부정을 의미하는 것이지. … 나는 재빨리 마음을 정하고 소년에게 이렇게 말했어. "하나님께서 사람도 지으시고 동물도 지으셨으니 나는 그분이 동물도 사랑하신다고 생각해. 나는 그 강아지가 하나님과 함께 있을 거라고 생각해. 이 세상에서 서로 사랑한, 정말로 서로 사랑한 이는 모두 하나님과 함께 지내게 될 거야. 사랑하는 것이 하나님의 일이기 때문이지. 확실히 알 수는 없지만,

꼭 그렇게 될 거야."

자네도 이 소년의 행복한 얼굴을 보았어야 하는데 안타까워. 소년은 울음을 뚝 그치고 이렇게 말하더군. "그렇다면 나도 언젠가 죽어서 볼프 씨를 만나 다시 함께 뛰놀 수 있겠군요." 한 마디로 말해서 소년은 무아경 상태였어. 나는 이런 일이 어떻게 일어나는지 정말로 모른다고 소년에게 거듭해서 말했지. 그런데도 소년은 알고 있었고 대단히 분명하게 확신하고 있었어. 몇 분 뒤 소년은 이렇게 말했네. "오늘 나는 아담과 이브를 비난했었어요. 그들이 사과를 먹지 않았더라면, 볼프 씨가 죽지 않았을 거라고 말예요." 좋지 않은 일이 일어날 때 우리들 중 누구라도 그럴 테지만, 이 사건은 어린 소년에게 중요한 사건이었네. 그런 순간에 지각없는 거친 소년 안에서 천진난만한 신심이 깨어나다니 참으로 놀랍고 감동스러웠어. "답을 알고 있을 것"으로 여겨지던 나는 그 소년 옆에서 너무나 초라해지는 느낌이었네. 소년이 떠나면서 보인 확신에 찬 표정을 나는 지금도 잊지 못한다네.[32]

11월에 디트리히 본회퍼는 바르셀로나에 머물러 달라는 요청을 받았지만, 교수 자격 취득 논문을 마치고 싶었다. 베를린을 떠난 지 1년이 다 되어가던 2월 15일, 그는 베를린으로 돌아갔다.

06

베를린

1929년

중요한 건 하나님의 자유다. 그 자유의 가장 강력한 증거는 하나님이 역사적 인간들에게 매여 그들의 처분을 받으시기로 작정하신 데에서 엄밀히 드러난다. 하나님은 인간들 없이 계시는 것이 아니라 인간들을 위해 존재하신다. 그리스도는 하나님의 자유의 말씀이다. _디트리히 본회퍼

내가 만일 유대인이었다면, 그리고 내가 그런 바보멍텅구리들이 기독교 신앙을 좌지우지하며 가르치는 것을 보았다면, 나는 그리스도인이 되기보다는 차라리 돼지가 되었을 것이다. _마르틴 루터

바르셀로나에서 돌아와 보니 독일은 바이마르공화국에 서서히 짜증을 내고 있었다. 많은 이들에게 바이마르공화국은 독일의 역사와 문화에 대해 아무것도 모르면서 독일이 약해지기만을 바라는 적들이 강제로 떠맡긴 정치적으로 역겨운 음식이나 다름없었다. 어느 당도 주도권을 잡지 못한 의회정치는 사람들이 존경하는 황제의 치세와는 정말 달랐다. 많은 이들이 보기에 지도자 없이 말싸움만 일삼는 현 체제는 독일답지 않았다. 독일인 상당수는 모종의 지도력을 회복하고 싶어 하면서도 그 지도력이 어떠해야 하는지에 대해서는 왈가왈부 말이 없었다. 그들은 지도력과 지도자만을 원했다. 그런 지도자가

하나 있기는 했다. 하지만 1928년에 모습을 보인 그의 당은 실망스럽기 짝이 없었다. 그는 다음 선거를 위해 움직이기 시작했고 시골 지역에서 선거에 이기는 데 주력했다. 그는 더 적절한 시기에 재기하려 했다.

디트리히 본회퍼는 어떤 일을 할지 갈피를 잡지 못했다. 바르셀로나에서 한 해를 보내면서 목회를 위해 학계를 떠나기로 했었다. 하지만 스물세 살이 된 디트리히는 법으로 명시된 목사 안수 연령에 이르려면 두 해를 기다려야 했다. 그래서 학계에서 활동할 기회를 차단하고 싶지 않아서 하빌리타치온Habilitation이라 불리는 교수 자격 취득 논문, 이른바 베를린 대학교 강사 자격 취득 논문을 마치기로 했다.

디트리히는 《행위와 존재》에서 "교회란 무엇인가?"라는 물음에 답하려고 씨름했다. 그 논문은 《성도의 교제》 속편이었다. 《행위와 존재》에서 그는 철학 용어를 활용해 신학은 철학의 분과가 아니고 철학과는 전혀 다르다는 걸 입증했다. 디트리히가 보기에 철학은 인간이 하나님에게서 떨어져 진리를 탐구하는 것이었다. 그것은 바르트가 언급한 종교의 전형이었다. 그런 종교는 자기 힘으로 하늘이나 진리나 하나님에게 도달하려고 애쓰는 인간의 종교였다. 하지만 신학은 자신을 계시하시는 그리스도를 믿는 믿음으로 시작되어 그리스도를 믿는 믿음으로 끝난다. 말하자면 그런 계시와 동떨어진 진리는 있을 수 없다. 철학자와 철학자의 가정 위에서 일하는 신학자가 자신의 꼬리를 쫓아다니며 자신의 배꼽을 들여다보는 건 그 때문이다. 그는 그러한 순환에서 벗어날 수 없지만, 하나님은 계시를 매개로 돌파해 들어오실 수 있다.

디트리히 본회퍼는 그해에 《행위와 존재》를 완성하고 이듬해인 1930년 2월에 제출했다. 에버하르트 베트게는 그 논문의 고전적인 부분을 아래와 같이 인용했다.

> 계시에서 중요한 것은 계시의 피안에 있는 하나님의 자유, 영원히 홀로 머무르심, 하나님의 자존성이 아니다. 계시에서 중요한 것은 자신을 박차고 나오시는 하나님, 하나님이 주신 말씀, 하나님이 친히 자신을 결부시켜 맺으신 언약이다. 역사적 인간들에게 자발적으로 매이시고, 인간의 처분에 자신을 맡기시는 것으로 스스로를 가장 강력하게 입증하는 하나님의 자유가 중요하다. 하나님은 인간 없이 계시는 것이 아니라 인간을 위해 계신다. 그리스도는 하나님의 자유의 말씀이다. 하나님은 현존하신다. 하나님은 영원한 비대상성으로 존재하시는 것이 아니라, 잠정적으로 말하면 교회 안에 있는 그분의 말씀 안에서 소유할 수 있게, 파악할 수 있게 존재하신다. 바로 이 대목에서 하나님의 자유에 대한 실질적 이해가 하나님의 자유에 대한 형식적 이해를 저지한다.[1]

바르셀로나를 떠난 그해에 디트리히는 친구들과 가족 구성원들의 광범위한 사회적 지적 소용돌이로 복귀했다. 더 넓은 그루네발트 동아리로 복귀한 것이다. 그들 사이에 많은 일이 일어났다. 그해에 여동생 주잔네가 친구 발터 드레스와 결혼했다. 맏형 카를 프리드리히는 그레테 폰 도나니와 결혼했고, 디트리히가 미국으로 출항하기 이틀 전에는 형 클라우스가 엠미 델브뤼크와 결혼했다. 엠미 델브뤼크는 막스 델브뤼크, 유스투스 델브뤼크와 함께 어린 시절부터 본회퍼 집안사람들과 가족처럼 지낸 사이다. 디트리히는 결혼과는 그다지 가깝지 않았지만, 베를린 대학교에서 박사학위 중인 엘리자베트 친과 함께 시간을 보냈다.

한스 폰 도나니가 법무부 장관의 개인 보좌관으로 취직하여 크리스티네와 함께 함부르크를 떠나 방겐하임슈트라세 14번지 건너편으로

약혼한 크리스티네 본회퍼와 한스 폰 도나니, 1922/23년경

이사했다. 그들은 본회퍼 집안사람들과 친분이 있는 쇠네 집안사람들*과 함께 지냈다.

《행위와 존재》를 제출하고 공식 인정을 받은 상태라 디트리히는 대학 강사가 될 자격을 갖추고 있었다. 그러나 강사가 될 때까지는 체통이 훨씬 떨어지는 조건에 만족해야 했다. 1929년 4월, 여름학기가 시작될 무렵 디트리히는 대학교 조직신학 세미나에서 임시 보조 대학 강사 자리를 얻었다. 전임교수의 위신에 못 미치는 온갖 직무를 수행해야 하는 자리였다. 디트리히는 "열쇠를 나눠주고 반납을 책임지고 세미나실을 관리하고 신간 도서 구입을 건의하는 일"까지 해야 했다.[2]

1929년 여름, 본회퍼는 당시 일흔여덟 살이 된 아돌프 폰 하르낙의 초청을 받아 마지막 세미나에 참석했다. 하르낙과는 신학 노선이 달랐지만, 자기가 배운 지식의 상당 부분을 하르낙에게 빚지고 있다는 사실도 잘 알았다. 디트리히는 하르낙의 송별회에서 한 마디 해달라는 부탁을 받고 다음과 같이 호의적으로 말했다. "선생님이 수많은 시간 동안 우리의 스승님이셨다는 사실은 과거의 사실이지만, 우리가 스스로를 선생님의 제자로 부르는 것만은 여전한 사실로 남을 것입니다."[3]

---

* 쇠네 집안은 파울라 본회퍼가 1918년 발터의 죽음으로 가장 고통스러워할 때 함께 지낸 집안으로 볼텐하겐에 별장을 가지고 있었다.

디트리히는 바르셀로나를 떠난 그해에 프란츠 힐데브란트라는 재치 있는 신학생과 교류했다. 두 사람이 처음 만난 건 1927년 12월 16일 라인홀트 제베르크의 세미나실 밖에서였다. 그날은 디트리히가 박사학위 논문을 공개적으로 방어하기 하루 전이었다. 힐데브란트의 말을 들어보자. "우리는 만난 지 5분도 안 되어 논쟁을 했습니다. 그날부터 추방과 전쟁으로 헤어질 때까지 끊임없이 논쟁을 벌였습니다." 힐데브란트는 둘이 함께 있을 때마다 논쟁을 벌였다면서 이렇게 말했다. "그와 논쟁을 벌이지 않는다면, 당신은 그의 친구가 될 수 없습니다."

디트리히가 베를린으로 돌아오고 나서 두 사람은 논쟁을 재개했다. 힐데브란트는 디트리히의 가장 친한 친구가 되었다. 그는 디트리히가 집 밖에서 처음 사귄 절친한 친구였다. 몇 년 뒤 힐데브란트는 교회투쟁에서 디트리히의 절친한 동지가 된다. 힐데브란트는 디트리히보다 세 살 위였고, 디트리히와 마찬가지로 베를린 그루네발트 지역에서 자랐다. 아버지는 저명한 역사학자였고 어머니는 유대인이었다. 그래서 당시 독일 기준에 따라 유대인으로 여겨졌다. 여기서 잠깐 독일의 유대인 사회가 껄끄러운 문제가 된 사연을 살펴보자.

루터와 유대인들

자비네의 남편 게르하르트 라이프홀츠나 프란츠 힐데브란트와 마찬가지로 독일에 거주하는 유대인 상당수는 문화적으로 동화된 독일인이었을 뿐 아니라 세례 받은 그리스도인이기도 했다. 그리고 이들 가운데 상당수는 프란츠 힐데브란트처럼 기독교 사역을 필생의 과업으로 선택한 독실한 그리스도인이었다. 몇 년 뒤 나치는 독일 공직사회에서 유대인을 밀어내기 위한 시도의 일환으로 유대인을 독일 교회에서 쫓아내려고 했다. 비非아리안 인종인 이들이 공공연히 기독교 신앙으로 전향해도 소용이 없었다. 나치가 색안경을 끼고 세상을 인종차별적으로 보았기 때문이다. 나치에게는 유전적 기질과 조상의 혈통만이 중요할 뿐 가장 철저하게 간직된 믿음은 중요하지 않았다.

독일인과 유대인, 그리스도인의 관계를 이해하려면 독일의 민족성과 기독교를 효과적으로 통합한 마르틴 루터에게로 거슬러 올라가야 한다. 독일식 그리스도인을 정의한 루터의 권위는 의문의 여지가 없었고 나치는 그 점을 이용해 많은 이들을 현혹하려 했다. 유대인에 관한 한 루터의 유산은 혼란스러울 뿐만 아니라 당혹스럽기까지 하다.

루터는 말년에 이르러 유대인에 대해 몇 가지를 언급하고 글까지 썼는데, 유대인의 입장에서 보면 사악한 반유대주의자의 기록이나 다름없다. 나치는 루터의 분명한 반응을 대변하기라도 하듯이 말년의 저작들을 한껏 이용해 먹었다. 하지만 루터의 초기 언급을 참조하면 있을 수 없는 일이었다.

루터가 초기에 유대인에게 취한 태도는 훌륭했다. 그의 시대에는 특히 그랬다. 그는 그리스도인이 유대인을 대하는 모습을 보고 넌더리를 쳤다. 1519년, 루터는 다음과 같은 질문을 던졌다. "우리가 그토록 학대하고 증오하건만," 유대인은 어째서 기독교로 개종하려 하는가? "그들을 대하는 우리의 태도를 보면 우리가 그리스도인을 닮았다기보다는 짐승을 닮았다고 할 수 있는데," 그들은 어째서 기독교로 전향하려 하는가? 4년 뒤 루터는 〈예수 그리스도가 유대인으로 태어나셨다는 사실〉이라는 소론에서 다음과 같이 말했다. "내가 만일 유대인이었다면, 그리고 내가 그런 바보멍텅구리들이 기독교 신앙을 좌지우지하며 가르치는 것을 보았다면, 나는 그리스도인이 되기보다는 차라리 돼지가 되었을 것이다. 그들은 유대인을 사람으로 대우하지 않고 개처럼 취급했다. 그들은 유대인을 조롱하고 유대인의 재산을 빼앗는 것 외에는 아무 일도 하지 않았다." 루터는 유대인이 기독교 신앙으로 개종할 수 있다고 생각했고 또 그러기를 바랐다. 이는 틀림없는 사실이다. 나치와 달리 루터는 유대인이 되는 것과 그리스도인이 되는 것을 상호 배타적으로 여기지 않았다. 오히려 사도 바울과 마찬가지로 맏이인 그들에게 돌아가야 할 유산이 그들의 차지가 되기를 바랐다. 바울은 예수가 "유대인들에게 가장 먼저" 오셨다고 선언했다.

하지만 이 유쾌한 낙관주의는 그리 오래 가지 않았다. 루터는 성인기의 상당 기간 변비와 수치질, 백내장, 현기증, 졸도, 이명을 동반한 메니에르증후군을 앓았다. 심한 감정 기복과 우울증도 겪었다. 몸이 쇠약해지면서 아무 일에나 화를 냈던 것 같다. 회중이 찬송을 힘없이 부르면 "게으름뱅이 음치들"이라며 난폭하게 뛰어들었다. 헨리 8세를 "나약한 임금"이라 비난했고 신학 적대자들을 "악마의 앞잡이"와 "색골"로 매도했다. 루터의 언사는 갈수록 사나워졌다. 교황을 "적그리스도"라 부르고 "모든 포주抱主를 능가하는 포주, 모든 호색한을 능가하는 호색한"이라 불렀다. 가톨릭교회의 혼례 규정에 맹공을 퍼붓고 가톨릭교회가 "음문陰門, 생식기, 외음부를 파는 장사꾼"이 되었다고 힐난했다. 악마를 경멸하면서 그에게 "곤봉 대신 방귀"나 주겠다고 말했다. 또한 교황 클레멘트 3세가 쓴 저작들을 다음과 같이 악의적으로 조롱했다. "교황의 항문이 대단히 불쾌한 가스를 내뿜었구나! 그가 크게 힘쓰더니 우레 같은 가스를 방출했구나. 가스가 그의 항문과 배를 찢지 않았다니 이상하구나!" 루터는 온갖 외설적인 표현과 열렬한 애정행각을 벌였던 것 같다. 루터의 화려한 언어도 그런 경향을 보였다. 하지만 의사들은 선례를 따랐던 것 같다. 그들은 루터가 앓는 만성질환 중 하나를 다스리기 위해 그에게 "마늘과 말 분뇨"를 들라고 설득했다. 수치스럽게 관장제를 받기도 했지만 허사였다. 이 세상을 떠나고 얼마 뒤에 받았던 것이다. 따라서 우리는 유대인에 대한 루터의 태도를 더 넓은 맥락에서 이해해야 한다. 루터 인생의 다른 모든 것과 마찬가지로 그의 사인死因을 가지고 풀어야 한다.

사건은 1528년에 시작되었다. 루터는 정결 음식kosher food을 다량 먹고 끔찍한 설사병에 걸렸다. 그리고 유대인들이 자신을 독살하려 했다고 결론을 내렸다. 그 무렵 루터는 곳곳에 적을 만들고 있었다. 마지막 10년 간 루터의 만성질환은 급속히 늘어났다. 담석증, 신장 결석, 관절염, 두 다리에 생긴 농양, 요독증尿毒症. 그리고 역증逆症이 본궤도에 올랐다. 루터는 〈유대인과 그들의 속임수에 대하여〉라는 비열한 논고를 썼다. 한때 유대인을 "하나님의 선민"으로 묘사했던 사람이 그들을 "천박하고 음탕한 민족"이라 부른 것이다. 루터가 이 시기에 쓴 글이 수세기 동안 그의 유산에 붙어 다니다가 4세기가 지나면서 그가 변비로 가장 극심한 고통을 받던 시기에도 꿈꾸지 않았던 악행들을 정당화하는 데 이용되었다. 공정하게 말하면, 루터는 누구에게나 똑같이 모욕을 안겨준 사람이었다. 그는 비텐베르크에 사는 돈 리클스*였다. 루터는 유대인, 이슬람교도, 가톨릭교도, 동료 개신교도를 가리지 않고 닥치는 대로 모욕했다. 판단력이 흐릿해지자 종말이 임박했다고 확신했고 사람들에 대한 생각은 갈수록 어두워졌다. 사리에 맞게 설득하는 마음이 완전히 사라지고 말았다. 루터는 이성을 "악마의 창녀"라고 일컫기까지 했다.

하지만 그 희비극은 완전한 비극이 되고 말았다. 운명하기 3년 전, 루터가 유대인 배척 행위를 옹호하고 나선 것이다. 여기에는 무엇보다 유대인 회당과 학교에 불 지르기, 유대인 가옥 파괴하기, 유대인

---

* 세계를 돌며 관객에게 웃음을 선사하는 개그맨이자 영화배우이며 작가.

기도서 몰수하기, 유대인 돈 탈취하기, 유대인들에게 강제노동시키기 등이 포함되었다. 방금 언급한 것들을 청년 루터가 보았다면 어떤 생각을 했을까? 하지만 괴벨스와 나치는 루터의 가장 추악한 헛소리들이 글로 존재한다는 사실에 환호했다. 그들은 그 헛소리들을 출판하여 마음껏 써먹었다. 그리고 이 위대한 독일식 그리스도인이 한 가장 비기독교적이고 가장 쓸데없는 헛소리들을 출판할 수 있게 인가하여 대성공을 거두었다. 갈색 제복을 입은 사람들은 루터가 쓴 수십만 마디의 건강한 말에는 전혀 관심이 없었다.

우리는 다음의 사실을 주목해야 한다. 루터가 유대인에게 가장 비열한 언사를 퍼부은 것은 인종차별 때문이 아니라, 젊은 시절에 개종을 제의했는데도 유대인들이 관심을 보이지 않았기 때문이다. 이와 달리 나치는 유대인들이 개종하는 것을 철저히 막으려고 했다. 하지만 루터라는 인물이 독일에 대단히 위압적인 존재였던 점을 고려할 때, 우리는 그 모든 것이 얼마나 혼란스러웠을지 능히 짐작할 수 있다. 나치는 추악한 목적을 이루고자 루터의 가장 추악한 진술들을 끊임없이 이용했다. 그 결과 독일인 대다수는 독일인이 되는 것과 그리스도인이 되는 것은 민족의 유산이며, 유대인이 되는 것과는 양립할 수 없다고 확신했다. 나치는 반反기독교적이었다. 하지만 그들은 신학적으로 무지한 독일인을, 유대인을 배척하는 자기편으로 끌어들이려고 그리스도인인 척했다.

몇 년 뒤 에버하르트 베트게는 자신과 디트리히 본회퍼는 물론이고 대다수 사람들이 루터가 지껄인 반유대주의 헛소리를 알지 못했다고 말했다. 그들이 그런 헛소리를 알게 된 건 교활한 반유대주의 선전가 율리우스 슈트라이허가 그것들을 출판하여 공표하고 나서였다. 디트리히 본회퍼 같은 독실한 루터교 신자들이 그런 글을 읽는 건 충격적이고 혼란스러운 일이었을 것이다. 하지만 디트리히 본회퍼는 루터가 쓴 다른 모든 글을 잘 알고 있었기에 반유대주의적 문서들을 과거의 신념을 저버린 한 미치광이의 헛소리로 여겨 내쳤을 것이다.

독일에서 막 일어나려 하던 모든 일로 보건대 디트리히 본회퍼와 프란츠 힐데브란트의 우정은 아주 적당한 때에 싹텄다고 할 수 있다. 베트게에 따르면 힐데브란트와 디트리히는 모든 실제적 사안에서 "의견이 완전히 일치했다." 디트리히 본회퍼가 엄격한 성경주의로 급히 선회한 데에는 힐데브란트의 영향이 컸다. 힐데브란트는 뛰어난 피아니스트이기도 했다. 디트리히가 참석하지 못할 때에는 그가 본회퍼 집안에서 열리는 음악회의 공식 반주자가 되었다.[4]

1930년 4월, 디트리히 본회퍼는 다시 바르셀로나로 가서 친구 헤르만 톰의 결혼식에 참석했다. 그리고 곧바로 1년간 연구 수행을 위해 미국으로 건너가는 문제를 고민했다. 도미를 권유한 이는 막스 디스텔 관리감독이었다. 스물다섯 살이 될 때까지는 목사 안수가 불가능했기 때문이다. 형 카를 프리드리히가 1929년에 초청을 받아 미국에서 강의하고 있었기에 디트리히가 살 집을 제공해줄 수 있을 터였다. 디트리히는 뉴욕시 유니언 신학교 슬로언 학회 장학생이 될 가능성이 생기기 전까지는 미국 여행에 그다지 관심이 없었다.

6월에 아돌프 폰 하르낙이 서거했다. 6월 15일, 카이저 빌헬름 학회에서 장례식을 주관했다. 전설적인 인물에 걸맞게 추도사를 발표할 이들의 명단도 인상적이었다. 스물네 살의 디트리히 본회퍼도 그들 중 하나였다. 디트리히는 하르낙의 옛 제자들을 대표하여 추도사를 발표했다. 베트게는 디트리히의 추도사가 "그보다 나이 많고 저명한 연사들의 추도사에 뒤지지 않았다"고 말했다. 명단에는 문화부 장관, 국무부 장관, 내무부 장관 등 기라성 같은 명사들이 포함되어 있었다. 베트게는 다음과 같이 말했다. "그가 옛 스승에게 표한 애도의 폭과 통찰력에 다들 놀랐다. 그가 다른 방향을 향하고 있다는 게 분명했기 때문이다." 디트리히 본회퍼는 아래와 같이 애도를 표했다.

우리가 스승님을 통해 분명히 알게 된 것은 자유로부터만 진리가 태어난다는 것입니다. 우리는 스승님 안에서 이전에 인정된 진리를 거침없이 표현하는 투사를 보았습니다. 스승님은 자신의 소신을 몇 번이고 새롭게 갈무리하셔서 다수가 두려움에 떨며 자제할 때에도 그것을 분명하게 표현하셨습니다. 이로써 스승님은 … 스승님의 질문에 자신의 견해를 기탄없이 밝히는 모든 젊은이의 친구가 되셨습니다. 우리의 학문이 최근에 진척을 보이자 스승님은 이따금 관심을 표명하거나 경고하기도 하셨는데, 이는 생소한 사실을 순수 진리 추구와 혼동할까 우려하셨기 때문입니다. 그러나 우리는 믿음직하고 사려 깊은 스승님이 우리와 함께하고 계심을 알 수 있었습니다. 우리는 스승님을 성채로 여겼습니다. 스승님은 모든 천박하고 혼탁한 것들, 지적인 삶을 도식화하는 일체의 것에 맞서는 보루이셨습니다.[5]

디트리히 본회퍼의 추도사에서 알 수 있듯이 하르낙은 오늘날 우리가 문화 전사라고 부르는 인물이 아니었고 보수나 진보로 분류되는 인물이 아니었다. 디트리히는 하르낙이 자유주의 신학에 입각하여 내린 결론들에는 동의하지 않았지만, 하르낙을 안내한 기본 전제에는 깊이 동의했다. 그리고 이 전제가 결론들보다 중요하다는 걸 정확히 알았다. 진리가 이끄는 곳이 어디이든 진리 편에 선 이는 누구나 칭찬받아 마땅한 동지였다. 디트리히가 이 덕목을 갖추게 된 것은 하르낙의 덕택이자 그가 자랑하는 그루네발트의 자유주의 전통 덕분이다. 디트리히는 그 덕목을 알아보고 공공연히 주장할 만큼 편견이 없는 사람이었다. 디트리히의 아버지는 이런 사고방식에서 으뜸가는 스승이었다. 카를 본회퍼의 결론이 아들의 결론과 다를지는 몰라도 누구나 정중하게 반론을 펼치거나 함께 예의를 갖춰 생산적으로 논의하는 시민 사회의 기초를 닦은 것은 진리를 중시하는 그의 태도, 견해가 다른 사람들을 존중하는 그의 태도였다. 이 태도는 몇 년이 지나지 않아 심각한 공격을 받았다. 나치가 문화투쟁 Kulturkampf 의 불을 지펴 자신의 적대자들이 서로 반목하게 했던 것이다. 나치는 보수주의자들과 기독교회들을 재치 있게 회유했고, 그럴 만한 힘을 갖추었을 땐 갑자기 공격하기도 했다.

디트리히 본회퍼는 7월 8일에 2차 국가 신학고시를 치렀다. 7월 18일, 교수 자격 취득 논문《행위와 존재》를 제출하고 대학 강사 자격을 얻었다. 그리고 7월 31일, 교수 취임 공개강의를 했다. 그해 가을에 미국에 가기로 한 건 쉽게 내린 결정이 아니었다. 디트리히는 미국에서 신학적으로 배울 것이 많다고 생각하지 않았다. 그에게 미국 신학교는 진짜 신학교라기보다는 직업학교에 가까워 보였다. 하지만 결국 도미하기로 결심했다. 그리고 그 결심이 인생을 변화시켰다.

디트리히 본회퍼는 도미를 준비하려고 미국 영어 숙어집을 마련했다. 또한 독일 홀로 전쟁의 책임을 져야 한다는 생각에 반박하는 글을 작성하기도 했다. 어쨌든 디트리히가 가기로 한 나라는 대다수 사람들이 그의 관점에 동조하지 않을 나라였고, 그는 준비 없이 가고 싶지 않았던 것이다. 디트리히 본회퍼는 독일이 전후에 연합국으로부터 부당하고 비참한 대우를 받았다고 생각했고, 그 문제에 관해 조금이라도 항변하려고 여행을 떠났다. 미국에서 체류하는 동안 디트리히는 그 주제를 놓고 공개적으로 이야기하면서 독일의 관점을 설명했다. 미국인들은 그가 예상했던 것보다 훨씬 호의적이었다.

디트리히 본회퍼는 9월 6일에 배를 타고 미국에 갈 생각이었다. 9월 4일, 형 클라우스가 엠미 델브뤼크와 결혼했다. 결혼식 다음 날 디트리히는 부모님과 함께 브레머하펜으로 떠났다. 6일 아침 8시 30분, 부모님은 그를 콜럼버스호까지 배웅했다. 그리고 아들과 함께 커다란 배를 두 시간가량 둘러본 다음 작별인사를 했다. 디트리히는 배의 난간에서 부모님을 향해 손을 흔들었고, 부모님은 부두에서 마지막 스냅사진을 찍었다.

콜럼버스호는 화려한 설비를 갖춘 무게 33톤의 배로 독일에서 가장 빠르고 가장 컸다. 배의 모습은 밝은 미래를 상징했다. 소책자에는 다음과 같은 글귀가 적혀 있었다. "실내를 아름답게 꾸미고 원양항로에 적합한 사치품을 발전시키는 것에 관한 한 현대과학의 성취와 예술적 가치가 솜씨를 유감없이 발휘한 이 배는 타의 추종을 불허한다." 9년 뒤인 1939년 12월 19일, 콜럼버스호는 영국 전함에 나포되지 않으려고 델라웨어 연안으로 허둥지둥 달아나다가 아름다운 실내가 바닷물로 가득 차는 바람에 3마일 아래의 어둠 속으로 가라앉고 만다. 하지만 이 모든 것은 훨씬 나중에 일어날 일이었다. 지금은 증기를 내뿜으며 22노트의 놀라운 속도로 서쪽을 향해 달려가고 있었다.

디트리히는 그날 저녁 시간을 집필실에서 보내며 할머니에게 편지를 썼다.

선실이 있는 위치는 그리 나쁘지 않은 것 같습니다. 선복船腹 깊숙이 자리하고 있거든요. 선실을 함께 쓰는 동반자 얼굴은 아직 보지 못했습니다. 그가 놓아둔 물건들을 보면서 모습을 그려보려고 했습니다. 테가 있는 모자, 단장短杖, 그리고 소설 한 권으로 보건대 교양 있는 미국인 청년이 아닐까 싶습니다. 그가 나이든 독일인 프롤레타리아가 아니었으면 좋겠습니다. 저는 식욕이 어찌나 왕성한지 두 끼 식사를 게걸스럽게 했습니다. 한마디로 말해서 저는 이 배에서 할 수 있는 한 즐거운 시간을 보낼 생각입니다. 친절한 사람도 여러 명 사귀었는데, 시간이 빨리 지나가더군요. 이

제 잠자리에 들어야겠습니다. 내일 아침 일찍 가급적 영국의 많은 것을 보고 싶거든요. 우리 배는 지금 벨기에 연안을 따라 움직이고 있습니다. 할머니께서도 먼 곳에서 반짝이는 불빛을 보실 수 있을 거예요.[6]

디트리히의 선실 동료는 에드먼드 드 롱 루카스 박사였다. 인도 라호르에 있는 포먼 크리스천 칼리지 학장으로 마흔여덟 살의 성공한 미국인이었다. 루카스는 컬럼비아 대학교에서 박사학위를 받았고, 컬럼비아 대학교는 디트리히가 가려고 하는 유니언 대학교 맞은편에 있었다. 디트리히는 인도 여행 계획을 말했고, 루카스 박사는 그에게 인도에 오면 라호르에 들려달라고 말했다. 루카스 박사의 도움을 받아 디트리히는 라호르를 둘러보고 동쪽으로 여행하다가 북인도를 거쳐 베나레스로 가는 계획을 세우기도 했다.

디트리히가 배에서 사귄 사람이 두 명 더 있다. 독일계 미국인 에른 부인과 열한 살 된 아들 리처드였다. 에른 부인은 아들과 함께 스위스에서 어린 딸을 만나고 돌아가는 중이었다. 딸은 대체요법 온천에서 뇌수막염 치료를 받고 있었다. 디트리히는 그들과 친해져 그해에 몇 차례 기차를 타고 뉴욕 스카스데일의 교외로 주말여행을 떠나곤 했다.

배를 타고 맞이한 첫날 아침에 디트리히는 일찍 일어났다. 오전 7시에 난생 처음 영국을 보았다. 콜럼버스호의 우현 너머로 도버 해안의 백악질 절벽이 보였다. 당시 디트리히는 자신이 장차 영국에서 얼마나 많은 시간을 보내게 될지, 영국과 그가 영국에서 사귄 친구들이 얼마나 중요한 역할을 할지 몰랐다.

디트리히가 바다를 가로지르며 서쪽으로 항해하고 있을 즈음《성도의 교제》초판본이 때마침 그를 그리워하던 부모님 집에 도착했다. 3년 전에 마무리한 책인데 출판 사정이 그다지 좋지 않았다. 디트리히도 모르는 사실이었다. 게다가 추가 인쇄비 청구서가 책과 함께 도착했다. 디트리히가 그 자리에 있었다면 논문을 선전하고 친구들에게 나눠줄 수 있었을 테지만, 그는 거기에 없었다. 베트게는 다음과 같이 말했다. "그 책들은 당시의 일반적인 토론 풍토에서 주목을 받지 못했다. 디트리히의 기대와 달리 변증법적 신학자들은 그 책을 거론하지 않았고, 교수들은 그 책을 읽을거리로 추천하지 않았다."[7]

07

미국
체류

1930-1931년

그들은 실질적인 근거나 명백한 기준을 제시하지 않은 채 끊임없이 떠들어댑니다. … 가장 기본적인 문제들도 모르더군요. … 그들은 진보적이고 인도주의적인 표현에 흠뻑 취한 나머지 근본주의자들을 비웃는답니다. 하지만 그들은 근본주의자들의 수준에도 미치지 못하는 상태입니다.

뉴욕에서는 목사들이 온갖 실제적인 것에 대해 설교하면서도 꼭 언급해야 할 것은 언급하지 않거나 아주 드물게만 언급한다. 나는 그들이 예수 그리스도의 복음, 십자가, 죄와 용서, 죽음과 삶에 대해 설교하는 것을 아직까지 듣지 못했다. _디트리히 본회퍼

배가 증기를 뿜으며 자유의 여신상을 지나 유명한 맨해튼 섬으로 향하자 본회퍼는 압도되고 말았다. 재즈 시대* 말기의 맨해튼은 어떤 방문객이 보더라도 현란한 곳이었다. 디트리히 본회퍼 같은 세계인의 눈에도 현란해 보였다. 베를린이 옛 세계, 즉 전성기가 갓 지난 여배우의 따분한 세련미를 보여주었다면, 뉴욕은 눈매가 시원하고 원기 왕성한 청년이 최고의 에너지를 한껏 발산하는 듯했다. 섬 전체가 사방팔방으로 터질 듯이 뻗어나가면서 늘 그랬다는 듯 싱글거렸다. 맨

---

*제1차 세계대전 직후부터 사상 최대 호황을 누리다 1929년 주식 폭락과 함께 꿈처럼 사라진 시기를 말한다.

해튼 트러스트 은행 건물은 석 달 전만 해도 지구에서 가장 높은 건물이었지만, 최근에 완공된 크라이슬러 빌딩의 은색 첨탑에 정상의 자리를 내주었다. 몇 달이 지나면 그 빌딩들을 능가하여 향후 40년을 호령할 엠파이어스테이트 빌딩이 매주 4.5층씩 키를 키우고 있었다. 장차 록펠러 센터가 될 열아홉 동의 아르데코 걸작을 건축 중이었고, 저 멀리 고지대에서는 장차 세계에서 가장 긴 다리가 될 조지 워싱턴 브리지를 건설하고 있었다. 기존 기록보다 두 배나 긴 다리였다.

이 모든 활기에도 불구하고 전년도에 일어난 증권거래소 붕괴가 막대한 손해를 끼쳤고, 본회퍼도 조만간 그 영향을 받게 될 터였다. 하지만 그는 맨해튼의 풍경을 보기 전에 필라델피아 근교를 먼저 보고 싶었다. 타펠 출신의 친척 해럴드와 이르마 뵈리케가 선착장에서 본회퍼를 맞이했다. 두 사람은 그를 펜실베이니아로 데려갔다. 본회퍼는 거기에서 그들과 미국에서 태어난 그들의 자녀 레이, 베티, 빙키와 함께 한 주를 보냈다. 카를 프리드리히가 한 해 전에 뵈리케 가정을 다녀갔기에 본회퍼는 형에게 이런 편지를 보냈다. "우리는 자동차로 많은 곳을 둘러보려고 해. 오늘은 골프 치는 법을 배우기로 했어. 저녁이 되면 초대를 받아 외출하거나 집에서 오락을 하곤 해. 형도 여기 있으면 유럽에서 멀리 떨어져 있다는 걸 좀처럼 믿지 못할 거야. 많은 것이 유럽과 흡사하거든."[1]

디트리히 본회퍼가 형제애의 도시*에서 골프 스윙을 익힐 무렵 고국에는 날벼락이 떨어졌다. 그가 미국에 도착하고 이틀이 지난 9월 14일, 독일 제국의회 의원 선거가 실시되었다. 결과는 충격적이었다. 의원수가 열두 명에 불과한 나치는 독일 정당 중에서 아홉 번째 정당으로 선거에 임했는데, 개표 결과 107석을 차지했다. 애초에 히틀러

---

* 필라델피아는 사랑을 뜻하는 그리스어 philos와 형제를 뜻하는 그리스어 adelphos의 합성어다.

는 의석수를 4배로 늘릴 생각이었는데, 그의 간절한 기대를 훨씬 넘는 결과였다. 단 한 번의 도약으로 나치가 원내 제2당이 되었다. 역사가 실망스런 방향으로 급격히 기울고 있었다. 그 무렵 본회퍼는 고국의 사정은 전혀 모르고 레이, 베티, 빙키와 함께 필라델피아에서 장난을 치고 있었다.

"이곳에는 신학이 없습니다"

본회퍼는 약간의 불만을 품고 유니언 신학교로 갔다. 불만에는 나름의 이유가 있었다. 독일 신학자들을 능가하는 신학자는 이 세상 어디에도 없었고, 본회퍼는 그들 중에서도 최고의 신학자와 함께 공부하고 그들과 어울려 시내 전차를 타고 다닌 몸이었다. 유니언 신학교에 신학생이 아무리 많아도 대부분 아돌프 폰 하르낙과 교류한 적이 없는 사람들이었다. 본회퍼는 베를린 대학교에서 이미 박사학위를 받았고, 유니언 신학교에서 공부는 물론이고 강의도 문제없이 할 수 있는 상태였다. 다른 교환학생들은 너나없이 석사학위를 받으려고 공부했지만, 본회퍼는 그것을 불필요하게 보거나 자기 품위를 떨어뜨리는 일로 여겼던 것 같다. 석사학위 프로그램에 등록하지 않고 훨씬 더 자유롭게 자기가 좋아하는 것을 공부하고 자기 마음에 드는 일을 하려고 했다. 본회퍼는 뉴욕에서 과외활동을 했고, 그것이 그의 미래에 가장 큰 영향을 미쳤다.

본회퍼는 유니언 신학교를 직접 경험하고 나서 신학 환경이 자기가 우려했던 것보다 나쁘다는 걸 알았다. 막스 디스텔 관리감독에게 보내는 편지에서 그는 이렇게 말했다.

1931년, 오른쪽부터 유니온 신학교 총장 헨리 슬로언 코핀, 스위프트, 니부어, 워드 교수. 나중에 니부어 교수는 본회퍼가 군대 소집을 피해 유니온 신학교에서 강의할 수 있도록 온 힘을 기울였다.

이곳에는 신학이 없습니다. … 그들은 실질적인 근거나 명백한 기준을 제시하지 않은 채 끊임없이 떠들어댑니다. 신학생들은 보통 스물다섯 살에서 서른 살 정도인데 교의학이 무엇인지도 모르더군요. 그들은 가장 기본적인 문제들도 모른답니다. 그리고는 진보적이고 인도주의적인 표현에 흠뻑 취한 나머지 근본주의자들을 비웃지요. 하지만 그들은 근본주의자들의 수준에도 미치지 못하는 상태입니다.²

본회퍼는 유니언 신학교에서 어느 길을 가야 할지 갈피를 잡지 못했다. 하지만 1930년은 자유주의자들과 근본주의자들 사이에 열띤 논쟁이 한창인 해였다. 유니언 신학교 학생들이 논쟁의 선두에 섰다. 한쪽에서는 미국에서 가장 유명한 자유주의 설교가 해리 에머슨 포스딕이 자유주의 신학에 영향을 끼치며 리버사이드처치 설교단을 차지하고 있었다. 리버사이드처치는 존 록펠러가 포스딕을 위해 지은 교회로 유니언 신학교에서 엎드리면 코 닿을 거리였다. 다른 쪽에서는 근본주의자로 정평이 난 월터 던컨 부캐넌 박사가 역사적 신앙에 영향을 미치며 브로드웨이 장로교회 설교단을 차지하고 있었다. 브로드웨이 장로교회는 록펠러의 도움을 받지 않고 세운 교회로 유니언 신학교에서 남쪽으로 여섯 블록 떨어져 있었다.

1922년, 뉴욕 제일장로교회 목사로 시무하던 에머슨 포스딕은 〈근본주의자들이 이기게 할 겁니까?〉라는 악명 높은 설교를 했다. 설교에서 그는 배교자의 신조나 다름없는 내용을 개진하면서 자신은 기독교 신앙의 역사적 주장들, 이른바 동정녀 탄생, 부활, 그리스도의 신성, 속죄, 기적, 하나님의 말씀으로서의 성경을 진지하게 의심한다고 말했다. 포스딕의 설교는 1920년대와 1930년대에 뜨겁게 달아오른 논쟁의 기폭제가 되었다. 지역 노회가 즉시 조사를 벌였지만, 이스트 코스트에 터를 잡은 부유한 와스프(WASP, 앵글로색슨계 백인 신교도) 자손인 포스딕은 전혀 두려워하지 않았다. 같은 부류에 속한 존 포스터 덜레스가 포스딕의 변론을 맡았다. 덜레스는 나중에 아이젠하워 정부에서 국무장관을 역임한 인물이다. 덜레스의 아버지는 자유주의 장로교 목사였다. 포스딕은 지역 노회가 견책하기 전에 사임했다. 그리고는 진보적인 파크 애비뉴 침례교회 목사가 되었다. 존 록펠러는 그 교회에 출석하는 교인이었고, 록펠러재단의 박애사업은 포스딕의 친동생이 맡아 지휘했다.

뉴욕에서 근본주의를 패퇴시킬 기회가 보이자 록펠러재단은 포스딕에게 맡길 교회를 건축하기 위해 곧바로 자금을 투입했다. 그 교회는 포스딕이 진보적이고 현대적인 견해를 펼치는 데 적합한 연단이 되어야 했다. 본회퍼가 막 유니언 신학교에서 연구를 시작할 즈음 그 교회가 문을 열었다. 누구나 다 알 만큼 위풍당당하게 문을 열었다. 굉장한 문화 행사였다.

리버사이드처치는 단순한 교회가 아니었다. 현대주의와 진보를 위해 돈을 아끼지 않고 말 그대로 샤르트르 대성당을 본떠서 지은 대大사원이었다. 교회에는 117미터 높이의 탑과 세계 최대 규모의 카리용이 있었다. 종 72개로 구성된 이 카리용에는 세계 최대의 종이 포함되어 있었다. 장대한 허드슨 강이 보일 정도로 전망이 좋았고 전략상 포스딕이 졸업한 유니언 신학교에 인접해 있었다. 포스딕은 유니언 신학교에서 설교학을 가르쳤고, 그의 신학은 대체로 환영을 받으며 널리 보급되었다. 포스딕은 그 교회를 통해 유니언 신학교, 컬럼비아 대학, 바너드 대학을 다니는 감수성 예민한 학생들이 자신의 신학 노선으로 기울도록 영향을 끼칠 심산이었고, 이후 80년 동안 그렇게 했다.

역시 와스프 계열의 헨리 루스가 운영하는 〈타임Time〉 지에서는 그해 10월에 리버사이드처치가 문을 열자 앞장서서 갈채를 보냈다. 그뿐만 아니라 포스딕의 얼굴을 표지에 올리고 포스딕과 리버사이드처치 기사를 특집으로 실었다. 특집 기사는 아주 친근하고 우호적인 어조로 다정하게 속삭이듯 이어졌는데, 보통 "도시와 시골" 면에 "마이어나 로이, 고향에 돌아오다" 같은 기사를 쓸 때나 사용하는 문체였다.

포스딕 박사는 이 교양 있는 공동체에 가장 아름다운 예배 장소를 제공하고, 다소 고독한 대도시 사람들의 사회적 욕구를 채워줄 생각이다. 체육관, 공연용 강당, 여러 개의 식당 등 교회의 모든 부속건물을 대규모로 지은 것도 그런 이유에서다. 그는 여러 직원 외에 부목사를 두 명 둘 생각이다. 22층짜리 종탑의 10개 층에는 젖먹이부터 대학교수까지 젊은이들의 경건 훈련과 사회 훈련을 위해 교실이 마련되어 있다. 한 층은 부녀회의 재봉실로 쓰고 다른 한 층은 여성 성경 교실로 쓸 예정이다. 포스딕 박사의 서재와 회의실은 18층에 화려하게 꾸며져 있다. 그 위층은 이사회가 열리는 장소인데, 단순하면서도 육중한 가구가 비치되어 있다. … 회중이

다 부자도 아니고 다 유력인사도 아니지만, 모두 사회적으로 배려하는 사람들이다.[3]

실제보다 훨씬 좋게 묘사된 포스딕의 초상은 갈릴레오와 잔 다르크의 후예를 연상시켰다. 특집 기사에서는 근본주의자들을 함부로 비난하는 한편, 혈색 좋은 목동 포스딕이 새총과 록펠러의 수백만 달러를 가지고 그들에게 맞서 용감히 싸웠다고 보도했다.

본회퍼는 유니언 신학교가 포스딕, 록펠러, 루스와 같은 편이라는 걸 알게 되었다. 그들은 자신들이 증오하는 근본주의자보다 더 세련된 자가 되려 하다가 학문을 송두리째 버리고 말았다. 답이 무엇이어야 하는지는 아는 듯했지만, 어떻게 거기에 도달해야 하는지는 별로 관심이 없었다. 근본주의자들이 제시하는 답은 무엇이든 틀렸다고 보았다. 본회퍼는 이런 태도를 수치스러워했다. 그는 하르낙이 내린 자유주의식 결론들에 동의하지 않았지만, 진리와 학문 연구를 중시하는 하르낙을 알아보고 존경한 사람이었다. 하르낙이 내린 결론에 동의하는 사람들이 유니언 신학교에 있긴 했지만, 그들은 하르낙의 신발 끈을 매기에 합당하지 않은 자들이었다. 그들은 하르낙이 어떻게 그런 결론에 이르렀는지 아는 것이 없었고 관심도 없는 것 같았다.

이듬해에 본회퍼는 유니언 신학교에서 경험한 것들을 독일 교회당국에 이렇게 보고했다. "미국 대학생들을 이해하려면 기숙사에서 지내보는 것이 좋습니다." 본회퍼는 유니언 신학교와 미국인의 삶에서 본 공동체의 중요성과 개방성을 순수하게 받아들였다. 여러 면에서 공동체는 그가 관찰한 모든 것을 이해하는 열쇠였다.

날마다 함께하는 삶은 서로 도우려는 강한 동료의식을 만들어낸다. 온종일 기숙사 복도에서 울려 퍼지고 누군가 급히 지나갈 때에도 빠뜨리지 않고 건네는 "안녕하세요"라는 인사는 흔히 생각하는 것만큼 무의미하지 않다. … 기숙사에서는 누구도 홀로 지내지 않는다. 서로 터놓고 지내는 삶은 사람을 개방적으로 만든다. 진리를 위한 결단과 공동체를 위하는 마음이 충돌할 때에는 후자가 우선이다. 이는 내가 미국 교회와 신학 속에서 관찰한 미국식 사고방식의 특징이다. 그들은 진리가 삶의 철저한 변화를 요구한다는 사실을 모른다. 그러므로 공동체는 진리 위에 세워지는 것이 아니라 공평무사의 정신 위에 세워진다고 하겠다. 기숙사에서 좋은 동료로 지내는 한, 누구도 그를 타박하지 않는다.[4]

그로부터 5년 뒤, 본회퍼는 칭스트와 핑켄발데에서 기독교식 공동생활을 실험하는데, 유니언 신학교 기숙사에서 공동생활에 준하는 삶을 살아보았기에 가능한 실험이었다. 하지만 그는 단점도 보았다.

독일의 대학교에서는 더 규칙적인 삶을 통해 개인의 사고를 발전시킬 수 있었는데, 이곳에는 고요함도 없고 개인의 사고를 발전시킬 자극제도 없다. 이곳에서는 지적 경쟁이나 지적 야망을 좀처럼 찾아볼 수 없다. 세미나에서 이뤄지는 강의나 토론이 재미없는 건 그 때문이다. 근본적이고 타당한 비판을 마비시킨다. 이해 속에서 이루어지는 학문이라기보다는 우호적인 의견 교환에 불과하다.[5]

미국 신학생들은 독일 신학생들보다 "일상의 자잘한 일들"을 더 많이 알고 신학 이외의 실제적인 일에 관심이 많다. 본회퍼는 이렇게 말했다. "유니언 신학교의 한 우수 집단은 사회적 필요의 측면에서만 신학을 대한다. 목회를 위한 지적 준비가 대단히 빈약하다."
본회퍼는 이렇게 생각했다.

신학생들이 몇몇 기초 단체에 투신했다. 매우 활동적인 그들은 진짜 신학을 여지없이 외면했고, 지금은 정치와 경제 문제에만 마음을 쓴다. 그들은 거기에서 복음을 우리 시대에 맞게 갱신할 수 있다고 생각한다. … 이 단체의 선동을 받아 유니언 신학교 학생 전체가 겨우내 실직자 서른 명에게 양식과 숙소를 제공하고 비교적 좋은 조언을 해주었다. 실직자들 중에는 독일인도 세 명이나 있었다. 이 일은 개인적으로 상당히 많은 시간과 돈을 희생하게 했다. 하지만 다음의 사실만은 꼭 언급해야겠다. 이 단체의 신학 교육은 사실상 전무하고 본질적으로 신학적인 문제를 비꼬는 자신감은 부당하고 순진하기 짝이 없다.[6]

다른 집단은 대개 종교철학에 관심을 보이며 라이먼 박사 주변에 모여들었다. 라이먼은 본회퍼가 존경한 인물이었지만, "그의 수업 시간에는 신학생들이 틈만 나면 가장 심한 이단사설을 늘어놓았다." 본회퍼는 이렇게 말했다.[7]

이곳 신학생들은 하나님과 세상에 대해 진지하지 않다. 이는 매우 놀라운 일이다. … 이곳에서는 목회에 투신하기 직전의 사람들이나 이미 투신한 사람들이 실천신학 세미나에서 순수한 마음으로 질문하는 법이 거의 없다. 예컨대 그들은 이런 식으로 질문한다. "그리스도를 꼭 선포해야 합니까?" 결국에는 약간의 이상주의와 약간의 솜씨만 있으면 목회도 완수할 수 있다는 것이다. 이것이 이들의 분위기다.

유니언 신학교의 신학적 분위기가 미국 기독교의 세속화 과정을 촉진하고 있다. 유니언 신학교는 본질적으로 근본주의자들을 비판하고 시카고에서 활동하는 급진적인 인본주의자들에게도 비판의 화살을 날린다. 비판은 건강하고 필요한 활동이다. 하지만 해체 뒤의 재건에 필요한 견고한 기초가 없다. 유니언 신학교는 총체적 붕괴에 사로잡혀 있다. 공개 강연에서 루터의 《노예 의지론 De servo arbitrio》에 등장하는 죄와 용서에 관한 글귀를 인용하자 대다수 신학생이 큰소리로 비웃었다. 이런 일이 벌어지는 신학교는 기독교 신학이 본질적으로 무엇을 의미하는지 완전히 망각한 학교다.

본회퍼는 다음과 같이 결론을 내렸다. "사실 나는 여기에서 배울 게 별로 없다고 생각한다. … 미국이 우리를 위협하고 있다는 게 똑똑히 보이는 곳에서만 차분한 통찰을 얻을 수 있는 것 같다."

본회퍼를 지도한 존 베일리 교수는 그를 이렇게 평가했다. "본회퍼는 그 당시 우리 가운데 출현한 바르트 박사의 가장 듬직한 제자였다. 게다가 자유주의에 대한 완고한 대적자로 내게 다가왔다."

본회퍼가 뉴욕에 있는 미국 교회에서 관찰한 것들은 유니언 신학교를 보는 관점과 밀접히 연관되어 있었다.

교회의 사정도 별반 다르지 않다. 설교는 신문 기사를 설명하면서 의견을 말하는 것에 지나지 않았다. 나는 이곳에 있으면서 선포다운 설교를 한 번밖에 듣지 못했다. 한 흑인 목사가 선포한 설교였다. 실로 나는 흑인교회에서 종교적인 힘과 독창성을 점점 더 많이 발견하고 있다. 요즘 나의 주의를 끊임없이 잡아끄는 큰 질문은 우리가 정말로 기독교에 관해 말할 수 있느냐는 것이다. … 말씀이 더 이상 선포되지 않는 곳에서 열매를 기대하는 것은 부질없는 짓이다. 그렇다면 기독교는 무얼 하면 좋은가?[8]

개화된 미국인들은 이 모든 사태를 비관적으로 보지 않고 진보의 사례로 받아들인다. 남부의 여러 주에서는 근본주의 설교가 우위를 차지하지만, 뉴욕에서는 침례교 목사 한 사람이 대표로 선포하고 있다. 그는 신자들과 호기심을 지닌 사람들 앞에서 육체의 부활과 동정녀 탄생을 설교한다.

  뉴욕에서는 목사들이 온갖 실제적인 것을 설교하면서도 꼭 언급해야 할 것은 언급하지 않거나 아주 드물게만 언급한다. 나는 그들이 예수 그리스도의 복음, 십자가, 죄와 용서, 죽음과 삶에 대해 설교하는 것을 아직까지 듣지 못했다.[9]

유니언 신학교에서 열린 설교학 세미나에서 포스딕이 설교 제목을 공개했다. 포스딕은 설교 제목 가운데 일부를 짐짓 겸손하게 "전통적인 제목"이라 불렀다. 본회퍼는 거기에 〈죄의 용서와 십자가에 대하여!〉라는 제목이 들어 있는 걸 알고 대경실색했다. 복음의 핵심을 변두리로 밀어내고도 '전통적인'이라는 꼬리표를 붙인 것이다.

이것이 내가 본 교회 대부분의 특징이다. 그들은 기독교의 메시지 대신 무엇을 선포하는가? 바로 윤리적 이상주의와 사회적 이상주의. 기독교를 자처하는 진보에 대한 맹신에서 탄생한 주제들이다. 사회단체나 다름없는 집단이 교회를 자처하고 그리스도를 믿는 신자들의 모임인 교회를 밀어내고 있다. 뉴욕에 있는 대형 교회의 주간 프로그램, 일간 프로그램, 거의 매시간 이어지는 행사들, 이를테면 다과회, 강연회, 연주회, 자선행사, 각종 운동 경기, 오락, 볼링, 세대별 댄스 모임을 본 적이 있는 사람이라면, 새 입주자에게 교회에 등록하면 전혀 다른 사회에 진입하게 될 거라고 설득하는 소리를 들어본 적이 있는 사람이라면, 목사가 교인들에게 압력을 가하며 부리는 신경질에 익숙한 사람이라면, 그런 교회의 특성에 좋은 평가를 내릴지도 모른다. 물론 이 모든 일은 약삭빠르고 고상하고 진지하게 일어난다. 어떤 교회들은 자선을 핵심으로 하고 어떤 교회들은 사회 정체성 확립에 주력한다. 둘 다 진짜 핵심이 무엇인지 망각한 것이다.[10]

본회퍼가 말한 대로 흑인 교회는 주목할 만한 예외였다. 그가 뉴욕에서 보낸 세월에 가치가 있다면, 이는 흑인 교회를 경험했기 때문이다.

늘 그랬듯이 본회퍼는 학문 추구에 집중하는 것 외에도 많은 일을 했다. 뉴욕과 그 도시가 제공하는 것들을 둘러보는 데 시간을 쓰지 않고 유니언 신학교의 동료 신학생 네 명과 대부분의 시간을 함께했다. 장 라세르는 프랑스인, 에르빈 주츠는 스위스인, 폴 레만은 미국인, 앨버트 프랭클린 프랭크 피셔는 아프리카계 미국인이었다. 본회퍼는 그들과 개인적인 교분을 쌓았다. 이런 교우관계는 유니언 시절의 중요한 일부였다. 하지만 가장 큰 영향을 미친 것은 앨라배마에서 자란 피셔와의 교제였을 것이다.

1930년에 유니언 신학교에 입학했을 때 피셔에게 지정된 사회복지 활동지는 할렘에 있는 아비시니안Abyssinian 침례교회였다. 본회퍼는 리버사이드처치 같은 곳에서 하는 설교에 싫증이 난 상태였다. 그래서 피셔가 아비시니안 침례교회 예배에 초대하자 흔쾌히 따라갔다. 본회퍼는 사회적으로 억압받는 아프리카계 미국인 공동체에서 마침내 복음이 선포되는 것을 들었고 복음의 능력이 나타나는 것을 보았다. 아비시니안 침례교회의 설교자는 애덤 클레이턴 파월이라는 강력한 인물이었다.

파월은 노예 부부의 아들이었다. 어머니는 순수혈통의 체로키족이었고 아버지는 아프리카계 미국인이었다. 리 장군이 아포맷톡스에서 항복하고 사흘 뒤에 태어난 파월은 초년 시절에 회심 이야기에 자주 등장하는 폭음, 폭력, 도박 등에 빠져 보냈다. 하지만 오하이오 주 렌드빌에서 일주일간 진행된 부흥회에 참석하여 그리스도를 믿고 두 번 다시 뒤를 돌아보지 않았다. 1908년, 파월은 유서 깊은 아비시니안 침례교회 담임목사가 되었다. 아비시니안 침례교회는 100년 전 토마스 제퍼슨 대통령이 재임하던 시절에 분리수용 정책 때문에 아프리카계 미국인들이 뉴욕 제일침례교회를 떠나면서 시작된 교회다. 파월은 설교에 큰 비전과 신앙을 불어넣었다. 1920년에는 교회를 할렘으로 옮기는 방안을 놓고 열띤 토론을 벌여 승리를 거두었다. 그리고 할렘 지역인 138번가에 거대한 건물을 새로 지었다. 할렘에서 가장 먼저 세워진 레크레이션 센터 가운데 하나다. 파월은 이렇게 말했다. "아비시니안 침례교회와 공동생활을 할 집을 건축하는 데 든 비용은 티켓이나 아이스크림을 팔아서 치른 것이 아닙니다. 모두 십일조와 헌금을 통해 마련했습니다. 하나님께서 약속을 이루시려고 우리 영혼이 감당할 수 없을 만큼 우리에게 복을 내리신 겁니다."[11] 1930년대 중반에 아비시니안 침례교회는 교인 수가 1만 4,000명에 이르렀다. 아마도 미국 전역에 있는 개신교회 중에서 가장 큰 교회였을 것이다. 본회퍼는 그 모든 걸 알고 크게 놀랐다.

유니언 신학교에서 주는 탈지분유에 식상한 본회퍼는 아무것도 아끼지 않는 신학 성찬을 발견했다. 파월이 부흥 설교가의 불을 위대한 지성, 그리고 사회적 비전과 결합시켰던 것이다. 파월은 인종차별주의에 적극적으로 맞서 싸우면서 예수 그리스도의 구원 능력을 직설적으로 선포했다. 파월은 이것(부흥 설교가의 불)과 저것(지성과 사회적 비전) 중 하나를 선택해야 한다는 홉슨의 주장을 신뢰하지 않았다. 어느 하나라도 없으면 둘 다 가질 수 없고, 둘 다 있어야 전부와 그 이상을 가질 수 있다고 보았다. 두 가지가 결합할 때에만 하나님이 균형을 맞추셨다. 그럴 때에만 생명이 흘러나왔다. 본회퍼는 난생 처음 복음이 선포되고 하나님의 명령에 복종하여 성취되는 것을 목격했다. 완전히 넋을 빼앗겨 뉴욕에서 보내는 남은 기간 매주 그리로 예배드리러 갔고 주일학교 소년부를 맡아 가르쳤다. 아비시니안 침례교회의 여러 단체에 적극 참여했으며, 많은 교우의 신임을 얻어 집에 초대를 받기도 했다. 알고 보니 아비시니안 침례교회에 나오는 연로한 교우들은 미국에서 노예제도가 합법이었을 때 태어난 이들이었다. 확실히 그들 중 일부는 그 끔찍한 제도가 건재할 때 태어났다.

아비시니안 침례교회에서 사용하는 음악도 본회퍼가 체험한 중요한 부분이었다. 본회퍼는 자신을 일요일마다 할렘에 고정시킨 흑인 영가 음반을 입수하려고 뉴욕에 있는 음반가게를 돌아다녔다. 마음을 즐겁게 변화시키는 흑인 영가를 들으면서 예배음악이 중요하다는 생각을 다졌다. 나중에는 음반을 독일로 가져가 베를린에 있는 제자들에게 틀어주고 발트 해 연안의 모래 기지 칭스트와 핑켄발데에서도 그렇게 했다. 흑인 영가 음반은 본회퍼가 가장 아끼는 소지품이었고, 그의 제자들 상당수에게는 월석月石만큼이나 이국적으로 다가왔다.

본회퍼는 흑인 문학도 상당히 많이 읽었다. 추수감사절에는 피셔와 함께 워싱턴 D. C.로 갔다. 부모님에게 보내는 편지에 "백인 한 명, 흑인 신학생 두 명과 자동차를 타고 워싱턴으로 갔다"고 썼다. 쇼핑센터의 디자인에 놀랐고 국회의사당과 워싱턴 기념비, 링컨 기념관이 "드넓은 잔디밭을 사이에 두고 한 줄로 늘어선" 모습에 감명을 받았다. 본회퍼는 링컨 기념관에 대해 이렇게 썼다. "대단히 인상적이고 링컨을 실물 크기의 스무 배 내지 스물다섯 배로 확대하여 표현했으며 밤에는 조명을 밝게 한답니다. 그 웅장한 현관에서 링컨 이야기를 듣고 있자니 그에게 더 관심이 갔습니다."[12]

본회퍼는 피셔와 함께 워싱턴을 여행하는 동안 미국의 인종차별 상황을 자세히 볼 수 있었다. 백인 중에서 극소수만 깨닫고 있는 세태였다.

워싱턴에서 흑인 신학생들에게 둘러싸여 지내면서 그들의 소개로 흑인 운동을 이끄는 지도자들을 사귀었다. 그들의 집을 방문하고 대단히 흥미로운 토론도 했다. … 상황은 정말로 믿기지 않았다. 워싱턴 남부에서는 전차, 선로, 버스가 나뉘어져 있었다. 작은 음식점에서 흑인과 함께 식사하려다 거부당하고 말았다.[13]

본회퍼 일행은 온통 흑인뿐인 피셔의 모교 하워드 대학교를 방문하기도 했다. 당시 하워드 대학에서는 서굿 마셜이라는 청년이 법학을 공부하고 있었다.[*] 본회퍼는 미국의 인종 문제에 깊은 관심이 생겼다. 1931년 3월, 스코츠버러 사건이 온 나라를 떠들썩하게 했던 터라 인종 문제를 면밀히 추적했다.[**] 카를 프리드리히에게 보내는 편지에서 디트리히 본회퍼는 이렇게 말했다.

남부 지역 교회 상황을 살펴보려고 해. 소문에 따르면 꽤 기이하다는데, 흑인들 사정을 좀 더 자세히 알 수 있을 것 같아. 이 문제를 알아보는 데 많은 시간을 쓰지 않을지도 몰라. 독일에는 이와 유사한 상황이 없으니까. 하지만 이 문제가 무척 흥미롭다는 걸 알았어. 잠시도 지루하지 않았거든. 진짜 운동이 일어나고 있는 것 같아. 나는 흑인들이 자신의 민요 외에 더 많은 것을 백인들에게 줄 거라고 생각해.[14]

"독일에는 이와 유사한 상황이 없다"는 확신은 조만간 바뀌고 말 터였다. 카를 프리드리히는 다음과 같이 회신했다. "나도 거기 있을 때 그게 진짜 문제라는 느낌을 받았단다." 그는 미국에서 인종차별을 목격하고 나서 하버드 대학교 교수직을 사양했다고 말했다. 미국에

---

[*] 나중에 그는 아프리카계 미국인 최초로 미 연방대법원 판사가 되었다.
[**] 앨라배마 주 스코츠버러에서 백인 여성 두 명을 강간한 혐의로 흑인 청년 아홉 명이 기소된 사건. 재판을 둘러싸고 시민권 논쟁이 벌어졌다.

오래 머물면 자신과 그 유산의 일부인 미래의 자녀들이 오염될까 우려했던 것이다. 동생과 마찬가지로 그도 독일에서는 유사한 상황을 보지 못했다. 그래서 "우리의 유대인 문제는 미국의 인종차별과 견주면 아무것도 아니야. 독일에는 자신들이 억압받고 있다고 주장하는 사람이 많지 않을 거야"라고 과감히 말하기까지 했다.[15]

선견지명이 없다고 킬킬거리기는 쉽다. 하지만 본회퍼 형제는 학계와 문화계 엘리트들이 사는 그루네발트에서 자랐고, 그 엘리트 중 삼분의 일이 유대인이었다. 두 사람은 미국에서 알게 된 것과 유사한 상황을 듣거나 본 적이 없었다. 미국에서는 흑인들이 이등시민 취급을 받으며 동시대 백인들로부터 완전히 격리되어 살고 있었다. 본회퍼가 미국 남부에서 본 상황은 독일에 거주하는 유대인들의 사정보다 훨씬 심각했다. 독일에서는 유대인들이 경제적 평등을 누리는데, 미국에 사는 흑인들은 그러지 못했으니 둘을 비교하는 건 쉽지 않았다. 영향력 면에서도 독일 유대인들은 사회 모든 분야에서 최고의 지위를 차지한 반면, 미국 흑인들은 전혀 그러지 못했다. 그리고 1931년에는 독일의 상황이 수년 내에 악화되리라고 아무도 예측할 수 없었다.

본회퍼는 아프리카계 미국인 공동체를 경험하면서 이런 생각을 하게 되었다. 참된 경건과 능력은 현실성과 고난의 역사를 간직한 교회 안에 자리한다는 것이었다. 그가 미국 교회에서 보고 배운 사실이었다. 어쨌든 본회퍼는 그러한 교회와 그리스도인 안에서 더 많은 것을 깨달았다. 그것은 상아탑 속의 신학계가 전성기를 구가하던 베를린에서조차 별로 건드리지 않은 것이었다. 이는 본회퍼가 프랑스인 장 라세르와 교류하면서 발견한 사실이기도 하다.

본회퍼는 라세르를 신학자로 존중했지만 그의 평화주의 사상에는 동의하지 않았다. 하지만 라세르의 신학을 존중했고 둘 다 유럽인이었으므로 본회퍼는 마음을 열고 라세르가 말한 내용을 탐구했다. 본회퍼가 나중에 에큐메니컬 협의회에 투신하게 된 것도 라세르가 소개한 평화주의 노선에 따라 사고한 결과라고 할 수 있다. 라세르는 이렇게 말했다. "거룩한 공교회와 성도가 서로 교제하는 것을 믿습니까? 아니면 프랑스의 영원한 선교를 믿습니까? 그리스도인이면서 동시에 민족주의자일 수는 없습니다."¹⁶

하지만 라세르의 견해가 본회퍼의 가슴에 가장 뼈저리게 사무치게 된 계기는 대화가 아니라 영화였다.

영화의 힘

지금은 고전이 된 반전 소설 《서부전선 이상 없다 Im Westen nichts Neues》가 1929년 독일과 유럽을 강타했다. 이 책은 전쟁을 바라보는 본회퍼의 시각에 대단히 중요한 영향을 끼쳤고, 그의 인생행로를 결정했으며, 결국에는 그를 죽음으로 이끌었다. 이 책을 쓴 에리히 마리아 레마르크는 전쟁 중에 독일군 사병으로 복무한 인물이다. 발간 즉시 100만 부 가까이 팔렸고 8개월 안에 25개 국어로 번역되었으며, 20세기 초의 베스트셀러가 되었다. 본회퍼는 그 책을 1930년 이전에 읽었든지 1930년에 유니언 신학교에서 라인홀드 니부어의 수업시간에 읽었을 것이다. 그러나 본회퍼의 인생을 변화시킨 건 소설이 아니라 소설을 원작으로 한 영화였다.

영화는 당시에 듣도 보도 못한 생소하고 강렬한 힘으로 전쟁의 참상을 생생히 묘사했다. 오스카 작품상과 감독상을 수상했지만, 노골적인 반전 태도 때문에 유럽 전역에서 분노가 폭발했다. 첫 장면에서는 눈이 분노로 이글거리는 노老교사가 어린 학생들에게 조국을 지키라고 훈계한다. 칠판에는 《오디세이 Odyssey》에서 따온 그리스어 글귀가 적혀 있다. 뮤즈에게 트로이를 파괴한 영웅을 찬양하는 노래를 불러달라고 간청하는 내용이다. 노교사의 입술에서 호라티우스의 유명한 시구가 흘러나온다. "*Dulce et decoram est pro patria mori.*" "조국을 위해 죽는 것은 달콤하고 고귀한 일이다." 이 청소년들에게 전쟁 예찬은 서양의 위대한 전통이었다. 그들은 그런 전통 속에서 교육을 받았다. 학생들은 떼를 지어 진창으로, 죽음의 참호로 나아갔다. 대부분이 죽었고, 거의 전부가 공포에 질리거나 그전에 실성하고 말았다.

영웅을 찬미하지 않는 불온한 영화였다. 민족주의에 공감하는 사람에게는 분명히 당혹스럽고 화를 돋우는 영화였을 것이다. 막 움트기 시작한 국가사회주의자들(나치)에게 그 영화는 독일이 패전한 바로 그곳에서 생환한 국제주의자(주로 유대인)의 야비한 선전물처럼 보였다. 그들은 영화를 공격해댔다. 그러다가 1933년에 집권하자마자 레마르크의 책을 불사르고 그가 유대인이라는 헛소문을 퍼뜨렸다. 그의 진짜 성은 크라머Kramer였고 레마르크Remark는 철자를 거꾸로 뒤집은 이름이었다.

나치가 신설한 국민계몽선전부 장관 요제프 괴벨스가 행동에 돌입했다. 당의 청년단, 곧 히틀러 청년단Hitlerjugend을 인솔하여 영화를 상영 중인 극장 안에 최루 가루를 살포하고 악취 폭탄을 터뜨리고 생쥐 떼를 풀었다. 극장 밖에서는 나중에 SS부대로 알려질 검은 제복의 나치 친위대가 폭도들을 선동했다. 영화는 곧바로 독일 전역에서 상영이 금지되었고 1945년에야 금지가 풀렸다.

그러나 미국에서는 어디에서나 그 영화를 상영했다. 본회퍼는 어느 토요일 오후에 뉴욕에 있는 극장에서 장 라세르와 함께 영화를 관람했다. 전쟁을 고발하는 영화 속에서 그들의 조국이 철전지원수가 되어 싸우고 있었다. 두 사람은 영화관에 나란히 앉아 독일과 프랑스의 소년병과 장정들이 서로 학살하는 장면을 지켜보았다. 그 영화에서 가장 감동적인 장면이 어디였을지 잠시 떠올려보자. 젊은 독일 병사가 프랑스 병사를 찌른다. 결국 프랑스 병사는 죽는다. 하지만 죽기 전에 참호에 누워 있다. 자기를 찌른 사람과 단둘이. 그는 몇 시간 동안 몸부림치며 신음한다. 독일 병사는 자기가 저지른 참상을 직시할 수밖에 없다. 마침내 그는 죽어가는 사람의 얼굴을 쓰다듬고 위로하며 바싹 마른 그의 입술을 축여주려 애쓴다. 프랑스 병사가 죽자 독일 병사는 시신의 발치에 누워 용서를 빈다. 그리고 고인의 가족에게 기별하기로 맹세하고 고인의 지갑을 찾아 연다. 고인의 이름을 본 다음 고인의 아내와 딸이 함께 찍은 사진을 들여다본다.

본회퍼와 라세르는 스크린에 나타난 폭력과 고통의 비애를 접하고 눈물을 흘렸다. 하지만 영화관에 앉아 있는 관객들의 반응은 당혹스러웠다. 이야기가 독일인의 관점에서 전개되어 그랬겠지만, 독일 병사들이 프랑스 병사들을 살육하는 장면이 나오자 관람석에 있던 미국인 아이들이 재미있어하며 박수를 쳤다. 본회퍼로서는 용납할 수 없는 일이었다. 라세르는 본회퍼를 간신히 위로할 수 있었다고 말했다. 그리고 그날 오후에 본회퍼가 평화주의자가 되었다고 생각했다.

라세르는 산상수훈을 언급하고 산상수훈이 어떻게 자신의 신학을 형성했는지 자주 말했다. 그때부터 산상수훈은 본회퍼의 인생과 신학의 중요한 부분이 되었다. 본회퍼가 《나를 따르라》라는 유명한 책을 쓴 계기도 산상수훈이었다. 하지만 라세르와 교류하다 본회퍼가 에큐메니컬 협의회에 투신하고, 이 협의회를 통해 히틀러와 나치에 맞서 싸우는 레지스탕스에 가담한 것도 중요하다.

본회퍼의 지칠 줄 모르는 문화 체험 욕구는 뉴욕에서 제대로 임자를 만났다. 막스 디스텔에게 보내는 편지에서 본회퍼는 "뉴욕을 완벽하게 체험하려 들면 거의 녹초가 되고 말 겁니다"라고 말했다.[17] 미국은 새로운 경험을 좋아하는 본회퍼에게 경험을 한가득 안겨주었다. 맨해튼에서 떨어지는 문화의 물방울을 짜내지 않을 때면, 기차나 자동차를 타고 어딘가 다른 곳으로 여행을 떠나곤 했다. 필라델피아에 있는 타펠 출신 친척들을 찾아가기도 하고 스카스데일행 기차를 타고 에른 가족을 찾아가기도 했다. 12월에는 에르빈 주츠와 기차를 타고 가급적 남쪽으로 멀리 여행을 떠났다. 플로리다를 벗어난 다음에는 배를 타고 쿠바로 갔다.

쿠바에서 본회퍼는 유년시절의 가정교사 케테 판 호른을 만났다. 케테는 아바나 독일인 학교 교사였다. 본회퍼는 거기서 크리스마스를 축하하며 느보 산에서 숨을 거두는 모세 이야기를 본문 삼아 독일인 회중 앞에서 설교했다. 그 이야기는 그의 생애에서 상당 기간 그를 따라 다니며 괴롭혔다. 13년 뒤 본회퍼는 약혼녀에게 보내는 편지에서 쿠바에서 경험한 것을 이렇게 이야기했다.

태양이 내 마음을 끊임없이 끌어당겼고 그럴 때면 나는 다음과 같은 사실을 자주 떠올렸습니다. 인간은 흙으로 이루어진 것이지 희박한 공기와 생각으로 이루어진 것이 아니라는 것을요. 나는 쿠바에서 크리스마스에 설교를 한 적이 있습니다. 북미의 얼음이 적도의 울창한 초목으로 바뀌어 있었지요. 설교 중에 나는 태양에 거의 압도되어 무엇을 설교해야 하는지조차 생각나지 않았습니다. 아찔한 순간이었습니다. 태양을 느끼는 여름철이 되면 그때 그 순간이 떠올라 나를 괴롭힌답니다.[18]

쿠바를 경험하기 전에도 그랬지만 그 이후에도 본회퍼는 미국 남부에서 시간을 보내곤 했다. 그곳에서 인종 관계를 풀려고 끊임없이 씨름했다.

남부 지역에서의 흑백 분리는 정말로 부끄러운 인상을 준다. 전차에서는 아주 사소한 부분까지 흑백 분리가 행해진다. 내가 보기에는 흑인 전용 전차가 백인 전용 전차보다 훨씬 깨끗했다. 재미있는 건 백인들이 자기들의 전차에 밀치락달치락하며 들어가야 하는 반면, 흑인 전용 전차에는 한 사람만 앉아 있었다는 것이다. 남부 사람들이 흑인을 두고 이야기하는 방식은 불쾌하기 짝이 없다. 이 점에서는 목사들도 다른 사람들과 다르지 않다. 지금도 나는 남부 지역의 흑인 영가가 미국에서 이루어진 가장 위대한 예술적 성취를 대표한다고 생각한다. 형제애와 평화를 부르짖는 슬로건이 난무하는 나라에서 인종차별이 완전히 시정되지 않고 있다는 건 맥 빠지는 일이 아닐 수 없다.[19]

1931년 1월, 본회퍼는 스물다섯 번째 생일을 두 주 앞두고 자비네에게 편지를 보냈다. 스물다섯 살은 인생에서 중요한 시점이었다. 스물한 살에 박사학위를 받을 때만 해도 본회퍼는 자신이 근사한 일을 할 거라고 기대했지만, 어쩐 일인지 오도 가도 못하게 된 것 같았다.

우리가 만으로 스물다섯 살이 된다니, 나에게는 맥 빠지는 일이야. … 만일 내가 결혼한 지 5년이 되었고 그 사이에 자녀 둘을 두고 내 집까지 소유하고 있다면 스물다섯 고개를 당연하다는 듯이 넘을 텐데. … 그날을 어찌 보낼지는 아직 잘 모르겠어. 그날이 내 생일이라는 말을 전해들은 몇 사람이 생일 파티를 열자고 하더라. 결혼한 신학생들 중 한 사람 집에서 생일 파티를 열려고 해. 어쩌면 영화관에서 근사한 영화를 볼지도 몰라. 이 경사스러운 때에 포도주 한 잔을 들며 너를 위해 건배할 수 없어서 유감이야. 연방법이 음주를 금하고 있거든. 아무도 지키지 않는 이 금주령은 정말 짜증나.[20]

본회퍼는 결국 그리니치빌리지에 있는 폴과 메리언 레만 부부의 아파트에서 생일을 축하했다. 그는 자비네에게 보내는 편지에서 5월에 인도로 가서 루카스 박사를 다시 만나 모한다스 간디를 만나려 한다고, 그런 다음에는 배를 타고 서쪽으로 돌아 독일로 가고 싶다고 말했다. 하지만 뉴욕에서 인도로 가는 비용이 엄청나게 비쌌다. 그래서 레만과 뉴욕에 있는 여러 선착장을 전전하며 저렴한 비용으로 인도에 데려다줄 화물선 선장을 찾아다녔지만 허사였다. 인도 여행을 다음 기회로 미룰 수밖에 없었다.

레만 부부는 본회퍼가 뉴욕에 체류하던 시절 가족이나 다름없었다. 그들과 함께 있으면 마음이 편했고, 레만 부부도 본회퍼와 함께 있으면 마음이 편했다. 여러 해 뒤 폴 레만은 BBC 강연에서 이렇게 말했다.

본회퍼는 예절이나 행위 혹은 문화라는 단어가 의미하는 일체의 것에 완벽한 열정을 지닌 독일인이었습니다. 요컨대, 그는 최고의 귀족 기질을 지닌 사람이었습니다. 하지만 본회퍼는 독일인들 가운데에서 가장 독일인답지 않은 사람이었습니다. 그의 귀족 기질은 틀림없는 사실이지만, 그렇다고 눈에 거슬리는 것은 아니었습니다. 이는 어느 곳에 처하든 새로운 환경에 대한 끝없는 호기심과 무한한 유머감각에 기인하는 것 같습니다.[21]

2년 뒤 레만 부부가 독일을 찾았을 때 본회퍼는 폴 레만과 편지를 작성하여 미국의 랍비 스티븐 와이즈에게 보냈다. 독일에 거주하는 유대인들의 상황이 악화되고 있다고 알리는 편지였다. 본회퍼가 스티븐 와이즈를 처음 만난 건 1931년 부활절 때였다. 그날 본회퍼는 미국 교회에서 드리는 부활절 예배에 참석하고 싶었지만 그러지 못했다. 할머니에게 보내는 편지에서 그 이유를 이렇게 설명했다.

> 예배 시간 훨씬 전에 대형 교회 입장권을 구해야 했어요. 저는 그 사실을 몰랐고 남은 입장권도 없었습니다. 저는 이 지역에서 명성이 자자한 랍비의 설교를 들으러 가기로 했습니다. 매주 일요일 오전에 초대형 콘서트홀에서 가득 찬 청중을 상대로 설교하는 분이에요. 뉴욕의 타락을 두고 대단히 인상적으로 설교하면서 뉴욕 인구의 삼 분의 일을 차지하는 유대인들에게 이 도시에 하나님의 도성을 세워 메시아가 올 수 있게 하라고 요구했습니다.[22]

본회퍼가 뉴욕에서 맞이한 부활절을 회당에서 드리는 예배에 참석하며 보냈다는 건 주목할 만한 사실이다.

자동차 여행

인도 여행은 성사되지 않았지만, 유니언 신학교에서의 연구 기간이 끝나가자 본회퍼는 또 다른 여행을 계획했다. 자동차를 몰고 시카고를 경유하여 멕시코로 갈 생각이었다.

본회퍼와 라세르는 멕시코의 가톨릭 문화를 조사할 생각으로 함께 여행하기로 했다. 시속 55마일에 못 미치는 속도로 운전하여 4,000마일을 가야 하는 여행이었다. 여행할 때 쓰라고 에른 가족이 1928년산 올즈모빌을 선뜻 내주었다. 본회퍼는 1931년 3월에 에른 가족을 두 차례 찾아가 운전교습을 받았다. 그리고는 운전면허 시험을 몇 차례 치렀지만, 번번이 떨어지고 말았다. 레만 부부는 그가 독일인의 자존심을 내려놓고 운전 강사 호주머니에 5달러만 넣어주면 될 거라고 확신했다. 하지만 본회퍼는 그러지 않았다.

결국 폴 레만이 동행해서 그들을 시카고까지 태워다주기로 했다. 본회퍼는 그때쯤이면 자신도 충분히 운전할 수 있게 될 거라고 생각했다. 그러자 에르빈 주츠도 그들과 동행하기로 했다. 그런데 주츠가 카네기홀에서 노래하기로 되어 있는 합창단 단원이어서 여행을 5월 5일로 연기했다. 본회퍼와 마찬가지로 주츠도 피아니스트였다. 두 사람은 음악을 무척 사랑하여 그해에 여러 연주회를 함께 찾아다녔다. 그중 하나가 토스카니니의 연주회였다.

5월 5일, 신학자 네 사람이 올즈모빌을 타고 맨해튼 섬을 떠났다. 자동차로 1,000마일을 달려 서부에 있는 세인트루이스까지 갔다. 세인트루이스에 이르자 주츠가 자기는 그만하면 충분하다며 기차를 타고 동부로 돌아가고 싶어 했다. 레만과 라세르가 자동차를 몰고 본회퍼와 함께 여행을 계속했다. 세 사람은 뜨내기 노동자처럼 여행 내내 야영을 했다.

라세르는 그때의 일을 이렇게 회상했다.

어느 날 밤 우리는 고요한 숲 속에 텐트를 쳤다. 생각지도 못한 일이지만, 돼지 떼의 숙소를 점거한 상태였다. 돼지 떼를 몰아내고, 성질을 부리며 시끄럽게 울어대는 짐승들이 숙소로 돌아오는 것을 막느라 진땀을 뺐다. 마침내 사태가 진정되자 피곤해서 쓰러질 지경이었다. 디트리히는 곧바로 잠들었다. 어찌된 일인지 나만 쉽게 잠을 이루지 못했다. 새벽 무렵 나는 잠자리에서 화들짝 놀라 일어났다. 내가 누운 곳 가까이에서 규칙적이면서도 지독한 코골이 소리가 들려왔다. 디트리히가 몹시 아픈가 보다 생각하고 몸을 구부려 들여다보았지만, 그는 아이처럼 평온하게 자고 있었다. 나를 공포에 떨게 한 코골이는 거대한 돼지 소리였다. 그 소리가 텐트를 향해 사방에서 뻗쳐왔던 것이다. … 디트리히는 무슨 일이 일어나든 전혀 아랑곳하지 않고 동요하지도 않았다. 분노와 불안, 낙담을 무시할 수 있는 대단히 평온한 기질을 지니고 있었다. 누구도 도무지 경멸할 줄 모르는 사람 같았다.[23]

마침내 라세르와 본회퍼는 텍사스 주 러레이도에 있는 멕시코 국경에 이르렀다. 하지만 멕시코로 들어갔다가 미국에 재입국하려면 허가증이 있어야 했다. 그래서 러레이도에 있는 세인트 폴 호텔에 발이 묶인 채 적절한 허가증을 얻으려고 힘썼다. 뉴욕에 돌아가 있을 폴 레만에게 전보를 쳐 허가증 문제를 해결해달라고 부탁했다. 멕시코 주재 독일 대사에게도 전보를 쳤다. 멕시코에서 브레멘으로 여행하려면 뉴욕에서 발행한 표가 있다는 걸 입증해야 했다. 미국은 경제 형편이 여의치 않아서 멕시코를 경유하여 독일로 잠입하려는 유럽인들을 지원할 수 없었다. 결국 레만이 다음과 같은 지령과 함께 회신했다. "멕시코시티로 가게. 돌아올 때 멕시코 주재 미국 영사에게 통과 비자를 신청하게. 총영사가 아무 문제없다고 확인해 줄 걸세."[24]

두 사람은 올즈모빌을 러레이도에 남겨두고 멕시코로 들어갔다. 그리고 멕시코 기차를 갈아타며 1,200마일을 여행했다. 빅토리아시티에는 교사 훈련 대학이 있었다. 라세르가 퀘이커교도 친구를 통해 그와 본회퍼가 교사 훈련 대학에서 공동 강연을 할 수 있게 미리 주선해 놓은 상태였다. 프랑스인과 독일인인 이 영원한 두 적수의 동시 출현이 얼마나 신기했을지는 굳이 말할 필요가 없을 것이다. 하지만 놀랍게도 두 사람은 평화를 주제로 강연했다. 본회퍼는 멕시코시티 남쪽, 쿠에르나바카 북쪽에 있는 아스텍 유적지를 탐방했다. 그리고 테오판솔코 피라미드 사진이 박힌 엽서에 다음과 같은 내용을 적어 나이 어린 친구 리처드 에른에게 보냈다.

방금 전까지 이 피라미드 위에 오래도록 앉아서 인디언 목동과 이야기를 나누었단다. 읽을 줄도 쓸 줄도 모르는 그 아이가 꽤 많은 걸 알려주더구나. 이곳 날씨는 쾌청하고 그리 덥지도 않아. 고도가 2,000미터가 넘으니까. 모든 게 미국과는 완전 딴판이야. 가난한 사람이 엄청나게 많은 것 같아. 그들은 작은 오두막에서 살아. 셔츠만 입거나 아무것도 입지 않은 아이들도 있단다. 다정해 보이고 매우 친절하단다. 어서 너희 집 차를 타고 가서 너를 다시 보고 싶다. 사랑스러운 아이야. 몸조심 하렴. 마음을 담아 너와 네 가족에게 안부를 전한다.[25]

6월 17일, 본회퍼와 라세르는 무더위에 지친 뉴욕으로 돌아왔다. 그리고 사흘 뒤 본회퍼는 배를 타고 고국으로 돌아갔다.

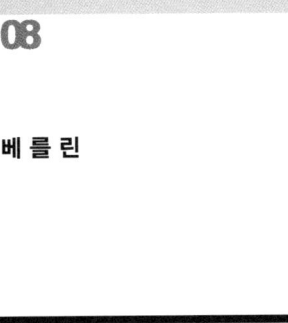

베를린

1931-1932년

그는 흑인 친구와 함께 미국 여기저기를 여행했다고 말했다. … 흑인들의 신심에 대해서도 이야기했다. … 저녁식사 후에는 이렇게 말했다. "흑인 친구와 헤어질 때 내게 이렇게 말하더군요. '우리의 고난을 독일에 알려주게. 우리에게 무슨 일이 일어나고 있는지 그들에게 들려주게. 그리고 우리가 어떤 사람인지도 그들에게 설명해주게.'" _볼프 디터 침머만

국민들 사이에서는 히틀러가 독일 국민을 구원할 거라는 기대가 퍼지고 있었지만, 우리는 강의실에서 구원은 오로지 예수 그리스도에게서만 온다는 말을 자주 들었다. _잉게 카르딩

디트리히 본회퍼는 미국을 떠나 6월 말쯤 베를린에 도착했다. 하지만 며칠 집에 머물고 다시 출국했다. 부모님이 프리드리히스브룬에 가자고 꼬드겼지만, 더 시급한 일이 스위스에서 그를 기다리고 있었다. 에르빈 주츠가 그를 카를 바르트에게 소개하기로 했던 것이다.

본회퍼는 7월 10일에 본으로 출발했다. 위대한 신학자의 첫인상은 아주 좋았다. 본회퍼는 부모님에게 보내는 편지에서 이렇게 말했다. "드디어 바르트와 아는 사이가 되었습니다. 그의 자택에서 열린 저녁 토론회에서 그를 상당히 잘 알게 되었습니다. 저는 그를 무척 좋아하게 되었고, 그의 강의에 깊은 감명을 받았습니다. … 이곳에서 지내는

동안 아주 많은 걸 얻을 것 같습니다."[1]

바르트가 진행한 여러 세미나 중 한 세미나(아마도 첫 번째 저녁토론회)에서 한 신학자가 루터의 유명한 글귀를 던졌다. "이따금 하나님의 귀에는 타락한 자들의 악담이 경건한 이들의 할렐루야보다 더 좋게 들린다." 바르트는 그 말이 마음에 들어 누가 한 말이냐고 물었다. 그 신학자는 다름 아닌 본회퍼였다. 이것이 두 사람의 첫 만남이었다. 그들은 곧바로 친구가 되었다.

7월 23일, 마흔다섯 살의 바르트가 스물다섯 살의 본회퍼를 저녁식사에 초대했다. 본회퍼는 바르트 박사와 단둘이 있으면서 수년간 품었던 질문을 던질 수 있었다. 그는 에르빈 주츠에게 보내는 편지에서 이렇게 말했다. "나는 그의 글과 강의보다는 그의 토론 모습에 더 많은 감동을 받았네. 그는 정말로 그 자리에 온전히 있는 사람이라네. 일찍이 어디서도 그런 모습을 보지 못했네." 그리고 이렇게 덧붙였다. "그는 개방성, 곧 정곡을 찌르는 반대 의견까지 수렴하는 열린 자세를 갖추고 있다네. 어떤 요점이 자신의 신학에 도움이 될 때는 물론이고 거만하거나 조심스럽거나 혹은 독단적으로 또 불분명하게 제기하는 반대 의견도 집중해서 듣고 굳게 붙잡는다네."[2]

그다음 2년간 본회퍼는 바르트를 종종 찾아갔다. 바르트가 역사적 작품 《교회 교의학 *Die Kirchliche Dogmatik*》 제1권을 완성한 직후인 1932년 9월에 본회퍼는 바르트를 만나러 스위스 베르클리에 갔다. 거기서 주츠도 만났다. 주츠는 그를 스위스 신학자 에밀 브루너에게 소개했다. 1933년에 베를린 대학교에 신학교수 자리가 생기자 본회퍼는 카를 바르트를 위해 프로이센 문화부 장관에게 연줄을 대려고 시도했다. 하지만 당시는 히틀러가 집권하여 제국의 수상이 된 지 얼마 안 되는 때였다. 상황이 그러하자 모든 일이 정치적으로 다루어졌다. 히틀러의 견해를 경멸하는 이는 신학계나 다른 영역에서 요직을 얻을 수 없었다. 결국 그 자리는 한때 잘렸다가 새로 취임한 제국 수상과 같은 갈색 성직복을 입은 게오르크 보버민에게 돌아갔다. 그 후 바르트는 본회퍼에게 보내는 편지에서 이렇게 말했다. "제국 수상 히틀러의 시대에는 보버민이 슐라이어마허의 강좌를 나보다 더 내실 있게 채울 겁니다. 당신이 나를 강력히 지지했다는 말이 들리는군요. … 나는 틀림없이 수락했을 겁니다. … 세상이 혼란스러운 상태입니다. 하지만 우리는 결코 호각 소리가 사라지게 해서는 안 됩니다."[3]

하지만 1931년에는 2년 뒤에 일어날 히틀러의 수상 취임을 상상할 수 없었다. 본회퍼는 뉴욕에 고작 9개월간 체류했지만, 그 기간이 일생처럼 여겨졌다. 본회퍼가 뉴욕을 떠날 무렵 나치는 청명한 하늘에 걸린 작은 잿빛 구름에 불과했지만, 이제는 먹장구름이 되어 딱딱 불꽃을 일으키며 머리 위에 바짝 몰려 와 있었다.

본회퍼는 주츠에게 보내는 편지에서 "전망이 대단히 암울하네"라고 말했다. 그는 자신들이 "세계사의 무시무시한 전환점에 서 있다"고 느꼈다. 무언가가 막 일어날 것 같았다. 그리고 앞으로 무슨 일이 일어나든 교회가 위협받으리라는 걸 직감했다. 교회가 살아남지 못하는 게 아닐까 하고 생각했다. "그렇다면 모든 이의 신학이 무슨 소용이란 말인가?" 하고 자문했다.[4] 본회퍼에게는 절박하고 심각한 문제였다. 전에 없던 일이었다. 그래서 앞으로 무슨 일이 일어날지 사람들에게 알려야겠다고 생각했다. 가족들이 그늘 아래서 소풍을 즐기고 자녀들이 나뭇가지에 매달려 그네를 뛰던 거대한 상수리나무가 속에서부터 썩어서 조만간 쓰러져 그들 모두를 깔아뭉갤 것만 같았다. 다른 이들도 그의 내면에서 일어나는 변화를 알 수 있었다. 무엇보다 설교가 더 격해졌기 때문이다.

중대한 변화

플라스틱과 시멘트로 범벅이 되어 쓸쓸하고 무미건조한 베를린 상업 지구 한가운데에는 빌헬름 황제 기념교회의 유적이 이집트의 유명한 파라오 람세스 2세 오지만디아스의 석상처럼 자리 잡고 있다. 그 지역은 대부분 1943년 영국 공군의 폭격을 받아 깨진 기와조각처럼 되고 말았다. 한때 경외감을 자아내던 대교회당의 움푹 파이고 부서진 거대한 종탑이 지금은 고압적이고 현대적인 모습으로 전쟁의 해로움을 일깨우지만, 전쟁 전에는 베를린의 자랑거리였다.

본회퍼는 1932년 종교개혁주일에 빌헬름 황제 기념교회에서 설교해달라는 부탁을 받았다.* 그날은 독일에서 루터와 종교개혁의 위대한 유산을 기리는 날이었다. 그날 회중석에 앉아 있던 사람들은 미국인들이 미국 독립기념일인 7월 4일에 주류 개신교의 한 교회에서 기대할 법한 설교, 즉 애국심을 고취하는 설교를 기대하고 있었다. 독일 루터교의 긍지를 한껏 느끼고 자신들이 딱딱한 회중석에 앉아 이 위대한 전통을 생생히 보존하는 일에 한몫했으며 다른 많은 일도 해왔다는 자부심을 갖고 싶었던 것이다. 그날은 민족의 우상이자 용감하고 무뚝뚝한 힌덴부르크도 회중석에 앉아 있었을 것이다. 빌헬름 황제 기념교회는 정치 거물 힌덴부르크가 출석하는 교회였다. 그러니 얼마나 어마어마한 예배였겠는가! 이처럼 열렬하고 기대감에 들뜬 회중 앞에서 본회퍼가 한 설교는 틀림없이 사나운 녀석이 턱을 향해 날리는 회전돌려차기로 여겨졌을 것이다.

그가 선택한 본문은 앞일을 암시하는 구절이었다. 첫 번째 본문은 요한계시록 2장 4-5절이었다. "그러나 너에게 나무랄 것이 있다. 그

---

*그 시기에 본회퍼는 그 교회에서 여러 차례 설교했는데, 친구인 게르하르트 야코비 목사를 대신해 한 설교였다. 야코비는 1930년대 교회투쟁에서 절친한 협력자였다.

것은 네가 처음 사랑을 버린 것이다. 그러므로 네가 어디에서 떨어졌는지를 생각해내서 회개하고 처음에 하던 일을 하여라. 네가 그렇게 하지 않고 회개하지 않으면, 내가 가서 네 촛대를 그 자리에서 옮기겠다." 본회퍼의 설교를 잘 아는 이들이라면 성경 본문을 듣자마자 슬그머니 옆문으로 빠져나갔을 것이다. 하지만 긴장을 유발하는 공격적인 설교에 타격을 입고 뒤로 나가떨어지는 분위기에서도 자리를 뜨지 않기로 한 이들은 절대로 실망하지 않았을 것이다.

본회퍼는 좋지 않은 소식을 전하며 설교를 시작했다. 독일 개신교의 시침이 열한 시를 가리키고 있으며 지금이야말로 "이것을 깨달을 시간"이라고 했다. 그리고 독일 교회는 지금 죽어가고 있거나 이미 죽은 상태라고 말했다. 그런 다음 회중석에 앉아 있는 사람들에게 호통을 치면서 장례식에 참석해야 할 시간인데도 축제를 벌이고 있으니 이 얼마나 괴이하고 한심한 일이냐고 꾸짖었다. "화려한 나팔소리는 죽어가는 사람에게 위안이 되지 않습니다." 그런 다음 본회퍼는 마르틴 루터를 언급하면서 회중들이 고인(루터)을 지지하는 이유는 자신의 이기적인 목적을 위해서라고 말했다. 회중에게 물 한 양동이를 퍼붓고 신발을 던진 것과 다름없는 행동이었다. 본회퍼는 이렇게 말했다. "우리는 이 교회가 더 이상 루터의 교회가 아니라는 것을 깨닫지 못하고 있습니다." 그리고는 그들이 자신의 목적을 위해 루터의 유명한 글귀, 곧 "내가 여기에 서 있다. 나는 바뀔 수 없다"는 말을 도용하여 그것이 마치 자신들과 그 시대 루터교에 꼭 들어맞는 것이라 여기는 건 용서할 수 없는 행위이자 교만이라고 크게 꾸짖었다. 설교는 그렇게 계속되었다.[5]

본회퍼가 그해에 계속 그런 식으로 설교한 건 아니다. 본회퍼는 도대체 무엇을 보았기에 자기가 본 것을 전해야겠다는 절박함을 품게 된 걸까? 그는 모든 사람을 일깨워 교회 희롱을 멈추게 하고 싶었던 것 같다. 그들 모두 몽유병에 걸려 무시무시한 벼랑 끝으로 걸어가고 있었던 것이다! 하지만 본회퍼의 설교를 진지하게 받아들인 이는 극소수였다. 많은 이들에게 본회퍼는 안경을 쓰고 지나치게 까탈을 부리는 학자이자 종교적 광신자에 지나지 않았다. 본회퍼는 그토록 우울한 설교를 했던 것이다!

 본회퍼는 그런 설교를 하면서 무엇을 이루려 한 걸까? 정말로 회중석에 앉아 있는 이들이 자신의 말을 흔쾌히 받아들이길 바랐던 걸까? 어쨌든 그가 한 말은 참말이었다. 본회퍼는 하나님이 자신을 택하시어 친히 하려 하셨던 말씀을 선포하게 하셨다고 생각했다. 하나님의 말씀을 극도로 진지하게 설교하겠다는 생각을 품었을 뿐 설교단에서 자신의 단순한 견해를 피력할 마음은 추호도 없었다. 또한 하늘로부터 곧장 떨어진 말씀을 선포해도 사람들이 받아들이지 않으리라는 사실도 알고 있었다. 구약 시대에 활동한 예언자들의 메시지도 그런 식으로 퇴짜를 맞고 예수도 그런 식으로 거절당했기 때문이다. 예언자는 하나님이 하려고 하시는 말씀을 그저 묵묵히 선포하기만 하면 그만이었다. 사람들이 메시지를 받아들일 것이냐 아니냐는 하나님과 그분의 백성에게 달린 몫이었다. 하지만 그토록 불같은 설교를 선포하고 그 선포가 신실한 이들을 위한 하나님의 말씀인데도 거절당하는 모습을 보는 건 괴로웠다. 그러나 이는 예언자가 겪어야 하는 아픔이었다. 하나님에게 선택받아 하나님의 예언자가 된다는 건 언제나 그가 하나님의 고통에 참여한다는 뜻이었다.

 한 해 전인 1931년에 본회퍼에게 무슨 일이 일어났고 그 일이 여전히 일어나고 있었던 게 분명하다. 혹자는 그것을 회심이라 부르기까지 했다. 좀처럼 있을 수 없는 일이었다. 본회퍼 자신은 물론이고 그와 친한 사람들도 본회퍼의 신앙이 1931년에 깊어졌다는 걸 분명히 알 수 있었다. 하나님께 부름을 받았다는 의식도 더 뚜렷해졌다.

몇 해가 지나 1936년 1월, 본회퍼는 엘리자베트 친에게 보내는 편지에서 이 시기에 자신에게 일어난 변화를 이렇게 묘사했다.

나는 대단히 비기독교적인 방식으로 일했습니다. 여러 사람이 내게서 공명심을 보았고 그 공명심이 내 삶을 힘겹게 했지요. … 그러고 나서 삶의 방향을 바꿔줄 무언가가 다가왔습니다. 나는 난생 처음 성경으로 다가갔습니다. … 여러 차례 설교했고 교회가 지닌 수많은 문제를 보았고 거기에 대해 이야기도 하고 설교도 했지만, 아직 그리스도인이 되지 못한 상태였습니다. … 나는 내가 예수 그리스도의 사실들로 나의 이익을 챙겼다는 걸 알았습니다. … 지금 나는 그런 일이 다시는 일어나지 않게 해달라고 하나님께 기도하고 있습니다. 전에는 기도를 전혀 하지 않거나 하더라도 아주 조금만 했지요. 고독했지만 그래도 혼자 있는 게 좋았습니다. 그때 성경이, 특히 산상수훈이 나를 자유롭게 했습니다. 그때 이후 모든 게 달라졌습니다. 나는 그것을 분명하게 느꼈고 내 주위에도 사람들이 생겼습니다. 그것은 위대한 해방이었습니다. 예수 그리스도를 섬기는 사람의 삶은 교회에 속해 있어야 한다는 게 분명한 사실로 다가왔고 차츰 뚜렷해졌습니다. 아무리 갈 길이 멀어도 예수 그리스도를 섬기는 사람의 삶은 교회에 속해 있어야 합니다. 그러고 나서 1933년에 곤경이 찾아왔습니다. 그러면 그럴수록 생각은 더 굳어졌습니다. 나는 나와 함께 그 목표를 공유할 사람들을 얻었습니다. 교회와 목회의 회복이 나의 최종 관심사였습니다. … 나는 나의 소명을 분명히 압니다. 하나님이 나의 소명을 가지고 무슨 일을 하실지는 모르겠습니다. … 나는 그 길을 따르지 않을 수 없습니다. 그 길은 그리 먼 길이 아닐 것 같습니다(빌 1:23). 그러나 나의 소명을 깨달은 건 잘한 일입니다. … 이 소명이 얼마나 고귀한지는 장차 다가올 시간과 사건들 속에서 분명히 드러날 것입니다. 우리가 견딜 수 있다면 말입니다.[6]

어쨌든 본회퍼가 뉴욕에서 지내는 동안 흑인 교회에서 드린 예배가 이 모든 일에 결정적인 역할을 했다고 할 수 있다. 본회퍼는 흑인 교회에서 선포하는 복음을 듣고 고난당하는 사람들 가운데서 참된 경건을 보았다. 불같은 설교와 기쁨이 넘치는 예배와 찬양이 그의 눈을 열어 무언가를 보게 하고 그를 변화시켰다. 그는 거듭난 상태가 아니었을까?

무슨 일이 일어났는지는 불분명하다. 하지만 결과는 또렷했다. 무엇보다 본회퍼는 난생 처음 정식 교인이 되어 가능한 한 자주 성찬식에 참여했다. 1933년, 베를린을 찾은 폴과 메리언 레만 부부는 친구가 달라졌단 걸 눈치챘다. 이태 전 뉴욕에 있을 때만 해도 교회에 다니는 것에 관심이 없는 사람이었다. 할렘에서 어린이들을 기쁘게 섬기고 음악회와 영화관과 미술관을 찾아다니고 여행을 좋아하고 신학 사상들을 철학적으로, 학술적으로 주고받는 걸 좋아하는 사람이었다. 하지만 이곳 베를린에 있는 그에게는 무언가 새로운 것이 있었다. 본회퍼가 그토록 진지하게 교회에 출석하다니 도대체 무슨 일이 일어났던 걸까?

가르치는 사람 본회퍼

유니언 신학교로 떠나기 직전, 본회퍼는 베를린 대학교에서 신학을 가르치는 강사 자격을 얻었다. 유니언 신학교에서 돌아와서는 곧바로 강사직을 얻어 세미나를 열고 강의를 시작했다. 그러나 본회퍼가 신학을 가르치는 방식은 대다수 사람들이 기대하는 것이 아니었다. 내면에서 일어나는 변화가 강단 뒤에서도 드러났고 세미나에서도 드러났다.

1932년, 디트리히 본회퍼와 베를린 대학교 신학생들의 주말 수업

볼프 디터 침머만은 그 당시 본회퍼가 가르치던 신학생 중 하나였다. 본회퍼를 처음 만난 건 1932년 가을이었다. 그날 강의실에는 신학생이 얼마 없었고 침머만은 자리를 뜨고 싶은 마음이 간절했다. 그러나 몇 가지 이유로 호기심을 품고 자리에 앉아 있었다. 침머만은 그 순간을 이렇게 회상했다.

한 젊은 강사가 가볍고 민첩한 걸음으로 강단을 향해 나아갔다. 금발, 더 정확히 말하면 옅은 금발에 얼굴이 넓적한 사람이었다. 금빛 원산(양쪽 렌즈를 잇는 부분)이 딸린 테 없는 안경을 쓰고 있었다. 환영사를 몇 마디하고 나서 단호하고 약간 쉰 목소리로 강의의 목적과 체계에 대해 설명했다. 그런 다음 원고를 펼치고 강의를 시작했다. 오늘날 우리는 "아직도 교회가 필요한가? 아직도 하나님이 필요한가?"라고 자문하지만, 이 물음은 틀렸다고 했다. 본회퍼는 우리가 질문을 받는 사람들이라고 했다. 이를테면

"교회도 존재하고 하나님도 존재한다. 그리고 하나님은 우리를 필요로 하신다. 그러니 그분께 기꺼이 도움을 드리겠느냐?"는 질문을 받는 존재라고 했다.[7]

이런 이야기는 대부분의 독일 설교단에서는 듣기 어려운 내용이었다. 대학 강단에서도 들어보지 못한 이야기였다. 하지만 본회퍼는 이성보다 감정을 내세우는 사람이 아니었다. 본회퍼의 강의 스타일은 "보도 기자처럼 대단히 집중적이고 상당히 이성적이고 대체로 냉정하고 수정처럼 맑았다." 철석같은 신앙과 논리학자의 설득력 있고 번득이는 지성을 합친 강의였다. 또 다른 신학생 페렝크 레헬은 이렇게 말했다. "우리는 윙윙거리는 파리 소리까지 들을 수 있을 만큼 주의를 기울여 그의 말을 따라갔다. 그가 강의를 끝내고 우리가 펜을 내려놓을 때면, 우리는 말 그대로 땀을 흘리고 있었다." 하지만 본회퍼가 늘 진지하고 심각하기만 했던 건 아니다. 번득이는 재치도 있었다. 레헬이 집을 찾아가자 좀 더 있다가 저녁까지 먹고 가라고 했다. 레헬이 정중히 사양하자 좀 더 있다 가라고 채근하면서 이렇게 말했다. "이건 내 빵이기만 한 게 아니라 우리의 빵이기도 해. 우리가 함께 먹으면, 남은 빵 부스러기를 열두 바구니에 가득 거두게 될 거야."[8]

종종 본회퍼는 신학생들을 집에 초대했다. 그루네발트 주일학교 어린이들의 삶과 목요 동아리 청소년들의 삶에 관심을 기울였던 것처럼, 신학생들의 삶에도 관심을 기울였다. 레헬은 본회퍼가 믿음을 격려해주었다면서 이렇게 회고했다.

내가 지적 고투를 벌일 때 본회퍼는 목사로서 형제처럼, 친구처럼 나를 도와주었다. 카를 하임이 쓴 《신앙과 사유 *Glaube und Denken*》를 추천하면서 이렇게 말했다. "하임이 회의하는 자의 마음을 헤아려줄 걸세. 그는 고매한 근거로 자연과학의 흉벽胸壁을 공격하는 시시한 호교론에 빠지지 않거든. 우리는 회의하는 자와 함께 사고하고 그와 함께 회의하기까지 해야 하네."[9]

또 다른 신학생 오토 두추스는 본회퍼가 집에서 열리는 야간 음악회에 신학생들을 초대한 걸 이렇게 회상했다.

> 그가 가진 게 무엇이든, 그의 직업이 무엇이든, 그는 그것을 타자에게 다가가는 수단으로 삼았다. 그가 지닌 커다란 보배는 가정이었다. 그가 우리에게 소개해준 가정은 세련되고 우아하고 교양 있고 교육 수준이 매우 높고 허심탄회한 집안이었다. 매주 열리다 나중에는 2주에 한 번씩 열린 야간 음악회는 우리에게 안식처나 다름없었다. 디트리히 본회퍼의 어머니는 우리를 아주 극진하게 대접했다.[10]

본회퍼가 1934년에 런던으로 떠나고 나서도 부모님은 이 신학생들을 가족처럼 대하고 자신들이 속한 사회와 가정의 더 넓은 동아리에 끼워주었다. 본회퍼는 사회생활과 가정생활을 분리하지 않았다. 부모님은 아들이 가르치는 명석한 신학생들과 친분을 유지했고 학생들은 탁월한 본회퍼 가문과 친분을 유지했다.

잉게 카르딩은 본회퍼 동아리에서 몇 안 되는 여학생 중 하나였다. 카르딩은 본회퍼의 강의에 처음 참석했을 때의 소감을 이렇게 회고했다.

> 그를 보고 느낀 첫인상은 대단히 젊다는 거였다! … 얼굴도 잘생기고 자

태도 멋졌다. … 그는 우리를 매우 자연스럽게 대했다. … 하지만 젊은 나이에도 확신과 위엄이 있었다. … 그는 언제나 일정한 거리를 유지했다. … 우리는 그를 빙 둘러싸고 농담을 던진 적이 없다.[11]

본회퍼가 가르친 또 다른 신학생 알베르트 쉰헤어는 이렇게 말했다.

그가 찍힌 사진은 그리 많지 않았다. 사진을 보면 포동포동하고 살집이 있어 보이지만, 체격이 다부지고 컸다. 이마가 넓어 칸트를 닮았다. 하지만 목소리는 풍채와 어울리지 않게 다소 높았다. 그다지 매혹적이지 않았다. 선동가의 목소리가 아니었다. 그는 자신의 그 점을 좋아했다. 어떤 경우에도 내용을 통해 말하지 않고 목소리나 외모, 재주로 무언가를 전달하는 선동가가 되고 싶지 않았기 때문이다.[12]

본회퍼는 매력적인 사람이 되는 문제를 두고 늘 고심했지만, 그것을 신뢰하지 않았다. 오히려 자기의 말과 논리로 다른 이들에게서 반응을 끌어내려 했다.

그럼에도 이 시기에 본회퍼를 중심으로 학생 단체가 생겼다. 그들이 나누는 대화가 강의실과 세미나실 너머까지 흘러나갔다. 그들은 대학교의 비난에도 아랑곳하지 않고 대화를 계속하려 했다. 일부는 볼프 디터 침머만의 다락방에서 일주일에 한 번씩 만났다. 침머만의 다락방은 알렉산더플라츠 근처에 있었다. 대단히 비좁았지만, 네 시간 넘게 머물면서 담배와 담소를 나누곤 했다. 본회퍼는 목요 동아리에서 그랬던 것처럼 이 모임에도 일정한 훈련을 가미했다. 목적 없이 잡담이나 하는 모임이 아니라 문제를 진지하게 탐구하는 절제된 모임이었다. 모임은 "문제를 충분히 파악하고 이론화하는 순수 추상 작업"으로 이루어졌다.

본회퍼는 시범 삼아 문제를 끝까지 숙고하면서 신학생들에게도 그렇게 하라고 가르쳤다. 학생들은 일련의 추론과정을 거쳐 논리적 결론에 도달하고 모든 상황을 고려하여 절대적 엄밀성을 확보했다. 절대로 감정에 의지하지 않았다. 아버지 카를과 큰형 카를 프리드리히가 과학적 개념을 제시하고 작은형 클라우스가 법률적 개념을 제시한 것과 마찬가지로, 디트리히 본회퍼도 신학생들에게 신학적 개념을 제시했다. 학생들은 성경과 윤리와 신학에 관한 물음을 엄밀하게 다루고 온갖 은어와 상투어를 확인하고 그런 것이 있으면 가차 없이 잘라내야 했다. 학생들은 어떠한 면밀한 검토에도 꿋꿋이 견딜 수 있는 결론에 도달하고 싶어 했다. 삶을 통해 결론을 보여주어야 했기 때문이다. 결론은 행동으로 표현되어야 했고 삶의 내용이 되어야 했다. 일단 하나님의 말씀이 뭐라 말하는지를 확실히 알았으면, 그 말씀과 말씀이 지시하는 대로 살아야 했다. 그리고 행동은 당시의 독일에서 중대한 결과를 낳았다.

신학생들이 보기에 본회퍼는 허심탄회하고 인내심이 강한 사람이었다. 헬무트 트라우프에 따르면, 본회퍼는 "대단히 내성적이면서도 새로운 질문이 제기되면 그 문제를 기꺼이 숙고하고 가장 동떨어진 견해까지도 고려할 줄 아는 사람"이었다. 신학생들은 시간을 들여 문제를 끝까지 숙고하는 법을 배웠다. "그의 신중한 성격, 학자다운 교수법, 그리고 엄밀성이 섣부른 결정을 막아주었다."

10시 30분이 되면, 그들은 인근 맥줏집으로 가서 격식 없는 대화를 나누곤 했다. 그럴 때면 언제나 본회퍼가 셈을 치렀다.

침머만에 따르면, 어느 날 저녁 본회퍼는 흑인 영가 음반을 가져왔다고 한다. 모두 뉴욕에서 구입한 음반이었다.

본회퍼는 흑인 친구와 함께 미국 여기저기를 여행했다고 했다. … 흑인들의 신심에 대해서도 말했다. … 저녁식사를 마치고는 이렇게 말했다. "흑인 친구와 헤어질 때 그가 이렇게 말하더군요. '우리의 고난을 독일에 알려주게. 우리에게 무슨 일이 일어나고 있는지 그들에게 들려주게. 그리고 우리가 어떤 사람인지도 설명해주게.' 나는 그와 한 약속을 오늘밤에 이행하고 싶었습니다."[13]

본회퍼는 이 무렵부터 교회가 하나님의 부름을 받은 것은 "고난당하는 이들과 함께하기 위해서"라고 생각하기 시작했을 것이다.

본회퍼가 가르치는 신학생 상당수는 이 시기부터 수년간 그의 인생의 일부가 되었다. 몇몇은 그와 함께 에큐메니컬 운동에 투신했고, 그들 중 상당수는 나중에 칭스트와 핑켄발데에 세운 비합법 신학원에 동참했다. 오토 두추스, 알베르트 쉰헤어, 빈프리트 메흘러, 요아힘 카니츠, 위르겐 빈터하거, 볼프 디터 침머만, 헤르베르트 옐레, 잉게 카르딩이 그들이었다.

본회퍼가 대학 강사로 학생들을 가르치는 일에만 관심을 기울인 건 아니다. 그는 그들을 훈련하여 참된 그리스도인의 삶으로 이끌고 싶었다. 여기에는 성경의 렌즈로 시국을 이해하고 신학생 신분으로만이 아니라 예수 그리스도의 제자로서 성경을 읽는 일까지 포함되었다. 당시 독일 대학교 신학자들 중에서 본회퍼 혼자 시도한 방법이었다.

본회퍼는 그 일을 무난히 해낼 수 있었다. 귀족적인 문화 배경과 명석한 지성 덕분이었다. 본회퍼는 대단히 학문적인 방식으로 강의하되 자기가 말하는 바를 시국과 연결지어 설명하곤 했다. 한 신학생은 1933년에 이렇게 말했다. "국민들 사이에는 히틀러가 독일 국민을 구원할 거라는 기대감이 퍼졌지만, 우리는 강의실에서 구원은 오로지 예수 그리스도에게서만 온다는 말을 자주 들었다."[14]

잉게 카르딩은 언젠가 본회퍼가 하나님 이외의 누군가에게 "하일!"

(Heil, 만세)이라고 말하는 행위가 얼마나 심각한 잘못인지 이야기한 적이 있다고 말했다. 본회퍼는 정치 논평을 회피하지 않았다. 다른 이들은 어차피 정치는 기독교 신앙과 무관하다고 생각했지만, 그는 처음부터 그렇게 생각하지 않았다. 카르딩이 회상한 대로 본회퍼는 하나님의 말씀인 성경에 접근할 때 변증적 자세를 취하지 않았다. 밤이면 슐라이어마허의 유령이 사방팔방 출몰하고 아직도 하르낙의 의자에 온기가 남아 있는 베를린 대학교에서 본회퍼의 처사는 대단히 괘씸한 일이었다.

> 그는 이렇게 말했다. "성경을 읽을 때 여러분은 '하나님이 지금 여기에서 나에게 말씀하고 계신다'라고 생각해야 합니다." … 그는 그리스어 교수들이나 다른 교수들처럼 추상적으로 가르치지 않았다. 성경을 읽을 때 성경이 우리에게 초점을 맞추고 있는 것으로 읽어야 한다고, 우리에게 건네시는 하나님의 말씀으로 읽어야 한다고 처음부터 그렇게 가르쳤다. 일반적인 말씀, 곧 일반적으로 적용할 수 있는 말씀으로 읽을 것이 아니라, 우리와 개인적 관계를 유지하는 말씀으로 읽어야 한다는 말이었다. 처음부터 그는 모든 것이 거기에서 온다고 되풀이해서 말했다.[15]

본회퍼는 지적 추상화에는 관심이 없었다. 신학은 실제적인 면, 곧 "어떻게 그리스도인으로 살 것인가"를 다루어야 한다고 보았다. 카르딩은 본회퍼가 신학생들에게 이런 질문을 던지는 걸 보고 깜짝 놀랐다. "여러분은 크리스마스캐럴을 부릅니까?" 신학생들이 대답을 얼버무리자, "여러분이 목사가 되고자 한다면 크리스마스캐럴을 불러야 합니다!"라고 말했다. 그에게 음악은 기독교 사역의 선택과목이 아니라 필수과목이었다. 본회퍼는 이 부족한 부분을 해소하기로 마음먹고 카르딩에게 이렇게 말했다. "강림절 첫째 날 정오에 다 같이 모이기로 해요. … 크리스마스캐럴을 부릅시다." 카르딩은 본회퍼가 "플루트를 대단히 잘 연주했고" 노래도 "멋지게" 불렀다고 회고했다.

요아힘 카니츠는 이렇게 회고했다. "언젠가 본회퍼가 우리에게 이런 말을 했다. '잊지 마십시오. 성경의 모든 단어는 여러분을 사랑하시는 하나님의 인격적인 메시지랍니다.' 그런 다음 우리에게 예수를 사랑하느냐고 물었다."

피정을 위해 신학생들을 데리고 시골로 주말여행을 떠나는 것도 실제적인 교수법에서 중요한 요소였다. 그들은 프레벨로브에 가서 유스호스텔에 묵거나 본회퍼가 비젠탈 근처에 매입한 오두막을 찾곤 했다. 언젠가 도보여행을 가서는 아침식사를 마치고 학생들에게 성경 한 구절을 묵상하게 했다. 학생들은 풀밭을 찾아 한 시간 동안 차분히 앉아서 성구를 묵상했다. 대다수 학생들에게는 힘겨운 일이었다. 본회퍼가 세운 핑켄발데 신학원 목사 후보생들에게도 마찬가지였다. 무리에 속했던 잉게 카르딩은 이렇게 말했다. "그는 우리에게 가르치기를, '성경은 여러분의 삶, 곧 여러분의 문제가 있는 곳으로 곧장 뛰어듭니다'라고 말했다."

본회퍼의 교수법은 몇 년 뒤 고백교회가 세운 비합법 신학원으로 이어졌다. 그는 성구 묵상과 찬송을 신학 교육의 필수 요소로 삼았다. 종종 성육신을 다음과 같이 언급하기도 했다. "하나님이 우리를 지으신 것은 육체에서 이탈한 영들이 되게 하시려는 것이 아니라, 살과 피를 지닌 인간이 되게 하시려는 것이다." 이를 바탕으로 본회퍼는 그리스도인의 삶이 본이 되어야 한다고 생각했다. 예수는 삶을 위한 견해들과 개념들과 규칙들과 원리들을 제시하실 뿐 아니라 몸소 살기까지 하셨다. 그분은 제자들과 함께 지내면서 삶이 어떤 모습이어야 하는지, 하나님이 의도하신 삶이 어떤 모습인지 몸소 보여주셨다. 그분이 보여주신 삶은 그저 지적이기만 한 것도 아니고, 영적이기만 한 것도 아니었다. 그분의 삶은 이 모든 것을 한데 뭉친 것이었고 그 이상이었다. 본회퍼는 신학생들을 위해 기독교적인 삶의 모범을 확립하려 했다. 이는 본회퍼가 다음과 같은 생각을 하게 이끌었다. "그리스도인이 되려면 그리스도인들과 함께 지내야 한다."

한 신학생은 본회퍼에게 죄책감을 처리하는 법과 은총을 마주하는 법을 배웠다고 했다. 1933년에 간 피정에서 본회퍼와 신학생들은 숲속을 걸어서 여행했다. 굶주린 가족이 눈에 띄었다. 음식을 구하고 있었다. 본회퍼가 친절하게 다가가 아이들에게 따스한 음식을 먹였느냐고 물었다. 남자가 "많이 먹이지는 못했습니다"라고 대답하자 본회퍼는 아이들을 데려가도 되겠느냐고 물으면서 말했다. "집에 가서 식사할 텐데 아이들도 우리와 함께 먹을 수 있을 겁니다. 그런 다음 아이들을 데려다주겠습니다."

베딩에서 견신례 반을 이끌다

본회퍼는 어려운 환경에 처한 사람들과 친해지는 능력이 남달랐다. 하지만 베딩에 있는 치온 교회에서 견신례 반을 이끄는 능력은 더 남달랐다. 베딩은 베를린 북부 프렌츨라우어 베르크에 있는 대단히 거친 동네였다. 본회퍼는 1931년 11월에 목사 안수를 받자마자 파송을 받았다.* 같은 시기에 총감독 오토 디벨리우스가 그를 샤를로텐부르크 공과대학 교목으로 임명했다. 교목 생활은 그다지 만족스럽지 않았지만, 견신례 반과 함께 다채로운 경험을 할 수 있었다.

치온 교회의 늙은 목사 뮐러 관리감독은 50명으로 이뤄진 소년반

---

*본회퍼는 1931년 11월 15일에 포츠담 광장 근처에 있는 성 마태 교회에서 목사 안수를 받았다.

때문에 돕는 손길이 간절했다. 소년들의 행실은 형언할 수 없는 수준이었다. 본회퍼는 그 지역을 "광포하고 사회 정치적으로 어려운" 곳으로 묘사했다. 할렘에서 주일학교 어린이들을 가르친 적이 있지만, 이번에는 너무 달랐다. 교회와 국가가 분리된 미국에서 교회 출석은 개인의 자유의사에 달렸다. 아이들이 주일학교에 있으면, 그건 부모들이 원했기 때문이다. 아이들의 행실이 나쁘면, 그것도 부모들 책임이었다. 그러나 독일에서는 대다수 아이들이 학교에 다니는 것과 마찬가지로 견신례 반에도 다녔다. 견신례 반은 국가 위탁기관이었다. 부모들도 젊은 목사를 맞으면서 자기 아이들과 마찬가지로 견신례 반을 그렇게 생각했을 것이다. 어쨌든 아이들을 길거리에서 한 시간 내지 두 시간 동안 떼어놓을 수 있었다. 하지만 아이들이 나쁜 짓을 하면, 그건 가르치는 사람 책임이었다. 부모들 대다수는 교회를 타락한 기관으로 보았다. 그래서 자녀들이 이 부드러운 금발의 성직자에게 조금이라도 고통을 안겨준다면, 그건 그가 마땅히 감당해야 할 몫이었다.[16]

본회퍼가 할렘에서 가르친 순진한 아이들과는 정말 달랐다. 그는 지금 진짜 건달들, 키 작은 깡패들을 마주한 것이다. 경고를 받을 만큼 받았지만, 앞일에 대한 대비를 전혀 하지 못한 상태였다. 열네댓 살의 악동들은 본회퍼가 후임으로 올 정도로 목사를 교묘하게 괴롭혔다. 노여움이 극에 달한 연로한 동료 목사는 본회퍼가 견신례 반을 맡고 얼마 안 되어 생을 마감했다. 소년들의 행실은 혀를 내두를 정도였다. 나이 든 목사는 결국 악명 높은 견신례 반을 남겨두고 급히 하늘로 떠났다. 본회퍼는 연약한 목사의 건강이 통제가 불가능한 견신례 반 때문에 쇠약해진 거라고 확신했다. 베트게는 그들의 첫 만남을 이렇게 묘사했다.

1932년 부활절, 디트리히 본회퍼와 치온교회 견신례 대상자들

연로한 목사는 본회퍼와 함께 높은 학교 건물을 계단을 통해 올라갔다. 위에서는 아이들이 난간에 매달려 몹시 떠들며 천천히 계단을 오르는 두 사람에게 오물을 떨어뜨렸다. 아이들이 있는 층에 도착하자 목사는 고함을 지르며 완력을 동원하여 거친 무리를 교실 안으로 밀어 넣었다. 그리고는 그들을 가르칠 새 목사를 데려왔다고, 이름은 본회퍼라고 알려주려 했다. 아이들은 이름도 제대로 듣지 못하고 점점 크게 "본, 본, 본!"을 외쳐댔다. 연로한 목사는 체념하고 교실을 떠났고 본회퍼는 두 손을 주머니에 찔러 넣고 말없이 벽을 향해 서 있었다. 그렇게 몇 분이 흘렀다. 새 목사가 아무 반응도 보이지 않자 소음이 서서히 낮아졌다. 본회퍼가 맨 앞줄에 앉은 소년들만 알아들을 수 있게 작은 목소리로 말하기 시작했다. 갑자기 모두가 쥐 죽은 듯 조용해졌다. 본회퍼는 아이들이 부린 소동이 인상적이었다며 이어서 할렘 이야기를 들려주었다. 아이들이 귀여겨듣자 다음번에는 더 많은 이야기를 들려주겠다고 했다. 그런 다음 아이들을 자유롭게 풀어주었다. 그때부터 본회퍼는 아이들에게 주의력이 없다고 하소연할 필요가 없었다.[17]

본회퍼는 에르빈 주츠에게 상황을 다음과 같이 전했다. "처음에는 소년들이 미친 듯이 행동하더군. 아이들을 훈련하면서 난생 처음 진짜 어려움을 겪었지. 하지만 한 가지가 도움이 되었네. 나는 소년들에게 성경의 자료들, 특히 종말론에 관한 구절들을 알차게 전달했네."[18]

본회퍼는 젊음과 다부진 체격, 당당한 태도로 아이들에게 존경을 얻었다. 불가능하다고 여겨지는 사람들에게 영향을 끼치는 비범한 능력을 지니고 있었다. 본회퍼는 말년에 교도소 간수 몇 명에게도 그런 영향을 끼쳤다.

몇 년 뒤에 소년들 중 하나가 다음과 같이 회상했다. "한 학생이 샌드위치를 꺼내서 먹고 있었다. 베를린 북부에서는 생소한 짓이었다. 본회퍼 목사는 처음에 아무 말도 하지 않았다. 그리고는 한 마디 말도 없이 그를 침착하고 다정하게, 그러면서도 오랫동안 강렬하게 바라보았다. 당황한 소년은 먹던 샌드위치를 치웠다. 목사를 괴롭히려는 우리의 시도가 그가 보인 침착함과 상냥함 때문에, 그리고 소년의 바보짓을 이해하는 그의 이해심 때문에 실패로 끝나고 만 것이다."[19]

50명이나 되는 학생들 가정과 부모를 일일이 심방하는 것도 젊고 귀티 나는 목사가 맡은 일이었다. 베딩은 지저분하고 가난에 찌든 동네였다. 부모들이 그를 집으로 들인 것은 당연히 그래야 한다고 생각했기 때문이다. 대화는 껄끄럽고 고민스러웠을 것이다. 본회퍼는 그 일을 자신이 맡은 임무 중 최악의 임무로 여겼다. 주츠에게 보내는 편지에서 그는 이렇게 말했다.

나는 이따금, 실제로는 자주 '내가 마음의 움직임을 공부했더라면 심방을 잘 할 수 있을 텐데'라고 생각한다네. … 나 같은 사람이 목회 상담을 수행하려니 그 시간이 얼마나 괴롭겠는가? 그런 상담이 얼마나 지지부진하겠는가! 그 배후에는 언제나 열악한 가정 형편이 도사리고 있네. 그 형편들은 이루 말할 수 없을 정도야. 많은 사람이 자신의 불안한 생활에 대해 우리에게 허심탄회하게 이야기하는데, 정작 우리는 그들에게 무언가를 말해도 이해하지 못할 거라고 생각한다네.[20]

하지만 본회퍼는 심방 임무를 회피하지 않았다. 실제로 이 가족들 모두와 더 가까이 지내고 소년들과 더 많은 시간을 보내려고 가구가 딸린 방을 하나 얻어 오데르베르거슈트라세 61번지로 이사했다. 그런 다음 유니언 신학교 기숙사에서 지낸 경험을 되살려 문호개방 정책을 채택했다. 학생들이 언제든 예고 없이 그를 찾아올 수 있게 한 것이다. 한때 자기중심적이었던 본회퍼에게 그것은 대담하고 결정적인 전향이었다. 집주인은 제빵업자였고 가게는 지하에 있었다. 본회퍼는 제빵업자 부인에게 자기가 없을 때에도 소년들이 방을 드나들 수 있게 해달라고 말했다. 그리고 그해 크리스마스에는 소년들에게 일일이 크리스마스 선물을 했다.

본회퍼는 주츠에게 이렇게 말했다. "나는 이때를 즐거운 마음으로 기다리고 있네. 이것이 진짜 일이거든. 아이들의 가정 형편은 이루 형언할 수 없을 정도라네. 가난, 무질서, 부도덕. 하지만 아직까지 아이들은 솔직한 편이라네. 어린아이들이 그런 상황에 좌절하지 않는 것을 보고 종종 놀란다네. 그리고 우리 같으면 그런 환경에 어떻게 반응할까 자문하기도 한다네."

두 달 뒤에 본회퍼는 주츠에게 보내는 편지에서 이렇게 말했다.

두 번째 학기를 온통 견신례 지원자들에게 바쳤네. 새해 첫날부터 이곳 북부 지역에서 살았고, 덕분에 저녁마다 이곳에서 소년들을 볼 수 있게 되었지. 우리는 저녁도 함께 먹고 놀이도 같이 한다네. 아이들에게 체스를 가르쳤거든. 이제 아이들은 가장 열심히 체스를 한다네. … 저녁식사를 마치면 성경 몇 군데를 읽어주고 약간의 교리를 문답식으로 가르치지. 이 교육은 진지하게 이루어지고 있다네. 그들을 가르치는 건 내가 좀처럼 떨쳐버리기 어려울 정도의 경험이라네.[21]

이 시기에 본회퍼는 베를린 북쪽에 있는 9에이커의 토지를 빌려 작은 오두막을 한 채 짓기로 마음먹었다. 토지는 비젠탈에 있었고 루핑과 나무로 지은 오두막은 소박했다. 실내에는 침대 틀 셋, 연장 몇 개, 탁자 하나, 석유스토브 하나가 있었다. 우리는 소로우풍 오두막집을 배경으로 찍은 사진에서 각반을 차고 파이프를 입에 물고 영웅적인 자세를 취한 본회퍼를 볼 수 있다. 그는 종종 그곳에 틀어박혔다. 때로는 대학교에서 데려온 신학생들과 함께 지내고, 때로는 베딩에서 데려온 소년들과 함께 지냈다. 베를린의 셋방에 있을 때면 소년들에게 언제든 찾아와도 좋다고 했다. 소년들의 견신례가 다가오자 본회퍼는 그들 상당수에게 견신례 때 입을 옷이 마땅치 않고 옷감을 구할 돈도 없다는 걸 알았다. 그래서 모직 옷감을 듬뿍 구입해서 소년들에게 넉넉히 끊어주었다.

  소년들 중 하나가 병에 걸리자 본회퍼는 병원에 입원한 소년을 한 주에 두세 번씩 문병했다. 수술을 앞두고는 소년과 함께 기도했다. 의사들은 한쪽 다리를 절단해야 한다고 확신했지만, 소년의 다리는 기적적으로 완치되었다. 그래서 그 소년은 다른 소년들과 함께 견신례를 받았다.

  소년들은 1932년 3월 13일 주일에 견신례를 받았다. 누가 대통령이 될지를 정하려고 공화국 선거를 치르는 날이기도 했다. 나치 패거리들이 트럭에 올라타 메가폰을 들고 소란을 피웠다. 한 달 전만 해도 히틀러에게는 출마 자격이 없었다. 오스트리아에서 태어나 오스트리아에서 자랐기 때문이다. 하지만 나치는 법률의 허점을 찾아내 그 문제를 교묘히 빠져나갔다. 결국 히틀러는 출마했다. 선거 때문에 그날 베딩은 소란스럽기 그지없었다. 그러나 나치의 소란에도 불구하고 예배는 순조롭게 진행되었다. 그날 본회퍼가 소년들에게 전한 설교는 그 시기에 한 다른 설교보다 훨씬 부드러웠다.

견신례를 받은 여러분!
견신례를 앞두고 지난 며칠간 저는 여러분에게 여러 번 물었습니다. 견신례 때 어떤 연설을 듣고 싶으냐고요. 여러분은 이렇게 대답했습니다. "평생 기억할 중대한 교훈을 원합니다." 여러분에게 보증하건대, 오늘 제가 하는 말을 잘 들으면 한두 가지 교훈은 얻겠지요. 하지만 보십시오. 오늘날 인생은 우리에게 진지한 교훈을 너무나 많이 안겨줍니다. 그래서 오늘 저는 여러분의 바람대로 하지 않을 생각입니다. 미래가 전보다 더 어두워 보이기 때문입니다. 여러분은 인생의 냉혹한 현실을 많이 알고 있으니, 오늘 저는 여러분에게 삶의 공포가 아니라 용기를 주고 싶습니다. 오늘날 우리는 교회 안에서 희망을 더 많이 이야기해야 합니다. 우리가 품고 있고 아무도 여러분에게서 앗아가지 못할 희망을 말입니다.[22]

며칠 뒤 본회퍼는 소년들을 예배에 초대하여 성찬식에 참여하게 했다. 그다음 주말인 부활절에는 그들을 프리드리히스브룬에 데려갔다. 외사촌 한스 크리스토프가 따라가서 그를 도와 아이들을 관리했다. 본회퍼는 부모님에게 보내는 편지에서 이렇게 말했다.

견신례를 받은 소년들과 이곳에 올라오게 되어 무척 기쁩니다. 아이들은 숲과 자연을 아주 잘 이해하지는 못하지만, 보데 계곡에서 등반도 열심히 하고 초원에서 축구도 한답니다. 대단히 반사회적인 이 소년들을 관리하기 쉽지 않을 때가 종종 있습니다. … 나중에 보면 아실 테지만, 이 소년들

1932년 부활절, 본회퍼는 견신례 대상자 중 몇 명을 프리드리히스브룬 별장에 데려 갔다. 부모님에게 보내는 편지에서 그는 이렇게 말했다. "나중에 보면 아실 테지만, 이 소년들 때문에 집이 엉망이 되지는 않았습니다. 창유리 한 장이 깨진 것 말고는 모두 멀쩡합니다. … 시끌벅적한 프롤레타리아의 침입에 S 부인이 약간 화가 났을 뿐입니다."

때문에 집이 엉망이 되지는 않았습니다. 창유리 한 장이 깨진 것 말고는 모두 멀쩡합니다. … 시끌벅적한 프롤레타리아의 방문에 S 부인이 약간 화가 났을 뿐입니다. … 목요일이면 모든 게 끝날 겁니다.²³

본회퍼는 다섯 달 뒤에도 프리드리히스브룬에 있었다. 이번에는 상황이 달랐다. 본회퍼 집안 4대가 한자리에 모여 율리 타펠 본회퍼의 구순을 축하했다. 아직 두 살도 안 된 크리스티네와 한스 폰 도나니 부부의 아들 크리스토프가 가문의 오랜 전통에 따라 외증조 할머니를 위해 다음과 같은 시구를 암송했다.

당신이 지금의 나만큼 어렸을 때
사람들은 말을 타고 다녔지요.

내가 언젠가 지금의 당신만큼 나이를 먹으면
우리는 달나라로 여행을 떠나게 될 거예요.

가족 모두가 그리스도인은 아니었다. 그리고 세계는 전혀 다른 쪽으로, 고삐 풀린 유물론이나 국수주의적 주정주의로 급하게 방향을 틀었다. 그럼에도 본회퍼가 그리스도인이 될 수 있었던 건 가족이 구현한 가치 덕분이다. 그들은 광기와 야만 한가운데에서 단정함과 정중함을 잃지 않았다. 그런 이유로 본회퍼는 자신을 가족과 세상으로부터 멀어지게 하는 위선적인 기독교인을 신뢰하지 않았다.

본회퍼는 여느 때와 마찬가지로 가족들에게 둘러싸여 지냈다. 기독교 목사이자 신학자인 그의 인생을 가족들은 속속들이 알고 있었다. 아버지가 세계적으로 명망 있는 의사였고 맏형이 플랑크와 아인슈타인 휘하에서 원자를 분열시키는 집안에서 신학자가 되는 건 절대로 작은 일이 아니었다. 하지만 유명한 외증조부 카를 아우구스트 폰 하제나 그루네발트에 살던 이웃 아돌프 폰 하르낙의 품을 벗어나 신학생들에게 예수 사랑하기를 이야기하고, 베딩의 싸구려 셋방에서 사는 하층민에게 하나님에 대해 이야기하는 신학자로 나아가는 건 전혀 다른 일이었다.

가족들은 디트리히가 맨해튼으로 떠날 때부터 지금까지 내면에서 일어난 변화를 알아채지 못했지만, 그 변화는 성숙과 전망을 얻고 나서 아무렇지도 않게 손을 떼고 마는 꼴사나운 도약이 아니었다. 그가 전에 겪은 경험을 더 심화하는 일관된 변화였다. 그 변화는 또한 가족의 관심을 끄는 갑작스러운 변화가 아니었다. 디트리히는 가족을 꼴사납고 집요하게 복음화하려 하지 않았다. 오히려 어머니와 아버지를 변함없이 공경했고 가족 구성원을 한결같이 존중했으며 성장의 토양이 된 가치관을 여전히 지지했다. 제멋대로인 주정주의와 상투적 표현에 반대하는 것도 여전했고, 국가사회주의 당원들과 그들이 주장하는 모든 것에 반대하는 것도 여전했다. 이 모든 것에 비추어 디트리히 본회퍼의 믿음은 어머니 파울라 본회퍼의 믿음과 마찬가지로 언쟁할 수 있는 것이 아니었다. 다들 마음은 굴뚝같았을 테지만 말이다.

몇 년 뒤인 1936년에 본회퍼는 자형 뤼디거 슐라이허에게 편지를 썼다. 본회퍼가 보수적이었다면 슐라이허는 신학적으로 진보적이었다. 그러한 점을 염두에 두고 쓴 이 편지는 두 사람의 관계에 대해 많은 이야기를 들려준다.

먼저 단순하게 말씀드리지요. 나는 성경만이 우리가 지닌 모든 문제의 해답이라고 생각합니다. 이 답을 얻으려면, 몇 번이고 묻되 조금은 겸손하게 물어야 합니다. 성경을 다른 책들처럼 읽으면 곤란합니다. 우리는 정말로 성경에 질문을 던질 준비가 되어 있어야 합니다. 그럴 때에만 성경이 자신을 열어 보이거든요. 우리가 성경에서 궁극적인 답을 기대할 때에만, 우리는 그 답을 얻을 수 있습니다. 하나님이 성경 안에서 우리에게 말씀하시는 것은 그 때문입니다. 우리 자신의 힘으로 하나님에 대해 생각하면 곤란합니다. 우리는 하나님에게 문의해야 합니다. 우리가 하나님을 찾을 때에만, 그분께서 우리에게 대답하시거든요. 물론 본문비평의 관점에서 성경을 여느 책처럼 읽을 수는 있습니다. 그 점에는 이의를 제기하지 않겠습니다. 하지만 그 방법은 우리에게 성경의 핵심을 알려주는 것이 아니라 피상적인 것을 알려줄 뿐입니다. 우리는 사랑하는 이의 말을 조각조각 받아들이지 않고 그대로 받아들여 며칠 동안 마음속에 담아두고 곱씹습니다. 그 이유는 그 말이 우리가 사랑하는 이의 말이기 때문입니다. 우리가 마리아처럼 "모든 말을 고이 간직하고 마음속에 곰곰이 되새길 때," 그 말이 발언자에 대해 더 많은 것을 알려주듯이 성경의 말씀도 그러합니다. 우리를 사랑하시고 우리와 우리의 질문을 외면하지 않으시는 하나님이 우리에게 말씀하고 계시다는 듯이 우리가 성경의 말씀 속으로 과감히 뛰어들 때에만 우리는 성경을 반기게 될 것입니다. (중략)

　내가 정하는 곳에 하나님이 계신다면, 나는 언제나 내 마음에 드는 하나님, 내 소원을 이루어주시는 하나님, 나의 요구에 응하는 하나님만을 찾으려 할 것입니다. 그러나 하나님이 계실 곳을 하나님이 직접 정하신다면, 그분은 나의 요구를 곧바로 들어주지 않는 곳, 나의 마음에 들지 않는 곳에 계실 것입니다. 그곳이 바로 그리스도의 십자가입니다. 그분을 찾고자 하는 이는 누구나 산상수훈이 요구하는 것처럼 십자가의 발치로 나아가야 합니다. 이것은 우리의 요구와 전혀 일치하지 않습니다. 오히려 정반대입니다. 하지만 그것이야말로 성경의 메시지, 신약의 메시지와 구약의 메시지입니다. (중략)

　상당히 개인적인 경험을 자형에게 말씀드리고 싶군요. 나는 성경을 이런 식으로 읽는 법을 배웠습니다. 그렇게 한 지 그리 오래 되지 않았음에도 성경이 나에게 점점 더 경이롭게 다가오더군요. 나는 성경을 아침에도 읽고 저녁에도 읽었으며 낮 시간에도 종종 읽었습니다. 한 주간을 위해 뽑은 구절을 날마다 숙고하고, 그 구절에 푹 잠겨 그것이 뭐라고 말하는지 들으려고 애씁니다. 이렇게 하지 않으면 나는 더 이상 올바르게 살 수 없습니다.[24]

09

총통
원리

1933년

현 시대의 섬뜩한 위기는 우리가 다음 사실을 망각한 채 권위를 탐낸다는 데 있습니다. 인간은 궁극적 권위 앞에 단독자로 서 있고, 이 세상의 누군가에게 폭력을 행사하는 자는 영원한 법을 어기는 것이고, 신적 권위를 자처하다 결국에는 자기마저 파괴하고 만다는 사실 말입니다.

교회 안에는 제단이 하나뿐입니다. 그 제단은 지극히 높으신 분의 제단입니다. 그 제단 앞에서는 모든 피조물이 무릎을 꿇어야 합니다. … 이와 다른 것을 원하는 자는 제단에서 멀리 떨어져 있어야 합니다. 그는 하나님의 집에서 우리와 함께 있을 수 없습니다. … 교회 안에는 설교단이 하나밖에 없고 그 설교단에서는 하나님을 믿는 믿음만을 선포해야 합니다. 아무리 좋아도 그 밖의 다른 믿음이나 다른 의지를 선포해서는 안 됩니다. _디트리히 본회퍼

    1933년 1월 30일 정오에 아돌프 히틀러가 민주적으로 선출된 독일 수상이 되었다. 괴테와 실러와 바흐의 나라가 미치광이들과 범법자들과 한패인 자의 지휘를 받는 나라가 된 것이다. 히틀러는 공공연히 개 채찍을 들고 다니는 자였다. 바야흐로 제3제국이 출범한 것이다.

    이틀 뒤인 2월 1일 수요일, 스물여섯 살의 한 신학자가 포츠담슈트라세에 있는 라디오 방송국에서 연설을 했다. 본회퍼의 연설 제목은 〈젊은 세대 안에서 일어나는 지도자 개념의 변화〉였다. 본회퍼는 지도자Führer*가 행사하는 지도력의 근본적인 문제들을 다루면서 그런

지도자가 어떻게 우상이 되고 그릇된 지도자가 될 수밖에 없는지를 설명했다. 연설은 채 끝나기도 전에 중단되고 말았다. 히틀러의 똘마니들이 마이크를 끄고 방송을 끝내버린 것이다.

흔히들 이 대목에서 본회퍼가 히틀러에 대한 반대의사를 용감하게 표명한 것이라고 이야기하지만, 그 연설은 조만간 하기로 예정되어 있던 것이지 히틀러의 수상 선출에 대한 반응은 아니었다. 본회퍼가 어떻게 그 연설을 하게 되었는지는 불분명하다. 볼프 디터 침머만이 그를 추천했을 것이다. 당시 침머만은 복음주의신문협회에서 주관하는 라디오방송국에서 일했다. 바로 얼마 전 카를 본회퍼도 그 방송국에서 두 차례 강연을 했다. 더구나 디트리히의 연설은 특별히 히틀러를 염두에 두고 한 것이 아니라 수십 년간 지속되어 온 일반적인 지도자 원리를 염두에 두고 한 것이다. 그 원리는 20세기 초 독일청년운동에서 생겼다. 총통과 아돌프 히틀러는 아직은 같은 것이 아니었다. 히틀러가 총통 원리를 곧바로 수상직에 적용하고 구체화했음은 말할 것도 없다. 히틀러는 총통이라 불리기를 고집했다. 그 원리를 충분히 이용하여 정치적으로 이득을 얻으려 했기 때문이다. 하지만 1933년 2월은 그 원리가 그에게만 적용되기 전이었다. 그럼에도 불구하고 히틀러가 선출되고 이틀 뒤에 이뤄진 본회퍼의 연설은 위험했다.

아마도 나치는 그 방송국을 검열했을 것이다. 본회퍼와 방송국 부장이 서로 오해했을 수도 있고 본회퍼가 시간을 다 썼을 수도 있다. 몇 년 뒤에는 분명히 그랬지만, 당시에도 나치가 방송전파를 통제했는지는 불분명하다. 하지만 새로 선출된 나치가 그런 연설을 중단시켰을 거라는 생각은 그럴싸하고 실제로 그랬을 수도 있다.

어쨌든 본회퍼는 연설이 너무 빨리 중단되자 당혹스러웠다. 자신이

---

* 원래 지도자라는 뜻이나 히틀러를 가리킬 때는 총통을 의미한다.

히틀러를 지지했다는 생각을 청취자들이 품게 하고 싶지 않았기 때문이다. 마지막 대목을 듣는다면 총통 원리가 끔찍하게 오도되었다는 걸 알 수 있을 텐데, 누구도 마지막 대목을 들을 수 없었다. 많은 분량을 듣거나 절반 분량이라도 듣는다면 누구나 지도자 개념을 두고 본회퍼가 숙고한 바에 갈채를 보냈을 텐데 그럴 수 없었다. 본회퍼는 사태를 수습하려고 연설문을 복사하여 결론 부분이 삭제되었음을 알리는 해명서와 함께 유력한 친구와 친지 들에게 발송했다. 정치적으로 보수적인 〈크로이츠차이퉁Kreuzzeitung〉 신문에 연설문을 기고하기도 했다. 3월 초, 본회퍼는 베를린에 있는 정치학 대학의 초청을 받아 그 연설문에 내용을 조금 더 보태고 다듬어 발표했다. 1933년 초만 해도 그런 일이 가능했다.

그러나 그 사건은 연설문의 섬뜩한 적중률을 확연히 보여준다. 히틀러가 선출되고 이틀 뒤 한 젊은 신학자가 정부의 가장 근본적이고 철학적인 오류들을 신랄하게 묘사한 셈이었다. 그 정부는 본회퍼가 연설문을 작성할 때만 해도 존재하지 않다가 그가 연설하는 주간에 생겨나 이후 12년간 한 민족과 세계의 절반을 폭력과 불행의 악몽 속에 밀어 넣고, 급기야 그 연설문을 발표한 사람까지 살해했다. 전체적으로 보면 묘하게도 예언적인 구석이 있었다. 하지만 그 연설문은 정치나 시사문제를 언급한 것이 아니었다. 사실은 철학 강연이었다. 그러나 천 번의 정치 연설보다 정치 상황을 훨씬 더 정확하게 묘사한 강연이었다.

내용을 제외하더라도, 연설의 구성과 어투는 과장해서 떠들어대는 히틀러의 연설과 달리 흠 잡을 데가 없었다. 대단히 정연하고 침착하고 논리적이고 정밀한 연설이었다. 지적 종합 작품이기도 했다. 재미있는 연설이나 대단히 중요한 연설이 아니라 학술강연에 가까웠다. 따르기 쉬운 내용도 아니었다. 설령 결론 부분이 방송되었더라도, 많은 청취자가 그 부분을 듣기 전에 지루함을 느끼고 말았을 것이다. 하지만 본회퍼는 청취자들을 설득하여 자기편으로 끌어들이려 하지 않았다. 자기에게 쏠린 청취자들의 관심을 거두어 자기가 전달하는 사상으로 돌리는 데에만 마음을 썼다. 그것이야말로 본회퍼가 생각하는 지도력과 히틀러가 생각하는 지도력의 결정적인 차이였다. 그는 연설하는 동안에도 연설의 원리에 충실했다. 청취자들의 주의를 자신에게로 끌어당기거나 자신의 개성을 활용하여 영향을 미치거나 청취자들에게 자신의 사고방식을 강요할 생각이 없었다. 본회퍼는 그런 짓을 사기행위로 여겼다. 그런 짓은 전달하려는 사상의 골자를 모호하게 하는 짓이었기 때문이다. 본회퍼는 사상을 전달하는 데에만 충실하려 했다. 사상은 스스로의 힘으로 설 수 있다. 이것이야말로 본회퍼의 가장 중요한 사상 가운데 하나였다.

독일의 문제가 무엇인지를 이해하고 본회퍼의 연설이 지닌 천재성을 이해하려면, 총통 원리의 역사를 이해해야 한다. 그 원리 가운데 심각하게 왜곡된 개념이 지도력 개념이다. 그 개념은 더 현대적인 지도력 개념과는 너무나 달랐다. 히틀러가 집권할 수 있게 하고 가공할 죽음의 수용소를 설치하게 한 것이 바로 그 개념이었다. 본회퍼가 히틀러를 반대한 것은 이 총통 원리 때문이다. 그날의 연설도 그 주제에 대한 생각을 피력한 것이었다.

본회퍼는 독일이 무엇 때문에 지도자를 찾고 있는지를 설명하면서 연설을 시작했다. 제1차 세계대전과 그로 말미암은 불황과 혼란이 위기를 불러왔고 이 위기 속에서 젊은 세대가 황제와 교회의 전통적 권위에 대한 확신을 송두리째 잃고 말았던 것이다. 총통이라는 독일식 관념은 바로 그 세대에서 생겨났다. 그 세대는 자신들이 직면한 곤경에서 의미와 지침을 구했다. 진짜 지도력이 가짜 지도력과 다른 이유는 모든 권위를 모든 선의 원천이신 하나님으로부터 얻기 때문이다.

부모가 적법한 권위를 갖는 이유는 그들이 선하신 하나님의 적법한 권위에 복종하기 때문이다. 그러나 총통의 권위는 무엇에도 복종하지 않았다. 총통의 권위는 스스로 발생했다. 그래서 메시아적인 면모를 지녔다.

본회퍼는 이렇게 주장했다. "이전의 지도력은 교사, 정치인, 아버지의 모습으로 나타났지만, 지금의 지도자는 무소불위의 형태가 되었습니다. 어떠한 책임도 지지 않습니다. 자기만이 본질적으로 유일한 지도자라는 겁니다." 진짜 지도자는 자기 권위의 한계를 분명히 인식해야 한다.[1]

지도자가 자신의 직무를 실제와 다르게 이해한다면, 지도자가 자신의 직무와 책무의 한계를 추종자들에게 끊임없이 분명하게 알리지 않는다면, 지도자가 자신을 우상으로 만들려는 추종자들의 바람에 굴복한다면, 그런 지도자 상은 그릇된 지도자 상으로 변질되고 말 것입니다. 그는 자신을 따르는 자들에게는 물론이고 자신에게도 탈법적으로 행동할 것입니다. 진정한 지도자는 끊임없이 환상에서 벗어날 수 있어야 합니다. 이것이 그의 책무이자 진정한 목표입니다. 그는 자신의 권위에 복종하는 추종자들이 진정한 권위의 질서와 책무를 인식하게 해야 합니다. … 그는 자신이 이끄는 사람들에게 매력적인 우상, 곧 궁극적 권위가 되는 걸 단호히 거절해야 합니다. … 그는 국가의 질서, 공동체의 질서에 봉사합니다. 그의 봉사는 비할 데 없이 중요합니다. 하지만 그가 자기의 분수를 엄격히 지킬 때에만 그러합니다. … 그는 개인을 성숙으로 이끌어야 합니다. … 타자들에 대한 의무를 이행하고 기존 질서에 대한 책무를 감당하는 것이야말로 성숙한 사람의 특징입니다. 그는 자신을 스스로 관리하고 규제하고 통제해야 합니다.[2]

좋은 지도자는 다른 이들을 섬기고 그들을 성숙시킨다. 그는 그들을 자기 어깨 위에 앉힌다. 이는 부모가 아이를 어깨 위에 앉히고 아이가 좋은 부모가 되기를 바라는 것과 같다. 이것을 가리키는 다른 단어는 제자도일 것이다. 본회퍼는 이어서 이렇게 말했다.

말로 할 수 없는 으뜸letzten 권위, 곧 하나님의 권위에 비하면 직책은 버금 vorletzten 권위에 지나지 않습니다. 이 점을 알 때에만 실제 상황에 도달한 것입니다. 이 권위자 앞에서 개인은 완전히 혼자입니다. 개인은 하나님 앞에서 책임을 져야 합니다. 지도자의 권위나 직책의 권위가 으뜸 권위로 비쳐지면, 하나님 앞에서 받은 직책과 으뜸 권위에 대한 복종은 사라지고 맙니다. … 인간은 하나님 앞에서만 있는 그대로 자기 자신이 될 수 있고 책무를 감당할 수 있습니다.

현 시대의 섬뜩한 위기는 우리가 다음 사실을 망각한 채 권위를 탐낸다는 데 있습니다. 인간은 궁극적 권위 앞에 단독자로 서 있고, 이 세상의 누군가에게 폭력을 행사하는 자는 영원한 법을 어기는 것이고, 신적 권위를 자처하다 결국에는 자기마저 파괴하고 만다는 사실 말입니다. 개인이 하나님 앞에 홀로 서는 것, 그것이 영원한 법칙입니다. 그 법칙이 공격을 받거나 왜곡되면, 섬뜩한 보복을 가하게 마련입니다. 총통은 직책을 가리키지만, 총통과 직책은 으뜸 권위를 가리키는 손가락일 뿐입니다. 그 으뜸 권위 앞에서 제국이나 국가는 버금 권위에 지나지 않습니다. 신을 자처하는 총통과 직책은 하나님과 그분 앞에 홀로 서 있는 개인을 조롱하고 타락시키기 마련입니다.[3]

히틀러가 선출되고 48시간이 지났지만 본회퍼의 연설로 전선이 형성되었다. 이를테면 성경의 하나님은 참된 권위와 다정한 지도력을 후원하시지만, 총통 원리와 그 원리를 옹호하는 히틀러는 반대하신다는 것이다. 물론 히틀러는 하나님을 공공연히 비난하지 않았다. 그는 참된 권위가 하나님으로부터 온다고 어렴풋하게나마 생각하는 교인들이 독일에 많다는 걸 잘 알고 있었다. 하지만 본회퍼와 달리 그들은 참된 권위가 하나님으로부터 온다는 말이 실제로 무슨 뜻인지 알지 못했다. 히틀러가 하나님을 공공연히 비난하지 않은 것은 하나님의 권위에 복종하지 않는 지도력을 행사하기 위해서는 최소한 말로만이라도 하나님을 인정해야 했고, 그러지 않으면 오래 갈 수 없었기 때문이다. 히틀러는 현실적인 사람이었고, 모든 현실적인 사람들처럼 냉소적인 사람이었다.

히틀러도 그날 연설을 했다. 마흔세 살에 불과했지만, 이미 정치적 황무지에서 반평생을 보낸 사람이었다. 그를 투옥시킨 비어홀 폭동 이후 10년이 지났다. 이제 히틀러는 독일 수상이 되었다. 괴짜가 돌아와 경쟁자들을 누른 것이다. 하지만 그는 자신의 권위가 적법하다는 걸 추종자들에게 납득시키기 위해 몇 가지 필요한 사항을 말하지 않으면 안 되었다. 히틀러는 다음과 같은 말로 연설을 시작했다. "우리는 국가의 지도자들로서, 국가 정부로서 우리에게 맡겨진 임무를 단호히 완수하면서 하나님과 우리의 양심과 우리의 국민에게만 충성을 바치기로 맹세합니다."[4] 양심이 이미 시체가 되지 않았다면, 아마도 이 말을 하면서 가책을 느꼈을 것이다. 그런 다음 히틀러는 자신의 정부가 기독교를 집단 도덕의 기초로 삼을 것이라고 공언했다. 이 말은 거짓이었고 얼마 못 가 파기되었다. 히틀러는 자기가 믿지도 않는 하나님에게 또 다른 말로 호소하면서 연설을 마쳤다. "전능하신 하나님께서 우리의 일을 은혜로이 받아주시고, 우리의 의지를 구체화해주시고, 우리의 판단력에 은총을 내리시고, 우리로 하여금 국민의 신뢰를 얻게 해주시기를!"[5] 그런데 히틀러가 하나님을 믿는 유대인과 그리스도인 들을 박해하고 살해하기 시작한 것도 그 무렵부터였다.

 몇 년 뒤 카를 본회퍼는 히틀러의 승리에 대한 자신의 생각을 이렇게 기록했다.

 처음부터 우리는 1933년에 있은 국가사회당의 승리와 히틀러의 수상 취임을 불행으로 여겼다. 온 가족이 같은 의견이었다. 나는 히틀러를 싫어하고 신뢰하지 않았다. 선전하고 선동하는 연설 … 말채찍을 들고 온 나라를 휘젓고 다니는 모습, 그가 선택한 동료들 때문이었다. 우연히 우리는 베를린에 살면서 다른 지역에 사는 이들보다 그들의 자질을 더 잘 알게 되었다. 그리고 무엇보다 동료들에게 히틀러의 정신병 증상을 전해 들은 까닭이었다.[6]

 본회퍼 집안사람들은 처음부터 히틀러를 꿰뚫어보았다. 집안사람 중 누구도 히틀러의 통치가 오래 갈 거라고 생각하지 않았다. 확실히 나치가 최고의 때를 잡기는 했지만, 그때가 아무리 오래 지속되어도 언젠가는 지나갈 터였다. 무시무시한 악몽이지만, 아침이 오면 곧 사라지고 말 거였다. 그러나 아침이 좀처럼 올 것 같지 않았다.
 독일을 이 낯선 항로로 이끄는 것 자체가 낯설었다. 제1차 세계대전 후 많은 사람이 낡은 질서를 기꺼이 청산하고 황제에게서 벗어났다. 하지만 늙은 군주가 마침내 궁을 떠나자 퇴위를 요구하던 국민은 갑자기 길을 잃고 말았다. 그들은 늙은 군주가 미친 듯이 모는 자동차를 탈취하기는 했지만, 어떻게 처리해야 할지는 전혀 모르는 개의 신세였다. 황제는 죄를 지은 죄인처럼 몸을 수그리다 슬그머니 도망쳤다. 독일은 민주주의의 역사를 경험해본 적이 없었고, 민주주의가 어떻게 작동하는지 아는 바가 없었다. 나라가 파벌 싸움으로 갈가리

찢길 판이었다. 각 파벌마다 모든 잘못을 다른 파벌에게 떠넘겼다. 그들이 아는 것이라고는 이것밖에 없었다. 황제 치하에 있을 때에는 법과 질서와 체계가 있었지만, 이제 남은 것은 무질서뿐이었다. 전에는 황제가 국가의 상징이었지만, 이제 남은 것은 좀스러운 정치인들뿐이었다.

그리하여 독일 국민은 질서와 지도력을 요구했다. 하지만 이는 마치 왁자하게 떠들면서 악마를 부르는 격이었다. 바야흐로 민족정신의 깊은 상처 속에서 낯설고 끔찍하고 억지스러운 무언가가 솟아오르고 있었다. 총통은 단순한 인간도 단순한 정치인도 아니었다. 공포심을 자아내는 권위주의자, 독재적이고 독단적인 인물, 아버지와 신을 자처하는 자였다. 스스로를 상징하는 하나의 상징, 자신의 영혼을 시대정신과 맞바꾼 자였다.

독일은 예전의 영광을 되찾고 싶었다. 하지만 가용할 수 있는 수단은 체면이 구겨진 민주주의뿐이었다. 1933년 1월 30일, 독일 국민은 자신들이 증오하는 민주정부를 파괴하겠다고 맹세하는 자를 민주적으로 선출했다. 히틀러를 공직에 선출함으로써 공직을 파괴하고 만 것이다.

4주 뒤 본회퍼는 베를린 삼위일체교회에서 설교했다. 히틀러가 집권하고 나서 본회퍼가 한 첫 설교였다. 그는 새로운 상황을 있는 그대로 보았고, 자기가 본 것을 두려움 없이 선포했다.

교회 안에는 제단이 하나뿐입니다. 그 제단은 지극히 높으신 분의 제단입니다. 그 제단 앞에서는 모든 피조물이 무릎을 꿇어야 합니다. … 이와 다른 것을 원하는 자는 제단에서 멀리 떨어져 있어야 합니다. 그는 하나님의 집에서 우리와 함께 있을 수 없습니다. … 교회 안에는 설교단이 하나밖에 없고 그 설교단에서는 하나님을 믿는 믿음만을 선포해야 합니다. 아무리

좋아도 그 밖의 다른 믿음이나 다른 의지를 선포해서는 안 됩니다.[7]

라디오 연설과 같은 주제였다. 하지만 이제 우상 숭배자들은 그 제단 앞에서 숭배하면서 "알 수 없는 거짓 신에게"라고 말하지 않았다. 숭배의 대상이 된 거짓 신이 누구인지 모두 알고 있었다. 총통 원리가 가리키는 총통은 이름을 가지고 있었다. 히틀러가 제단 위에 등극한 것이다. 이제 남은 자들은 너나없이 다른 신들을 섬기는 속 좁은 말썽꾼으로 매도될 판이었다.

1월 31일, 권력을 잡은 히틀러와 나치는 제국의회에서도 의석수를 유지했다. 나치의 정적들은 히틀러가 자신들을 필요로 할 거라 생각했다. 그리고 순진하게도 자신들이 히틀러를 제어할 수 있을 거라 여겼다. 하지만 이는 마치 판도라의 상자를 열어 복수의 여신 두세 명을 풀어놓을 수 있다고 생각하는 것과 같았다. 히틀러는 정적들이 사분오열되어 있어서 힘을 합쳐도 자신에게 대적할 수 없다는 걸 알았다. 그는 그들을 교묘하게 이간질하고, 굉장한 속도와 빈틈없는 냉혹함으로 권력을 강화하여 아무도 대적하지 못하게 했다. 2월 3일, 괴벨스는 일기에 이렇게 썼다. "이제는 싸움을 수행하기 수월할 것이다. 우리가 국가의 모든 자원을 동원할 수 있기 때문이다. 라디오방송국과 언론도 우리 수중에 있다. 우리는 선전의 진수를 보여주게 될 것이다. 그리고 지금 현재로서는 자금도 부족하지 않다."

제국의사당 방화사건

나치는 어떻게 싸움을 수행했을까? 우선, 그들은 건물 하나를 전소시켰다. 나치가 자신들의 이익을 강화하고 독일 헌법을 없애고 히틀러에게 독재자의 권리를 안겨주려고 가장 먼저 세운 계획은 다름 아닌 방화였다. 누구라도 세울 수 있는 저돌적인 계획이었다. 그들은 독일 민주주의의 근원인 제국의사당에 불을 지르고 공산주의자들의 소행으로 돌렸다! 독일 국민은 공산주의자들이 의회 건물에 불을 질렀다고 곧이곧대로 믿고 정부를 위해 임시 조치를 취할 필요가 있다고 생각했다. 공산주의자들에게 맞서 독일 민족을 지키고자 얼마 안 되는 자유마저 포기하고 말았다. 방화는 그렇게 이루어졌고, 공산주의자들은 비난을 받았으며, 나치는 승리를 거두었다. 그러나 그날 밤 방화가 어떻게 일어났는지는 여전히 수수께끼다.

역사학자이자 저널리스트인 윌리엄 샤이러는 불후의 연대기 《제3제국의 흥망 The Rise and Fall of the Third Reich》에서 나치 지도자들이 허를 찔렸다고 말했다. "괴벨스의 집 뜰에서는 히틀러 수상이 도착해 허물없이 저녁을 먹고 있었다. 괴벨스에 따르면, 그들은 긴장을 풀고 축음기를 틀어놓고 담소를 나눴다. 나중에 괴벨스는 일기에 이렇게 썼다. '전화가 울려 받아보니 한프스탱글 박사였다. 그는 제국의사당이 불타고 있다고 말했다.'"

그러나 괴벨스는 정보의 출처를 따지지 않을 수 없었다. 에른스트 푸치 한프스탱글[*]은 "묘하면서도 친절한 하버드 사람"이었다. 10년 이상 자금과 연줄을 대면서 히틀러가 집권하게 도왔다. 대학 재학 시절에는 하버드 럭비 경기를 위해 수많은 곡을 작곡하기도 했다. 한 달 전만 해도 히틀러의 승리를 기념하는 열병식에서 갈색 나치 돌격대SA^{**}가 운터 덴 린덴을 행진할 때 그중 한 곡을 연주할 정도였다.[8] 윌리엄 샤이러는 한프스탱글을 이렇게 묘사했다. "키가 호리호리하게 큰 괴짜였다. 냉

---

* Putzi는 독일어로 '귀여운', '작은'을 뜻한다. 하지만 그는 키가 무려 1미터 96센티미터나 되었다.
** SA는 Sturm Abteilung의 약자다. 돌격대 또는 제복 색깔 때문에 갈색군대로 불렸다.

소적인 기지가 천박한 정신을 조금이나마 보충해주었다." 게다가 귀에 거슬리는 연주와 "광대 짓이 히틀러를 달래주었고, 히틀러가 힘든 날을 보낸 뒤에는 기분을 북돋워주기까지 했다."[9] 괴벨스가 그날 밤 전화를 받고 한프스탱글이 우스갯소리를 하는 거라 확신한 건 그 때문이다.

하지만 호리호리한 그 괴짜는 무척 진지했다. 화재 현장에 가장 먼저 달려간 이는 뚱뚱보 헤르만 괴링이었다. 괴링은 땀을 뻘뻘 흘리고 숨을 헐떡이며 소리쳤다. "이건 공산 혁명의 시작이야! 우리는 한시도 지체해서는 안 돼. 자비를 베풀어서는 안 돼. 공직에 있는 공산주의자들을 발견 즉시 사살해야 해. 바로 오늘 밤 공산주의의 모든 대리인을 교수형에 처해야 해." 근육이 늘어져 흐느적거리는 그 역시 의회 건물 방화 계획에 관여했지만, 지금은 정직해질 때가 아니었다. 정신이 약간 모자라는 네덜란드인이 맨몸으로 현장에서 체포되어 방화죄로 기소되었다. 하지만 그가 어떻게 방화에 가담하게 되었는지는 알 수 없었다. 마리누스 판 더 루베, 그는 스물네 살의 방화광이었다. 공산주의 성향도 있었다. 하지만 나치가 주장한 대로 판 더 루베가 더 광범위한 공산주의 음모에 가담했는지는 확실치 않다. 불안정한 정신으로 스스로 방화를 저지른 건지, 나치의 밥에 불과했는지는 단정하기 어렵다. 하지만 그가 셔츠를 부싯깃으로 사용한 것만은 분명했다.

갑자기 본회퍼 일가가 이 국가적 논쟁 한가운데 들어가게 되었다. 베를린 최고의 정신과 의사인 카를 본회퍼에게 판 더 루베의 정신감정을 해달라는 의뢰가 들어왔다. 거기다 디트리히의 자형 한스 폰 도나니는 공무상 재판 참관자로 임명을 받았다. 사람들은 괴링의 부하들이 방화사건의 배후라 믿었다. 그리고 청렴결백한 카를 본회퍼가 그런 믿음을 뒷받침할 증거를 제시하고 자신의 신분과 신뢰를 이용해 나치를 공격해주길 기대했다. 이 중요한 재판은 라이프치히로 넘어갔다가 나중에 다시 베를린으로 넘어왔다.

그해 그 사건은 본회퍼 가족에게 대단히 무거운 짐이었다. 카를 본회퍼는 3월에 판 더 루베를 두 번 만났고, 그해 가을에는 여섯 번이나 만났다. 그리고 나중에 〈월간 정신병학과 신경학Monatsschrift für Psychiatrie und Neurologie〉에 기고한 공식 보고서에서 이렇게 진술했다.

> 판 더 루베는 대단히 패기만만하면서 겸손하고 다정한 사람, 머리가 산만한 사람, 지적 명쾌함을 추구하지 않으면서도 단호한 결단력을 지닌 사람, 모순된 주장을 도무지 용납하지 않는 사람이었다. 온순하고 성마르지 않았지만, 일체의 권위를 무시했다. 이 근본적인 반항심이 가장 큰 문젯거리였을 것이다. 이런 성향 때문에 그가 비참한 길로 접어들었을 것이다. 초기에 공산주의 사상으로 전향한 것도 그런 결과에 이바지했을 것이다. 어쨌든 그의 기질에서 드러나는 무절제한 요소들로 보건대, 그가 살면서 차분하고 규칙적인 생활 방식을 따랐을 것 같지는 않다. 이렇게 보든 저렇게 보든 그에게는 별난 구석이 있다. 하지만 그렇다고 해서 그를 정신병자로 여겨도 되는 것은 아니다.[10]

이 객관적이고 명쾌한 보고서에는 유죄라든가 무죄라는 표현이 전혀 들어 있지 않았다. 이 때문에 카를 본회퍼 박사는 양측으로부터 분노의 편지를 받았다. 몇 해 뒤 카를 본회퍼는 자신이 맡은 임무를 이렇게 회상했다.

> 집권당 의원들 중 몇 사람을 만날 기회가 있었다. 상당수가 라이프치히 대법원에서 열리는 재판에 우르르 몰려와 참석했다. 그렇게 모인 의원들 얼굴을 보니 기분이 좋지 않았다. 심문이 진행되는 동안 대법원장의 냉정하고 성실한 객관성이 증인석에 앉은 의원들의 무절제한 태도와 묘한 대조

를 이뤘다. 또 다른 피고인 공산당 지도자 디미트로프는 지적으로 탁월하다는 인상을 주었다. 법정에 앉아 있던 제국의회 의장 괴링은 그 모습을 보고 무슨 까닭인지 격분했다. 루베는 인간적으로 말하면 차갑지 않은 젊은이, 사이코패스, 얼빠진 모험가였다. 변론이 진행되는 동안 몰지각한 반항으로 대들다가 사형 집행 직전에야 그만두었다.[11]

1933년, 제국의사당 방화 사건이 일어난 다음 날 힌덴부르크가 히틀러의 비상조치법에 서명하자마자 독일은 사실상 법치를 잃고 말았다. 하지만 독일은 여러 면에서 여전히 하나의 국가였다. 적어도 법정에서는 제국의회 의장 헤르만 괴링과 노동자 계급의 방화범이 본질적으로 동등한 지위를 지니고 있었기 때문이다. 스스로를 변호하던 디미트로프는 재기가 넘쳤다. 우쭐거리는 괴링의 얼굴을 조롱과 빈정거림으로 붉으락푸르락하게 하고도 벌을 받지 않았다. 디미트로프는 나중에 불가리아의 수상이 되었다. 전 세계가 지켜보고 있는 탓에 나치는 자기들 마음대로 할 수 없었다. 아직은 그럴 때가 아니었다. 나치는 한동안 극심한 모욕을 당할 수밖에 없었다. 국제 언론은 재판을 보도하면서 괴링이 당한 굴욕을 즐겼다. 〈타임〉은 디미트로프가 제국의회 의장을 이기자 의장의 "황소 같은" 목소리가 "신경질적인 비명"으로 바뀌었다고 말하면서 나치를 집요하게 조롱했다. 그리고 괴링의 진술을 기사로 다루면서 이렇게 논평했다.

제국의회 의장 괴링은 갈색 주피터처럼 팔짱을 끼고 한동안 수심에 잠겨 있다가 이렇게 소리쳤다. "몇몇 공산주의 지도자들이 교수형을 모면하다니 심히 유감입니다. … 나는 제국의사당이 불타고 있다는 소리를 듣고 깜짝 놀라 불완전한 전기 배선에서 작은 불꽃이 시작된 게 틀림없다고 생각했습니다. … 자동차를 타고 제국의사당으로 달려가고 있는데, 누군가가

'방화다!' 하고 소리쳤습니다." 이 말에 최면이 걸린 듯 증인 괴링은 한동안 생각에 잠겼다가 다시 낮은 목소리로 말했다. "방화다! 이 말을 듣는 순간 눈에서 비늘이 떨어져나갔습니다. 모든 것이 분명했습니다. 공산주의자들을 빼면 그런 짓을 할 자가 없었습니다!"[12]

판 더 루베는 유죄로 확정되어 라이프치히 교도소에서 참수되었다. 하지만 공산주의 지도자들에게서는 유죄를 입증할 만한 충분한 증거를 찾지 못했다. 그들은 소련으로 추방되어 그곳에서 영웅 대접을 받았다. 재판은 공교롭게도 나치가 방화사건에 연루되었다는 생각을 하는 데 충분한 증거를 제공했다. 하지만 재판이 끝날 무렵에는 이미 때가 늦은 상태였다. 히틀러의 냉소적인 목적에 부합하게 제국의사당 화재는 그의 국가 장악을 돌이킬 수 없게 만들었다.

화재가 나고 하루가 지났는데도 제국의사당에서는 여전히 연기가 났고, 히틀러는 여든다섯 살의 힌덴부르크를 압박하여 제국의사당 화재 법령에 서명하게 했다. 이로써 개인의 자유와 시민권을 보장하는 독일 헌법 조항들을 직권으로 정지시켰다. 노쇠한 힌덴부르크의 서명으로 독일은 잠재적 독재자가 있는 민주공화국에서 껍데기만 민주정부인 독재국가로 바뀌고 말았다. 민주주의 자체가 소실되고 만 것이다. 불타서 까맣게 되어버린 의사당이 민주주의의 소실을 쓸쓸히 보여주었다.

히틀러가 기초를 잡고 힌덴부르크가 서명하자 법령은 꼼꼼히 따져볼 틈도 없이 즉시 발효되었다. 그리고 강제수용소의 설치를 포함한 모든 공포 조치를 취할 수 있는 발판이 되었다.

개인의 자유, 자유로운 의견 표시의 권리, 언론의 자유, 집회의 권리와 결사의 권리 등을 제한하고, 우편, 전보, 전화를 통한 통신 비밀유지의 권리를 침해하고, 가택 수색영장과 몰수 명령서를 발부하고, 소유권을 제한하는 등의 조치가 별도로 규정된 법의 한계를 넘어 시행될 수 있다.[13]

법령이 발효되고 수일 내에 나치 돌격대가 거리에 나타나 정적들을 체포하고 구타했다. 그리고 그들 중 상당수를 투옥하고 고문하고 살해했다. 나치는 언론에서 이의를 제기하지 못하게 억누르고 공중 집회를 열어 항의하는 것도 불법으로 만들었다. 하지만 끝난 것이 아니었다. 정부의 전권을 공식적으로 그리고 합법적으로 자신의 손아귀에 두려면 제국의회가 수권법을 통과시켜주어야 했다. 제국의회는 크게 위축되기는 했지만, 여전히 구실을 하고 있었다. 하지만 수권법은 국가를 위한다는 명목으로 제국의회의 권력을 빼앗고, 이후 4년간 그 권력을 수상과 내각에 둘 참이었다. 3월 23일, 제국의회는 뱀이 제 꼬리를 삼키듯이 자신의 존립 근거를 파괴하는 수권법을 통과시켰다.

민주주의가 그 수단들과 함께 학살되고 불법이 합법이 되었다. 무경험의 권력이 통치하게 되었다. 그 권력의 유일한 목표는 자기 이외의 모든 권력을 파괴하는 것이었다.

10

유대인 문제에 직면한 교회

우리 독일 교회 교인들이 교회 안에서 유대인들과의 사귐을 여전히 받아들여야 하느냐, 하는 물음은 결단코 중요하지 않다. 기독교적 설교의 과제는 다음과 같은 사실을 선포하는 것이다. "교회는 유대인들과 독일인들이 하나님의 말씀을 받는 곳에 자리한다. 바로 거기에서만 교회는 여전히 교회인지 아닌지가 판명된다." _디트리히 본회퍼

책이 소각되는 곳에서는 결국 인간도 소각되고 말 것이다. _하인리히 하이네

    나치 정권이 시작된 첫 달, 나치는 자신의 의도를 독일 사회 전체에 어마어마한 속도로 실행에 옮겼다. 통합이라는 미명 아래 나라 전체를 국가사회당 노선에 맞게 재정비하려 했다. 사태가 그렇게 극적으로 급변하리라고는 누구도 예상하지 못했다.

    지금까지 본회퍼 일가는 법의 보호를 받는 정보에 언제든 접근할 수 있었지만, 제3제국의 그림자가 독일에 드리우고 나서는 상당량의 정보를 크리스티네의 남편으로 독일 대법원에서 일하는 한스 폰 도나니에게서 얻었다. 본회퍼 일가는 '아리안 조항Arian Paragraph'이라 불리는 불온한 무언가가 4월 7일에 발효될 거라는 정보를 접했다.

'직업 공무원 계급 재건 법'으로 알려진 아리안 조항은 광범위한 영향을 끼쳤다. 공무원은 아리안족이어야 했고, 유대계 혈통은 공직에서 쫓겨났다. 본질상 국가 교회인 독일 교회가 그 법에 동조한다면, 유대계 혈통의 목사도 너나없이 목사직에서 배제될 판이었다. 본회퍼의 친구 프란츠 힐데브란트도 예외가 아니었다. 어떻게 대응할지를 놓고 많은 이들이 혼란스러워했다. 국가사회당은 파도처럼 나라를 몰아대면서 자신과 한패가 되라고 집요하게 압력을 가했다. 본회퍼는 누군가가 그 모든 것을 면밀히 따져보아야 한다는 걸 알고 1933년 3월에 그렇게 했다. 그렇게 해서 나온 소론이 〈유대인 문제에 직면한 교회〉였다.

교회와 유대인 문제

목사 여럿이 빌헬름 황제 기념교회의 담임목사 게르하르트 야코비의 집에서 교회의 발전을 논의했다. 4월 초에 본회퍼는 그들에게 소론을 발표하기로 마음먹었다.

독일 교회는 혼란에 빠져 있었다. 몇몇 교회 지도자들은 교회가 공산주의와 무신론에 맞서 싸우는 나치와 화해하고 나치의 인종차별법과 총통 원리를 따라야 한다고 생각했다. 또한 자신들이 교회와 국가를 결혼시킴으로써 교회와 독일을 이전의 영광스러운 상태, 베르사유 조약 이전의 상태, 지난 20년간의 혼란과 굴욕 이전의 상태로 복귀시킬 수 있다고 생각했다. 바이마르 독일의 도덕적 퇴보는 자명했다. 게다가 히틀러는 국가의 도덕 질서를 회복하겠다고 공언하지 않았던가? 그들은 히틀러를 전적으로 지지하지는 않지만, 교회의 위신이 회복되면 자신들이 영향력을 발휘해 히틀러를 올바른 방향으로 이끌 수 있을 거라고 여겼다.

이 무렵 히틀러의 집권을 굳건히 뒷받침하는가 하면, 경솔하게도 지난 2천 년 역사를 지닌 정통 기독교를 내팽개친 무리가 있었다. 그들은 강력한 제국교회, 통일된 제국교회를 원했고, 무신론적이고 타락한 볼셰비즘 세력을 격퇴시킬 강력하고 남성적인 기독교를 원했다. 그들은 뻔뻔하게도 독일 그리스도인을 자처하고 자신들의 교파를 "적극적 기독교"라 불렀다. 독일 그리스도인들은 자신의 견해에 동조하지 않고 교회에 혼란과 분열을 일으키는 이들을 공격할 만큼 호전적이었다.*

하지만 교회 혼란에서 가장 통탄스러운 국면은 주류 개신교 지도자들이 아리안 조항의 채택을 자진해서 고려했다는 점이다. 그들은 세례를 받고 그리스도인이 된 유대인들이 교회 구성원이 될 수 있다고 판단하면서도 진정으로 독일적인 교회의 일부가 될 거라고는 기대하지 않았다. 1930년대에는 그러한 인종 이데올로기가 오늘날처럼 낯설지 않았고, 그런 이데올로기에 노출된 자들을 증오에 찬 반유대주의자로 규정하지도 않았다.

인종들은 '따로 나뉘어 떨어져 있되 평등하다'는 사상은 인종차별법으로 유명한 미국 남부의 짐 크로우 법의 근간이 되는 사상으로, 본회퍼도 직접 목격한 바 있다. 본회퍼는 그런 사상이 인간의 정체성과 공동체에 대한 견해들 속에 깊이 뿌리내리고 있음을 알았다. 당시 유럽과 세계에는 인종과 민족 혼합에 대한 강한 거부감이 있었다. 본회퍼는 자신이 목격한 것이 기독교 신앙에 유해하다는 걸 알았지만, 그런 사상이 널리 보급되어 있다는 것도 알고 있었다. 실제로 유대인에게 악의가 없는 독일 신학자나 목사라도 아리안 조항을 받아들일 만한 것으로 여길 가능성이 있었다. 어떤 이들은 기독교 신앙으로 회심

---

* 독일 그리스도인들에 관해서는 11장 '독일 그리스도인들'에서 더 자세히 다룰 것이다.

한 유대인의 경우 똑같이 회심을 경험한 다른 유대인들과 교회를 이루는 게 마땅하다고 생각했다. 미국의 신실한 백인 그리스도인 상당수도 다른 인종의 그리스도인들을 그런 식으로 생각했다. 본회퍼는 그런 사람들을 인종차별주의자로 몰아붙일 수 없다는 걸 알고 있었다. 그보다는 논리적으로 반박해야 했다.

독일인 대다수와 달리 본회퍼는 독일 루터교회 너머에 있는 교회를 이미 경험했다. 로마에서는 여러 인종과 여러 국적을 가진 그리스도인들이 함께 예배드리는 것을 보았고, 미국에서는 할렘에 사는 아프리카계 미국인 그리스도인들과 함께 예배를 드리기도 했고, 에큐메니컬 운동을 통해서는 유럽에 사는 다른 그리스도인들과 함께 예배를 드리기도 했다. 본회퍼 앞에 놓인 현안은 '교회는 유대인 문제에 어떻게 대처해야 하는가?'였다. 그런데 그 문제를 뒷받침하는 물음은 바로 '교회란 무엇인가?'였다.

본회퍼는 다음과 같은 말로 시작했다. "소속 인종이 다르고 종교적 신념이 다르다는 이유로 유대인이 국가가 정한 특별법의 적용을 받는 역사상 초유의 일은 신학자에게 두 가지 새로운 질문을 제기한다. 우리는 두 가지 질문을 따로따로 검토해야 한다."[1]

본회퍼는 국가에 대한 교회의 태도를 거론하면서 회의적인 독자들과 나눌 공통의 근거를 마련하고자 로마서 13장에 있는 구절을 의역했다. "하나님에게서 나오지 않은 권세는 있을 수 없고, 현재의 권세는 하나님이 세우신 것이다." 바꾸어 말하면, 정부는 하나님이 질서를 보호하기 위해 세우셨다는 것이다. 국가가 완력을 동원해서라도 악을 방지한다면, 교회는 그런 국가와 다툴 이유가 없다. 본회퍼의 입에서 나온 첫 문장은 사실을 조금 과장하는 듯했다. "독일 개신교는 국가가 행하는 특별한 정치 행위에 대해 왈가왈부할 권리가 없다." 본회퍼는 청중들을 잘 알고 있었고, 자신이 그들과 같은 심정이란 걸 확인시키고 싶었던 것이다. 그는 루터의 예를 본받는 전통 안에서 말하는 법을 알고 있었다. 그러나 국가의 역할을 대하는 루터의 태도는 지나치게 국가 쪽으로 치우쳐 있었다. 예컨대, 국가가 농민 반란을 진압하자 루터는 국가에 갈채를 보내기까지 했다. 본회퍼는 신중히 발걸음을 옮겨야만 했다.

그는 이어서 분명하게 말했다. "그럼에도 불구하고 교회는 국가에 극히 중대한 역할을 해야 한다." 교회는 어떤 역할을 해야 하는가? 교회는 "국가를 향해 이런 질문을 끊임없이 던져야 한다. '국가의 행위는 적법하게 이루어졌다고 책임 있게 대답할 수 있는가? 국가의 행위는 법과 질서를 낳았는가? 무법과 무질서를 낳지는 않았는가?'" 바꾸어 말하면, 국가를 국가답게 만드는 것이 교회의 역할이라는 것이다. 국가가 성경이 규정하는 대로 법과 질서의 환경을 조성하지 않을 때에는 교회가 국가의 결함을 지적하고, 국가가 법과 질서의 환경을 과도하게 조성할 때에는 교회가 국가의 과도함을 지적해야 한다는 것이다.

국가가 "법과 질서"를 "과도하게" 집행할 경우에 그 국가는 국가의 권력을 신장시켜 "기독교의 선포와 기독교 신앙으로부터 권리를 박탈하고 말 것이다." 본회퍼는 이것을 "기괴한 상황"이라 부르면서 다음과 같이 말했다. "교회는 국가의 질서 침해에 이의를 제기해야 한다. 교회가 국가에 대한 지식을 더 많이 가지고 있고 국가 행위의 한계에 대해서도 더 많이 알기 때문이다. 기독교의 선포를 위태롭게 하는 국가는 자신을 부정하는 것이다."

그런 다음 본회퍼는 "교회가 국가에 대처할 수 있는 세 가지 방법"을 차근차근 열거했다. 첫 번째 방법은 앞서 말한 대로 국가의 행위 및 그 행위의 적법성과 관련하여 국가에 이의를 제기하는 것이다. 이는 국가로 하여금 하나님이 세우신 국가가 되게 하는 길이다. 대담한 도약이라 할 수 있는 두 번째 방법은 "국가의 행위에 희생당한 이들을 돕는 것"이다. 본회퍼는 교회가 "사회 질서에 희생당한 이들에게 무한한 빚을 지고 있다"고 말했다. 그리고 방금 인용한 문장이 끝나는 부분에서 또 한 번의 도약을 감행했다. 앞의 것보다 훨씬 대담한 도약이었다. 이 대목에서 몇몇 목사가 자리를 떴다. "교회는 사회 질서에 희생당한 이들에게 무한한 빚을 지고 있다. 설령 그들이 기독교 공동체의 구성원이 아니라고 해도 그러하다." 이는 그리스도인이 아닌 유대인들까지 염두에 둔 발언이었고, 그 자리에 있던 사람들 모두 그 점을 간파했다. 그러고 나서 본회퍼는 갈라디아서 6장 9절을 인용했다. "모든 이에게 선을 행하십시오." 모든 유대인을 돕는 것이야말로 기독교의 책임이라는 발언은 극적이고 혁명적이었다. 그러나 본회퍼의 발언은 아직 끝난 게 아니었다.

교회가 국가에 대처할 수 있는 세 번째 방법은 "바퀴에 짓밟힌 희생자들을 싸매어줄 뿐 아니라 바퀴 자체를 저지하는 것"이다. 바퀴살에 막대기를 끼워 넣어 자동차를 멈추게 해야 한다는 뜻이다. 국가가 저지른 악행에 희생당한 이들을 돕는 것만으로는 충분하지 않고, 어떤 면에서는 교회가 직접 국가를 고소하여 그러한 범행을 저지르지 못하게 해야 한다는 것이다. 이는 교회가 국가로부터 위협을 받고 국가가 하나님이 정하신 국가이기를 포기할 때에만 허용되는 일이다. 본회퍼는 국가가 "유대계 기독교 신자들을 기독교 공동체에서 밀어내고 유대인에 대한 선교를 금지하는" 경우에 그런 일이 가능하다는 단서를 붙였다.

교회는 '고백의 상황 속에 in status confessionis'에 있어야 했고, 국가는 자기를 부정하는 행동 속에 있어야 했다. 이 라틴어 구절은 본래 루터가 16세기에 곧잘 써먹던 구절이지만, 본회퍼의 시대에는 복음의 고백을 위태롭게 하는 위기 상황을 의미했다. "복음을 고백한다는 것"

은 예수 그리스도의 복음을 실제로 선포하는 것을 의미했다.* 본회퍼는 이어서 이렇게 말했다. "교회를 위협하는 국가는 가장 충실한 사도를 잃게 마련이다."

본회퍼는 "그리스도를 고백한다는 것"은 이방인에게는 물론이고 유대인에게도 그렇게 하는 걸 의미한다고 말했다. 메시아를 알지 못하는 유대인에게 교회가 그분을 소개하는 건 지극히 중요하다고 선언했다. 히틀러의 법령을 채택하면 이 일은 불가능해질 것이다. 본회퍼의 극적이고 다소 충격적인 결론에 따르면, 교회는 유대인이 교회의 일부가 되는 것을 허락하는 것은 물론이고 유대인과 독일인이 나란히 서는 곳이 되어야 했다. "우리 독일 교회 교인들이 교회 안에서 유대인들과의 사귐을 계속 받아들여야 하느냐는 물음은 절대로 중요하지 않다. 기독교적 설교의 과제는 다음과 같은 사실을 선포하는 것이다. '교회는 유대인과 독일인이 하나님의 말씀을 받드는 곳에 있다. 바로 거기에서만 교회는 여전히 교회인지 아닌지가 판명된다.'"

그 자리에 있던 많은 이들은 갈라디아서 3장 28절을 떠올렸을 것이다. "유대 사람도 그리스 사람도 없으며 종도 자유인도 없으며 남자와 여자가 없습니다. 여러분 모두가 그리스도 예수 안에서 하나이기 때문입니다." 본회퍼는 논점을 뒷받침하고자 시편 110편 3절에 대한 루터의 주석을 인용하며 연설을 마쳤다. "하나님의 백성 내지 그리스도의 교회의 일원인 사람이 따라야 할 규정은 이러하다. 그것은 주님의 말씀을 받아들이는 무리가 아무리 적어도 그 무리가 있는 곳에서 주님의 말씀을 순수하게 가르치고, 박해하는 자들에게 맞서 주님의 말씀을 고백하는 것이다. 그러한 이유로 고난을 받는 것은 기꺼이 감당해

---

* 고백교회라는 용어는 '고백의 상황 속에'라는 구절을 토대로 만든 용어다. 독일 교회가 아리안 조항을 채택함으로써 예수 그리스도의 교회이기를 포기했다고 확신한 사람들은 독일 교회에서 탈퇴하여 새로운 교회를 세우기로 결심했다. 새 교회는 예수 그리스도의 복음을 선포한 까닭에 고백교회라 불렸다.

야 할 몫이다."

　유대인을 옹호하는 것이 교회의 마땅한 의무라는 본회퍼의 선언은 유대인들에게도 과격하게 비쳤을 것이다. 수년 내에 겪을 끔찍한 만행을 겪기 전이었기 때문이다. 교회가 국가에 이의를 제기하고, 국가가 저지른 악행에 희생된 이들을 돕고, 필요하면 국가에 맞서야 한다는 결론은 대체로 모든 사람에게 지나친 요구였을 것이다. 그러나 본회퍼에게 그 세 가지는 불가피한 일이었다. 몇 년 뒤에 그는 그 세 가지를 모두 실행에 옮겼다.

　갑작스러운 나치의 승리와 교회 흡수 시도가 교회 안에 혼란을 일으키고 여러 계파 간 투쟁과 정치활동을 불러왔다. 본회퍼는 불협화음을 피해 사태를 차분하게 논리적으로 숙고하려 했다. 그 문제들을 적절히 다루지 않으면 사람들이 정치적인 해결책이나 실용적인 해결책에 빠질 거란 걸 알고 있었다. 자칫하면 사람들이 바르트가 영원한 타자로 부른 하나님을 예배하는 것이 아니라 참된 복음을 등지고 자신들의 형상을 본떠 만든 신을 숭배하는 쪽으로 방향을 틀 수도 있었다. 유니언 신학교에서 만난 여러 사람이 선의에도 불구하고 자신도 모르게 그럴싸한 여러 이유로 하나님을 버렸던 것처럼, 독일에서도 선의를 지닌 많은 그리스도인이 똑같은 행동을 하려 했다. 그들은 자신의 신학을 굽혀도 아무 문제가 되지 않으며, 그 결과들도 결국에는 옳은 것으로 드러날 거라고 확신했다. 그들 중 상당수는 히틀러 치하에서 복음을 전할 기회가 늘어날 거라 여겼다. 그러나 본회퍼는 유대인과 함께하지 않는 교회는 예수 그리스도의 교회가 아니고, 예수 그리스도의 교회가 아닌 교회로 사람들을 전도하는 것은 어리석음이자 이단이라는 걸 알고 있었다. 본회퍼는 〈유대인 문제에 직면한 교회〉라는 원고를 마무리할 무렵부터 그 문제를 똑바로 직시했고, 문제를 제기하는 일에 전부를 걸었다. 그러나 그 길은 멀고도 고독했다.

4월 1일 유대인 상점 배척 운동

수권법이 통과되고 일주일 뒤 히틀러는 독일 전역에 유대인 상점 배척 운동을 선언했다. 공식 목적은 유대인이 관리하는 것으로 보이는 국제 언론으로 하여금 나치 정권에 대한 흑색선전을 인쇄하지 못하게 하는 데 있었다. 나치는 국제 언론이 나치와 독일 국민을 공격하는 것에 대한 자위적 대응으로 끊임없이 호전성을 드러냈다.

그날 베를린에서 열린 대규모 집회에서는 괴벨스가 "유대인의 악랄한 선전"을 성토했다. 독일 전역에서는 나치 돌격대가 물건 사는 사람들을 위협하여 유대인이 운영하는 상점에 들어가지 못하게 하는 한편, 상점 창문에 검은색이나 노란색 페인트로 다윗의 별을 그리거나 'Jude(유대인)'라는 글씨를 쓰기까지 했다. 소책자를 배포하였으며, 다음과 같은 글귀가 적힌 현수막도 들고 있었다. "독일인이여, 자신을 지키십시오! 유대인에게서 물건을 사지 마십시오." 일부 현수막에는 이런 글귀도 적혀 있었다. "독일인이여, 유대인의 악랄한 선전으로부터 자신을 지키십시오. 독일인 상점에서만 구매하십시오!" 공직에 있는 유대인 의사들과 변호사들도 표적이 되었다.

디트리히 본회퍼의 매제 게르하르트 라이프홀츠는 유대계 변호사였다. 상당수의 유대계 독일인과 마찬가지로 그도 세례를 받은 그리스도인이었다. 카를과 파울라 본회퍼는 사태를 우려하여 괴팅겐에 가서 딸 내외와 주말을 함께 보냈다. 다른 가족들은 전화로 안부를 확인했다. 자비네는 이렇게 회상했다. 그해 4월, "무럭무럭 자라던 희망, 히틀러가 조만간 실수로 자기 자신을 파괴하리라는 희망이 산산이 조각났다. 국가사회당이 번개처럼 신속하게 본색을 드러냈다."[2]

베를린에서 유대인 상점 배척 운동이 벌어지던 날 디트리히의 할머니는 장을 보고 있었다. 아흔 살의 귀부인은 어디에서 장을 봐야 하는지 듣지 못한 상태였다. 한 상점으로 들어가는 걸 나치 돌격대가 막으려 하자 율리 본회퍼는 자기가 원하는 곳에서 물건을 사겠다고 통지하고 그대로 했다. 그날 늦은 시간에 그녀는 세계에서 가장 큰 백화점인 베를린 서부백화점에서도 입구에 배치된 나치 돌격대의 몰지각한 저지선을 무시하고 똑같이 했다. 율리 본회퍼가 나치 고릴라들을 당당히 뚫고 걸어간 일화를 본회퍼 일가는 두고두고 이야기했다. 그들이 삶으로 살아내려 했던 가치들이 그녀 안에서 구현된 것을 보았던 것이다.

레만 부부의 방문

4월 초, 소란스러운 며칠이 지나고 또 다른 두 사건이 본회퍼의 인생을 건드렸다. 하나는 독일 그리스도인들이 베를린에서 회의를 개최한 사건이고, 다른 하나는 레만 부부가 방문한 일이었다.

히틀러는 독일 사회를 재편하고 싶어 했다. 그런 열망을 경계하는 사람들에게 독일 그리스도인들의 회의는 혼란스러웠다. 교회와 국가를 가르던 선이 흐릿해졌다. 기독교 황제의 국가 통치와 반反기독교 총통의 국가 통치는 전혀 별개였다. 그럼에도 대다수 독일인은 히틀러가 자신들 가운데 한 사람이라 믿었고, 교회를 포함하여 사회를 재편하려는 나치의 계획을 기꺼이 받아들였다.

헤르만 괴링이 연설을 하고 큰 갈채를 받았다. 행정상의 변화로 사회를 재편할 거라는 연설이었다. 괴링은 총통 원리를 들먹이며 군중의 기분을 고조시킨 다음 총통이 교회와 독일인의 삶을 전면적으로 인도할 것이니 기대하라고 했다. 괴링은 행정 정비의 일환으로 히틀러가 제국 감독, 곧 독일 교회의 온갖 요소를 하나로 통합할 인물을 내정할 거라고 설명했다. 히틀러가 그 지위에 앉힌 인물은 야비한 루트비히 뮐러였다. 뮐러는 해군 군목 출신이었다. 독일 그리스도인들은 나치 원리에 따라 통합된 교회를 원했고, 그 목적을 이루고자 투쟁했다. 영국도 국교회를 가지고 있는데 독일이라고 해서 국교회를 독일식 기초 위에 세우지 말라는 법이 어디에 있느냐는 거였다.

폴과 메리언 레만 부부가 3월 하순경에 도착했다. 두 사람은 본에 가서 바르트의 강의를 들은 다음 베를린에서 옛 친구를 만나 며칠을 보냈다. 본회퍼는 다정한 주인 역할을 하면서 유니언 친구들을 구석구석 데리고 다녔다. 견신례 반을 맡아 지도했던 베딩 지역 교회도 보여주고 운터 덴 린덴을 따라 함께 걷기도 하고, 오페라 극장에 가서 리하르트 슈트라우스의 〈엘렉트라〉를 관람하기도 했다.[*]

베를린에서 머무는 동안 레만 부부는 독일 그리스도인들의 눈꼴사나운 회의 광경도 목격하고 4월 1일에 벌어진 유대인 상점 배척 운동도 목격했다. 그 주간에 지난 6개월 동안 만나지 못했던 인물이 본회퍼 인생에 나타났다. 치체스터의 주교 조지 벨이었다. 벨은 독일 그리스도인들의 회합일과 같은 날에 예정된 에큐메니컬 모임에 참석하려고 베를린에 왔다. 그리고 독일 기독교 운동의 꼴사나운 현실을 직접 목격했다. 계획에는 없었으나 대단히 값진 경험이었다. 현실을 목격한 벨은 수년 내에 나치의 주요 적 가운데 하나로 활동하게 될

---

[*] 슈트라우스는 당시 문화적 십자포화를 맞았다. 나치가 그에게 예술 부문 공직을 주어 조직에 포섭하려 했기 때문이다. 뒷날 슈트라우스가 한 말에 따르면, 공직을 받아들인 건 유대계 며느리를 보호하기 위해서였다고 한다. 슈트라우스는 유대계 독일인 작가 슈테판 츠바이크와 친구 사이였고, 나중에 츠바이크가 쓴 오페라 대본에서 츠바이크의 이름을 빼지 않았다는 이유로 사임 압박을 받았다.

터였다.

레만 부부는 방겐하임슈트라세에서 본회퍼 일가와 함께 지내는 동안 그들의 삶을 보고 깜짝 놀랐다. 레만 부부가 보기에 그곳은 시간을 벗어난 세계이자 집단 광기에 맞서는 문화적 보루였다. 레만 부부는 본회퍼 가족이 이야기를 나눌 때 카를 본회퍼가 이따금 자리에서 일어나 문으로 살금살금 걸어가 하인들 중 누가 엿듣는 건 아닌지 확인하는 모습을 목격했다.

1933년 초에는 누가 믿을 만한 사람인지 알 수 없었다. 대화 가운데 일부는 나치에 반대하는 내용이었다. 클라우스와 디트리히는 나치가 그리 오래 가지 못할 거라고 말했다. 하지만 나치가 국가에 입히고 있는 손해는 막심했다. 본회퍼 일가는 나치에 반대하기 위해서라면 무슨 일이든 할 태세였다. 유대인에 대한 조치에 대해서는 더더욱 그러했다. 언뜻 보아도 히틀러에 대한 저항이 이미 싹텄음을 보여주는 대화였다.

이 초기 단계에도 히틀러에 대한 저항은 그저 싱거운 이야기로 그치지 않았다. 그해 4월, 폴과 디트리히는 뉴욕에 있는 랍비 스티븐 와이즈에게 편지를 썼다. 디트리히는 2년 전 부활절에 회당에서 와이즈의 설교를 들은 적이 있었다. 와이즈는 전미 유대인 공동체 명예회장으로 초기부터 나치에 반대하는 목소리를 거침없이 내던 인물이다. 프랭클린 루스벨트 대통령과도 친분이 있었다. 디트리히 본회퍼와 폴 레만은 그를 움직여 독일에서 일어나는 일을 루스벨트에게 알릴 수 있을 거라고 생각했다. 히틀러는 제국의사당 화재 법령을 통해 그런 편지를 쓰는 것조차 반역 행위로 만들어버렸다. 디트리히 본회퍼는 이 일로 강제수용소에서 고생할 수도 있다는 걸 알았지만, 그럼에도 편지를 써서 부쳤다.

레만 부부는 2년 만에 디트리히를 만나고 그가 변했다는 걸 알아챘다. 뉴욕 시절의 디트리히는 훨씬 명랑하고 쾌활했는데, 지금은 그렇지 않았다. 지금 같은 상황에서는 충분히 이해할 수 있는 일이었다. 하지만 다른 무언가가 있었다. 하나님을 대하는 자세가 달라져 있었다. 디트리히는 모든 일을 훨씬 진지하게 받아들이는 것 같았다.

자비네와 게르하르트

유대인 상점 배척 운동이 벌어지고 열흘 뒤 디트리히 본회퍼는 장례식 설교를 부탁받았다. 4월 11일, 게르하르트 라이프홀츠의 아버지가 숨을 거두었다. 장례식 설교 문제는 디트리히에게 심각한 오점으로 남았다. 그는 나중에 제대로 처리하지 못했음을 스스로 인정했다. 유대인으로 세례를 받고 그리스도인이 된 라이프홀츠와 달리 그의 아버지는 그리스도인이 아니었다. 디트리히는 어떤 문제가 생기면 모든 측면을 지나칠 정도로 끊임없이 숙고하는 사람이었다. 그래서 유대인 문제와 관련하여 나치에 반항하는 어떤 사람이 교인이 아닌 유대인의 장례식에서 설교를 하면 어떻게 보일지를 숙고했다. '선동적으로 보이지는 않을까? 장차 교회 안에서 활동할 기회를 박탈하지는 않을까? 유대인 문제에 대한 나의 견해를 대단히 과격하게 여기는 교회 내부 사람들의 신뢰를 떨어뜨리지 않을까?'

디트리히는 어찌할 바를 몰라 자기 지역의 관리감독과 상의하지 않을 수 없었다. 관리감독은 그 일이 소란을 일으킬 것을 알고 설교를 강력히 반대했다. 결국 디트리히는 장례식 설교를 정중히 거절했다. 하지만 얼마 지나지 않아 뼈저리게 후회했다.

자비네는 친정 식구들과 가까이 지냈고, 게르하르트는 괴팅겐 대학교의 인기 있는 법학 교수였다. 두 사람은 얼마 지나지 않아 점증하는 반유대주의에 직접적인 영향을 받았다. 괴팅겐 대학교에 다니는 국가 사회당 대학생 지도자들이 게르하르트의 수업을 거부하는 운동을 촉구했다. 자비네는 그때의 일을 이렇게 회상했다.

나는 종종 남편의 강의를 청강하곤 했으므로 수업 거부 운동이 있던 당일에도 대학교에 가서 학생들이 뭐라고 하는지 들을 수 있었다. 돌격대 복장을 한 학생 몇몇이 그곳에 있었다. 그들은 긴 장화를 신고 강의실 입구에 다리를 벌리고 서서 돌격대만 들어가게 하고 다른 사람은 못 들어가게 했다. 그들은 이렇게 말했다. "라이프홀츠는 유대인이므로 강의를 할 수 없다. 앞으로 그의 강의는 없을 것이다." 학생들은 고분고분 집으로 돌아갔다. 칠판에도 같은 내용의 통지문이 붙어 있었다.[3]

잠시 후 자비네와 게르하르트는 괴팅겐 시내를 걸으면서 불쾌한 공기를 들이마실 수밖에 없었다. 사람들이 알아보고 두 사람을 피해 길 건너편으로 가로질러 갔던 것이다. 자비네는 이렇게 말했다. "괴팅겐에서는 상당수 사람들이 나치에게 협력하려 했다. 승진하지 못한 강사들이 기회를 엿보고 있었다." 그러나 몇몇 사람은 진상을 목격하고 역겨워하며 나치에 대한 증오를 서슴없이 표출했다. 신학자 발터 바우어는 길에서 게르하르트 부부를 만나자 히틀러에 대한 반감을 길게 늘어놓았다. 또 다른 교수는 게르하르트가 교수직에서 쫓겨나자 눈물을 흘리며 "당신은 나의 동료입니다. 나는 독일인인 것이 부끄럽습니다"라고 말했다. 게르하르트의 세미나에 출석하던 학생들은 장관에게 찾아가 게르하르트가 가르칠 수 있게 해달라고 부탁하기까지 했다.

게르하르트의 친지들 가운데 상당수도 일자리를 잃었다. 게르하르트의 유대인 학교 친구는 자살을 하고 말았다. 이런 소식이 끊이지 않고 이어졌다. 게르하르트 아버지의 장례식이 있고 석 달째 되는 종교개혁주일에 디트리히 본회퍼는 괴팅겐에 있는 게르하르트와 자비네에게 편지를 보냈다.

> 누이와 매제의 부탁을 당연히 들어주어야 했는데도 들어주지 않았던 것을 생각하면 지금도 마음이 괴롭습니다. 솔직히 말하면, 무엇이 나를 그렇게 처신하게 했는지 알 수가 없습니다. 어째서 그 당시에 그토록 두려워했던 걸까요? 그때의 일은 누이와 매제에게도 이해할 수 없는 일이었을 겁니다. 그런데도 누이와 매제는 아무 말도 하지 않았지요. 하지만 그때의 일은 지금도 내 마음을 괴롭히고 있습니다. 도저히 만회할 길이 없으니 말이에요. 그저 나의 나약함을 용서해주기를 바랄 뿐입니다. 지금은 확실히 알고 있지만, 그때 나는 달리 처신해야 했어요.[4]

1933년 내내 나치는 국가 기관에서 유대인들을 법적으로 밀어내는 운동을 펼쳤다. 4월 7일에 발효된 공직개혁법에 따라 법 조항이 계속해서 제정되었다. 4월 22일에는 유대인이 변리사로 근무하는 것을 금지했고, 유대인 의사들이 국영보험사에서 일하는 것도 금지했다. 유대인 아이들도 영향을 받았다. 4월 25일에는 유대인 아이들 중 어느 정도가 공립학교에 입학할 수 있는지를 알리는 상한선이 그어졌다. 5월 6일에는 대학의 명예교수, 강사, 공증인에 관한 법 조항이 제정되었다. 6월에는 유대인 치과의사와 치기공사가 국영보험사에서 근무하는 것을 금지했다. 가을에는 비非아리안계 배우자에 관한 법이 제정되었다. 9월 29일에는 유대인이 영화계, 연극계, 문학계, 예술계 등에서 문화 및 오락 활동을 하지 못하게 금지했다. 10월에는 일체의 신문을 통제하고 언론계에서 유대인을 추방했다.

4월 한 달간 진행된 독일 그리스도인들의 호전적인 공격으로 상당수의 목사와 신학자가 충격을 받아 행동에 돌입했다. 반응은 다양했다. 시도우 형제단의 게오르크 슐츠가 〈영들을 분별하라〉는 격문을 발표했고, 하인리히 포겔이 〈여덟 조항의 복음주의 교리〉를 발표했다. 베스트팔렌 지역에 사는 목사 열한 명은 세례 받은 유대인을 독일 교회에서 밀어내는 건 이단이나 다름없다는 선언문을 발표했다. 본회퍼가 발표한 소론과 상당히 유사했다. 이 밖에도 '젊은 개혁자 운동'이 결성되어 다양한 신학적 견해를 표출했다. 독일 그리스도인들에게 이의를 제기한다는 점에서는 일치했지만, 그 밖의 많은 면에서는 의견 차이가 있었다. 그리고 장차 교회투쟁에서 본회퍼와 손잡고 일할 게르하르트 야코비가 샤를로텐부르크 모퉁이에 있는 커피숍에서 다른 목사들과 만나기 시작했다. 하지만 신학적, 정치적으로 대립하는 견해들이 상당수 제기되어 단일한 저항 계획을 수립할 수 없었다. 하지만 시도는 계속되었다.

"책이 소각되는 곳에서는"

1933년 5월, 광기가 신속하게 번졌다. 논의되는 것이라고는 통합뿐이었다. 베를린에서 열린 독일 그리스도인들의 회합에서 괴링이 언급한 이 말은 독일 사회의 모든 것이 나치의 세계관과 같아야 한다는 뜻이었다. 출판계와 사상계도 마찬가지였다.

카를 본회퍼는 나치가 대학교에 어떤 식으로 압력을 가하는지 맨 앞에 앉아서 똑똑히 보았다. 그는 나치 문화부 장관이 베를린 대학교에서 연설하던 날, 장관의 무례한 태도를 목격하고도 자신이나 동료들이 항의의 뜻으로 용기를 내어 자리를 박차고 나가지 못한 일을 떠올리며 수치스러워했다.

지금껏 한 번도 본 적 없는 젊은 수련의들이 국가사회당의 대표 자격으로 다가와 여러 병동 책임자들에게 유대인 의사를 즉각 해고하라고 말했다. 몇몇은 설득당하는 분위기였다. 그런 문제는 당의 소관이 아니라 내각의 소관이라는 이의 제기가 있었지만, 곧바로 위협을 받았다. 학장이 의료진을 설득하여 단체로 당에 가입시키려 했다. 하지만 의사들이 차례로 사퇴하는 바람에 좌절되고 말았다. 처음에 내각은 유대인 조수들을 해고하라는 요구에 응하지 않았다. 하지만 개인 병원에서 일하는 의사들은 당에 대한 태도를 끊임없이 염탐당했다.[5]

카를 본회퍼는 베를린 대학교에서 다섯 해를 더 머물렀다. 그리고 어떻게 해서든 히틀러의 초상화 전시를 피하려 했다.

독일 대학교 대학생들 사이에는 유대인에 대한 반감이 수십 년 전부터 존재했다. 그런데 이제 반감을 공식적으로 드러냈다. 1933년 봄, 독일 대학생연합회는 5월 10일[*]에 '반독일적인 정신에 반대하는 궐기대회'를 개최할 계획이었다. 밤 11시, 독일 전역에서 학생 수천 명이 모든 대학 도시로 몰려들었다. 학생들은 하이델베르크, 튀빙겐, 프라이부르크, 라이프홀츠가 사는 괴팅겐에서 횃불 행진을 하면서 독일의 용감한 젊은이들이 하려고 하는 일을 나치 공직자들이 추켜세우자 열광의 도가니로 빠져들었다. 자정 무렵 순식간에 숙청이 이루어졌다. 거대한 장작더미에 불을 붙이고 책 수천 권을 불 속에 던져 넣은 것이다.

그리하여 독일에서는 헬렌 켈러, 잭 런던, 허버트 조지 웰스 같은 사상가들의 반독일적 사상이 일소되었다. 에리히 마리아 레마르크의 책은 물론이고 알베르트 아인슈타인과 토마스 만 등 다른 인물들의 책도

---

[*] 1871년에 종식된 프랑스-프로이센 전쟁을 기념하려고 이 날로 잡은 건지는 확실하지 않다. 그날이 독일이 프랑스를 격퇴한 날이고 통합된 독일이 출현한 날이기 때문에 그랬을 수도 있다.

소각했다. 1821년, 독일 시인 하인리히 하이네는 〈알만조르Almansor〉라는 희곡에 다음과 같이 냉랭한 말을 써넣었다. "책이 소각되는 곳에서는 결국 인간도 소각되고 말 것이다." 기독교로 개종한 유대계 독일인인 하이네의 이 말은 불길한 예언이었다. 그날 밤 독일 전역에서는 하이네의 책도 딱딱 소리를 내며 타오르는 불 속에 던져졌다. 지그문트 프로이트가 쓴 책도 소각했는데, 그 역시 하이네와 유사한 말을 했다. "우리의 책뿐이랴? 저들은 이전 시대에 책과 함께 우리까지 소각하려 했다."

베를린 횃불 행렬은 베를린 대학교 뒤편 헤겔플라츠에서 시작되어 베를린 대학교를 관통한 다음 운터 덴 린덴을 따라 동쪽으로 나아갔다. 그 뒤를 트럭에 실린 반독일적 서적이 뒤따랐다. 오페른플라츠에는 거대한 장작더미가 우두커니 서서 화톳불이 되기를 기다렸다. 흡혈귀 같은 난쟁이 요제프 괴벨스가 3만 명의 군중을 앞에 두고 어둠을 향해 고래고래 소리쳤다. "독일 남녀들이여! 교만한 유대 지성주의의 시대가 바야흐로 끝나가고 있습니다! … 여러분은 오늘 밤 자정에 과거의 악령을 불 속에 내던짐으로써 옳은 일을 하게 될 겁니다. 이는 위대하고 강력하고 상징적인 행동이 될 것입니다. … 이 잿더미에서 새 시대의 불사조가 솟아오를 것입니다. … 오오 세기여! 오오 과학이여! 살아남은 것은 기뻐하게 될 것입니다!"[6]

제3제국의 다른 많은 것들과 마찬가지로 그 장면에는 무시무시한 측면이 있었다. 그날 밤 타오른 화톳불은 위대한 인물들의 고귀한 사상과 어록을 악령처럼 집어삼켰다. 선전부 장관 괴벨스는 횃불 행렬을 개최하고 자정을 기해 화톳불을 밝힘으로써 고대의 부족과 이교도가 행한 것을 상기시키고, 힘과 무자비함과 피와 흙을 상징하는 독일의 민족 신들을 불러낼 수 있다는 걸 잘 알았다. 괴벨스는 그 의식을

베를린 오페른플라츠에 붙어 있는 명패. 이 광장에 대학생 3만 명이 운집하여 반독일 작가들의 책을 소각하며, 괴벨스가 이렇게 선언하는 말을 들었다. "교만한 유대 지성주의의 시대가 바야흐로 끝나가고 있습니다!" 왼쪽 명패에는 독일 시인 하인리히 하이네의 글귀가 주조되어 있다. "책이 소각되는 곳에서는 결국 인간도 소각되고 말 것이다." 오른쪽 명패에는 이런 글귀가 주조되어 있다. "1933년 5월 10일, 이 광장 한가운데에서 나치 대학생들이 작가, 출판사, 철학자, 과학자 들의 저작을 불살랐다."

기독교식으로 거행할 마음이 없었다. 반기독교식으로 거행할 생각이었다. 하지만 반기독교적인 의식이라고 말하지는 않았다. 그 자리에 있던 사람들이 그런 말을 듣기 싫어했기 때문이다. 하지만 그들도 속으로는 느끼고 있었다. 괴벨스는 횃불과 북과 행렬로 험악하고 불길하고 섬뜩한 분위기를 조성하여 기독교 신앙의 나약한 덕목을 전혀 알지 못하는 세력들과 멸시당하는 유대인들의 유일신 종교를 근본적으로 거부하는 세력을 규합하려 했다. 비 때문에 행사를 취소한 몇몇 도시에서는 행사를 하지인 6월 21일로 연기했다.

분서焚書에 관한 하인리히 하이네의 유명한 어구는 무시무시한 이 의식을 상기시키기 위해 자주 인용하는 어구로 지금도 오페른플라츠에 새겨져 있다. 그러나 하이네의 저작 중에는 한 세기 뒤에 독일에서 일어날 일을 예언한 훨씬 더 섬뜩한 대목이 있다. 하이네는 1834년에 출간한 《독일의 종교와 철학 Religion and Philosophy in Germany》 결론부에서 이렇게 말했다.

> 기독교와 기독교의 가장 큰 장점은 독일의 잔인한 호전성을 다소 진정시켰지만, 아주 없애지는 못했다. 진정시키는 부적, 곧 십자가가 산산이 부서지면 고대 전사들의 광포한 광기, 게르만 민족의 음유시인들이 자주 말하고 노래한 맹렬한 광기가 다시 한 번 불타오를 것이다. 이 부적은 부서지기 쉬워서 무참히 부서질 날이 올 것이다. 그러면 무자비한 신들이 망각의 잔해에서 깨어나 천 년 동안 쌓인 먼지를 눈에서 닦아낼 것이다. 그리고 마침내 우레의 신이 거대한 망치를 들고 급히 일어서서 고딕 양식의 대성당들을 부술 것이다. … 뇌성이 울리기 전에 번개가 번쩍이듯이 먼저 생각이 일어나고 행동으로 표출될 것이다. … 세계사에서 한 번도 들어보지 못한 파열음이 들리면, 여러분은 마침내 독일 벼락이 떨어졌음을 알게 될 것이다. 그 소란의 와중에 공중의 독수리들이 떨어져 죽고 가장 멀리 떨어진 아프리카의 사자들은 동굴 속에 숨을 것이다. 프랑스 혁명을 순진한 목가牧歌로 만들어버릴 연극이 독일에서 공연될 것이다.[7]

11

나치 신학

> 잘못된 종교를 가지고 있다는 것이 우리의 불행이었다. 어째서 우리에게는 조국을 위한 희생을 최고의 선으로 여기는 일본의 종교가 없단 말인가? 기독교보다는 이슬람교가 우리에게 훨씬 잘 어울렸을 것이다. 어째서 기독교는 순해 빠지고 맥없는 종교가 되어야 한단 말인가?1 _아돌프 히틀러
>
> 지금부터 10년이 지나면, 당신은 오늘날 독일에서 예수 그리스도가 차지하고 있는 것과 같은 지위를 히틀러가 차지하는 날을 보게 될 것이오. _라인하르트 하이드리히

히틀러가 그리스도인이었다는 소리가 이따금 들린다. 그러나 그는 확실히 그리스도인이 아니었다. 하지만 부관들 대다수와 달리 기독교에 대한 반감을 공공연히 드러내지는 않았다. 히틀러는 권력을 강화하는 데 도움이 되면 무엇이든 좋다고 인정했고, 권력 강화를 막는 것이면 무엇이든 인정하지 않았다. 대중 앞에서는 교회와 기독교를 찬성하는 듯한 발언을 했지만, 정치적 이익을 얻으려고 냉소적으로 던진 말에 불과했다. 속으로는 기독교와 그리스도인에게 노골적인 반감을 품고 있었다.

히틀러는 집권 초기에 전형적인 독일인으로 보이고 싶어서 교회를

도덕과 전통 가치들의 보루로 치켜세웠다. 그러나 조만간 교회가 국가사회당의 사고방식에 적응할 거라고 생각했다. 결국에는 교회가 나치 이데올로기를 담는 그릇이 될 것이니 교회를 파괴하는 것은 목적에 부합하지 않았다. 기존의 것을 변화시켜 교회가 소유한 문화적 특징으로부터 이익을 얻는 것이 훨씬 쉬웠다.

누구보다 히틀러와 친했을 것 같은 요제프 괴벨스는 성직자에 대한 히틀러의 은밀한 생각 가운데 일부를 일기에 기록했다.

> 총통은 고위 성직자들과 하위 성직자들의 교만을 두고 대단히 경멸적으로 말했다. 기독교의 정신 나간 구원론은 우리 시대에 전혀 어울리지 않는다. 그럼에도 학식 있고 교양 있는 사람들, 고위 공직을 차지한 사람들이 그 구원론을 어린아이의 신앙과 함께 고수하고 있다. 다들 기독교의 구원론을 오늘날의 힘든 삶을 안내할 길잡이로 여기니 이해할 수 없는 일이다. 총통은 대단히 과감하면서도 얼마간 기괴하기까지 한 실례를 여럿 들었다. … 학식 있고 가장 지혜로운 과학자들 대다수가 신비로운 자연법칙 중 하나를 연구하고자 평생 고투하는 반면, 바바리아(바이에른) 출신의 보잘것없는 성직자까지 종교적 지식을 토대로 이 문제를 해결하려고 한다. 그처럼 역겨운 행위는 경멸을 받을 뿐이다. 현대 과학 지식과 보조를 맞추지 않는 교회는 죽음을 맞게 마련이다. 꽤 오래 걸리겠지만, 그런 일이 반드시 일어날 것이다. 일상생활에 확고히 뿌리 내린 사람, 자연의 신비를 희미하게나마 상상할 수 있는 사람은 우주에 대해 극도로 신중하게 말할 것이다. 그러나 그러한 신중함을 갖추지 못한 성직자들은 우주의 문제에 대해 극히 완고한 태도를 드러낼 것이다.[2]

기독교는 신비하지만 시대에 뒤떨어진 몰상식 덩어리라는 게 히틀러의 생각이었다. 하지만 그가 화가 난 건 기독교가 몰상식해서가 아니라, 자신이 전진하는 데 도움을 주지 않았기 때문이다. 히틀러에게 기독교는 온순함과 무기력을 설교하는 종교였다. 무자비함과 힘을 설파하는 국가사회당의 이데올로기에는 그다지 유용하지 않았다. 히틀러는 교회가 조만간 신학을 바꿀 거라고 여겼다. 그리고 그것을 확인하고 싶었다.

히틀러의 측근 중에서 가장 극렬히 기독교를 반대한 사람은 마르틴 보어만과 하인리히 힘러였다. 두 사람은 교회가 순응할 거라거나 순응할 수 있다고 생각하지 않았다. 성직자들을 억압하고 교회를 파괴하고 싶어서 시간이 날 때마다 히틀러에게 그쪽 노선을 따르라고 권했다. 두 사람은 교회와의 전쟁을 앞당기려 했지만, 히틀러는 서두르지 않았다. 기독교를 공격할 때마다 인기가 떨어졌기 때문이다. 히틀러는 측근들과 달리 본능적으로 정치적 속도를 조절하는 감각을 지니고 있었다. 지금은 교회와 직접 대결할 때가 아니었다. 기독교를 찬성하는 척할 때였다.

히틀러의 냉정한 접근법을 직접 목격한 이가 건축가 알베르트 슈페어다. "1937년경, 기독교가 히틀러의 계획에 완강히 저항하자 국가사회당과 나치 친위대의 선동으로 추종자들 대다수가 교회를 떠났다는 말이 들려오는데도, 히틀러는 가장 가까운 동무들, 누구보다 괴링과 괴벨스에게 교인으로 남으라고 지시했다. 히틀러는 가톨릭교회에 대한 애착이 없으면서도 자신도 가톨릭교회 교인으로 남겠다고 말했다."[3]

보어만은 그리스도인과 기독교를 싫어했지만, 아직은 공공연히 떠들어댈 수 없었다. 1941년, 전쟁이 맹위를 떨칠 때 보어만은 자신의 의중을 알리면서 "국가사회당과 기독교는 양립할 수 없다"고 말했다. 슈페어는 이렇게 평했다.[4]

보어만은 누워서 잠을 자는 당의 이데올로기를 재가동하려면 교회투쟁, 곧 교회 반대 운동이 필요하다고 여겼다. 그는 교회 반대 운동을 배후에서 움직이는 동력이었다. … 히틀러는 머뭇거렸다. 더 적절한 시기로 미루고 싶었기 때문이다. … 그는 이따금 이렇게 선언했다. "일단 다른 문제부터 해결하고 교회 문제를 처리할 생각이오. 그때가 되면 교회를 궁지에 몰 것이오." 하지만 보어만은 교회 처리가 연기되는 걸 원치 않았다. 히틀러의 신중한 실용주의를 좀처럼 참을 수 없었다. … 그래서 히틀러의 측근 한 명을 유인하여 목사나 감독이 한 불온한 연설을 히틀러에게 일러바치게 했다. 마침내 히틀러도 주의를 기울이며 세부적인 것까지 요구했다. … 어느 시점부터 보어만은 호주머니에 문서를 휴대하고 다니면서 반항적인 설교와 목회서신에서 따온 구절을 읽어주었다. 그럴 때면 히틀러는 자주 열을 받아 손가락으로 딱딱 소리를 냈다. 화가 났다는 표시였다. 히틀러는 음식을 밀어제치며 불쾌한 성직자를 반드시 응징하겠다고 맹세했다.

그러나 이 모든 일은 먼 미래에나 벌어질 일이었다. 1933년에 히틀러는 자신이 교회에 반대하는 입장을 취할 수도 있다는 걸 전혀 암시하지 않았다. 목회자 대다수는 히틀러가 자기들 편이라고 철석같이 믿었다. 히틀러가 정치 생활 초기에 친親기독교적 발언을 했기 때문이다. 1922년에 한 연설에서 히틀러는 예수를 "우리의 가장 위대한 아리안 영웅"이라 불렀다. 유대인 예수를 아리안 영웅과 일치시키는 것이나, 히틀러가 이상적으로 생각하는 니체의 무자비하고 부도덕한 초인을 겸손하고 자기희생적인 예수와 일치시키는 것이나 터무니없기는 매한가지다.

히틀러는 니체주의자로 불려야 마땅하다. 하지만 그가 그런 말을 들었다면 발끈했을 것이다. 그 말에는 히틀러가 자신 너머에 있는 무언가를 믿는다는 뜻이 담겨 있기 때문이다. 자기 너머에 있는 무언가를 믿는다는 건 불굴의 총통상, 만인지상의 총통상에 맞지 않았다. 하지만 히틀러는 바이마르에 있는 니체 박물관을 여러 차례 찾았다. 그 철학자의 거대한 흉상을 황홀하게 바라보는 모습을 찍은 사진도 여러 장이다. 히틀러는 니체가 '권력에의 의지'를 두고 한 말을 진심으로 믿었다. 그는 권력을 숭배하는 인물이었다. 히틀러에게 진리는 무시해도 될 허깨비에 불과했다. 히틀러의 불구대천의 원수는 거짓이 아니라 나약함이었다. 히틀러에게는 무자비가 큰 덕목이었고 자비는 큰 죄였다. 온유함을 옹호하는 것이야말로 기독교의 최대 난점이었다.

니체는 기독교를 "하나의 커다란 불행, 하나의 거대한 왜곡, … 인류의 영원한 흠"이라 불렀다. 기독교의 덕을 경멸했고, 비루하고 나약하다 여겨 이렇게 말했다. "사회는 덕을 힘과 권력과 질서를 얻는 수단으로만 여긴다." 물론 니체는 초인 안에서 구현된 힘, 곧 난폭하고 잔인하며 무자비한 권력자 안에서 구현된 힘을 예찬했다. 니체는 그 힘을 가리켜 "약탈과 승리를 위해 날뛰는 멋진 금발 짐승"이라 불렀다.[5]

히틀러는 니체가 자신의 출현과 집권을 예언하고 있다고 믿었던 것 같다. 니체는 《권력에의 의지 Der Wille zur Macht》에서 통치자의 인종, "두드러지게 강한 인종, 지성과 의지력을 가장 많이 타고난 인종"이 출현할 거라고 예언했다. 히틀러는 아리안 인종이 바로 그 통치자의 인종이라고 생각했다. 니체는 그 인종을 땅의 주인들이라 불렀다. 윌리엄 샤이러는 니체의 외침이 히틀러의 찬성을 얻었다고 말한다. "니체의 외침은 분명히 히틀러의 어수선한 마음에 공명을 일으켰을 것이다. 어쨌든 히틀러는 그 외침을 자기 것으로 삼았다. 니체의 사상은 물론이고 니체의 말까지 자기 것으로 삼았다. 땅의 주인들은 《나의 투쟁》

에 자주 등장하는 표현이다. 히틀러가 자신을 니체가 예언한 초인으로 여긴 건 틀림없는 사실이다."

히틀러는 니체를 위대한 인물로 인정했을지도 모른다. 히틀러의 길을 예비하는 것이야말로 니체의 존재 이유라고 사람들이 이해했기 때문이다. 말하자면 니체는 히틀러의 세례 요한이나 다름없었다.

휴스턴 스튜어트 체임벌린은 히틀러를 구세주의 관점에서 묘사한 최초의 인물이다. 샤이러는 체임벌린을 "이제까지 살았던 가장 낯선 영국인"으로 꼽았고, 상당수 사람들은 그를 제3제국의 영적 아버지로 꼽았다. 체임벌린은 뛰어난 인종인 독일 민족이 세계를 지배해야 한다고 생각했다. 그리고 히틀러야말로 그 인종을 이끌 적임자라고 예언했다.

> 체임벌린은 별난 생을 마감할 무렵 그 오스트리아 상병(히틀러)을 하나님으로부터 파송을 받아 독일 민족을 광야에서 이끌어낼 인물로 추켜세웠다. 히틀러가 집권할 가망이 보이기 훨씬 전의 일이다. 히틀러는 자신이 실제로 집권하게 되자 체임벌린을 예언자라 여겼다. … 체임벌린은 자신이 선포하고 예언한 모든 것이 이 새로운 독일 메시아의 신적 영도 아래 조만간 성취될 거라는 희망을 가득 안고 1927년 1월 11일에 죽었다.[6]

체임벌린은 죽기 전에 히틀러를 만난 적이 있다. 그는 알쏭달쏭한 이야기에 등장하는 알쏭달쏭한 인물, 시므온의 노래 〈눈크 디미티스 Nunc Dimittis〉를 거꾸로 뒤집어 노래한 흉악한 시므온이라 할 수 있다.

새로운 나치 종교

히틀러는 자기 자신 이외의 종교를 갖지 않았다. 따라서 히틀러가 기독교와 교회를 대적한 것은 이념 때문이라기보다는 실용적인 이유에서였다. 하지만 제3제국 지도자 상당수는 그렇지 않았다. 알프레트 로젠베르크, 마르틴 보어만, 하인리히 힘러, 라인하르트 하이드리히, 그 밖의 다른 지도자들은 기독교를 극렬히 반대했다. 그들은 이념적으로 기독교의 반대편에 섰다. 기독교를 자신들이 고안해낸 종교로 대체하고 싶어 했다. 샤이러는 이렇게 말했다. "그들의 지휘 아래 나치 정권은 할 수만 있으면 독일에 있는 기독교를 파괴하려 했다. 그들은 기독교를 독일 초기의 부족 신들을 믿는 옛 이교 신앙과 나치 극단주의자들의 새로운 이교 신앙으로 대체하려 했다."

히틀러는 애초부터 그들을 말리고 제어하려고 부단히 애썼다. 그러나 때가 되자 그들이 하는 일에 반대하지 않았다. 히틀러는 그 일을 그다지 중요하게 여기지 않았지만, 힘러가 요리하는 신新이교 스튜가 기독교보다 훨씬 유익할지도 모른다고 여겼다. 그 요리가 제3제국에 유익한 덕목을 옹호했기 때문이다.

힘러는 나치 친위대 수장으로 기독교를 극렬히 반대했다. 그래서 일찌감치 성직자가 나치 친위대에서 복무하는 것을 금했다. 1935년에는 모든 나치 친위대 대원이 종교 단체에서 맡은 지도자 직분을 포기하게 했다. 그 이듬해에는 나치 친위대 군악대원이 종교 의식에 참여하는 것을 금했다. 그 다음에는 나치 친위대 대원이 교회 예배에 참석하는 것도 금했다. 힘러에게는 나치 친위대 자체가 종교였고, 친위대 대원은 성직 지망자나 다름없었다. 나치 친위대의 수많은 의식은 사실상 밀교 의식이나 다름없었다. 힘러는 밀교와 점성학에 깊은 관심을 기울였다. 나치 친위대가 죽음의 수용소에서 저지른 행위 대

나치 친위대와 게슈타포의 수장이자 대학살의 최고 설계자 하인리히 힘러

부분에는 힘러의 도장이 찍혀 있었는데, 도마뱀 모양의 도장이었다.

독일군 간부 한스 기제비우스는 장차 히틀러 암살 모의에 가담할 지도자 중 하나였다. 모의에 가담한 대다수의 사람과 마찬가지로 기제비우스 역시 독실한 그리스도인이었다. 마르틴 니묄러의 친구였으며, 그의 교회에 출석했다. 1935년 어느 날, 기제비우스는 힘러와 하이드리히와 합석했다. 힘러와 하이드리히는 기제비우스의 신앙을 알고 있었고, 그것을 두고 그와 논쟁을 벌였다. 기제비우스는 이렇게 기록했다.

> 하이드리히는 논쟁에 활발히 참여하면서 방 안을 열심히 왔다갔다했다. 그러나 자신의 주장을 끝맺지 못했다. 작별 인사를 하려고 할 즈음 그가 나를 따라와 마지막 말을 던졌다. 내 어깨를 두드리고 싱글벙글 웃으며 이렇게 말했다. "조금만 기다려보시오. 10년쯤 지나면, 당신은 오늘날 독일에서 예수 그리스도가 차지하고 있는 것과 같은 지위를 히틀러가 차지하는 날을 보게 될 것이오."**7**

나치 친위대는 그 문제를 끈질기게 물고 늘어졌다. 알베르트 슈페어는 히틀러가 힘러의 노력을 남몰래 비웃던 때를 이렇게 회상했다. "말도 안 돼! 드디어 일체의 신비주의를 버린 시대에 도달했는데, 그자는 그것을 되풀이하려 하는군. 차라리 교회와 손을 잡는 게 나을 뻔했어. 적어도 교회는 전통을 가지고 있잖아. 내가 어느 날 나치 친위대의 성자가 된다고 생각해봐! 그게 상상이 돼? 나는 무덤 속에서 탄식하게 될 거야."[8]

로젠베르크는 이 새로운 종교를 창시하는 일에 가장 적극적으로 참여한 나치 지도자 중 하나였다. 하지만 어떻게 그 목표에 도달할지에 대해서는 의견이 분분했다. 일부는 힘러처럼 새 출발을 하고 싶어 했고, 일부는 기존 기독교회들을 나치 교회로 바꾸는 게 더 쉽다고 생각했다. 로젠베르크는 거리낌 없는 이교도였다. 그는 전쟁 중에 국가 교회를 위한 30개 강령을 만들었다. 그 강령을 거리낌 없는 이교도에게 맡겼다는 사실은 히틀러가 기독교회와 그 교리를 얼마나 존중했는지를 여실히 보여준다. 로젠베르크의 계획은 교회에 대한 나치의 궁극적 계획이 무엇이었는지 보여주는 가장 명백한 증거라고 할 수 있다. 그가 마련한 강령의 몇몇 조항은 히틀러가 무엇을 흔쾌히 찬성하고, 전쟁을 틈타 어디로 나아가려 했는지 잘 보여준다.[9]

13. 국가 교회는 독일 내에서 성경 출판과 보급을 즉각 중지할 것을 요구한다.

14. 국가 교회는 독일 민족에게 총통의 《나의 투쟁》이 모든 문서 가운데 가장 뛰어난 문서로 결정되었음을 선언한다. 이 책에는 가장 뛰어난 내용이 담겨 있다. 그뿐 아니라 우리 민족의 현재와 미래를 위한 가장 순수하고 참된 윤리를 구현하고 있다.

18. 국가 교회는 제단에서 모든 십자가와 성경과 성화를 치울 것이다.

19. 제단 위에는 독일 민족과 하나님에게 가장 신성한 책인 《나의 투쟁》만이 놓여 있어야 하고 제단 왼편에는 검 하나가 놓여 있어야 한다.

30. 국가 교회를 창립하는 날 모든 교회, 모든 성당, 모든 예배당에서 기독교의 십자가를 제거해야 한다. 기독교의 십자가는 아무도 정복할 수 없

는 만(卍)자 십자가로 대체되어야 한다.[10]

독일 그리스도인들

독일의 진지한 그리스도인들은 기독교와 나치 철학이 양립할 수 없다는 걸 알고 있었다. 카를 바르트는 기독교와 "선천적으로 신을 믿지 않는 국가사회당 사이에는 심연이 가로놓여" 있다고 말했다.[11]

그러나 이 둘 사이에 자리한 깊고 넓은 심연의 어딘가에는 심연이 존재하지 않는다고 생각하는 이상한 집단, 국가사회당과 기독교를 매끈하게 연결하고 싶어 하는 집단이 있었다. 그들은 그 계획 속에 도사리는 신학적 문제를 전혀 보지 못했다. 1930년대 내내 그들은 독일에서 강력한 세력을 형성했다. 그들은 고백교회의 편에 서서 교회투쟁을 갓 시작한 본회퍼와 니묄러와 다른 지도자들에게 대항하는 핵심세력이었다. 그들은 스스로 독일인이면서 그리스도인이라 여기는 모든 이를 흡수하고자 자신들을 독일 그리스도인이라 불렀다. 그러나 독일인 기질과 기독교를 통합하려면 왜곡이 필요했다. 수고스럽더라도 그 왜곡을 살펴보도록 하자.

도리스 버겐은 《뒤틀린 십자가 Twisted Cross》에서 이렇게 말했다. "독일 그리스도인들은 기독교는 유대교와 상극이고, 예수는 제일가는 반유대주의자이고, 십자가는 유대인에 대한 전쟁의 상징이라고 선포했다." 독일 국민과 독일 교회를 융합하는 건 둘의 의미를 왜곡하고 비트는 것을 뜻했다. 첫 번째 단계는 독일인 기질을 유대인 기질과 반대되는 것으로 정의하는 것이었다. 기독교를 독일인 기질과 일치시키는 건 기독교에서 유대인풍의 모든 것을 제거하는 것을 뜻했.

먼저 그들은 구약성경을 없애기로 했다. 구약성경은 분명 유대인의

1933년 11월 13일, 독일 그리스도인들의 회합. 왼쪽에서 첫 번째가 라인홀트 크라우제, 여섯 번째가 프리드리히 베르너

것이었다. 바이에른에서 열린 독일 그리스도인들의 집회에서는 어떤 강연자가 구약성경을 더러운 인종의 모험담으로 깎아내렸다. 그가 "모세는 늘그막에 흑인 여자와 결혼했습니다"라고 말하자 왁자한 웃음과 열광적인 박수갈채가 터졌다. 1939년 말, 독일 그리스도인들은 '독일 교회에 남아 있는 유대교의 영향을 조사하고 제거하기 위한 연구소'를 설립했다. 토머스 제퍼슨이 자기 마음에 안 드는 부분을 생략하고 제퍼슨 바이블을 만들었듯이, 이 연구소도 가위를 들고 성경을 살피면서 유대적인 것으로 보이거나 반독일적인 것으로 보이는 것은 모조리 삭제했다. 나치 수뇌부에 속한 게오르크 슈나이더는 구약성경 전체를 "교활한 유대인의 음모"라고 부르면서 이렇게 말했다. "성경 가운데 유대인을 미화하는 대목을 화덕에 던져라. 그러면 우리 민족을 위협하는 그것을 영원한 불꽃이 다 태워버릴 것이다."¹²

독일 그리스도인들은 신약성경도 문맥을 무시하고 인용하며 반유대

주의 의제에 맞게 의미를 왜곡했다. 특히 요한복음 8장 44절을 써먹으며 큰 효과를 보았다. "너희는 너희 아비인 악마에게서 났으며, 또 그 아비의 욕망대로 하려고 한다. 그는 처음부터 살인자였다. 또 그는 진리 편에 있지 않다. 그것은 그 속에 진리가 없기 때문이다. 그가 거짓말을 할 때에는 본성에서 그렇게 하는 것이다. 그는 거짓말쟁이이며 거짓의 아비이기 때문이다." 물론 예수와 예수의 제자들도 유대인이었다. 여기에서 예수가 질타하는 유대인은 종교 지도자들이다. 예수는 그들에게만 그렇게 거친 말투를 썼다. 예수가 성전에서 환전상을 내쫓는 대목도 독일 그리스도인들에게 인기가 있었다. 그러나 그들은 그 대목을 더 신랄하게 하려고 "강도들의 소굴"이라는 표현을 독일 백화점으로 대체했다. 당시에는 백화점 대부분을 유대인이 소유하고 있었기 때문이다. 독일 그리스도인들은 예수를 비非유대인으로, 무자비한 반유대주의자로 그렸다. 히틀러가 예수를 "우리의 가장 위대한 아리안 영웅"이라고 불렀을 때 이 표현은 대단한 도약이 아니었다. 독일 그리스도인들이 관계를 끊기 전에도 예수는 다리를 곧게 펴고 걷는 자, 독일 전통 롤 파이 슈트루델을 좋아하는 제국의 아들이 되어야 할 판이었다.

독일 그리스도인들은 교회 음악에 대해서도 같은 방침을 취했다. 베를린 스포츠팔라스트에서 열린 독일 그리스도인들의 유명한 집회에서 지도자 중 한 사람이 이렇게 말했다. "우리는 이스라엘의 요소가 없는 찬송을 불러야 합니다!" 하지만 그건 곤란한 일이었을 것이다. 가장 독일적인 찬송가라고 할 수 있는 루터의 〈내 주는 강한 성이요〉 조차도 예수를 "만군의 주"로 언급했기 때문이다. 그래도 그들은 찬송가 책에서 여호와, 할렐루야, 호산나 같은 유대 단어를 제거하는 데 열을 올렸다. 한 작사가는 예루살렘을 천상의 거처로, 레바논의 백향목을 독일의 전나무로 바꾸자고까지 제안했다.

독일 그리스도인들이 스스로를 꽈배기처럼 비틀었을 때 그들 중 일부는 그것이 지는 싸움이라는 것을 알았다. 1937년에 그들은 성경에 기록된 말이 문제라면서 이렇게 말했다. "유대인들이 자신들의 신앙을 가장 먼저 기록한 자라면, 예수는 전혀 그러지 않았다." 따라서 참으로 독일적인 기독교가 되려면 기록된 말을 넘어서야 했다. 그들은 "기록된 말 안에는 언제나 악마가 거주한다"고 덧붙였다.[13]

그들이 하는 노력은 갈수록 우스꽝스러워졌다. 이따금 독일 그리스도인들은 세례란 그리스도의 몸 안에 잠기는 것이 아니라 민족 공동체 안에, 총통의 세계관 속에 잠기는 것이라고 했다. 성찬식도 문제를 안고 있었다. 한 목사는 빵이 "독일이라는 나라에 충실한 대지의 몸, 단단하고 튼튼한 대지의 몸"을 상징하고, 포도주는 "대지의 피"를 상징한다고 말했다. 그들은 온갖 이단사설을 배출하는 출구였다.

문제는 그들의 신학이 빈약하다는 사실만이 아니었다. 기독교에 대한 그들의 생각 전체가 이단적이었다. 히틀러가 제국 감독직을 신설하고 통합된 독일 교회를 이끌라고 직접 지명한 루트비히 뮐러는 이렇게 선언했다. "독일 그리스도인들의 사랑은 단단하고 전사다운 면모를 지녀야 한다. 그 사랑은 부드럽고 약한 것을 모두 경멸한다. 생명에 적대적인 모든 것, 곧 부패하고 꼴사나운 것이 완전히 제거되고 사라질 때에만 모든 삶이 건강해지고 적합해질 수 있음을 알기 때문이다." 이것은 기독교가 아니라 니체식 사회진화론이었다. 뮐러는 은총이라는 개념도 반독일적인 개념이라고 공공연히 말했다. 해군 군목 출신에 상고머리를 하고 튼튼한 놈과 남자 중의 남자를 자처하던 뮐러는 신학자들을 비웃곤 했다. 그가 가장 많이 두들겨 팬 신학자가 카를 바르트다. 뮐러는 독일 교회를 나치화하는 것을 가장 열렬히 옹호한 사람이었다. 그는 교회투쟁에 나선 고백교회의 주적이었다.[14]

독일 그리스도인들의 적극적 기독교에는 전통적인 기독교의 사랑과 은총이 존재하지 않는다고 생각한 사람은 뮐러만이 아니었다. 또 다른 독일 그리스도인은 "죄와 은총에 대한 가르침은 신약성경에 삽입된 유대교의 견해에 불과하며" 당시의 독일인에게는 너무나 부정적인 가르침이라고 선언했다.

> 우리처럼 원치 않는 전쟁을 치르다 패하여 유죄 선고를 받은 국민은 자신의 죄를 지나치게 지적받을 때 견디지 못할 것이다. 우리 국민은 전쟁 범죄라는 거짓말 아래서 너무 많은 고통을 받았다. 교회와 신학은 기독교를 이용하여 우리 국민에게 정치적 수치심을 안겨주는 것이 아니라 용기를 심어주는 것을 과제로 삼아야 한다.[15]

독일 그리스도인들이 전통적으로 용인된 성경의 의미와 교회의 교리들을 왜곡하는 것을 어떤 식으로 정당화했는지는 복잡한 문제다. 독일 그리스도인들의 지도자 중 라인홀트 크라우제는 마르틴 루터가 독일인에게 "아주 귀중한 유산"을 물려주었다고 말했다. 그것은 "제3제국 안에서 독일식 개혁을 완수하는 것"이었다.[16] 루터가 가톨릭교회에서 탈퇴한 것이 사실이라면, 처음부터 결정된 건 아무것도 없다는 거였다. 이는 개신교의 정원에서 자라난 잡초였다. 루터조차도 성경에 있는 몇몇 책의 정경성, 특히 야고보서의 정경성에 이의를 제기했다. 루터는 야고보서를 "행위에 의한 구원"을 설파하는 책이라 여겼다.[17] 그리고 본회퍼의 스승이자 자유주의 신학자인 아돌프 폰 하르낙도 구약성경에 있는 상당 부분의 정경성을 의심했다. 슐라이어마허와 하르낙으로 대변되는 자유주의 신학이 일을 이 방향으로 추진하는 데 도움을 준 건 틀림없는 사실이다. 하지만 이 퍼즐의 다른 조각은 기독교 신앙이 문화적 정체성 내지 민족적 정체성과 밀접하게 연결될 때 어쩔 수 없이 발생하는 혼동과 관계가 있다. 독일인의 민족 정체성은 그들이 지닌 루터교 신앙과 함께 용해된 상태였다. 따라서 어느 한쪽도 제대로 볼 수 없었다. 모든 독일인이 루터교 신자가 된 지 400년이나 흐른 상태라 기독교가 무엇인지 분명히 아는 이가 하나도 없었다.

마침내 독일 그리스도인들은 자신들이 바르트가 말한 심연 속에 살고 있다는 걸 깨달았다. 진정한 그리스도인들은 자신을 지리멸렬한 이단자, 국가의 이단자로 여겼다. 그들은 심연 저편의 나치에 동조하는 완고한 반유대주의자들의 요구에 응할 수 없었다. 한 나치 지도자는 나치 비밀경찰 게슈타포에게 보내는 한 편지에서 찬송가 〈예루살렘, 너 아름답고 우뚝한 도시여〉의 멜로디가 독일 전몰장병을 기리는 추도 예배에서 연주되었다고 불평하기도 했다. 멜로디만 연주했기 때문에 귀에 거슬리는 가사도 없었다. 하지만 가사를 떠올리게 하는 것까지 참을 수 없었던 것이다. 추도 예배에서 여러 해 동안 연주된 그 유명한 찬송가는 파울라 본회퍼가 1918년 발터의 장례식을 위해 고른 곡이었다.

12

교회 투쟁이
시작되다

당신이 반대 방향으로 가는 기차를 탔다고 가정해보자. 통로를 따라 기차가 가는 방향과 반대 방향으로 달려간들 무슨 소용이 있겠는가? _디트리히 본회퍼

    처음에 독일 그리스도인들은 자신들의 과격한 신념을 독일 국민이 알아채지 못하게 하려고 조심했다. 무심한 사람들에게는 1933년 4월에 개최된 회합이 신학적 진지함을 보여주는 본보기로 보였을 것이다. 하지만 독일 그리스도인들은 독일 교회가 제국교회로 통합되어야 한다고 말했다. 그 외의 발언은 부서진 제국의회와 바이마르공화국 냄새를 풍겼다. 그들은 모든 것이 총통의 지도와 통합 사상 아래 조율되어야 하며, 이 일에 교회가 솔선수범해야 한다고 말했다.
    4월 회합의 결과로 수많은 독일인이 단일 제국교회를 흔쾌히 받아들였다. 제국교회가 어떻게 어떤 형태로 이뤄져야 하는지에 대해서는

아는 이가 거의 없었다. 히틀러 혼자 뚜렷한 복안을 가지고 있었다. 교회 지도층은 5월에 로쿰에서 만나 교회의 미래를 논의하도록 감독 세 명을 임명했다. 히틀러는 이때 기회를 포착했다. 말을 안 듣는 교회들을 복종시키고자 히틀러는 3인방이 모인 자리에 네 번째 성직자를 슬그머니 밀어 넣었다. 3인방이 모인 정원 파티에 불쑥 끼어든 스컹크는 바로 루트비히 뮐러였다. 앞서 말했듯이 뮐러는 해군 군목 출신으로 히틀러가 제국 감독으로 내세우려는 자였다. 즉 통합 교회의 우두머리가 될 자였다.

그러나 그해 5월, 교회를 자신의 형상대로 창조하려고 히틀러가 둔 첫 수는 성공하지 못했다. 감독들이 모종의 인물을 제국 감독으로 내세우기로 했기 때문이다. 그 인물은 뮐러가 아니라 프리드리히 폰 보델슈빙이었다. 보델슈빙은 베스트팔리아에 있는 빌레펠트에서 간질 환자와 신체장애자를 위해 공동체를 운영하는 점잖고 걸출한 인물로 많은 사람에게 존경을 받았다.

보델슈빙은 5월 27일에 제국 감독에 선출되었다. 하지만 이 온화한 영혼이 제국 감독의 관을 쓰자마자 독일 그리스도인들은 선거 결과를 뒤집으려고 온갖 수단을 동원해 보델슈빙을 공격했다. 그 선봉에 뮐러가 있었다. 그는 "국민의 목소리를 귀담아 들어야 한다"고 목소리를 높였다. 그러나 독일인 상당수는 보델슈빙을 공격하는 뮐러의 행동을 고약하고 역겹게 여겼다. 보델슈빙은 예의바르고 정치에는 관심이 없는 인물로 선거에서 정정당당히 승리했다.

보델슈빙은 자신을 비난하는 소리에도 아랑곳하지 않고 베를린에서 업무를 보기 시작했다. 도착하자마자 마르틴 니묄러에게 도움을 청했다. 니묄러 목사는 제1차 세계대전 때 독일 잠수함 유보트U-boat 함장으로 용맹을 떨쳐 철십자 훈장을 받은 인물이다. 처음에는 나치가 독일의 위엄을 회복하고 공산주의자들을 독일에서 쫓아내고 도

1946년경 마르틴 니묄러

덕 질서를 회복시킬 영웅이라 여겨 환영했다. 1932년에는 히틀러를 은밀히 만나기도 했다. 이때 히틀러는 니묄러에게 교회에 간섭할 생각이 없고 유대인을 학살하지도 않을 거라고 장담했다. 나치가 선거에서 승리하면 오랫동안 기도해온 민족 종교의 부흥이 일어날 거라 믿었던 니묄러는 만족스러웠다.

하지만 얼마 안 가서 자신이 속았다는 걸 깨달았다. 그리고 자연히 히틀러에게 반감을 품게 되었다. 니묄러의 행동에는 한 치의 두려움도 없었다. 달렘에 있는 교회는 늘 사람들로 북새통을 이뤘고, 니묄러가 설교할 때면 온 교우가 온 신경을 곤두세워 경청했다. 하지만 게슈타포 대원들은 니묄러가 뭐라고 하든 관심이 없었다. 그걸 안 니묄러는 설교단에서 그들을 조롱하곤 했다. 군 바깥에 있는 누군가가 히틀러에 맞서 반대 운동을 펼친다면, 다들 니묄러가 적임자라고 여길 정도였다. 니묄러가 본회퍼를 만나 교회투쟁에서 핵심 역할을 하기 시작한 것도 보델슈빙이 선출될 무렵이었다.

제국 감독으로 재임하는 짧은 시간 동안 보델슈빙은 독일 그리스도인들이 외치는 고함 때문에 차츰 불행해졌다. 6월 18일, 그 소란의 와중에 놀랍게도 프란츠 힐데브란트가 목사 안수를 받았다. 힐데브란트는 유대인이었다. 따라서 그가 교회에서 맞이하게 될 미래는 대단히 우려스러운 것이었다. 신학 폭도들이 제멋대로 휘젓기라도 하면, 교회가 그를 어찌할 것 같은가? 베를린의 유서 깊은 니콜라이 교회에서 안수 의식을 거행했다. 본회퍼도 그 자리에 참석했다. 니콜라이 교회는 힐데브란트의 영적 영웅이자 17세기 찬송 작가인 파울 게르하르트 목사 안수를 받고 나중에 목사로 시무한 교회였다. 본회퍼는 파울 게르하르트가 쓴 찬송가를 외우고 있었고, 그것은 나중에 옥중생활을 하는 그에게 의지가 되어주었다.*

독일 그리스도인들은 보델슈빙을 끊임없이 공격했다. 6월 19일에는 베를린 대학에서 집회를 열었다. 이미 여러 대학에서 발판을 마련한 상태였다. 대학생들이 보델슈빙 반대 운동을 펼치기 시작했다. 본회퍼는 자신이 가르치는 신학생들과 집회에 참석했다. 하지만 한 마디도 하지 않았다. 본회퍼는 자기 학생들이 독일 그리스도인들과 논쟁하게 내버려두었다. 독일 그리스도인들이 루트비히 뮐러를 제국 감독으로 선출해달라고 말하면 학생들과 함께 퇴장하려고 마음먹고 있었다. 독일 그리스도인들로서는 그렇게 제안하지 않을 수 없었다. 그리고 기어이 그렇게 했다. 바로 그 순간 본회퍼는 보델슈빙 지지자들과 함께 벌떡 일어나 퇴장했다. 놀랍게도 집회 참석자의 90퍼센트가 퇴장했다. 독일 그리스도인들의 뺨을 세게 친 격이었다. 최근 몇 주간 그들이 얼마나 정나미 떨어지게 행동했는지 보여주는 사건이었다.

집회장에서 나온 이들은 헤겔 동상 옆에 모여 즉석으로 모임을 가졌다. 그러나 이 젊은이들 사이에도 독일 그리스도인들을 반대할 것이냐, 히틀러를 반대할 것이냐를 두고 이견이 있었다. 젊은이들은 독일 그리스도인들이 너무 과격하다고 생각했다. 독일 그리스도인들이 나치 교의를 교회 안에 끌어들이려 했기 때문이다. 하지만 젊은이들 대다수는 스스로를 국가와 총통에게 헌신하는 애국적인 독일인이라 여겼다. 퇴장하고 모인 그 자리에서 젊은이들은 히틀러에게 복종하겠

---

*얄궂게도 1923년 이전에는 호르스트 베셀의 아버지 빌헬름 베셀 박사가 니콜라이 교회를 담임했다. 호르스트 베셀이 작곡한 〈깃발을 높이 들어라〉는 불명예스럽게도 호르스트 베셀 리트(Horst Wessel Lied)라는 이름의 시조가 되었다. 〈호르스트 베셀 리트〉는 나치의 공식 당가였다.

노라고 선언했다. 본회퍼는 "한 학생이 제국 수상 만세를 외치자 나머지도 그대로 따라했다"고 말했다.[1]

사흘이 지나 또 다른 집회가 열렸다. 이번에는 본회퍼가 연설했다. 무슨 말을 했을지는 짐작하기 어렵다. 하지만 본회퍼는 여전히 희망에 부풀어 있었다. 교회가 평화적으로 문제를 해결할 수 있을 거라고 생각했기 때문이다. 본회퍼는 하나님이 독일 교회 안에서 벌어지는 이 투쟁을 활용하여 독일 교회를 겸손하게 하실 것이고, 아무도 자랑하거나 으스대지 못하게 하실 거라고 말했다. 이를테면 그리스도인들이 자기를 낮추고 회개해야 하며, 그 투쟁으로 무언가 좋은 일이 일어날지도 모르니 그리스도인이 나아갈 길은 자기를 낮추고 회개하는 것뿐이라는 얘기였다. 연설을 듣는 청중은 대부분 유대인이 교회를 출입하지 못하게 막는 건 옳지 않다고 여겼다. 본회퍼는 옳은 편에 선 이들이 영적 교만을 조심해야 한다면서 로마서 14장과 교회 안에 있는 "믿음 약한 형제들," 특별 은총과 특별한 도움이 필요한 사람들을 예로 들었다. 마치 교회 전체와 믿음 약한 형제들을 위해 아리안 조항을 반대하는 이들이 참아서야 되겠느냐고 묻는 것 같았다. 본회퍼는 자신의 비평이 상당히 과격하다고 생각했다. 하지만 나중에는 지나치게 관대했다고 느꼈다.

본회퍼는 교회사 초기에 니케아와 칼케돈에서 개최한 것과 같은 교회 공의회를 소집하자고 제안하기도 했다. 교회가 교회답게 행동하면 성령이 말씀하시고 문제를 해결하실 거라고 여겼다. 그러나 연설을 듣는 청중은 대부분 자유주의 신학자들이었다. 그들은 공의회, 이단, 분열 같은 관념을 케케묵은 것이라 여겼다. 본회퍼는 교회답게 처신하자고 교회에 호소했지만, 아무도 들으려 하지 않았다.

이틀 뒤에 국가가 끼어들어 대혼란이 빚어졌다. 항의의 뜻으로 보델슈빙이 사임했다. 바야흐로 교회투쟁이 시작되려 했다. 6월 28일, 뮐러가 베를린에 있는 종무부宗務部를 점거하라고 나치 돌격대에 지시했다. 7월 2일, 나치 돌격대 대원이 목회자 한 명을 체포했다. 저항하는 이들은 속죄기도회를 열고 중보기도를 요청했다. 그런 혼란 속에서 보델슈빙은 힌덴부르크를 만나 자기 쪽 상황을 설명했고, 힌덴부르크는 보델슈빙의 우려를 히틀러에게 직접 전하겠다고 말했다.

긍정적인 조치가 있을 거라 믿던 본회퍼의 희망도 히틀러와 독일 그리스도인들을 반대하는 세력이 약해지고 분열되자 서서히 사라졌다. 온통 우울한 상황뿐이었다. 뮐러와 독일 그리스도인들은 사태를 자신들에게 유리하게 바꾸려고 서슴없이 국가 권력을 활용했다. 그러나 본회퍼와 힐데브란트는 실현가능한 수단을 하나 찾아냈다. 교회들이 독립을 선언하고 동맹파업에 돌입하여 국가에 맞서야 한다고 말했다. 국가가 철회하지 않고 교회를 교회 되게 하지 않으면 국가 교회로 행동하기를 멈추고, 무엇보다 장례 집례를 거부하자는 얘기였다. 훌륭한 해법이었다.

미온적인 개신교 지도자들에게 이 제안은 대단히 과격하고 호들갑스러워 보였다. 본회퍼의 과단성이 불안하기만 했다. 작금의 현실에서 자신들의 죄악을 보게 했기 때문이다. 어느 날 히틀러를 암살하기 위해 행동에 돌입해야 할 순간에 정치적 위협을 느낀 군부 지도자들이 뒷걸음질했듯이 신학적 위협을 느낀 개신교 지도자들도 뒷걸음질했다. 그들은 동맹파업을 꾀하는 식의 강력하고 패씸한 일을 할 의지가 없었다. 그래서 기회를 잃고 말았다.

교 회 선 거

그 사이에 히틀러는 교회에 대한 계획을 착착 진행했다. 개신교 목사들을 어떻게 처리할지 확실히 알고 있었다. 히틀러는 이렇게 말했다. "여러분은 원하는 대로 저들을 처리하게 될 것이오. 저들은 굴복하고 말 것이오. … 하잘것없는 자들이니 개처럼 복종할 것이오. 여러분이 말을 거는 순간 저들은 쩔쩔매며 식은땀을 흘릴 것이오."[2] 히틀러는 선거를 요구할 때마다 냉소를 보내던 자였다. 그랬던 사람이 갑자기 새로운 교회 선거를 7월 23일에 실시하겠다고 공표했다. 순간 선택권이 있다는 착각을 일으켰지만, 권력이 나치의 손에 있으니 누가 승리할지는 불 보듯 뻔했다. 정세에 영향을 미치고자 온갖 협박이 난무했다. 독일 그리스도인들을 반대하는 자는 누구든 반역죄로 기소될 거라고 엄중하게 위협했다. 공표일로부터 선거일까지 기간은 고작 일주일밖에 안 되었다. 사실상 반대 세력을 조직하지 못하게 하려는 조치였다.

본회퍼는 불리한 조건에도 불구하고 저항 세력을 조직했다. 젊은 개혁자 운동이 후보들을 추천하고 본회퍼와 학생들이 선거운동 전단지를 만들고 등사했다. 하지만 7월 17일 밤, 전단지를 배포하기도 전에 게슈타포가 젊은 개혁자 운동 사무실을 급습하여 전단지를 압수해 갔다. 젊은 개혁자 운동이 직접 추천한 후보들을 등록하는 방식에 독일 그리스도인들이 법적으로 이의를 제기했던 것이다. 당국은 게슈타포를 급파하여 전단지를 압수하고 후보등록을 법으로 중지했다.

그러나 본회퍼는 위협에 굴하지 않았다. 사태를 수습하고자 아버지의 메르세데스를 빌려 게르하르트 야코비와 함께 프린츠 알브레히트 슈트라세에 있는 게슈타포 청사에 달려갔다. 야코비는 제1차 세계대전 때 철십자 훈장을 두 개나 받은 인물이었다. 그는 자신들이 애국적인 독일인이라는 걸 증명하려고 훈장을 차고 사자들이 득실대는 게슈타포 청사에 들어갔다.

이 악명 높은 건물 지하에 있는 어두컴컴한 지하실은 1944년에 슈타우펜베르크가 히틀러를 암살하려다 실패하고 나서 본회퍼가 투옥된 곳이다. 하지만 지금은 1933년이다. 아직까지 그가 사는 독일은 누구나 법치를 존중하며 행동해야 하는 나라였다. 누구나 자신의 권리를 알고 그 권리를 과감히 주장할 수 있었다. 본회퍼는 그런 확신을 안고 청사에 들어가 게슈타포 수장을 만나게 해달라고 요구했다. 그리고 전단지 압수는 법으로 금지된 선거 방해에 해당하니 전단지를 돌려줘야 마땅하다고 설득했다. 본회퍼는 후보 등록 명부 명칭을 '독일 복음주의 교회 명부'에서 더 중립적인 '복음과 교회'로 바꾸는 데 동의할 수밖에 없었다. 독일 그리스도인들이 자기들만 공식 '복음주의 교회'로 여겨지길 바라며 이의를 제기했기 때문이다. 게슈타포는 본회퍼와 야코비를 협박하며 명칭이 변경되는 걸 두 사람이 직접 지켜보아야 한다는 단서를 달았다. 명칭 변경 없이 전단지를 배포하면 강제수용소에 보내질 참이었다.

독일 그리스도인들과 젊은 개혁자 운동이 선거운동에 몰두하는 동안 히틀러는 가톨릭교도를 다루는 법도 잘 알고 있다는 걸 보여주었다. 실제로 히틀러는 가톨릭교도 문제를 은밀히 처리하면서 7월 20일에 독일 제국과 바티칸 사이에 협약이 체결되었다고 의기양양하게 공표했다. 홍보는 대성공이었다. 자신이 이 문제를 아주 합리적으로 처리했고, 자신은 교회를 전혀 위협하지 않는다는 인상을 사람들에게 심어준 것이다. 협약은 이런 문장으로 시작된다.

> 교황 피우스 11세 성하와 독일 제국 대통령은 교황청과 독일 제국 사이에 존재하는 우호관계를 강화하고 증진하려는 공통의 관심사에 이끌려 독일 제국 전역에 걸쳐 가톨릭교회와 국가의 관계를 양측이 받아들일 수 있는 방식으로 규정한다. 양측은 엄숙한 협약을 체결하기로 결심했다.[3]

첫 번째 조항은 다음과 같다.

독일 제국은 가톨릭교회의 신앙고백과 공적인 예배 의식을 보장한다. 독일 제국은 가톨릭교회의 다음과 같은 권리를 인정한다. 가톨릭교회는 모두에게 타당한 법률의 테두리 안에서 자신의 업무를 독자적으로 처리할 수 있다. 또한 가톨릭교회는 자기 권한의 테두리 안에서 신자들에게 구속력 있는 법령을 공포할 수 있다.[4]

몇 해 지나지 않아 이 협약이 내용 없는 빈껍데기라는 게 드러났다. 하지만 지금은 비판을 잠재우고 회의적인 세계에 평화로운 낯을 보이고 있었다.

사흘 뒤 교회 선거가 실시되었다. 예측 가능한 압승이었다. 독일 그리스도인들이 무려 70퍼센트나 득표했다. 가장 큰 뉴스는 루트비히 뮐러가 제국 감독으로 선출된 것이었다. 다들 완고한 뮐러를 투박한 시골뜨기라 여겼다. 독일인 대다수에게 뮐러의 선출은 실수투성이 고문관 역할로 웃음을 자아내던 코미디언 고머 파일이 캔터베리 대주교가 된 격이었다. 뮐러는 귀부인들과 상스러운 말을 가까이하는 자였다. 독일인들은 뮐러가 까다로운 신학자가 아니라 제국의 정식 동지로서 보인 성의를 치하하면서도 그가 없는 곳에서는 라이비Reibi라 부르며 조롱했다. 라이비는 제국 감독을 뜻하는 라이히비숍Reichbischof의 줄임말로 랍비를 의미하기도 했다. 뮐러의 선출은 본회퍼에게는 물론이고 뒤에 고백교회에 가담할 사람들에게도 나쁜 소식이었다. 본회퍼는 주초에 벨 주교에게 "인간적으로 말해 에큐메니컬 협의회를 통해 뮐러를 확실하게 실격시키는 것이 마지막 남은 희망"이라고 편지를 보냈다.

뮐러와 독일 그리스도인들이 선거에서 승리했다. 하지만 본회퍼와 젊은 개혁자 운동 목회자들은 신학 전쟁에서 패한 것을 인정할 마음이 전혀 없었다. 정치적 패배는 그들이 다른 투쟁을 하도록 이끌었다.

젊은 개혁자 운동은 〈신앙고백서〉라는 명쾌한 신앙 선언문을 작성하고, 이를 활용해 독일 그리스도인들에게 맞서자고 제안했다. 니묄러 목사는 이것이야말로 현재의 상황을 타개할 해결책이라 여기고 목회자들을 설득하는 데 주도적인 역할을 했다.

> 개혁 운동의 교의와 독일 그리스도인들의 교의 사이에 신학적으로 근본적인 차이가 있습니까? 두렵게도 우리는 있다고 말하나 저들은 없다고 말합니다. 이 차이를 분명히 드러내려면, 우리 시대에 맞는 신앙고백이 있어야 합니다. 저쪽에서 내놓지 않으면 우리 쪽에서라도 내놓아야 합니다. 차이가 있느냐는 물음에 저쪽 사람들이 예, 아니오로 답하지 않으면 안 되도록 우리 쪽에서 마련해야 합니다.[5]

전국총회가 9월에 개최될 예정이었다. 이상적으로는 그때까지 신앙고백서가 완성되어야 했다. 본회퍼와 헤르만 자세는 베텔에 있는 한 공동체를 찾았다. 보델슈빙이 제국 감독을 사임하고 그곳에 복귀했기 때문이다. 1933년 8월, 그들은 거기서 장차 베텔 신앙고백Betheler Bekenntnis으로 알려질 초안을 작성했다.

13

베텔 신앙고백

기독교냐 독일 국민성이냐, 이것이 문제입니다. 갈등이 빨리 드러나면 빨리 드러날수록 좋습니다.[1]
_디트리히 본회퍼

1933년 초여름, 본회퍼는 테오도르 헤켈이 보낸 초대장을 받았다. 런던에 있는 독일인 교회 목사로 와달라는 것이었다. 헤켈은 에큐메니컬 협의회를 통해 본회퍼를 여러 번 만난 적이 있었다. 그는 해외에 있는 독일인 교구, 이른바 디아스포라를 관리하는 종무부 해외 담당관이었다. 본회퍼는 시끄러운 정치 상황에서 벗어나기 위해 독일을 뜨고 싶었다. 특히나 프란츠 힐데브란트도 런던에 갈 생각을 하고 있어서 더 그랬다. 그래서 베텔로 가기 전에 먼저 런던으로 여행을 떠났다.

본회퍼는 7월 23일 선거를 치르고 런던에 가서 7월 30일에 그를 아끼는 두 교회에서 설교했다. 한 교회는 런던 동쪽 끝에 있는 성 바울 교회였다. 또 한 교회는 시드넘이라는 런던 남부 교외에 있었다. 목사관도 시드넘에 있었다. 두 교회는 인상적이었다. 헤켈은 이임하는 목사에게 본회퍼를 적극 추천하면서 이렇게 말했다. "개인적으로 내가 특출하다 여기는 인물입니다." 또 "여러 나라 언어"에 능통하고 "바울처럼 결혼하지 않은 장점을 갖추고 있다"고 덧붙였다. 그러나 헤켈이 본회퍼에게 품었던 호의는 머지않아 변하고 만다.²

본회퍼는 런던에 머물다 빌레펠트에 있는 보델슈빙의 베텔 공동체를 찾아갔다. 이 전설적인 공동체에 대해 소문을 자주 들었지만, 그가 목격한 것은 뜻밖의 광경이었다. 히브리어로 '하나님의 집'을 뜻하는 베텔 공동체는 보델슈빙의 아버지가 1860년대에 품었던 비전을 실현하는 곳이었다. 베텔 공동체는 1867년에 간질 환자를 섬기는 기독교 공동체로 출범했고, 1900년에는 시설을 몇 개 확충하여 신체 장애자 1,600명을 보살폈다. 1910년에 아버지가 죽자 보델슈빙이 대를 이었다. 본회퍼가 방문할 즈음 베텔 공동체는 학교와 교회, 농장, 공장, 상점을 여럿 운영하고 간호사들이 머물 주택까지 갖춘 완벽한 마을이었다. 중앙에는 병원 여러 채와 고아원을 포함한 보육시설이 여럿 있었다. 본회퍼는 그런 공동체를 이제껏 본 적이 없었다. 베텔 공동체는 권력과 힘을 숭상하는 니체의 세계관과는 정반대였다. 복음이 실현된 곳, 동화 속에나 나올 법한 은총이 넘치는 곳, 약자들과 의지가지없는 이들이 기독교식 분위기에서 실제적으로 보살핌을 받고 있었다.

본회퍼는 예배에 참석한 다음 베텔 공동체에서 지내는 간질 환자들의 삶을 적어 할머니에게 편지를 보냈다. "사실상 무방비 상태인 이들의 형편은 어쩌면 우리 인간의 현실을 어느 정도 알려주는지도 모르겠습니다. 이곳에서 우리는 사실상 무방비 상태로 지냅니다. 건강한 우리가 그 어느 때보다 더 무방비 상태로 지냅니다."³ 하지만 히틀러는 1933년에 이미 반反복음 정책을 통해 이런 사람들을 합법적으로 살해하려 했다. 히틀러는 그들을 유대인과 마찬가지로 독일에 어울리지 않는 자, 인간쓰레기로 분류했다. 베텔 공동체에 있는 장애자들을 가리켜 쓸모없는 식충이, 살 가치가 없는 목숨이라 불렀다. 1939년에 전쟁이 발발하자 나치는 장애자들을 본격적으로 몰살하기 시작했다. 본회퍼는 베텔 공동체에서 할머니에게 이런 편지를 써 보냈다. "오늘날 일부 사람이 생각하는 것처럼 병자들을 합법적으로 제거해도 된다는 생각은 완전히 미친 생각입니다. 사실상 바벨탑을 쌓는 것이나 다름없는 짓입니다. 이는 결국 복수를 부르게 마련입니다."[4]

본회퍼는 설교에서 바벨탑을 자주 언급했다. 바벨탑은 인간이 자기 힘으로 하늘에 닿으려 하는 종교적 시도를 상징했다. 필시 본회퍼는 바르트에게서 바벨탑 이미지를 차용했을 것이다. 하지만 할머니에게 보낸 편지에서 본회퍼는 바벨탑을 나치의 세계관, 곧 니체의 세계관과 연결했다. 그런 세계관에서는 힘이 숭배의 대상이고 약함은 짓밟고 제거해야 할 대상이었다. 힘은 행위(공로)와 관계가 있고 약함은 은총과 관계가 있었다.

1930년대 말에 이르자 나치는 베텔 같은 공동체들에 서서히 압박을 높이기 시작했고, 전쟁이 발발하자 공동체들에 자비로운 학살을 위해 환자들을 내어달라고 요구했다. 보델슈빙은 선두에 서서 나치에 용감히 맞서 싸웠다. 하지만 결국 1940년에 싸움에서 패하고 말았다. 카를 본회퍼와 디트리히도 그 싸움에 관여했다. 그들은 교계를 설득했다. 교회에서 운영하는 병원과 보육시설이 나치에게 환자들을 넘겨주지 못하도록 압력을 가하라고 말이다. 그러나 국가사회당이 장악한 국가에는 약자들이 있을 자리가 없었다. 그러나 지금은 1933년 8월이고, 방금 말한 참사는 모두 미래에 일어날 일이었다. 베텔은 여전히 평화의 오아시스였고, 진정한 독일 기독교 문화 중에서 최고치를 보여주는 생생한 증거였다.

신앙고백

베텔 공동체에서 본회퍼는 신앙고백서를 어떻게 작성하게 되었는지 할머니에게 편지를 보냈다.

이곳에서 하는 일이 우리를 대단히 기쁘게도 하고 대단히 힘들게도 하는군요. 우리는 독일그리스도인연맹에게 그들의 목적이 무엇인지 묻고 분명한 입장을 밝히게 하려고 애쓰고 있습니다. 물론 성공할지 자신은 없습니다. 왜냐하면 독일그리스도인연맹이 입장을 표명하며 공식적으로 굴복한다고 해도, 그 배후에 도사린 압박이 너무 강력하여, 조만간 모든 약속을 파기할 것이기 때문입니다. 아무래도 국수주의에 기반을 둔 거대한 국민국교國敎 교회가 태어날 것 같습니다. 그리스도교의 본질은 그 교회를 더 이상 참아내지 못할 겁니다. 우리는 전혀 새로운 길을 향해 마음을 단단히 준비하고 그 길을 걷지 않으면 안 될 것입니다. 그리스도교냐 독일 국민성이냐, 이것이 문제입니다. 충돌이 빨리 드러날수록 좋을 겁니다. 위장은 대단히 위험하니까요.[5]

그들은 베텔 신앙고백을 작성하면서 루트비히 뮐러가 내세운 경박하고 불완전한 신학과 대조되는, 참되고 역사적인 기독교 신앙의 기초를 자세히 설명하려 했다. 본회퍼와 헤르만 자세는 양측의 차이를 뚜렷하고 분명하게 구분했다.

3주간의 작업 끝에 만족스런 결과가 나왔다. 그래도 저명한 신학자 스무 명에게 보내 검토를 받았다. 그런데 신학자들의 검토를 거치자

선명한 노선이 흐릿해지고, 날카로운 차이가 뭉툭해졌으며, 예리함이 모두 무뎌지고 말았다. 본회퍼는 어찌나 충격을 받았던지 최종 초안 처리를 거절했다. 최종 초안이 완성되었을 때도 서명하지 않았다. 장차 자주 일어날 일이었지만, 본회퍼는 동료 그리스도인들이 분명한 입장을 취하지 않는 것을 보고 크게 실망했다. 그들은 언제나 지나치게 양보했고, 적대자들의 환심을 사려고 무진 애를 썼다. 베텔 신앙고백은 말의 쓰레기더미가 되고 말았다. 최종 초안에도 교회와 국가의 유쾌한 협력에 대해 알랑거리는 글귀가 들어 있었다.

본회퍼는 런던 독일인 교회에서 사역하지 않겠느냐는 제안을 받아들이기로 마음먹었다. 그러나 먼저 마음의 상처를 추스르고자 프리드리히스브룬으로 가서 앞일을 숙고했다. 베텔 신앙고백의 실패가 본회퍼를 런던으로 강하게 떠밀었다. 교회투쟁에서 달리 할 수 있는 일이 없다는 생각을 하게 되었기 때문이다. 본회퍼는 10월 중순이 되어서야 목회를 시작하기로 마음먹었다. 교회 전국총회가 9월에 열릴 참이었고, 그 자리에 참석하고 싶었기 때문이다. 본회퍼는 불가리아에서 두 차례 열린 에큐메니컬 회합에도 참석했다. 하나는 노비사드에서, 다른 하나는 소피아에서 열렸다.

본회퍼가 총회에 참석하려 한 주된 이유는 이미 안수를 받은 유대계 목회자들이 담임목사로 일하지 못하게 막는 아리안 조항에 맞서 싸울 수 있는지를 보기 위해서였다. 아리안 조항이 소급 적용되면, 프란츠 힐데브란트 역시 목회를 시작도 해보기 전에 끝내야 할 판이었다.

총회를 몇 주 앞두고 본회퍼는 〈교회 안에서의 아리안 조항〉이라는 소책자를 돌렸다. 그리고 〈유대인 문제에 직면한 교회〉를 쓰던 4월 이후 진전된 사태를 중심으로 자신의 입장을 밝혔다. 〈교회 안에서의 아리안 조항〉에서 본회퍼는 독일 그리스도인들이 내세우는 창조 질서 신학을 뒷받침하는 견해, 즉 민족성을 신성불가침의 영역으로 여기는 견해를 반박했다. 또한 유대인을 축출하고 갖는 복음 전도의 기회가 가치 있다는 생각도 반박했다. 본회퍼는 독일인 성직자들에게 유대계 성직자들의 특권을 박탈한 교회에서 사역하지 말라고 제안하기도 했다. 본회퍼가 〈교회 안에서의 아리안 조항〉에서 노린 것은 분리였다. 종무부 해외담당관 테오도르 헤켈은 그 소책자를 보고 나서 본회퍼가 입장을 철회하지 않으면 런던에 있는 독일인 교회를 맡기지 않으리라 결심했다.

신학 투쟁에서 본회퍼와 뜻을 같이하는 동지들 중에도 상당수가 소책자에 실린 일부 성명은 지나치다고 여겼다. 마르틴 니묄러는 아리안 조항을 교회에 적용하는 것을 허락할 수도 있다는 입장이었다. 아리안 조항이 틀렸다고는 생각하지만, 그렇다고 교회를 쪼갤 수는 없다고 보았다. 어쨌든 아직은 그럴 마음이 없었다. 그러나 본회퍼는 그런 식의 실용적인 생각도 이미 검토를 끝낸 상태였다. 6월에 믿음 약한 형제들을 다시 받아들이자고 주장했지만, 이제는 그 주장도 더는 적절해 보이지 않았다. 이제 본회퍼는 유대인들을 옹호하지 않는 교회는 예수 그리스도의 교회가 아니라고 확신했다. 그 문제에 관한 한 대단히 단호했다.

본회퍼는 돌아서는 것도 가장 먼저 했다. 어떤 이들은 본회퍼가 가시 돋친 채찍을 발길로 차려 한다(행 26:14-15 참조)고 생각했다. 독일 그리스도인들과 합류하여 안에서부터 반대 운동을 벌이는 게 어떻겠느냐고 누군가가 묻자 본회퍼는 그럴 마음이 없다며 이렇게 대답했다. "당신이 반대 방향으로 가는 기차를 탔다고 가정해보자. 통로를 따라 기차가 가는 방향과 반대 방향으로 달려간들 무슨 소용이 있겠는가?"[6]

갈색 총회

9월 5일 베를린에서 전국총회가 열렸다. 독일 그리스도인들이 압도적 우위를 차지한 총회였다. 대의원 80퍼센트가 나치 제복인 갈색 셔츠를 입고 있었다. 총회가 아니라 나치 집회나 다름없었다. 야코비 목사가 발의하려 했지만, 노골적으로 묵살되고 말았다. 반대의 목소리가 철저히 차단되었다. 하지만 이미 안수를 받은 비非아리아인 성직자들을 해고하자는 결의안은 통과되지 않았다. 비非아리아인 성직자들의 배우자들도 직위 해제하자는 결의안도 통과되지 않았다. 긍정적인 일이었지만, 당시 상황에서는 대단한 일이 아니었다.

이튿날 저항 세력은 야코비의 집에서 만났다. 9월 7일에는 니묄러의 집에서 만났다. 본회퍼와 프란츠 힐데브란트는 분리의 시기가 도래했다고 생각했다. 총회의 투표를 거쳐 특정 집단이 민족 배경 때문에 기독교 목회에서 배제되고 말았기 때문이다. 독일 그리스도인들이 참되고 역사적인 신앙에서 완전히 이탈하고 만 것이다. 본회퍼와 힐데브란트는 목사들에게 자리에서 일어나 성직을 사임하자고 호소했다. 하지만 두 사람의 목소리는 광야에서 외치는 소리에 불과했다. 아직은 아무도 지지할 마음이 없었다.

카를 바르트마저도 지지하지 않았다. 9월 9일, 본회퍼는 위대한 신학자에게 보내는 편지에서 지금이 바로 고백의 상황이 아니냐고 물으면서 이렇게 말했다. "우리 중 몇몇은 자유 교회의 이상에 끌리고 있습니다." 독일 교회와 기꺼이 결별하겠다는 뜻이었다. 하지만 바르트는 그들이 제 발로 떠나는 사람이 되어서는 안 된다고 확신했다. 내쳐질 때까지 기다려야 하며 안에서 계속 저항해야 한다고 말했다. 바르트는 이렇게 썼다. "분리가 이루어진다면, 그것은 다른 쪽에서 이루어져야 합니다." "더 핵심적인 사안에서 충돌이" 일어날 때까지 기다려야 한다고 말하기도 했다.

본회퍼와 힐데브란트는 아리안 조항만큼 핵심적인 문제가 있을 수 있겠는가 하고 의아해했다. 본회퍼는 바르트의 답신을 받고 마음이 너무나 혼란스러워 바르트에게 알리지 않고 런던으로 떠났다. 그리고 한참 뒤에야 런던에 와 있다고 편지로 알렸다. 런던행을 바르트가 만류하리란 걸 알았기 때문이다.[7]

갈색 총회에 대한 반응으로 조만간 유명세를 탈 목사긴급동맹이 결성되었다. 니묄러와 본회퍼가 9월 7일에 작성한 성명서에서 태동한 기구였다. 본회퍼와 힐데브란트는 지금이야말로 성직을 사임하고 분리를 도모할 시기라고 다른 이들을 설득할 수 없었다. 하지만 자신들의 입장을 요약한 성명서를 작성할 수는 있었던 것 같다. 전국총회가 그달에 비텐베르크에서 열릴 예정이라 두 사람은 갈색 총회에 대한 공식 저항을 담은 성명서에 〈전국총회를 향하여〉라는 제목을 붙였다.

본회퍼와 힐데브란트는 성명서를 교회 당국에 보내기 전에 보델슈빙에게 보냈다. 그러자 보델슈빙은 성명서를 수정하여 제국 감독 뮐러에게 보냈다. 한편 니묄러는 성명서를 독일 전역에 있는 목사들에게 보냈다. 성명서에는 네 가지 요점이 담겨 있었다. "첫째, 우리는 성경과 기존의 교회 신경들에 다시 헌신할 것이다. 둘째, 우리는 성경과 신경들에 대한 교회의 충성을 지킬 것이다. 셋째, 우리는 새로운 법과 여하한 종류의 폭력 때문에 학대를 당하는 이들을 재정적으로 후원할 것이다. 넷째, 우리는 아리안 조항을 단호히 거부할 것이다." 니묄러와 본회퍼 그리고 이 일에 관여한 모든 이들이 놀랄 정도로 성명서에 대한 반응은 대단히 긍정적이었다. 10월 20일, 성명서에 서명한 독일 전역의 목사들이 주축이 되어 공식 기구인 목사긴급동맹을 결성했다. 연말에는 회원이 6,000명으로 늘었다. 조만간 고백교회로 알려질 조직을 향해 내딛는 중요한 첫 걸음이었다.

9월 하반기에 본회퍼는 교회 친선을 위한 세계동맹 에큐메니컬 회의에 참석하려고 불가리아 소피아에 가 있었다. 본회퍼가 가입한 또 다른 기구는 치체스터의 주교 조지 벨이 의장으로 있는 '생활과 실천' 협의회였다. 생활과 실천 협의회도 같은 시기에 불가리아 노비사드에서 회의를 개최했다. 이 무렵 본회퍼를 런던 목사직에 추천한 테오도르 헤켈은 독일 그리스도인들과 기꺼이 협력하는 인물임이 드러났다. 에큐메니컬 무대에 독일 교회의 공식 대표로 모습을 드러낸 헤켈은 전국총회에서 갓 드러난 괴이한 결과들에 대해 대단히 낙관적인 견해를 제시했다. 그리고 독일에서는 유대인들의 교회 생활이 공식적으로 금지되었다고 밝혔다. 본회퍼는 헤켈이 비열하다 여겼다.

최고로 좋은 소식은 회의에 참석한 다른 측 사람들이 헤켈의 견해를 받아들이지 않았다는 점이다. 벨 주교의 주도로 결의문이 통과되었다. "유대 혈통을 지닌 사람들에게 가하는 가혹 행위와 관련하여 유럽과 미국에 있는 다른 교회 대표들의 심각한 우려"를 표명하는 결의문이었다. 벨 주교는 이내 이 투쟁에서 본회퍼의 가까운 동지가 되었다. 한편 본회퍼는 몇 년간 헤켈에게 신발 속에 들어 있는 조약돌처럼 굴었다. 헤켈을 위시한 공식 대표들의 보고에도 불구하고 본회퍼가 독일 교회에서 실제로 일어나는 사건들의 진상을 벨에게 알리고, 벨을 통해 용감하고 끈질기게 세상에 알렸기 때문이다.[8]

에큐메니컬 협의회는 이후 몇 년간 본회퍼에게 협력자나 다름없었다. 그러나 독일 교회에 있는 동지들과 마찬가지로 에큐메니컬 협의회도 본회퍼의 급진적 노선을 따르려 하지 않았다. 한편 든든한 동지도 몇 명 생겼다. 스웨덴 감독 발데마르 아문센이 그중 하나였다. 아문센과 에큐메니컬 지도자 그룹이 소피아에서 본회퍼를 은밀히 만났고, 본회퍼는 독일에서 일어나는 사건의 전말을 그들에게 알렸다. 그들은 본회퍼의 전언을 듣고 공감을 표하며 그를 위해 기도했다. 본회퍼는 큰 감동을 받았다.

본회퍼는 에큐메니컬 지도자들에게 제국 감독 뮐러가 이끄는 새로운 독일 교회의 공식 승인을 늦추고 대표단을 파견하여 상황을 직접 조사하게 하자고 제안했다. 본회퍼는 나치가 세계 공동체에서 자신들을 어떻게 생각하는지 관심이 크다는 걸 알고 있었다. 에큐메니컬 협의회는 그 정도로 큰 힘을 가지고 있었고, 나치는 그 힘을 이용하지 않으면 안 되었던 것이다.

노비사드에서 열린 회의에서도 유대인 문제에 대한 결의안이 통과되었다. 이번에는 소피아에서 통과될 때보다 훨씬 더 극적이었다. "우리는 유대계 독일인들에 대한 독일 정부의 조치가 여론에 영향을 미쳐 일부 집단이 유대인을 열등한 인종으로 여기게 하고 있음을 특히 개탄한다."[9]

그들은 "우연히 비非아리아인으로 태어난 목사들과 교회 공직자들"에 대한 독일 교회의 조치에도 이의를 제기하면서 "예수 그리스도의 명백한 가르침과 복음 정신을 부정한 것"이나 다름없는 짓이라고 단언했다. 대단히 강한 어조였다. 그 결과 교회에서 헤켈의 입지가 위태로워졌다.[10]

본회퍼는 독일로 돌아가 비텐베르크 전국총회에 참석했다. 비텐베르크는 루터가 종교개혁을 시작한 곳으로 유명했다. 벌써 2,000명이 목사긴급동맹 성명서에 서명한 상태였다. 총회가 있던 날 본회퍼는 아버지의 메르세데스와 운전사를 빌렸다. 프란츠 힐데브란트, 게르트루트 슈테벤과 함께 아침 일찍 방겐하임슈트라세 14번지를 떠났다. 눈부신 가을 아침이었다. 자동차 뒤쪽에는 상자가 가득 실려 있었고 상자 안에는 성명서가 들어 있었다. 그날 오후 그들은 친구들과 함께 성명서를 배포하고 비텐베르크 전역에 있는 가로수에 성명서를 붙였다.

루트비히 뮐러가 있는 건물 아래에는 의장대가 도열해 있었다. 세 사람은 눈치를 보며 몸을 움츠렸다. 본회퍼와 힐데브란트는 뮐러에게 전보를 쳐서 아리안 조항 공표에 대한 대응을 요구했다. 뮐러가 오전 연설에서 그 부분을 언급하지 않았기 때문이다. 뮐러는 모르는 체했다. 그날 뮐러는 만장일치로 제국 감독에 선출되었다. 무엇보다 괴로운 건 그 선거가 바로 비텐베르크 성에 있는 교회에서 치러졌다는 사실이다. 그 교회는 루터의 무덤 위에 있었다. 재치 있는 경구를 곧잘 내뱉곤 하던 힐데브란트가 한 마디 했다. "무덤 속에 있는 루터가 뒤집어엎기라도 해야겠군."

뮐러는 12월 3일 마그데부르크 대교회당에서 제국 감독 취임식을 갖기로 했다. 독일 그리스도인들이 대승리를 거둔 것이다. 다시 한 번, 본회퍼와 힐데브란트는 분리가 유일한 해결책이라고 확신했다.

10월에 접어들면서 본회퍼는 런던으로 관심을 돌렸다. 두 주 뒤에 목회 사역을 시작하기로 되어 있었다. 하지만 헤켈은 본회퍼의 최근 행보를 보고 런던에 파송하지 않기로 결정한 상태였다. 헤켈은 이를 빌미로 본회퍼가 입장을 번복하길 바랐다. 그러나 본회퍼는 그러지 않았다. 자기가 한 말이나 쓴 글을 하나도 철회하지 않을 거라고 헤켈에게 통보했다. 헤켈이 에큐메니컬 활동을 막으려 하자 런던에 있는 동안에도 에큐메니컬 활동을 계속하겠다고 말했다. 헤켈과 만난 본회퍼는 제국 감독 뮐러와의 면담까지 요구하고 나섰다.

본회퍼는 10월 4일 뮐러를 만났다. 그리고 영국에서 독일 제국교회를 대변하지 않을 것이고, 헤켈에게 말한 대로 에큐메니컬 협의회에 참석해서 계속 발언하겠다고 전했다. 학문이 짧은 뮐러가 본회퍼에게 목사긴급동맹 성명서에 서명한 것을 철회하라고 하자, 본회퍼는 철회하지 않겠다면서 라틴어로 된 아우크스부르크 신경을 장황하게 인용했다. 뮐러는 서서히 불편한 기색을 띠다가 중간에 말을 끊었다. 결국 런던행을 막으면 본회퍼가 더 많은 문제를 일으킬까 두려워 허락했다.

본회퍼는 독일에 대한 충성을 맹세했다. 하지만 이는 국가사회당 국가에 대한 충성을 맹세한 것이 아니었다. 이는 향후 그의 태도를 요약해준다. 본회퍼는 교회와 독일에는 열렬히 충성하겠지만, 뮐러의 사이비교회나 그가 소중히 여기는 위대한 조국과 문화를 대표하겠다고 고집하는 독재 정권에는 충성할 마음이 조금도 없었다.

국 제 연 맹

10월에 독일이 국제연맹에서 탈퇴할 거라고 히틀러가 선언하자 대다수 독일인이 크게 기뻐했다. 히틀러는 본회퍼가 목회를 위해 런던으로 떠나기 이틀 전에 이를 발표했다. 가장 뻔뻔스러운 조치들 대부분이 그랬듯이 이번에도 히틀러는 다른 나라들이 취한 조치 때문에 어쩔 수 없었다고 너스레를 떨었다. 히틀러는 최근에 국제연맹에 동등한 지위를 요구한 상태였다. 독일이 다른 주요 강대국과 동등한 군대를 창설할 수 있게 해달라는 요구였다. 예상대로 국제연맹이 거절하자 탈퇴를 공표한 것이다. 히틀러는 국제연맹이 그를 지지하지 않으리라 예상했고, 예상은 그대로 적중했다. 히틀러는 독일 국민이 그 조치에 환호할 거라는 것도 계산하고 있었다. 독일 국민은 히틀러가 취한 조치가 베르사유조약 체결과 함께 따라붙은 수치스러운 족쇄에서 벗어나는 길이라 여겼다. 이 방면에서도 그는 빈틈이 없었다.

늘 그랬듯이 히틀러는 독일 국민의 정서와 기분 나쁠 정도로 죽이 잘 맞았고, 툭하면 국민 정서를 강조했다. 하지만 당시 히틀러가 하려고 하는 일을 독일인 대다수가 찬성한 건 엄연한 사실이다. 공정하게 말하면, 그들은 장차 무슨 일이 닥칠지 전혀 모르는 상태였다. 하지만 몇 사람은 장차 닥칠 일을 알고 있었다. 본회퍼와 힐데브란트는 특히 잘 알고 있었다.

그러나 마르틴 니묄러는 알지 못했다. 당시 교회투쟁에서 옳은 편에 있던 수많은 사람들과 마찬가지로 니묄러는 교회 문제와 국가 문제를 따로 분리해서 생각했다. 그가 보기에 독일 그리스도인들이 교회 업무에 간섭하는 것과 히틀러가 다른 분야에서 계획하는 것은 별개의 문제였다. 니묄러는 목사긴급동맹의 이름으로 총통에게 축전을 치고, 목사긴급동맹의 충성을 맹세하며 사의를 표하기까지 했다.

본회퍼와 힐데브란트는 충격을 받았다. 유대인이었던 힐데브란트는 이 문제를 제대로 이해하지 못하는 니묄러에게 넌더리를 쳤다. 니묄러가 목사긴급동맹에서 한 자리를 맡아달라고 부탁하자 힐데브란트는 딱 잘라서 거절했다. 그리고 그 문제에 대한 자신의 심정을 담은 편지를 보냈다. 힐데브란트와 본회퍼는 자신들이 목사긴급동맹 동지들 사이에서조차 고독하다는 걸 뼈저리게 느꼈다. 힐데브란트는 니묄러에게 보낸 편지에서 이렇게 말했다. "당신은 우리 유대계 목사들에게 동등한 지위를 인정하지 않는 교회에 대해 분명한 태도를 취하지 않더군요. 어떻게 당신이 제네바에서 이루어진 정치적 조치를 흔쾌히 받아들일 수 있는지 도무지 이해가 되지 않습니다."[11]

여러 해가 지나고 아돌프 히틀러의 죄수로 강제수용소에서 8년을 복역한 뒤 니묄러는 이런 글을 썼다.

처음에 그들이 사회주의자들을 잡으러 왔을 때, 나는 할 말을 하지 않았다.
내가 사회주의자가 아니었으므로.
그런 다음 그들이 노조원들을 잡으러 왔을 때, 나는 할 말을 하지 않았다.
내가 노조원이 아니었으므로.

그런 다음 그들이 유대인들을 잡으러 왔을 때, 나는 할 말을 하지 않았다.
내가 유대인이 아니었으므로.
그러고 나서 그들이 나를 잡으러 왔다.
남은 이들 중에는 나를 변호해줄 사람이 하나도 없었다.

히틀러는 국제연맹 탈퇴를 공표하면서 영악하게도 독일 국민이 11월 12일에 실시될 국민 투표에서 그 문제를 결정하게 하겠다고 말했다. 나치가 독일 대중매체와 자금을 장악하고 있었으니 투표 결과가 어떻게 나올지 뻔히 알고 한 발언이었다.

투표일도 고심해서 정했다. 11월 12일은 독일이 수치스럽게 연합국의 수중에 떨어진 지 15주년이 되는 날의 다음 날이었다. 히틀러는 혹여 모르는 이가 있을까 봐 연설을 통해 그 점을 분명히 밝혔다. "이 날은 장차 우리 국민의 역사에 구원의 날로 기록될 테니 꼭 지켜봐 주십시오! 기록은 이런 식으로 이루어질 것입니다. '11월 11일은 독일 국민이 공식적으로 명예를 잃은 날이지만, 15년 뒤의 11월 12일은 독일 국민이 명예를 되찾은 날이다!'" 11월 12일, 독일은 다시 한 번 히틀러의 통치를 재가하고 그에게 압도적인 면허를 주어 적대자들과 전에 독일 국민을 몰락시켰던 모든 이를 조롱할 수 있게 했다. 이제 프랑스와 영국과 미국은 자신들이 우습게 본 이가 어떤 자인지 보게 될 참이었다.[12]

도를 넘어선 독일 그리스도인들

나치는 철없이 날뛰었다. 국민 투표일 다음 날 독일 그리스도인들은 자신들이 좋아하는 베를린 스포츠팔라스트에서 대규모 집회를 열어 축하하기로 했다. 거대한 경기장을 나치 깃발과 "하나의 제국, 하나의 민족, 하나의 교회"를 선언하는 깃발로 장식했다. 베를린 독일 그리스도인들의 지도자가 하는 연설을 들으려고 2만 명의 인파가 모여들었다. 연설자는 흥분을 잘하는 고등학교 교사 라인홀트 크라우제였다. 뭇 사람 앞에서 자신을 드러낼 절호의 기회였으므로 크라우제는 그 기회를 꽉 붙잡았다. 그런데 민족의 무대에 뛰어오르느라 너무 열심을 낸 나머지 그만 자신과 독일 그리스도인들에게 심한 상처를 입히고 말았다.

그날 자신이 하는 연설이 스포츠팔라스트에 모인 열혈 청중을 뛰어넘어 독일 전역에까지 전해진다는 걸 전혀 눈치채지 못한 크라우제는 독일 기독교 운동의 열성적인 지도자들끼리 이야기할 뿐 공공연히 떠벌리지 않았던 내용을 유포하고 말았다. 대다수 독일인에게 보여주었던 독일 그리스도인들의 온건한 가면이 벗겨지는 순간이었다.

크라우제는 거칠고 투박한 말투로 독일 교회가 유대적인 특성을 단호하게 모두 제거해야 하고, 무엇보다 먼저 구약성경과 "그 속에 등장하는 유대인의 금전 윤리와 가축 상인들과 뚜쟁이들 이야기"를 제거해야 한다고 주장했다. 속기록에는 "박수가 끊임없이" 터져 나왔다고 기록되어 있다. 크라우제는 신약성경도 개정해야 하고, "국가사회당의 요구사항과 완전히 일치하는" 예수를 제시해야 하고, 더 이상 "십자가에 달린 그리스도를 지나치게 강조해서도" 안 된다고 말했다. 그들이 보기에 십자가에 달린 그리스도를 지나치게 강조하는 건 패배적이고 우울한 교의였다. 그것 역시 유대인 특유의 것이라고 할 수 있었다. 독일에 필요한 건 희망과 승리였다! 또한 크라우제는 "랍비 바울의 신학과 그 신학이 말하는 속죄 염소와 열등의식"을 조롱하고, 십자가를 "국가사회당이 용납할 수 없는 우스꽝스럽고 허약한 유대교의 잔재"라며 놀려댔다. 게다가 모든 독일인 목사는 히틀러에게 충성을 맹세해야 하고, 유대계 교인을 모두 축출하라고 요구하는 아리안 조항을 모든 독일 교회가 중심으로 받들어야 한다고까지 주장했다![13]

크라우제는 필생의 연기를 펼쳤지만, 독일 그리스도인들이 보기에 그것은 치명적인 오산이었다. 오전에 언론이 그 행사를 보도하자 가득 찬 스포츠팔라스트 경기장 너머에 있던 독일인 대다수가 충격을 받고 격분했다. 독일 국민에게 적합한 교회를 바라는 것과 독일인을 고취하여 좌절을 딛고 국제연맹과 무신론자인 공산주의자들의 손아귀에서 벗어나게 하는 것은 별개였다. 크라우제처럼 한 술 더 떠 성경과 성 바울과 여타의 많은 것을 싸잡아 조롱하는 건 도를 넘어선 행위였다. 그 순간부터 독일 기독교 운동계에는 사실상 바르트가 말한 심연이 가로놓인 것이나 다름없었다. 주류 개신교도들은 독일 그리스도인들을 도를 넘어선 자, 이단적이고 광신적인 나치라 여겼고, 그리스도인이 아닌 나치 대다수는 독일 그리스도인들을 우스운 자들로 여겼다.

사태가 잠잠해지자 나치는 독일 그리스도인들을 이용해 불가능해 보이는 일을 계속하게 했다. 하지만 잘되지 않았다. 잠시 버티긴 했지만, 히틀러와 손잡고 거둔 뮐러의 성공은 무너지기 시작했다. 국가사회당이 세운 계획이 완료되자 뮐러는 스스로 목숨을 끊었다.

14

런던 목회

1934-1935년

죽을 때까지 저항하고 이를 감내할 사람들이 있게 해달라고 전 기독교계가 기도해야 할 것 같네.
_디트리히 본회퍼

1933년 늦여름과 가을 무렵, 본회퍼는 헤켈에게 런던에 있는 독일인 교회 두 곳에서 목회를 해달라는 부탁을 받고 어찌할지 고심했다. 런던으로 가야 할 이유가 두 가지 있었다. 첫째, 진실한 교구 사역 내지 교회 사역의 기초 경험이 필요했다. 교구 사역이나 교회 사역은 그가 이따금 쓰는 용어였다. 본회퍼는 사색적이고 지적인 신학 훈련을 지나치게 강조하면 어떤 목회자들이 양산되는지 목격했다. 그들은 신학적으로 사색하는 법만 알고 그리스도인답게 사는 법은 알지 못했다. 둘째, 독일에서 진행 중인 신학 투쟁에서 물러나 교회 정치 너머에 있는 더 큰 그림을 보는 시각을 얻고 싶었다. 본회퍼는 에르빈 주츠에게 보내는 편지에서 이렇게 말했다.

> 온 힘을 다해 교회투쟁에 협력하기는 했지만, 이 투쟁이 전혀 다른 단계로 이행하는 잠정적 과도기에 지나지 않으며, 이 전초전에 참여한 사람 중 극히 적은 수가 그다음 전투에 참여하리라는 것을 분명히 알았네. 죽을 때까지 저항하고 이를 감내할 사람들이 있게 해달라고 전 기독교계가 기도해야 할 것 같네.[1]

프란츠 힐데브란트 같이 절친한 동지들조차 본회퍼가 내다보는 앞날을 보지 못했다. 본회퍼는 신학적으로 아주 높은 수준에서 사색하면서 주변 사람들의 눈에 보이지 않을 만큼 멀리 떨어져 있는 일들을 바로 앞에서 내다보는 것 같았다. 그 전망은 분명히 본회퍼와 동지들에게 좌절감을 불러일으켰을 것이다. 본회퍼는 장 라세르에게 영향을 받아 산상수훈을 깊이 사랑했고, 산상수훈을 통해 지금 일어나는 일과 앞으로 일어날 일을 볼 수 있었다.

본회퍼가 마주하고 있는 것에는 다른 차원의 의미와 깊이가 있었다. 힐데브란트와 니묄러와 야코비가 뮐러를 물리칠 방법을 놓고 씨름하는 동안 본회퍼는 하나님의 가장 고귀한 부르심, 곧 제자도와 그것의 가치를 생각하고 있었다. 예레미야를 생각하고 죽을 때까지 고난에 참여하라는 하나님의 부르심에 대해 생각했다. 본회퍼는 그 문제를 머릿속에 넣고 푸는 동시에 헤켈과 맞선 교회투쟁에서 다음에 취할 조치를 생각했다. 본회퍼는 그리스도의 심원한 소명을 생각하고 있었다. 그 소명은 승리와 관계가 있는 것이 아니라, 하나님에 대한 복종과 관계가 있었다. 주츠에게 보내는 편지에서 본회퍼는 이렇게 말했다.

> 그저 견디는 것, 그것이 중요하네. 견딘다는 건 이리저리 휘두르거나 때리

거나 찌르는 것이 아니라네. 이리저리 휘두르거나 때리거나 찌르는 건 전초전에서나 허락될 수 있네. 그 뒤에 찾아오는 본격적인 전투는 그저 성실히 견디는 것이어야 하네. … 교회투쟁은 지금 같은 상태와는 관계가 없네. 전혀 다른 어딘가에서 멈추고 말았네.[2]

본회퍼는 예언자처럼 앞일을 내다보다가 특정 시기에는 감방에서 성실히 견디며 예전처럼 하나님을 찬양하고 고난을 견딜 만한 사람으로 여김을 받는 고귀한 특권을 주신 하나님께 감사할 수밖에 없었을 것이다.

다른 한편, 더 세속적인 차원의 교회 정치, 즉 전초전과 관련지어 말하면, 본회퍼는 영국 해협을 건너면서 더 많은 능력을 발휘할 수 있었던 것 같다. 런던에서 지내는 동안은 제국교회의 지배를 직접 받지 않고 베를린 교회 당국이나 정권의 감시를 피할 수 있었다. 그래서 에큐메니컬 연락원들과 자유롭게 협력하며 독일 내부에서 일어나는 사건의 진상을 알릴 수 있었다. 이는 아주 중요한 일로 독일에서는 할 수 없는 일이었다.

런던에서 지내는 동안 본회퍼는 한 사람과 친해졌는데, 바로 치체스터의 주교 조지 벨이었다. 벨은 본회퍼의 절친한 벗이자 에큐메니컬 협의회에 속한 가장 중요한 연락원이었다.

본회퍼는 벨 주교와 맺은 관계를 소중히 여기는 한편, 다른 한 사람과의 관계도 소중히 여겼다. 본회퍼에게는 그 사람의 영향력과 우정이 너무나 소중했다. 그 사람은 바로 카를 바르트였다. 하지만 갈색 총회에서 아리안 조항이 승인되면서 고백의 상황이 빚어진 것이 아니냐는 물음에 바르트는 그렇지 않다고 단언했다. 본회퍼는 바르트의 단언을 납득할 수 없었다. 그 때문에 런던행을 바르트에게 알리고 싶지 않았다. 런던에 도착하고 한 주가 지난 10월 24일에야 본회퍼는 바르트에게 편지를 보냈다.

> 그 사건이 있고 나서 그런 결정을 하게 된 명확한 이유들 중 가장 유력한 이유를 꼽자면, 제가 제게 닥친 문제와 요구를 더는 감당할 수 없었기 때문일 겁니다. 저는 제가 급진적인 저항 세력 안에서 모든 친구들과 불가해할 정도로 대립하고 있다고 느꼈습니다. 개인적으로는 그들과 가장 친밀한 관계를 유지하고 있었지만, 정세에 대한 견해 차이 때문에 저는 점점 고립되었습니다. 그 모든 것이 나를 불안하게 하고 확신을 잃게 만들었습니다. 저는 독선 때문에 길을 잃을까 두려웠습니다. 게다가 존경하는 유능한 목회자들보다 내가 사태를 더 정확히 파악하고 있다고 확신할 만한 근거도 전혀 없었습니다.[3]

바르트는 11월 20일자 답신에서 이렇게 말했다.

> 친애하는 동료에게!
> 내가 말하는 방식을 토대로 당신은 내가 당신의 영국행을 중간 휴식 정도로 여긴다는 걸 알 수 있을 겁니다. 이 점을 염려했을 테지만, 먼저 나의 조언을 구하지 않은 것은 참 잘한 일입니다. 나는 당신의 영국행을 무조건 말렸을 테니까요. 어쩌면 엄포를 놓았을지도 모르겠습니다. 이렇게 나중에야 그 이야기를 전하니, "속히 베를린에 있는 당신 자리로 돌아가라!"는 말 외에 달리 드릴 말씀이 없군요. … 당신은 훌륭한 신학을 갑옷 삼아 두르고 고결한 독일인의 풍채를 하고 있으니 하인리히 포겔 같은 사람을 보고 부끄러워하지 않으시겠지요? 포겔은 지금 몹시 여위었고 화가 나 있습니다. 그는 항상 자리를 지키고 두 손을 풍차처럼 흔들면서 나름의 방법으로 "신앙고백! 신앙고백!"을 외치고 실제로 증언하고 있습니다. 강할 때

카를 바르트(왼쪽)

나 약할 때나 그런 건 문제가 되지 않습니다. … 이곳에 나와 함께 있지 않지만, 또 전혀 색다른 방식이긴 하지만, 이렇게라도 편지를 보내 당신을 귀찮게 할 수 있어서 기쁩니다. 나는 당신에게 이렇게 요구합니다. 당신은 지금 온갖 흥미롭고 사색적인 미사여구와 특별한 생각을 내려놓고 독일인이라는 한 가지 사실만을 염두에 두어야 합니다. 당신의 교회가 불타고 있다는 걸 잊어서는 안 됩니다. 당신은 충분히 알고 있고, 아는 바를 제대로 전달하여 도움을 주는 법도 알고 있습니다. 다음 배편을 이용해 당신 자리로 반드시 돌아가야 합니다. 사정이 여의치 않으면, 다음다음 배편으로 돌아가는 건 어떨까요? … 부디 이 편지를 호의적으로 받아주시길 바랍니다. 당신을 아끼지 않는다면, 이런 편지를 보내지도 않을 겁니다.⁴

마음을 담아 안부를 전하며

카를 바르트

조 지 벨 주 교

본회퍼는 그해 가을 런던에서 조지 벨 주교를 만났다. 그 순간부터 벨은 본회퍼의 인생에서 대단히 중요한 자리를 차지하게 되었다. 벨은 본회퍼가 처형되기 몇 시간 전에 유언을 남겼을 정도로 중요한 인물이었다. 1883년에 태어났지만, 본회퍼와 생일이 같았다. 두 사람의 생일은 2월 4일이었다. 벨은 본회퍼보다 스물세 살 위였고 카를 바르트는 스무 살 위였다. 벨과 바르트는 본회퍼에게 스승 같은 역할을 했다. 벨의 면전에서 그러진 않았지만, 본회퍼는 프란츠 힐데브란트 같은 친구들에게 벨을 가리켜 조지 삼촌이라 불렀다.

벨은 인상적인 인물이었다. 옥스퍼드 크라이스트처치 대학에 재학하던 시절에는 일류 시인상을 수상했고, 유명한 대주교 랜달 데이비슨의 전속 사제로 임명받고 나서는 데이비슨의 전기를 썼다. 1,400쪽 분량의 이 전기는 기념비적인 작품이다. 벨은 제1차 세계대전 후 에큐메니컬 협의회에 참여하여 주요 인물로 활동했다. 그리고 에큐메니컬 협의회를 통해 본회퍼와 맺어졌다. 본회퍼는 독일에서 벌어지는 참사를 그에게 알려주는 주요 연락책이었다. 캔터베리 대성당 수석사제로 재임하는 동안 벨은 도로시 세이어즈와 크리스토퍼 프라이를 객원 예술가로 초대했다. 벨이 1935년에 초대한 가장 유력한 인사는 T. S. 엘리엇이었다. 엘리엇에게 의뢰하여 시극詩劇〈대성당 살인사건〉을 쓰게 했던 것이다. 이 시극은 1170년에 캔터베리 대성당에서 발생한 토마스 베케트 살인사건을 극화한 것이다. 나치 정권을 비판하는 시극이었으며, 1935년 6월 15일 캔터베리 대성당에서 초연되었다. 벨은 간디를 캔터베리 대성당으로 초대하기도 했고, 나중에 간디와 본회퍼를 앞장서서 연결하기도 했다.

이 무렵 독일과 영국의 관계는 복잡했다. 히틀러는 국제사회가 신뢰할 수 있는 인물이 되고자 안간힘을 썼다. 그래서 1930년대 내내 영국 귀족 집단에 많은 친구와 동지를 두었다. 벨은 그들 무리에 속하지 않았다. 1933년 말, 나치는 루트비히 밀러의 제국 감독 취임을 놓고 영국 국교도의 비위를 맞추려고 무진 애를 썼다. 독일 그리스도인들을 이끄는 두 지도자 요아힘 호센펠더와 카를 페처 교수가 히틀러를 선전하는 비료를 살포하기 위해 대리로 임명받아 영국으로 갔다.

그 비료의 수요자가 아니면서도 초대장을 보낸 이는 옥스퍼드 운동의 프랑크 부크만이었다.

부크만은 20세기 초 유력한 복음 전도자였다. 히틀러의 본심을 모르면서도 히틀러에게 호의적이었던 수많은 사람 중 하나였다. 부크만은 히틀러를 반대하는 것이 나은데도 히틀러와 접촉하려고 했다. 그러나 독일이 바이마르 시대를 지나 동요하고 있을 때에는 무신론자인 볼셰비키의 적이요 교회의 친구를 자처하면서 단체를 해산하지 않았다. 지도자들을 기독교 신앙으로 전향시키려는 마음이 앞선 나머지 부크만은 "뱀같이 지혜로우라"는 성경의 명령을 간과했던 것 같다. 히틀러를 개종시키겠다는 생각으로 히틀러와 접촉하려 하고, 독일 그리스도인들과 연락을 취하려 한 것은 순진하기 짝이 없는 행동이었다.

그러나 호센펠더와 페처의 비료 살포 운동은 기대만큼 성과를 거두지 못했다. 영국 신문사들은 히틀러가 보낸 성직자들을 신뢰하지 않았다. 히틀러를 지지하는 글로스터의 주교 아서 케일리 헤들램과 함께 거둔 미미한 성공을 빼면 대체로 퇴짜를 맞았다.

반면에 본회퍼는 대성공을 거두었다. 본회퍼가 조지 벨을 처음 만난 건 11월 21일 치체스터에 있는 주교 관저에서였다. 둘은 이내 친구가 되었다. 독일 그리스도인들이 집회를 개최하던 지난 4월에 벨은 베를린에 있었다. 그래서 본회퍼가 기대한 것보다 독일 사정을 더 많이 알고 있었다. 4월에 여행을 마치고 돌아온 벨은 자기가 목격한 반유대주의의 위험을 국제사회에 경고했다. 9월에는 아리안 조항과 아리안 조항을 수용한 독일 교회에 이의를 제기하자고 제안했다. 이후 몇 해 동안 본회퍼는 주요 정보원이 되어 독일에서 일어나는 일을 벨에게 알렸다. 벨은 영국 상원의원으로 런던 〈타임스Times〉에 서한을 보내 본회퍼가 전한 정보를 영국 국민에게 알렸다. 향후 10년간 벨과 본회퍼가 히틀러와 제3제국에 대한 영국의 반감을 활성화하는 데 결정적인 역할을 한 건 틀림없는 사실이다.

런던 목회

본회퍼가 거주하던 런던 교회는 포레스트 힐 남쪽의 교외에 있었다. 큰 방 두 개로 이루어진 그의 집은 목사관 이층에 있었다. 목사관은 빅토리아 여왕 시대에 지은 가옥으로 언덕 위에 있었고, 언덕은 나무와 정원에 둘러싸여 있었다. 목사관의 다른 공간들은 대부분 독일인 사립학교가 사용했다. 집은 외풍이 있고 늘 추웠다. 본회퍼는 독감이나 다른 병에 걸려 앓고 회복되기를 반복했다. 난로는 날림으로 설치한 가스히터로 동전을 넣어야 돌아갔다. 난방에 전혀 도움이 되지 않았다. 쥐가 들끓는 것도 문제였다. 결국 본회퍼와 힐데브란트는 쥐가 침입하지 못하게 막는 걸 포기하고 양식을 깡통에 담아 저장했다.

파울라 본회퍼는 스물일곱 살 총각인 아들이 가사를 꾸릴 수 있도록 멀리서 도왔다. 배편으로 큰 가구 몇 개를 디트리히에게 부쳤다. 그중에는 디트리히가 자주 애용하던 벡스타인 피아노도 끼어 있었다. 파울라는 가정부를 대신 고용해 보내주기도 했다.

비록 몸은 베를린에서 떨어져 있었지만, 본회퍼는 질풍노도 같은 교회투쟁에 용의주도하게 관여했다. 무엇보다도 본회퍼는 몇 주에 한 번씩 베를린에 갔다. 베를린에 가지 못할 때에는 전화로 베를린에 있는 누군가와 통화하곤 했다. 주로 게르하르트 야코비나 마르틴 니묄러, 혹은 어머니와 통화했다. 파울라 본회퍼도 다른 이들과 마찬가지로 교회투쟁에 참여하여 세세한 정보까지 수집해 아들에게 전했다. 디트리히 본회퍼가 독일에 어찌나 전화를 많이 했던지 그 지역 우체국이 엄청난 월 통화료를 감면해줄 정도였다. 감면 사유는 청구된 통화료를 믿을 수 없었기 때문이거나 동정심 때문이었을 것이다. 통화료를 믿을 수 없어서였다는 게 더 정확할 것이다.

힐데브란트가 런던에 도착한 날짜는 11월 10일이었다. 빅토리아역에 나와 있겠다고 말했는데, 도착해서 보니 본회퍼가 보이지 않았다. 목사관에 전화해보는 게 좋을 것 같았지만 전화번호를 몰랐다. 게다가 힐데브란트는 영어를 할 줄도 몰랐다. 전화 교환원에게 당면한 문제를 알리려고 애쓰고 있는데, 본회퍼가 갓 도착해 공중전화 박스를 가볍게 두드렸다. 그때부터 본회퍼는 힐데브란트에게 영어를 가르쳤다. 그래서 장을 봐야 할 때면 언제나 힐데브란트를 보내 장을 보게 했다. "장보기가 필수적인 것을 가르쳐줄" 거라고 생각했기 때문이다.[5]

성탄절이 되자 본회퍼는 힐데브란트에게 영어 성경을 선물로 주었다. 영어를 빨리 익히는 또 다른 방법이었다. 그리고는 힐데브란트를 보내 크리스마스트리를 사오게 했다. 장보기가 영어를 익히는 방법이라는 생각을 굽히지 않았던 것이다. 볼프 디터 침머만이 거위 간으로 만든 슈트라스부르 파이를 들고 성탄절에 도착하여 본회퍼와 힐데브란트를 깜짝 놀라게 했다. 침머만은 두 주를 머물며 본회퍼와 힐데브란트가 끊임없이 논쟁하는 모습을 지켜보았다. 주제는 사적인 것이 아니었다.

우리는 평소 오전 11시에 아침을 푸짐하게 먹었다. 한 사람이 런던 〈타임스〉를 가져오면 아침을 먹으면서 최근 독일 교회투쟁의 진척 사항을 확인했다. 그런 다음 각자 일을 하러 갔다. 오후 두 시가 되면 다시 모여 가벼운 식사를 했다. 그리고는 음악을 들으며 대화를 나눴다. 본회퍼와 힐데브란트는 홀로 하든 함께하든 피아노를 완벽하게 쳤다. … 저녁에는 대체로 집에서 시간을 보냈지만, 가끔 영화나 연극을 보러 가기도 하고 다른 오락거리를 찾아 나서기도 했다. 집에서 저녁 시간을 보낼 때면, 신학 토론을 하거나 음악을 연주하거나 논쟁을 벌이거나 이야기를 나눴다. 이 모든 일이 서로 뒤를 잇거나 한데 어우러져 새벽 두세 시까지 이어졌다. 모든 일이 활기차게 진행되었다.[6]

본회퍼가 목회하는 교회를 다닌 한 친구에 따르면, "본회퍼가 주위에 있으면 늘 유머가 넘쳤다"고 한다. 본회퍼는 말로든 다른 방식으로든 끊임없이 농담을 던졌다. 때로는 피아노 이중주를 틀린 조로 시작하곤 했다. 그럴 때면 협연자는 그가 일부러 그런 걸 한참 뒤에야 알아챘다.

힐데브란트가 본회퍼와 함께 목사관에서 산 기간은 3개월이었다. 사람들이 끊임없이 찾아왔다. 침머만이 그곳에서 지내는 동안 또 다른 독일 신학생이 도착했다. 다들 본회퍼와 힐데브란트가 "끊임없이 논쟁하며" 사는 모습을 보고 놀랐다. 하지만 신랄한 논쟁은 아니었다. 두 사람은 부단한 신학 언쟁을 즐겼다. 논쟁은 엄청난 재치를 길러주는 오락거리였다. 그 재치 중 상당수는 듣는 이가 이해할 수 없는 것들이었다. 힐데브란트의 전기 작가들은 이렇게 기록했다. "그들 둘이 논쟁을 벌일 때면, 프란츠가 결정타를 날려 매듭을 지으려 했다. 그럴 때면 디트리히는 쳐다보면서 '뭐라고? 미안, 뭐라는지 못 들었어' 하고 말하곤 했다." 물론 힐데브란트의 말을 다 듣고 한 말이었다. 그런 다음 두 사람은 "웃음보를 터뜨리곤" 했다.[7]

다른 방문자도 많았다. 디트리히의 누나 크리스티네가 남편 한스 폰 도나니와 함께 방문했고, 여동생 주잔네도 남편 발터 드레스와 함께 찾아왔다. 드레스는 여러 해 동안 본회퍼의 친구였고 조만간 고백 교회 일원이 될 인물이었다. 자비네의 회고에 따르면, 디트리히는 런던에 있는 동안 이따금 개도 한 마리 맞아들였다고 한다. 세인트버나드 종이었다. 그 개가 차에 치여 죽자 본회퍼는 크게 슬퍼했다.

본회퍼는 두 교회를 맡고 있었다. 두 교회 다 자력으로 목사의 생계를 책임질 수 있을 만큼 크지 않았다. 시드넘 교회는 교인이 삼사십 명 정도였다. 그들 중 상당수가 주영 독일대사관 직원이었다. 성 바울 교회는 교인이 쉰 명가량 되었는데, 대부분 소매상이었다. 교인수가 적었지만 본회퍼는 수천 명을 앞에 놓고 설교하듯 설교를 준비했다. 설교 원고는 직접 손으로 작성했고, 그렇게 작성한 설교는 엘리자베트 친을 포함하여 독일에 있는 친구들에게 보냈다.

런던에 사는 이들 이주 공동체는 본회퍼가 바르셀로나에서 섬긴 이주 공동체와 비슷했다. 대다수 해외 이주 교회가 그렇듯이 런던에 있는 두 공동체도 문화적으로 고국과 연결되어 있었다. 따라서 신학적인 면은 그다지 중요하지 않았다. 본회퍼는 바르셀로나에서 목회하던 때와 마찬가지로 주일학교와 청소년 모임 같은 새로운 활동을 야심차게 도입했다. 크리스마스에는 성탄극을 지도하고 부활절에는 수난극을 지도하기도 했다.

바르셀로나에서와 마찬가지로 본회퍼의 설교는 부드러운 음식에 익숙한 교인들에게 단단한 음식이나 다름없었다. 사실상 그가 5년 전에 했던 설교보다 훨씬 소화하기 힘들고 벅찼다. 본회퍼는 바르셀로나에서 지내던 스물두 살 시절과는 많이 달랐다. 생활형편도 차츰차츰 어려워졌다. 어느 면에서는 수십 년이 흐른 것 같았다. 본회퍼의 내면은 갈수록 진지해졌다. 종말론적인 주제를 좋아했고 하나님나라를 갈망했다. 하나님나라는 본회퍼가 설교에서 자주 다루는 주제였다. 게르하르트 라이프홀츠에게 보내는 편지에서 그는 이렇게 말했다. "우리는 사람들이 모든 불행과 불의, 거짓과 비겁함이 끝장나는 진정한 평화를 몹시 갈망하고 있음을 느낍니다."[8] 5년 전에는 이것들을 믿기만 했지만, 이제는 직접 느낄 수 있었다.

15

한층 달아오른 교회 투쟁

그는 포로이기에 따를 수밖에 없습니다. 그의 길은 예정된 길입니다. 그의 길은 하나님이 버리시지 않는 이의 길, 하나님에게서 벗어날 수 없는 이의 길입니다.

위태로운 독일 교회는 이제 독일 내부의 문제가 아니라 유럽 기독교 전체의 존립이 걸린 문제입니다.
_디트리히 본회퍼

헤켈과 뮐러는 본회퍼를 런던에 보내면 그를 어느 정도 진정시킬 수 있을 거라 여겼다. 덤으로 베를린에서 멀리 떼어놓을 수도 있다고 보았다. 하지만 크나큰 오산이었다. 런던에서 지내는 동안 본회퍼는 다섯 번이나 두 사람의 속을 썩였다. 베를린에 있는 부모님 댁에 들른 횟수보다 많았다. 런던은 베를린에서 누리지 못한 자유를 본회퍼에게 주었다. 그는 그 자유를 십분 활용했다. 에큐메니컬 세계에서 친분을 돈독히 쌓으면서 히틀러가 이끄는 독일이 영국 언론에 아무리 좋은 인상을 주려고 해도 신속히 진실을 알려 잘못된 부분을 바로잡을 수 있다고 확신했다.

지도자의 재능을 타고난 본회퍼는 이내 런던에 있는 다른 독일인 목사들 사이에 여론을 형성했다. 그리고 이 중요한 시기에 그들을 이끌어 제국교회에 개별적으로나 집단적으로 대항하게 했다. 영국에 있는 독일인 교회들이 목사긴급동맹에 가입하고, 나중에 고백교회에도 가입한 건 본회퍼 때문이었다. 독일인 교회가 있는 모든 나라 중에서 오직 영국만 그런 입장을 취했다. 본회퍼가 런던에 있었기 때문이다.

영국에 거주하는 독일인 목사 중에서 본회퍼와 각별히 친하게 지낸 목사는 율리우스 리거였다. 당시 리거는 삼십대 초반이었다. 리거 목사는 이후 몇 년간 본회퍼는 물론 조지 벨과 친하게 지내며 협력했다. 그리고 1935년에 본회퍼가 영국을 떠난 뒤에는 독일인으로서 벨의 주요 연락원이 되었다. 리거는 런던 동쪽 끝에 있는 성 조지 교회 목사였다. 성 조지 교회는 이내 독일 난민들을 돌보는 센터가 되었다. 조지 벨도 독일 난민들을 돕는 일에 참여했다. 다들 그를 난민들의 주교로 여겼다. 자비네와 게르하르트 라이프홀츠가 어쩔 수 없이 독일을 떠났을 때, 조지 벨과 리거와 성 조지 교회가 중요한 연줄이 되어 주었다. 리거는 프란츠 힐데브란트와도 친하게 지냈다. 그리고 힐데브란트는 1937년에 강제로 독일을 떠날 수밖에 없게 되자 영국에 가서 성 조지 교회 목사가 되었다.

1933년 11월 중순, 독일 그리스도인들이 베를린 스포츠팔라스트에서 큰 실수를 범하자 독일 그리스도인들을 반대하는 세력이 뮐러의 사임을 강력히 요구했다. 하지만 뮐러는 12월 3일에 제국 감독에 취임하기로 되어 있었다. 게다가 제국교회는 영국에 있는 독일인 목사들을 초대하여 취임식에 참석시킬 계획이었다. 교회 당국은 박봉의 목사들이 무료 고국 여행을 뿌리치지 못할 것이고, 일단 취임식에 참석하면 그들과 뮐러와 제국교회의 유대 관계가 돈독해질 것이고, 그들이 만卍자가 찍힌 모든 일을 합법으로 인정해줄 거란 걸 알고 있었다.

본회퍼는 다른 생각을 하고 있었다. 먼저 그는 영국에 있는 모든 독일인 목사에게 가짜 취임식에 참석하지 말자고 설득했고, 그들 중 상당수의 지지를 얻었다. 본회퍼는 또한 그들을 설득하여 취임식에 가더라도 루트비히 뮐러에 반대하는 이유를 자세히 담은 문서를 전달하는 기회로 삼자고 했다. 〈제국교회 당국에게〉라는 제목을 단 그 문서에는 지난 몇 달간 뮐러가 한 불합리한 말과 행위 들이 적혀 있었다. 그들은 무료 고국 여행을 받아들여 상세한 항의의 뜻을 공식적으로 전하기로 했다. 결국 뮐러의 취임식이 연기되었고 문서는 직접 전달되지 못했다. 그들은 하는 수 없이 문서를 제국교회 지도자들에게 발송했다.

스포츠팔라스트 행사에 대한 강력한 항의의 결과로 독일 그리스도인들은 궁색한 처지에 빠져 시시각각 기반을 잃었다. 그들의 급속한 퇴조를 보여주는 아주 강력한 증거가 있다. 뮐러가 180도 태도를 바꿔 아리안 조항을 무효화시킨 것이다. 그러자 표리부동한 헤켈이 영국에 있는 독일인 교회들에 화해의 상징으로 서한을 발송했다. 싸울 일이 없어졌으니 함께하지 않겠느냐는 거였다.

본회퍼는 헤켈의 제안에 넘어가지 않았다. 그리고 최근에 거둔 성과들이 영구불변의 성과라고 생각하지도 않았다. 실제로 그 성과들은 본회퍼가 생각했던 것보다 훨씬 일시적인 것이었다. 1월 초, 뮐러가 다시 돌변하여 이를 드러내고 자신이 앞서 무효화시킨 아리안 조항을 복원시켰다. 뮐러는 그 전에 몇 가지 방어 조치를 취했다. 1934년 1월 4일, 뮐러는 법을 하나 제정했다. 일명 '입막음 법령'이란 것이었다. 원래 뮐러가 붙인 제목은 더 지독하고 괴벨스처럼 괴이했다. 바로 '독일 복음주의 교회의 질서 회복에 관한 법률'이었다. 뮐러는 이 법령을 통해 교회투쟁에 관한 토론이 교회 건물 안에서 이뤄지거나 교회 신문에 게재되어서는 안 되고, 누구든지 이를 위반하면 해고할 것이라고 못 박았다. 숨 막힐 만한 일이 하나 더 있었다. 뮐러가 독일 교회에서 '복음주의 청년단'이라 불리는 모든 청년단은 히틀러 청년단과 합병해야 한다고 공표한 것이다. 갑자기 전투가 재개되었다.

본회퍼는 독일 국내 교회들이 갖지 못한 힘을 해외 독일인 교회들이 가지고 있다는 걸 알았다. 해외 독일인 교회들은 제국교회에서 탈퇴하겠다고 으름장을 놓을 수 있었다. 영국에 있는 독일인 교회들이 관제(官製) 독일 교회에서 탈퇴하면, 독일의 국제적인 명성에 타격을 줄 수 있었다. 그 위협은 해외 독일인 교회연합회 의장 바론 슈뢰더가 보낸 서한에서 노골적으로 드러났다. 슈뢰더는 이렇게 말했다. "불미스러운 결과들이 일어날까 봐 두렵습니다. 해외 독일인 교회들이 고국 교회로부터 탈퇴할지도 모릅니다. 고국 교회는 나를 몹시 슬프게 합니다." 그냥 하는 위협이 아니었다. 1월 7일 일요일, 영국에 있는 독일인 목사들이 제국교회에 다음과 같은 전보를 쳤다. "우리는 복음과 우리의 양심을 위하여 목사긴급동맹의 성명서에 지지를 보내고 제국 감독 뮐러에 대한 우리의 신뢰를 철회한다." 선전포고나 다름없었다. 본회퍼가 입안한 원본에는 더 노골적으로 표현되어 있었다. "우리는 제국 감독을 더 이상 인정하지 않는다."[1] 몇몇 목사들이 보기에 대단히 심한 위협이었다. 그래서 "우리의 신뢰를 철회한다"로 순화하긴 했지만, 그럼에도 일촉즉발의 전격적 위협이었다. 어느 경우든 제국 교회를 향해 그렇게 선언하는 것은 일찍이 저항 세력이 나아간 고백의 상황, 곧 루비콘 강 근처로 나아가는 행위였다. 머지않아 전투가 개시되자 그들은 그 강을 건넜다.

실제로 이튿날부터 일주일간 그 방향으로 발 빠르게 움직였다. 1월 8일 월요일 오전 여덟 시, 목사긴급동맹은 전임 황제가 거하던 궁궐

맞은편에 있는 웅장하고 대단히 중요한 베를린 대교회당(빌헬름 황제 기념교회)에서 예배를 드림으로써 저항을 시작할 작정이었다. 이 어마어마한 교회당은 높이가 무려 400피트나 되었고, 로마의 성 베드로 대성당에 대응하는 개신교 건물로 여겨졌다. 베를린 대교회당은 1890년대에 황제 빌헬름 2세가 의뢰하여 세운 건물로, 호엔촐레른 왕가가 1465년에 세운 첫 왕실 예배당 터에 자리 잡았다. 그 교회당은 말 그대로 국가와 교회를 잇는 가시적 상징이었다. 지붕이 둘러진 다리가 교회당과 궁궐을 연결했다. 독일인들에게는 커다란 상징적 의미를 지닌 곳이었다. 하지만 포학한 뮐러는 목사긴급동맹의 계획을 눈치채고 저지하기로 마음먹었다. 경찰권을 확보하여 교회당 대형 출입문을 봉쇄하고 출입을 막았다. 뮐러에게는 정치력이 있었다. 그는 아무 두려움 없이 정치력을 행사했다.

  그러나 뮐러조차도 불평분자들이 교회당 밖에 있는 대형 광장에서 모이는 건 막지 못했다. 목사긴급동맹은 광장에 모여 루터가 쓴 〈내 주는 강한 성이요〉를 불렀다. 본격적인 싸움이 시작되었다. 목요일 오전 11시, 노쇠한 힌덴부르크가 험악해지는 분위기를 조금이라도 누그러뜨리려고 발을 질질 끌며 시끄러운 싸움에 개입하여 뮐러를 호출했다. 죽을 날이 얼마 남지 않은 여든 살의 유명무실한 제국 대통령은 황제 치하에서 누린 독일의 찬란한 과거를 생생히 상기시키는 인물이었다. 뮐러에게 영향을 미칠 수 있는 인물이 있다면, 확실히 힌덴부르크뿐이었다. 정오 무렵 힌덴부르크는 보델슈빙과 목사긴급동맹 회원 두 명을 만났다. 그리고 오후 한 시에 화해를 선언했다. 저항 세력은 제국교회로부터 탈퇴하겠다는 협박을 철회했다. 하지만 당분간의 철회였다. 힌덴부르크가 기적을 일으킬 수 있었던 주된 이유는 양측이 수일 안에 위대한 평화의 사람 히틀러와 만나기로 했기 때문이다.

  양측은 1월 17일에 제국 수상 아돌프 히틀러를 만나기로 했다.

1934년 초만 해도 니묄러를 포함한 고백교회 목사들 대부분은 히틀러가 합리적인 인물로 자신들에게 유리하게 사태를 수습해줄 거라 여겼다. 그들은 히틀러 수하에 있는 소심한 자들이 책임을 져야 한다고 확신했다. 교회를 나치화하려고 한 자는 히틀러가 아니라 제국 감독 뮐러였다. 마침내 히틀러를 만날 수 있게 되자 모든 소란이 잠잠해졌다. 면담 일까지 다들 물러나 숨을 고르기로 했다. 나흘만 기다리면 히틀러를 만날 수 있기 때문이었다.

기다리는 동안 그들은 시간을 쟀고 긴장은 다시 고조되었다. 하지만 히틀러는 미루고 또 미루어 면담 날짜를 25일로 잡았다. 여드레를 기다리는 동안 긴장된 휴전 상태가 영원처럼 여겨졌다.

본회퍼는 이 똥줄 타는 평형 상태를 영국에서 더듬더듬 추적했다. 어머니가 거의 매일 최신 정보를 전해주었다. 가족의 연줄 덕분에 본회퍼는 시드넘 목사관에 있으면서도 의외의 내부 정보를 입수할 수 있었다. 파울라 본회퍼는 산더미 같은 줄거리를 알려주는 것은 물론이고 직접 거기 참여하기까지 했다. 파울라는 아들에게 보내는 편지에서 정전 상태는 정전 상태일 뿐임을 뮐러에게 통보하는 게 전략적으로 중요하다고 말했다. 그리고 자신이 형부 폰 데어 골츠 장군을 통해 뮐러에게 그 메시지를 전하려 한다고 적었다. 파울라는 "달렘에 있는 우리 측 사람(니묄러)이" 힌덴부르크 대통령을 "만날 수 있길 바라고 있단다"라고 덧붙였다.[2]

고백교회 목사들은 힌덴부르크를 열쇠로 여겼다. 힌덴부르크는 전투태세를 갖춘 고백교회를 좋아하는 것처럼 보였고, 히틀러가 뮐러를 해임해야 한다고 생각하는 것처럼 보였다. 하지만 그들은 괴링이 뮐러를 지지하려 한다는 사실을 미처 몰랐다. 괴링은 말썽꾸러기 신학자들을 가혹하게 다루는 편이 낫다고 여기는 자였다. 그래서 런던에 있는 독일인 목사들은 힌덴부르크에게 서한을 보냈고, 본회퍼도 조지 벨을 설득하여 서한을 발송하게 했다.

힌덴부르크는 목사들에게서 온 서한을 히틀러에게 보냈다. 그러나 히틀러는 괴링과 반교권주의자인 측근들의 귓속말에 넘어가 서한 수령을 단호히 거부했다. 히틀러는 런던에 있는 목사들이 국제주의자인 유대인들의 악랄한 선전물을 토해내고 있다고만 여겼다. 목사들은 스스로 조심하는 게 옳았다. 아첨꾼 헤켈이 그들에 대한 히틀러의 비판적인 생각을 널리 알리며 노골적으로 위협했다. 목사들은 그것을 협박이라 부르면서도 그냥 받아넘겼다. 그리고 다들 히틀러와 면담하는 날만 손꼽아 기다렸다.

하나님의 포로

긴장 속에 기다리면서 본회퍼는 예언자 예레미야를 본문 삼아 유명한 설교를 했다. 설교를 한 날은 1월 21일 주일이었다. 구약성경에 나오는 유대인 예언자에 관해 설교하는 건 상당히 이례적이고 도발적인 일이었다. 하지만 주제의 도발성은 설교의 난해함에 비하면 아무것도 아니었다. 본회퍼는 서두에서 호기심을 자아내며 이렇게 말했다. "예레미야는 하나님의 예언자가 되고 싶지 않았습니다. 갑자기 부르심이 임하자 그는 뒷걸음치고 저항하고 달아나려 했습니다."[3]

설교에는 본회퍼의 괴로운 상황이 반영되어 있었다. 회중은 그가 이야기하는 내용을 이해하기는커녕 그날 자신들에게 주는 하나님의 말씀으로 받아들이지도 않았을 것이다. 이제껏 훌륭하고 젊은 목사의 설교를 들을 때마다 당혹스러웠던 것처럼 이번에도 틀림없이 그랬을 것이다.

본회퍼가 예레미야를 놓고 서술한 각본은 단조롭고 침울했다. 하나님이 예레미야를 추적하셨고 예레미야는 하나님을 벗어날 수 없었다. 본회퍼는 전능자의 화살이 사냥감을 덮쳤다고 말했다. 사냥감은 누구였나? 다름 아닌 예레미야였다! 하나님은 어쩌자고 이야기의 주인공을 쏘셨을까? 본회퍼는 회중이 눈치채기 전에 화살 이미지에서 올가미 이미지로 옮겨가면서 말했다. "그분이 올가미를 더 단단히 끌어당겨 예레미야를 더 괴롭게 하시자 예레미야는 자신이 포로라는 것을 깨닫습니다. 그는 포로이기에 따를 수밖에 없습니다. 그의 길은 예정된 길입니다. 하나님이 버리시지 않는 이의 길, 하나님에게서 벗어날 수 없는 이의 길입니다." 설교는 심상치 않게 침울해지기 시작했다. 그 젊은 목사가 말하려고 한 건 무엇이었을까? 어쩌면 본회퍼는 너무 많은 책을 읽었는지도 모른다. 이따금 찾아오는 신선한 공기와 재미, 이것이 예레미야에게 필요했을 것이다! 확실히 예레미야에게는 약간의 기분전환이 필요했다. 조금만 지나면 사태가 호전될지도 모른다. 회중은 예레미야의 운명이 바뀌길 기대하며 귀를 기울였다.

그러나 안타깝게도 본회퍼는 회중의 기대에 어긋나는 설교를 가차 없이 전했다. 계속해서 내리막길로 내려갔다.

> 이 길은 무력한 인간의 가장 비참한 상태에 이를 것입니다. 그 길을 따르는 이는 비웃음거리가 되고 업신여김을 당하고 바보 취급을 받게 마련입니다. 평화와 안락한 삶을 극도로 위협하는 바보 말입니다. 그런 사람은 곧바로 처형당하지 않으면, 매를 맞고 감금되고 고문을 당하게 마련입니다. 이 사람 예레미야의 처지가 꼭 그랬습니다. 하나님으로부터 벗어날 수 없었기 때문입니다.[4]

하나님에게 바싹 붙어서 따르겠다는 엄두를 전혀 내지 못하게 하는 설교가 있다면, 이 설교가 그런 설교였을 것이다. 그런 다음 본회퍼는 하나님이 예레미야를 "고통에서 고통으로" 몰아대셨다고 말했다. 이보다 나쁜 일이 또 있을까?

> 예레미야는 우리처럼 살과 피를 가진 사람, 우리와 똑같은 사람이었습니다. 그는 끊임없이 수치를 당하고 조롱을 받았습니다. 남들이 가하는 폭력과 만행을 겪었습니다. 밤새도록 이어지는 고문 끝에 그는 절규하며 이렇게 기도합니다. "오오 주님, 당신께서 저를 유인하셔서 제가 함정에 빠졌습니다. 당신께서 저를 못 견디게 하시니, 제가 졌습니다."[5]

설교를 듣는 회중은 기가 막혔다. 하나님이 친히 사랑하시는 종과 예언자를 투옥시키셨단 말인가? 분명 설교를 듣다가 중간에 결정적인 문장을 놓친 게 분명했다. 하지만 회중이 놓친 것이 아니었다.

본회퍼는 자신과 자신의 미래에 대해, 곧 하나님이 그에게 보여주시는 미래에 대해 이야기하고 있었다. 그러나 회중은 전혀 알아채지 못했다. 본회퍼는 자신을 하나님의 포로로 이해했던 것이다. 옛날 예언자들이 그랬듯이 자신도 고난과 학대를 당하도록 부름을 받았다고 생각했다. 승리는 그렇게 좌절하고 좌절을 받아들이는 데에 있었다. 들을 귀가 있는 이라면 의당 알아들을 수 있는 설교였지만, 실제로 알아들은 이는 거의 없었다.

> 예레미야는 평화의 교란자, 국민의 적이라는 비난을 받았습니다. 여러 세대에 거쳐 오늘에 이르기까지 하나님의 소유가 된 사람들, 하나님에게 붙잡힌 사람들, 하나님이 너무나 강력하셔서 … 평화와 구원을 외칠 수밖에 없는 사람들도 그런 비난을 받았습니다.
>
> 진실과 정의의 개선 행렬, 온 세계를 관통하는 하나님과 성경의 개선 행렬이 이루어지면, 승리의 전차를 뒤따르는 포로의 행렬이 이어질 것입

니다. 그분께서는 막판에 우리를 그분의 개선 행렬에 이어 붙이실 것입니다. 우리는 속박을 받고 학대를 당하겠지만 그분의 승리에 참여하게 될 것입니다!**⁶**

히틀러 면담

마침내 1월 25일이 되었다. 양측은 아돌프 히틀러를 만났다. 면담에 참석한 저항 세력은 자신들이 지지를 받고 목이 뻣뻣한 뮐러가 총통으로부터 당연한 벌을 받길 바랐지만 뜻대로 되지 않았다. 가장 심한 봉변을 당한 이는 지금까지 고백교회에서 히틀러를 가장 열렬히 지지해온 니묄러였다.

니묄러가 히틀러에 대한 힌덴부르크의 영향력을 좋지 않게 말하는 전화 통화를 괴링이 도청했던 것이다. 괴링은 통화 내용을 기록한 다음 대망의 면담을 열었다. 느닷없이 히틀러와 부관들이 본색을 그대로 드러냈다. 그 방에 있던 대다수가 난생 처음 겪는, 좀처럼 잊을 수 없는 일이었다. 도청 기록에는 최근에 이루어진 힌덴부르크와 히틀러의 면담을 두고 니묄러가 익살스럽게 말하는 내용이 들어 있었다. 히틀러는 표정이 좋지 않았다. 그리고 화가 나서 이렇게 말했다. "도저히 못 들어주겠군! 내 수중에 있는 모든 수단을 동원해서 이 반란 세력을 쓸어버리고 말겠어!"

나중에 니묄러는 그때의 장면을 두고 이렇게 말했다. "나는 소스라치게 놀랐다. 히틀러의 불평과 비난에 어찌 대답해야 할지 고심했다. 불평과 비난은 계속됐다. 나는 속으로 말했다. '사랑하는 하나님, 저 사람을 진정시켜주십시오.'" 니묄러는 꾹꾹 눌러 참으려고 애쓰면서 이렇게 말했다. "하지만 우리는 제3제국을 열렬히 지지하는데요." 그 말을 듣고 히틀러가 폭발했다. "제3제국을 세운 사람이 바로 나란 말이야! 당신은 당신 설교에나 신경 써!" 괴롭고 정신이 확 드는 그 순간 니묄러의 백일몽이 와르르 무너졌다.[7] 니묄러는 제3제국의 활동이 합리적이길 바라고 그런 일이 현실 세계에 존재한다고 생각했지만, 그의 바람은 히틀러의 본심과는 거리가 멀었다. 자기 앞에서 호통을 치는 히틀러의 욕망과 의지만이 제3제국의 유일한 원리라는 걸 그제야 깨달은 것이다.

면담의 나머지 순서도 참석자들의 기를 꺾었다. 그 자리에 참석한 모든 이가 히틀러와 제3제국에 충성을 맹세했다. 그 후 니묄러는 괴링과 이야기를 나누었지만, 설교하는 것마저 금지당하고 말았다. 면담이 끝나자 누가 이겼는지 분명해졌다. 멍청한 군목 뮐러가 비틀거리며 재기에 성공했다.

헤켈의 입지도 강화되었다. 면담이 끝나고 이틀 뒤 헤켈은 해외 목회자들에게 서한을 보내 면담에서 약속한 사항을 능숙하게 되풀이했다. "전선에 있는 병사는 작전 계획 전체를 평가할 위치에 있지 않으니, 자신과 직접 관련 있는 임무만 수행해야 합니다. 나는 재외 성직자들이 자신들의 본분과 고국에서 독일 복음주의 교회를 구체화하는 교회 당국의 본분을 잘 구분하길 바랍니다."[8]

교회 유력 인사가 군인을 비유로 들먹이며 총통 원리를 교회와 신학에까지 확대 적용하려 한 발언이었다. 재외 목회자들을 우울하게 하는 이야기가 틀림없었다. 더 고약한 건 헤켈이 런던을 방문하기로 한 것이다.

헤켈이 런던을 방문하기로 마음먹은 건 본회퍼와 에큐메니컬 연락원들에게서 나오는 끔찍하고 손해 막심한 정보를 차단하기 위해서였다. 불온하고 용감무쌍한 본회퍼가 히틀러를 면담한 자리에서 있었던 일과 같은 나쁜 소식을 듣고도 전혀 주눅이 들지 않으리라는 걸 잘 알고 있었다. 니묄러가 달렘 교회 설교단에서 설교하는 것을 금지당하자 결국 그 자리를 채운 이는 독일 그리스도인들을 반대하는 프란츠 힐데브란트였다.

2월 4일, 본회퍼가 스물여덟 번째 생일을 맞이하자 친구들과 가족이 축하 편지를 보내왔다. 가장 돋보이는 편지는 힐데브란트가 보낸 재기 넘치는 편지였다. 교회투쟁의 중심에 유산으로 자리 잡은 루터의 문체로 쓴 편지였다. 비범한 재치와 말장난으로 가족들만 아는 우스갯소리와 교회투쟁세력과 적대자들에 관한 진지한 농담이 섞여 있었다. 가족들만 아는 농담 중에는 벌거벗은 본회퍼의 사진과 관련된 것도 있었다. 디트리히가 두 살 때 모습으로 힐데브란트가 기어이 보겠다고 고집을 피우는 바람에 파울라가 그만 실수로 보여준 사진이었다. 베를린 대학교에서 본회퍼에게 배운 신학생 베르타 슐체에 관한 농담도 있었다. 슐체는 파울라가 런던에 있는 아들의 비서 겸 가정부로 고용한 사람이었다. 하지만 힐데브란트가 슐체를 가리켜 본회퍼와 결혼할 의사가 있는 사람이라고 말한 까닭에 다른 일자리를 구할 수밖에 없었다. 어쩌면 슐체는 본회퍼가 엘리자베트 친과의 관계를 아직 정리하지 않은 상태라는 걸 알아채지 못했을 수도 있다. 당시 본회퍼는 매주 엘리자베트 친에게 설교 원고를 보내고 있었다. 힐데브란트의 괄괄한 편지는 두 사람의 우정의 핵심에 자리한 기쁨의 진면목과 3개월간 런던 목사관에서 함께 지내며 서로 끊임없이 지분거리고 말싸움을 하면서 나눈 유쾌함을 여실히 보여준다.

2월 4일은 주일이어서 본회퍼는 여느 주일과 다름없이 두 번 설교했다. 하지만 저녁에는 몇몇 친구들과 함께 모여 방겐하임슈트라세 14번지에서 걸려온 전화를 받았다. 방겐하임슈트라세 14번지에서는 온 가족이 모여 그의 생일을 축하했다. 그날 본회퍼가 받은 편지 중에는 아버지가 보낸 편지도 있었다. 카를 본회퍼는 이전에 아들에게 한 번도 하지 않은 말을 편지에 털어놓았다.

사랑스러운 디트리히에게

네가 신학을 공부하기로 결심할 무렵 차분한 마음으로 여러 번 생각해봤단다. 내가 슈바벤에 계신 숙부에게서 느꼈던 목사상 … 곧 조용하고 냉담한 목사상이 네게 유감스러운 것이 될 거라고 말이다. 나는 냉담한 것이 몹시 싫었단다. 교회의 영역에서도 그런 위험이 있을 수 있다는 게 학자인 내게는 말이 되지 않아 보였단다. 하지만 다른 많은 일에서와 마찬가지로 이 일에서도 우리처럼 나이든 사람들이 이미 확립된 개념과 견해와 풍물의 견고함에 대해 잘못 생각해온 것 같구나. … 어쨌든 너는 네 직업에서 한 가지 성과를 거두고 있단다. 그 점에서 네 직업은 내 직업과 닮았다고 할 수 있다. 너는 사람들과 생생한 관계를 맺고 있고, 의학적인 문제보다 훨씬 중요한 문제에서 그들에게 의미 있는 일을 할 수 있단다. 너를 감싸고 있는 외적 환경이 네가 뜻하는 대로 되지 않을 때에도 방금 말한 것들만큼은 네게서 사라지지 않을 거야.[9]

헤켈 감독의 런던 방문

생일 다음날 본회퍼는 헤켈의 내방을 예상하고 런던 독일인 목사들과 한자리에 모였다. 그리고 자신들이 제국교회를 문제 삼는 이유를 상세히 적었다. 헤켈을 만나는 자리에서 그 메모를 써먹을 생각이었다. 목사들은 제국교회가 반대자들에게 완력을 동원하는 것을 문제 삼았다. 또한 뮐러의 지도력에서 드러나는 일반적인 문제도 제기했다. 뮐러가 독일 그리스도인들이 내세운 가장 어리석은 이단사설 가운데 상당 부분에 동의했기 때문이다. 목사들은 다음과 같은 내용도 선언했다. "아리안 조항은 성경의 분명한 의미와 모순되고, 독일 그리스도인들이 순수한 복음과 신앙고백에 가하는 최고의 위협이다." 의미심장하게도 목사들은 독일 그리스도인들이라는 표현이 나올 때마다 물음표를 붙였다. 그 표현이 그들을 특히 역겹게 했기 때문이다. 독일 그리스도인들이란 말은 신학적 관점에서 보면 그리스도인이라고 할 수 없는데도 그리스도인이라고 뻔뻔하게 주장하는 동시에 그들이 쳐놓은 울타리 바깥에 있는 자들은 진정한 독일인이 아니라고 넌지시 암시했다. 런던 독일인 목사들이 메모에서 독일 그리스도인들이라는 표현에 물음표를 붙인 건 그러한 주장과 암시를 공격한 것이나 다름없었다. 당시 뮐러는 반대자들에게 노골적으로 욕을 퍼붓곤 했는데, 런던 독일인 목사들은 메모의 다섯 번째 항에서 그 점도 거론했다. "좀처럼 천한 말을 싣지 않는 일간지에서조차 제국 감독의 욕설을 보도하고 있다. 제국 감독은 '파펜Pfaffen'이라는 말과 '뒤틀린 시민 놈들'이라는 표현을 내뱉는다. 일상생활에서도 이미 적대를 받을 만큼 받고 있는 목회자들에게 교회 최고위 성직자가 욕설을 퍼붓는다면, 어떠한 신뢰도 싹트지 못할 것이다." [10]

파펜Pfaffen이라는 말은 목사를 뜻하는 독일어 파러Pfarrer와 원숭이를 뜻하는 아펜Affen을 합친 말이었다. 히틀러도 저항 세력 목사들을 가리켜 파펜이라는 말을 즐겨 썼다. 뒤틀린 시민 놈들이라는 표현은 히틀러가 자신의 적대자들을 가리켜 "독일의 남자다운 기개가 없는 사람"이라 비방하며 쓰던 말이다. 히틀러에게는 독일의 남자다운 기개야말로 진정한 적극적 기독교의 특징이었다. 기개를 표현하는 주된 방식 중 하나가 노골적이고 모욕적인 말을 쓰는 거였다.

헤켈을 비롯한 사절단이 목회자 일곱 명을 만나러 런던에 도착하자 양측 사이에 선이 그어졌다. 헤켈은 자신의 목적을 이룰 수 있다고 생각했다. 그의 목적은 런던 독일인 목사들을 설득해 협조하게 하는 것은 물론이고, 자신이 마련한 약정서에 서명하게 하여 제국교회에 충성을 선언하게 하는 것이었다. 헤켈은 쓸 수 있는 수단을 모두 동원하여, 특히 혼란을 일으키고 은근한 협박을 가해 서명을 받아낼 참이었다. 그러나 헤켈은 면담이 끝날 때까지 약정서를 꺼내놓지 않았다. 헤켈이 먼저 꺼내놓은 건 제국교회 긴급 재편을 위한 기본 계획이었다.

회의가 열리고 논의가 시작되자 본회퍼가 먼저 발언했다. 헤켈이 말하고 암시한 바를 반박하는 것으로 만족하지 않고 공세적인 태도를 취했다. 공격할 때는 재치 있게 약을 올리면서도 늘 그랬듯이 정중함을 잃지 않았다. 제국교회가 취한 조치들을 평가하고 메모에 적힌 쟁점을 그대로 전한 다음 제국교회와 어떻게 통합할 것이냐가 아니라 제국교회로부터 어떻게 탈퇴할 것이냐가 현안이라고 말했다. 본회퍼는 루트비히 뮐러가 이끄는 제국교회가 의심할 여지없이 이단 교회라고 생각했다. 너그럽게 보아 넘길 사안이 아니었다.

헤켈이 그해에 감독으로 선출된 건 이치에 맞지 않았다. 헤켈은 메모에서 제기한 이의들이 어이없는 오해에서 비롯되었다는 듯 미꾸라지처럼 교묘하게 빠져나갔다. 그리고 뮐러가 아리안 조항을 제정한 다음 폐지했다가 다시 제정했으니, 사실상 아리안 조항을 반대한 것이나 다름없다고 말했다. 그러고 나서 제국 감독이 해외 독일인 교회들을 특별히 아끼고 기회만 주어지면 이들을 유쾌하게 달랠 사람이건만, 곤란한 선택을 요구받고 있다고 말했다. 헤켈은 제국 감독이 행하는 공공연한 모욕 행위와 험악한 말이 군인이 쓰는 속어에 불과하고, 뮐러가 여러 해 동안 해군 군목으로 일했기 때문에 그런 언사를 쓸 수밖에 없었을 거라고 변명했다.

모든 교회 청년부를 히틀러 청년단과 통합시키려 하는 뻔뻔한 시도는 어찌된 거냐는 질문에는 그 일로 어려움을 겪은 이가 하나도 없다고 답했다. 그런 다음 혼란 책동에서 은근한 협박으로 슬그머니 옮겨 가면서 친애하는 총통이 교회 청년부와 히틀러 청년단의 통합을 "마음에 쏙 드는" 크리스마스 선물로 여겼다고 했다.[11] 본회퍼는 아마도 진저리를 쳤을 것이다.

그러나 헤켈의 말은 끝난 게 아니었다. 헤켈은 협박조로 저항 세력 목회자들을 공격할 증거를 제시하면서 그들에게 내려진 징계 조치를 언급했다. 니묄러가 그 집단에 속해 있었다. 헤켈은 니묄러가 자숙하지 않으면 모든 것이 "끔찍하게 끝장났을 것"이라고 말했다. 특히 영국 주교와 스웨덴 감독을 언급하면서 이들 해외 세력과 내통하는 반역 행위를 경고하는 것도 잊지 않았다. 하지만 헤켈은 자신과 그 방에 있는 모든 사람이 아는 사실을 말하지 않았다. 그 해외 세력은 조지 벨과 발데마르 아문센으로 바로 본회퍼의 동지였다. 헤켈은 직접 언급하는 것보다는 모든 이들이 추측하게 하는 화법을 더 좋아했다.

그러나 본회퍼는 이상하게도 협박에 면역이 된 것처럼 보였다. 끊임없이 반격하고 자기가 해야 하는 일을 늘 정중하고 신중하게 그리고 시의적절하게 하는 사람이었다. 하지만 지금은 그럴 때가 아니었다. 본회퍼는 대응하지 않았다. 그리고 모임은 끝났다. 그러나 이번 면담은 예정된 두 차례 면담 중 첫 번째에 불과했다. 양측은 이튿날 다시 만나기로 했다.

그 사이에 헤켈은 애서니엄 클럽을 찾아갔다. 런던 폴 몰 107번지에 있는 신사들의 클럽으로 주교와 각료, 귀족 들이 회원이었다. 그곳에서 헤켈은 자신이 언급한 영국 주교를 만났다. 헤켈은 본회퍼가 에큐메니컬 연락원들을 움직여 제국교회에 폐를 끼치지 못하게 막으려고 안간힘을 썼다. 이상주의자인 그 젊은 목사를 막지 못할 때를 대비해 더 나이 많고 더 지혜로운 벨 주교의 호응을 얻어야 했다. 헤켈은 되도록 합리적으로 대하려 했다. 벨을 만난 헤켈은 외교적 제안을 했다. 앞으로 6개월간만이라도 독일 교회 문제에 개입하지 말아달라는 거였다. 벨은 설득당하지 않고 거절했다.

헤켈은 노발대발했다. 이튿날 런던 독일인 목사들을 만났을 때는 위기가 더 고조되었다. 벨과의 협상에 실패한 헤켈은 이 자리에서라도 성공하고자 안간힘을 썼다. 자기가 들고 온 문서에 목사들의 서명을 받지 않으면 안 되었다. 하지만 목사 일곱 명 모두 서명을 하지 않았다. 오히려 자신들이 마련한 문서를 헤켈에게 들이대며 서명하라고 종용했다. 런던 독일인 목사들을 새로운 제국교회에 가입시키려면, 헤켈도 그들이 제시한 조건에 동의해야 한다는 것이었다. 제국교회가 그들이 작성한 문서를 "구약성경과 신약성경에 의거하여" 작성한 것으로 인정한다면, 제국교회가 아리안 조항을 단호하게 폐지한다면, 그리고 제국교회가 그들의 문서에 동의하는 목사들을 해고하지 않겠다고 약속한다면, 그들도 새로운 제국교회에 흔쾌히 가입하겠다는 거였다. 아주 간단했다.

궁지에 몰린 헤켈은 또 다시 은근히 협박했다. 고분고분 말을 듣지 않으면 프라하 이주자들로 간주될 거라고까지 말했다. 나치가 좌익 정적들을 지칭할 때 써먹던 경멸에 찬 표현이었다. 프라하 이주자들은 히틀러가 집권하자 죽음의 위협을 느껴 독일에서 도망친 상태였다. 그 자리에서 쓰기에는 너무나 지나친 표현이었다. 헤켈이 그 말을 입 밖에 내자마자 본회퍼는 다른 목사 두 명과 함께 일어나 항의의 뜻으로 자리를 박차고 나갔다.

헤켈은 얻은 것 없이 씩씩거리며 베를린으로 돌아갔다. 그리고 본회퍼를 런던 독일인 교회 목사로 승진시킨 일을 절절히 후회했다. 오만하고 성마른 본회퍼에게 제국교회를 마음 놓고 공공연히 비난할 수 있게 기반을 마련해준 꼴이었기 때문이다. 한 주 뒤, 헤켈은 본회퍼가 캔터베리 대주교 코스모 랭의 초대를 받아 램버스 궁에 갔다는 소리를 들었다. 도저히 참을 수 없는 일이었다. 바로 한 달 전에 제국교회 공식 대표단인 호센펠더와 페처가 초대를 받으려고 안간힘을 썼지만 호되게 퇴짜를 맞았기 때문이다. 헤켈은 넌더리를 냈다. 그리고 본회퍼를 베를린으로 소환했다.

본회퍼가 베를린을 방문하기 전 두 사람 사이에는 위기감이 상당히 높았다. 헤켈은 선한 행실로 이제 막 감독 지위를 얻었고, 게다가 제국 감독이 그를 종무부 해외담당관에 앉힌 상태였다. 이는 헤켈이 교회에 대해서만 책임을 지는 것이 아니라 국가에 대해서도 책임을 지게 되었다는 뜻이었다. 따라서 국제 언론계에서 독일의 이미지를 개선하는 데 실패한 건 전에 없이 심각한 상황이었다. 본회퍼에게도 심상치 않은 상황이었다. 헤켈의 명령에 대한 불복종은 국가에 대한 불복종이자 반역 행위로 간주될 수 있기 때문이다.

본회퍼는 3월 5일 베를린에 도착했다. 본회퍼가 찾아오자 헤켈은 단도직입적으로 말했다. 이제부터 모든 에큐메니컬 활동을 접으라는 거였다. 헤켈은 판에 박은 말투로 또 다른 문서를 들이대며 서명하라고 종용했다. 본회퍼는 서명하지 않고 재치 있게 빠져나갔다. 시비조로 대응하지 않고, 그 문제를 심사숙고한 뒤에 조만간 서면으로 답하겠다고 응수했다. 본회퍼는 3월 10일 런던으로 돌아갔고, 3월 18일 예측 가능한 답신을 헤켈에게 보냈다. 그는 서명하지 않았다.

루비콘 강둑에서

베를린에 잠시 체류하는 동안 본회퍼는 마르틴 니묄러, 게르하르트 야코비, 그리고 목사긴급동맹의 또 다른 지도자들과 만났다. 결정적 순간이 다가왔던 것이다. 그들은 교회투쟁 노력이 실패했음을 알고 독일 제국교회에서 탈퇴하기로 결심했다. 지금이야말로 고백의 상황이라는 데에 의견을 같이했다. 본회퍼가 처음부터 죽 이야기해온 상황이었다. 그들은 5월 말에 바르멘에서 자유교회 총회를 열고 그 총회를 분수령 삼아 배교자인 국가 교회에서 공식 탈퇴하기로 했다. 드디어 루비콘 강둑에 이르러 강을 건널 준비를 했다.

다른 나라에 있는 교회들의 원조와 지지가 전보다 더 절실했다. 본회퍼는 사태의 긴박성을 절감하고 헤켈에게 보낼 답신을 작성하던 그 주간에 에큐메니컬 협의회에 몸담은 동지들과 접촉했다. 3월 14일, 본회퍼는 에큐메니컬 세계동맹을 이끄는 스위스 신학자 헨리 루이스 앙리오에게 서한을 보냈다. 그리고 조지 벨에게도 서한을 보냈다. 본회퍼는 영어로 쓴 편지에서 이렇게 말했다.

친애하는 주교님,

… 가장 심각한 사태 중 하나는 시간이 흐르면서 타국 기독교 교회들이 독일 교회의 마찰에 대해 흥미를 잃고 있다는 겁니다. 나의 벗들은 주교님이 더 많은 조치를 취해주시길 간절히 바랍니다. 지금 독일은 전에 없는 순간을 맞고 있습니다. 그 순간을 어떻게 활용하느냐에 따라 교회 일치 운동에 대한 우리의 확신이 흔들려 와해되든지, 전혀 새로운 방식으로 강화되든지 할 겁니다. 그 순간을 포착하는 건 주교님의 몫입니다. 위태로운 독일 교회의 문제는 더 이상 독일 내부의 문제가 아니라 유럽 기독교 전체의 생존이 걸린 문제입니다. 신문에 실린 정보가 흥미롭지 않아도 현재의 상황은 어느 때보다 긴장되고 날카롭고 중대한 상황이랍니다. 저는 주교님이 목사긴급동맹 모임에 한 번이라도 참석해보시길 바랄 따름입니다. 그러면 현재의 심상치 않은 상황에도 불구하고 우리의 확신과 용기가 올라갈 겁니다. 그러니 침묵하지 말아주십시오! 저는 주교님이 에큐메니컬 대표단을 파견하거나 최후통첩을 보내는 문제를 다시 한 번 고려해주시길 바랍

니다. 이 최후통첩은 어떤 민족의 이익이나 어떤 종파의 이익을 위해서가 아니라, 유럽 기독교의 이름으로 이루어져야 합니다. 시간이 너무 빨리 지나갑니다. 조금 있으면 너무 늦을지도 모릅니다.[12]

3월 16일, 앙리오는 그 상황을 강조하는 서한을 벨에게 보내고, 같은 날 이런 답장을 본회퍼에게 보냈다.

친애하는 본회퍼 씨,
3월 14일자 소인이 찍힌 당신 편지에 감사를 드립니다. 당신이 말한 대로 상황이 갈수록 위태로워지고 있으니 에큐메니컬 협의회에서 모종의 조치를 지체 없이 취해야 할 것 같습니다. … 나는 며칠 전에 치체스터 주교에게 서한을 보내 설득력 있는 편지로 헤켈 감독과 교신하라고 촉구했습니다. … 독일에서 복음을 위해 싸우는 이들은 자포자기해서는 안 됩니다. 여러 나라 목사들과 다른 인물들이 선언문과 호소문을 내놓고 있습니다. 이는 독일 교회 당국의 사태와 관련하여 독일 외부에서 깊은 우려를 표하고 있음을 보여줄 겁니다. 나는 독일에 있는 친구들, 곧 우리가 가장 신뢰하는 친구들이 근자에 우리에게 독일 교회와의 관계를 깨지 말아달라고 되풀이해서 재촉하지만 않았어도 우리가 더 일찍 훨씬 강력한 조치를 취했을 거라고 거듭 말씀드립니다. 그들은 우리가 독일 교회와의 관계를 깨지 않는 것이 현재의 상황에 영향을 미칠 수 있는 유일한 수단, 현 정부를 강력하게 비판하고 공격할 수 있는 최상의 수단으로 여겼던 것 같습니다.[13]

3월 28일, 본회퍼는 램버스 궁을 예방하여 캔터베리 대주교 코스모 랭의 환대를 받았다. 그리고 4월 7일 앙리오에게 다시 편지를 보냈다. 본회퍼가 에큐메니컬 협의회나 고백교회 동지들과 관계하면서 맛본 건 절박함과 좌절이었다.

친애하는 앙리오 씨!

저는 에큐메니컬 협의회의 조처가 지체되는 건 더 이상 책임 있는 행위가 아니라는 입장을 당신께 거듭 전했습니다. 지금은 결단할 때이지 하릴없이 하늘의 신호를 기다릴 때가 아닙니다. 하늘의 신호를 기다리는 건 난제 해결을 더 불가능하게 할 뿐입니다. 에큐메니컬 협의회도 결단하고 방황의 운명을 받아들여야 합니다. 길을 잃을지도 모른다는 걱정 때문에 행동하지 않고 독일에 있는 형제들에게 대단히 중대한 결단을 날마다 새롭게 내리라고 말하지 않는 건 제가 보기에 사랑에 위배되는 것 같습니다. 결단하지 않거나 결단을 뒤로 미루는 건 믿음과 사랑으로 잘못된 결단을 내리는 것보다 더 큰 죄가 될 수도 있습니다. … 지금 결단하지 않으면, 우리는 결코 결단할 수 없을 겁니다! 나중에 하겠다는 말은 하지 않겠다는 말과 같습니다. 에큐메니컬 협의회가 지금을 그때로 여기지 않고 "힘으로 하늘나라를 강탈하는"(마 11:12) 몇몇 사람이 그렇게 생각하지 않는다면, 에큐메니컬 협의회는 더 이상 교회가 아니라 말만 그럴싸한 무익한 단체가 되고 말 겁니다. "너희가 믿음 안에 굳게 서지 못한다면, 너희는 절대로 굳게 서지 못한다!"(사 7:9)고 했습니다. 그러나 믿음은 결단을 의미합니다. 그러한 결단에 망설임이 있을까요? 신앙고백, 오늘날 독일에 필요한 건 신앙고백입니다. 에큐메니컬 협의회에 필요한 것도 신앙고백입니다. 이 단어를 두려워하지 맙시다. 그리스도를 위한 운동이 위기에 처해 있습니다. 우리가 잠자고 있는 자로 발견되어서야 되겠습니까? … 그리스도께서는 우리를 굽어보시며 그분을 믿는다고 고백하는 이가 남아 있는지 묻고 계십니다.[14]

소용돌이치는 에큐메니컬 활동 와중에 본회퍼는 담임목사로서 두 교회를 맡아 섬기며 주일마다 두 번 설교를 하고 셀 수 없을 만큼 많은 직무를 수행했다. 4월 11일에는 자기 교구에서 죽은 열아홉 살 독일인 여성의 장례식을 집례했다.

4월 12일, 본회퍼는 뮐러가 아우구스트 예거 박사라 불리는 광신적 인종차별주의자를 독일 교회 법무행정관으로 지명했다는 소리를 들었다. 예거는 지난해 1933년의 한 강연에서 다음과 같이 생뚱맞은 소리를 지껄인 자였다. "예수가 세계사에 출현한 것은 궁극적으로 퇴보의 증상으로 괴로워하는 세상 한가운데에서 게르만 민족의 빛이 터져 나온 것을 상징한다." 4월 15일, 본회퍼는 조지 벨에게 이렇게 편지를 보냈다.

예거 박사의 임명은 … 저항 세력에게 여봐란 듯이 모욕을 안겨준 것이며 … 사실상 교회 당국의 모든 힘이 정치권력과 국가사회당에 이양되었음을 의미합니다. 더 놀라운 사실은 〈타임스〉가 이 임명을 놓고 긍정적으로 보도하고 있다는 겁니다. 예거는 예수를 일컬어 게르만 민족의 대표자일 뿐이라고 말한 자입니다. 보델슈빙을 사임시킨 자이며, 독일 교회 당국 안에서 가장 무자비한 자로 간주하는 사람입니다. … 따라서 우리는 이를 교회를 국가와 당에 완전히 복속시키려는 심각한 조치로 여겨야 합니다. 설령 예거가 부드러운 말을 동원하여 해외 독일인 교회들에 동정을 보이려 할지라도 그 책략에 속아 넘어가서는 안 됩니다.[15]

본회퍼는 나치가 예거를 임명함과 동시에 뻔뻔하게 나올 심산이라는 걸 알아챘다. 에큐메니컬 협의회에서 신속히 조치를 취하여 나치에게 최후통첩을 보내지 않으면 안 되었다. 제국교회는 해외 독일인 교회들의 비위를 맞추려고 가능한 모든 일을 하려 했다. 따라서 에큐메니컬 협의회는 든든히 버티고 서서 제국교회를 진정한 독일 교회로 받아들이지 말아야 했다. 에큐메니컬 협의회가 목사긴급동맹 목회자들과 연대하고 있음을 보여주어야 했다.

본회퍼는 에르빈 주츠에게 보내는 편지에서 좀처럼 보기 힘든 도전적인 면을 드러냈다.

교회 당국의 소환을 받아 베를린에 다녀왔네. 문서를 하나 들이밀더군. 앞으로 에큐메니컬 활동을 삼가야 한다는 내용이었네. 나는 서명하지 않았네. 교회 당국의 그런 행위는 역겨운 일이 아닐 수 없네. 그들은 나를 이곳 런던에서 쫓아내려고 무슨 일이든 할 것이네. 내가 완강히 버티는 건 그 때문이네. (중략)

국가사회당은 독일 교회의 종말을 초래하고 한결같이 추구해왔네. 유대인들이 산헤립에게 고마워했듯이 우리도 고마워해야 할 것 같네. 내가 보기에는 이것이 우리가 마주한 현실인 것 같네. 니묄러처럼 순진하고 공상적인 이상주의자들은 자신들이 진정한 국가사회당원이라고 생각하지. 그들이 그런 망상에 사로잡히게 된 건 어쩌면 자비로운 섭리에 따른 것인지도 모르겠네.[16]

바르멘 선언

본회퍼가 에큐메니컬 활동을 하면서 기울인 노력이 성과를 내기 시작했다. 벨 주교는 독일 교회에서 일어나는 위기에 관한 〈예수 승천일 교서〉를 작성하고 5월 10일에 전 세계 에큐메니컬 생활과 실천 협의회 회원들에게 발송했다.[17] 이는 세계의 이목을 독일 내 저항 세력 목회자들에게 집중시키고 제국교회에 엄청난 압박을 가했다. 예수 승천일 교서는 헤켈과 밀러, 그리고 나치를 악질로 보이게 했다. 벨이 독일 교회투쟁에 관해 쓴 글이었다. 벨이 교서를 작성할 때 옆에서 도와준 이가 본회퍼였다. 교서의 내용은 다음과 같다.

현 상황은 의심할 여지없이 심히 우려스러운 상황입니다. … 독일에서 혁명이 일어났습니다. … 해외 기독교 회원 교회들이 큰 관심과 깊은 우려를 품고 현 상황을 주시하고 있습니다. 불안의 주된 원인은 제국 감독이 헌법이나 전통의 구속을 전혀 받지 않는 무소불위의 총통 원리에 의거하여 억지를 부리기 때문입니다. 교회사에서 유례를 찾아볼 수 없는 일입니다. … 기독교의 근본 진리에 충성했다는 이유로 제국교회 당국이 복음에 충실한 목회자들에게 내린 징계 조치는 해외 기독교의 평판에 좋지 않은 영향을 미쳤습니다. 게다가 제국교회 당국은 전 세계 기독교계에 인종차별을 소개하여 물의를 일으킨 바 있습니다. 독일 내에서 목소리를 내고 개신교의 영적 삶을 위협하는 위험 요소를 전 기독교계에 엄중히 알리는 건 당연한 일입니다.

〈예수 승천일 교서〉는 독일 교회들에 대한 나치 정부의 영향력을 조목조목 짚었다. 벨 주교가 교서를 에큐메니컬 연락원들에게 발송하고 이틀이 지나자 교서 전문이 런던〈타임스〉에 실렸다.

이 승리로 분명해졌듯이 본회퍼는 에큐메니컬 활동을 위해서라도 런던에 머물러야 했다. 하지만 본회퍼는 성 조지 교회의 율리우스 리거와 난민 사역도 계속했다. 유대인 난민들이 독일을 떠나 끊임없이 몰려왔다. 1년 뒤에는 자비네 가족이 괴팅겐에서 지내기 어려워지자 난민 신세로 런던으로 왔고, 2년 뒤에는 힐데브란트도 그리했다. 런던에서 목회에 힘쓰면서 교회투쟁에 참여하는 건 더할 나위 없이 매력적인 일이었다. 5월 22일, 본회퍼는 바르멘 총회를 준비하면서 할머니에게 편지를 보냈다.

요즘 이곳은 굉장히 아름답습니다. 우리는 어제 전교인 소풍을 떠나 하루 종일 야외에서 지냈답니다. 우리가 소풍을 떠난 곳은 매해 이맘때가 되면 숲 전체가 온통 푸른색으로 뒤덮이고 초롱꽃이 핀답니다. 야생 철쭉을 발견하고서 깜짝 놀랐습니다. 철쭉 수백 그루가 한데 어우러져 자라고 있었습니다. … 이곳에 얼마나 있을지는 아직 확실치 않습니다. 최근에 편지 한 통을 받았는데 … 제가 떠나고 없음을 확인해주더군요. … 대학 교수직으로 복귀할 것인지를 두고 최종 결정을 내려야 할 것 같습니다. 사실 대학 교수로 복귀하고픈 마음이 별로 없습니다.[18]

고백교회의 탄생

1934년 5월 말, 사흘에 걸쳐 목사긴급동맹 지도자들이 바르멘에서 총회를 개최했다. 그리고 부퍼 강변에 있는 그곳에서 유명한 바르멘 선언문을 채택했다. 이 선언문을 토대로 고백교회라는 단체가 출현했다.*

바르멘 선언을 채택한 건 독일 교회가 줄기차게 믿어온 바를 진술하되 그 기초를 성경에 두어 독일 그리스도인들이 내세우는 거짓 신학과 차별화하기 위해서였다. 선언문은 독일 교회가 국가 권력 아래 있지 않다는 걸 분명히 밝히고, 반유대주의와 독일 그리스도인들의 이단사설과 뮐러가 이끄는 관제 교회를 배격했다. 바르멘 신앙고백을 기초한 인물은 "진한 커피와 브라질산 엽궐련 두세 개비만 대주면" 결정판을 만들어내겠다고 장담한 카를 바르트였다.

바르멘 선언은 제3제국 치하에서 벌어진 독일 교회투쟁의 분수령

---

*confess라는 단어는 본래 '-에 동의하다', '-을 시인하다'라는 뜻을 담고 있다. 마태복음 10장 32절에 나오는 예수의 말씀, "누구든지 사람들 앞에서 나를 시인하면, 나도 하늘에 계신 내 아버지 앞에서 그 사람을 시인할 것이다"에 나오는 '시인하다'가 여기에 해당한다. 처음에 몇몇 사람은 그 운동을 고백운동이라 불렀다. 고백교회를 뜻하는 독일어는 Bekennendekirche이고 간혹 BK로 줄여 쓰기도 한다.

이 되었고, 지금도 생산적인 문헌으로 기여하고 있다. 그런 까닭에 이 자리에서 바르멘 선언문을 좀 길게 인용하려 한다.

I. 독일 개신교와 그리스도인들에 대한 호소문

8.01 독일 개신교의 고백총회가 1934년 5월 29-31일 바르멘에서 열렸다. 모든 독일 고백교회 대표들은 이 자리에 모여 하나이고 거룩하고 사도적인 교회의 한 분이신 주님을 믿는다고 고백했다. 자신의 신앙고백에 충실한 루터교, 개혁교회, 연합교회 출신 회원들은 우리 시대에 교회가 겪는 곤경과 유혹에 대처하고자 하나의 공통된 메시지를 찾으려고 애썼다. … 그들의 의도는 새로운 교단을 설립하거나 조합을 이루는 것이 아니었다. 오직 신앙고백과 독일 복음주의 교회를 파괴하는 행위에 맞서 믿음으로 일치단결하여 저항하려 함이다. 거짓된 신조와 폭력과 위선적인 의식을 통해 독일 개신교회를 하나로 통합하려는 시도에 맞서 고백총회는 다음과 같이 주장한다. 독일 복음주의 교회의 일치는 믿음 안에서 성령을 통해 하나님의 말씀으로부터만 나올 수 있다. 교회는 그런 식으로만 새로워진다.

8.03 허튼소리에 속지 마라. 저들은 우리가 독일 민족의 일치단결을 반대하려 한다고 떠들어댄다. 우리의 의도를 왜곡하는 유혹자들의 말에 귀를 기울이지 마라. 저들은 우리가 독일 개신교의 일치를 저해하거나 교부들의 신앙고백을 버리려 한다고 떠들어댄다!

8.04 영들이 하나님의 영인지 시험해보라! 독일 복음주의 교회 고백총회에서 나온 말들이 성경과 교부들의 신앙고백에 부합하는지를 확인해보라. 우리가 성경에 위배되는 사항을 말하거든 우리가 하는 말을 귀여겨듣지 마라! 그러나 우리가 성경의 입장을 고수한다고 여겨지거든 두려움이나 유혹을 떨쳐버리고 우리와 함께 믿음의 오솔길을 걸으며 하나님의 말씀에 복종하자. 그리하여 하나님의 백성이 이 세상에서 한 마음이 되게 하자. 그리고 하나님께서 친히 하신 말씀을 믿음 안에서 체험해보자. "내가 너희를

떠나지도 않고 버리지도 않으리라." 그러므로 "무서워하지 마라. 적은 무리들아, 너희 아버지께서 그 나라를 너희에게 주시기를 기뻐하신다."

II. 독일 복음주의 교회의 현 상황에 관한 신학 선언

8.05 1933년 7월 11일에 제정된 독일 복음주의 교회 정관 서두에 따라 독일 복음주의 교회는 종교개혁에서 자라나 동등한 권리를 향유하는 고백교회들의 동맹을 가리킨다. 이들 교회의 일치를 위한 신학적 근거는 1933년 7월 14일에 제국 정부의 승인을 받은 독일 복음주의 교회 정관 제1조와 제2조 1항에 규정되어 있다.

1조 독일 복음주의 교회의 신성한 근거는 성경에서 우리에게 증언하고 종교개혁 신앙고백에서 다시 밝혀진 예수 그리스도의 복음이다. 교회가 선교하는 데 필요한 모든 힘은 예수 그리스도의 복음에 의해서만 결정되고 제약을 받는다.

8.07 우리는 독일 안에 있는 모든 복음주의 교회 앞에서 교회들이 신앙고백 안에서 공통으로 지니고 있는 것과 독일 복음주의 교회의 일치가 심각한 위협을 받고 있다고 공개적으로 밝힌다. 여당격인 독일 그리스도인들과 그들이 움직이는 종무부가 교수법과 각종 조치를 동원하여 위협을 가하기 때문이다. 이 위협은 독일 복음주의 교회가 생겨난 첫 해에 더욱 노골화되었다. 종무부는 물론이고 독일 그리스도인들의 지도자와 대변인이 이질적 원리를 들이대며 독일 복음주의 교회들을 하나로 묶는 신학적 근거를 끊임없이 조직적으로 방해하여 무용지물로 만들고 있다. 이질적 원리들을 타당하다고 고수하면 고수할수록, 우리들 가운데에서 통용되는 신조들에 따르면, 교회는 교회이기를 멈추고 고백교회들의 동맹인 독일 복음주의 교회도 본질적으로 존재할 수 없게 될 것이다.

8.09 제국교회 당국의 독일 그리스도인들이 교회를 황폐화시키고 독일 복음주의 교회의 일치를 깨뜨리고 있다. 우리는 독일 그리스도인들의 과

오를 고려하여 복음적 사실들을 다음과 같이 고백한다.

8.10-1 "나는 길이요, 진리요, 생명이다. 나를 거치지 않고서는 아무도 아버지께로 갈 사람이 없다"(요 14:6). "내가 진정으로 진정으로 너희에게 말한다. 양 우리에 들어갈 때에 문으로 들어가지 아니하고 다른 데로 넘어 들어가는 사람은 도둑이요 강도이다. … 나는 그 문이다. 누구든지 나를 통하여 들어오면 구원을 얻고 드나들면서 꼴을 얻을 것이다"(요 10:1, 9).

8.11 성경에서 우리에게 증언하는 예수 그리스도는 우리가 들어야 하는 하나님의 유일한 말씀, 우리가 살든지 죽든지 신뢰하고 따라야 할 하나님의 유일한 말씀이다.

8.12 우리는 마치 교회가 그 선포의 원천으로서 이 유일한 하나님의 말씀 이외에 그리고 하나님의 말씀과 나란히 여타의 사건, 권세, 형상, 진리를 하나님의 계시로 인정할 수 있고 또 그래야 한다는 듯이 가르치는 사설邪說을 배격한다.

8.15 우리는 마치 우리의 삶 속에는 예수 그리스도에게 속하지 않고 다른 군주들에게 속하는 영역이 있으며, 그분을 통한 칭의와 성화를 요구하지 않는 영역이 있다는 듯이 가르치는 사설을 배격한다.

8.17 그리스도의 교회는 예수 그리스도가 말씀과 성례전 속에서 성령을 통해 즉시 주님으로 활동하시는 형제들의 공동체다. 용서받은 죄인들의 교회인 그리스도의 교회는 죄 많은 세상 한가운데에서 자신의 신앙과 순종으로 자신의 메시지와 직제로 다음의 사실을 입증해야 한다. 즉, 자신은 오직 그분의 소유이며, 그분의 출현을 기대하면서 오직 그분의 위로와 그분의 지도로만 살고 있으며, 또 그렇게 살기를 원한다는 사실이다.

8.18 우리는 마치 교회가 자신의 메시지와 직제의 형태를 제멋대로 바꾸거나 이념적으로 우세한 신념 내지 정치적으로 우세한 신념의 변화에 맞게 바꾸어도 된다는 듯이 가르치는 사설을 배격한다.

8.19 "너희가 아는 대로 이방 민족들의 통치자들은 백성을 마구 내리누르

고 고관들은 백성에게 세도를 부린다. 그러나 너희끼리는 그렇게 해서는 안 된다. 너희 가운데서 위대하게 되고자 하는 사람은 누구든지 너희를 섬기는 사람이 되어야 한다"(마 20:25-26).

8.20 교회 안에 있는 다양한 직책은 일부 직책이 다른 직책들을 지배하는 것을 인정하지 않는다. 모든 직책은 공동체 전체에 위임된 봉사를 수행하라고 있는 것이다.

8.21 우리는 마치 교회가 이러한 봉사를 떠나 통치권을 쥔 특정 지도자들에게 자신을 내맡길 수 있고, 그렇게 해도 되며, 그러한 지도자들을 받아들여도 되는 것처럼 가르치는 사설을 배격한다.

8.22-5 "하나님을 두려워하며 왕을 공경하십시오"(벧전 2:17). 성경은 우리에게 말한다. 국가는 교회가 거하는 아직 구원받지 못한 세상에서 하나님의 결정에 따라 정의와 평화를 돌볼 의무가 있다. 국가는 이 과제를 완수하고자 인간의 판단력과 능력에 따라 위협을 가하기도 하고 무력을 행사하기도 한다. 교회는 하나님 앞에서 감사와 경외의 마음을 품고 하나님의 은혜로운 결정을 인정한다. 교회는 하나님나라와 하나님의 계명과 그분의 의를 상기시키고 지배자와 피지배자의 책임도 상기시킨다. 교회는 하나님의 만물 유지 수단인 말씀에 복종하고 그 능력을 신뢰한다.

8.23 우리는 마치 국가가 자신의 특정 임무를 넘어서 인간의 삶의 유일하고 전체주의적인 체제가 되어야 하고, 그래도 되며, 교회의 사명도 완수할 수 있다는 듯이 가르치는 사설을 배격한다.

8.24 우리는 마치 교회가 자신의 특정 임무를 넘어서 국가의 특징, 국가의 과제, 국가의 위엄을 갖추어야 하고, 그래도 되며, 국가의 한 기관이 될 수 있다는 듯이 가르치는 사설을 배격한다.

8.26 교회의 자유를 뒷받침하는 교회의 임무는 그리스도를 대신하여 하나님의 값없는 은총의 메시지를 모든 사람에게 전하고, 설교와 성례전을 통해 그분의 말씀과 사역을 대행하는 데 있다.

8.27 우리는 마치 교회가 인간의 오만에 휩싸여 주님의 말씀과 사역을 임의로 선택된 욕망과 목적과 계획에 종사시킬 수 있다는 듯이 가르치는 사설을 배격한다.[19]

6월 4일, 벨 주교와 본회퍼의 주선으로 바르멘 선언 전문이 〈타임스〉에 발표되었다. 독일에 있는 그리스도인 집단이 나치화한 제국교회와 결별하고 독립을 공식 선언했다고 전 세계에 알리는 건 선동적인 행위였다. 전문을 읽은 사람이면 누구나 그들이 그럴 수밖에 없는 이유를 쉽게 이해할 수 있었다.

본회퍼가 애쓴 결과 바르멘 선언은 관제 독일 교회에서의 탈퇴를 명문화하지 않았다. 독립을 탈퇴로 명문화하면 관제 독일 교회에 정통성이 있는 것처럼 보일 것이기 때문이었다. 이탈한 것은 고백교회가 아니라 제국교회였다. 바르멘 선언은 목사들과 교회들로 이루어진 집단이 사실상의 탈퇴를 인정하기도 하고 거부하기도 하다가 공식적으로 제국교회와 거리를 두게 되었음을 암시했다. 바르멘 선언은 합법적인 독일 교회가 실제로 무엇을 믿고 무엇을 위해 싸우는지 명료하게 드러냈다.

바르멘 선언으로 판단하건대, 본회퍼에게는 고백교회가 진짜 독일 교회였다. 그는 참된 그리스도인이라면 누구나 독일 그리스도인들의 제국교회가 표면상 축출된 것임을 알아볼 거라고 생각했다. 그러나 나중에 드러난 사실이지만, 모든 사람이 다 본회퍼가 기대한 것만큼 그 사실을 정확히 파악한 건 아니었다.

동지들 중 조지 벨과 아문센 감독 같은 이들도 그 사실을 그런 식으로 보지 못했다. 그리고 이는 조만간 몇 가지 난제를 일으키는 원인이 될 참이었다. 본회퍼가 그해 8월 덴마크 파뇌에서 열릴 에큐메니컬 회의를 염두에 두고 있었기 때문이다. 본회퍼는 파뇌에서 연설해달라는 부탁과 더 큰 회의의 일부인 청년 회합을 준비해달라는 부탁을 받았다. 하지만 그는 더 신경 써야 할 쟁점들이 있다는 걸 깨달았다.

파뇌 대회에 초대받은 몇몇 독일인 대표가 뮐러의 제국교회 소속이라는 걸 본회퍼가 알아내면서 문제가 불거졌다. 먼저 본회퍼는 자신이 준비하는 청년 회합에서 뮐러의 제국교회와 연결된 대표들의 발언권을 인정하지 않기로 결심했다. 그런 다음 제국교회에서 파견한 자가 파뇌 대회에 참석하는 것을 저지하기로 마음먹었다. 한쪽은 제국교회와의 결별을 선언한 사람들과 연결되어 있었고, 한쪽은 제국교회와 연결되어 있었다. 에큐메니컬 협의회 지도자들이 어떻게 그런 사실을 놓친 것일까?

본회퍼는 6월에 베를린으로 가서 니묄러와 고백총회 의장 카를 코흐를 만났다. 세 사람은 에큐메니컬 협의회 사무국들의 소재지 제네바에 거주하는 유력자들이 새로운 상황을 인지하고 고백교회 회원들을 파뇌 대회에 초대하되 제국교회 측 사람들을 배제하게 하자고 의견을 모았다.

본회퍼는 파뇌 대회를 준비하는 이들과 곧바로 접촉하여 입장을 분명하게 밝혔다.

이미 쇤펠트 씨에게 서면을 통해 알려드린 대로 우리 측 독일 대표단의 파뇌 대회 참석 여부는 제국교회 대표들이 회의에 참석하느냐에 달렸습니다. 어쨌든 우리 측 대표단은 교회 당국 대표들이 참석하는 파뇌 대회에 저쪽 대표단이 참석하지 못하게 해야 한다는 데 의견을 모았습니다. 이 대안이 분명하게 현실화되었으면 좋겠습니다. 우리는 에큐메니컬 협의회가 독일에 있는 두 교계 중 어느 쪽을 인정할지 조속히 입장을 표명하게 할 생각입니다. 여러분이 이 일에 도움을 주시길 바랍니다.[20]

본회퍼의 파뇌 대회 참석 여부는 에큐메니컬 협의회가 고백교회를 진짜 독일 교회로 이해하느냐에 달려 있었다. 이는 독일에 있는 두 교계 중 고백교회 지도자들만 파뇌 대회에 초청해야지, 그러지 않고 헤켈과 제국교회를 회의에 초청하면, 고백교회에 속한 사람은 그 누구도 회의에 참석하지 않고 차라리 침묵으로 변호하겠다는 입장이었다.

그러나 모든 상황이 이내 어색해지고 말았다. 앙리오가 좋지 않은 소식이 담긴 편지를 본회퍼에게 보냈기 때문이다. 이미 초대장을 헤켈과 제국교회 해외 사무국으로 발송한 상태였다. 앙리오는 대체로 본회퍼의 편이었지만, 초대를 취소하는 건 불가능하다고 말했다. 에큐메니컬 협의회가 또 하나의 초대장을 고백교회에 보내는 것도 불가능했다. 에큐메니컬 협의회 지도자들이 고백교회를 하나의 교단으로 여기지 않고 운동단체로 여겼기 때문이다. 하지만 고백총회가 스스로 제2의 독일 교회로 선언하면 상황이 달라질 거라고 부언했다.

본회퍼는 화가 치밀었다. 고백교회는 이미 필요한 모든 것을 바르멘에서 충분히 선언했다. 게다가 고백교회는 제2의 독일 교회가 아니라 유일한 독일 교회였다. 둘이 있을 수 없었다. 제국교회가 돌이킬 수 없을 만큼 이단이 되어 고백교회에서 이탈한 것이므로 고백교회가 유일하게 남은 독일 교회였다. 본회퍼의 교회론은 시원시원하고 분명했다. 하지만 본회퍼의 시각으로 사태를 이해하지 않는 이들은 그가 까다로운 사람이라 생각했을 것이다. 본회퍼가 보기에 이 사태는 성경의 가르침은 물론 역사적인 교회의 교의들과 관련되어 있었다. 어물쩍 넘길 일이 아니었다. 고백교회는 성경과 종교개혁 정신과 독일 복음주의 교회 헌법을 지지하는 단 하나뿐인 독일 복음주의 교회였다. 그렇지 않으면 고백교회는 아무것도 아니었다. 바르멘 선언은 고백교회가 신학적으로나 합법적으로 그러한 교회임을 소리 높여 분명하게 선언한 상태였다.

7월 12일, 본회퍼는 앙리오에게 이런 편지를 부쳤다.

자유 교회는 제국교회와 나란히 있겠다고 주장하거나 제국교회와 나란히 있고 싶어 하는 것이 아닙니다. 자유 교회는 자신이 독일에서 신학적으로나 법적으로 유일하게 적법한 교회라고 주장하는 것입니다. 따라서 당신은 자유 교회가 새로운 조직을 설립하길 바라서는 안 됩니다. 자유 교회는 제국교회가 무시한 바로 그 조직에 뿌리를 두고 있기 때문입니다. … 고백교회는 전에 이미 자신이 무엇을 주장하는지 전 기독교계에 밝혔습니다. 나는 향후 독일 교회와 에큐메니컬 협의회의 관계가 에큐메니컬 협의회가 취하는 조치에 달렸다고 생각합니다.[21]

본회퍼는 장황한 설명을 하는 것에 대해 양해를 구하면서 앙리오에게 이렇게 말했다. "하지만 나는 나의 친구들에게 오해받고 싶지 않습니다."

그러나 에큐메니컬 동맹의 수장인 앙리오는 사태를 그런 식으로 보지 않았다. 그는 자기가 속한 협의회 정관에 묶여 있었다. 본회퍼가 보기에 헤켈에 대한 초청을 철회할 수 없다거나 현 상태의 고백교회에 초대장을 보낼 수 없다는 생각은 터무니없었다. 그래서 벨에게 도움을 구했고, 벨은 아문센에게 도움을 구했다. 아문센은 본회퍼에게 정성 어린 편지를 보냈다. 편지에서 아문센은 고백교회를 자유 총회라 칭하면서 본회퍼와 다르게 상황을 이해하고 있음을 분명히 밝혔다. 아문센도 고백교회를 제3의 독일 자유 교회로 여기고 있었다. 하지만 정원 외外로 고백교회 회원 두 명을 초대할 수 있을 것 같다고 말했다. 그리하여 본회퍼와 보델슈빙과 코흐가 초대를 받았다. 이제 세 사람은 이 생소한 조건에서 초대를 수락할지 말지 고심해야 했다. 한편, 헤켈은 세 사람이 초청을 받았다는 소문을 듣고 초청을 저지하려

했다.

1934년 여름철, 그렇게 오락가락하는 동안 독일에서 극적 변화가 일어났다. 그리고 정치 지형도를 강력하게 바꾸어놓았다. 바뀐 지형도는 향후 몇 년간 모든 사람의 미래에 직접적인 영향을 미치고, 당장은 파뇌 에큐메니컬 회의에 참석할 사람에게 영향을 미칠 터였다.

긴 칼의 밤

1934년 여름, 독일의 정치 지형도를 바꾼 끔찍한 사건은 히틀러가 대단히 좋지 않은 소식을 접하고 일으킨 것이었다. 드디어 히틀러와 그의 범죄 정부에 도움이 되는 방향으로 사태가 호전되고 있다는 소문이 나돌았다. 본회퍼는 자형인 한스 폰 도나니에게서 이런저런 소문을 전해 들었다. 독일 제국은행 총재 히알마르 샤흐트가 사임하기 직전이었고, 힌덴부르크 대통령 주치의들이 힌덴부르크가 몇 달밖에 못 산다는 비밀정보를 흘렸다. 히틀러는 힌덴부르크가 죽자마자 보수파와 군 지도자들이 들고 일어나 호엔촐레른 군주제로 복귀하자고 압박할까 봐 두려웠다. 보수파와 군 지도자들이 보기에 하나로 통합되어 더 위대한 독일로 나아가는 길은 지독하고 성가신 아돌프 히틀러에게서 벗어나 황제와 귀족이 다스리던 황금시대로 돌아가는 것이었다. 개처럼 예민한 감각으로 정세를 감지한 히틀러는 그 상황을 돌파하려고 했다. 그래서 특유의 이리 같은 냉혹함으로 잔인한 피의 숙청을 지시했다. 긴 칼의 밤 Die Nacht der Langen Messer* 으로 알려진 숙청이었다.[22]

---

*우스꽝스럽게도 긴 칼의 밤은 벌새 작전이라 불리기도 했다.

히틀러는 군 장성들이 대들지 못하게 해야 한다는 걸 알고 있었고, 그들이 자신들의 군대를 돌격대에게 빼앗길까 봐 두려워한다는 것도 알고 있었다. 돌격대의 우두머리 에른스트 룀이 돌격대를 새로운 나치 군대로 만들어 수장이 되려 했기 때문이다. 룀은 나치 운동 초기부터 히틀러의 측근이었다. 따라서 히틀러가 자신을 물리치지 못할 거라고 생각했다. 그러나 히틀러는 자기만 아는 인물이었다. 오랜 동지 에른스트 룀이 군 장성들에게 관심을 기울이고, 그리하여 히틀러의 미래를 위협하고 있다면, 그것은 딴 주머니를 찬 격이었다. 히틀러는 군주제에 대한 장성들의 열의를 가라앉히려고 그들과 거래하여 선수를 쳤다. 자신이 룀을 견제할 거라며 돌격대가 군을 접수하는 것도 막겠다고 약속했다. 고집 센 변절자 룀이 모든 일을 망치는 걸 지켜보려고 제3제국을 세운 것이 아니었기 때문이다!

  6월 29일, 긴 칼의 밤으로 알려진 요란한 살인 행각이 벌어졌다. 독일 전역에서 무시무시한 유혈참극이 일어나 수백 명이 무참히 살해되었다. 침대에서 끌려나와 자택에서 사살된 이들도 있었고, 총살 집행 대원들에게 총살된 이들도 있었고, 책상에 앉은 채로 살해당한 이들도 있었다. 부인까지 남편과 함께 처형되었다. 현 사건의 전조라고 할 수 있는 폭동, 곧 1923년의 실패한 폭동에서 살아남은 고령의 정적들도 한 사람씩 곡괭이에 맞아 죽었다. 무엇보다 뻔뻔한 살육 행위는 군 장성 폰 슐라이허와 폰 브레도브를 살해한 것이었다.

  호텔에서 자다 깬 에른스트 룀은 성난 히틀러에게 호된 꾸중을 듣고 뮌헨에 있는 교도소로 이송되었다. 그리고 장전된 권총 한 자루와 함께 격리되었다. 하지만 룀의 운명은 자살로 이어지지 않았다. 휘하에 있던 돌격대원 두 명이 명령을 받고 그의 추한 삶을 끝장냈다.

  사태가 정리되자 히틀러는 룀 폭동이 일어날 뻔했지만 신의 도움으로 모면할 수 있었다고 주장했다. 61명이 사살되고 13명은 체포되지 않으려고 저항하다 죽었다고 발표했다. 도나니가 본회퍼에게 털어놓은 바에 따르면, 법무부는 추적을 당해 살해된 사람을 207명으로 추산했다. 몇 년 뒤에는 그 수가 400명에서 1,000명에 달했다. 어쨌든 사망자 명단이 길어졌고, 히틀러의 적이 아니었던 괴링이나 힘러는 명단에서 제외되었다. 긴 칼의 밤은 살아 있는 사람들의 대열에서 모든 역도를 쓸어버릴 기회였다! 수많은 사람이 강제수용소로 이송되었다. 히틀러는 여느 때와 마찬가지로 노발대발하며 조치를 내렸다. 쿠데타가 계획되고 있고, 자신의 목숨이 위협을 받고 있으며, 이번 학살은 독일 국민을 위한 것이며, 독일 국민의 희생은 그다지 크지 않을 거라고 떠들어댔다.

7월 13일, 히틀러는 제국의회에서 이렇게 연설했다.

> 누군가가 나를 비난하며, 어째서 정식 법정에 호소하지 않았느냐고 묻는다면, 나는 "지금부터 내가 독일 국민의 명운을 책임지게 되었고 독일 국민의 최고 재판관이 되었다"고 말하겠습니다. … 이제부터 다들 항시 알아두십시오. 누구든지 손을 쳐들어 국가를 치는 자가 있다면, 확실한 죽음이 그의 몫이 될 것입니다.[23]

대다수 독일인에게 찬물을 끼얹는 말이었다. 본회퍼가 가르친 신학생 잉게 카르딩은 촌극이 끝난 뒤의 분위기를 회상하며 이렇게 말했다. "으스스한 공포가 몸속 악취처럼 스멀스멀 피어올랐다."[24]

군 장성들은 난처한 입장에 처하고 말았다. 그들은 히틀러 손아귀에 있었다. 공정하게 말하면, 그들은 룀이 군대를 접수하지 못하게 막겠다는 히틀러의 약속이 무한한 대학살을 의미한다는 걸 상상도 하지 못했다. 호엔촐레른 왕조로 복귀하려는 계획도 날아가 버렸다. 어쨌든 히틀러는 대학살과 무소불위의 불법을 통해 한 짓이긴 하지만, 그

거래에서 자기 몫을 다한 셈이었다. 히틀러는 성가신 밀랍인형 힌덴부르크가 적당한 때에 이 세상을 떠나주길 바랐다. 빠르면 빠를수록 좋았다. 누가 힌덴부르크를 대신할지 특별한 복안을 가지고 있었기 때문이다.

오스트리아도 충돌과 정치적 소요를 겪고 있었다. 정치적 소요는 7월 25일 나치 첩자들이 오스트리아 수상 엥겔베르트 돌푸스를 암살하면서 최고조에 달했다. 독실한 가톨릭 국가의 독실한 가톨릭 신자였던 돌푸스는 언젠가 이런 말을 했다. "나에게 국가사회주의에 맞서는 싸움은 기독교적 세계관을 지키는 싸움이다. 히틀러는 독일의 옛 이교 신앙을 회복하려 하지만, 나는 기독교 중세 시대를 회복하고자 한다."[25] 돌푸스가 살해되자 오스트리아에는 폭력이 난무했고, 수많은 사람이 히틀러가 군대를 보내 국경을 넘어오면 어쩌나 두려워했다. 무솔리니가 이탈리아 군대를 보내어 이를 저지했다. 그로부터 한 주 뒤에 힌덴부르크가 사망했다.

8월 2일, 여든여섯의 나이로 전쟁 영웅이 죽자 히틀러는 신속하게 자신이 힌덴부르크를 대신하겠다고 발표했다. 힌덴부르크의 후계자가 되겠다는 거였다! 밝혀진 바와 같이 히틀러는 수상직도 겸하려 했다. 한 사람이 대통령과 수상을 겸하는 것이 독일 국민의 뜻이라는 거였다. 의심을 품는 자도 있었지만, 독일 국민은 그달 말에 치른 국민 투표를 통해 자기 의중에 둔 사람을 뽑았다. 능히 예견할 수 있는 일이지만, 독일 국민 90퍼센트가 히틀러에게 표를 던졌다. 그러나 얼마나 많은 사람이 한 치의 두려움 없이 열렬히 그를 지지했는지는 알 수 없다.

군 장성들은 룀과 돌격대의 위협에서 벗어났지만, 가장 비열한 하인리히 힘러가 지휘하는 나치 친위대가 훨씬 심각한 고통을 안겨주었다. 히틀러는 꿩도 먹고 알도 먹을 수 있었다. 그는 이익을 꾀하는 것으로 만족하지 않았다. 아직 얻어낼 것이 더 있었다. 히틀러는 힌덴부르크의 죽음이 몰고 온 애국적 분위기를 이용해 베를린 수비대 장교와 부대 들을 쾨니히스플라츠 광장으로 소집했다. 그들은 깜박이는 횃불 옆에서 충성 서약을 갱신했다. 하지만 손을 들고 선서한 내용은 그들이 기대한 것과는 달랐다. 독일 헌법이나 독일 민족에 대한 충성이 아니라 콧수염을 기른 히틀러에 대한 충성 맹세였다. 선서문에서 히틀러는 독일 의지와 독일 법의 살아 있는 화신이 되어 있었다. 선서문은 상당히 중요한 대목에 이르러 다음과 같이 이어졌다. "나는 독일 제국과 독일 국민의 총통이자 군대 총사령관인 아돌프 히틀러에게 무조건 복종하고, 용감한 군인으로서 이 맹세를 지키기 위해 언제든 목숨을 걸 것을 하나님의 이름으로 엄숙히 선서합니다."

그들은 일제히 한목소리로 선서했다. 부동자세로 대형을 유지해야 해서 방금 일어난 일에 난처해하며 머리를 긁적일 수도 없었다. 슬픔과 애도를 표해야 할 시기에 단단히 사기를 당하고 말았다. 독일인 대다수, 특히 군인들은 곧이곧대로 복종하고 곧이곧대로 선서했다. 다들 모종의 협박을 받고 동의하여 선서한 것이었지만, 히틀러는 이후 몇 년간 그 선서를 통해 막대한 이익을 챙겼다. 차차 살펴보겠지만, 군 장성들은 암살을 통해서든 다른 방법을 통해서든 히틀러의 직위를 해제할 계획을 실행에 옮기려 했다. 하지만 대단히 어려운 일이었다.

루트비히 베크 장군은 충격을 받았다. 고귀한 전통을 자랑하는 독일군을 속이고 사취하여 진창으로 질질 끌고 간 것이나 다름없었기 때문이다. 베크는 그날을 가리켜 "내 일생 최고의 암울한 날"이라 불렀다. 그는 1938년에 퇴역하고 히틀러 암살을 여러 차례 모의하는 지도자들 중 한 사람이 되었다. 마지막 공모가 1944년 7월 20일 실행에 옮겨졌고, 베크는 그 이튿날 자살하고 만다.[26]

힌덴부르크의 사망으로 독일 국민이 황제 치하에서 누리던 옛 질서의 위로와 안정이 끊어지고 말았다. 힌덴부르크는 독일 국민 다수에게 안도감을 주던 인물이었다. 독일 국민은 그를 군을 안정시키고 난폭한 히틀러를 저지할 사람으로 여기고 있었다. 히틀러도 그 점을 알고 자신의 지도력을 합법화하는 데 힌덴부르크를 이용했다. 그러나 이제 힌덴부르크는 세상을 떠났고 독일 국민은 대양 한복판에서 미치광이와 한 배를 타고 있었다.

16

파뇌 대회

우리는 아무리 두려워도 다음의 사실을 분명히 해야 합니다. 국가사회주의자가 될지 그리스도인이 될지 지금 당장 결단해야 한다는 말입니다.

나는 나의 소명을 분명히 알고 있습니다. 하나님이 나의 소명을 가지고 무슨 일을 하실지는 모르겠습니다. … 나는 그 길을 따르지 않을 수 없습니다. 그 길은 그리 먼 길이 아닐 것 같습니다(빌 1:23). 그러나 나의 소명을 깨달은 건 잘한 일입니다. … 이 소명이 얼마나 고귀한지는 장차 다가올 시간과 사건들 속에서 분명히 드러날 것입니다. 우리가 견딜 수 있다면 말입니다. _디트리히 본회퍼

    파뇌는 북해에 있는 작은 섬으로 덴마크 해안에서 1마일 정도 떨어져 있다. 본회퍼는 파뇌에 가는 도중에 코펜하겐에서 며칠을 보내면서 덴마크 주재 독일 대사관에서 법률가로 근무하는 어릴 적 친구를 방문했다. 그런 다음 에스비에르에 들러 프란츠 힐데브란트를 만났다. 그리고 힐데브란트에게서 룀 폭동, 돌푸스 살인사건, 힌덴부르크 사망 이후 독일 정치 상황이 긴박해져서 보델슈빙과 고백총회 의장 코흐가 파뇌 대회에 참석하지 못하게 되었다는 말을 들었다. 힐데브란트는 본회퍼와 함께 에큐메니컬 청년 회합에 참석했다가 헤켈과 그의 동료들이 도착하기 전에 떠나기로 했다. 힐데브란트는 유대인이고

독일 밖에 있는 비교적 안전한 교회에서 일하는 사람이 아니니 헤켈 일행의 눈에 띄지 않는 편이 더 현명하다고 생각했다. 힐데브란트는 본회퍼를 대신해 시드넘 교회와 성 바울 교회를 잠시 맡아 섬길 예정이었다. 전에 베를린에서 런던으로 건너와 본회퍼의 대리를 보던 신학생 위르겐 빈터하거가 본회퍼를 돕기 위해 파뇌로 가야 했기 때문이다.

코흐와 보델슈빙, 힐데브란트마저 파뇌에 없는 까닭에 본회퍼는 다소 쓸쓸함을 느꼈다. 하지만 율리우스 리거가 참석할 예정이었고, 본회퍼의 베를린 신학생들 상당수도 참석할 예정이었다. 뮐러와 독일 그리스도인들은 최근 사건들로 기고만장했다. 7월에 내무장관 빌헬름 프리크가 공공집회와 언론에서 교회와 관련된 문제를 놓고 왈가왈부하는 것을 불법행위로 규정하는 법령을 공포했기 때문이다. 공포 주체가 교회가 아니라 국가라는 점을 빼면 뮐러의 '입막음 법령'과 다를 게 없었다. 따라서 그것을 문제 삼을 수는 없었다. 국가의 법이었기 때문이다. 국가와 교회의 밀월관계가 모든 면에서 이뤄지고 있었다.

힌덴부르크 사후 룀 숙청으로 피에 흠뻑 취한 제국교회는 총회를 개최하여 뮐러가 이전에 내린 모든 포고령을 비준했다. 가장 불길한 조치 중 하나는 그 총회에서 앞으로 목사 안수를 받는 사람은 모두 아돌프 히틀러를 섬기겠다고 맹세해야 한다고 선언한 것이 아닐까 싶다. 해군 군목 출신의 뮐러는 총통에 대한 충성을 맹세한 군부에 뒤지고 싶지 않았다. 새로 안수를 받는 목사들은 다음과 같은 선서문을 낭독해야 했다. "나는 … 독일 국민과 독일 국가의 총통인 아돌프 히틀러에게 충성하고 복종할 것을 … 하나님 앞에 맹세합니다."

상황이 그러했기에 고백교회에 속한 인사들 상당수, 특히 국제 무대에서 독일에 득이 되지 않는 말을 하려는 인사는 말 그대로 목숨을 위협받았다. 그들은 파뇌 대회에서 벨 주교의 예수 승천일 교서가 의

파뇌 대회에 참석 중인 본회퍼와 장 라세르(오른쪽)

제로 다루어지면 난처한 입장에 처할 거라는 사실도 알고 있었다. 고백교회에 속한 상당수 인사는 아직 아니었지만, 본회퍼는 그 문제들과 관련되어 있었고 곤란하게도 독일을 공공연하게 비난하는 일에 가담하고 있었다. 고백교회 소속 인사 상당수는 회의 마감일까지도 스스로 애국적 독일인이라 여겼고 베르사유의 수치와 불행과 고통을 독일에 안겨준 국가 출신의 인사들을 조심하는 분위기였다.

4년 전 유니언 신학교에 도착할 무렵만 해도 본회퍼 역시 그런 입장을 견지했지만, 장 라세르와 교분을 쌓으면서 관점을 바꾸기 시작했다. 그 후 본회퍼는 레만 부부와 프랑크 피셔 같은 미국인 친구들, 영국인 친구 조지 벨, 스웨덴인 친구 발데마르 아문센을 만나면서 동포들이 꿈도 꾸지 못할 정도로 교회에 대한 시야를 넓혔다. 본회퍼가 그리스도 안에 있는 전 세계 형제자매들을 제국교회에 속한 나치라는 사이비 그리스도인들보다 더 가까이했던 건 틀림없는 사실이다. 하지만 고백교회에 속한 상당수 인사가 파뇌에서 단호한 조처를 취하지 않을 수도 있다는 걸 잘 알고 있었다.

몇 주 전인 8월 8일, 본회퍼는 아문센 감독에게 이런 편지를 보냈다.

개인적으로 솔직히 말씀드리건대, 파뇌 대회를 생각하노라면 독일 그리스도인들보다는 우리를 지지하는 사람들이 더 걱정입니다. 우리 편에 선 사람들 상당수가 비非애국적인 것처럼 보이는 행동을 두려워한 나머지 대단히 조심스러운 태도를 취할 수 있기 때문입니다. 이는 불안 때문이 아니라 잘못된 명예심 때문입니다. 많은 사람들, 어느 정도 에큐메니컬 활동을 해온 사람들조차 우리가 순전히 그리스도인으로서 이 자리에 모인다는 점을 믿지 않는 것 같습니다. 그들은 의심이 대단히 많습니다. 속을 다 터놓지 않는 건 그 때문입니다. 친애하는 감독님이시라면, 실마리를 찾아내어 이 사람들이 좀 더 허심탄회하게 속을 터놓게 할 수 있을 것 같습니다. 우리는 국가에 대하여 다음과 같은 태도를 견지해야 합니다. 우리는 절대적 신실함을 가지고 예수 그리스도와 에큐메니컬 운동에 찬성 의견을 말해야 합니다. 우리는 아무리 두려워도 다음 사실을 분명히 해야 합니다. 국가사회주의자가 될지 그리스도인이 될지 지금 당장 결단해야 한다는 말입니다.

내 생각에는 지금 당장 결단해야 할 것 같습니다. 회피하기만 해서는 선한 것이 나올 수 없습니다. 이참에 독일 내의 '교회 친선을 위한 세계동맹'이 해체되기라도 한다면, 좋습니다. 이미 말씀드린 대로 우리가 책임을 지겠습니다. 신실하지 못한 상태로 식물처럼 지내는 것보다는 그 편이 훨씬 낫습니다. 완전한 진리와 완전한 진실만이 우리를 도울 수 있습니다. 나는 내 독일인 친구 중 상당수가 다르게 생각한다는 걸 잘 압니다. 하지만 나는 감독님이 이 견해를 이해하고 그대로 시도해보시길 바랍니다.[1]

본회퍼가 보기에는 에큐메니컬 협의회에 속한 진실한 그리스도인들이 국경을 초월하여 진정한 교회를 이루고 있었다. 그는 그들에게 그렇게 행동하라고 권고했고, 파뇌에서도 그렇게 권고하기로 마음먹었다.

8월 22일, 에큐메니컬 청년 회합이 시작되었고 본회퍼가 기도회를 인도했다. 그 자리에 참석했던 마르가레테 호퍼는 이렇게 회상했다. "우리는 우리의 회합 전체를 위한 표어로 이런 말을 귀가 따가울 정도로 들었다. '우리의 일은 주님이 하시는 말씀을 함께 귀여겨듣는 것이외의 일로 이루어져서는 안 된다. 우리는 함께 기도하면서 올바르게 들어야 한다. 믿음 안에서 성경의 말씀을 귀 기울여 듣기, 말을 잘 듣는 경청자로서 서로의 말을 귀여겨듣기. 이것이야말로 모든 에큐메니컬 사역의 핵심이다.'" 또 다른 참석자 블랙먼은 이렇게 말했다. "우리는 적절한 분위기에서 시작했다. 첫 기도시간에 본회퍼는 우리에게 다음 사항을 상기시켰다. '우리의 일차 목표는 국가나 개인에 대한 우리의 관점을 권하는 것이 아니라, 하나님이 우리에게 하시는 말씀을 귀여겨듣는 것이다.'"[2]

본회퍼가 파뇌에서 한 말과 행동은 말로 표현할 수 없을 만큼 철저했다. 파뇌에서 플로센뷔르크 강제수용소로 곧장 직선을 그을 수 있을 정도다. 플로센뷔르크 강제수용소 담당 의사는 자기가 돌보는 사람이 누군지 전혀 몰랐다가 나중에 이렇게 회상했다. "나는 본회퍼 목사가 마루에 무릎을 꿇고 하나님께 뜨겁게 기도하는 모습을 보았다. … 하나님이 그의 기도를 들으시는 것이 분명했다. … 나는 그토록 하나님의 뜻에 전적으로 복종하며 죽어가는 사람을 본 적이 없다." 본회퍼는 파뇌에서도 그랬다. 혹자에게는 고무적으로 보였고 혹자에게는 괴짜로 보였고 혹자에게는 불쾌해 보였지만, 이런 점이 그를 두드러지게 했다. 본회퍼는 하나님이 자기 기도를 들어주시길 바란 것이 아니었다. 하나님이 자기 기도를 들어주신다는 걸 알고 있었다. 본회퍼는 스스로 낮추어 하나님의 명령을 귀 기울여 듣고 따라야 한다고 말하면서 시늉만 하는 사람이 아니었다. 그는 하나님을 보는 자신의 시각을 알리고 싶어 했다. 하나님을 순전히 신뢰하고 그분의 말씀을 귀여겨듣는 것 말고는 중요한 일이 없다는 걸 알아야 한다고 말했다. 에큐메니컬 협의회에 속한 상당수 사람들과 고백교회에 속한 상당수 사람들은 이 가치를 그다지 인정하지 않았다. 그러나 본회퍼는 그들이 믿음과 복종으로 행동하지 않으면, 하나님이 그들을 도우실 수 없다는 걸 알고 있었다.

8월 28일 화요일, 본회퍼는 오전 예배에서 설교했다. 본문은 시편 85편 8절이었다. "하나님께서 무엇을 말씀하시든지, 내가 듣겠습니다. 주님께서 우리에게 평화를 약속하실 것입니다. 주님께서는 주님의 백성과 주님의 성도들이 망령된 데로 돌아가지 않는다면, 진정으로 평화를 주실 것입니다." 평화야말로 본회퍼의 최종 관심사였다. 하지만 그해 8월, 평화는 모든 사람에게 당면 과제이기도 했다. 돌푸스 살인사건으로 오스트리아가 혼란에 빠졌고, 독일은 당장에라도 오스트리아를 침공할 기세였다. 그리고 무솔리니는 아비시니아 위기를 틈타 에티오피아를 침공할 태세였다.

본회퍼는 청년 회합이 몇 가지 과감하고 실질적인 결의에 이르길 바랐다. 그의 바람은 무너지지 않았다. 대표 50명이 두 가지 결의안을 도출했다. 첫 번째 결의안은 하나님의 계명이 국가의 그 어떤 요구보다 우선한다고 선언했다. 이 결의안은 가까스로 통과되었다. 본회퍼가 가르친 베를린 대학생 다수가 반대표를 던졌기 때문이다. 두 번째 결의안은 모든 전쟁을 옹호하는 그리스도인을 비난했다. 폴란드 대표가 '모든 전쟁'이라는 표현 대신 '침략 전쟁'이라는 표현으로 수정하자고 제안했지만, 다른 대표들이 받아들이지 않았다. 예정되어 있던 확대 토론회가 열리자 양심적인 이의제기가 터져 나왔고 생생한 논쟁이 이루어졌다. 토론회가 끝난 뒤에도 참가자들끼리 삼삼오오 모여 대화를 이어나갔다. 용감하게 이의를 제기한 이들은 독일 대학생들이었다.

며칠간 본회퍼와 청년 회합 참가자들은 파뇌 바닷가에 모여 여러 번 비공식 토론회를 가졌다. 편한 바닷가에 모여서도 공식 회의 때 입었던 차림새를 그대로 유지했다. 남자들은 대부분 양복저고리, 넥타이, 구두, 양말 차림이었고 여자들은 빳빳하게 다린 정장차림이었다. 바닷가에서 대화를 나눌 때 스웨덴 대표가 본회퍼에게 전쟁이 일어나면 어찌할 거냐고 물었다. 형 셋이 무기를 들고 전장에 나갔었고, 자신도 고슴도치 회원으로 울름 소총부대에서 2주간 훈련을 받으면서 그 방향으로 나아간 적이 있는 본회퍼에게 그 질문은 어렵지 않았다. 18개월 전에 히틀러가 집권했을 때 형 클라우스는 "이건 전쟁을 의미해!"라고 말했다. 히틀러가 나라를 어디로 이끌고 가려는지 미리 내다본 말이었다. 바닷가 대화에 참석한 이들이 전한 대로 본회퍼는 손으로 모래를 한 움큼 퍼 올린 다음 손가락 사이로 빠져나가게 하면서 그 질문과 답을 숙고했다. 그리고는 그 젊은이를 침착하게 바라보면서 이렇게 대답했다. "무기를 들지 않을 힘을 달라고 하나님께 기도하겠습니다."[3]

그 와중에도 장난스러운 유머감각은 변함이 없었다. 베를린 신학생들 중 오토 두추스가 본회퍼 옆에 앉아 있었다. 본회퍼에게 배운 학생이었다. 시선을 끌 만큼 허리가 굵은 러시아 사제가 발언하려고 일어서자 본회퍼가 재치 있는 시구를 휘갈겨 두추스에게 내밀었다. 크리스티안 모르겐슈테른이 독일어로 쓴 광시狂詩에서 따온 시구였다.

Ein dickes Kreuz auf dickem Bauch,
Wer spürte nicht der Gottheit Hauch?

뚱뚱한 배 위에 불룩한 십자가가 놓여 있으니,
하나님의 숨소리를 느끼지 못할 자 누구랴?

두추스는 본회퍼가 파뇌 대회의 주제와 방향을 설정하는 데 이바지했다면서 이렇게 평가했다. "그의 기여는 아무리 높이 평가해도 지나치지 않다. 본회퍼는 그 회의가 무익한 탁상공론이 되어서는 안 된다는 걸 잘 알았다." 앞서 본회퍼는 아문센과 다른 인사들에게 독일 문

1934년, 파뇌 바닷가에 모여 토론하는 청년 회합 참가자들

제에 대한 실제적 결의안이 도출되도록 막후에서 조치를 취해야 한다고 권한 적이 있는데, 이는 과감하고 꿈같은 일이었다. 그는 빼어난 권면자였다. 자신이 정확히 내다본 것을 다른 사람들이 똑똑히 볼 수 있게 하고 논리적인 연결과 결론에 이를 수 있게 하는 사람이었다. 일생 동안 그런 일이 여러 번 반복되었다.

결국 본회퍼는 벨 주교의 예수 승천일 교서에 대한 공식 토론에 참여하지 않았다. 하지만 필요한 모든 사항을 그 토론에 참석할 사람들에게 이미 다 말해놓은 상태였다. 본회퍼는 결의문 작성을 위해 선출된 위원회에 그 문제를 믿고 맡겨도 된다고 생각했다. 위원회는 벨 주교와 아문센, 헨리 루이스 앙리오와 다른 위원 네 명으로 구성되었다.

그중 한 사람이 미국인 헨리 스미스 라이퍼 박사였다. 라이퍼는 1939년에 본회퍼가 미국으로 떠날 때 큰 역할을 하게 된다. 본회퍼가 라이퍼를 안 건 유니언 신학교에서였지만, 당시에는 별 관심이 없었다. 당시 본회퍼는 슬로언 학회 장학생이었고 라이퍼는 임시 강사였다. 하지만 본회퍼는 파뇌에서 라이퍼의 방에 찾아가 함께 이야기를 나누며 헤켈과 얽힌 사연을 들려주었다. 당시 헤켈은 본회퍼에게 런던을 떠나라고 통지한 상태였다. 라이퍼는 그날 나눈 대화를 이렇게 회상했다.

감독의 지시에 어떻게 답했느냐고 내가 묻자, 그는 웃던 얼굴을 찡그리며 이렇게 말했다. "부정적으로 답했지요." 그렇게 간단히 답하더니 상세히 설명했다. "나는 그에게 '당신이 런던 교회에서 나를 파직시키고 싶다면, 직접 런던으로 와서 나를 데려가시오'라고 말했답니다." 본회퍼는 나치가 펼치는 전제정치와 영적 영역에 대한 침투에 저항하기 위해 그리스도를 따르는 이들이 무얼 준비해야 하는지 아주 허심탄회하게 말했다. 그때부터 나는 그가 루트비히 뮐러의 체제에 맞서 싸울 준비가 되어 있음을 똑똑히 알 수 있었다. 하지만 그는 독일 내의 교회 감독권을 접수하려는 히틀러의 온갖 노력에 맞서 싸우겠다는 결심이 어떤 결과를 불러올지에 대해서는 일말의 관심도 보이지 않았다. 또한 그는 분별력 있는 그리스도인들이 가장 위험하고 사악한 독재자를 현실적으로 처리해야 한다고 확신했다. 그 독재자는 실용적 기독교라는 이름으로 기독교를 개조하고, 기독교를 권력과 영향력의 원천으로 삼아 정치 기반을 다질 계획을 세우고, 자신이 그 계획을 완수할 수 있다고 믿는 자였다.

히틀러가 교회 행정에 간섭하던 초기부터 디트리히가 그토록 분명한 통찰력을 가지고 그토록 과감한 결심을 할 수 있었다는 건 대단히 의미심장한 일이었다. 내가 전에 독일을 여러 번 방문하여 얻은 경험으로 보건대, 디트리히의 동료들 중 앞으로 벌어질 사태를 정확히 알고 두려워하지 않는 사람은 디트리히뿐이었다. 그의 동료 중 상당수는 조국의 지평선에 기적같이 제3제국의 모습으로 나타난 전제정치에 대놓고 맞서지 못했다. … 디트리히는 나치 집단이 일으킨 문제들을 신학적, 철학적 관점에서만

이 아니라 직접적인 행동으로 단호하게 다룰 작정이었다.⁴

본회퍼는 이런 식으로 파뇌 대회에 공헌했던 것 같다. 여러 다른 상황에서도 문제를 신학적으로만 다루는 것에서 벗어나 다른 이들을 선동하여 행동에 나서게 하곤 했다. 이에 대한 생각이 《나를 따르라》에 표현되어 있다. 그 책에서 본회퍼는 하나님께 복종하지 않는 것은 싸구려 은혜의 냄새를 풍긴다고 말한다. 이는 일단 믿었으면 행위가 뒤따라야지, 그렇지 않으면 믿는다고 주장할 수 없다는 것이다. 본회퍼는 파뇌 대회에서 대표들에게 그 점을 깨달으라고 촉구했고 대체로 성공을 거두었다.

본회퍼는 파뇌 대회 지도부를 움직여 벨 주교가 작성한 예수 승천일 교서에 결의문으로 응답하게 하는 성과를 올렸다. 라이퍼와 위원회가 그 결의문을 승인했다. 벨의 교서가 뮐러에 대한 공공연한 모욕이라면, 이 결의문은 벨의 교서를 비준함으로써 뮐러에게 또 다른 타격을 안겼다. 벨의 교서가 영국인 성직자 한 사람의 목소리라면, 파뇌 결의문은 전 세계에서 온 대다수의 하나된 목소리였다.

협의회는 엄숙한 맹세로 양심에 강요하는 교회 독재, 폭력 행사, 자유토론 억압이 기독교의 참된 본질과 맞지 않는다는 확신을 선언하고, 복음의 권위에 따라 독일 교회 동료 그리스도인들에게 다음과 같이 요구한다.

우리 주 예수 그리스도의 복음을 선포하고 그분의 가르침대로 살아갈 자유,

교회 공동체에서 언론의 자유와 집회의 자유,

교회가 청년들을 기독교 원리에 따라 가르치고 기독교에 위배되는 생활 철학을 강제로 강요하지 않을 자유.⁵

28일 오전 집회에서 본회퍼는 유명한 평화 연설을 했다. 두추스는 그때의 일을 이렇게 회고했다. "처음부터 집회장에는 숨이 멎을 것 같은 긴장감이 감돌았다. 수많은 사람이 예감했을 것이다. 자신들이 방금 들은 연설을 절대로 잊지 못하리라는 것을." 본회퍼는 교회가 무엇보다 먼저 하나님의 말씀을 귀여겨듣고 그 말씀에 복종해야 한다고 설파했다. 자유주의 신학을 배우고 익힌 이들에게는 그가 사용하는 용어와 어조가 익숙하지 않았다. 일부는 하나님이 말씀하시고 무언가를 요구하신다는 생각을 언짢게 여겼다. 두추스는 이렇게 말했다. 본회퍼는 "그 자리에 있던 협의회 사람들이 따라가지 못할 만큼 저만치 멀리 앞서갔다." 그러나 그가 토해놓은 말 이면에는 놓칠 수 없는 힘이 있었다. 그날 오전에 스물여덟 살의 본회퍼가 토해놓은 말은 지금도 여전히 인용되고 있다.

안전한 길에는 평화에 이르는 길이 존재하지 않습니다. 평화에 이르려면 위험을 무릅써야 하기 때문입니다. 평화는 그 자체로 엄청난 모험이기에 절대로 안전할 수 없습니다. 평화는 안전의 반대입니다. 안전을 요구하는 것은 자기를 지키고 싶어 하기 때문입니다. 평화는 하나님의 계명에 우리 자신을 송두리째 내어드리는 것을 의미하고, 안전을 바라지 않으면서 믿음과 복종으로 민족의 운명을 전능하신 하나님께 맡기는 것을 의미합니다. 이기적인 목적을 위해 민족의 운명을 조작하려고 해서는 안 됩니다. 무기로는 전쟁에서 이길 수 없습니다. 하나님이 함께하셔야 이길 수 있습니다. 길이 십자가로 이어질 때에만 전쟁에서 이길 수 있습니다.[6]

베트게는 이렇게 말했다. "본회퍼는 쓸데없이 끝없는 질문을 주고받는 것에는 관심이 없었다. 위험을 무릅쓰고 확실한 결단을 해야 한다고 직접적으로 요구하는 일에만 관심이 있었다." 본회퍼는 경청하는 이들에게 그대로 따르라고 요구했다. 아니, 요구하는 이는 그가 아니라 하나님이었다. 그는 "신중히 모인 집회 참석자들에게 평화의 복음을 최대한 요구하여 그들의 생존권을 정당화하라고 열정적으로 권고했다."[7] 본회퍼는 하나님이 그분의 교회인 그들에게 세상 한가운데에서 예언자의 목소리가 될 능력을 주셨으니, 그들이 하나님이 주신 권위를 붙잡아야 한다고 말했다. 또한 그들이 교회로서 성령의 능력을 힘입어 세상의 문제들에 대한 하나님의 대답이 되었으니, 그런 교회답게 행동해야 한다고 말했다.

그러나 청중들 중에는 무엇이 그 모든 일을 할 수 있는지를 아는 이가 없었다. 베트게는 이렇게 회상했다. "본회퍼는 공의회Konzil라는 용어를 사용했다. 그 용어는 일부 청중에게 분명히 충격이었을 것이다. 그러나 본회퍼는 '우리는 조언을 하거나 여론을 형성하는 단체에 불과해'라는 생각 너머로 청중을 데려가려 했다. 말하자면 선포하고 묶고 풀면서 스스로 묶이고 풀리는 것이 공의회라는 것이다." 본회퍼가 또 하나의 예레미야나 요나가 되었다면, 1934년 8월 말 덴마크 해안에 인접한 파뇌 섬에서였을 것이다.

청년 회합에 참석한 베를린 신학생들은 본회의장에서 방청하는 것을 허락받지 못했다. 그곳에는 고위 성직자들이 앉아 있었다. 그러나 본회퍼의 친구 하나가 누군가를 감언이설로 꾀어 이층 관람석에서 방청할 수 있게 해주었다. 본회퍼의 연설이 끝나자마자 신학생들은 밖으로 떠밀려나갔다. 한 신학생은 본회퍼가 한 마지막 말을 잊을 수 없다고 회상했다. "무엇을 기다리고 있습니까? 시간이 없습니다." 본회퍼가 연설을 마치자 협의회의 지도자가 연단에 올라 흠잡을 데 없는 연설이었다고 말했다. 다들 그 말의 의미를 분명하게 알아들었다.

저녁에는 베를린에서 온 신학생들이 모여 쟁점들을 놓고 밤늦도록 토론했다. 본회퍼는 토론할 때 주위에 있는 누군가가 엿들을지도 모르니 조심하라고 그들에게 당부했다. 그러던 어느 날, 덴마크 신문에 실린 머리기사가 그들의 눈에 띄었다. "독일 청년들이 '히틀러는 교황이 되려고 해'라고 거리낌 없이 말하다!" 누군가가 토론 자리에 슬그머니 기어들어와 히틀러가 교회를 탈취한 것을 두고 하는 말을 엿들은 것이다. 불길한 일이 아닐 수 없었다. 본회퍼는 신학생들이 독일에 입국할 때 곤경에 처할 거라 생각했다. 그래서 사태를 해결하고자 자신이 할 수 있는 모든 조치를 취했다. 여러 차례 전화 통화를 하고 협의회에 참석한 다른 이들과 협조하여 사태를 진정시켰다. 결국 아무 일도 일어나지 않았다. 독일이 아직은 경찰국가가 아니었던 것이다.

헤켈과 제국교회 대표들도 파뇌 대회에 참석했다. 하지만 그들은 자신들이 섬기는 주인의 사업에만 관심을 두었다. 그 사업은 가급적 본질적이지 않은 것만 말하는 것으로 이루어져 있었다. 헤켈은 유대인 문제에 대한 언급을 교묘히 피하면서 이중 허세 전략을 구사했다. 25일에는 에큐메니컬 쟁점들에 관한 논문을 1시간 30분에 걸쳐 발표하고, 이틀 뒤에는 교회와 국가에 관한 논문을 발표했다. 런던 〈타임스〉는 첫 번째 강연을 가리켜 "대단히 추상적인 순수 교회론 분야로 뛰어드는 화려한 상승"이라 평했다. 어찌된 일인지 모르지만, 헤켈이 기대한 것만큼 출중한 감명을 주지 못했다는 소식이 뮐러의 귀에 들어갔다. 뮐러는 운에 맡기기를 거부하고 발터 비른바움을 아우구스트 예거 박사와 함께 급파했다. 아우구스트 예거는 성육신을 가리켜 "게르만 민족의 빛이 터져 나와 세계사에 뛰어든 것"이라 말한 미치광이였다. 두 사람은 에큐메니컬 회의 개최지가 파뇌라는 것만 겨우 알고 서둘러 코펜하겐으로 갔다. 하지만 파뇌는 덴마크의 다른 쪽에 있었다. 제국교회의 이미지가 걸려 있기에 그들은 임기응변으로 수상 비행기를 빌려 타고 급히 파뇌로 날아가 과시하듯 입장함으로써 헤켈을 깜짝 놀

라게 했다.⁸

　예거는 연설하지 않았다. 그렇다고 그의 동료 비른바움의 신학이 덜 실성한 것도 아니었다. 비른바움은 허가를 받아 회의장에서 연설하면서 몇몇 독일인이 국가사회주의 덕분에 그리스도인이 된 일화를 자랑스럽게 늘어놓았다. 율리우스 리거는 그 일화를 "터무니없는 횡설수설"로 여겼다. 헤켈은 제국 감독이 예거와 비른바움을 보내야 한다고 생각했다는 사실에 초조해했다. 두 사람의 회의 참석과 발언이 헤켈의 처지를 더욱 난처하게 했기 때문이다. 하지만 헤켈은 에큐메니컬 협의회 인사와는 물론이고 그 조직과도 거래하는 법을 알고 있었다. 그는 다시 한 번 스케이트 끈을 조이고 힘껏 활주하며 사람들을 헷갈리게 했다. 명백한 사실을 부인하기도 하고, 이의를 제기하기도 하고, 진부하고 실없는 말을 공식 의사록에 삽입하기도 하고, 독일에서 "복음을 선포할 수 있는" 환경이 전보다 좋아졌다고 무표정한 얼굴로 말하기까지 했다.

　하지만 에큐메니컬 협의회는 독일의 상황에 심각한 우려를 표하는 결의문을 투표로 통과시켰다. 결의문은 "기독교적 자유의 주요 원칙들"이 위협받고 있다면서 폭력 행사와 "교회 독재"와 "자유 토론 억압"은 "기독교의 참된 본질과 양립할 수 없다"고 선언했다. 이어서 이렇게 말했다. "협의회는 독일 복음주의 교회 고백총회에 속한 동료 형제들을 위해 기도하고, 복음의 원칙들을 증언하는 그들에게 진심어린 공감을 표시하며, 그들과 긴밀히 협력하기로 결의했음을 알리고자 한다."

　고백총회 의장인 코흐가 공개적으로 집중 조명을 받으며 에큐메니컬 세계동맹의 보편적 기독교 협의회 회원에 선출된 것은 예상 밖의 수확이었다. 헤켈이 강력하게 이의를 제기했으나 허사였다. 그러나 나치가 비용을 지불하여 헤켈을 파견한 행동을 정당화해주는 조치가 취해졌다. 헤켈이 로비를 통해 표면상 양호해 보이는 작은 문구를 결의문에 삽입하여 "협의회는 '독일 복음주의 교회에 속한 모든 단체와 우호 관계를' 유지하길 원한다"는 문장으로 바꾸어버린 것이다. 사실상 제국교회와 고백교회를 '단체들'이라는 범주로 표현한 것이나 다름없었다. 앞날을 생각하면 치명적인 수정이나 다름없었다. 고백교회가 진정한 독일 교회이고 독일 그리스도인들과 제국교회는 이단이나 마찬가지이니 그들을 독일 교회로 인정해서는 안 된다는 본회퍼의 주장이 헤켈의 영악한 의사진행 발언에 묻히고 만 것이다.

하지만 당시에는 그 점이 분명하게 보이지 않았다. 본회퍼는 자신들이 과감한 도약을 이뤄냈고 향후 에큐메니컬 협의회가 자신들과 함께 전진할 거라고 생각했다. 다들 들떠 있었다. 그러나 베트게에 따르면, 에큐메니컬 협의회는 고백교회에 약속한 것 이상의 발걸음을 떼려 하지 않았다. "파뇌는 첫 걸음이 아니라 단명한 정점에 불과했다."[9]

괴팅겐

본회퍼는 런던으로 돌아가기 전에 몇 군데를 더 여행하려 했다. 먼저 괴팅겐에 가서 자비네 가족을 만났다. 언제라도 사태가 현저히 나빠질 수 있었기에 자비네 가족은 어떠한 이유로든 도피해야 할 때를 대비해 자동차를 한 대 사 두었다. 여차하면 도주할 계획이었고, 그 일은 조만간 닥칠 것이었다. 이미 자비네는 가족과 함께 괴팅겐을 떠나 여러 차례 베를린에 있는 부모님 댁에 머무르곤 했다. 그나마 베를린이 유대인들에게 덜 위험했기 때문이다. 자비네 부부의 두 딸 마리안네와 크리스티아네는 학교에서 이따금 조롱을 받기까지 했다. 자비네는 이렇게 회고했다.

꼬마 하나가 울타리 너머에서 크리스티아네를 불러내 이렇게 말했다. "네 아빠는 유대인이야." 어느 날, 학교 앞에 있는 한 나무에 게시판이 설치되었다. 게시판에는 이런 글귀가 적혀 있었다. "유대인 아버지는 악마다." 내 두 딸은 날마다 등굣길에 이처럼 어중이떠중이를 선동하는 글귀를 지나쳐야 했다. 그 다음에는 학교 맞은편에 상자가 설치되었고, 상자 속에는 나치 신문 〈슈튀르머Stürmer〉가 들어 있었다. 신문에는 유대인들이 성범죄를 저지르고 가학적인 제사를 드린다는 허무맹랑한 기사와 반유대주의 내용, 그리고 가장 추잡하게 날조된 이야기들이 실려 있었다. 고학년 어린이들이 상자 앞에 떼를 지어 모여 있었다.[10]

라이프홀츠의 집은 헤르츠베르거 란트슈트라세에 있었다. 란트슈트라세는 괴팅겐 대학교 교수들 상당수가 모여 사는 곳이었다. 일요일 오전에는 나치 돌격대가 거리를 따라 행진하곤 했다. 여러 해 뒤, 자비네는 이렇게 말했다. "그들이 행진하면서 부르던 노래 가사 '병사들이여, 동지들이여, 유대인들을 매달아라. 유대인들을 사살하라'를 떠올리노라면 지금도 치가 떨린다." 디트리히가 이따금 나치를 용감하게 상대한 것도 쌍둥이 여동생에 대한 사랑이 컸기 때문이다.

괴팅겐을 방문한 다음, 본회퍼는 뷔르츠부르크에 가서 고백교회 지도자 몇 사람을 만났다. 거기서 모범적인 지도자와 권면자 역할을 하면서 고백교회가 하나의 단체가 아니라 사실상 교단이라는 것을 주지시켰다. 그런 다음 그런 사실을 강한 어조로 즉시 발표해야 한다고 지도자들을 설득했다. 그들은 결국 그해 10월에 달렘에서 이를 실행에 옮겼다. 그들이 파뇌에서 막대한 희생을 치른 건 전에 그 점을 분명히 하지 않았기 때문이었다. 그런 일이 또 다시 일어나게 해서는 안 되었다. 또한 그들은 뮐러의 취임식이 임박했다는 이야기를 하면서 에큐메니컬 인사들이 취임식에 참석하지 못하게 막는 게 중요하다는 데 의견을 모으기도 했다.

  그런 다음 본회퍼는 장 라세르를 찾아갔다. 라세르는 프랑스 아르투아 지역의 노동자 계급 교구에서 사역하고 있었다. 파뇌에서 만난 뒤로 많은 에큐메니컬 대표가 그곳에서 합류했다. 그들 중 일부는 밖으로 나가 거리 설교를 했다. 라세르는 본회퍼가 다른 환경의 사람들과 쉽게 소통하는 걸 보고 깜짝 놀라 이렇게 말했다. "그는 정말로 거리의 사람들에게 복음을 전했다."[11]

17

칭스트와
핑켄발데 가는 길

국가 행위에 대한 신학적 대응 자제는 파기되어야 하네. 그런 대응 자제는 모두 공포 때문일세. '벙어리처럼 할 말을 못하는 사람을 변호하여 입을 열어라'(잠언 31:8). 오늘날 교회 안에서 입을 열지 않으면, 이것이 성경이 제시하는 최소한의 요구라는 것을 누가 알겠는가?

교회 회복은 실로 새로운 수도 생활에 의해 이루어질 것입니다. 새로운 수도 생활과 옛 수도 생활의 유일한 공통점은 그리스도를 본받으면서 무엇과도 타협하지 않고 산상수훈을 따라 살아가는 것이 될 것입니다. 나는 지금이야말로 그 일을 위해 사람들을 모을 때라고 생각합니다._디트리히 본회퍼

    런던으로 돌아간 본회퍼는 다음 일을 생각했다. 재능도 있고 가족의 연줄도 있었으므로 그에게는 언제나 많은 가능성이 있었다. 그는 자신의 가능성을 열어놓는 것을 즐기는 것 같았다.
    1934년 초, 고백교회 지도자들은 자신들만의 신학원 설립을 고려해야 한다는 걸 깨달았다. 제국교회가 모든 대학교 신학생에게 아리안 인종의 순수성을 입증해 보이라고 요구했기 때문이다. 1934년 6월, 야코비와 힐데브란트는 본회퍼에게 고백교회 신학원을 맡아서 운영해 보는 게 어떻겠느냐고 넌지시 말했다. 한 달 뒤, 니묄러는 본회퍼를 선임하여 이듬해 1월부터 베를린-브란덴부르크 지역 신학원을 맡게

했다. 하지만 본회퍼는 도저히 그럴 수 없었다. 고백총회 의장인 코흐가 본회퍼가 런던에 체류하는 쪽을 더 바랐기 때문이다. 그러나 본회퍼는 베를린 대학교에서 학문 연구를 계속하려면 조만간 결정을 내려야 했다. 장기 결근이 지속되어서는 안 되었기 때문이다. 학계에는 그다지 끌리지 않았지만, 학계에 남을 가능성이 사라지는 것도 반갑지 않았다.

9월 11일, 본회퍼는 에르빈 주츠에게 이런 편지를 보냈다.

나는 여기에 머무르는 것, 인도로 가는 것, 독일로 돌아가 조만간 문을 열 설교자 신학원을 맡는 것 사이에서 어쩌지 못하고 갈팡질팡하고 있네. 자네가 들으면 짜증을 내겠지만, 나는 이제 대학교를 믿지 않네. 실은 한 번도 믿은 적이 없네. 오늘날 차세대 신학자들의 교육은 모두 교회가 운영하는 수도원식 학교에서 맡아야 할 것 같네. 그 학교들에서는 순전한 교리와 산상수훈과 예배를 진지하게 받아들인다네. 대학교에서는 그것들을 진지하게 받아들인 적이 없네. 지금 사정도 마찬가지라네. 국가 행위에 대한 신학적 대응 자제는 파기되어야 하네. 그러한 대응 자제는 모두 공포 때문일세. '벙어리처럼 할 말을 못하는 사람을 변호하여 입을 열어라'(잠언 31:8). 오늘날 교회 안에서 입을 열지 않으면, 이것이 성경이 제시하는 최소한의 요구라는 것을 누가 알겠는가?[1]

한 주 뒤에 본회퍼는 결정을 내렸다. 신설 고백교회 신학원 원장직을 수락했다. 하지만 봄철에나 일을 시작할 수 있다고 말했다. 경험을 쌓기 위해 1934년의 남은 몇 달을 활용하여 영국을 돌아다니며 여러 기독교 공동체를 연구할 계획이었다. 그런 다음 인도로 가서 간디를 만나볼 생각이었다. 인도 여행은 오래 전부터 계획해온 것이었다. 그것은 그리스도인들이 하나님의 의도대로 사는 삶을 더 폭넓게 사고하는 길의 일부이기도 했다. 교회투쟁과 정세가 점점 불리해지고 있었기에 본회퍼는 하나님이 교회에 간디의 사회 저항 방법을 요구하고 계신 건 아닐까 하고 생각했다. 이를테면 '나와 다른 그리스도인들이 그런 식으로 투쟁해야 하는 건 아닐까? 지금 하는 식으로 교회투쟁에서 이기겠다는 생각은 헛다리를 짚은 것이 아닐까?' 라는 생각을 했다.

본회퍼는 당시 교회가 크게 잘못되었다는 걸 알았다. 제국교회와 독일 그리스도인들은 물론이고 고백교회를 포함한 대다수 교회와 독일에 있는 현 기독교 형태도 그랬다. 특히 독일에 있는 그리스도인들의 삶에서 무언가가 보이지 않는다고 생각했다. 일상의 현실에서 자기를 버리고 삶의 모든 부분에서 매순간 온 힘을 다해 그리스도를 따르는 모습이 보이지 않았다. 헤른후트 형제단 같은 경건주의 집단에는 그러한 헌신과 열의가 있었다. 하지만 그가 보기에 그들은 행위 지향에 가까웠고, 바르트의 표현을 빌리자면 지나치게 종교적이었다. 그들은 이 세상에서 너무 많은 것을 밀쳐내고 최선의 문화와 교육마저 밀쳐내고 말았다. 그건 옳은 방식이 아니었다. 본회퍼는 그리스도를 세계와 문화 구석구석으로 모셔가되 신앙은 밝게 빛나고 순수하고 확고해야 한다고 생각했다. 신앙에는 일시적 유행어와 진부한 표현과 광신적인 모습이 없어야 한다. 그러지 않으면 우리가 세계와 문화 속으로 모셔가는 그리스도는 더 이상 그리스도가 아니라, 인간이 만든 번지르르한 모조품이 되고 말기 때문이다. 본회퍼는 전통적인 루터교 보수주의자들이 보기에는 지나치게 세속적이고, 자유주의 신학자들이 보기에는 지나치게 경건주의적인 기독교를 옹호했다. 그는 누구에게나 버거운 사람이었다. 그 때문에 양측 모두에게서 오해와 비난을 받았다.

어쨌든 본회퍼는 오래 전부터 간디가 모종의 실마리를 제공해줄 수 있을 거라고 생각했다. 그리스도인은 아니었지만, 간디는 산상수훈에 기록된 가르침대로 살려고 애쓰는 공동체에서 생활하고 있었다. 본회퍼는 그리스도인들이 그런 식으로 살기를 바랐다. 인도에 가려고 한 것은 그리스도인이 아닌 사람들이 그렇게 살아가는 모습을 보고 싶었기 때문이다. 파뇌에서 본회퍼는 회의에 참석한 그리스도인들에게 이런 질문을 던졌다. "우리가 동양의 비非그리스도인들에게 창피를 당해서야 되겠습니까? 이 메시지를 위해 목숨을 거는 그 사람들을 저버릴 작정입니까?" "동족(유대인)에게 질투심을 불러일으키기 위해" 이방 사람들에게로 파견되었다는 듯이, 그리스도께서 그리스도인이 아닌 사람들 사이에서 활동하시어 교회를 분발하게 하시는 것이 가능한 일일까? 5월의 어느 날, 본회퍼는 할머니에게 편지를 보냈다.[2]

> 어딘가에 거주지를 확정하기 전에, 인도에 다녀오는 것을 다시 생각하고 있습니다. 최근에 그곳으로 가는 문제를 두고 아주 많은 생각을 했고, 그곳에서 대단히 중요한 것을 배울 수 있을 것이라고 생각하고 있습니다. 어쨌든 제가 보기에 우리의 제국교회 전체보다는 그곳의 '이교' 속에 그리스도교적인 것이 더 많이 자리하고 있는 것 같습니다. 사실 그리스도교 정신은 동양에서 온 것이거든요. 하지만 우리는 그것을 이와 같이 너무나 서구화하고, 그것을 순수 문명적 사고와 뒤섞고 말았습니다. 그래서 우리가 지금 경험하는 바와 같이 그리스도교 정신이 우리에게서 사라지고 말았습니다. 안타깝게도 저는 교회 저항 세력을 그다지 신뢰하지 않습니다. 그들의 일처리 방식이 마음에 들지 않거든요. 저는 그들이 책임을 지겠다고 할 때가 두렵습니다. 그리스도교의 끔찍한 타협을 또다시 목격할 수밖에 없을 것 같아서요.[3]

본회퍼는 산파역을 맡아 고백교회가 탄생하게 도왔지만, 고백교회 너머를 보고 있었다. 이미 너무나 많은 타협을 보았기 때문이다. 다음

한 가지는 분명했다. 종교만으로는 사악한 히틀러를 물리칠 수 없었다. 그가 원하는 건 무슨 일이 닥쳐도 교회가 그리스도와 친밀한 관계를 유지하고, 하나님의 음성을 열심히 귀여겨듣고, 하나님의 명령에 복종하고, 심지어 피까지 흘리는 모습을 보는 것이었다. 하지만 독일의 여러 신학원에서 기도와 성경 묵상, 예배와 찬송 부르기를 가르치지 않는다면, 어찌 하나님의 음성을 귀여겨들을 것이며, 어찌 하나님께 복종할 수 있겠는가? 본회퍼는 봄이 오면 자기가 맡아 운영하는 신학원에서 그 모든 것을 가르칠 생각이었다.

한편, 바르트는 히틀러를 만나려고 시도했다. 고백교회에 속한 상당수 사람들은 여전히 히틀러를 설득할 수 있다고 생각했다. 앞으로 몇 해만 있으면 전쟁이 터지고 죽음의 수용소가 설치되고 유대인 문제에 대한 최종적인 해결이 시도될 텐데도, 그들은 그 미치광이가 미치지 않았을지도 모르고 자신들이 그의 난폭함을 길들일 수 있을 거라고 여겼다. 그러나 본회퍼는 그 점을 이미 꿰뚫어보고 그것을 멀리 지나쳐 다른 것, 더 순수하고 참된 것을 찾아 나섰다. 현재 논의되는 것이 해결책일 거라는 생각은 이미 오래 전에 접었다. 본회퍼는 주츠에게 보내는 편지에서 바르트의 생각을 이렇게 언급했다.

이제부터 나는 히틀러와 바르트의 대화를 가망 없다 여기고 더는 동의하지 않기로 했네. 히틀러는 자신이 누구인지 여실히 보여주었네. 이제 교회는 청산해야 할 대상이 누구인지 알아야 하네. 이사야는 산헤립에게 가지 않았네. 우리는 히틀러에게 무엇이 문제인지 말하려고 여러 번 애썼네. 우리 의견이 제대로 전달되지 않았으니, 바르트도 제대로 전달할 수 없을 것이네. 히틀러는 자신이 냉혹하다는 말을 들으려 하지 않고, 도리어 우리에게 자기 말을 들으라고 강요할 것이네. 사실이 그렇다네. 히틀러를 전향시키겠다는 프랑크 부크만의 옥스퍼드 운동은 너무 순진한 시도였네. 사태

를 잘못 본 어리석은 운동이었지. 전향되는 쪽은 히틀러가 아니라 우리 쪽일 것이네.[4]

이보다 앞서 보낸 편지에서 본회퍼는 히틀러를 산헤립 같은 자로 언급했었다. 히틀러의 극악함이 산헤립이 그랬던 것처럼 교회를 쓸어버리고 날려버릴 거라고 여기는 것 같았다. 하지만 다른 이들은 어째서 그 점을 보지 못한 걸까? 복음전도자 프랑크 부크만 같은 사람들은 어째서 히틀러에게 속아 넘어가 자신들이 그를 전향시킬 수 있을 거라 여긴 걸까? 악을 알아채지 못하면, 악이 권력을 쥐고 파괴를 일삼을 것이 빤한데도, 어째서 본회퍼 이외의 사람들은 그 사실을 보지 못한 걸까? 다음 편지에서 본회퍼는 히틀러의 주치의 카를 브란트에 대해 언급한다. 그는 주츠가 알프스를 여행하다 만난 적이 있는 자였다.

도대체 브란트는 어떤 사람인가? 대체 어떤 사람이 히틀러의 측근으로 남을 수 있는지 도무지 이해가 안 되네. 나단 같은 사람이거나, 아니면 6월 30일과 7월 25일에 일어난 사건의 공범이거나, 8월 19일에 되풀이된 거짓말의 공범이거나, 다음 전쟁의 공범이 아니고서는 그러지 못할 것이네! 부디 나를 용서해주게. 하지만 내게 이건 심각한 문제일세. 나는 그들을 놓고 더 이상 우스갯소리를 하고 싶은 마음이 없네.[5]

"브란트가 어떤 사람이냐?"는 본회퍼의 질문에서 우리는 사람들 대다수가 앞일에 대해 아무것도 알지 못하던 초기에 제3제국 안에서 독일인들이 어떤 삶을 살아야 했는지 이해할 수 있다. 한나 아렌트는 그 삶을 가리켜 "악의 평범성banality of evil"이라 불렀다. 아돌프 히틀러와 친하게 지내는 걸 의아하게 여겨 브란트가 어떤 사람이냐고 물은 건 히틀러가 악행에 몰두하는 자라는 것을 알고 있었기 때문이다.[6]

그러나 주츠는 브란트가 어떤 인물인지 알지 못했다. 하지만 우리는 역사를 통해 브란트가 어떤 자인지를 알 수 있다. 브란트는 T-4 안락사 프로그램을 만들어낸 주요 기획자이자 공동 관리자였다. 그 프로그램으로 정신지체 장애자와 신체장애자 수만 명이 병원과 보델슈빙의 베텔 공동체 같은 곳에서 옮겨져 살해되었다. 브란트는 "유전학상 열등한" 존재로 간주된 여성들, "인종적 결함을 지닌" 것으로 간주된 유대인 여성들, 정신지체를 앓는 여성이나 신체장애를 지닌 여성들에게 강제 낙태를 무수히 시행한 인물이기도 하다. 그 당시 낙태는 "건강한 아리안" 태아를 밴 사람 이외에는 누구에게나 합법이었다. 또한 브란트는 강제수용소에서 실시된 "의학 실험"을 감독하고 참여한 자이기도 하다. 의학 실험은 이루 말할 수 없이 잔혹했다. 브란트는 뉘른베르크 전범 재판에서 의학계 주요 피고로 유죄가 입증되어 사형 선고를 받았다. 그리고 끝까지 참회하지 않고 1948년에 교수형에 처해졌다.

계속된 교회투쟁

1934년 9월 23일, 나치의 어금꺾쇠 십자 기장을 차고 갈색 셔츠를 입은 의장대가 루터교의 성지인 베를린 대교회당을 더럽혔다. 그곳에서 제국 감독 요한 하인리히 루트비히 뮐러의 취임식이 있었던 것이다. 그러나 문명 세계에서 온 에큐메니컬 지도자들은 이상야릇한 광경이 펼쳐지는 그곳에서 허겁지겁 자리를 떴다. 어리석은 뮐러의 승리의 순간은 나치만 벌이는 초라한 연극이 되고 말았다. 그러나 뮐러는 자신이 드디어 정당한 대가를 받았다고 여기고 자신의 소중한 총통에게 경의를 표하고자 도끼를 들어서라도 독일 복음주의 교회를 통합하려 했다.

1934년 9월, 베를린 대교회당에서 제국 감독 요한 하인리히 루트비히 뮐러의 취임식이 열렸다.

며칠 뒤 본회퍼는 이상한 엽서 한 통을 받았다. 프란츠 힐데브란트가 보낸 엽서였다. 누가복음 14장 11절이라고만 쓰여 있었다. 뮐러의 취임일에 맞추어 고른 구절이었다. 본회퍼는 곧바로 폭소를 터뜨렸다. 그 구절은 예수께서 바리새인들에게 하신 말씀이자 힐데브란트가 뮐러에게 하는 말이기도 했다. "누구든지 자기를 높이면 낮아질 것이요, 자기를 낮추면 높아질 것이다." 밝혀진 바와 같이 그 말씀은 시의적절하기만 한 것이 아니라 일종의 예언이기도 했다. 취임식이 끝나자마자 혼란과 소동이 벌어졌다. 교회투쟁이 다시 활활 타올랐고, 제국 감독은 성난 총통의 미움을 사고 말았다.

사건은 사브르 모양의 송곳니를 지닌 아우구스트 예거 박사가 단 일주일 만에 뷔르템베르크 감독 테오필 부름과 바이에른 한스 마이서 감독을 가택에 연금시킴으로써 시작되었다. 예거는 뮐러가 지시한 일들 중 가장 추잡한 일을 대다수 처리하는 자였지만, 이번에는 최악의 실패를 거두었다. 두 감독을 지지하는 사람들이 거리로 나섰고, 세계 언론이 독일 교회 문제를 집중적으로 다루었다. 〈타임〉의 보도가 특히 그들을 난처하게 했다.

사납게 날뛰는 군중이 그 용감한 감독을 자동차에 태우고 경찰과 나치 친위대를 쏟아내고 자동차를 집으로 밀면서 "마이서 만세! 망할 뮐러!" 하고 외쳤다. 다른 군중은 교회당 곁에 서서 마르틴 루터의 〈내 주는 강한 성이요)를 엄숙하게 불렀다. … 이튿날 성난 군중은 이리저리 돌아다니다가 나치의 성지, 곧 아돌프 히틀러의 나치당사 앞에 모였다. 나치 친위대가 머뭇거리면서 번을 서는 동안 개신교도들은 현관 양쪽에 걸린 청동 어금꺾쇠 십자 기장에 침을 뱉으면서 뮐러 감독과 아돌프 히틀러에게 항의의 뜻으로 고함을 질렀다. … 마이서를 지지하는 사람들이 신랄한 내용의 선언서를 공표했다.

"스스로 복음 교회라 부르는 한 교단에서 복음을 내팽개치고 폭정과 거짓말로 통제권을 움켜쥐었다. … 제국 감독 루트비히 뮐러와 아우구스트 예거가 이 참화의 원흉이다. 사탄이 그들을 통해 활개를 치고 있다. 그러므로 우리는 우리를 자유롭게 해달라고 하나님께 애원한다."[7]

한편, 고백교회 회원들은 또 다른 총회를 개최할 때가 되었다고 생각했다. 스스로 정식 교단을 설립하고 행정 기구를 만들지 않으면 안 되었다. 10월 19일, 고백교회 회원들은 달렘에 모여 유명한 달렘 선언문을 발표했다. "우리는 그리스도의 교회들과 그 교회들의 목회자들과 장로들에게 예전의 제국교회 당국과 그 권위자들에게서 받은 지시를 무시하고 제국교회 당국에 계속 복종하고 싶어 하는 자들과 협력하지 말라고 촉구한다. 우리는 그들에게 독일 복음주의 교회 고백총회의 방침과 그 총회가 인정하는 단체들의 방침을 따르라고 촉구한다."[8]

고백교회는 이제 명실상부한 정식 교단이었다. 본회퍼는 아주 만족했다. 고백총회는 뮐러가 독일 복음주의 교회 헌법을 위반했다고 비난하는 결의문도 채택했다.

본회퍼는 자형 한스 폰 도나니에게서 이 공식적인 문제들 때문에 히틀러가 교회투쟁 쪽으로 눈길을 돌렸다는 말을 들었다. 히틀러는 상황을 악화시키는 뮐러를 신뢰하지 않고 문제를 직접 처리했다. 그해 여름 히틀러는 제국교회가 제정한 고압적 법령을 폐지하고 제국교회와 공공연히 거리를 두었다. 얼마 후 게르만 민족의 빛이 터져 나왔다는 발언으로 물의를 일으킨 아우구스트 예거가 사임했다. 사태가 고백교회에 유리한 쪽으로 전개되었다.

본회퍼는 자신들이 달렘에서 결의한 대로 행동해야 하고, 그것도 빨리 그래야 한다는 걸 알고 있었다. 뮐러가 해임되거나 쫓겨난 것이 아니라 피를 조금 흘렸을 뿐이므로 조만간 반격해올 수도 있었기 때문이다. 본회퍼는 여러 차례 세운 계획에 따라 영국에서 목회하는 독일인 목사들의 모임에 참석했다. 모임은 11월 5일 런던 크라이스트처치에서 열렸다. 교구 소속 회원과 각 교회를 대표하는 성직자 마흔네 명이 참석했다. 본회퍼와 율리우스 리거가 연설했다. 그 모임에서 본회퍼를 크게 흥분시키는 결의문이 채택되었다. "이곳 크라이스트처치에 모인 장로들은 고백교회와 같은 입장을 취하고 교회 당국자들과 필요한 협상을 조속히 개시할 것을 선언한다." 본회퍼는 그 소식을 전하며 이렇게 썼다. "나는 그 일이 대단히 만족스럽습니다."[9]

그들은 문제를 정식으로 처리하고자 결의문 사본을 종무부 해외사무국의 헤켈과 고백총회 의장 카를 코흐에게 발송했다. 동봉한 편지에는 이런 글귀가 적혀 있었다.

영국에 있는 독일 복음주의 교회는 총통의 선언으로 제국교회와 총통에 대한 의식적인 충성 서약이 어느 한 교단에 속한 회원들에게 맞지 않다는 말을 듣고 크게 기뻐했다. 이 교회들은 성경과 신앙고백에 근거해왔다. 그 교회들 가운데 일부는 수세기 동안 그래 왔다. 따라서 이 교회들은 고백교회가 독일 복음주의 교회 연맹의 적법한 계승자라고 생각한다.[10]

혹자는 불쾌해하는 헤켈의 모습을 떠올릴지도 모르겠다. 하지만 그 반란은 전 세계로 번질 우려가 있었다. 런던 독일인 목사들이 결의문 사본을 별도의 서한과 함께 해외에 있는 다른 독일인 교회들에 발송하고 결의문의 입장을 지지해달라고 촉구했던 것이다. 헤켈이 보기에 이는 심각한 소식이었다. 11월 13일, 헤켈은 런던에 있는 독일 대사관에 전화를 걸어 일등 서기관 오토 폰 비스마르크 공과 통화하면서 그 목사들의 행동이 "국제적으로 바람직하지 않은 반향"을 불러일으킬 거라고 말했다. 비스마르크는 그와 관련하여 조치를 취하는 건 자기 권한 밖이라고 냉정하게 대답했다. 헤켈은 다른 수단을 모색하다가 목사들 중 한 명에게 전화를 걸었다. 리버풀에 있는 독일인 교회의 목사 슈라이너였다. 헤켈은 그 목사들이 본회퍼와 모든 면에서 견해를 같이하는 것은 아니라는 걸 잘 알았다. 그래서 그들의 차이점을 이용하려 했다. 헤켈은 절차상의 위법 사항들도 알고 있었으므로 그 점을 이용하려 했다. 각 교회가 제국교회에서 탈퇴하려면 교회 총회에서 작성한 통고문을 제출해야 했지만, 그러지 않았던 것이다. 헤켈은 각 교회를 개별적으로 다루면, 결의를 덜 하게 될 것이고 많은 차이점이 드러날 거라고 짐작했다. 하지만 헤켈이 노린 건 다른 것이었다. 뮐러의 별이 이지러지기 시작하는데도, 고백교회 저항 세력이 그를 여전히 경멸하고 있었고 그들을 위로하려면 뮐러가 퇴임하는 수밖에 없었다. 어쩌면 헤켈은 고백교회 늑대들의 속도를 떨어뜨리기 위해 뮐러를 썰매에서 밀쳐내려 했는지도 모른다.

헬무트 뢰슬러

결국 헤켈은 네덜란드 헤를렌에 있는 독일인 교회의 젊은 목사와 접촉하여 런던 독일인 목사들에게 반대해달라고 설득했다. 어쩌면 그가 해외에 흩어져 있는 다른 목사들을 설득하는 데 도움이 되고, 그들에게 회람용 서한을 발송하여 고백교회로 뛰어오르는 배의 위험을 설명해줄지도 모를 일이었다. 젊은 목사는 목회를 갓 시작한 상태라 기꺼이 도와주려고 했다. 그는 프랑스, 룩셈부르크, 벨기에, 네덜란드에 파송된 해외 목회자들에게 대단히 설득력 있는 편지를 보냈다. 본회퍼가 그 편지를 어떻게 입수했는지는 불분명하다. 어쩌면 그 목사가 무례하게도 그 편지를 본회퍼에게 보냈는지도 모른다. 어쨌든 본회퍼는 그 편지를 받았다. 뒤통수를 맞은 것이나 다름없었다. 편지를 쓴 사람은 옛 친구 헬무트 뢰슬러였다. 뢰슬러는 본회퍼의 박사학위 논문을 반박하도록 본회퍼의 매제 발터 드레스와 함께 선정된 베를린 대학교 신학생 중 하나였다. 1927년 봄, 뢰슬러는 발터와 함께 본회퍼가 머물던 프리드리히스브룬에 찾아가기까지 했던 사람이다. 한동안 연락이 끊겼던 뢰슬러가 이제 적의 편이 되어 떠오른 것이다. 심각한 전개였다.

뢰슬러는 편지에서 해외 독일 복음주의 교회가 고백교회에 가입해서는 안 된다고 주장했다. 고백교회가 승리하더라도 "교회투쟁 세력은 미국에서처럼 자유 교회 설립으로 끝나게 될 것이고, 결국 루터 시대 이래 존재해온 복음주의 교회와 독일 국가의 유대관계가 끊어지고 말 것"이라고 말했다. 물론 본회퍼는 미국의 교회 조직을 목격하고서 그것이 괜찮은 생각이라 여겼다. 더 이상 교회라고 할 수 없는 교단에 머무르기보다는 그 편이 훨씬 나았기 때문이다. 또한 뢰슬러는 고백교회에 가입하면 자금 조달이 어려워질 수 있다고 지적하면서 이렇게 말했다.

수많은 동료 목회자들이 고백교회에 소속감을 가지고 있다는 걸 잘 압니다. 그런데 어째서 고백교회에 굴복하지 않는지 이해하지 못하겠습니다. 하지만 현 상태에서 그리하는 것은 종무부 해외사무국의 등을 찌르는 짓이 되고 말 것입니다. 해외사무국은 전 세계 독일 개신교에 대한 궁극적인 책임을 통감하고 교회 전체를 위해 실제적인 해결책을 모색하고 있습니다. 지금 진행되고 있는 완전한 분열을 원치 않기 때문입니다. … 해외 교회들의 개별적인 시위 행위는 유익보다는 해가 되고 말 것입니다. 독일 내부의 교회투쟁에 개입하는 해외 교회들은 언제라도 반역죄로 기소될 수 있습니다. 그리고 일단 기소되면 그 죄목을 반박하느라 진땀을 빼게 될 것입니다.[11]

등에 칼을 꽂는 짓, 반역죄 운운하는 말에 본회퍼가 폭발했음에 틀림없다. 조심스럽기로 유명한 사람이었지만, 11월 20일에 본회퍼는 감정이 섞인 편지로 응수했다.

친애하는 뢰슬러 씨,

우리 두 사람이 이렇게 만나는군요! 다시 한 번 공식적으로 한 쟁점을 놓고 대립하고 있군요. … 나는 당신이 헤켈이 던진 유혹의 말을 귀여겨들으리라고는 정말로 상상도 하지 못했습니다. … 게다가 당신은 뭇사람이 툭하면 내뱉는 비열한 언사, "우리 조국에 대한 반역"을 들먹이더군요. 당신이 그런 유혹의 말에 걸려들다니 순진한 소년 같군요. 어찌나 놀랐던지, 나도 그렇게 순진한 사람이 될 수 있었으면 하고 바란답니다. 나는 오랫동안 해외사무국과 관계해왔고, 그에 대해 당신보다 더 잘 알게 되었습니다. … 헤켈의 길은 … 훌륭한 책략의 길이기는 하지만, 믿음의 길은 아닙니다. … 헤켈의 노선을 지지하는 이유를 알고 있습니다. … 하지만 그 노선은 잘못된 노선입니다. "종무부 해외사무국의 등을 찌른 이"는 우리가 아니라 해외사무국 자신입니다. 한심하게도 해외사무국이 우리 해외 교회들을 사이비 교단에 팔아넘겨, 급료를 받는 목사들을 움켜쥐려 하기 때문이지요.[12]

본회퍼는 헤켈이 언제나 논쟁을 초월해 있는 척하고 독일 그리스도인 무리에 속하지 않은 척하면서 베를린 대교회당에서 치른 뮐러의 제국 감독 취임식에 참석해 축사를 했다는 말을 듣고 넌더리를 치면서 이렇게 말했다.

어둠의 세력에 협조하기를 거부해야 할 판에 어찌 이럴 수 있단 말입니까? 그리스도가 벨리알과 무슨 관계가 있습니까? … 여기서 필요한 건 즉각적이고 단호한 거절입니다. 우리라면 그런 교단과 사귀지 않았을 겁니다. 단호한 거절을 언급하는 건 그 때문입니다. 우리는 충분히 기다렸습니다. … 동료의 결정적 증언에 따르면, 헤켈은 자신이 독일 그리스도인이 될 수밖에 없었다고 합니다. 나는 그것을 문서로 증명할 수 있습니다. 게다가 헤켈은 이곳에 있을 때 그 교단을 옹호하고 에큐메니컬 회원들에게까지 그리했습니다. … 그는 나에게 모든 에큐메니컬 활동을 접겠다고 선언하는 문서를 작성하라고 요구하기까지 했습니다. 그는 그런 의도를 품고 나에게 베를린으로 날아오라고 지시했지만, 나는 서명하지 않았습니다! 누군가가 이런 교회 전체의 상황을 제대로 본다면 올바른 결론을 내릴 수밖에 없을 것이고, 무결하다고 여겨지는 해외사무국이 기독교적이지 않은 교단과 유대관계를 유지해서는 안 된다는 걸 깨닫게 될 것입니다. … 믿음 안에서 믿음의 결단을 해야 할 순간에 책략을 동원하는 것은 있을 수 없는 일입니다. 지금이야말로 그런 결단을 해야 할 순간입니다. 이곳 런던에 있는 우리는 우리가 그런 결단을 했다고 생각합니다. 그때 이래로 우리는 무슨 일이 일어나든 확신에 차 있습니다. 다르게 행동하는 것이 더 이상 불가능했기 때문입니다.[13]

그러다가 서서히 신랄한 말투로 바뀌었다.

이제 개인적인 물음을 던질 테니 답변해주기 바랍니다. 헤켈이 당신에게 이 편지를 써달라고 부탁한 건가요? 아니면 당신이 쓰려고 한 것을 그가 안 건가요? 우리는 당신이 보낸 편지가 이곳 런던에 있는 우리를 겨냥한 것이 아닌가 하고 의심하고 있습니다. 게다가 우리가 알아본 바에 따르면, 봉투에 찍힌 주소는 해외사무국 타자기로 작성한 것이더군요! 나는 당신과 해외사무국의 그러한 협력을 심히 유감으로 생각합니다. … 나도 헤켈과 상당히 좋은 관계를 유지했었지요. 거의 우정이라고 할 만큼 좋은 관계였지요. 나는 이 모든 일 때문에 이중의 고통을 겪고 있습니다. 인간적으로 나는 이따금 그를 대단히 유감스럽게 생각합니다. 하지만 그렇게 할 수밖에 다른 도리가 없군요. 우리가 서로 다른 길을 택했기 때문입니다. 이제 나는 당신과 나의 관계가 어그러질까 두렵습니다. 당신과 내가 서로 다른 길에 가담하고 있기 때문입니다. 그래서 드리는 부탁인데, 잠시 만나는 게 어떻겠습니까? 그러면 많은 문제가 풀릴 겁니다. 조만간 답신이 오길 기대합니다. 부인에게 안부 전해주시길 바라며.[14]

    한결같은 마음으로

                              디트리히 본회퍼

뢰슬러는 12월 6일자로 본회퍼에게 답장을 보냈다. 두 사람이 주고받은 서신을 통해 우리는 교회투쟁이 얼마나 복잡하고 고통스러운 것이었는지 희미하게나마 들여다볼 수 있다. 뢰슬러는 생각 없는 나치 당원이 아니었다.

친애하는 본회퍼 씨,
나는 다음과 같은 물음으로 당신에게 답할 생각입니다. 당신은 공산주의자와 친구로 지낼 수 있습니까? 그럴 수 있습니다! 당신은 프랑스인과 친구가 될 수 있습니까? 그럴 수 있습니다! 이슬람교도, 힌두교도, 바탁교 신자와 친구가 될 수 있습니까? 나는 그럴 수 있다고 생각합니다. 그렇다면 복음을 저버리는 그리스도인, 복음을 저버리는 독일인과 친구가 될 수 있을까요? 나는 그럴 수 없다고 생각합니다. 하지만 나는 오늘날 교회 안에서 대립하는 양측의 관계를 마태복음 10장 35절*의 성취로 보는 것에는 온 힘을 다해 반대합니다. 분쟁의 원인은 심연처럼 깊은 곳에 있지만, 그렇다고 해서 그것이 혈연관계와 우정관계에 영향을 미치는 것은 아닙니다. 분쟁은 마음이 두 극단으로 갈라져서 생긴 것이지 신앙이 갈라져서 생긴 것이 아니니까요! 설령 당신이 고백교회의 광신자라고 해도 … 나는 그것이 우리의 관계 파괴를 의미한다고 여기지 않습니다. 우리의 관계가 파괴되었다는 생각을 도무지 이해할 수 없습니다. 나는 우리의 사명과 사역이 역사에서 갖는 참된 신비를 높이 평가합니다. 이에 비하면 지적 견해 차이나 지적 다툼은 그다지 중요하지 않다는 게 내 생각입니다.

2. 물론 나는 해외에 있는 동료 목사들에게 교회투쟁을 바라보는 몇 가지 시각과 교회 당국자들의 입장을 전하려고 헤켈과 합의하여 회람용 편지를 썼습니다. 나는 헤켈과의 협력 관계를 결코 부끄러워하지 않습니다. 설령 너무 야심만만하다는 비난을 받는다고 해도 나는 부끄러워할 마음이 없습니다.

3. 당신이 나를 순진한 소년이라 부르겠다면, 나도 당신을 철없는 아이라 부르겠습니다. 당신이 고백교회를 그리스도와 동일시하고 뮐러의 교회 당국을 벨리알과 동일시하기 때문입니다. 당신은 편지에서 고백교회가 모든 사람의 마음을 끄는 전술상의 길이 될지도 모른다고 단 한 차례 언급하더군요. 우리가 보기에 고백교회는 이미 그런 길이 되고 말았습니다. 고백교회는 신학적 자유주의를 표방하는 신新개신교에서 보수적 근본주의를 표방하는 성화파와 신앙고백파에 이르기까지 가장 이질적인 사

---

* "나는 사람이 자기 아버지와 맞서게 하고, 딸이 자기 어머니와 맞서게 하고, 며느리가 자기 시어머니와 맞서게 하려고 왔다."

람들이 모여 함께 일하는 집단이 되고 말았습니다. 고백교회는 참된 교회도 아니고 독일 기독교회도 아닙니다. 참된 교회는 그들 각자 안에 감추어져 있습니다.[15]

본회퍼는 이 편지에 일부 공감했을 것이다. 특히 고백교회에 관한 뢰슬러의 지적에 공감했을 것이다. 본회퍼가 답장을 보냈다는 기록은 존재하지 않는다. 하지만 그는 교회투쟁을 뒤로하고 고백교회의 젊은 성직 후보자들에게 예수 그리스도의 제자가 되는 법을 가르쳐 그들이 밖으로 나가 자신과 똑같이 행하게 하는 것으로 응수했을 것이다. 어쨌든 그 일은 본회퍼가 조만간 하려고 하는 일이었다.

1934년 가을, 본회퍼는 여전히 교회투쟁 한가운데 있으면서 런던 목회를 계속했다. 자기가 맡은 성 바울 교회 성가대가 브람스의 레퀴엠을 공연할 때 함께 노래를 부르기도 하고, 성 조지 교회에서는 난민들을 돕기도 했다.

히틀러는 베르사유조약을 파기하자는 운동을 끊임없이 벌였다. 그 운동이 서쪽으로 뻗어가다가 자르 지역에까지 이르렀다. 히틀러는 자르 주민들이 독일의 일부가 되기를 원하는지 1935년 1월에 투표로 결정하겠다고 공표했다. 히틀러가 1933년에 집권할 무렵, 상당수 공산주의자와 히틀러의 정적들이 자르 지역에서 은신처를 얻었다. 본회퍼와 율리우스 리거는 독일어를 구사하는 주민들이 투표를 통해 제3제국에 합류하면 은신처가 끝장나고 독일 난민 수천 명이 런던으로 몰려들 거라는 걸 알았다. 벨 주교도 난민들을 돕고 있었다. 그 일에만 매달리기 위해 주교 관저를 떠나는 문제를 고려해야 할 정도였다.

히틀러는 영국과 더 좋은 관계를 확립하려고 끊임없이 노력했다. 그 일환으로 나치 외무장관 요아힘 폰 리벤트로프가 1934년 11월 6일 벨 주교를 예방했다. 벨은 그 접견을 활용하여 고백교회 목사들이 제3제국 안에서 받아온 심각한 학대를 노골적으로 열거했다. 리벤트로프 가족은 달렘에 살고 있었다. 특사로 영국에 갈 준비를 하던 리벤트로프는 마르틴 니묄러에게 접근하여 니묄러의 교회에 등록하는 문제에 대해 이야기하면서 "벨 주교도 내가 그러길 바랄 겁니다"라고 말했다. 니묄러는 그가 교회에 등록하려는 동기를 "대단히 불순하게" 여겨 동조하지 않았다. 리벤트로프는 1935년에도 벨을 예방했다. 그해 말, 벨은 히틀러의 대리자인 부총통 루돌프 헤스를 만나는 미심쩍은 광영을 누렸다.

 벨 주교의 걸출함이 본회퍼에게는 크나큰 도움이 되었다. 본회퍼가 영국 전역에 있는 기독교 대학을 순회하려고 준비할 때 벨은 본회퍼를 대학 학장들에게 소개해주기도 했다. 또한 본회퍼가 오랫동안 미루어왔던 인도 여행 계획을 마무리 짓도록 인도에 있는 간디에게 편지를 보내기도 했다.

> 현재 런던에서 독일인 교회를 맡고 있는 나의 젊은 친구가 간절히 바라는 까닭에 이렇게 그를 당신에게 소개합니다. 나는 그를 적극 추천합니다. 그는 1935년 초 2-3개월을 인도에서 지내고 싶어 합니다. … 그는 대단히 훌륭한 신학자이자 가장 진지한 사람으로서 장차 독일 고백교회 설교자 후보생들을 훈련시키는 임무를 맡게 될 겁니다. 훈련 방법과 공동체 생활을 공부하고 싶다고 하네요. 당신을 찾아뵙는 걸 허락해주신다면, 이는 대단히 친절한 행위가 될 것입니다.[16]

11월 초, 본회퍼의 우편물에는 인도에서 날아온 편지가 들어 있었다.

> 친애하는 친구에게,
> 편지 잘 받았습니다. 귀국 여비가 충분하고 이곳에서 쓸 경비를 지불하실

수 있다면 … 언제든 오셔도 좋습니다. 시원한 날씨를 누리시려면, 가급적 빨리 오시는 편이 좋습니다. … 일상생활을 함께하고 싶다고 하셨는데, 내가 감옥에 있지 않고, 당신이 오실 무렵 내가 어느 한 곳에 자리 잡고 살고 있다면, 함께 지내실 수 있을 겁니다. 그러나 그렇지 않다면 … 나의 감독을 받아 운영되는 시설들 중 한 곳에서 지내거나 그 근처에서 지내시는 것으로 만족하셔야 할 겁니다. … 이 시설들에서 제공하는 간단한 채식으로 지내실 수 있다면, 숙식 비용은 전혀 지불하지 않으셔도 됩니다.

진심으로 안녕을 빌며[17]

간디 드림

1935년 1월 중순경, 디트리히는 맏형에게 보내는 편지에서 비합법 신학원을 맡기로 했다고 알렸다. 카를 프리드리히는 그리스도인이 아니었고 한동안은 사고와 정치면에서 사회주의자로 지냈다. 하지만 본회퍼는 언제든 그에게 솔직하게 이야기할 수 있었다.

어쩌면 나는 형님이 보기에 몇몇 일에 미친 듯이 달려드는 사람처럼 보일지도 모르겠습니다. 나도 이따금 그 점이 두렵습니다. 하지만 나는 내가 더 합리적인 사람이 되는 날, 솔직히 말해서 나의 신학 전체를 포기하지 않으면 안 될 거라는 걸 알고 있습니다. 신학에 첫발을 들여놓던 때에는 생각이 전혀 달랐습니다. 훨씬 학구적이었던 것 같습니다. 이제 그 생각은 전혀 다르게 바뀌었습니다. 하지만 나는 내가 난생 처음 바른 길에 서 있다고 생각합니다. 종종 그 점을 떠올릴 때면 행복감이 밀려옵니다. 내가 우려하는 건 다른 사람들이 어찌 생각할까 하고 염려하다가 앞으로 나아가지 못하고 수렁에 빠지는 것뿐입니다. 나는 내가 산상수훈을 진지하게 다룰 때 비로소 나의 내면이 깨끗해지고 반듯해진다는 걸 잘 알고 있습니다. 나는 산상수훈을 진지하게 대함으로써 힘을 얻어 온갖 마법과 유령(나치제국)을 허공으로 흩어버릴 겁니다. 불꽃으로 살라서 재만 남을 때까지 말입니다. 교회 회복은 실로 새로운 수도 생활에 의해 이루어질 겁니다. 새로운 수도 생활과 옛 수도 생활의 유일한 공통점은 그리스도를 본받으면서 무엇과도 타협하지 않고 산상수훈을 따라 살아가는 것이 될 겁니다. 지금이야말로 그 일을 위해 사람들을 모을 때라고 생각합니다.

이렇게 개인적으로 횡성수설하는 것을 용서해주십시오. 하지만 내가 최근 우리 시대를 생각하는 가운데 떠올린 내용입니다. 어쨌든 우리는 서로에게 흥미를 가지고 있습니다. 아직도 나는 형님이 나의 이 모든 생각을 완전히 미친 것으로 여길 거라고 생각하면서 힘든 시기를 보내고 있습니다. 타협 없이 옹호해야 할 것이 있습니다. 내가 보기에 그것은 평화, 사회적 정의, 그리고 그리스도인 것 같습니다.

최근 우연한 기회에 《벌거벗은 임금님》이라는 동화를 읽었습니다. 우리 시대에 정말로 의미 있는 동화더군요. 오늘날 우리가 결여하고 있는 것이 바로 큰소리로 외치는 아이가 아닐까 싶습니다. 연극으로 공연해도 좋을 것 같습니다.

형님 소식을 조만간 듣게 되길 바랍니다. 어쨌든 나의 생일이 다가오고 있군요.[18]

따스한 인사를 보내며

디트리히

18

칭스트와 핑켄발데

아침저녁 말씀을 중심으로 모이는 일이 지배하는 삶, 정해진 기도 시간이 지배하는 삶에서만 신학 작업과 실제적인 목회 협력이 일어날 수 있습니다.

성경을 타당하게 만들려 하지 마십시오. 성경의 타당성은 자명합니다. … 하나님의 말씀을 변호하지 말고 증명해 보이십시오. … 말씀에 의지하십시오. _디트리히 본회퍼

1935년 3월 10일, 본회퍼는 런던에서 고별 설교를 하고 곧바로 기독교 공동체 탐방 여행을 떠났다. 간디를 찾아가는 여행은 또 다시 연기했다. 본회퍼는 위클리프 홀과 옥스퍼드 같은 성공회 저교회파 공동체와 고교회파 공동체를 탐방했다. 버밍엄 인근에 있는 퀘이커 공동체와 리치먼드에 있는 감리교 대학을 탐방하고 장로교 공동체, 조합 교회 공동체, 침례교 공동체를 탐방했으며 3월 30일에 에든버러에서 여행을 마쳤다. 그리고 그곳에서 유니언 신학교 시절 스승 존 베일리를 만났다.

4월 15일, 본회퍼는 런던을 떠나 베를린으로 갔다. 고백교회에서

세운 첫 번째 신학원 원장으로 출근하기 위해서였다. 목사 후보생이 스물세 명이나 되었지만, 그들을 수용할 곳이 없었다. 그들 중 상당수가 이미 베를린에 와 있었다. 이틀 뒤 본회퍼와 프란츠 힐데브란트는 베를린 브란덴부르크 지역을 돌아다니며 그런대로 괜찮은 농장을 물색했다. 그런데 마땅한 곳이 없었다. 그러다 베를린 부르크하르트하우스라 불리는 교회 건물을 사용하는 게 어떻겠느냐는 제안을 받았다. 그때까지 교육 사무실과 사회봉사 사무실로 쓰던 건물이었다. 그동안 본회퍼가 찾아다닌 전원 지역에 비하면 마음에 차지 않는 대안이었다. 잔디도 없고 양을 막는 울타리도 없었다. 하지만 그는 무엇에나 감사했다. 그러나 그곳에서는 본회퍼가 더 푸릇한 환경에서 보았던 수도 공동체의 설계도에 따라 어엿한 공동체를 만들어보려던 꿈을 실현시킬 수 없었다.

4월 25일, 본회퍼는 발트 해 연안에 있는 라인란트 성경학교를 6월 14일까지 사용해도 된다는 말을 들었다. 쓰러질 듯한 피정 센터는 여름철에만 사용하려고 지은 건물로 모래언덕과 바닷가 바로 뒤에 있었다. 4월 무렵에는 대단히 춥고 바람이 드센 곳이었다. 하지만 목조 뼈대의 농가 한 채와 보온이 되지 않는 초가지붕 오두막이 여러 채 있었다. 목사 후보생들이 그 오두막에서 지내면 될 터였다. 본회퍼는 말할 것도 없고 다들 젊어서 모험을 하고 싶어 했다. 이튿날 본회퍼는 목사 후보생들을 북쪽으로 200마일가량 인도하여 바다에 이르렀다. 그리고 그곳에서 자신이 꿈꿔왔던 기독교적 삶을 실험하기 시작했다.

칭스트

1874년 언젠가까지 칭스트는 발트 해에 떠 있는 하나의 섬이었다.

그러다 폭풍으로 100야드 넓이의 땅이 생겨나 포메른 해안과 연결되었다. 하룻밤 사이에 섬이 지금의 반도로 바뀐 것이다. 1935년 4월 말, 본회퍼와 목사 후보생들은 신흥 고백교회 신학원을 개설하겠다는 계획을 품고 그 신생 반도로 갔다.

이 휴양지에서 본회퍼는 여러 해 동안 꿈꿔온 바를 실현하려 했다. 본회퍼에게 고백교회를 위해 신학원을 운영해달라고 부탁할 때 마르틴 니묄러에게는 신학원을 어떻게 운영할지에 대한 복안이 전혀 없었다. 본회퍼가 신학적으로 예측 불가능한 인물이기에 그들은 그를 부드럽게 보완해줄 성채로 빌헬름 로트를 딸려 보냈다. 로트는 건전하고 견고한 신학의 소유자였지만, 본회퍼의 신학이나 교육법에 이의를 제기하지 않았고 자신이 그런 이유로 그곳에 파견되었다는 사실을 알지 못했다. 신학원이 문을 열자 모든 것이 더할 나위 없이 자연스러워 보였다. 이는 어쩌면 목사 후보생들 중 상당수가 베를린에서 본회퍼에게 배운 신학생들이었고, 그래서 그의 교수법에 익숙했기 때문인지도 모른다.

본회퍼는 일종의 수도 공동체를 염두에 두었다. 그 공동체는 예수께서 산상수훈에서 제자들에게 살라고 명하신 대로 살아가는 공동체, 신학생으로서만이 아니라 그리스도의 제자로서 살아가는 공동체였다. 본회퍼가 제시한 그리스도인의 단체 생활, 즉 공동생활은 이례적인 실험이었다. 루터교 전통에 속한 사람 중에서 누구도 그런 공동생활을 시도한 적이 없었다. 로마 가톨릭을 연상시키는 것에 대한 무조건적인 반발이 심했지만, 본회퍼는 그런 편협함을 오래전에 떨쳐버리고 비난을 기꺼이 감수했다. 그는 루터교가 루터의 의도에서 저만치 벗어났다고 생각했다. 이는 루터가 로마 가톨릭이 성 베드로의 의도에서 벗어나고, 무엇보다 그리스도의 의도에서 멀리 벗어났다고 생각한 것과 같다. 본회퍼는 새로운 것을 알리기보다는 성령이 이끄는 진로에 적응하는 데 관심을 두었다.

본회퍼가 《나를 따르라》에서 다루었듯이 루터교는 하나님의 은혜에 대한 루터의 초기 이해에서 벗어나 배은망덕한 값싼 은혜로 옮겨 가고 말았다. 본회퍼는 루터교의 신학 교육에 문제가 있다는 걸 알았다. 루터교의 신학 교육은 그리스도의 제자를 만들어내기는커녕 도리어 전혀 동떨어진 신학자들과 성직자들만 양산했다. 그들에게서는 기독교적 삶을 살아가는 모습이나 다른 이들이 그런 삶을 살도록 도와주는 모습이 보이지 않았다. 그들은 현실과 괴리되어 있었고, 교회는 자신이 섬기며 봉사해야 할 사람들에게서 멀리 떨어져 있었다. 사태가 그런 식으로 지속되는 동안 루트비히 뮐러와 독일 그리스도인들은 그들을 비판하는 데 열을 올렸다. 하지만 뮐러와 독일 그리스도인들이 기껏 내놓은 미끈미끈한 해결책은 충성스러운 나치당원이 되는 것이었다. 그들에게 교리를 둘러싼 모든 작업은 허튼 수작에 불과했다. 교리는 거리의 사람에게 중요하지 않았다. 본회퍼는 교리가 거리의 사람에게 실질적인 것이 되어야 한다고 생각했다. 그동안 교회가 하지 못한 일이었다. 그가 발트 해안에서 이 실험을 하게 된 건 그런 이유에서였다.

농장은 모래언덕에서 100야드가량 떨어져 있었다. 농장에는 본관 한 동과 별채가 여럿 있었다. 근처에 다른 농가는 없었다. 칭스트 소읍에서는 1마일가량 떨어져 있었다. 또한 남쪽으로 몇 마일만 가면 바르트라는 소읍이 있었다.

목사 후보생 스물세 명 중 네 명은 작센 출신이었다. 에버하르트 베트게도 그중 하나였다. 네 사람은 비텐베르크에 있는 설교자 신학원에 다녔지만, 고백교회의 달렘 사람들을 지지하기로 결심했다. 그러자 뮐러가 그들을 퇴교시켰다. 베트게는 하루 내지 이틀 뒤인 4월 말에 도착했다. 도착해보니 저녁식사를 마친 직후였다. 베트게는 곧바

칭스트 농장에서 디트리히. 농장은 모래언덕에서 100야드가량 떨어진 곳에 있었다. 본관 한 동과 별채가 여럿 있었고 근처에 다른 농가는 없었다.

로 바닷가로 달려 나갔다. 다들 축구를 하고 있었다. 하루 중 그 시간이 되면 으레 하는 놀이였다. 베트게는 동향인 마그데부르크에서 온 세 친구에게 인사하고 원장님은 어디 계시냐고 물었다. 세 사람이 본회퍼를 가리켰다. 베트게는 전에 그에 대해 들어본 적도 없고 교회투쟁에서 드러난 그의 지도력에 대해서도 아는 것이 없었다. 베트게는 아주 젊고 강건한 본회퍼를 보고 깜짝 놀랐다. 얼핏 보아서는 학생들과 구분할 수 없을 정도였다. 본회퍼는 또 다른 후보생이 도착한 걸 알고 하던 일을 멈추고 그를 환영한 다음 함께 바닷가를 거닐었다.

본회퍼는 베트게에게 가족사항, 가정교육, 뮐러에게 퇴교 당한 일, 교회투쟁 경험을 물었다. 베트게는 이 신설 신학원 원장이 그토록 개인적인 질문을 던지며 자신에게 순수한 관심을 보이는 모습에 깜짝 놀랐다. 학생들과 선생들 사이에 존재하는 커다란 간격에 익숙한 목사 후보생의 눈에는 뜻밖의 모습이었다. 며칠 뒤 본회퍼가 그들에게 자신을 원장님이라 부르지 말고 본회퍼 형제라 불러달라고 하자 그들은 또 한 번 놀랐다.[1]

그날 저녁 두 사람은 자신들의 만남이 장차 얼마나 중요하게 될지 전혀 알지 못한 채 해변을 거닐며 이야기를 나누었다. 둘은 전혀 다른 가정교육을 받았다. 한 사람은 베를린의 배타적인 그루네발트 집단 출신으로 저명한 의사를 아버지로 둔 도시인이었다. 아버지는 아들이 선택한 직업에 회의적이었다. 다른 한 사람은 작센의 치츠라는 작은 마을에서 온 시골뜨기였다. 아버지는 시골 교회 목사로 아들을 격려해주었다. 베트게의 아버지는 12년 전에 작고했다.

두 사람은 자신들이 서로 잘 어울린다는 걸 곧장 알아보았다. 두 사람 모두 문학, 예술, 음악 분야에서 지적이고 심미적인 감수성을 지니고 있었다. 두 사람은 다른 후보생들이 시샘할 만큼 가까운 친구 사이가 되리라는 걸 모르고 있었다. 아직 싹트지 않은 둘의 우정이 본회퍼의 저작물을 보존하고 여러 대에 걸쳐 세계 곳곳에 보급하는 수단이 되리라는 걸 전혀 알아채지 못했고, 65년이 지나 베트게가 숨을 거두는 순간까지도 둘의 이름이 떼려야 뗄 수 없는 관계로 뒤얽히리라는 걸 눈치채지 못했다. 아직 두 사람은 서로 잘 모르는 사이였다. 해변을 따라 걷던 두 사람은 길을 돌이켜 다시 칭스트 농가를 향해 걸었다.

다들 그곳에서 지낸 지 며칠 되지 않은 5월 1일, 본회퍼와 목사 후보생들 사이에 중요한 사건이 일어났다. 그날은 독일 전역에서 기리는 노동절일 뿐만 아니라 독일 노동자들을 공식적으로 인정하는 날이기도 했다. 그 특별한 노동절에 징집과 관련된 새 법령이 발효되었다. 저녁에는 히틀러가 담화문을 발표했다. 후보생들과 본회퍼가 라디오 주변에 몰려들어 담화문에 귀를 기울였다.

그 당시에는 고백교회에 속한 후보생들도 히틀러를 그다지 염려하지 않았다. 그들 중 어느 누구도 히틀러를 본회퍼가 생각하는 방식으로 생각하지 않았다. 그들은 여전히 교회투쟁을 정치와 별개로 여기고 징집을 걱정하지 않았다. 베르사유조약을 파기하고 독일을 위해 의무를 이행하는 것을 하나님에 대한 의무를 이행하는 것과 같게 여겼다. 국민의 마음속에서는 황제 치하에서 그랬던 것처럼 교회와 국가가 여전히 연결되어 있었다. 바이마르공화국이 그 연결을 훼손하기는 했지만, 그러한 연결로 돌아가는 건 환영받는 일이었다. 당시 고백교회 회원들은 독일 그리스도인들에게 공격을 받았다. 고백교회 회원들이 애국적이지 않다는 이유였다. 그런 상황이었기에 고백교회 회원들은 기회만 있으면 자신들이 애국자라는 사실을 대다수 국민보다 더 열심히 입증해 보이고 싶었을지도 모른다.

담화문 발표가 어느 대목에 이르렀을 때 본회퍼가 질문을 던지면서 자신의 생각이 그 자리에 있는 다른 이들의 생각과 다르다는 것을 분명히 밝혔다. 후보생 대다수가 깜짝 놀랐다. 누군가 그에게 생각을 명료하게 설명해달라고 부탁했고, 그는 담화문 발표가 끝나면 그 문제를 놓고 토의해보라고 말했다. 후보생 대다수는 권위 있는 어떤 사람이 루터교의 정통 노선에서 이탈하여 하는 말을 난생 처음 들었다. 루터교의 정통 노선에서 보면 조국을 섬기는 것은 비할 바 없이 좋은 일이었다. 그 모임에서 히틀러에게 강한 의구심을 품고 전쟁을 우려한 이는 본회퍼 한 사람뿐이었다. 그가 알기로 히틀러는 국가를 전쟁으로 몰아가고 있었다.

결국은 1차 교육과정에 참여한 후보생들과 그 뒤에 이어진 네 차례 교육과정에 참여한 후보생 대다수가 군에 입대하고 말았다. 본회퍼는 그들에게 입대를 만류하거나 입대를 문제 삼으려 하지 않았다. 그런 점에서 그는 전적인 평화주의자가 아니었고, 그리스도인들이 양심적 병역 거부자가 되어야 한다고 확신하지도 않았다. 본회퍼는 학생들의 의견을 존중했다. 그는 자신이 맡은 수업이나 신학원을 자신에게 집중시킬 마음도 없었고 개인숭배가 되게 할 마음도 없었다. 오직 이성을 통해 설득하는 데에만 관심이 있었다. 그의 생각에는 자기 생각을 남에게 강요하는 건 그릇된 지도자나 하는 잘못된 행위였다.

핑켄발데

6월 14일까지는 그 초라한 숙박시설을 비워주고 가급적 빠른 시일 안에 좀 더 영구적인 시설을 찾아야 했다. 그들은 크레멘에 있는 치텐 성을 포함하여 여러 농장을 물색했다. 결국에는 전에 폰 카테 가문의 사유지였던 곳에 정착했다. 그곳은 핑켄발데에 있었고, 핑켄발데는 포메른의 슈테틴에서 멀지 않은 소읍이었다. 원래는 한 사립학교에서 기숙사로 쓰고 있었는데, 나치가 그런 시설에 난색을 표하자 얼마 지나지 않아 텅 빈 건물이 되고 말았다. 그래서 새로운 거주자를 찾고 있었고 때마침 고백교회가 그곳을 찾아냈던 것이다. 그곳에는 별채 여러 채와 저택 한 동이 있었다. 저택에는 볼품없이 지은 학교 건물이 붙어 있어서 미관을 망가뜨렸다. 민간기업도 주변 환경을 훼손하는 데 한몫했다. 농장 뒷편은 자갈채취장이었고, 한때 포메른에서 근사한 장면을 연출했을 사유지 안에는 더러운 폐기물이 널려 있었다.[2] 저택은 끔찍할 정도로 파손된 상태였다. 그곳을 마련해준 이들 중 한 사람은 그곳을 "진짜 돼지우리"라고 불렀다. 새 집으로 들어가려면 그 전에 많은 일을 하지 않으면 안 되었다. 후보생 상당수는 묵을 곳이 없어서 그리프스발트에 있는 유스호스텔에서 열이틀을 보내야 했다. 다른 무리는 파손된 건물을 청소하고 페인트를 칠했다.

6월 26일, 본회퍼의 첫 강의로 핑켄발데 신학원이 문을 열었다. 당시 저택은 텅 비어 있었다. 비품과 다른 설비를 구입하려면 모금을 할 수밖에 없었다. 하지만 모금을 포함하여 모든 일이 순조롭게 풀린 것 같다. 목사 후보생 중 하나인 빈프리트 메흘러가 〈목사 후보생들의 겸허한 청〉이라는 시를 지어 재치 있게 원조를 요청했다. 그들은 그 시를 고백교회 회중과 개인에게 발송했다. 시를 받아본 사람들 중 많은 이들이 기쁜 마음으로 도움의 손길을 펼쳤다. 메흘러는 감사 편지도 시로 써서 보냈다.

포메른 지주 계급은 히틀러와 나치에게 반감이 심했다. 대체로 독실한 그리스도인이기도 했다. 가문들 중 상당수가 핑켄발데 신학원 일을 자기 일처럼 여겼다. 용감한 그들을 돕고 싶었으나 할 수 있는 일이라곤 있는 걸 나누는 것뿐이었다. 에발트 폰 클라이스트 슈멘친의 어머니는 목사 후보생들의 의자에 놓을 방석을 모두 만들었고, 조각가인 빌헬름 그로스는 재능을 발휘하여 체육관을 예배당으로 개조했다. 한 농장에서는 양식을 여러 번 대주었다. 어느 날 목사 후보생들은 전화로 누군가가 본회퍼 목사에게 살아 있는 돼지를 보냈다는 말을 들었다. 돼지는 그 지역 선착장에서 데리러 오길 기다리고 있었다.[3]

본회퍼와 목사 후보생들도 신학원을 새로 꾸미는 일에 헌신했다. 본회퍼는 소장하고 있던 신학 서적 전체를 기증했다. 그가 기증한 책 중에는 외증조부 폰 하제가 소장했던 에를랑겐 판 마르틴 루터의 저작도 끼어 있었다. 본회퍼는 축음기와 수많은 음반도 기증했다. 그 음반들 중에 가장 가치 있고 가장 이국적인 음반은 맨해튼에서 구입한 흑인 영가였다.

음악은 칭스트와 핑켄발데 공동생활에서 중요한 역할을 했다. 날마다 정오 무렵이 되면 다들 한 자리에 모여 찬송가를 부르거나 성가를 불렀다. 평소에는 본회퍼의 베를린 신학생 중 한 사람인 요아힘 캄니츠가 찬송을 인도했다. 어느 날은 베트게가 그들에게 아담 굼펠츠하이머의 〈아뉴스 데이 Agnus Dei〉를 가르치고 싶어 했다. 베트게는 후보생들에게 굼펠츠하이머에 관해 자세히 이야기했다. 16세기에 살았던 굼펠츠하이머는 성가와 찬송가를 짓고 특히 무반주 다성 합창곡을 작곡한 인물이다. 본회퍼는 당혹스러웠다. 자신의 음악 지식은 바흐까지가 고작인데, 베트게는 바흐 이전 세대 음악까지 훤히 알고 있었던 것이다. 베트게는 초기 종교음악을 소개하고 하인리히 쉬츠, 요한 샤인, 자무엘 샤이트, 조스캥 데 프레 같은 작곡가들을 소개함으로써 본회퍼의 지평을 넓혀주었다. 그렇게 해서 초기 종교음악은 핑켄발데 신학원의 연주곡목에 편입되었다.[4]

저택에는 피아노가 두 대나 있었다. 베트게에 따르면 본회퍼는 "바흐가 작곡한 〈두 대의 피아노를 위한 협주곡〉 중에서 한 곡을 연주할 때 함께 연주하자는 요청을 한 번도 거절한 적이 없었다."[5] 또한 본회퍼는 쉬츠의 이중창, 즉 〈나는 주님께 한 가지를 청합니다〉와 〈주님,

우리가 밤새도록 일했습니다)를 부를 때 한 파트를 맡아 부르는 걸 특히 좋아했다. 악보 독해력이 탁월했고 음악적 재능과 열정으로 학생들을 깜짝 놀라게 했다. 본회퍼는 베토벤도 좋아했다. 베트게는 또 이렇게 말했다. "그는 피아노 앞에 앉아 리하르트 슈트라우스의 〈장미의 기사〉를 즉석에서 연주하여 우리에게 큰 감동을 주었다."[6] 당시 독일에 있는 신학원 중에서 음악이 그토록 중요한 역할을 한 신학원은 많지 않았다. 칭스트에서 보낸 첫 달에 태양이 이따금 사물을 충분히 따뜻하게 해주는 시간이 되면, 본회퍼는 목사 후보생들을 모래언덕의 바람 없는 한 지점으로 데리고 가서 함께 노래를 부르기도 했다.

하 루 일 과

칭스트와 핑켄발데에서 본회퍼는 엄격한 일과와 영적 훈련을 강조했다. 이는 여러 공동체를 탐방하면서 발견한 부분을 적용한 것이었다. 일과를 채우는 상세한 내용은 본회퍼가 직접 고안하거나 여러 전통에서 따온 내용으로 이루어졌다.

그들은 아침식사 전에 45분간 예배를 드리면서 하루를 시작하고 잠자리에 들기 전에도 예배를 드리면서 하루를 마감했다. 핑켄발데 출신의 알베르트 쇤헤어는 잠에서 깨자마자 몇 분 안에 예배가 시작되었다면서 이렇게 회상했다.

본회퍼는 우리에게 예배 전에는 서로 한 마디도 하지 말라고 부탁했다. 우리의 입에서 나오는 첫 마디는 하나님의 말씀이어야 했다. 그러나 쉬운 일이 아니었다. 우리는 여섯 내지 여덟 명이 함께 자는 방에서 대부분의 시간을 보냈기 때문이다. 게다가 침대는 오래된 깃털 침대거나 건초로 만든 매트리스였다. 매트리스는 여러 대에 걸쳐 사용한 고물이었다. 당신이 그 위에 누우면, 엄청난 먼지 폭발이 일어날 것이다.[7]

예배는 예배당에서 드리지 않고 큰 식탁에 둘러앉아 드렸다. 시편 영창과 그날그날에 맞게 선정한 찬송가를 부르는 것으로 예배가 시작되었다. 그런 다음 구약성경을 읽고 그 다음에는 시편에서 따온 구절들을 노래했는데 몇 주간 같은 구절을 노래했다. 그런 다음 신약성경을 읽었다. 쉰헤어는 예배 순서를 이렇게 묘사했다.

우리는 찬송가를 아주 많이 부르고 시편 기도를 바쳤다. 시편 기도는 대개 여러 편을 바쳤는데, 그러다 보면 한 주에 시편 전체를 마칠 수 있었다. 그러고는 구약성경 한 장과 신약성경 한 부분을 읽고 본회퍼가 직접 드리는 기도가 이어졌다. … 이 기도는 대단히 중요했다. 무슨 일이든 우리가 처리할 일을 다루고 무엇이든 우리가 하나님께 구할 필요가 있는 것을 다루었기 때문이다. 그런 다음 아침식사를 했다. 아침식사는 아주 간소했다. 그다음에는 30분간 묵상을 했다. 그러고 나서 각자 자기 방으로 돌아가 그날 자기에게 성경이 뭐라고 말하는지 곱새겼다. 이 시간은 절대로 정숙해야 했다. 전화벨이 울려서도 안 되고 돌아다니는 사람이 있어서도 안 되었다. 하나님이 우리에게 무엇을 말씀하시든 그것에만 온전히 집중해야 했다.[8]

다들 매일 30분간 같은 구절을 한 주 내내 묵상했다. 볼프 디터 침머만은 이렇게 회상했다. "원어 성경을 보아서도 안 되고 참고 서적이나 주석서를 참고해도 안 되었다. 하나님이 직접 우리에게 주시는 말씀이라도 되는 양 그 구절과 씨름해야 했다." 신학생 상당수가 그 수련에 짜증을 냈지만, 본회퍼가 전에 베를린에서 가르친 신학생들은 그 방법에 익숙했다. 그들은 빌레펠트에 있는 오두막과 프레벨로브에

설교자 후보생들을 위해 마련한 공부방에서 공부하는 알베르트 쉰헤어

있는 유스호스텔에서 본회퍼와 함께 여러 번 피정 모임을 가진 적이 있었기 때문이다. 그들은 본회퍼의 기니피그, 즉 실험 재료였다. 그들은 그 수련법을 쉽게 받아들임으로써 다른 후보생들도 쉽게 받아들이게 했다. 하지만 때로는 괴롭기도 했다. 한번은 본회퍼가 며칠간 자리를 비웠다가 돌아온 적이 있었다. 그는 매일 성경 묵상이 이어지지 않았다는 걸 알고 불편한 심기를 감추지 않았다.[9]

성경 구절 묵상 수련을 걱정한 건 목사 후보생들만이 아니었다. 1936년 10월에 보낸 한 편지에서 카를 바르트는 이렇게 심정을 토로했다.

뭐라고 말하기 어렵지만, 수도 생활에 대한 갈망과 열정의 냄새가 내 마음을 어지럽히는군요. 그 냄새가 좋다고는 말씀드리지 못하겠습니다. … 나는 신학 작업과 신심 함양을 구별하는 것에 원칙적으로 동의하지 않습니다. … 그렇다고 이것을 당신의 노고에 대한 비판으로 여기지는 말아주십시오. 내 지식과 이해의 기초가 아직은 너무 빈약하기 때문입니다. 하지만 당신은 이 말을 듣고서 내가 호감을 가지고 문제를 제기하고 있다는 걸 조금이나마 헤아려주리라 믿습니다.[10]

본회퍼는 전통 질서를 존중하는 사람이어서 목사 후보생들이 스스로를 그와 동등하게 여기는 것을 허락하지 않았다. 그렇다고 권위주의자는 아니었다. 섬기는 지도자의 권위는 그릇된 지도자의 권위주의

와 달리 하나님에게서 오는 것이었다. 그것은 자기 아랫사람들을 섬기는 지도력이었다. 그리스도께서 제자들에게 보여주신 모범이 그랬다. 본회퍼는 목사 후보생들을 그런 식으로 이끌려 했다.

베트게는 칭스트에서 지낸 지 며칠 안 되던 초기에 본회퍼가 주방에서 도움을 청하던 순간을 떠올렸다. 선뜻 나서서 도와주는 이가 아무도 없었다. 본회퍼는 문을 닫아걸고 접시를 닦기 시작했다. 다른 이들이 들어가서 도와주려고 해도 문을 열지 않았다. 그 일에 대해 한마디도 하지 않았지만, 이미 할 말을 다 한 셈이었다. 본회퍼는 어릴 적에 집에서 익힌 것과 같은 이타주의 문화를 핑켄발데 신학원에도 전하고 싶었다. 본회퍼 집안에서는 이기심, 게으름, 자기 연민, 떳떳하지 못함 등을 묵인하지 않았다. 그는 자기가 받은 가정교육의 유산을 이 신학원의 일부가 되게 했다.

본회퍼는 당사자가 없는 곳에서 그 사람에 대해 이러쿵저러쿵 평가하는 것을 금했다. 하지만 이 규율도 공동생활에서 실천하기 쉽지 않았다. 본회퍼는 예수께서 산상수훈에서 가르치신 대로 사는 것이 누구에게나 자연스러운 건 아니라는 것을 알고 있었다.

핑켄발데 사람들은 훈련과 매일 실천에 대해 어찌 생각하건 간에 재미없다고 불평할 수 없었다. 오후와 저녁이 되면 도보여행과 스포츠에 시간을 할애했다. 본회퍼는 어머니가 집에서 했던 것처럼 끊임없이 오락을 연출했다. 탁구가 단연 인기였다. 본회퍼를 찾으려면 먼저 탁구장으로 달려갈 정도였다. 축구도 했다. 쇤헤어는 이렇게 회상했다. "본회퍼는 늘 무리의 선두에 있었다. 달리기를 굉장히 잘했다."[11] 본회퍼는 언제나 경쟁심이 강했다. 베트게는 이렇게 회고했다. "바닷가 아래로 돌 던지기 시합을 할 때면 지기 싫어했다."[12]

알베르트 쇤헤어가 회고한 대로 저녁식사와 오락이 끝나고 정각 10시가 되면 "하나님과 함께한 하루의 마지막 음표로서" 대략 45분간 예배를 드렸다. "그 후에는 침묵과 잠이 이어졌다. 그런 식으로 하루가 굴러갔다."[13]

본회퍼는 바르트에게 편지를 보내 핑켄발데 수도생활의 분위기에 대한 그의 관심에 부분적으로 답했다. 경건주의 공동체에 비판적인 입장이었지만, 기도와 영적 훈련을 강조하는 걸 율법주의로 몰아붙이는 것도 똑같이 잘못되었다는 걸 알고 있었다. 본회퍼는 유니언 신학교에서 이미 그것을 똑똑히 목격했다. 유니언 신학교 학생들은 소위 근본주의자들의 율법주의를 거부한 자신들을 자랑스럽게 여기면서도 정작 진정한 신학은 보여주지 못했던 것이다. 바르트에게 보내는 편지에서 본회퍼는 이렇게 말했다.

신학원에서 일하면서 커다란 즐거움을 얻고 있습니다. 이곳에서는 이론과 실천이 근사하게 결합되고 있습니다. 신학원에 들어오는 젊은 신학도들이 최근까지 나를 괴롭혀온 문제들을 제기하는 것으로 알고 있습니다. 물론 우리의 공동생활은 주로 나의 확신에 따른 것입니다. 나는 젊은 신학도들이 대학교를 졸업하고 얻은 것과 교구에서 그들에게 요구하는 독립적 사역을 고려하여 그들이 전혀 다른 훈련을 받아야 한다고 확신합니다. 이곳 같은 신학원에서 공동생활을 통해 제공하는 훈련 말입니다. 당신은 대다수 형제들이 신학원에 올 때 얼마나 공허한 상태이고 얼마나 탈진한 상태인지 상상도 하지 못할 겁니다. 신학적 통찰력이 없는 것은 물론이고 성경에 대한 지식조차 없습니다. 개인 생활도 공허하기는 매한가지입니다.

어느 한가한 저녁에 당신은 신학생들에게 진지하게 말했지요. 가끔은 모든 강의를 내려놓고 노년의 프리드리히 톨루크처럼 누군가를 깜짝 방문하여 "당신의 영혼은 어떻습니까?"라는 물음을 던지고 싶다고 말입니다. 그 저녁은 제가 함께한 최고의 저녁이었습니다. 그때 이후 당신은 말씀하신 대로 저를 깜짝 방문하지 않았고 고백교회도 그러지 않았습니다. 하지만 이렇게 젊은 신학도들과 함께하는 사역을 교회의 임무로 인식하고 무언가 조치를 취하는 이는 극소수입니다. 그렇게 해주기를 다들 기다리고 있는데 말입니다. 불행하게도 나는 그 일을 감당할 수 없습니다. 하지만 나는 그 형제들에게 서로를 일깨웁니다. 나에게는 그것이 가장 중요한 일인 것 같습니다. 하지만 아침저녁에 말씀을 중심으로 모이는 일이 지배하는 삶, 정해진 기도 시간이 지배하는 삶에서만 신학 작업과 실제적인 목회 협력이 일어날 수 있다는 건 분명한 사실입니다. … 내가 율법주의자라고들 하더군요. 나는 그런 비난에 개의치 않습니다. 그리스도인이 기도가 무엇인지를 배우고 자기 시간의 일부를 거기에 투자하겠다는데 어떻게 그것이 율법적이겠습니까? 최근에 고백교회 지도자들이 내게 이렇게 말하더군요. "우리에게는 묵상할 시간이 없다. 목사 후보생들은 설교하는 법을 배우고 교리문답법을 배워야만 한다." 하지만 그건 오늘날 젊은 신학도가 어떠해야 하는지를 모르고 하는 말이자 설교와 교리 문답이 어떻게 생성되는지 모르고 오만하게 내뱉을 말일 겁니다. 오늘날 젊은 신학도들이 우리에게 진지하게 던지는 물음은 다음과 같습니다. "기도하는 법을 배우려면 어찌해야 합니까?" "성경 읽는 법을 배우려면 어찌해야 합니까?" 우리가 방법을 권할 수 없다면, 우리는 그들을 도울 수 없을 겁니다. 사실 그것만큼 분명한 건 없습니다. "그것을 모르는 자는 목사가 되어서는 안 된다"라고 말한다면, 우리 대다수는 직업을 내려놓아야 할 겁니다. 분명한 건 진지하고 성실한 신학 작업과 주석 작업, 교리 작업이 기도와 성경 읽기와 병행될 때에만 이 모든 것이 정리되리라는 것입니다.[14]

말씀 선포하기

본회퍼는 설교를 진지하게 받아들였다. 그에게 설교는 하나님의 참된 말씀이었고 하나님이 자기 백성에게 말씀하시는 자리였다. 본회퍼는 이 확신을 목사 후보생들에게 인식시키고 설교가 지적 훈련에 불과한 것이 아니라는 걸 보여주려고 했다. 설교는 기도나 성경 본문 묵상과 마찬가지로 하늘의 음성을 듣는 기회였다. 설교자의 거룩한 특권인 설교는 하나님의 말씀을 흘려보내는 도관이었다. 설교는 성육신과 마찬가지로 계시의 자리, 곧 그리스도께서 세상 밖에서 세상 안으로 들어오시는 자리였다.

하지만 다른 모든 것과 마찬가지로 본회퍼는 자신이 설교학에 대해 생각하고 느낀 바를 전달하는 최선의 방법은 생각하고 느낀 그대로 하는 것밖에 없다는 걸 알았다. 실제 예배 시간에 실제로 설교하는 것이 설교학에 대해 강의하는 것보다 훨씬 나은 일이었다. 본회퍼는 목사 후보생들에게 가르친 그대로 살았고, 그들은 그 모습을 볼 수밖에 없었다. 가르침과 삶은 같은 일의 두 부분이어야 했다.

설교하지 않고 설교에 대해 이야기할 때에도 본회퍼는 목사 후보생들에게 실제적인 것을 전달하려고 했다. 베트게는 본회퍼의 충고 중 일부를 떠올리며 이렇게 말했다. "대낮에 설교를 작성하십시오. 설교를 벼락치기로 작성하지 마십시오. 그리스도 안에는 조건절을 위한 여지가 없습니다. 설교단에 섰을 때는 처음 몇 분이 가장 좋은 순간이니, 그 시간을 개략적인 것을 말하는 데 쓰지 말고 회중을 마주보며 주제의 핵심을 건드리십시오. 정말로 성경을 아는 사람은 즉석 설교도 할 수 있습니다."[15]

1932년, 본회퍼는 힐데브란트에게 이렇게 말했다. "참으로 복음적인 설교는 아이에게 잘 익은 사과를 주거나 목마른 사람에게 시원한 물 한 잔을 주면서 '네가 원하는 게 이거지?'라고 말하는 것과 같아야 하네."[16] 핑켄발데에서 본회퍼는 같은 내용을 다음과 같이 효과적으로 말했다. "우리는 우리의 믿음에 대해 이야기함으로써 사람들이 우리가 채워주는 것보다 더 빨리 우리에게 손을 뻗게 해야 합니다. … 성경을 타당하게 만들려고 하지 마십시오. 성경의 타당성은 자명합니다. … 하나님의 말씀을 변호하지 말고 증명해 보이십시오. … 말씀에 의지하십시오. 말씀은 수용 한도까지 가득 채워진 배船입니다!"[17]

본회퍼가 목사 후보생들에게 인식시키려 한 내용은 다음과 같다. "우리가 하나님의 말씀을 올바르게 전하면, 하나님의 말씀이 사람들을 원상태로 돌려놓습니다. 하나님의 말씀은 사람들에게 그들 자신의 필요를 보게 하는 능력을 지니고 있기 때문입니다. 또한 하나님의 말씀은 종교나 거짓 경건이 할 수 없는 방식으로 그러한 필요를 해결해 줍니다. 하나님의 말씀은 여과기나 별도의 설명 없이도 사람들의 마음을 움직입니다."

본회퍼는 기도에 대해서도 이와 비슷하게 가르쳤다. 그는 매일 아침 예배 시간에 즉흥 기도를 오랫동안 바쳤다. 루터교 전통의 신학도들 대다수는 처음에 이것을 대단히 경건한 척하는 것으로 여겼을 것이다. 하지만 본회퍼는 그러한 것을 놓고 변명하지 않았다. 기도 생활과 예수와의 사귐이 중심이 되어야 하고 온전한 목회도 거기에서 비롯되기 때문이었다. 빌헬름 로트는 본회퍼가 본관 건물 대형 계단에 앉아 담배 한 개비와 커피 한 잔을 손에 들고 그것들에 관해 이야기하는 모습을 이렇게 회고했다. "내가 받은 또 다른 인상이 오래도록 지워지지 않는다. 본회퍼는 우리가 예수에 대한 사랑을 결여하고 있다고 불만을 토로했다. … 그에게 참된 믿음과 사랑은 같은 것이었다. 대단히 지적인 이 그리스도인에게 생활의 진정한 핵심은 거기 있었다. 우리는 아침 예배와 저녁 예배 시간에 그가 바치는 즉흥 기도에서 그것을 느꼈다. 그 기도들은 주님 사랑과 형제 사랑에서 싹튼 것이었다."[18]

권태와 우울증

목사 후보생들은 한 달에 한 번꼴로 토요일 저녁에 성찬 예식에 참여했다. 한 번은 그러한 성찬 예식이 있기 전에 본회퍼가 서로 고해할 시간을 갖자고 제안했다. 그리스도인들이 사제에게가 아니라 서로에게 고해해야 한다는 건 루터의 사상이었다. 당시 루터교도 대다수는 아기를 욕조 물과 함께 내던지고 누구에게도 고해하지 않는 상태였다. 그들은 이러저러한 고해를 지나치게 가톨릭적인 것으로만 여겼다. 즉흥 기도를 지나치게 경건한 체하는 것으로 여기는 것과 같았다. 하지만 본회퍼는 서로에게 고해하는 의식을 훌륭하게 실시했다. 당연한 일이겠지만, 본회퍼는 베트게를 자신의 고해사로 택했다.

본회퍼는 자신이 권태나 슬픔, 오늘날로 말하면 우울증이라 부르는 것을 베트게에게 마음 편히 털어놓을 수 있었다. 그는 그러한 병증을 앓았지만, 그 사실을 좀처럼 밝히지 않고 가까운 친구들에게만 털어놓았다. 게르하르트 야코비는 이렇게 말했다. "사적인 대화에서 그는 덜 차분하고 덜 조화롭다는 인상을 주었다. 그가 얼마나 예민한 사람인지, 그의 내면이 얼마나 혼란스러운지, 그가 얼마나 괴로워하는지 단번에 알아차릴 수 있었다."[19] 본회퍼가 그것을 베트게 말고 다른 사람과 의논했는지는 알 수 없다. 고매한 지성과 성숙하고 안정된 신앙을 소유한 베트게만이 본회퍼의 복잡한 심사를 있는 그대로 상대해줄 수 있었다. 본회퍼는 베트게가 자신에게 목사의 역할을 해줄 수 있다는 걸 잘 알았다. 베트게는 그에게 목사의 역할을 해주었고, 핑켄발데에서는 물론이고 그 이후로도 그랬다. 몇 해 뒤 본회퍼는 테겔 형무소에서 베트게에게 보내는 편지에서 우울증에 대해 이렇게 언급했다. "뚜렷한 이유 없이 여러 날 다른 사람들보다 더 숨이 막히는 때가 있는데, 그 이유를 모르겠네. 그것이 고통을 키우는 게 아닐까? 어쩌면 그것은 영적 시련인지도 모르겠네. 그 병이 나으면, 세상이 온통 달라져 보일 것 같네."[20]

본회퍼는 이따금 극도로 긴장하는 성격이었다. 명석하고 과도하게 움직이는 지성이 그를 일시적 동요라는 곤경으로 이끌었는지도 모른다. 하지만 본회퍼는 베트게를 친구로 두었고, 그에게 자신의 극심한 면을 보여줄 수 있었다. 본회퍼가 긴장하는 성격이었다면, 베트게는 선천적으로 명랑한 성격이었다. 본회퍼는 테겔에서 보낸 또 다른 편지에서 그 점을 이렇게 말했다. "나를 좋아하지 않는 이는 상당히 많지만, 자네를 좋아하지 않는 이는 없는 것 같네. 나는 그 점을 도무지 이해하지 못하겠네. 나는 적을 만나는 곳에서 친구도 만나고 그것으로 만족한다네. 어쩌면 자네는 날 때부터 활달하고 겸손한 반면, 나는 과묵하고 엄하기 때문이 아닐까 싶네."[21]

포메른의 융커 귀족들

본회퍼는 포메른의 아름다운 환경 속에서 그 지역 지주 계급인 융커 귀족들과 먼저 친해졌다. 그들은 작위 없는 귀족 집안이었다.* 포메른은 베를린 그루네발트와는 극과 극의 세계였다. 봉건주의에 가까

---

*본회퍼는 그 가문들과 친하게 지냈다. 몇 해 뒤 그 가문들에 속한 남자 대다수가 히틀러 암살 공모에 가담했다.

운 보수적인 지주 계급의 세계가 진보적 지성주의를 표방하는 대도시의 환경을 대신했다. 하지만 전통적인 가치들과 높은 수준의 문화에 대한 충성심은 현저하게 비슷했다. 가문들 대다수는 프로이센 군대 장교 계급의 일원들이었다. 장차 히틀러 암살 공모자들을 배출할 가문들이었다. 본회퍼는 그들과 빠르게 친해졌고, 부유한 지주들은 그의 가장 충실한 후원자가 되었다. 본회퍼가 나중에 결혼하고 싶어 한 여인도 그들 가문의 딸이었다.

본회퍼가 이들 가문과 처음 접촉하게 된 것은 핑켄발데 신학원에서 모금 서한을 발송하면서부터였다. 그 가문들 중에는 비스마르크 폰 라스베크 가문과 패치히에서 온 베데마이어 가문도 있었다. 본회퍼는 폰 슐라브렌도르프 가문과 그 가문의 아들 파비안 폰 슐라브렌도르프도 만났다.*

루트 폰 클라이스트 레초브

|

본회퍼가 그 귀족 가문들 사이에서 쌓은 가장 의미심장한 우정은 루트 폰 클라이스트 레초브와 나눈 우정이었다. 두 사람이 만났을 때 그녀는 예순여덟의 활달한 여인이었다. 조지 벨 주교와 마찬가지로 그녀도 본회퍼와 생일이 같았다. 두 사람은 십 년 넘게 가까이 지냈다. 본회퍼는 종종 그녀를 할머니라 불렀다. 그녀의 손자손녀들과 많은 시간을 함께했기 때문이다. 그녀가 우기는 바람에 그들 중 몇 명의

---

*파비안은 히틀러 저항 단체에 실질적으로 가담했다가 결국 게슈타포 감옥에 투옥되었다. 그의 감방은 본회퍼의 감방과 가까웠다. 포메른의 대지주이자 보수적 그리스도인이었던 에발트 폰 클라이스트 슈멘친도 히틀러 암살 공모에 가담한 인물이다. 클라이스트 슈멘친은 1933년에 히틀러가 수상이 되는 걸 저지하려고 힌덴부르크와의 면담을 시도했고, 1938년에는 히틀러의 체코슬로바키아 진군을 저지하겠다는 영국의 확답을 받고자 베크 장군의 지시를 받고 런던에 가기도 했다

견신례는 본회퍼가 감독했다. 본회퍼는 프란츠 힐데브란트와 함께 있을 때 벨 주교를 조지 삼촌이라 부른 것처럼 에버하르트 베트게와 함께 있을 때 그녀를 루트 아줌마라 불렀다.

본회퍼와 마찬가지로 루트 아줌마의 배경도 인상적일 만큼 귀족적이었다. 그녀는 폰 체들리츠 트뤼츨러 백작 부부의 딸이었다. 아버지가 실레지아 총독이어서 오페른 궁에서 성장하며 같은 계급의 사교계를 주름잡다가 열다섯 살 무렵 미래의 신랑감인 위르겐 폰 클라이스트에게 흠뻑 빠지고 말았다. 두 사람은 3년 뒤에 결혼했고, 위르겐은 그녀를 궁에서 낚아채어 궁벽한 시골 세계인 키코브로 데려갔다. 그곳에 위르겐의 드넓은 농지가 있었다. 결혼생활은 매우 행복했고, 두 사람 다 포메른에서 여러 대에 걸쳐 번성한 경건주의 계열의 독실한 그리스도인이었다.

그러나 루트가 다섯 번째 아이를 낳고 얼마 안 되어 위르겐이 숨을 거두고 말았다. 스물아홉 살에 미망인이 된 루트는 키코브를 유능한 관리인에게 맡기고 자녀들과 함께 슈테틴에 있는 대저택으로 이사했다. 제1차 세계대전 후 아들 한스 위르겐이 클라인-크뢰신에 있는 집을 수리하여 어머니를 모시고 자신은 가족과 함께 키코브에 있는 저택으로 들어갔다. 몇 해 뒤 본회퍼는 키코브와 클라인-크뢰신에서 여러 주를 보냈다. 1930년대에는 그곳에서 피정하며 《나를 따르라》를 저술하고, 1940년대에는 그곳에서 《윤리학》을 저술했다.

루트 폰 클라이스트 레초브는 의지가 굳고 교양 있는 여인으로 우유부단한 성직자들을 보면 참지 못했다. 명석하고 교양 있고 영웅처럼 호전적인 본회퍼 목사는 기도 응답이나 다름없었다. 그녀는 자기 나름대로 본회퍼와 핑켄발데 신학원을 돕고 그 지역 다른 가문들 사이에서 핑켄발데 신학원의 대의를 옹호했다. 핑켄발데 사람들은 그 가문들이 운영하는 여러 농장에서 상당량의 양식을 지원받았다. 몇몇 목사 후보생들은 그들의 성원에 감사하여 그 지역 교회에서 목사직을 구하기도 했다. 그 지역에서는 오래된 성직 임명 제도를 여전히 고수했다. 그래서 그 지역 가문들은 지역 교회 목회자를 임명할 수 있었다.

당시 폰 클라이스트 레초브 부인은 손자손녀 몇 명의 교육을 감독하고 있었다. 그녀가 감독하는 손자손녀는 열여섯 살 한스 오토 폰 비스마르크와 열세 살 슈페스 폰 비스마르크, 열두 살 한스 프리드리히 클라이스트 폰 키코브, 패치히 출신의 열세 살 막스 폰 베데마이어와 열다섯 살 루트 알리세 폰 베데마이어였다. 이듬해에는 열두 살인 마리아 폰 베데마이어가 슈테틴으로 왔다. 루트 폰 클라이스트 레초브 부인은 슈테틴에 있는 대저택에서 그들과 함께 살았다. 일요일이 되면 그녀는 아이들을 데리고 핑켄발데로 가서 젊은 본회퍼 목사의 매혹적인 설교를 경청하곤 했다. 1935년 초가을, 본회퍼는 핑켄발데 예배당에서 정규 주일예배를 드렸다. 그 예배에는 외부인도 참석할 수 있었다. 폰 클라이스트 레초브 부인은 혼자 핑켄발데로 가서 본회퍼의 설교를 경청할 때는 물론이고 손자손녀들을 데리고 갈 때에는 더더욱 감격스러워했다. 루트 알리세는 그때의 일을 이렇게 회고했다.

어느 날 우리는 디트리히 본회퍼가 서 있는 설교단 밑에 앉아 있었다. … 할머니는 그 전에 본회퍼가 쓴 글을 읽으신 것 같았다. … 할머니가 자리에 앉으시면, 손자손녀들이 잘 생기고 위엄 있는 사람을 에워싸고 앉았다. 전에 학교 체육관이었다가 임시 예배당으로 개조한 곳에서 벌어진 이례적인 일이었다. 우리는 목사 후보생 스무 명이 부르는 유쾌한 찬양에 너나없이 넋을 잃었다. 지금도 잊히지 않는 본회퍼의 설교 제목은 〈아론의 축복〉이었다.

그 뒤에 정원에서 탁구를 치고, 할머니와 본회퍼 목사가 토론을 하고,

키코브에 있는 폰 클라이스트 레초브 가문의 장원

신학원에 있는 대형 편자 모양 식탁에서 간소하면서도 유쾌한 식사를 하고, 모든 사람이 셰익스피어의 책을 함께 읽었다. 이 모든 일은 핑켄발데 신학원과 할머니의 집 사이에서 이루어진 수많은 일의 전주곡이었다. … 목사 후보생들은 포메른의 형제단 사무실을 방문할 때마다 할머니 집에 잠시 들르곤 했다. 할머니의 집은 형제단 사무실과 같은 중심가에 있었다. 교회 정치에서 최근에 전개된 사태, 곧 결단을 지속적으로 격려하는 안을 놓고 열띤 논의가 이루어졌다. 신학에 조예가 깊고 경험이 풍부한 분이었지만, 무엇보다 전사였던 할머니는 물 만난 물고기 같았다. 할머니는 오래전부터 디트리히의 지도를 받아 아침마다 성경 본문을 묵상하셨다. 그 본문들은 목사 후보생들이 묵상하는 것과 동일한 본문이었다.[22]

루트 폰 클라이스트 레초브는 본회퍼의 영성 훈련만 수용한 것이 아니었다. 그녀는 일흔 살의 나이에 헬라어 신약성경도 공부하기로 했다. 디트리히 본회퍼가 곁에 있을 때 얻을 수 있는 기회를 놓치고 싶지 않았던 것이다. 손자손녀 중 네 명의 견신례를 감독해달라며 본회퍼를 구워삶기도 했다. 그들 네 명은 슈페스 폰 비스마르크, 한스 프리드리히 폰 클라이스트 레초브, 막스 폰 베데마이어와 그의 누이 마리아 폰 베데마이어였다. 본회퍼는 그 짐을 대단히 진지하게 받아들여 그들과 부모들을 일일이 만나서 이야기를 나누었다. 결국 그는 넷 가운데 셋만 맡기로 했다. 마리아 폰 베데마이어는 열두 살의 어린 나이여서 그토록 진지한 일에 맞지 않아 보였기 때문이다.

루트 알리세는 이렇게 말했다. "본회퍼는 늘 자기 주변과 어느 정도 거리를 두고 자제하는 편이었다." 그러나 설교할 때면 무언가 주목할 만한 것이 그를 에워쌌다. "그가 설교하는 모습을 본다면, 당신은 하나님에게 완전히 붙잡힌 한 젊은이를 보게 될 것이다." 나치에게 단호히 맞서는 부모들과 조부모를 둔 세대였지만, 젊은 세대에게 본회퍼의 설교는 특히 난해했다. 본회퍼와 핑켄발데 신학원은 그들을 위해 설교를 좀 더 쉽게 했다. 그는 자극제나 다름없었다. 루트 알리세는 이렇게 회상했다. "당시 나치는 행진할 때마다 '미래는 우리 것이다! 우리가 미래다!'라고 말하곤 했다. 히틀러와 나치를 반대하는 우리 젊은이들은 그 말을 듣고서 '우리의 미래는 어디에 있는 거지?'라고 스스로 묻곤 했다. 하지만 나는 핑켄발데에서 하나님에게 사로잡힌 이 사람이 설교하는 것을 듣고서 '이곳에 있다. 이곳에 우리의 미래가 있다!'라고 확신했다."[23]

19

진퇴양난

1935-1937년

은혜의 선포에는 경계가 있다. 은혜를 인정하지도, 식별하지도, 바라지도 않는 자에게 은혜를 선포해서는 안 된다. … 이 세상 사람들에게 은혜를 싸구려처럼 안기면, 그들은 은혜에 물려 거룩한 것을 짓밟는 것은 물론이고 은혜를 강제로 떠맡긴 이들을 갈가리 찢고 만다.

유대인들을 위해 목소리를 내는 사람만이 그레고리오 성가를 부를 수 있다.[1] _디트리히 본회퍼

핑켄발데 신학원 원장직을 수락한 1935년에 고백교회와의 관계가 점점 더 서먹서먹해졌다. 본회퍼는 고백교회 안팎에서 논쟁을 부르는 피뢰침이었다. 게다가 1936년에는 나치가 그를 주목하기 시작했다.

성경은 행위 없는 믿음은 죽은 것이고 믿음은 "보지 못하는 것들의 증거"라고 말했다. 본회퍼는 어떤 것들은 믿음의 눈으로만 볼 수 있고, 그것들은 육안으로 본 것들 못지않게 참되고 정확하다는 걸 알고 있었다. 그러나 믿음의 눈은 도덕적 요소를 가지고 있었다. 유대인들을 박해하는 것이 하나님의 뜻에 위배된다는 걸 알려면, 눈을 뜨기로 마음먹고 하나님의 뜻대로 행동하겠다고 결심해야 했다.[2]

본회퍼는 하나님이 보여주시는 것을 보려고 노력했고 하나님의 뜻대로 행동하려고 애썼다. 그것이 복종하는 그리스도인의 삶, 곧 제자의 소명이었다. 그것은 값비싼 것이었다. 사람들이 눈 뜨기를 두려워하는 건 그 때문이었다. 본회퍼가 《나를 따르라》에서 말한 대로 그것은 지적 동의만을 요구하는 값싼 은혜와는 정반대였다. 핑켄발데 신학원의 한 목사 후보생은 이렇게 말했다. "본회퍼는 누가 봐도 흠잡을 데 없이 완전하다는 느낌을 주는 사람, 자기가 사색한 대로 믿고, 자기가 믿은 대로 행동하는 사람이었다."

1935년 여름, 본회퍼는 〈고백교회와 에큐메니컬 협의회〉라는 소론을 써서 양쪽을 비난했다. 그는 양쪽을 이어주는 주요 연결점이어서 양쪽의 장단점을 모두 볼 수 있었다. 하지만 그들은 저마다 자신에게서는 장점만 보고 상대방에게서는 단점만 보았다. 제1차 세계대전의 상처가 아직 다 아물지 않은 상태라 고백교회에 속한 상당수 사람들은 다른 나라의 그리스도인들을 의심했다. 그들은 에큐메니컬 협의회 사람들이 신학적으로 엉성하다고 느꼈다. 반면에 에큐메니컬 협의회 사람들은 고백교회가 신학에 지나친 관심을 보이고 지나치게 민족주의적이라고 생각했다. 양측 모두 장점을 가지고 있었는데도 그랬다.[3]

하지만 본회퍼는 그들이 공동의 적인 국가사회주의에 맞서 싸워주길 바랐다. 본회퍼는 그들을 그 방향으로 움직이려 했지만, 수많은 난관에 부딪혔다. 에큐메니컬 협의회가 여전히 뮐러, 예거, 헤켈이 이끄는 제국교회와 대화하려 하는 걸 보고 전율했고, 고백교회가 히틀러에게 맞서 싸우기는커녕 오히려 의논하려 하는 걸 보고 또 전율했다. 이 골목대장들은 행동에 나서는 걸 가장 두려워했다. 하지만 에큐메니컬 협의회와 고백교회 모두 행동에 돌입할 준비가 되어 있지 않은 것 같았다. 그들은 무의미한 대화를 계속하려고 하면서 적만 이롭게 했다. 유대인들을 억압하는 뉘른베르크 법령의 공포가 대표적 사례였다.

뉘른베르크 법령과 슈테글리츠 총회

1935년 9월 15일, 뉘른베르크 법령이 공표되었다. 독일 혈통과 독일의 영광을 수호하기 위한 이 법령의 내용은 다음과 같다.

독일 혈통의 순수성이 독일 국민의 생존에 필수적이라 확신하고 독일 민족의 미래를 수호하겠다는 단호한 결정에 고무되어 제국의회는 다음과 같은 법령을 만장일치로 의결하여 공표한다.
1조 1항 유대인들과 독일 혈통 내지 유사한 혈통을 지닌 시민들의 결혼을 금한다. 이 법을 무시하고 이루어진 결혼은 무효다. 이 법을 피하려고 해외에서 이루어진 결혼도 무효다.
1조 2항 무효 선언 절차는 검사만이 할 수 있다.
2조 1항 유대인들과 독일 혈통 내지 유사한 혈통을 지닌 국민 사이의 혼외정사를 금한다.
3조 유대인들은 45세 이하의 독일 혈통 내지 유사한 혈통의 여성을 가사노동자로 채용할 수 없다.
4조 1항 유대인들은 독일 제국이나 독일 민족의 깃발을 내걸 수 없다.
4조 2항 대신 유대인들은 유대인의 깃발을 내걸 수 있다. 이 권리의 행사는 국가가 보장한다.[4]

뉘른베르크 법령은 제2의 유대인 박해, 더 정교해진 유대인 박해를 대변했다. 독일의 합법적 시민이던 유대인들이 제3제국의 신민이 되고 말았다. 20세기 유럽 한복판에서 유대인의 시민권이 합법적으로 사라지고 말았다. 본회퍼는 이 법안이 심의 중이라는 걸 도나니를 통해 알고 있었다. 또한 도나니가 법안을 저지하거나 내용을 완화하려고 애썼지만 허사였다는 사실도 알고 있었다.

본회퍼는 뉘른베르크 법령의 제정을 계기로 고백교회가 분명하게 발언해야 한다고 생각했다. 그 발언은 고백교회가 이제까지 해온 것과는 달라야 했다. 나치가 분명하게 선을 그었고, 그것을 누구나 볼 수 있었기 때문이다.

그러나 고백교회는 또다시 행동이 굼떴다. 고백교회는 교회와 국가의 관계라는 협소한 영역에만 치중함으로써 루터교 특유의 실책을 범하고 말았다. 국가가 교회의 권리를 침해하려고 할 때에만 관심을 기울이는 것이다. 그러나 본회퍼가 보기에 교회의 조치를 그 영역에만 국한하는 건 불합리했다. 교회는 온 세상을 위해 존재하라고 하나님이 세우신 것이다. 교회가 존재하는 것은 세상을 향해 말하고 세상에서 어엿한 목소리를 내기 위해서였다. 자신의 권리를 침해하지 않는 사안에 대해서도 목소리를 내는 것, 그것이야말로 교회의 의무였다.

본회퍼는 목소리를 낼 수 없는 이들을 위해 목소리를 내는 것이 교회의 임무라고 확신했다. 교회 안의 노예제도를 금하는 건 옳은 일이었다. 하지만 그 제도가 교회 바깥에 존재하도록 내버려두는 건 나쁜 짓이었다. 나치 국가의 유대인 박해를 허용하는 것이 그런 경우였다. 고백교회가 교회임을 보여주려면, 박해받는 이들을 위해 담대하게 목소리를 내야 했다. 본회퍼가 예수 그리스도는 타자를 위한 인간이라고 썼듯이 교회는 이 세상에 있는 그분의 몸, 그리스도가 현존해 계신 공동체, 타자를 위해 존재하는 공동체였기 때문이다. 교회 바깥에 있는 타자들을 섬기고 그들을 자기 몸처럼 사랑하고 남에게 대접받고자 하는 대로 남을 대접하는 것, 이것은 그리스도의 분명한 명령이었다.

그 무렵 본회퍼는 "유대인들을 위해 목소리를 내는 사람만이 그레고리오 성가를 부를 수 있다"고 선언했다. 말하자면 하나님의 선민이 매를 맞고 살해될 때, 그들의 고난에 반대하는 목소리를 내야만 하나님을 찬양할 수 있으며, 그리하지 않고 하나님을 찬양하면 하나님이 그 예배에 관심을 갖지 않으신다는 것이다.

루터교도들은 교회를 세상일에 아랑곳하지 않게 하려고 했다. 로마서 13장 1-5절*을 지나치게 강조한 비성경적 조치였다. 그것은 루터의 유산이었다. 그러나 초기 그리스도인들이 로마 황제와 로마인들에게 저항했듯 고백교회 역시 뉘른베르크 법령을 계기로 나치에게 저항하지 않으면 안 되었다. 그런데도 그들은 세상 권세에 복종하라는 성경적 견해의 경계선을 넘으려 하지 않았다.

어느 날 프란츠 힐데브란트가 달렘에 있는 모(母)교회에서 핑켄발데로 전화를 걸어 급보를 전했다. 고백총회가 국가의 뉘른베르크 법령 제정 권한을 인정하는 결의안을 발의했다는 것이다. 도저히 참을 수 없는 일이었다. 힐데브란트는 목사긴급동맹에서 몸을 빼고 고백교회를 떠나려 했다. 본회퍼는 무언가 조치를 취하기로 작심하고 목사 후보생들과 함께 베를린으로 갔다. 그리고는 총회에서 벌어질 사태에 영향을 미칠 수 있는지 살폈다. 총회는 슈테글리츠에서 개최되었다. 본회퍼는 총회 대표가 아니어서 발언권이 없었다. 하지만 사태를 목격한 사람들에게 자극제가 될 수는 있었다. 본회퍼는 뉘른베르크 법령의 발효야말로 나치에게 저항할 최적의 기회라는 것을 알리려 했다.

여행은 용두사미가 되고 말았다. 총회가 결의안을 승인하지 않고 나치에게 저항하지도 않았던 것이다. 적대자들을 분열시켜 공략하고 적대자들을 헛갈리게 하여 결의를 지연시키는 국가사회주의자들의

---

* "사람은 누구나 위에 있는 권세에 복종해야 합니다. 모든 권세는 하나님께로부터 온 것이며, 이미 있는 권세도 하나님께서 세워주신 것입니다. 그러므로 권세를 거역하는 사람은 하나님의 명을 거역하는 것이요, 거역하는 사람은 심판을 받게 될 것입니다. 치안관들은 좋은 일을 하는 사람에게는 두려울 것이 없고, 나쁜 일을 하는 사람에게만 두려움이 됩니다. 권세를 행사하는 사람을 두려워하지 않으려거든, 좋은 일을 하십시오. 그러면 그에게서 칭찬을 받을 것입니다. 권세를 행사하는 사람은 여러분 각 사람에게 유익을 주려고 일하는 하나님의 일꾼입니다. 그러나 그대가 나쁜 일을 저지를 때에는 두려워해야 합니다. 그는 공연히 칼을 차고 있는 것이 아닙니다. 그는 하나님의 일꾼으로서 나쁜 일을 하는 자에게 하나님의 진노를 집행하는 사람입니다. 그러므로 진노를 두려워해서만이 아니라 양심을 생각해서도 복종해야 합니다."

전략에 고백교회가 넘어가고 말았다. 본회퍼는 담대하게 목소리를 내려고 하지 않는 이유가 돈 문제와 연결되어 있다는 걸 알았다. 국가가 독일 목사들의 재정 안정을 보장했고, 고백교회에 속한 목사들도 자신들의 수입을 어느 정도까지만 희생하려 했던 것이다.

가족

이 시기에 본회퍼는 계속해서 우울증과 씨름했다. 낙담할 일이 많았고 무엇보다 그가 속한 고백교회가 가공할 뉘른베르크 법령을 마주하여 반대의 목소리를 내려 하지 않았기 때문이다. 뉘른베르크 법령은 그의 가족에게도 영향을 미쳤다. 자비네와 게르하르트 라이프홀츠는 비非아리안계라는 이유로 이미 고통을 받는 상태였지만, 뉘른베르크 법령이 사태를 더 악화시켰다. 자비네 부부는 집에서 일하는 여성 여러 명을 마지못해 해고했다. "눈물이 나왔다"라고 자비네는 썼다. 그 여성들은 유대인 가정에서 일한다는 이유로 괴롭힘을 당했다. 집으로 공문을 배달하는 나치 돌격대가 "저런, 아직도 유대인들을 돕고 있소?"라고 말하곤 했던 것이다. 친하게 지내던 교수 몇몇은 일자리를 잃을까 염려하여 자비네 부부와 거리를 두었다. 언니 크리스티네 폰 도나니를 통해 정보를 입수하면 입수할수록 자비네는 남편 게르하르트 라이프홀츠와 두 딸을 데리고 독일을 떠날 수밖에 없다는 걸 알게 되었다. 헤아릴 수 없을 만큼 힘든 일이었다. 남들이 알기 훨씬 전에 크리스티네가 강제수용소에서 벌어지는 일에 대해 이야기해주자 자비네는 더 이상 듣지 못하겠다며 그만하라고 사정해야 했다.[5]

당시 아흔세 살이던 디트리히의 할머니에게는 유대인 친구가 한 명 있었다. 그 친구의 가족 중 한 사람이 새 법령 때문에 합법적인 일을

1932년 디트리히의 할머니 율리 타펠 본회퍼

포기할 수밖에 없었다. 할머니는 디트리히에게 마지막으로 보내는 편지에서 이렇게 도움을 청했다. "쉰네 살의 남자가 자녀들을 양육하기 위해 전 세계를 돌아다니며 일자리를 찾고 있단다. … 한 가족의 삶이 무너져내렸단다! … 가장 작은 부분에 이르기까지 모든 것이 영향을 받고 있단다. 네가 적극적으로 조언해주거나 이곳에 있는 우리를 도와주면 좋겠구나. … 이 문제를 놓고 깊이 생각해서 해결책을 조금이라도 알려주었으면 좋겠구나."⁶

1935년 10월 1일, 디트리히 부모님은 그루네발트 방겐하임슈트라세에 있는 넓은 집에서 샤를로텐부르크에 새로 지은 집으로 이사했다. 전에 살던 집보다 작았지만, 손님들을 맞이할 만큼 너른 집이었다. 디트리히의 방은 꼭대기에 있었다. 할머니 율리 타펠 본회퍼도 새 집으로 함께 이사했지만, 폐렴에 걸려 1936년 1월에 숨을 거두고 말았다. 그녀가 아들 카를 본회퍼와 손자손녀들에게 끼친 영향은 헤아릴 수 없을 정도였다. 1월 15일, 본회퍼는 온 가족이 해마다 송구영신 때 읽던 시편 90편을 본문 삼아 할머니의 장례식에서 이렇게 설교했다.

올바른 원칙을 굽히지 않고 개인의 자유를 위해 기탄없이 말하고, 일단 말했으면 그 말에 책임을 지고 명료함과 상식이 깃든 의견을 제시하고, 사생활과 공적인 삶에서 공정함과 솔직함을 유지하는 것, 이것이야말로 할머니가 마음속에 품었던 요소입니다. … 할머니는 이 가치들이 무시당하거나 개인의 권리가 짓밟히는 것을 두고 보지 않으셨습니다. 그런 이유로 할머니의 말년은 크나큰 슬픔으로 얼룩졌습니다. 할머니는 우리 국민의 일원인 유대인들의 운명 때문에 슬퍼하셨습니다. 할머니는 그들과 함께 짐을 나눠지셨습니다. 할머니는 다른 시대, 다른 영적 세계에서 오신 분이었습니다. 할머니는 가셨지만, 이 세계는 아직도 남아 있습니다. … 감사하게도 할머니의 유산은 우리에게 의무로 남아 있습니다.[7]

스웨덴 여행

1936년 2월 4일, 본회퍼는 서른 번째 생일을 맞았다. 그는 나이를 지나치게 의식하는 면이 있었고 서른 살을 불가능한 나이로 여겼다. 본회퍼는 그 나이를 마지막 중대 시점으로 여겼다. 나치의 시야에 처음 포착된 것도 서른 번째 생일 축하 행사 때문이었다.

계기는 핑켄발데 신학원 본관에서 목사 후보생들과 함께 정찬을 들며 대화하는 중에 시작되었다. 18세기 풍 대형 구리 화로에서 불이 활활 타올랐다. 본회퍼가 스페인에서 구입한 화로였다. 그들은 늘 하던 대로 노래를 부르며 생일을 맞은 본회퍼에게 찬사를 보내고 생일을 축하했다. 저녁의 열기가 어느 정도 진정되자 목사 후보생들은 선물에 대해 기탄없이 말하기 시작했다. 누군가가 일어서서 생일을 맞은 사람은 선물을 받는 자가 아니라 주는 자가 되어야 하고, 따라서 선물 수령자는 자신과 친구들이 되어야 한다고 넌지시 말했다. 본회퍼가 그 미끼를 물고 무엇을 원하느냐고 묻자 다들 스웨덴 여행을 하고 싶다고 말했다. 과연 본회퍼는 목사 후보생들을 위해 스웨덴 여행을 추진했을까? 밝혀진 바와 같이 그는 여행을 실행에 옮겼다.

스웨덴 여행은 본회퍼의 시원시원한 베풂을 보여주는 여러 사례 중 하나였다. 그로스-슐뢴비츠의 한 목사 후보생 한스 베르너 옌젠은 이렇게 말했다. "형제를 섬기는 것이야말로 그의 삶의 핵심이었다. 그는 주저하지 않고 형제들을 보호했다. 그만이 형제들을 도우려 했다." 옌젠은 본회퍼의 시원시원한 베풂을 보여주는 또 다른 일화도 떠올렸다. 언젠가 옌젠이 맹장염에 걸려 슈톨프 병원에 입원하여 삼등 병동에 있다가 1인실로 옮겨진 적이 있었다. "안경을 낀 잘 생긴 신사가 그날 아침에 비용을 부담했다고 간호사가 말했다. … 언젠가 우리가 베를린에서 한가로운 저녁시간을 보내고 집으로 돌아가려 하자 본회퍼가 역에서 기차표를 모두 사주었다. 내가 돈을 갚으려 하자 그는 '돈은 불결한 것이랍니다'라고 하면서 한사코 받지 않았다."[8]

스웨덴 여행은 목사 후보생들에게 독일 밖에 있는 교회를 보여줄 멋진 기회였다. 본회퍼는 이미 여러 번 해외여행 이야기로 그들의 넋을 빼놓은 상태였다. 또한 교회란 민족의 경계를 초월하는 것이고 시간과 공간을 통해 뻗어나가는 것임을 설명한 상태였다. 스웨덴 여행의 목적은 여러 가지였지만, 무엇보다도 자신이 거침없이 했던 문화 확장 경험을 목사 후보생들에게 어느 정도 제공하는 것이 주된 목적이었다. 게다가 핑켄발데와 해외 에큐메니컬 교회의 유대를 강화하면, 나치의 간섭으로부터 핑켄발데를 보호하는 데 도움이 될 것이었다.

본회퍼는 즉시 스웨덴과 덴마크에 있는 에큐메니컬 협의회 친구들에게 연락을 취했다. 여행 계획은 가능한 한 신속하고 조용하게 세워야 했다. 헤켈 감독이 눈치라도 채면, 문제가 생길 테고 계획을 무산시키고자 할 수 있는 모든 조치를 취할 게 뻔했기 때문이다. 하지만 헤켈이 소문을 듣기 전에 스웨덴으로 떠나면 그만이었다. 웁살라에 있는 에큐메니컬 위원회 간사 닐스 칼슈트룀이 본회퍼의 사정을 이해하고 일행을 돕기 위해 수고를 아끼지 않았다. 칼슈트룀이 보낸 공식 초대장이 2월 22일에 도착했다. 헤켈이 여행의 적절성을 낱낱이 따질 테니 초대장이 결정적으로 중요했다. 사흘 뒤 본회퍼는 스웨덴 여행 계획 통지문을 윗사람들과 외무부에 정식으로 발송했다. 윗사람들 중에는 본회퍼 일가의 친지인 법무부 장관도 끼어 있었다. 본회퍼는 그렇게 하면 안전할 거라고 생각했다. 하지만 그게 역효과를 내고 말았다. 누군가가 그 통지문을 보고 헤켈에게 연락을 취했고, 헤켈이 그들에게 본회퍼에 대해 좋지 않게 말했기 때문이다. 그 결과 외무부가 스톡홀름에 있는 독일 대사관으로 다음과 같은 전문을 보냈다. "제국과 프로이센 교회 사무국 목사들과 종무부 해외사무국은 본회퍼 목사를 조심하라고 통고한다. 그의 영향력이 독일의 국익에 도움이 되지 않기 때문이다. 정부와 교회의 여러 부서는 방금 전에 알게 된 그의 방문을 강력히 반대한다."9

  3월 1일, 본회퍼와 로트, 그리고 목사 후보생 스물네 명은 외무부가 예의 주시한다는 사실을 모르고 슈테틴 항구에서 배를 타고 북쪽으로 항해하여 스웨덴에 도착했다. 본회퍼는 여행의 위험을 잘 알았기에 신문 기자들과 이야기할 때에는 각별히 조심하라고 당부했다. 무슨 말을 하든 내용이 부풀려져 주류 신문의 머리기사로 실릴 게 뻔했기 때문이다. 본회퍼는 "히틀러가 교황이 되려고 한다"라는 기사가 실렸던 것과 같은 실수를 반복하고 싶지 않았다.

  그 여행 기사는 헤켈과 제국 정부를 나빠 보이게 했다. 3월 3일, 스웨덴 언론은 신학도들의 방문을 신문 앞쪽에 실었고, 이튿날에는 웁살라의 대감독 아이뎀을 예방한 기사를 여러 쪽에 걸쳐 실었다. 3월 6일, 그들은 스톡홀름 주재 독일 대사 빅토르 추 비트 공을 찾아갔다. 빅토르는 이 말썽꾸러기에 대한 경고 편지를 방금 전에 읽었던 터라 본회퍼 일행을 대단히 쌀쌀맞게 맞이했다. 본회퍼는 그 이유를 몰랐지만, 나중에 그 방에 있던 실물 크기의 히틀러 초상화가 그들을 노려보았다고 회상했다.

그들이 스톡홀름에 도착하자 더 많은 기사와 사진이 신문에 실렸다. 국제면의 1인치 칼럼마다 헤켈을 악랄한 자로 그렸다. 헤켈은 즉각 조치를 취하지 않고는 못 배기는 성격이었다. 그 꾀바른 성직자는 가능한 모든 조치를 취하려 했다. 처음에는 편지 한 통을 스웨덴 교계에 발송했고, 그다음에는 프로이센 교회 위원회에 비난성 편지를 보냈다. 하지만 이번에는 서면을 통해 공식적으로 대포를 발사하여 본회퍼에게 맹공을 퍼부으면서 논쟁 전체를 다른 차원으로 옮겼다.

> 나는 그 사건으로 본회퍼가 감시를 받게 되었다는 사실을 지역 교회위원회에 알리지 않을 수 없습니다. 그는 평화주의자이자 국가의 적으로 고소될 수 있으니 지역 교회위원회는 그와 관계를 끊고 그가 독일 신학도들을 더 이상 교육하지 못하게 조치를 취하는 편이 좋을 것입니다.[10]

한 고비를 넘긴 상태였는데, 헤켈이 본회퍼를 나치 국가의 처분에 맡긴 것이다. 베트게는 그 상황을 이렇게 기술했다. "평화주의자이자 국가의 적이라는 표현은 1936년도에 관청 문서에서 교회의 적을 가리키는 말로 사용되었다. 1급 탄핵을 의미했다."[11]

즉각적인 조치가 내려졌고, 본회퍼는 베를린 대학교에서 가르칠 권리를 박탈당했다. 1936년 8월 5일의 일이다. 지난 2월 14일 그곳에서 한 강의가 마지막 강의가 되고 말았다. 학계와의 오랜 관계가 영원히 끝나고 만 것이다. 이의도 제기해보고 호소도 해보았지만, 결정을 뒤집을 수 없었다. 그러나 뒤죽박죽인 독일, 곧 유대인들의 학계 진출이 막혀버린 히틀러의 독일에서 꼭 실망스러운 일만은 아니었다. 본회퍼의 매제 게르하르트 라이프홀츠도 그해 4월에 퇴직한 상태였다. 어떤 점에서는 본회퍼의 교수직 박탈을 명예의 상징으로 여길 수도 있었다.

"그릇된 가르침의 형편없는 조각"

4월 22일, 본회퍼는 〈교회의 범위와 교회 일치에 대하여〉라는 제목으로 강연했다. 마음을 사로잡는 방정식처럼 우아하고 아름답다고 말해도 좋을 만큼 정연하고 완벽한 강연이었다. 고백교회는 오로지 교리에 관심을 갖는 것도 아니고 교리에 개의치 않는 것도 아니라고 설명한 다음 기억할 만하고 무시무시한 표현으로 전환하여 고백교회는 "정통 교회orthodoxy의 스킬라Scylla와 신앙고백 없는 교회의 카리브디스Charybdis 사이에서 대담한 길을 걷고 있다"고 말했다. 그리고 관계의 범위에 대해 이야기하면서 다른 교파(그리스 정교회나 로마 가톨릭교회)와 손잡는 것은 옹호하고 독일 그리스도인들 같은 반反교회 단체와 손잡는 것은 단호히 반대했다. 말하자면 다른 교단과 차이가 있어도 상호 이해를 위해 대화할 수 있지만, 반反교회 단체와 대화해서는 안 된다는 거였다. 본회퍼는 "교회란 무엇인가?"라는 영원한 물음을 놓고 강연함으로써 목사 후보생들에게 독일 교회사의 혼란한 시기에 떠오른 당혹스러운 문제를 성경적으로 분명하게 이해시켰다.[12]

그러나 이 아름다운 풍경 어딘가에 시한폭탄 같은 문장이 묻혀 있었다. 그 문장은 조만간 폭발하여 주위에 있는 모든 문장을 효과적으로 없애고 폭발적인 논쟁을 불러일으킬 문장이었다. 본회퍼가 강연문을 작성할 당시에는 그 문장이 그 정도의 폭발력을 가지고 강연의 초점이 될 줄은 전혀 예상치 못했다. 물의를 일으킨 문장은 바로 "누구든 일부러 고백교회에서 이탈하는 자는 구원으로부터 이탈하는 자다"라는 문장이었다.

비난이 빗발쳤다. 본회퍼의 강연이 〈복음주의 신학Evangelische Theologie〉 6월호에 발표되자 잡지가 순식간에 동이 났다. 전에 본회퍼와 함께 베텔 신앙고백 초안을 만들었던 헤르만 자세가 소론을 읽고 나서 이렇게 선언했다. "고백교회는 루터파 교회들의 지지를 받는 고백 운동과 달리 하나의 교파다. 고백교회는 이제까지 독일 개신교의 토양에 발을 들여놓았던 교파 가운데 최악의 교파다." 게오르크 메르츠는 에른스트 볼프 골비처에게 보내는 편지에서 이렇게 말했다. 본회퍼가 쓴 그 문장은 "이제까지 냉정했던 한 사람의 황홀한 절규, 루터가 본질이라 여긴 모든 것에 위배되는 절규일 뿐입니다." 관구 총감독 에른스트 슈톨텐호프는 그 문장을 가리켜 "그릇된 가르침의 형편없는 조각에 불과하다"고 말했다.[13]

본회퍼는 에르빈 주츠에게 보내는 편지에서 이렇게 말했다.

게다가 나는 요즘 논문 때문에 우리 교단에서 욕을 가장 많이 먹는 사람이라네. … 우상 숭배자들에게 절을 받는 짐승이 루터의 얼굴을 일그러뜨리는 쪽으로 사태가 전개될 것이네. … 바르멘 선언이 주 예수 그리스도에 대한 참된 신앙고백, 곧 성령을 통해 일어난 신앙고백이라면, 그것은 교단을 만들 수도 있고 가를 수도 있을 것이네. 그러나 바르멘 선언이 여러 신학자들의 사적인 견해 표현에 불과하다면, 고백교회는 오랫동안 잘못 생각해온 셈이 될 테지.[14]

히틀러에게 보내는 항의서

1936년 봄, 고백교회 행정 당국이 무엇보다 나치의 반유대주의 정책을 솔직하게 비판하는 문서를 준비하고 있다는 말이 들리자 본회퍼는 다시 고백교회에 희망을 품었다. 그 문서는 용감하면서도 신중하게 작성한 문서였고, 한 사람의 눈을 겨냥하여 작성한 문서였다. 고백교회가 아돌프 히틀러에게 보내는 항의서였다.

항의서는 그것을 읽는 미치광이를 대화에 끌어들이는 형식으로 작성되었다. 도발하거나 비난하는 것이 아니라 질문을 던지는 형식이었다. 이를테면 히틀러로 하여금 패를 공개하게 하여 그것에 대한 설명을 요구하고 의심되는 사항을 그에게 유리한 방향으로 해석해주는 식이었다. "독일 국민의 탈脫기독교화가 정부의 공식 정책인지요? 적극적 기독교라는 표현은 나치당을 의미하는 것인지요?" 그 문서는 다음과 같은 사실도 언급했다. "유대인을 증오하게 하는 반유대주의가 새로운 세계관과 함께 사람들에게 강요된다면, 자녀들을 교육하는 부모들은 그것에 저항할 수밖에 없을 것입니다. 그리스도인들은 누구도 미워해서는 안 되기 때문입니다." 힐데브란트가 그 문서를 작성하는 데 관여했고, 니묄러는 서명자 가운데 한 사람이었다.

항의서는 6월 4일 수상관저로 직접 전달되었다. 히틀러에게 보내는 사본 외에 두 통의 사본이 더 있었는데, 이는 극비사항이었다. 항의서 발송은 철저히 계산된 도박이었다. 히틀러가 부정적으로 대답할 게 뻔했기 때문이다. 나중에 밝혀진 사실이지만, 히틀러는 아무 대응도 하지 않았다. 그렇게 여러 날이 흘렀고 몇 주가 흘렀다. 그 문서를 수령하기는 했던 것일까?

6주 뒤 불길한 소식이 들려왔다. 그들은 런던의 한 신문에서 항의서 소식을 접했다. 7월 17일, 〈모닝 포스트Morning Post〉가 항의서에 대한 기사를 실었다. 항의서를 공개한 적이 없는데, 영국 언론이 어떻게 알아낸 걸까? 고백교회가 히틀러에게 은밀히 대응할 기회를 주어 체면을 세워주려던 찰나에 그가 국제사회의 눈에 나쁘게 비쳐진 것이다. 사태는 더 악화되었다. 한 주 뒤에는 항의서 전문이 스위스 신문에 게재되었다. 고백교회가 히틀러를 나빠 보이게 하려고 항의서를 국제 언론에 유출한 것처럼 보였다. 하지만 항의서를 작성한 사람들 중 사본을 소지한 사람은 한 명도 없었다. 혹자는 히틀러가 직접 고백교회를 나빠 보이게 하려고 항의서를 유출했을 거라고 의심했다. 그러나 고백교회가 국제 언론을 이용하여 독일 정부를 공격한 것임이 확실해 보였다. 그 결과 주류 루터교도들 상당수가 고백교회를 훨씬 더 멀리하게 되었다.

무슨 일이 일어났던 걸까? 전에 본회퍼에게 배운 두 신학생 베르너 코흐와 에른스트 틸리히, 고백교회의 변호사 프리드리히 바이슬러 박사가 항의서를 유출한 배후임이 드러났다. 히틀러의 무반응에 실망한 나머지 반응을 이끌어내려 했던 것이다. 세 사람은 체포되어 게슈타포 본청으로 이송되었고 심문을 받았다. 가을 무렵 세 사람 다 작센하우젠에 있는 강제수용소로 이송되었다. 바이슬러는 유대인이라는 사실 때문에 따로 격리되어 그 주에 죽었다.

두 주 뒤에 국제올림픽경기가 열릴 예정이어서 히틀러는 3인방에 대한 즉각적인 조치를 뒤로 미루었다. 어쨌든 국제적인 손님들과 방송매체가 속속 도착했고 표도 400만 장 넘게 팔린 상태였다. 히틀러는 당분간 도량이 넓고 관대한 사람으로 보이고 싶었다.

고백교회는 과감한 행동에 돌입했다. 말이 마구간에서 나와 날뛰고 있었으므로 독일 전역에 있는 설교단에서 항의서를 낭독하여 "교회가 극악한 불의에 침묵하지 않았다는 분명한 증거를 제시하려 했다." 그들은 항의서를 100만 부가량 인쇄하여 배포했다. 고백교회는 히틀러를 공공연히 비난함으로써 히틀러에 대한 대중적 호감의 파도를 헤쳐 나갔다. 한두 해 전에 히틀러를 비방하던 사람들조차 그에게 커다란 존경을 보내고 있었고 국제올림픽경기마저 그에게 최고의 성취감을 안겨주려 했다. 히틀러는 베르사유 무덤에서 부활한 독일에서 절정을

구가했다. 그런 히틀러를 비난하는 이는 공연히 떠드는 사람 내지 국가의 적으로 여겨졌을 것이다.[15]

국제 올림픽 경기

1936년 여름, 국제올림픽경기는 히틀러에게 새로운 독일의 기운차고 온건한 모습을 보여줄 절호의 기회였다. 책략의 사원을 짓는 일이라면 비용을 아끼지 않는 괴벨스가 속임수와 사기가 난무하는 현장을 만들었고, 선전가 레니 리펜슈탈은 스펙터클 영화까지 제작했다.

나치는 독일을 기독교 국가로 그리려고 최선을 다했다. 제국교회는 올림픽 경기장 근처에 대형 천막을 쳤다. 외국인들은 독일 그리스도인들과 고백교회의 대격돌을 전혀 알아채지 못했다. 히틀러의 독일에는 기독교 신앙이 풍부한가 보다 하고 생각할 뿐이었다. 성 바울 교회에서 진행된 일련의 강연을 고백교회가 후원했다. 야코비와 니묄러와 본회퍼가 강연했다. 본회퍼는 이렇게 기록했다. "어제 저녁은 나쁘지 않았다. 교회가 꽉 찼다. 제단 위에도 사람들이 앉아 있었고, 교회 어디에나 사람들이 서 있었다. 강연을 하는 것이 아니라 설교를 하는 것이었으면 하고 바랐다." 고백교회가 주최한 강연회 대다수는 만원이었다. 한편, 제국교회는 공인받은 대학 교수들의 강연을 후원했다. 하지만 참석자 수는 초라하기 그지없었다.[16]

본회퍼는 고백교회가 참여해야 하는지를 두고 생각이 복잡했다. 독일 내의 진지한 그리스도인들은 대단히 완고한 악, 말을 들으려 하지 않고 타협하려 하지도 않는 악과 교전 중이었다. 행동에 돌입한다면 그 결과까지 감수할 준비가 되어 있어야 했다. 늘 그랬듯이 본회퍼 홀로 사태를 내다보았다. 에큐메니컬 협의회는 지리멸렬한 대화를 계속했고 고백교회 지도자들도 똑같은 짓을 하면서 더 중요한 일은 등한히 한 채 사소한 일에만 매달렸다.

옥스퍼드 운동의 지휘자이자 미국 복음주의 지도자인 프랑크 부크만이 그 당시 베를린에 있었다. 부크만은 히틀러와 다른 나치 지도자들에게 그리스도의 복음을 전하려는 바람을 품고 있었다. 그래서 힘러와 점심식사를 했다. 부크만의 동료 모니 폰 크라몬이 힘러와 아는 사이였기 때문이다. 1년 전, 힘러는 크라몬에게 이런 말을 했다. "아리안 인종으로서 나는 내가 저지른 죄에 대한 책임을 홀로 지지 않으면 안 됩니다." 그는 자신의 죄를 다른 사람에게 전가하는 짓을 유대인의 기질로 여겨 거부했다. 힘러는 부크만이 하려는 말에 그다지 관심이 없었다. 8월 말, 부크만은 비참하게도 이런 발언을 했다. "나는 아돌프 히틀러를 보내준 하늘에 감사한다. 그가 방어전선을 구축하여 공산주의라는 적그리스도를 막았기 때문이다." 파크 애비뉴 21번가에 있는 갈보리 교회 사무실에서 〈뉴욕 월드 텔레그램New York World-Telegram〉과 인터뷰하면서 아무렇지 않게 내뱉은 말이었다. 주제에 대한 그의 폭넓은 사고를 반영한 말은 아니었다. 하지만 그 발언은 가장 신중하다고 하는 그리스도인들이 히틀러의 보수적인 사이비 기독교 선전에 얼마나 쉽게 놀아났는지 여실히 보여준다.[17]

국제올림픽경기가 끝나자 본회퍼는 스위스 샹뷔에 가서 생활과 실천 협의회에 참석했다. 8월 23일, 고백교회 목사들이 독일 전역에서 히틀러에게 보내는 항의서를 낭독했다. 본회퍼는 윗사람들에게 부탁하여 스위스에 머물렀다. 항의서를 잘 아는 누군가가 독일 밖에 있으면서 국제 언론계에 항의서에 대해 알리고, 히틀러가 항의서 낭독자들을 어떻게 다루고 있는지 알리는 게 중요했기 때문이다.

여러 용감한 목사들이 지정된 날에 각자의 설교단에서 항의서를 낭독했다. 본회퍼와 베트게의 절친한 친구 게르하르트 피브란스도 그중 하나였다. 예배가 끝나자 학교 교장이 마을 경찰관에게 밀고하여 "이 반역자를 체포하시오!" 하고 소리쳤다. 경찰관은 그렇게 하라는 지시를 받지 못한 까닭에 어깨만 으쓱하고 말았다. 하지만 게슈타포는 항의서를 낭독한 이들의 이름을 적어 갔다.

진주를 돼지에게 던지지 마라

1936년 가을, 루트비히 뮐러가 또다시 떠올라 〈독일의 하나님 말씀〉이라는 소책자로 파문을 일으켰다. 그 라이비Reibi는 전형적인 식당 행상인의 상냥한 말투로 서문에서 지지자들에게 이렇게 말했다. "나는 제3제국에 있는 동료들을 위해 산상수훈을 번역하지 않고 독일화했습니다. … 여러분의 제국 감독." 뮐러는 자신이 아리안 친구 예수를 도와 제3제국의 국민과 더 효과적으로 소통할 수 있게 했다는 사실에 그저 뿌듯해했다. 예컨대 온유함은 그다지 마음에 드는 독일식 태도가 아니었다. 그런 이유로 뮐러는 자신이 장려하려는 독일 민족의 씩씩한 모습과 훨씬 잘 어울릴 만한 것을 동료들에게 제공했다. "동지애를 잘 지키는 자는 복이 있다. 그는 세상에서 잘 지내게 될 것이다." 뮐러는 이런 자기 풍자적 아첨을 복음전도로 여겼음에 틀림없다. 그런데 그는 자신의 무식한 독서력으로 무엇을 얻으려 한 걸까?[18]

독일 그리스도인들은 독일을 복음화하기 위해서라면 어떤 희생도 치를 수 있다고 확신했다. 이를테면 복음의 골자를 빼버리고라도 유대인에 대한 증오를 설교해야 한다는 것이다. 그러나 본회퍼는 진리를 왜곡하여 더 효과적으로 판매하는 행위는 비단 독일 그리스도인들만의 전유물이 아니라는 걸 알았다. 고백교회 회원들도 진리를 왜곡하고 있었다.

하나님의 말씀을 가급적 순수하게 전하고, 말씀을 조장할 필요나

꾸밀 필요를 느끼지 않고 전하는 것이야말로 본회퍼의 목표였다. 하나님의 말씀은 그 자체로 인간의 마음을 건드리는 능력이 있었다. 모든 겉치레는 사물 자체가 지닌 힘을 약화시킬 뿐이다. 본회퍼는 목사 후보생들에게 거듭해서 말했다. "이 능력이 스스로 말하게 하십시오. 아무 방해도 받지 않고 말하게 하십시오."

하지만 사실 복음 선포의 어느 지점에서 선을 그어야 하는지 알기가 쉽지 않았다. 프랑크 부크만이 힘러에게 접근하려고 돼지에게 진주를 던져주었다고 쉽게 말할 수 있을까? 이 물음은 여러 교구에 파송된 목사 후보생들에게 대단히 실제적으로 다가왔을 것이다. 그들이 제공하려는 것에 교구민들이 그다지 관심을 보이지 않았기 때문이다. 맥 빠지는 일이었을 것이다. 게르하르트 피브란스가 파송을 받아 마그데부르크 동쪽에 있는 자그마한 마을로 갔다. 그 마을에는 멍청이들만 사는 것 같았다.

> 600명 정도가 사는 슈바이니츠 교구는 찢어지게 가난한 공동체입니다. 주일에 한두 명만 예배에 참석합니다. … 주일이 되면 예복을 입고 마을 전체를 통과하며 순례를 하곤 한답니다. 그날이 주일이라는 걸 사람들에게 일깨워주려고요. … 마을 사람들은 "예배에 참석하는 사람이 아무도 없어도 당신은 월급을 받잖아요"라고 하면서 나를 위로하려 한답니다.[19]

피브란스에 따르면 삼위일체주일에는 "여자 교회지기만" 눈에 띄었다고 한다. 본회퍼가 피브란스에게 보낸 답신은 간단하고 실제적이고 성경적이었다. "한 마을이 귀담아 듣지 않으면, 다른 마을로 가면 됩니다. 정도껏 하세요." 이 말은 예수께서 제자들에게 하신 명령을 흉내 낸 것이었다. "누구든지 너희를 영접하지 않거나 너희의 말을 듣지 않거든, 그 집이나 그 고을을 떠날 때에 너희 발에 묻은 먼지를 떨어버려라"(마 10:14). 그러나 이 말은 본회퍼가 오만해서 한 말이 아니었다. 그의 마음은 누가 보더라도 충실한 종인 피브란스에게 가 있었다. 본회퍼는 피브란스에게 이렇게 말했다. "조언을 곧이곧대로 따랐다니 우리가 부끄럽군요. 우리의 조언을 너무 곧이곧대로 받아들이지 마세요. 그렇게 하다가는 장차 그 일에 화를 내고 말 겁니다."[20]

본회퍼는 그 마을을 찾아가서 다음과 같이 설교했다. "나는 피브란스 형제에게 이렇게 충고했습니다. '몇 시간 뒤에 당신 공동체에 편지 한 통을 보내어, 이것은 복음을 마지막으로 제공하는 것일지도 모르며 일꾼이 너무 적어 하나님의 말씀에 대한 갈증을 해소하지 못하는 다른 공동체도 있다고 말하십시오.'"[21]

1937년 봄, 본회퍼는 〈신약성경에 나타난 열쇠들의 능력과 교회 훈련에 관한 진술〉이라는 논문을 썼다. 그는 교회가 스스로를 진지하게 받아들이고, 하나님이 주신 근사하고 놀라운 능력을 붙잡고, 그것을 하나님이 의도하신 대로 이해하고 행사하길 바랐다. 전에 말씀 선포에 대해 목사 후보생들에게 강의했다면, 이번에는 고백교회 전체를 대상으로 강의했다. 논문은 이렇게 시작된다.

1. 그리스도는 자신의 교회에 이 세상의 죄를 용서하기도 하고 그대로 내버려두기도 하는 권세를 주셨다(마 16:19; 18:18; 요 20:23). 교회의 말 한 마디에 따라 영원한 구원과 영원한 벌이 결정된다. 선포된 말씀을 듣고 자신의 죄스러운 생활에서 돌이켜 회개하는 이는 용서를 받고, 죄 속에 머물기를 고집하는 자는 심판을 받는다. 교회는 회개한 사람을 풀어주기에 앞서 죄 속에 머물며 회개하지 않는 자를 먼저 체포해야 한다.[22]

군더더기가 없었다. 그런 다음 그는 값싼 은혜라는 용어를 사용하지 않으면서 그 개념을 논하고 에큐메니컬 협의회와 고백교회가 히틀러 제국교회와 선의의 대화를 해온 것을 두고 이렇게 말했다.

3. "거룩한 것을 개에게 주지 말고 너희의 진주를 돼지 앞에 던지지 말아라. 그들이 발로 그것을 짓밟고 되돌아서서 너희를 물어뜯을지도 모른다"(마 7:6). 은혜의 약속을 함부로 남발해서는 안 된다. 불경한 자들로부터 그것을 보호해야 한다. 성소에 어울리지 않는 자들이 있다. 은혜의 선포에는 경계가 있다. 은혜를 인정하지도, 식별하지도, 바라지도 않는 자에게 은혜를 선포해서는 안 된다. 죄를 짓는 자들은 성소 자체를 더럽히는 것은 물론이고 가장 거룩한 것마저 범하게 마련이다. 게다가 거룩한 것의 남용은 공동체 자체를 거스르고 만다. 이 세상 사람들에게 은혜를 싸구려처럼 안기면, 그들은 은혜에 물려 거룩한 것을 짓밟는 것은 물론이고 은혜를 강제로 떠맡긴 이들까지 갈가리 찢고 만다. 거룩한 것 자체를 위해, 죄인을 위해, 공동체를 위해, 거룩한 것을 값싸게 넘겨서는 안 된다. 죄를 죄라 부르고 죄인에게 유죄를 선언하는 회개의 설교를 통해서만 복음을 지킬 수 있다. 묶는 열쇠로만 푸는 열쇠를 지킬 수 있다. 회개의 설교를 통해서만 은혜의 설교를 지킬 수 있다.[23]

그는 전에도 여러 맥락에서 이와 유사한 언급을 했으며, 구약성경의 예언자들이 했던 것처럼 고백교회 지도자들에게 여러 번 경고한 상태였다. 예언자들처럼 그렇게 경고했으나 허사였다.

그러나 1937년, 그들이 상대해온 짐승의 진짜 본성이 갑자기 드러났다. 양가죽을 쓰고 살금살금 걸을 필요가 없어지자 늑대들이 양가죽을 내던지고 달려든 것이다.

나치가 단호한 조처를 취하다

1937년, 나치는 공정한 척하는 모든 가면을 벗어던지고 고백교회를 혹독하게 다루었다. 그해에 800명이 넘는 고백교회 목사들과 평신도 지도자들이 투옥되거나 체포되었다. 그들의 지도자 달렘의 마르틴 니묄러도 그중 하나였다. 니묄러가 6월 27일에 한 설교가 마지막 설교가 되고 말았다. 군중들이 매주 그의 교회로 몰려드는 상황이었고, 그 마지막 주일에 니묄러는 전에 못지않게 거침없이 설교했다. 니묄러는 설교단에서 이렇게 선언했다. "우리는 옛적의 사도들이 그랬던 것처럼 우리 스스로의 힘으로 권력자들의 손아귀에서 벗어날 수 있다고 생각하지 않습니다. 우리는 사람의 간절한 부탁을 받고 잠자코 있어서는 안 됩니다. 하나님이 우리에게 목소리를 내라고 명령하시기 때문입니다. 사람의 명령보다 하나님의 명령을 따르는 것이 옳고, 당연히 그래야 합니다." 그리고 그는 7월 1일 목요일에 체포되었다.[24]

나치는 잔인할 때에도 신중하고 주도면밀했다. 그들은 여론에 대단히 민감했다. 고백교회에 대한 접근은 끊임없이 단속을 늘리고 끊임없이 옥죄는 방식으로 이루어졌다. 베트게는 이렇게 말했다. "그들은 고백교회를 직접 파문하지 않고 개인 활동을 위협하고 억압함으로써 고백교회를 서서히 없애려 했다."[25]

나치는 중보기도가 필요한 이들의 명단을 설교단에서 낭독하지 못하게 하고 여권을 취소했다. 니묄러의 여권은 1937년 초에 취소된 상태였다. 그해 6월, 나치는 고백교회에서 예배를 드리며 바친 헌금을 불법으로 선언했다. 7월에는 모든 편지 사본이 나치가 제정한 출판검열법의 지배를 받았고 신문과 동일한 취급을 받았다. 예컨대, 본회퍼가 예전 제자들에게 회람용 편지를 보낼 때에는 친필 서명을 해야 했다. 본회퍼는 각각의 편지 사본 상단에 '개인적인 편지'라고 쓸 수밖에 없었다. 무의미한 규정과 부당한 법규가 고백교회 목사들을 강타했고, 그들은 규정 중 어느 하나에 저촉되어 끊임없이 체포되었다.

이후 몇 년간 본회퍼는 핑켄발데 사람들이 투옥당한 것에 책임을 통감하고 그들 중 상당수의 집을 찾아가 머물며 그들의 아내들과 부모들을 위로했다. 본회퍼는 한 목사 후보생 부모에게 보내는 편지에서 이렇게 말했다.

> 우리가 그의 교회 신도들과 함께 하나님의 길을 이해하는 건 쉽지 않은 일입니다. 하지만 아버님의 아드님이 주님을 위해 고난을 당하고 있으며, 예수님의 교회가 그를 위해 중보기도를 하고 있다고 확신하면, 우리는 평안을 얻게 될 겁니다. 주님은 자신의 종들에게 고난을 주실 때 큰 영광도 주십니다. … 그러나 아버님의 아드님은 아버님이 모든 것을 하나님의 손에 맡기고, 하나님이 아버님과 그의 교회에 찾아가실 수 있도록 범사에 감사하기를 바랄 겁니다.[26]

본회퍼는 그들이 더 넓은 저항 공동체의 일부라는 걸 알려주려 했다. 그리고 이를 위해, 투옥된 목사들의 젊은 아내들을 어느 정도 안심시키기 위해 그들이 클라인-크뢰신에 있는 루트 폰 클라이스트 레초브의 시골집에 머무를 수 있게 주선했다. 루트 폰 클라이스트 레초브도 형제단 소속 목사 다수와 그들의 가족들에게 후원자가 되어주었다. 베르너 코흐가 투옥되자 그녀는 이런 편지를 보냈다. "우리는 생소한 시대에 살고 있지만, 가난하고 억압받는 기독교가 생명력을 얻게 된 것을 두고 영원히 감사해야 할 겁니다. 그 생명력은 내가 칠십 년 인생을 살면서 알게 된 것보다 훨씬 큰 생명력입니다. 나는 그런 생명력이 생생히 살아 있는 것을 목격하고 있습니다!" 본회퍼는 코흐 목사의 아내도 폰 클라이스트 레초브 부인에게 보내어 비할 데 없이 훌륭한 환대를 받게 했다. 독일식 목조 뼈대로 지은 고택古宅은 정원과 키 큰 밤나무들에 둘러싸여 있었다. 폰 클라이스트 레초브 부인은 커다란 부엌에서 새끼 거위들도 기르고 희망, 만족, 기쁨이라는 이름의 손님용 침실도 세 개나 두고 있었다.27

체포되는 니묄러, 떠나는 힐데브란트

7월 1일 아침, 본회퍼와 베트게는 베를린에 있었다. 고백교회 목사들의 체포가 나날이 늘어갔다. 두 사람은 니묄러, 힐데브란트와 전략을 세우려고 달렘에 있는 니묄러의 집으로 갔다. 그러나 그 집에는 힐데브란트와 니묄러의 아내밖에 없었다. 본회퍼와 베트게가 도착하기 직전에 게슈타포가 니묄러를 체포해 간 것이다.

네 사람이 앞일을 놓고 이야기하고 있는데, 검은색 메르세데스 몇 대가 다가왔다. 본회퍼와 베트게, 힐데브란트는 게슈타포 차량이라는 걸 알아채고 뒷문으로 갔다. 그러나 그들은 물론이고 고백교회 목사들 대다수와 안면이 있는 게슈타포 경관 횔레 씨가 그곳에서 기다리다가 그들을 제지했다. 횔레는 세 사람을 다시 집 안으로 데리고 들어갔다. 다른 직원이 집을 수색하고 있었다. 세 사람은 일곱 시간 동안 니묄러의 가택에 연금되어 있었다. 가만히 앉아서 니묄러의 집을 수색하는 걸 지켜보았다. 게슈타포의 꼼꼼한 인내가 드디어 보상을 받았다. 그림 한 점 뒤에 감추어져 있던 금고를 찾아낸 것이다. 그 속에 목사긴급동맹의 자금 1,000마르크가 들어 있었다.

니묄러의 열 살 된 아들 얀이 회고한 대로 그날 그 집에서 눈에 띄는 사람은 누구나 그 집에 억류되어 혐의를 받았다. 얀은 "집이 꽉 차 있었다"라고 말했다. 어찌된 일인지 모르지만, 파울라 본회퍼가 상황을 눈치챘다. 디트리히는 부모님의 자동차가 몇 차례 지나가고 어머니가 슬쩍슬쩍 엿보는 모습을 보았다. 니묄러를 제외한 모든 사람이 그날 오후에 풀려났다. 사태가 새로운 국면으로 접어들었다.[28]

니묄러는 8개월간 수감생활을 했다. 하지만 석방되던 날 게슈타포가 즉석에서 그를 다시 체포했다. 당시 게슈타포는 이토록 불쾌한 술책을 동원하는 것으로 유명했다. 히틀러는 자기에게 거침없이 맞서는 이의 자유를 묵과하지 않고 니묄러 목사에게 총통의 개인 죄수가 되는 영광을 안겨주었다. 니묄러는 다하우 집단수용소에서 7년간 복역하고 1945년 연합국에 의해 자유의 몸이 되었다.

한편, 힐데브란트는 달렘에서 설교하는 일을 맡았다. 그의 설교 역시 니묄러의 설교만큼이나 불같았다. 하지만 지금이 탈출을 모색해야 할 시기라는 걸 깨닫기 시작했다. 국가에서 여권을 취소하고 있었고, 여건이 좋아진다 해도 독일을 뜨는 것이 가능하지 않을 것 같았다. 7월 18일, 힐데브란트는 달렘에서 고별설교를 했다.

신도들 중에는 게슈타포 직원들이 늘 섞여 있었다. 교구민과 목사들을 위협할 속셈이었지만, 달렘에서는 언제나 실패로 끝났다. 니묄러가 설교단에서 그들을 놀려댔고, 가끔은 교우들 중 한 사람에게 "우리 경찰 친구에게 성경을 건네주십시오"라고 부탁하기도 했다. 7월 18일 주일에, 힐데브란트는 새 법령을 직접적으로 위반하면서 중보기도가 필요한 이들의 명단을 큰소리로 읽었다. 그런 다음 고백교회 사역을 위해 특별 헌금을 하자고 분명하게 제안했다. 그 헌금을 제단에 있는 주님의 상床에 놓으라고 지시한 다음 그것을 하나님에게 바치며 하나님의 일에 써달라고 기도했다. 여느 때에는 게슈타포가 그러한 법령 위반을 눈감아주었지만, 그날은 그러지 않았다. 예배가 끝나자마자 게슈타포가 뻔뻔하게 앞으로 걸어가 헌금을 탈취해갔다.[29]

그런 다음 힐데브란트를 체포하고 힐데브란트가 저항하는 광경이 이어졌다. 그러자 회중이 한패가 되어 점점 더 크게 외쳤다. 게슈타포 경관들이 힐데브란트를 호송하여 예배당 밖에 있는 자동차로 끌고 가자 떠들썩한 군중이 뒤쫓았다. 자동차 주위로 회중이 몰려들어 항의를 계속했다. 게슈타포 경관들이 자동차를 출발시키려 하다가 그만두었다. 곤란한 몇 분이 지나자 창피를 당한 게슈타포가 패배를 인정하고 자동차에서 내려 죄수와 함께 게슈타포 본청을 향해 걷기 시작했다. 그들은 가급적 밤중에 은밀히 임무를 수행하는 편이었지만, 거리를 걷는 지금은 자신들에게서 목사를 빼앗아간 것에 격분하여 주위의 모든 이에게 사실을 알리는 회중들에게 야유를 받고 있었다. 게다가 게슈타포는 죄수와 함께 반대 방향으로 걸어가고 있었다. 힐데브란트와 교구민들은 그걸 알고 있었지만, 게슈타포를 도와줄 기분이 아니었다. 게슈타포가 걸음을 떼면 뗄수록 미련해 보였다. 우여곡절 끝에 힐데브란트는 알렉산더플라츠에 있는 게슈타포 본청으로 끌려갔다.

이튿날, 게슈타포가 힐데브란트를 데리고 그의 아파트로 갔다. 고백교회의 또 다른 은닉자금을 찾아내어 몰수하기 위해서였다. 하지만 수색하는 동안 한 경관에게 갑작스런 치통이 찾아왔다. 그들은 힐데브란트에게 일을 빨리 끝내자고 종용하다가 제2의 고백교회 자금을 건드려보지도 못한 채 허둥지둥 떠났다.

그런 다음 힐데브란트는 플뢰첸제 교도소로 이송되었다. 본회퍼와 다른 벗들이 그곳 생활을 염려했다. 그가 유대인이었기에 학대를 훨씬 더 많이 받을 게 뻔했다. 본회퍼 일가는 힐데브란트를 석방시키려고 전력을 다했다. 한스 폰 도나니가 개입하여 석방 예정일인 28일보다 이틀 빠른 26일에 그를 빼낼 수 있었다. 이 특별한 개입이 없었다면, 그는 그 시골에 남아 있다가 니묄러처럼 다시 체포되고 말았을 것이다. 어쩌면 아리아인이 아니었으므로 살아남지 못했을지도 모른다. 힐데브란트는 스위스로 탈출한 다음 런던으로 갔다. 그리고 곧바로 옛 친구이자 성 조지 교회의 담임목사인 율리우스 리거의 부목사가 되었다. 힐데브란트는 그곳에서 난민들을 도우면서 벨 주교와 다른 에큐메니컬 연락원들과 함께 일했다. 하지만 본회퍼는 친구를 잃은 것이나 마찬가지였다.

핑켄발데의 최후

고백교회가 달렘에 있는 니묄러의 교회에서 중보기도회를 8월 8일에 열기로 했다. 예배당으로 가는 길이 차단되었지만, 교회 신자들은 니묄러와 마찬가지로 불굴의 의지를 지니고 있었다. 사태는 또 다른 반反나치 집회로 치달았다. 몇 시간이 지나도 군중이 흩어지지 않았다. 신자 250명이 체포되어 알렉산더플라츠로 끌려갔다.

본회퍼는 1937년 여름 내내 핑켄발데에서 제5차 6개월 교육과정을 감독하면서 1932년 이래로 산상수훈과 관련하여 머릿속에서 형체를 갖추어가던 책의 원고 작업도 마무리했다. 그 책은 《나를 따르라》라는 제목으로 1937년 11월에 출판되어 이후 20세기의 가장 영향력 있는 기독교 서적 가운데 하나가 되었다.

본회퍼와 베트게는 여름학기를 끝내고 바이에른 알프스의 에탈 근처에 있는 쾨니히제와 그라이나우로 휴가를 떠났다. 그런 다음 괴팅겐으로 가서 자비네와 게르하르트 라이프홀츠, 그들 부부의 두 딸을 만났다. 그곳에서 본회퍼는 슈테틴에서 걸려온 뜻밖의 전화를 받았다. 게슈타포가 핑켄발데 신학원을 폐쇄했다는 내용이었다. 한 시대가 끝난 것이다.

그런 다음 본회퍼와 베트게는 마리엔부르크 알레에 있는 부모님 집에서 여섯 주를 머물렀다. 두 사람은 본회퍼의 다락방에서 지냈다. 침대 둘과 수많은 장서가 있는 방이었다.* 창문으로는 그 방이 딸린 집과 이웃집 뒤뜰이 보였다. 이웃집에는 본회퍼의 누이 우르줄라가 남편 뤼디거 슐라이허와 살고 있었다. 베트게는 본회퍼 일가의 일원이 되어 끼니때마다 함께 식사하고 이 지적이고 교양 있는 사람들, 나치를 극렬히 반대하는 이들과 즐거운 시간을 보냈다. 밤이 되면 두 사람은 도나니에게 전해들은 최근 소식을 놓고 이야기를 나누었다. 시절이 점점 더 험악해지고 있었다. 유대인들과 관련하여 특히 그랬다.

두 사람은 여러 날 저녁을 슐라이허의 집에서 보냈다. 그랜드피아노가 그 집에 있었기 때문이다. 베트게와 그 밖의 사람들이 노래를 부르고 디트리히는 대개 반주를 맡았다. 디트리히의 열한 살 된 조카 레나테는 주로 악보 넘겨주는 일을 맡았다. 외삼촌과 마찬가지로 레나테도 폰 하제 가문의 핏줄, 곧 외할머니 파울라 본회퍼의 핏줄을 이어받아 머리카락이 담황갈색이었고 두 눈은 꿰뚫는 듯 푸르렀다. 당시 레나테와 스물여덟 살의 베트게는 자신들이 6년 뒤에 결혼하리라는 사실을 전혀 알지 못했다.

부목사직을 위한 모임

이 6주간 본회퍼는 온 힘을 동원하여 핑켄발데 신학원 폐쇄에 이의를 제기했다. 그러나 1937년 말이 되면서 핑켄발데 신학원을 다시 열 수 없다는 사실이 분명해졌다. 그럼에도 본회퍼는 이것이 비합법 신학원들의 최후를 의미해서는 안 된다고 생각했다. 그 신학원들은 '부목사직을 위한 모임' 형태로 계속되었다.

*다락방은 지금도 개방되어 있다. 방에는 본회퍼가 소장했던 장서와 책상과 피아노가 있다.

1938년 여름, 그로스-슐륀비츠 교구 회관에서 무언가를 보는 디트리히 본회퍼와 에버하르트 베트게

그 과정은 고백교회에 호의적인 교회, 담임목사가 여러 실습 목사를 곁에 두려 하는 교회를 찾는 것으로 시작되었다. 실습 목사들이 하는 일은 명목상으로는 담임목사를 돕는 것이었지만, 실제로는 핑켄발데 신학원에서 하던 식으로 교육을 받았다. 목사 후보생들은 저마다 그 지역 목사의 조수로 지역 경찰서에 등록했지만, 일곱 명 내지 열 명씩 조를 지어 다른 후보생들과 함께 지냈다. 1938년, 그런 식의 단체가 두 개나 결성되었다. 둘 다 포메른의 동부 황무지에 있었다. 하나는 쾨슬린에 있었는데, 슈테틴에서 100마일가량 떨어져 있었다. 다른 하나는 이보다 30마일이나 더 떨어진 곳에 있었다.

핑켄발데 신학원 졸업생 프리츠 오나쉬의 아버지가 쾨슬린의 관리 감독이었다. 이 관리감독이 목사 후보생 열 명을 자기 교구의 고백교회 목사 다섯 명에게 배치해주었다. 후보생들은 모두 관리감독의 부목사 주택에서 지냈다. 본회퍼도 필요하면 그곳에서 지냈다. 프리츠 오나쉬가 연구소 소장직을 맡았다. 슐라베의 관리감독 에두아르트 블로크가 베트게와 본회퍼를 부목사로 채용했다. 슐라베에서는 베트게가 연구소 소장직을 맡았다. 이들 목사 후보생은 슐라베의 동부 지역에서 지냈다. 베트게는 그곳을 이렇게 묘사했다. "교구의 경계선, 곧 그로스-슐뢴비츠에 있는 목사관은 바람이 쉴 새 없이 때려대는 산만한 곳이었다."30

본회퍼는 날씨가 허락할 때면 시간을 쪼개어 쾨슬린과 슐라베를 오갔는데, 대개 오토바이를 타고 갔다. 주 후반은 슐라베에서 가르치며 주말을 보냈다. 종종 200마일을 달려 베를린에 갔고, 거의 날마다 어머니와 통화했다. 어머니는 교회투쟁과 정치투쟁에 대한 정보를 끊임없이 전해주는 주요 통로 역할을 했다.

본회퍼는 영원한 낙천주의자였다. 하나님이 성경을 통해 말씀하신다고 믿었기 때문이다. 그는 자신이나 충직한 형제단에게 무슨 일이 닥치든지 그 일이 새로운 기회를 열어줄 것이고, 하나님이 그 기회를 이용하여 움직이면서 예비해주실 것이라 확신했다. 1937년을 총결산하며 핑켄발데 신학원 졸업생들에게 보내는 편지 끝부분에서 본회퍼는 이렇게 말했다. "여러분에게 장담하건대, 우리를 이끄는 새 길이 우리에게 커다란 감사의 이유를 제공할 것입니다."31

이 시기에 목사 후보생 중 한 사람이 본회퍼에게 보낸 편지에서 우리는 슐뢴비츠에서의 생활이 어떠했는지를 엿볼 수 있다.

슐뢴비츠에 온 건 유쾌하거나 기대에 부푼 마음을 안고 온 게 아니었습니다. … 정신적으로나 육체적으로나 힘든 이 시기를 전율하며 바라보았거든요. 내 생각에 그 시기는 … 우리가 품위 있게 견뎌야 하고 가능한 한 극기를 바탕으로 통과해야 하는 필요악이었습니다. … 하지만 모든 것이 내가 우려하던 것과 완전히 달랐습니다. 나는 신학적 위선의 무뚝뚝한 분위기 속에 들어가기는커녕 내가 좋아하고 필요로 하는 것 상당수를 겸비한 세계에 흠뻑 빠졌습니다. 그 세계는 이런 것을 겸비하고 있었습니다. 스스로를 무능력하다 여기는 이에게 상처를 주지 않고 일을 기쁨으로 변화시키는 형제들과 사귀는 가운데 이뤄지는 명쾌한 신학 작업, 말씀 아래에서 우리 모두를 가리지 않고 하나로 묶어주는 형제애, 타락한 창조세계를 사랑스럽게 만드는 만물에 대한 허심탄회한 감사, 음악, 문학, 스포츠, 대지의 아름다움, 시원시원하게 베푸는 생활방식 … 오늘 되돌아보니 다음과 같이 선명한 그림이 내 앞에 펼쳐져 있군요. … 벌써 형제들이 자리에 앉아 잼 바른 빵을 들면서 오후 커피를 마시고 있네요. 소장님이 오랫동안 출타해 있다가 돌아왔습니다. … 소장님이 최근 소식을 풀어놓자 갑자기 세상사가 고요하고 단순한 포메른 농장생활로 뛰어드는군요. … 나의 기쁨을 끌어올려주는 주변이 있어야 중심을 위해 일할 수 있다고 말하면, 당신의 신학적 관점의 객관성을 흐리게 하는 말이 될까요?[32]

1939년, 슐라베에 있는 부목사 주택을 쓸 수 없게 되었다. 하지만 고생이라고 할 것도 없었다. 목사 후보생들은 그로스-슐뢴비츠보다 훨씬 멀리 떨어진 지구르츠호프로 옮겼다. 마치 한 마리 어미 새가 그들을 현재의 둥지에서 데리고 나와 독일 동화 한가운데 자리한 오지의 왕국으로 이끌고 간 것 같았다. 베트게는 이렇게 썼다.

농장마을에서 남쪽으로 3킬로미터 떨어진 이 작은 집은 한적하다는 점에서 이제까지 지내온 모든 곳을 능가했다. 지붕이 한참 아래까지 뻗어 있고 덩굴이 무성하게 타고 올라간 집의 정면에는 아주 작은 창문 네 개가 쓸모없는 안마당을 굽어보고 있었다. 집 뒤에는 목가적 비퍼 강이 지나가고 있었다. 물을 길어 올리는 펌프가 울창한 숲 맨 앞쪽 나무들 아래에 있었다.

1938년, 지구르츠호프 신학생들과 함께 찍은 사진. 세 번째 줄 왼쪽 끝에 있는 사람이 디트리히 본회퍼다. 에버하르트 베트게는 네 번째 줄 오른쪽 끝에 서 있다.

숲의 남쪽은 비스마르크 가문 사유지인 바르친 숲과 닿아 있었다. 그곳은 전기가 들어오지 않았다. … 이 환경에서 고요를 맛보지 못하는 자는 숲 속 깊은 곳에 있는 사냥꾼용 통나무집으로 퇴각할 수도 있었다. 여름철이 되면, 연못에 백작의 고깃배가 떠 있었고 티초브 가문의 대저택에 딸린 테니스코트를 마음껏 사용할 수 있었다.³³

숯이 떨어지고 등유가 없었으므로 우리는 양초로만 지냈다. 저녁이 되면, 모두 한 방에 웅크리고 앉아 놀이도 하고 큰소리로 책도 읽었다.³⁴

본회퍼는 부모님에게 보내는 여러 편지에서 그 상황을 이렇게 묘사했다.

어제 이곳에 도착했습니다. … 어제 오후에는 스키어들과 함께 눈 덮인 숲

속을 질주하지 않을 수 없었습니다. 비길 데 없이 아름답고 다른 모든 일이 허깨비로 여겨질 만큼 평화로웠습니다. 엄밀히 말해서 저는 특히 지금 같은 시기에는 시골생활이 도시생활보다 인간에게 훨씬 잘 어울린다는 사실을 더더욱 절감하고 있습니다. 이곳은 대중의 영향력이 미치지 못하는 곳입니다. 오늘은 베를린과 이 궁벽한 농장의 차이가 특히 크게 느껴지는군요.

이곳은 지금 눈으로 뒤덮여 고립된 상태입니다. 우편 자동차도 뚫고 들어올 수 없어서 썰매를 이용하지 않으면 아무것도 얻을 수 없답니다. … 기온이 영하 28도네요. … 이와 같은 상황에서는 일하기가 훨씬 수월합니다. 우리는 숲에서 2미터 길이의 나무와 100킬로그램의 숯을 얻었습니다. 이거면 이틀 정도 쓸 수 있습니다. 물론 양식 조달은 쉽지 않지만, 아직은 넉넉하답니다. 하고 싶은 대로 해도 된다면, 도시를 영원히 멀리하고 싶습니다.

엄청난 비가 한 차례 내리고 나면, 이곳 바닥은 빙판 천지가 됩니다. 주위 초원이 집에서 10미터 정도 떨어진 곳까지 근사한 스케이트장으로 바뀝니다. … 우리는 한 주간 뗄 수 있을 만큼의 땔감을 마련해놓았습니다. 지난 이틀간 폭설이 내렸고 눈보라가 쉴 새 없이 쳤습니다.[35]

20

떠오르는 전쟁

1938년

오늘날 견신례 대상자들은 예수께서 이 세상 신들에 맞서 벌이시는 전쟁에 신병처럼 참여하고 있습니다. 이 전쟁은 목숨을 다해 헌신하라고 요구하는 전쟁입니다. 우리 주 하나님은 이 전쟁을 능히 치르실 분이 아니던가요? _디트리히 본회퍼

여보, 우리는 범법자들의 손아귀에 들어가고 말았소. 내가 그러리라고는 상상도 하지 못했소! _전임 제국은행 총재 히얄마르 샤흐트

    1938년은 독일인들과 유럽인들에게 격동의 해였다. 본회퍼 일가에게도 그랬다. 1938년, 본회퍼는 시작이 그리 좋지 않았다. 1월 11일, 달렘에서 열린 고백교회 회의에서 체포되었기 때문이다. 게슈타포 경관들이 들이닥쳐 그 자리에 있던 서른 명을 모두 체포하고, 알렉산더 플라츠에 있는 게슈타포 본청에서 7시간 동안 심문하다 풀어주었다. 그런데 그날 최악의 소식을 들었다. 앞으로 베를린 체류를 금한다는 거였다. 그날 저녁, 게슈타포가 본회퍼와 프리츠 오나쉬를 슈테틴행 기차에 태워 보냈다.

    부목사를 위한 모임 첫 학기를 시작한 상태라 본회퍼는 그 일마저

금지당하지 않은 것만으로도 감사했다. 그러나 정치적 진전이 고무적으로 보이기 시작한 때에 베를린과 단절되는 건 곤혹스러웠다. 본회퍼는 1935년부터 해온 것만큼이라도 베를린과 포메른을 왕래하고 싶었다. 부모님 집은 그에게 우주의 중심이었다. 나치 정부가 동요하며 히틀러의 몰락을 바라는 모든 이의 희망을 돋우기 시작하는 지금, 베를린에 접근할 수 없게 된 건 끔찍한 일이 아닐 수 없었다.

하지만 본회퍼는 고위층 인사를 많이 알고 있었기에 의지할 곳이 전혀 없지는 않았다. 앞으로 어떻게 할지 부모님을 만나 의논하고 싶었다. 디트리히가 부모님을 만나러 갈 수 없는 상황이라 부모님이 2월 초에 슈테틴으로 와서 루트 폰 클라이스트 레초브의 집에서 아들을 만났다. 카를 본회퍼의 명성이 그 사태에 효과를 발휘했다. 게슈타포를 설득하여 업무와 관련해서만 베를린 접근 금지를 실시하게 한 것이다. 그리하여 디트리히는 개인적인 사정과 가족 문제를 핑계 삼아 베를린에 갈 수 있게 되었다.

본회퍼가 히틀러의 운이 불시에 다할 거라고 생각한 데에는 몇 가지 이유가 있었다. 법무부에서 일하는 한스 폰 도나니가 직위를 이용해 어떤 사태가 나치 선전기계를 통해 걸러지기 전에 먼저 보고 들은 다음 가족들에게 소식을 전했던 것이다. 지난해 가을에는 독일 경제를 급성장시킨 히알마르 샤흐트가 공식 항의 표시로 사임하여 히틀러 정부를 곤경에 빠뜨렸다. 1938년 1월에는 또 다른 위기를 불러올 사건이 터지기 시작했다. 지난 5년간 국가를 파괴해온 성마른 채식주의자 히틀러의 파멸을 예시하는 전조일지도 모르는 일이었다.

히틀러의 곤경은 1937년 11월 5일에 시작되었다. 그날은 히틀러가 군 장성 회의를 소집하고 전쟁 계획을 설명한 날이다. 주의를 기울이는 사람은 누구나 알아챈 사실이지만, 히틀러는 처음부터 전쟁을 열망했다. 이제 그 전쟁이 임박해 있었다. 히틀러는 깜짝 놀란 장성들에게 독일 동쪽 옆구리에서 발생할지도 모를 불상사를 제거하기 위해 오스트리아와 체코슬로바키아를 먼저 침공할 거라고 밝혔다. 그리고는 영국인들이 군사적으로 심각한 위협이 되고 있으니 영국을 달래라고 명령했다. 조만간 영국 및 프랑스와 전쟁을 벌일 가능성이 컸다. 그 과대망상증 환자는 자신이 어떻게 군사적 천재성을 발휘하여 세계를 뒤흔들 건지 네 시간 동안 떠들며 이렇게 말했다. "내가 그들을 스튜로 만들어 질식시킬 테니 두고 보시오!"[1]

군 장성들은 다양한 충격과 분노를 안고 회의장을 떠났다. 방금 들은 내용은 광기의 정수나 다름없었다. 외무장관 콘스탄틴 폰 노이라트 남작에게는 심장 발작이 여러 번 찾아왔다. 베크 장군은 그 모든 것을 파멸로 이해했다. 베크는 히틀러 암살 공모를 주도할 생각이었고, 조만간 도나니와 본회퍼도 그 공모에 가담할 터였다. 베크가 불온한 길에 서게 된 건 그날 히틀러에게서 전쟁 발언을 들었기 때문이다. 하지만 히틀러의 노골적이고 맹목적인 침략전쟁 발언에 어안이 벙벙해진 사람은 베크만이 아니었다. 그 자리에 있던 모든 장성이 히틀러를 "정신병자"와 "피에 굶주린 자"로 묘사하기 시작했다. 히틀러가 계획하는 건 국가의 자살행위나 다름없었기 때문이다.

하지만 프로이센 지휘관 출신의 이 신사들은 모두 너무 점잖아서 히틀러처럼 야비한 자를 어찌 다루어야 하는지 알지 못했다. 히틀러는 한편으로는 난폭한 골칫거리, 신중함이라고는 눈곱만큼도 찾아볼 수 없는 막돼먹은 촌뜨기였고, 다른 한편으로는 그들이 사랑하는 독일의 합법적 수장이자 그들이 충성을 맹세한 자였다. 이들 대다수에게 히틀러는 일종의 추잡한 중국식 퍼즐을 제시하는 자나 다름없었다. 그들은 대부분 조국을 사랑했지만 히틀러는 미워했다. 히틀러가 세운 전쟁 계획을 그의 무모함과 부도덕함 때문에 위태위태하게 여겼다. 그들은 히틀러가 자신들의 위대한 조국을 바위에 세차게 던져 산산조각 내려 한다고 확신했다. 그들은 정말로 옳았다. 장성들은 회의가 끝난 시점부터 히틀러를 제거하는 일에 골몰했다.

베크는 장성들이 쿠데타를 일으키도록 동원할 수 있는 모든 수단을 동원하다가 결국에는 가능한 한 담대한 성명을 발표하기 위해 퇴역했다. 베크의 퇴역은 국가를 뿌리까지 뒤흔들고 나치를 한꺼번에 날려버릴 수도 있는 사건이었다. 하지만 고결하고 귀족적인 태도를 유지하던 베크는 퇴역을 이용하여 엄청난 영향을 미칠 생각이 없었다. 꼴사납게 남의 이목을 끌고 싶지 않았다. 그래서 자신이 퇴역했다는 말을 남들이 듣지 못할 만큼 품위 있게 퇴역했다. 고별사를 영어로 준비했지만, 고별사가 들어 있던 지갑을 잃어버리고 말았다.

한스 기제비우스는 이렇게 말했다. "베크는 프로이센 지휘관 집단의 전통에 깊이 빠져 있어서 국가의 권위를 비난하는 약간의 기미조차 피하려 했다."[2] 얼마 지나지 않아 베크는 자신이 새로운 세계 안에 있음을 깨달았다. 그 세계는 자신이 알던 국가를 발가벗겨 늪 속에 던져버릴 세계였다. 베크의 후임자 프란츠 할더는 절대로 수동적인 사람이 아니었다. 할더는 히틀러를 "악의 화신"으로 묘사했다.[3]

프리치 사건

이 품위 있는 인사들 중 하나가 히틀러를 뒤흔든 사건의 중심에 서 있었다. 도나니와 본회퍼를 깜짝 놀라게 한 이 사건에는 군 최고 사령관 베르너 프라이헤르 폰 프리치 장군이 연루되어 있었다.

사건은 프리치가 전쟁 계획을 놓고 히틀러와 대화를 시도하다 실수하는 바람에 시작되었다. 히틀러는 이 상류 계급 겁쟁이들을 참을 수 없었다. 히틀러에게 중요한 건 프리치가 하는 말이 일리가 있느냐가 아니라 그런 말썽꾸러기들을 어떻게 침묵시킬 것이냐였다. 포마드를 바른 뚱뚱보 공군 수장 헤르만 괴링이 묘안을 냈다. 괴링은 오래 전부터 독일군 대원수직을 노려왔고, 최근에는 전임 육군원수를 비밀리에 제거하는 일에 성공했다. 육군원수 블롬베르크가 새 아내와 관련된 추문으로 여론의 뭇매를 맞은 것이다. 블롬베르크의 새 아내를 매춘부라고 비난한 자는 바로 괴링이었다. 날렵한 노신사 블롬베르크는 자기 여비서의 과거가 들춰지리라고는 꿈에도 생각하지 못했지만, 막상 들춰지자 군복을 벗을 수밖에 없었다.

괴링은 블롬베르크가 그렇게 나올 줄 알고 있었다. 블롬베르크처럼 명예를 중시하는 부류는 많은 힘을 들이지 않고도 난처하게 만들어 쫓아낼 수 있었다. 그런 일이 또 가능할까? 하지만 이번에는 공작을 펼 사실이 없었다. 그럼에도 괴링은 묘안을 짜냈다. 비열하기 짝이 없는 계획이었다. 힘러가 괴링에게 꼼짝 못할 정보를 제공했다. 물론 엉터리 증인이 내놓은 정보였다. 엉터리 증인은 프리치가 "베를린 포츠담 철도역 근처 어둔 골목에서 '바이에른 사람 조'라는 이름의 폭력배와" 동성애를 했다고 증언했다. 이 더러운 무고에 맞닥뜨린 프리치는 기가 막혀서 아무 말도 할 수 없었다.[4]

히틀러는 물론이고 나치 지도자들은 자신들에게 동성애 같은 도덕적 문제가 없다고 말해야 했다. 나치 조직의 초기 인물들 상당수는 동성애자들이었다. 그들 중 에른스트 룀과 그의 점잖은 체하는 친구들이 특히 그랬다. 히틀러도 그런 행위에 연관되었을 개연성이 높다. 하지만 제3제국에서 누군가의 명예를 손상시키는 데에는 동성애 고발만큼 좋은 게 없었다. 히틀러와 나치는 자신들의 주특기인 아슬아슬한 냉소주의와 함께 이 책략을 무수히 동원하여 정적을 제거했다. 강제수용소에는 그렇게 애처로운 수용자들이 넘쳐났다. 핑크빛 삼각관계의 오점을 지니고 있는 한, 그들은 그곳에 수용당한 진짜 이유를 결

코 밝힐 수 없었다.[5]

하지만 프리치 장군은 동성애 금지법을 위반한 적이 없었고, 그래서 명예를 지키기로 맹세했다. 도나니가 뛰어들어 사태의 진상을 명백히 밝히려고 애썼다. 그리고 얼마 지나지 않아 그들이 프리치Fritsch를 프리시Frisch라는 퇴역 기병대 장교와 일부러 혼동한 것임을 알아냈다. 실제로 그 어둔 골목에서 동성애를 벌인 자는 프리치가 아닌 프리시였다. 힘러와 게슈타포가 모든 사실을 알고도 프리치를 제거하고픈 바람이 너무 간절해서 의도적인 오식誤植으로 누명을 씌우려 한 것이다. 제3제국의 칠흑 같은 대양에서 't'자 하나에 누가 신경을 쓰랴 싶었던 것이다. 그들은 거의 성공할 뻔했지만 그러지 못했다.

더러운 술책을 알게 된 프리치는 마땅한 처벌이 이루어지게 하겠다고 단언했다. 군의 명예 법정이 프리치의 결백을 입증하고 힘러가 술책을 꾸몄다는 증거를 제시하여 힘러와 그가 지휘하는 친위대가 어떤 자들인지 공개적으로 폭로했다. 하이드리히도 그 술책에 연루되어 수치를 당하고 쫓겨나 동굴 같은 잠수함으로 돌아갔다. 게슈타포와 친위대의 범죄 행위는 히틀러를 실각시킬 수 있을 만큼 심각했다. 히틀러가 증거를 은폐하려 했다면, 군이 행동에 나서려 했을 것이다. 쿠데타 계획이 수립되고 있었고, 도나니와 본회퍼는 숨을 죽인 채 계획을 주시하고 있었다.

그러나 우리가 아는 것처럼 쿠데타는 일어나지 않았다. 히틀러는 곤경에서 벗어난 미국 마술사 해리 후디니처럼 꿈틀거리며 자유롭게 돌아다녔다. 쿠데타가 일어나지 않은 이유는 독일군 장교 집단의 게으름 때문이었다. 그들은 잘못된 양심의 가책에 묶여 옴짝달싹 못했다. 조만간 그들과 함께 짝짜꿍놀이를 하던 잔인한 악마들이 그들의 목을 조르고 묘한 양심의 가책마저 질식시킬 텐데도, 그들은 움직이려 하지 않았다. 믿기 어려운 일이지만, 프리치는 그 무고에 공공연히

악명 높은 롤란트 프라이슬러의 인민 재판소에 서 있는 라이프치히 시장 카를 괴어델러 박사. 프라이슬러는 7월 20일 암살 공모에 가담했다는 이유로 괴어델러에게 사형선고를 내렸을 뿐만 아니라 디트리히의 형 클라우스와 매형 뤼디거 슐라이허에게도 사형선고를 내렸다.

항의하는 건 자신처럼 사회적 지위를 갖춘 사람에게 어울리는 짓이 아니라고 확신했다. 요아힘 페스트는 이렇게 말했다. "프리치는 졸지에 발을 들여놓은 야비한 세계를 받아들이지 않았다. 이는 그가 베크의 승인을 받아 궁리해낸 희극적이면서도 통쾌한 계획에서 여실히 드러났다. … 그 계획은 힘러에게 결투를 신청하는 것이었다."[6] 차라리 상어에게 장기를 두자고 하는 편이 나았을 것이다. 다른 독일인 보수주의자는 히틀러를 가리켜 이렇게 말했다. "히틀러에게는 이질적인 구석이 있었다. 그는 사멸한 원시 부족으로부터 갑자기 솟아오른 사람 같았다." 히틀러는 넌더리나는 수수께끼 같은 인물이었다! 고상한 장교 집단에 속한 누군가가 히틀러를 겨냥했을 때는 이미 때늦은 뒤였다. 그해에 전임 제국은행 총재 히알마르 샤흐트는 아내와 저녁을 먹으면서 이렇게 탄식했다. "여보, 우리는 범법자들의 손아귀에 들어가고 말았소. 내가 그러리라고는 상상도 하지 못했소!"**7**

히틀러는 모든 것을 지워버리고 새로 시작하고자 2월 4일 오전에 독일군 전체를 과감히 재정비하겠다고 공표했다. 그날은 본회퍼의 서른두 번째 생일이기도 했다. 포고령은 다음과 같다. "이제부터 군 전체의 통수권은 내가 직접 맡는다."**8** 히틀러는 전쟁부를 폐지하고 국방군 최고사령부를 신설한 다음 직접 통수권자가 됨으로써 프리치 문제와 다른 많은 문제를 일거에 지워버렸다. 괴링이 턱없이 탐내던 원수직은 더 이상 존재하지 않았다. 하지만 히틀러가 흐뭇한 마음으로 괴링의 반질반질한 궁둥이를 걷어차 올리며 육군 수뇌부라는 직함을 주었다. 국방군 최고사령부 수장으로 임명된 인물은 빌헬름 카이텔이었다. 히틀러가 카이텔을 임명한 이유는 지도자의 자질이 부족하고 히틀러의 희망사항을 방해하지 않을 것 같았기 때문이다. 언젠가 히틀러는 괴벨스에게 카이텔을 가리켜 이렇게 말했다. "카이텔의 지적 능력은 극장 안내인 수준이야."**9** 나치 통치를 끝낼 수도 있는 사건이 그렇게 물거품이 되고 말았다.

히틀러와 나치를 이른 열차에 태워 보내고 상상도 할 수 없는 운명으로부터 독일을 구출할 절호의 기회가 있었다면, 그것은 아마도 실패한 프리치 사건이었을 것이다. 하지만 그 최악의 상태에서 히틀러에 맞서 싸우는 저항 단체가 여럿 출현했다. 갑자기 나타난 저항 단체의 주역은 한스 오스터였다. 오스터는 독일 국방정보보국Abwehr 중앙부서 수장이었다. 민간인 측 주요 지도자는 카를 괴어델러였다. 괴어델러는 라이프치히 시장으로 1933년 어금꺾쇠 십자 기장을 라이프치히 시청에 거는 걸 대담히 거부했고, 1937년에는 유대인 작곡가 펠릭스 멘델스존의 동상 철거를 거부했다. 어쨌든 괴어델러가 출타 중일 때 나치가 동상을 제거했고, 괴어델러는 시장직을 사임했다. 그리고 그때부터 히틀러와 나치를 줄기차게 반대했다.

오스트리아 합병

프리치 사건을 성공적으로 마무리 지은 히틀러는 다시 한 번 편히 앉아서 유럽 접수에 집중할 수 있었다. 전쟁과 정복을 향한 첫 걸음이 히틀러의 출생지인 오스트리아 쪽으로 향한 건 꽤 적절했다. 1938년 3월, 히틀러는 오스트리아 합병으로 민족 전체를 나치 우리 안에 몰아넣었다. 대다수 독일인에게 오스트리아 합병은 짜릿했다. 베르사유 조약으로 빼앗겼던 것을 인자한 총통이 이자와 함께 되찾아주었기 때문이다. 점점 인기를 쌓아가는 독재자에게 알랑거리고 싶어 한 연예인들은 앞다퉈 얼굴을 찡그리면서까지 아부의 춤을 추었다. 교계에서는 튀링겐의 감독 자세가 총통에게 감사하다는 인사를 하고 싶어 먼저 줄을 섰다. 자세는 자기 휘하에 있는 모든 목사에게 히틀러에 대한 충성 서약까지 요구했다. 자세가 히틀러에게 보낸 전보는 지금도 보존되어 있다. "우리 총통님께 보고 드립니다. 역사적으로 위대한 때에 튀링겐 복음주의 교회 모든 목사는 내면의 명령에 따라 총통과 제국 … 한 분이신 하나님에게 즐거운 마음으로 충성 서약을 했습니다. 이 서약은 믿음 안에서 드리는 복종입니다. 우리 총통 만세!" 이윽고 다른 감독들도 다채로운 은전에서 제외될까 봐 양떼들에게 내면의 명령들을 앞다퉈 시달했다.[10]

프리드리히 베르너 박사가 제국교회 새 감독이 되었다. 베르너는 삼중 아첨꾼이어서 그를 따를 자가 아무도 없었다. 베르너는 기회를 포착하는 탁월한 감각 하나만으로 그 자리에 오를 수 있었다. 베르너는 알랑거리는 몸짓으로 총통 생일인 4월 20일을 기해 독일의 모든 목사는 아돌프 히틀러에게 충성 서약을 해야 한다는 포괄적 법령을 〈레갈 가제테 Legal Gazette〉에 게재했다. 대단히 노골적인 내용이었다.

총통과 국민과 제국에 변함없이 충성하는 사람들만이 교회에 재직할 수 있다고 인정하는 취지에서 다음과 같이 포고한다. 영적 직책에 부름 받은 이는 누구나 이렇게 충성 서약을 해야 한다. "독일 제국과 독일 국민의 총통인 아돌프 히틀러에게 충성하고, 법을 성실히 지키고, 내 직책의 의무들을 수행할 것을 맹세합니다. 그러니 하나님, 나를 도와주소서." … 충성 서약을 거부하는 이는 누구든 해고되어야 마땅하다.[11]

고백교회의 목사들 상당수는 이런 충성 서약을 하는 건 거짓 신에게 절하는 것과 같다고 생각했다. 초기 그리스도인들이 로마 황제의 조상彫像에 절하기를 거부하고 유대인들이 느부갓네살의 동상에 절하기를 거부했듯이, 그들도 아돌프 히틀러에 대한 충성 서약을 거부했다. 그러나 히틀러를 메시아로 여기는 태도가 만연했고, 누구도 거기에 맞서지 못했다. 히틀러가 승리를 거둘 때마다 추종 대열에 합류해야 한다는 압박이 더해갔다. 그해 4월, 본회퍼는 튀링겐에 머물면서 아이제나흐에 있는 바르트부르크 성을 지나갔다. 루터가 1521년 교황 레오 10세에게 파문을 당하고 나서 신약성경을 독일어로 번역한 곳이었다. 오스트리아 합병 뒤 본회퍼는 바르트부르크 성 꼭대기에 있는 거대한 십자가가 기괴한 어금꺾쇠 십자 기장에 가려진 것을 보았다. 그 기장은 투광 조명을 받고 있었다.

히틀러에게 충성 서약을 해야 한다는 베르너의 포고령이 안 그래도 부서지기 직전인 고백교회에 심각한 분열을 안겼다. 고백교회 목사 대다수는 투쟁에 지친 상태였다. 그래서 충성 서약이 직업을 잃지 않고도 할 수 있는 의례에 불과하다고 생각했다. 상당수 목사가 마음을 찢으며 충성 서약을 했다. 하지만 곧 자신들이 한 짓 때문에 풀이 죽고 말았다. 본회퍼와 다른 사람들은 충성 서약을 베르너 측의 냉소적 성공으로 여기고 고백교회를 다그쳐 충성 서약에 반대하게 했다. 하지만 고백교회는 그러지 않았다. 카를 바르트가 스위스에서 이런 편지를 보내왔다.

> 나는 그 결정과 결정을 뒷받침하고자 사용한 논거들을 재삼재사 읽고 나서 극심한 충격을 받았습니다. … 어떻게 이런 패배가 가능하고, 어찌 이 패배가 허락될 수 있으며, 어째서 이 패배가 필요하다는 말입니까? 여러분 가운데에 여러분을 곧고 단순한 길로 되돌릴 사람이 정말 한 명도 없다는 말입니까? … 미래와 관련된 고백교회의 신뢰성을 이토록 무시무시한 방법으로 위협하지 말아달라고 여러분에게 간청하는 이가 아무도 없었단 말입니까?[12]

그해 4월, 본회퍼는 루트 폰 클라이스트 레초브의 손자인 슈페스 폰 비스마르크, 한스 프리드리히 폰 클라이스트 레초브, 막스 폰 베데마이어의 견신례 사회를 보았다. 예식은 키코브에 있는 교회에서 거행되었다. 본회퍼는 프로이센 군인 계급을 배경에 둔 이들과 어울리고 있었기에 군인을 비유로 들어 설교했다. "오늘날 견신례 대상자들은 예수께서 이 세상 신들에 맞서 벌이시는 전쟁에 신병처럼 참여하고 있습니다. 이 전쟁은 목숨을 다해 헌신하라고 요구합니다. 우리 주 하나님은 이 전쟁을 능히 치르실 분이 아니던가요? 우상숭배와 비겁함이 우리를 에워싸지만, 제아무리 무서운 적이라도 우리를 대적하지 못할 겁니다. 그분께서 우리 안에 계시기 때문입니다. '주여, 내가 믿습니다. 믿음 없는 나를 도와주십시오.'"[13]

루트 폰 클라이스트 레초브도 그 자리에 있었다. 그녀는 희색이 만면하여 손자들과 디트리히를 자랑스럽게 바라보았다. 루트의 아들딸과 그들의 배우자, 다른 손자손녀도 그 자리에 있었다. 본회퍼가 그때부터 4년 뒤에 청혼할 마리아 폰 베데마이어도 함께했다. 그날 견신례를 받은 세 청년 중 두 명은 조만간 시작될 전쟁에서 전사하고 말았다. 한스 프리드리히는 1941년에, 막스는 1942년에 전사했다. 막스의 아버지도 전사했다. 그러나 본회퍼가 이들 진짜 귀족 가문들과 맺은 관계는 암울한 시대에 찬란히 빛난 한 점이었다.

독 일 탈 출

5월 28일, 히틀러는 군 지휘관들에게 자신의 계획을 통지했다. 체코슬로바키아를 침공하여 지도에서 없애겠다는 거였다. 6월에 민간인 강제 징집 법령이 제정되었고, 독일은 여름 내내 전쟁에 매달렸다. 장성들이 쿠데타를 일으킬 때가 다가온 것이다. 8월, 에발트 폰 클라이스트 슈멘친이 당시 하원 의원이던 윈스턴 처칠을 만나 새로운 정부를 수립하려는 독일인들을 영국이 도와줄 수 있는지 문의했다. 처칠은 이렇게 말했다. "여러분에게 모든 것을 제공할 테니 먼저 히틀러의 목을 가져오시오!" 장성들은 그 일을 성사시키려고 노력했다.

라이프홀츠 가족은 전쟁이 임박했다는 걸 감지하고 독일 생활이 조만간 끝날 거란 걸 예감했다. 모든 유대인의 여권에 유대인이라는 표현이 명시되어 있지 않으면 여권을 수정해야 한다는 법령이 발효될 참이었다. 유대인 남자들은 여권에 이스라엘Israel이라는 중간 이름을, 유대인 여자들은 여권에 사라Sarah라는 중간 이름을 추가해야 했다. 한스 폰 도나니가 라이프홀츠 가족에게 독일을 떠날 수 있을 때 떠나라고 독촉했다. 전쟁이 발발하면 독일 국경이 폐쇄될 것이었다. 사람들이 밤중에 유대인들을 납치하여 욕보인다는 소문이 자비네와 게르하르트 라이프홀츠의 귀에 들어왔다. 부부는 현관 벨이 울릴 때마다 흠칫흠칫 놀라곤 했다. 집 밖에서 무슨 말썽이 기다리는지 알 수 없었기 때문이다. 휴가철이 되면 스위스나 이탈리아로 가서 독일 바깥에서 지내는 자유를 느끼곤 했다. 자비네는 이렇게 회상했다. "우리가 휴가를 끝내고 괴팅겐으로 돌아올 때마다 1킬로미터 길이의 쇠줄이 내 가슴을 휘감아 도시 가까이 끌어당기는 것 같았다."**14**

결국 그들은 떠날 채비를 했다. 대단하면서도 가슴 아픈 결단이었다. 자비네와 게르하르트 라이프홀츠는 먼저 베를린에 가서 가족들과 마지막 점검 사항을 의논했다. 가족들은 이미 전화를 하거나 편지로 소식을 주고받을 때 암호를 쓰기 시작했다. 자비네와 게르하르트는 도나니가 알려준 정보대로 쿠데타가 일어나서 그리 멀지 않은 때에 돌아올 수 있길 바랐다. 어쩌면 몇 주만 떠나 있으면 돌아올 수 있을지도 모르는 일이었다. 그러나 운에 맡기고 독일에 남아 있을 수는 없는 노릇이었다. 떠나지 않으면 안 되었다.

9월 8일, 자비네와 게르하르트가 괴팅겐으로 돌아갈 때 본회퍼와 베트게가 동행했다. 운전은 본회퍼가 했다. 계획상으로는 이튿날 스위스 국경까지 동행하게 되어 있었다. 모든 일을 은밀히 진행해야 했다. 두 딸을 돌보는 보모조차 모르게 해야 했다.

이튿날은 금요일이었다. 보모가 아침 6시 30분에 아이들을 깨워 등교시키려 하자 자비네와 게르하르트가 들어와 비스바덴으로 여행을 떠날 계획이라 학교에 가지 않아도 된다고 말했다. 열한 살 소녀 마리안네는 무슨 일이 진행되고 있다는 걸 어렴풋이 눈치챘다. 비스바덴은 한 번도 가본 적이 없었기 때문이다. 하지만 어차피 고향을 떠나야 한다면, 비밀을 알리지 않아야 한다는 것쯤은 알 만큼 총명했다. 자비네는 보모에게 월요일에 돌아올 거라고 말했다.

마리안네는 평소 같으면 단짝 친구 지빌레와 함께 학교로 걸어갔을 테지만, 온 가족이 비스바덴으로 주말여행을 떠날 거라고 아침에 미리 알린 상태였다. 지빌레가 잘 다녀오라고 말할 때 자비네는 그녀를 다시는 보지 못하리란 걸 깨달았다. 자비네는 "저 아이가 어떻게 생겼는지를 절대로 잊지 않을 테야"라고 속으로 생각했다.

차가 가득 찼지만, 그래도 조금 여유가 있었다. 주말을 보내려고 여행 가는 것처럼 보여야 했기 때문이다. 다른 짐이 더 있으면, 바젤 근처 국경에 이르렀을 때 의심을 살 수도 있었다. 그들은 자동차 두 대를 운전하여 길을 떠났다.

안심해도 되겠다고 느껴질 무렵 자비네는 두 딸에게 이렇게 말했다. "우리는 비스바덴으로 가지 않고 국경을 넘어 스위스로 갈 거야. 독일에 있으면 위험하기 때문에 국경을 넘는 거야."

여러 해 뒤 마리안네는 그날을 이렇게 회상했다.

우리 차는 덮개가 열려 있었다. 하늘은 맑고 푸르렀으며 시골은 따가운 햇살 속에서 경이로워 보였다. 나는 어른 네 명 사이에 끈끈한 유대관계가 형성되어 있음을 느꼈다. 이제부터 우리에게 낯선 일들이 닥치겠지만, 어른들이 하는 진정한 고생을 함께 나눌 수 있게 된 걸 자랑스럽게 여겼다. 나 자신의 힘으로는 나치에 맞설 수 없지만, 나치에 맞서 싸울 수 있는 이 어른들에게 조그마한 힘이나마 보태야겠다고 생각했다. 크리스티아네와 나는 차 안에서 노래를 부르며 대부분의 시간을 보냈다. 민요와 평화에 관한 군가를 여러 곡 불렀다. 어머니와 디트리히 외삼촌과 베트게 아저씨가 함께 불러주셨다. 나는 여러 가곡을 불렀다. 디트리히 외삼촌이 나에게 새로운 돌림노래를 가르쳐주었다. 노래 제목은 〈작은 배가 파도를 타고 나아가네〉였다.

운전 중인 외삼촌은 내가 늘 기억하는 것처럼 대단히 굳세고, 자신만만하고, 대단히 친절하고, 유쾌하고, 확고해 보였다.

우리는 기센에서 차를 멈추고 길가에서 소풍 같은 식사를 했다. 어른들의 기분에 우울한 구석이 없었기 때문이다. 식사를 마치자 어른들이 갑자

독일을 탈출해 런던 포레스트 힐 하숙집에 머무는 자비네와 게르하르트 라이프홀츠

기 이렇게 말했다. "늦었다. 서둘러야겠다. 그들이 당장에라도 국경을 폐쇄할지 모르니, 오늘밤 국경을 넘어야 해." 우리가 차 안에 자리를 잡고 앉자 부모님이 안으로 들어오셨다. 점점 작아지며 언덕에 가려져 보이지 않을 때까지, 디트리히 외삼촌과 베트게 아저씨가 우리에게 손을 흔들어 작별인사를 하던 모습이 지금도 눈에 선하다. 남은 자동차 여행은 즐겁지 않았다. 부모님은 가능한 한 빨리 차를 몰았다. 우리는 부모님이 운전에 집중하실 수 있도록 수다를 멈추었다. 긴장된 분위기였다.

우리는 밤늦게 국경을 넘어 스위스로 들어갔다. 크리스티아네와 나는 자는 척하다가 누가 깨운 것에 화난 표정을 지으며 차를 수색하려는 독일 국경 수비대를 단념시켰다. 어머니는 기다란 갈색 가죽 재킷을 입고 계셨다. 어머니가 갈색 재킷을 입으신 건 독일군 장교들의 의심을 누그러뜨리기 위해서였다. 그들은 우리 차를 통과시켰고, 스위스가 우리를 맞아주었다. 부모님은 전쟁이 끝날 때까지 독일 국경을 넘어가지 않았다.¹⁵

자비네와 게르하르트 라이프홀츠와 두 조카를 떠나보내고 본회퍼는 베트게와 함께 괴팅겐으로 돌아가 라이프홀츠 가족의 집에서 몇 주를 지냈다. 그곳에서 본회퍼는 《신도의 공동생활》*을 썼다. 본회퍼가 게르하르트 라이프홀츠의 책상에서 거의 쉬지 않고 원고 정리에 매달리는 동안 베트게는 바르트의 《교회 교의학》을 공부했다. 휴식 시간에는 둘이 함께 테니스를 쳤다. 본회퍼는 그 얇은 책을 이미 전부터 쓰기 시작한 상태였다. 그 책을 쓰게 된 건 자신의 경험과 사상이 신선할 때 목사 후보생들을 독자 삼아 무언가를 쓰고자 했기 때문이다. 하지만 본회퍼는 기독교 공동체에 대한 자신의 생각이 광범위한 독자층을 거느릴지도 모른다는 사실을 깨달았다. 나중에 그 책은 경건서적의 고전이 되었다.

본회퍼가 책을 집필하는 동안 체코슬로바키아 사태가 전면에 부상하여 중심에 자리했다. 히틀러는 유럽에서 독일어를 말하는 주민이 사는 곳은 모두 독일 영토가 되어야 한다고 공공연히 주장했다. 오스트리아 합병은 침략 행위로 묘사되지 않고 자애로운 아버지가 집으로 돌아온 자식을 기쁘게 맞이하는 것으로 묘사되었다. 주데텐란트 사태도 같은 식으로 묘사되었다. 그러나 더 큰 문제가 있었다. 프랑스와 영국이 독일의 오스트리아 합병을 찬성하려 하지 않았다. 당시 무솔리니가 이끄는 이탈리아는 히틀러와 같은 편이 되려 했다. 군 장성들은 히틀러의 계략이 적나라한 침략이며, 독일을 세계 대전의 수렁에 빠뜨려 패하게 하리란 걸 알고 있었다. 본회퍼는 쿠데타가 임박했다

---

* 이 책 몇 부는 이미 본회퍼가 그로스–슐륀비츠에서 받아쓰게 한 것이다. 목사 후보생 한스 베르너 옌젠이 본회퍼가 구술하는 대로 타자하던 일을 떠올렸다.

는 걸 알게 되었다. 마리엔부르크 알레에 있는 가족과 긴밀히 연락한 덕분이었다.

이 시기에 카를 바르트는 이런 편지를 친구에게 보냈다. "모든 체코 병사가 독일군에 맞서 싸우며 고생한다면, 그건 우리를 위해 그렇게 하는 것이 될 겁니다. 솔직히 말씀드리면, 모든 체코 병사는 히틀러와 무솔리니가 조성한 분위기에서 조롱의 대상 내지 박멸의 대상이 된 예수의 교회를 위해 그리하게 될 겁니다."[16] 어찌된 일인지 그 편지가 공개되어 엄청난 소란을 일으켰다. 고백교회 인사들 상당수에게는 바르트가 너무한 것처럼 보였다. 그래서 바르트를 멀리했다.

우리 시대의 평화, 1938년 뮌헨

군 장성들은 히틀러가 체코슬로바키아로 쳐들어가길 바랐다. 체코슬로바키아 침공을 슬기롭게 여겨서가 아니라 어리석게 여겼기 때문이다. 히틀러가 체코슬로바키아를 침공하면, 군 장성들이 오매불망 기다려온 기회가 찾아올 터였다. 그들은 히틀러를 급습하여 정부를 접수할 생각이었다. 장성들에게는 여러 가능성이 열려 있었다. 하나는 히틀러를 미치광이, 지도자의 자격이 없는 자로 선언하는 것이었다. 체코슬로바키아 침공이 독일에 재앙과 파멸을 안겨줄 텐데도 히틀러는 침공을 고집했다. 이것이야말로 그가 미치광이라는 첫 번째 증거였다. 한편 장성들은 독일에서 대단히 저명한 정신과 의사와 연락을 취하고 있었다. 그 의사는 히틀러에 대한 진단을 그 장성들과 공유하고 정치적 견해도 공유했다. 무대 옆에 숨어서 대기하고 있던 이는 다름 아닌 카를 본회퍼였다. 전문가인 그의 증언은 언제든 써먹을 수 있는 것이었다. 실제로 카를 본회퍼는 냉정한 시각에서 히틀러가 병적인 미치광이라고 확신했다. 장성들은 합법적 수단을 통해 접근하면 히틀러의 범죄행위를 폭로할 수 있고, 내전을 유발할 가능성을 피할 수 있으며, 인기가 급상승 중인 히틀러를 순교자로 만드는 걸 피할 수 있을 거라고 생각했다. 그러려면 히틀러가 먼저 움직여야 했다. 그가 움직이기만 하면 군이 쿠데타를 일으킬 것이고, 그러면 모든 것이 달라질 것이었다.

본회퍼 일가의 피부에 가장 직접적으로 와 닿을 은혜가 있다면, 그것은 라이프홀츠 일가가 독일로 돌아오는 것이었다. 그들이 영원히 떠나 있으리라고는 상상도 하지 못했다. 본회퍼 일가는 조금만 기다리면 돌아올 수 있을 거라고 생각했다. 그들이 독일을 떠난 뒤 본회퍼와 베트게가 괴팅겐에 있는 그들의 집에 머무른 것도 그 때문이었을 것이다. 본회퍼 일가는 도나니에게서 군 장성들이 폭동을 준비하고 있다는 소식을 전해 들어 알고 있었다. 어떻게 해서든 장성들이 한때 빈에서 어슬렁거리던 히틀러에게 돌진할지도 모르는 일이었다. 그러나 몇 주 뒤 세계무대에서 상연된 것은 가상의 이야기와는 너무나 달랐다.

그해 9월의 상태로 볼 때 히틀러가 체코슬로바키아를 침공하기 직전이었고, 유럽의 모든 지도자는 그가 그래주기만을 바라고 있었다. 부득이한 일 같았다. 다들 군사 수단으로 히틀러를 패배시킬 준비를 하고 있었고, 독일이 전쟁 채비를 필요한 규모만큼 하지 않았다면, 능히 패배시킬 수 있을 것이었다. 그리하여 스크린이 설치되었다. 히틀러는 바위 턱 위로 기어 나와 터무니없는 요구를 한 다음 바위틈 속으로 기어들어가려 하지 않을 것 같았다. 그는 확실히 군중 앞에서 쩔쩔매거나 진열장 안으로 기어서 돌아갈 사람이 아니었다. 전 세계가 밑에서 그를 주시하고, 장성들이 국내에서 주시하고, 바위 턱 위에 서 있는 그를 창밖으로 내다보고 있었다. 그들은 히틀러의 자리가 있을 수 없는 자리라고 알고 있었기에 그가 추락하기를 바랐다. 필요하다면 작은 폭동이라도 안겨줄 생각이었다. 그러면 전 세계가 성원을 보낼 것이었다. 이 근사한 드라마의 숨 막히는 절정은 영국 수상 아서 네빌 체임벌린이 듣도 보도 못한 유화론자 역할을 자임하며 기계를 타고 갑자기 출현하는 바람에 와르르 무너지고 말았다. 체임벌린이 열기구를 제멋대로 띄우고 히틀러를 산뜻하고 말쑥한 자리에 태워 땅에 내려놓은 것 같았다.[17]

체임벌린이 굳이 필요하지도 않은 제안을 해서 깜짝 놀라긴 했지만, 히틀러는 제안을 받아들였다. 히틀러가 놀란 것이 십분의 일이라면, 군 장성들이 놀란 것은 십분의 구라고 할 수 있었다. 아슬아슬하게 행동을 자제해온 상태였고, 체임벌린이 그렇게 행동하리라고는 예측하지 못했기 때문이다! 체임벌린은 히틀러가 원하는 곳이면 어디든 가서 의제에 구애받지 않고 직접 만나보려 했다. 예순아홉의 체임벌린은 전에 비행기를 타본 적이 없었지만, 런던에서 비행기를 타고 독일 베르히테스가덴으로 일곱 시간을 날아가 버릇없는 독재자를 만났다.

때를 맞추지 못한 체임벌린의 노력들은 여러 대에 걸쳐서 값싼 은혜의 교과서가 되었다. 지정학적 용어로 표현하면 체코슬로바키아를 내주고 얻은 싸구려 평화였다. 괴어델러는 그 협정을 즉각 비난하며 "무조건적인 항복"이라 불렀다. 멀리 런던에서 윈스턴 처칠은 "쓰디쓴 경험의 첫 번째 전조"라 칭했다. 히틀러를 파멸에서 건져준 것보다 더 심각한 것은 그 협정이 히틀러에게 독일의 군사력을 증강할 수 있도록 시간을 벌어주었다는 것이다. 한 해 뒤 히틀러는 전력을 다해 폴란드를 침공하면서 체임벌린을 비웃었을 것이다.

1938년 가을, 원상태로 돌아온 나치는 독일에 있는 모든 유대인에게 여권에 'J'라는 글자를 찍으라고 요구했다. 이로써 라이프홀츠 일가가 돌아올 수 없다는 사실이 분명해졌다. 그들은 스위스를 떠나 런던으로 가려 했다. 본회퍼가 그들을 벨 주교와 율리우스 리거에게 연결해주었다. 벨 주교와 리거는 제3제국에서 넘어온 수많은 유대인 난민을 환대하던 것과 똑같이 그들을 환대했다. 그들이 잘 아는 프란츠 힐데브란트도 정착할 수 있게 가까이에서 도왔다. 마침내 게르하르트가 옥스퍼드 맥덜린 칼리지에서 강사직을 얻었다. 당시 그 대학에는 C. S. 루이스가 있었다.

수정의 밤, 1938년 11월 9일

본회퍼는 예수 그리스도를 타자를 위한 인간, 자신의 욕구와 욕망을 철저히 여읜 채 타자를 사랑하고 섬긴 이타의 화신이라 부르곤 했다. 또한 예수 그리스도의 교회를 타자를 위한 교회라고 불렀다. 말하자면 그리스도는 교회만의 주님이 아니라 온 세계의 주님이시므로 교회는 자기를 초월하고 목소리를 잃은 이들을 위하여 목소리를 내고 약자들과 사생아들을 변호하기 위해 존재해야 했다. 1938년에 이 주제를 바라보는 본회퍼의 시각이 특히 예리해졌는데, 11월 9일에 일어난 불온한 사건의 결과였다. 난생 처음 본회퍼의 시선이 자신의 시련을 보던 쪽에서 하나님의 백성인 유대인들의 시련을 보는 쪽으로 바뀌었다.

그 주에 일어난 악명 높은 사건들은 11월 7일에 열일곱 살의 독일계 유대인이 파리 주재 독일 대사관에서 근무하는 공무원을 총으로 살해하면서 시작되었다. 청년의 아버지가 사람들을 가득 태운 지붕 덮인 화물 열차에 실려 폴란드로 이송되자 유대인에 대한 나치의 학대에 앙심을 품고 분풀이를 한 것이다. 하지만 청년이 살해한 사람은 그가 노리던 주 프랑스 대사 요한네스 폰 벨체크 백작이 아니라, 대사관 3등 서기관 에른스트 폼 라트였다. 폼 라트가 좋지 않은 때에 성난

라인하르트 하이드리히. 힘러와 함께 '사악한 쌍둥이'로 불렸다.

청년 앞에 우연히 나타났던 것이다. 얄궂게도 폼 라트는 사악한 반유대주의 때문에 나치를 반대하던 사람이었다. 제국의사당 화재사건과 마찬가지로 히틀러와 나치 지도자들은 총격 사건을 구실로 삼았다. 일련의 자발적인 시위 속에서 무시무시한 규모의 악이 풀려나와 독일에 있는 유대인들을 겨냥했다.

히틀러가 명령을 내려 유대인에 대한 조처를 취하게 했다. 하지만 그 조처를 취하려면, 나치 친위대의 2인자 라인하르트 하이드리히의 도움이 필요했다. 제3제국이라는 사악한 판테온에서 가장 사악한 인물 중 하나인 하이드리히는 마리아나 제도의 어둔 세계에서나 맞닥뜨릴 법한 차가운 면모를 지니고 있었다. 폼 라트가 암살당한 뒤인 오전 1시 20분, 하이드리히가 독일 전역에 있는 게슈타포 경찰서에 긴급 통신문을 타전했다. 만행을 저지르는 법과 관련된 분명한 지침이 담겨 있었다. 이후 그들의 만행은 '수정의 밤Kristallnacht'으로 알려졌다. 그들은 가옥과 사무실을 파괴하고 약탈했으며, 유대교 회당을 불태우고 유대인을 구타하고 살해했다.

이 사건이 터졌을 때 본회퍼는 힌터포메른의 황무지에 있었다. 쾨슬린 지역의 게슈타포 역시 그 통신문을 받자마자 그 지역에 있던 유대교 회당을 불태웠다. 하지만 본회퍼는 그로스-슐뢴비츠로 떠나 그 주 후반에 이루어지는 수업을 시작한 상태라 소식을 전혀 알 수 없었다. 이튿날 오후가 되어서야 독일 전역에서 일어난 사건을 전해들을 수 있었다. 다음날 그 사건을 놓고 목사 후보생들과 대화가 이루어졌다. 누군가가 유대인들이 입은 불행을 두고 일반적으로 인정받는 설을 내놓았다. 목사 후보생들은 그 사건을 묵과하지 않고 화를 냈지만, 유대인들이 불행을 겪는 것은 그들이 그리스도를 거부하여 저주를 받았기 때문이라고 상당히 진지하게 말했다. 본회퍼는 그 젊은이들이 증오에 차 있거나 반유대주의자여서 한 말이 아니라는 걸 알면서도 단호하게 반박했다. 그들이 잘못 알고 있었던 것이다.

그날 혹은 그 이튿날, 본회퍼는 시편 74편을 읽었다. 우연히도 그가 묵상하려고 펼친 본문이었다. 본회퍼는 시편 74편을 읽고 깜짝 놀라 가장자리에 수직선을 그어 표시하고는 그 선 옆에 느낌표를 달았다. 그리고는 다음과 같은 8절 하반부에 밑줄을 쳤다. "그들은 '씨도 남기지 말고 전부 없애 버리자' 하고 마음을 먹고, 이 땅에 있는, 하나님을 만나 뵙는 장소를 모두 불살라 버렸습니다." 본회퍼는 그 구절 옆에 '1938. 11. 9'라고 썼다. 그리고 이를 하나님이 그와 독일에 있는 그리스도인들에게 말씀하고 계심을 보여주는 보기로 여겼다. 말하자면 하나님이 그날 말씀을 통하여 그에게 무언가를 말씀하고 계시다는 거였다. 본회퍼는 묵상하고 기도하는 가운데 독일에서 전소된 유대교 회당들이 하나님의 집이었음을 깨달았다. 그 순간 본회퍼는 "유대인들을 치려고 손을 드는 것은 하나님을 치려고 손을 드는 것과 다름없다"는 걸 분명히 알게 되었다. 나치가 하나님의 백성을 공격하는 건 하나님을 공격하는 것이나 다름없었다. 독일에 있는 유대인들은 하나님의 적이 아니라, 하나님이 사랑하시는 자녀들이었다. 말 그대로 이것은 하나의 계시였다.[18]

며칠 뒤 핑켄발데 공동체에 보내는 회람용 편지에서 본회퍼는 본문을 깊이 성찰한 다음 성경의 다른 구절들을 덧붙여 대담한 관점을 피력했다. "최근에 나는 시편 74편, 스가랴서 2장 8절, 로마서 9장 4절 이하와 11장 11-14절을 깊이 곱새겼습니다. 이 성경구절은 우리를 가장 진지한 기도로 이끌어줄 것입니다." 스가랴서 2장 8절은 다음과 같다. "만군의 주님께서 이렇게 말씀하신다. 주님께서 나에게 영광스러운 임무를 맡기시고 너희를 약탈한 민족에게로 나를 보내시면서 말씀하신다. '너희에게 손대는 자는 곧 주님의 눈동자를 건드리는 자다.'" 또 로마서 9장 4-5절은 다음과 같다. "내 동족은 이스라엘 백성입니다. 그들에게는 하나님의 자녀로서의 신분이 있고, 하나님을 모시는 영광이 있고, 하나님과 맺은 언약들이 있고, 율법이 있고, 예배가 있고, 하나님의 약속들이 있습니다. 족장들은 그들의 조상이요, 그리스도도 육신으로는 그들에게서 태어나셨습니다. 그는 만물 위에 계시며 영원토록 찬송을 받으실 하나님이십니다. 아멘." 로마서 11장 11-14절은 다음과 같다. "그러면 내가 묻습니다. 이스라엘이 걸려 넘어져서 완전히 쓰러져 망하게끔 되었습니까? 그럴 수 없습니다. 그들의 허물 때문에 구원이 이방 사람에게 이르렀는데, 이것은 이스라엘에게 질투하는 마음이 일어나게 하려는 것입니다. 이스라엘의 허물이 세상의 부요함이 되고, 이스라엘의 실패가 이방 사람의 부요함이 되었다면, 이스라엘 전체가 바로 설 때에는 그 복이 얼마나 더 엄청나겠습니까? 이제 나는 이방 사람인 여러분에게 말합니다. 내가 이방 사람에게 보내심을 받은 사도이니만큼 나는 내 직분을 영광스럽게 생각합니다. 나는 아무쪼록 내 동족에게 질투심을 일으켜서 그 가운데서 몇 사람만이라도 구원하고 싶습니다."[19]

본회퍼는 다윗, 스가랴, 바울과 같은 유대인의 말을 활용하여 유대인이 하나님의 백성임을, 메시아가 그들에게서 태어나시고 그들에게 가장 먼저 찾아가셨음을 강조했다. 유대인들을 버리기는커녕 "하나님의 눈동자"인 그들에게 다가가기를 간절히 소망했다. 기독교가 이방사람들에게 찾아간 것은 유대인들로 하여금 그들의 메시아를 영접하게 하기 위함이었다. 본회퍼는 유대인들을 해치는 것은 하나님과 그분의 백성을 해치는 것과 같다고 여겼다. 당시에는 그리스도인이 그리스도의 복음을 유대인에게 전해서는 안 된다는 통념이 있었지만, 본회퍼는 그런 통념을 제시하지 않았다. 오히려 위의 구절들을 인용하여 그런 통념에 맞섰고, 유대인이 독일 교회의 일원이 되는 것을 막는 나치에 맞섰다.

유대인 문제와 관련하여 본회퍼와 같은 신학적 입장을 취하는 건 당시로서는 극히 드문 일이었다. 그러나 그는 그날 오전에 하나님이 자신에게 말씀하셨다고 확신했다. 베트게에 따르면 본회퍼는 당시 사건들을 자기 성경에 기록한 적이 없었다고 한다. 당시 사건을 자기 성경에 기록한 건 그때뿐이었다.

한스 베르너 옌젠은 그때 일을 이렇게 회상했다. "본회퍼는 수정의 밤 사건 직후 유대인들이 겪은 고통을 알고서 엄청난 내적 동요, 거룩한 분노에 시달렸다. … 이 험악한 시기에 우리는 인간의 복수심을 이해하는 법을 배웠고, 소위 복수의 시편에 등장하는 기도, 곧 무죄한 사람들의 사정을 하나님에게 떠넘기는 기도를 이해하는 법도 배웠다. 디트리히 본회퍼가 그 시편들에서 도출한 것은 무관심과 수동성이 아니었다. 그에게 기도는 우리가 할 수 있는 가장 강력한 행동이었다."[20]

고백교회는 1938년 내내 확고히 서지 못하고 유약한 모습만 보였다. 목사들에게 그들이 간절히 필요로 하는 격려와 지지를 보내지 못했다. 이 점이 본회퍼를 낙담시켰다. 본회퍼는 그해 강림절을 맞이하여 보내는 편지에서 이렇게 말했다.

나는 우리가 대단히 위험한 사고방식에 젖어 있다고는 생각하지 않습니다. 우리는 우리가 걷는 길이 바른 길인지를 두고 두 주에 한 번꼴로 다시 검토하고 있으니, 우리가 특별히 책임 있게 행동하고 있다고 생각합니다.

특히 주목할 만한 사실은 그러한 책임 있는 재검토가 심각한 문제가 발생할 때마다 이루어지고 있다는 겁니다. 그런 다음 우리는 이 길이 갖는 고유의 기쁨과 이 길에 대한 확신이 더 이상 우리에게 존재하지 않는다는 듯 말합니다. 더 나쁘게 말하면 우리는 하나님과 그분의 말씀이 늘 우리와 함께해왔는데도 더는 우리와 함께하지 않는다는 듯 말합니다. 이 모든 것은 결국 신약성경이 인내와 시련이라고 부르는 것을 우리가 피하려 하기 때문입니다. 어쨌든 바울은 방해와 고난이 닥칠 때에도 자신의 길이 바른 길인지 숙고하지 않았습니다. 루터도 마찬가지였습니다. 그들은 자신들이 주님의 제자로 살고 있다고 확신하며 즐거워했습니다. 친애하는 형제단 여러분, 우리가 진정으로 걱정해야 할 것은 우리가 걷고 있는 길이 아닙니다. 우리는 우리가 인내하지 못하는 것, 묵묵히 견디지 못하는 것을 걱정해야 합니다. 우리는 하나님이 우리에게 새로운 것을 바라시지 않고, 우리를 옛날 방식으로 시험하고 싶어 하신다고 상상해서는 안 됩니다. 우리는 우리가 정말로 실패한 사람이 될 수 있고 하나님의 대의가 늘 성공하는 것은 아니라고 생각할 것이 아니라, 바른 길에 서 있다고 생각해야 합니다. 이것이야말로 우리가 믿음 안에서 시작했는지 아니면 들뜬 마음으로 시작했는지를 알 수 있는 지점입니다.[21]

본회퍼는 그리스도 안에서 박해받는 형제들을 격려하고 후원했다. 여러 목사가 그해에 체포되었고, 크리스마스에는 프리츠 오나쉬가 체포당했다. 본회퍼는 12월에 핑켄발데 형제들에게 보내는 편지에서 이렇게 말했다. "이번에는 연간 대차대조표가 상당히 좋게 말해주고 있군요. 지난 몇 달 사이에 일어난 여러 사건으로 여러분의 동아리에서 스물일곱 명이 투옥되었습니다. 몇 사람은 아직도 감옥에 있습니다. 강림절 전체를 감옥에서 보낸 셈입니다. 다른 형제들 중에도 자기 일이나 사생활 속에서 반反기독교 세력들의 참을 수 없는 공격을 경험하지 않은 이가 없을 겁니다."[22]

본회퍼는 고백교회가 전의를 상실했다고 생각했다. 그리고 하나님이 그에게 다른 전투를 요구하신다고 생각했다. 그가 아는 한 가지 사실은 그 전투가 전선에서 총을 들고 싸우는 것이 아니라는 거였다. 혹자가 말한 대로 본회퍼는 반전론자가 아니었지만, 히틀러가 독일을 이끌고 뛰어들려 하는 전쟁이 의로운 전쟁이 아니라는 것만은 잘 알았다. 그 전쟁이 조만간 터질 참이었고, 본회퍼는 자신이 병역 소집을 받으리라는 걸 알고 있었다.

공 모 가 담

본회퍼가 언제 공모에 가담했는지를 말하는 건 불가능하다. 그 일을 공모라 부르기 전부터 늘 그 한가운데에 있었기 때문이다. 본회퍼 일가는 정부 내 유력 인사들과 친분이 있었고, 그 유력 인사 대다수는 히틀러에 반대하는 견해를 본회퍼 일가와 공유했다. 카를 본회퍼는 베를린 대학병원의 저명한 외과의사 페르디난트 자우어브루흐와 절친했다. 반反나치 인사 자우어브루흐는 독일인 외교관 프리츠 콜베에게 영향을 끼쳐 저항운동에 가담하게 한 인물이다. 콜베는 히틀러에 맞서 미국의 가장 중요한 정보원이 되었다. 파울라 본회퍼는 사촌이자 베를린 방위군 사령관인 파울 폰 하제와 친했다. 파울 폰 하제는 히틀러를 극렬히 반대하는 사람으로 1944년 7월 20일 발키리 음모에서 핵심 역할을 했다. 그는 디트리히가 체포되어 테겔 형무소에 투옥되었을 때 디트리히를 면회하여 디트리히가 받은 처우를 상당히 바꿔주기까지 했다. 테겔 형무소는 파울 폰 하제의 관할 구역이었다. 디트리히의 형이자 루프트한자의 변호사 클라우스는 사업가 및 다른 지도

자들과 좋은 관계를 유지했고, 자형 뤼디거 슐라이허 역시 변호사로서 군 법률 부서의 수장 카를 자크 박사와 절친했다.

그리고 공모의 주역 가운데 한 사람인 한스 폰 도나니가 있었다. 1933년, 그는 제국 법무장관 프란츠 귀르트너에게 배속되어 난생 처음 나치 지도층 내부조직의 피 튀기는 앞줄에 있게 되었지만, 나치당과 연결되는 것만은 능숙하게 피했다. 그때부터 나치당은 그를 이따금 심하게 괴롭혔다. 1938년에는 괴로움이 산더미 같았지만, 한스 폰 도나니는 베를린의 압력을 피해 라이프치히 고등법원 판사가 되었다. 매주 베를린에 가서 강의를 한 다음 저항 세력 가운데 한스 오스터 장군이나 카를 괴어델러와 긴밀히 연락을 취했다. 그럴 때면 마리엔부르크 알레에 있는 처가댁에서 지내며 젊은 처남 디트리히를 여러 번 만났다.

도나니는 1938년 내내 에발트 폰 클라이스트 슈멘친을 도와 히틀러와 나치에 대한 정보를 영국 정보부 사람들에게 제공했다. 그리고 히틀러가 오스트리아와 주데텐란트로 진격하기 전에 영국 정보부를 움직여 히틀러에 대한 강력한 반대 입장을 표명하게 했다. 주요 연락원은 처칠이었다. 하지만 처칠은 아직 수상의 자리에 오르지 않은 상태였다. 1938년 10월, 도나니는 공모에 극적으로 가담했다.

그 무렵 히틀러는 체임벌린이 은 접시에 담아 건네주기를 거부한 체코슬로바키아 주데텐란트를 무력으로 빼앗으려고 준비했다. 국방정보국 수장은 빌헬름 카나리스였다. 카나리스는 히틀러에 대한 도나니의 입장을 알고 나서 그를 자기 참모로 임명하고 나치의 잔학 행위를 수집하여 서류로 정리해달라고 부탁했다. 한 해 뒤 폴란드 침공이 시작되자 도나니는 나치 친위대 소속 기동부대가 저지른 만행을 문서

---

* 친위대 소속 기동부대는 처형과 학살을 전문으로 하는 부대로 폴란드 침공에 총 6개 부대가 출동했다.

로 정리했다.* 그들의 만행은 군 고위 장성들조차 모르는 사실이었다. 카나리스는 고위 장성들을 설득하여 쿠데타에 가담시킬 때 이 만행이 결정적 증거가 될 거라고 확신했다. 또한 그 정보는 독일 국민에게 히틀러의 범죄성을 납득시켜 그의 지배력을 무력화시키는 데 도움을 줄 것이었다.

도나니는 수집한 정보 중 상당량을 처남들과 가족들에게도 제공했다. 본회퍼 일가는 폴란드에서 일어난 대학살과 조직적인 유대교 회당 방화, 그 밖의 여러 만행을 독일에 있는 다른 사람들이 알기 전에 벌써 들어 알고 있었다. 어떤 사태가 일어나든 본회퍼 일가는 몇 년간 아무도 모르는 정보를 최대한 빨리 입수할 수 있었다. 도나니는 정보가 담긴 문서철을 따로 보관했다. 문서철에는 '부끄러운 일의 연대기'라는 딱지가 달려 있었지만, 나중에 초센 문서Aktenfund in Zossen로 알려졌다. 문서철이 초센에 숨겨져 있었기 때문이다. 나중에 나치가 그 문서를 찾아내면서 도나니와 다른 많은 사람이 처형을 받게 된다. 그들 중에는 도나니의 동서와 두 처남인 뤼디거 슐라이허, 클라우스, 디트리히 본회퍼가 포함되어 있었다.

공모에 가담할 마음을 먹기 전에도 본회퍼는 도나니와 공모 주역들의 상담자 역할을 했다. 하지만 아직은 그 선을 넘을 준비가 되어 있지 않았다. 본회퍼는 이 모든 상황에서 자신이 어디에 서 있어야 하는지 알고자, 그리고 하나님의 음성을 귀여겨듣고자 다시 미국으로 떠나지 않으면 안 되었다.

21

위대한 결단

1939년

따로 시간을 내어 나와 내 나라가 처한 상황을 생각하고 나를 향하신 하나님의 뜻을 밝히 보여 달라고 기도했습니다. 미국으로 건너온 건 실수였습니다. 나는 우리 민족사의 힘든 시기를 독일에 있는 그리스도인들과 함께 겪지 않으면 안 됩니다. 이 시대의 시련을 나의 민족과 함께하지 않는다면, 전후 독일에서 기독교적 삶을 복구하는 일에 참여할 권리를 얻지 못할 겁니다. 지금 독일에 있는 그리스도인들은 독일 패전에 동의하여 기독교 문명을 더 향유할지, 아니면 전쟁에 동의하여 우리 문명을 파괴할지 결정해야 하는 섬뜩한 기로에 서 있습니다. 나는 어느 쪽을 택해야 할지 잘 압니다. 하지만 이곳에서 안정된 삶을 산다면, 내가 원하는 쪽을 선택할 수 없을 겁니다.[1] _1939년 7월, 디트리히 본회퍼가 라인홀드 니부어에게 보낸 편지

    1939년 1월 23일, 디트리히의 어머니는 1906년과 1907년에 태어난 모든 남자의 입영을 명하는 통지서를 받고 나서 그 사실을 아들에게 알렸다. 이번에는 패를 내놓지 않으면 안 되었다. 본회퍼는 자신이 양심적 병역 거부자라고 선언할 수 없었다. 그렇게 선언하면 체포되어 강제집행을 당할 수 있었다. 그리고 또한 엄청난 결과를 몰고 올 것이었다. 고백교회 지도자 한 사람이 독일을 위해 무기를 들지 않는다면, 고백교회 전체가 불리한 입장에 처하게 될 것이고, 고백교회의 다른 목사들은 이렇게 생각할 것이었다. "본회퍼는 자기가 이행하지 않은 것을 우리가 이행해야 한다고 생각했던 게로군." 그것은 엄청난

문제였다.

　가능한 해결책이 하나 있었다. 1년간 입영을 연기할 수 있었다. 어쩌면 그 사이에 다시 미국에 가서 에큐메니컬 단체에서 일할 수도 있었다. 본회퍼는 여러 가능성을 염두에 두고 유니언 신학교에서 스승으로 모셨던 라인홀드 니부어와 상의하기로 마음먹었다. 니부어는 그해에 에든버러 대학교의 유명한 기포드 강좌에서 강의를 하는 중이었고, 조만간 영국 서섹스에 머물 예정이었다. 본회퍼는 힘겨운 타국살이를 하는 자비네와 게르하르트 라이프홀츠를 방문하고 싶었고 벨 주교도 몹시 보고 싶었다. 그래서 영국에 건너가기로 결심했다.

　한편, 히틀러는 프라하를 다시 침공하겠다고 으르고 있었다. 만일 히틀러가 프라하를 침공하면 입영을 연기할 수 있다는 희망이 사라질 판이었다. 전시에는 입영 연기가 있을 수 없었기 때문이다. 3월 10일, 본회퍼와 베트게는 야간열차를 타고 벨기에 해안에 있는 오스텐드로 갔다. 본회퍼는 팽팽한 정국 때문에 국경을 넘을 때까지 잠을 이룰 수 없었다. 히틀러가 진격하기로 결정했다면, 그들이 탄 열차는 독일 국경에서 멈춰 섰을 것이고, 아무도 떠나지 못했을 것이다. 이튿날 그들은 영국 해협을 건넜다. 3월 15일, 히틀러는 체임벌린과 뮌헨에서 체결한 협정을 깨고 체코슬로바키아를 더 많이 먹어치웠다. 영국 수상 체임벌린은 체면을 세우려고 히틀러가 폴란드를 침공하면 선전포고를 하겠다고 단언했다.

　전쟁이 다가오고 있었다. 너무나 자명한 사실이었다. 본회퍼는 어찌해야 할지 알 수 없었다. 3월 25일, 그는 벨 주교에게 이런 편지를 보냈다.

　조만간 독일을 떠날 생각입니다. 주된 이유는 강제 징집 때문입니다. 1906년생인 제 연령대 남자들이 올해 소집을 받게 되거든요. 현재 상황에서 참전하는 건 양심상 불가능할 것 같습니다. 다른 한편, 고백교회는 이와 관련하여 명확한 태도를 취하지 않았고, 지금 상태로는 그러지 못할 것 같습니다. 따라서 정부가 국가에 대한 전형적 적대 행위로 간주할 태도를 취한다면, 저는 고백교회 형제단에게 막대한 손해를 입히고 말 겁니다. 무엇보다 끔찍한 건 군대에서 충성 서약을 해야 한다는 겁니다. 저는 이런 상황에서 혼란스러워하고 있습니다. 현재 상태로 복무하는 걸 곤란해하는 건 기독교적 신념을 바탕으로 한 것이지만, 저의 태도를 찬성해줄 친구는 극소수에 불과합니다. 이 문제에 관해 책도 많이 읽고 고민도 많이 했지만, 다른 환경에서 할 일을 결정한 것도 아닙니다. 그러나 현재 상태로 지금 여기에서 무기를 든다면 제 기독교적 신념을 해칠 수밖에 없을 겁니다. 선교 현장에 가는 것을 고려하고 있는데, 상황을 모면하려는 것이 아니라 정말로 예배를 필요로 하는 어딘가에서 봉사하고 싶기 때문입니다. 그러나 독일 외환 사정이 사역자들의 해외 파송을 불가능하게 하고 있습니다. 영국 선교회를 통해서는 제가 일할 수 있을지 모르겠습니다. 다른 한편, 저는 할 수 있는 한 고백교회를 섬기려는 간절한 열망을 여전히 품고 있습니다.[2]

간단히 말하면 그것이 본회퍼의 난제였다. 이는 그리스도인들이 원칙에 불과한 것들의 지배를 받아서는 안 된다는 본회퍼의 생각을 보여준다. 원칙이 우리를 동떨어지게 할 수 있으니 특정 시점에서는 다른 일을 제쳐둔 채 하나님의 말씀을 귀여겨듣고 하나님이 우리에게 어떻게 하라고 하시는지를 알아야 한다는 것이다. 본회퍼는 자신이 무기를 들고 침략 전쟁에 참가해도 무방하다고 생각하지 않았다. 또한 자신이 절대 규칙을 만들 수 있다거나 절대 규칙을 공표하여 고백교회를 난처한 입장에 빠뜨릴 수 있다고 생각하지도 않았다. 본회퍼는 자신의 양심에 따라 행동할 수 있게 해주는 탈출구를 모색했지만,

그렇다고 남들에게 자기 양심을 따라달라고 강요할 생각도 없었다.

　다른 문제에 대해서는 자진해서 단호한 태도를 취하고 남들에게도 똑같이 하라고 재촉할 수 있었다. 아리안 조항이 대표적인 예였다. 하지만 독일을 위해 무기를 드는 건 훨씬 복잡한 문제였다. 본회퍼는 그것을 문제 삼을 수도 없었고 피할 수도 없었다. 그럼에도 탈출구를 찾지 않으면 안 되었다. 본회퍼는 그 일을 놓고 기도하면서 벨 주교를 포함해 자신이 알고 신뢰하는 이들에게 조언을 구했다.

　영국에서 본회퍼는 프란츠 힐데브란트와 짜릿한 재회를 하고 율리우스 리거도 만났다. 그런 다음 에큐메니컬 단체에서 일하는 동료들을 만나고 너무 빨리 헤어져 그들 대다수를 맥 빠지게 했다. 3월 29일에는 옥스퍼드에 가서 라이프홀츠 가족과 시간을 보내고, 4월 3일에는 율리우스 리거와 게르하르트 라이프홀츠를 대동하고 서섹스로 가서 니부어를 만나 도움을 구했다. 본회퍼는 유니언 신학교에서 1년간 가르칠 수 있게 해주는 확실하고 공식적인 초대장이 있으면 궁지에서 벗어날 수 있다며, 가급적 빨리 조치를 취해야 한다고 설명했다. 니부어는 사태의 절박성을 깨닫고 행동에 돌입하여 동원할 수 있는 모든 연줄을 동원했다.

　이튿날 제국교회가 베르너 박사의 서명이 있는 고데스베르크 선언문을 발표했다. 루터의 업적을 국가사회주의가 자연스럽게 승계하고 있다는 선언이었다. 선언문에는 이런 내용이 들어 있었다. "기독교 신앙은 유대교와는 정반대의 종교다. … 로마 가톨릭이나 세계 개신교 같은 초국가적이고 국제적인 교회조직은 기독교의 정치적 퇴보에 불과하다."[3]

　세계교회협의회 임시위원회는 카를 바르트가 기초한 성명서로 응수했다. 인종, 민족 정체성, 민족적 배경이 실질적인 기독교 신앙과 관계가 있다는 생각을 반박하면서 이렇게 선언했다. "예수 그리스도의 복음은 유대인들이 품었던 희망의 성취다. … 그리스도의 교회는 유대 민족 중에서 복음을 받아들인 유대인 공동체를 유지하는 걸 기뻐한다." 성명서를 내자고 재촉한 인물은 빌렘 아돌프 피스르트 후프트였다. 그는 에큐메니컬 동아리에서 본회퍼를 만난 적이 있는 네덜란드인으로 당시 에큐메니컬 협의회에서 요직을 맡고 있었다. 본회퍼는 그가 런던에 있다는 말을 듣고 벨 주교에게 만남을 주선해달라고 부탁했다. 두 사람은 패딩턴 역에서 만났다. 몇 해 뒤 피스르트 후프트는 그때 일을 이렇게 회상했다.

우리는 서로에 대해 많은 이야기를 들은 상태였습니다. 뜻밖에도 우리는 첫 만남에서 깊고 실질적인 대화로 들어갔습니다. 본회퍼는 나를 오랜 친구처럼 대했습니다. … 우리는 오랫동안 플랫폼을 오르내리며 걸었습니다. 그는 자신이 속한 고백교회와 독일의 처지에 대해 말했습니다. 놀랍게도 앞일을 훤히 내다보듯이 그해 여름쯤이면 전쟁이 발발할 거라고 했습니다. … 본회퍼는 이런 질문을 던졌습니다. "의식적으로 전쟁을 향해 돌진하는 정부, 모든 계명을 어기는 정부에 봉사하기를 거부할 때가 되지 않았을까요? 하지만 고백교회가 정부에 봉사하기를 거부한다면, 고백교회는 어떤 결과를 맞이할까요?"[4]

본회퍼는 치체스터로 가서 벨 주교도 만났다. 영국을 떠나기 전 벨에게 보내는 편지에서 사려 깊은 조언에 감사를 표하면서 이렇게 말했다. "저는 이 모든 일의 결과가 어찌될지 모릅니다. 하지만 제게 커다란 의미로 다가온 건 주교님이 우리 앞에 닥친 양심상의 커다란 문제들을 헤아려주셨다는 겁니다."[5] 본회퍼는 니부어를 만났으니 모종의 결과가 나올 거라는 기대를 품고 4월 18일 베를린으로 돌아갔다. 영국에서 다섯 주를 보내고 돌아와 보니 그 사이에 전쟁의 가능성이 상당히 고조되어 있었다.

이틀 뒤 독일은 히틀러의 쉰 번째 생일을 경축했다. 또 다시 사악한 베르너 박사가 전대미문의 행사에 적극적으로 뛰어들었다. 독일 제국 교회 관보에 히틀러에게 바치는 열렬한 찬사를 게재한 것이다. "우리 총통 각하의 쉰 번째 생신을 기쁜 마음으로 축하드립니다. 하나님이 독일 국민에게 기적을 행하는 자를 보내주셨습니다. … 우리의 감사가 단호하고 확고한 의지가 되어 우리 총통 각하와 역사적 경사에 누가 되지 않기를 바랍니다."[6]

교계의 또 다른 출판물로 한때 진실을 파헤치고 신학 정론을 펼치다가 어둠의 세력에 넘어가버린 기관지 〈융게 키르헤 Junge Kirche〉는 한 술 더 떴다. 그 기관지는 히틀러를 밝은 색깔로 도색하여 메시아처럼 보이게 했다. "낡은 세계를 돌파하며 힘차게 싸우고, 마음의 눈으로 새로운 것을 보고, 그것을 실현해내는 총통 각하의 모습은 신기원을 연 이들을 위해 따로 마련된 연대기, 세계사에 얼마 남지 않은 연대기에 기록되었다. 이는 오늘날 모든 이에게 분명한 사실이다. … 총통 각하의 모습은 교회에도 새로운 의무를 제시했다."[7]

본회퍼는 자신이 언제라도 소집될 수 있다는 걸 알고 있었다. 하지만 할 수 있는 일은 그저 기다리면서 기도하는 것밖에 없었다. 니부어는 여러 사람을 움직였다. 5월 1일에는 뉴욕에 있는 헨리 라이퍼에게 편지하여 본회퍼를 격찬하는 가운데 시간이 촉박하니 빨리 서둘러달라고 재촉했다. 라이퍼는 에큐메니컬 동아리에서 본회퍼를 알게 되어 1934년 파뇌에서 함께 시간을 보낸 인물이다. 니부어는 유니언 신학교 총장 헨리 슬로언 코핀에게도 편지를 보내 도움을 청했다. 그런 다음 본회퍼의 친구 폴 레만에게도 편지를 보냈다. 당시 레만은 시카고 외곽에 있는 엘름허스트 대학에서 가르치고 있었다. 며칠 지나지 않아 니부어가 보낸 편지가 대서양 저쪽에서 활발한 움직임을 일으켰다. 전화 통화가 여러 번 이루어지고, 회의가 여러 차례 소집되고, 계획이 여러 차례 바뀌고, 많은 편지가 오갔다. 다들 명석한 젊은 신학자를 자기들의 생활권으로 데려오겠다면서 본회퍼를 급박한 위험에서 건져낼 수 있다는 희망을 품고 필사적으로 활발히 움직였다. 다들 들뜬 분위기에서 그 모든 일에 매달렸지만, 정작 본회퍼는 자신을 위해 엄청난 노력이 펼쳐지고 있다는 사실을 전혀 알지 못했다.[8]

5월 11일, 라이퍼가 본회퍼에게 공식 서한을 보내 유니언 신학교에서 강의하는 한편 자신이 몸담고 있는 초교파 구호 중앙사무국에서 일할 수 있는 자리를 제안했다. 라이퍼를 도와 뉴욕에 거주하는 독일 난민을 섬기면서 유니언 신학교와 컬럼비아 대학교의 하계 신학 강좌에서 강의하다가 가을에 유니언 신학교 정규 학기에 강의하면 되는 자리였다. 라이퍼가 마련한 이 근사한 자리는 본회퍼가 최소한 2-3년간 있어야 할 자리였다. 한편 폴 레만은 옛 친구를 다시 만날 수 있다는 기대감에 들떠서 서른 개가 넘는 대학에 긴급 서한을 발송하여 본회퍼의 강의에 관심이 있는지 타진했다. 이는 컴퓨터가 아직 나오기 전 시대에 쉽게 부릴 수 없는 묘기였다. 레만은 각 서한 첫줄에 니부어라는 중량감 있는 이름을 거명했다. 그 서한에서 니부어는 졸지에 "대학들의 주의를 본회퍼에게 끌어 모으려고 시도하는" 위원회 위원장이 되어 있었다. 레만은 그 서한에서 본회퍼를 이렇게 소개했다. "본회퍼는 젊은 신학자들 가운데 가장 유능한 신학자이고, 독일의 위태로운 시기에 기독교 신앙을 충실히 밝히고 영속화하는 일을 해온 젊은 목사들 가운데 가장 용기 있는 목사입니다."[9]

이런 노력들이 펼쳐지고 있었음에도 본회퍼는 거취를 정하지 못하고 있었다. 친구 아돌프 프로이덴베르크에게서 온 편지가 거취 결정을 복잡하게 했기 때문이다. 본회퍼가 난민들을 섬기는 목사직을 수락하면, 국가사회주의의 통치가 계속되는 동안에는 독일로 돌아오는 게 불가능할 거라는 거였다. 본회퍼는 그 점이 마음에 들지 않았지만, 그렇다고 다른 대안이 있는 것도 아니었다.[10]

고백교회의 상황은 갈수록 가망이 없어 보였다. 고백교회는 히틀러에 맞서 싸우다 죽은 체코 병사들을 순교자라 불렀다는 이유로 카를 바르트를 혐오함으로써 본회퍼의 마음을 어지럽게 했고, 바르멘 신앙고백의 기초자를 멀리함으로써 그의 마음을 아프게 했다. 본회퍼는 이 사건과 다른 많은 사건을 접하면서 자신이 독일에서 별로 할 게 없다고 느꼈다. 미국행을 하나님이 마련해놓으신 방향으로 여겼다. 하지만 확신이 없었다.

본회퍼는 미국으로 떠나기 전에 두추스의 아파트에서 열 명가량의 제자와 친구를 만났다. 알베르트 쉰헤어, 빈프리트 메흘러, 게르하르트 에벨링, 베트게가 그들 속에 끼어 있었다. 두추스는 그때 일을 이렇게 회상했다. "본회퍼는 왜 미국으로 떠나려 하는지 우리에게 설명했다. 우리는 그가 핑켄발데에서 하던 일을 어떻게 이어갈 것인지를 놓고 이야기를 나누었다. 폐쇄되긴 했지만, 신학원이 지하 모임의 형태로 은밀히 명맥을 이어가고 있었기 때문이다. 우리는 신학원 운영 방안을 놓고 이야기를 나누고 운영에 필요한 많은 사항을 함께 논의했다. 그러다 어느 시점에서 본회퍼가 우리에게 전혀 뜻밖의 질문을 던졌다. 누군가가 폭군을 살해하면, 그 사람의 죄를 사면해주겠느냐는 거였다."[11]

당시 본회퍼가 레지스탕스에 가담하고 있다는 걸 아는 사람은 베트게뿐이었다. 이어진 대화에서 본회퍼는 술 취한 운전자가 베를린 쿠어퓌어슈텐담 같은 중심가에서 보행자들을 치어 죽이는 것을 예로 들면서 그 운전자가 더 많은 사람을 죽이지 못하게 온 힘을 기울이는 것이 모두의 책무라고 말했다. 한두 해 뒤 본회퍼는 유대인 학살이 상상을 넘어설 정도로 자행되고 있다는 사실을 아는 이가 극소수라는 걸 알고서 유대인 학살을 중단시키고자 자기가 할 수 있는 일을 하려 했다. 그러나 미국으로 떠나기 전인 지금의 처지는 그저 계획을 세우는 단계였다.

5월 22일, 본회퍼는 입영 통지서를 받았다. 빨리 손을 쓰지 않으면 안 되었다. 그래서 관계 당국자들과 접촉해서 유니언 신학교와 라이퍼에게서 공식 초대장이 왔다고 알렸다. 6월 4일, 본회퍼는 미국으로 출국했다.

다시 미국으로

본회퍼는 미국으로 가는 동안 일기를 쓰고 수많은 엽서와 편지를 주로 베트게에게 부쳤다. 그러면 베트게는 다른 모든 이에게 그 정보를 전했다. 본회퍼는 베를린에서 저녁 비행기를 타고 런던으로 갔다. "우리는 지금 멋진 일몰이 펼쳐진 해협 위를 비행하고 있네. 정각 열 시인데도 대단히 환하다네. 모든 것이 순조롭네." 6월 7일, 본회퍼는 사우샘프턴에서 배를 탔다.

"이 엽서는 대서양 연안에 닿기 전에 자네의 행복을 기원하며 부치는 마지막 엽서라네. 엽서가 바닥났거든. 방금 사우샘프턴을 출발했으니 두세 시간이 지나면 셰르부르에 입항할 것이네. 나의 선실은 굉장히 넓다네. 그리고 이 배는 공간이 상당히 많다네. 날씨는 화창하고 바다는 상당히 잔잔하네." 6월 8일에는 유니언 신학교에서 공부한 젊은이와 마주쳤다. 본회퍼는 이렇게 썼다. "기도에 대한 응답인 것 같네. 우리는 독일의 그리스도, 미국의 그리스도, 스웨덴의 그리스도에 대해 이야기했네. 그는 방금 스웨덴에서 승선했거든. 미국에서의 과업을!" 본회퍼는 여전히 앞일에 대해, 미국에서 보낼 시간에 대해 생

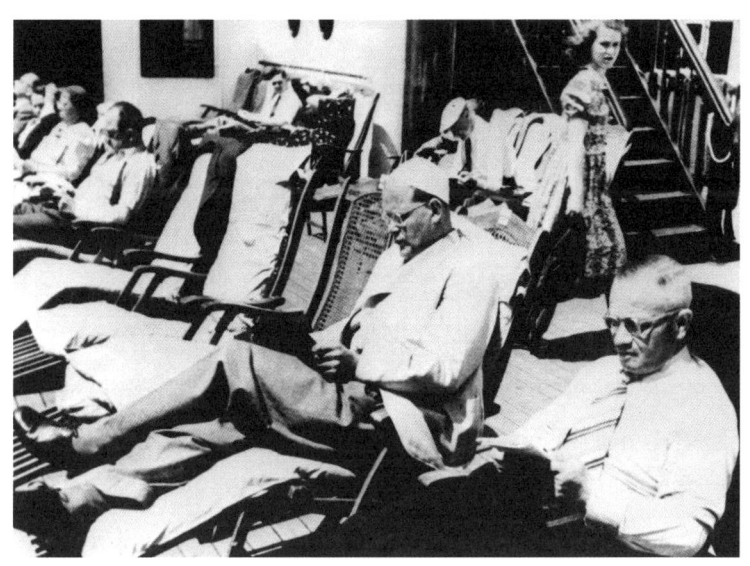

1939년 6월 둘째 주에 브레멘호를 타고 뉴욕으로 향하는 디트리히 본회퍼

각하고 있었다. 하지만 6월 9일에 베트게에게 보내는 편지에서는 독일과 형제단으로부터 멀리 떨어져 있다고 느껴 다음과 같이 일격을 가했다. "자네는 그곳에서 연구하고 나는 미국에서 연구하겠지. 우리는 그분이 계신 곳에서만 함께 있게 될 것이네. 그분이 우리를 이어주실 테니 말일세. 이런, 그분이 계시는 곳을 내가 잊은 것일까? 나를 위해 계시는 곳을? 아닐세, 하나님이 '너는 나의 종이다' 하고 말씀하시네." 6월 11일은 주일이었지만 예배가 없었다. 본회퍼는 날마다 같은 시간에 개인 기도를 드리자고 베트게와 약속한 상태였다. 개인 기도는 핑켄발데에서 하던 일 중 하나였다. 본회퍼는 매일 성경묵상과 같은 시간에 같은 일을 하는 이들과의 일치감에 흠뻑 빠진 상태였다. 그러나 배가 뉴욕으로 다가가고 있었고 시차가 기도 시간을 헷갈리게 했다. 그는 이렇게 썼다. "하지만 나는 전보다 오늘 자네와 더 많이 지냈네."[12] 그런 다음 멀리 날아올라 자신의 동기와 하나님의 뜻을 놓고

솔직하게 말했다.

진로에 대한 의구심을 극복하기만 해도 좋으련만! 우리는 자기 마음속을 아무리 파헤쳐도 그 깊이를 알 수 없지만, "그분은 마음속 비밀을 아시네." 죄와 용서의 혼동, 바람과 두려움의 혼동이 우리의 모든 것을 불분명하게 할 때에도 그분은 우리의 모든 비밀을 속속들이 살피시네. 그런 다음 그것들의 핵심을 뒤지시며 손수 새겨 넣으신 이름이 있는지 살피시네. 그 이름은 다름 아닌 예수 그리스도일세. 어느 날 우리도 그 거룩한 마음속을 속속들이 살피며 예수 그리스도라는 이름을 읽고 또 보게 될 걸세. 우리가 주일을 지키는 건 그 때문이네. 어느 날 우리는 오늘 우리가 믿는 바를 알고 보게 될 걸세. 어느 날 우리는 영원토록 함께 예배를 드리게 될 걸세.

오오 주님, 처음과 나중은 당신의 것이지만,
그 사이에 있는 짧은 생은 제 것이었습니다.
저는 어둠 속에서 길을 잃어 저 자신을 찾지 못했지만,
오오 주님, 명료함이 당신과 함께 있고, 빛은 당신의 집입니다.
잠시만 있으면, 모든 것이 끝나고
온갖 버둥거림도 잠잠해져 사라질 것입니다.
그러면 저는 생명의 물로 기운을 회복하여
예수와 영원토록 이야기하게 될 것입니다.[13]

26일간의 기록

|

뉴욕을 떠난 지 8년에 한 주가 모자라는 1939년 6월 12일, 본회퍼는 미국의 거대한 항구에 입항했다. 하지만 본회퍼와 그 도시는 상당

히 서먹서먹한 사이가 되어 있었다. 지난번과 달리 맨해튼 지평선이 그를 보고 싱글거리지 않는 것 같았다. 그가 뉴욕을 떠난 이래 맨해튼은 하나도 달라지지 않고 멈춰 있었다. 건축 열기와 활기, 재즈 시대의 흥분이 사라지고 없었다. 1929년에 시작된 대공황의 여파가 10년간 이어지고 있었다.

미국교회협의회의 메이시 목사가 선착장에서 본회퍼를 마중하여 파크사이드 호텔로 데려다주었다. 이튿날 화요일 아침, 본회퍼는 헨리 라이퍼를 만나 아침식사를 했다. 그는 일기에 이렇게 썼다. "라이퍼가 친절하게 인사하며 내 마음을 사로잡았다. 먼저 앞일을 상의했다. 늦어도 1년 안에는 돌아가고 싶다고 분명하게 말했다. 그가 깜짝 놀랐다. 하지만 내가 돌아가야 한다는 건 너무나 분명한 사실이다."[14]

뉴욕에 있은 지 스물네 시간도 지나지 않았건만, 본회퍼는 벌써 마음이 불편했다. 자신이 돌아가야 한다고 확신했고 라이퍼는 본회퍼가 더 오래 머물 거라고 철썩같이 믿고 있다가 역풍을 맞았다. 도대체 무슨 일이 있었던 걸까? 그날 여러 번 전화 통화를 한 뒤 본회퍼는 유니언 신학교로 가서 예언자의 방이라 불리는 곳에 들어갔다. 시설이 잘 갖추어진 손님용 침실로 신학교 본관 정문 맞은편에 있었다. 방은 넓고 천장은 높았으며 벽은 목재로 마감되어 있었다. 동쪽으로 난 창문으로는 브로드웨이와 121번가가 내다보였고, 서쪽으로 난 창문으로는 "신학교의 안뜰을 내려다 볼 수 있었다." 본회퍼는 스타 대접을 받았다. 하지만 더 큰 영광이 그를 기다리고 있었다. 오후 4시에 그랜드 센트럴에서 코핀 박사를 만나기로 되어 있었던 것이다. 코핀은 본회퍼를 별장으로 초대했다. 별장은 매사추세츠 주 경계 부근의 버크셔스에 있었다.[15]

헨리 슬로언 코핀은 앵글로색슨계로 이스트 코스트에 터를 잡은 부유한 백인 신교도의 전형이었다. 예일 대학교에서 해골단 회원으로 활동했던 코핀은 1910년 맨해튼에 있는 유명한 교회 매디슨애비뉴 처치 목사가 되었다. 1926년에 유니언 신학교 총장이 되었을 때에는 〈타임〉 표지를 장식하기도 했다. 코핀이 본회퍼를 처음 만난 건 본회퍼가 스물네 살이 되던 1930년이다. 당시 본회퍼는 이미 베를린 대학교에서 박사학위를 받고 슬로언 학회 장학생으로 뽑힌 명석한 인물로 성경과 자기 자신을 진지하게 생각하고 바르트와 루터를 옹호했었다. 하지만 오늘 만난 본회퍼는 조금 다른 인물이었다. 본회퍼는 니부어가 강력하게 추천한 추천서를 들고 왔다. 추천서에서 니부어는 유니언 신학교가 교수직을 마련해주지 않으면 본회퍼가 강제수용소에서 생을 마칠 수도 있다고 말했다. 코핀은 완고한 자유주의 신학자였지만, 본회퍼와 그가 말하는 바르트의 관점을 존중했다.[16]

쉰아홉 살의 미국 귀족 코핀과 서른세 살의 독일 귀족 본회퍼는 두 시간 삼십 분간 북쪽으로 기차여행을 하면서 미국 교회의 사정에 관해 이야기를 나누었다. 하지만 그 와중에도 본회퍼의 마음은 고국으로 돌아가는 문제를 놓고 미국에 얼마나 오래 머물러야 할지, 미국에 꼭 와야만 했는지를 생각하면서 끊임없이 동요했다. 그러나 이제껏 자기 감정을 잘 다스려온 본회퍼는 이런 내적 혼란을 코핀에게 조금도 드러내지 않았다. 기차에서는 물론이고 코핀 가족과 별장에서 사흘을 함께 지내면서도 전혀 내색하지 않았다. 그러나 우리는 당시 본회퍼가 쓴 일기를 통해 그의 생각을 엿볼 수 있다.

1939년 6월 13일. 코네티컷 레이크빌에 있는 별장은 여러 작은 산과 싱그럽고 울창한 수목으로 둘러싸여 있다. 저녁이 되면 정원에서 반딧불이 수천 마리가 날아다닌다. 날아다니는 불꽃 같다. 전에 한 번도 보지 못한 것들이다. 아주 환상적인 광경이었다. 정말 친절하고 격의 없는 환대를 받았다. 다 있는데 독일과 형제단만 없다. 혼자 있는 처음 몇 시간이 괴로웠다. 내가 왜 이곳에 있는지, 이곳에 있는 게 의미 있는 일인지, 결과가 보람 있을지 모르겠다. 독일 소식을 접하지 못하고 거의 두 주가 흘러가고 있다. 도무지 견딜 수가 없다.[17]

1939년 6월 14일. 8시에 베란다에서 아침을 먹었다. 간밤에는 비가 억수같이 쏟아졌다. 모든 게 신선하고 말끔하다. 온 가족이 무릎을 꿇고 독일 형제단을 생각하며 짤막하게 기도했다. 그 짧은 기도가 나를 거의 압도했다. 그리고는 책을 읽고 글을 쓰고 만찬 초대장을 돌리러 밖에 나갔다. 저녁에 목사와 교사, 부인, 친구 들 스물다섯 명가량이 찾아왔다. 아주 우호적인 대화를 나눴지만 결과는 신통치 않았다.[18]

1939년 6월 15일. 어제 저녁 이후로 독일 생각이 머리에서 떠나지 않는다. 내 나이 사람이 이미 해외에서 여러 해를 보낸 뒤 이토록 괴로운 향수병에 걸리리라고는 생각지도 못했다. 오늘 아침에 시골 언덕에 사는 지인을 찾아가느라 오토바이를 타고 근사한 탐험을 했지만, 향수병이 떠나지 않아 견딜 수가 없었다. 자리에 앉아 한 시간 동안 수다를 떨었다. 분별없는 수다가 아니라 진실이 담긴 수다였다. 하지만 주제가 나의 마음을 완전히 가라앉게 했다. 뉴욕에서 좋은 음악 교육을 받을 수 있을까, 자녀 교육 등등. 지금 이런 시간을 독일에서 보낼 수 있다면 얼마나 유익할까 생각했다. 그럴 수만 있다면 다음 배라도 타고 독일로 기꺼이 돌아갈 것이다. 형제단과 그들이 보낼 값진 시간을 생각하면, 이렇게 하는 일 없이 빈둥거리거나 중요하지 않은 자리에서 활동하는 것이 너무 지나친 일 같다. 잘못된 결정 때문에 자신을 비난하는 괴로움이 다시 도져 나를 짓누른다. 너무나 절망스럽다.[19]

쓸데없는 말에 대한 혐오와 정중한 행동에 대한 존중 사이를 오락가락하면서 본회퍼는 갈피를 잡지 못했다. 선의를 지닌 지인과 정중한 대화를 마치고 돌아와 자기 일에 몰입하려 했지만, 또 다른 초대가 끼어들어 매사추세츠 구릉에 가지 않으면 안 되었다. 본회퍼는 초대를 수락했다. 하지만 그리로 가면서도 자신을 꾸짖었다. "내가 평안을 얻지 못한 것은 성경 읽기와 기도를 하지 않았기 때문이야." 하지만 그 여행은 멋졌다. 쭉쭉 뻗은 월계수나무 사이로 자동차를 몰다가 프리드리히스브룬을 생각나게 하는 풍경을 우연히 발견했다. 하지만 그 시간 내내 독일 걱정과 귀국 생각이 뇌리를 떠나지 않고 마음을 짓눌렀다.[20]

그날 저녁 그들은 차를 몰고 그 지역에 있는 영화관에 갔다. 베티 데이비스와 폴 머니 주연의 〈후아레즈Juarez〉를 상영하고 있었다. 본회퍼는 또 하나의 세계에 몰입하여 자기를 잊으려 했지만, 뜻대로 되지 않았다. 베니토 후아레스 역은 머니가, 나폴레옹 3세 역은 클로드 레인스가 맡아 연기했다. 영화에서는 민주적으로 선출된 멕시코 귀족 출신 베니토 후아레스 대통령이 제국 창업에 열을 올리는 냉소적인 유럽의 독재자 나폴레옹 3세와 다퉜고, 합스부르크의 황제이자 젊은 이상주의자로 프랑스에 속아 멕시코 지도자 행세를 하는 막시밀리안 1세가 그들 사이에 끼어 있었다. 멕시코 민중에 대한 막시밀리안 1세의 헌신이 감동적이고 고결한 군주의 모습으로 다가왔다. 본회퍼의 마음속을 휘젓고 있던 것에 비하면, 합법적 지도력과 거기에 필적하는 몇몇 지도력을 만들어낸 영화의 주제는 상당히 현학적이었다. 그날 일기에 본회퍼는 '좋은 영화'라고만 적었다.[21]

그날 밤 방에 홀로 있게 되자 본회퍼는 라이퍼에게 보내는 편지에 "적어도 1년 안에 귀국해야 한다"고 되풀이해서 말하고, 자신이 누군가에게 여러 가지 기대를 품게 해서 죄책감을 느끼고 있다고 말했다.

그리고는 마침내 하루 종일 뛰어들고 싶었던 성경 속에서 평안을 얻었다. 그제야 마음이 안정되었다. "밤중에 성경 읽기를 다시 시작하면서 '주님께서 구원하여 주실 그때에 나의 마음은 기쁨에 넘칠 것입니다'(시 13:5)라는 구절을 만나서 기뻤다."[22]

본회퍼는 이튿날 아침 뉴욕으로 돌아가 퀸스에서 열리는 세계박람회를 관람하고 군중과 섞여 오후를 보냈다. 저녁에 방으로 돌아온 다음에는 다시 고독을 맛보며 사색하고 기도할 수 있게 되어 기뻤다. 본회퍼는 일기에 이렇게 썼다. "우리는 홀로 있을 때 덜 외롭다." 그리고는 뉴욕에 대한 새로운 느낌을 적었다. "뉴욕은 런던보다 훨씬 깨끗하다! 지하철이나 거리에 매연이 전혀 없다. 기술적으로 훨씬 진보했거나, 아니면 최신식이기 때문일 것이다. 모든 지하철에 통풍 장치가 되어 있다. 뉴욕은 런던보다 훨씬 국제적인 도시다. 내가 오늘 이야기를 나눈 사람들 가운데 적어도 절반이 엉터리 영어를 하는 사람들이었다."[23]

이튿날은 토요일이었다. 본회퍼는 다시 혼자였다. 그날 대부분을 유니언 신학교 도서관에서 일하며 보냈다. 작성중인 소론에 쓰려고 〈크리스천 센츄리 Christian Century〉를 여러 권 숙독했다. 하지만 그러는 중에도 독일에서 편지가 도착하여 그곳 사정을 알려주길 간절히 바랐다. 그것만큼 절실한 것이 없었다. 본회퍼는 전보다 불안하고 심기가 불편했다. 마치 본체에서 떨어져 나와 대양을 사이에 두고 유령처럼 뉴욕 거리를 헤매는 것 같았다.

도무지 견딜 수가 없다. … 오늘 주신 하나님의 말씀은 다음과 같다. "내가 곧 가겠다"(계 3:11). 꾸물거리고 있을 시간이 없건만, 이곳에서 여러 날을 허비하고 있다. 어쩌면 여러 주가 될지도 모른다. 어쨌든 지금은 그럴 것 같다. 그래서 스스로 이렇게 다짐한다. "지금 여기에서 도망치는 건 비겁하고 모자란 짓이다." 이곳에서 정말로 의미 있는 일을 할 수 있을까? 일본 정세가 불안하다는 소문이 있다. 일본 정국이 안정되지 않는다면, 지금 곧 독일로 돌아가야 한다. 독일 밖에서 혼자 지내서는 안 된다. 이건 너무나 자명한 사실이다. 내 인생 전체가 저 너머에 있기 때문이다.24

이튿날은 주일이었다. 본회퍼는 갈피를 잡지 못하고 평온과 해결책을 끊임없이 모색하면서 서쪽 창문을 내다보았다. 유니언 신학교 지붕 너머로 가브리엘 천사상이 올려다 보였다. 가브리엘은 리버사이드처치 제단의 원추형 지붕 위에 서서 북쪽을 향해 나팔을 불고 있었다. 리버사이드처치에서 선포하는 미지근한 설교는 도저히 지지해줄 수 없을 만큼 마음에 들지 않았다. 하지만 100야드 정도 떨어진 곳에서 지내는 터라 리버사이드처치를 찾지 않을 수 없었다. 그곳에서 미지근한 물을 맛보게 될 게 틀림없지만, 하나님으로부터 무언가를 듣고자 하는 마음이 간절했다.

리버사이드처치는 록펠러가 해리 에머슨 포스딕을 위해 지은 교회로 1930년에 위풍당당하게 문을 열었다. 1939년에도 포스딕은 여전히 미국 자유주의 진영에서 가장 유명한 설교자였고, 리버사이드처치 설교단은 미국 자유주의 진영에서 으뜸가는 설교단이었다.* 본회퍼는 자기가 좋아하는 치밀한 형식은 아니지만, 포스딕의 설교에서 하나님의 말씀을 듣고 싶어 했다. 하지만 그날 아침에 리버사이드처치에서 들은 설교는 전혀 듣고 싶은 설교가 아니었다. 그날 설교 본문은 제임스(야고보서)에서 따오기는 했지만, 신약성경의 제임스가 아니라 본회퍼가 9년 전에 공부한 적이 있는 미국 철학자 윌리엄 제임스의 책에서 따온 것이었다. 정중하고 관대한 본회퍼는 하나님의 말씀을 간절

* 본회퍼는 몰랐겠지만, 당시 포스딕은 히틀러를 달래자고 말하는 유화론자에 속했다. 도덕적 등가성을 옹호하면서 히틀러와 파시즘의 출현은 미국과 미국 정책의 실수 탓이라고 주장했다.

히 사모했지만, 자리를 잘못 찾아간 셈이었다. 그는 일기에다 "도저히 들어줄 수 없었다"라고 썼다. 공허한 설교에 폭발한 그는 일기에다 이렇게 넌더리를 냈다.

> 전반적으로 남의 이목을 의식하고 방종으로 흐르는 자기만족적 종교 축제였다. 이처럼 우상숭배에 가까운 종교는 하나님의 말씀이 제지하는 정욕을 꼬드기게 마련이다. 그러한 설교는 방탕, 자기중심성, 무관심에 이바지할 뿐이다. 사람들은 종교 없이 더 잘 지낼 수 있다는 걸 모르는 걸까? … 어쩌면 앵글로색슨족은 우리보다 더 종교적인지도 모른다. 적어도 그러한 설교를 하거나 듣는다면, 그들은 우리보다 더 나은 그리스도인이 되지 못할 것이다. 하나님이 친히 그 자리에 계신다면, 어느 날 그분의 진노가 온 힘을 다해 이 종교 광고를 날려버릴 거라고 확신한다. … 이곳에 있는 진정한 신학자는 할 일이 많을 것이다. 그러나 이 모든 쓰레기를 치우는 건 미국인의 몫이다. 그런데 지금까지는 누구도 그렇게 하려고 하지 않은 것 같다.[25]

본회퍼는 하나님의 말씀을 찾으려고 방으로 돌아와 모라비안 형제단이 펴낸 매일 성구집을 펼쳤다. 그리고 일기에 이렇게 썼다. "오늘 주신 말씀을 읽으니 참 좋다! 시편 119편 115절과 마태복음 13장 8절 말씀이다." 본회퍼는 이 구절을 읽고 한껏 고무되었다. 첫 번째 성구는 다음과 같다. "악한 일을 하는 자들아, 내게서 떠나가거라. 나는 내 하나님의 계명을 지키겠다." 두 번째 성구는 다음과 같다. "그러나 더러는 좋은 땅에 떨어져서 열매를 맺었는데, 어떤 것은 백 배가 되고, 어떤 것은 육십 배가 되고, 어떤 것은 삼십 배가 되었다."[26]

본회퍼는 하루 종일 혼자 지내며 그리스도 안에 있는 형제단을 그리워했다. "지금 나는 이제까지 형제단 안에 있어서 얼마나 행복했는지를 새삼 깨닫는다. 니묄러는 홀로 2년이나 수감생활을 하고 있다.

생각해보라! 신앙은 얼마나 위대하고, 훈련은 또 얼마나 위대하며, 하나님의 분명한 활동은 또 얼마나 위대한가!" 본회퍼도 장차 2년간 홀로 수감생활을 하게 될 참이었다. 그리고 니묄러는 전쟁이 끝날 무렵까지 8년을 꽉 채우고 수감생활을 끝내게 될 참이었다. 그러나 그건 어디까지나 미래에 일어날 일이었다. 지금의 본회퍼는 평온과 말씀을 갈망했다. 그래서 유니언 신학교에서 나와 브로드웨이 쪽으로 여덟 블록을 걸어가 또 다른 교회로 갔다.[27]

설교자는 매콤 박사였다. 매콤은 포스딕과 그 거리에 사는 다른 이들이 근본주의자로 매도한 목사였다. 그러나 본회퍼는 그곳에서 짜릿함을 느꼈다.

이제야 하루가 좋게 끝났다. 나는 다시 예배를 드리러 갔다. 고독한 그리스도인들이 있는 한 예배는 늘 있을 것이다. 이삼일 고독하게 지낸 다음 교회에 들어가 함께 기도하고 함께 찬양하고 함께 경청하니 큰 도움이 되었다. 설교 제목은 놀랍게도 〈그리스도를 닮은 우리〉였다. 브로드웨이 장로교회 매콤 박사가 설교했다. 철저히 성경에 입각한 설교였다. "우리는 그리스도처럼 결백합니다." "우리는 그리스도처럼 시험을 당하고 있습니다"라고 말한 대목이 특히 좋았다.[28]

모든 날 가운데 하나님의 음성을 듣고자 필사적으로 힘쓰던 이날, 뉴욕시에서 성경에 입각한 설교를 발견한 건 기도에 대한 응답이나 다름없었다. 본회퍼는 이곳 브로드웨이에 자리 잡은 근본주의적인 장로교회에서 하나님의 말씀이 선포되는 것을 들었다. 그리고 이 중대한 때에 전에는 한 적이 없는 어떤 일을 했다. 본회퍼는 리버사이드처치와 유니언 신학교 진영에 있는 맞수들과 맞서 소위 근본주의자들과 함께 저항했다. 그는 매콤의 교회를 언급하면서 이렇게 선언했다. "리버사이드처치는 오래 전에 바알의 신전이 되었지만, 이 교회는 장차 저항의 중심이 될 것이다. 나는 이 설교를 듣게 되어 몹시 기뻤다."[29]

본회퍼는 요 며칠 사이 자기 안에서 일어나고 있던 반미주의를 뉘우치고 근본주의자들을 고백교회와 동등하게 바라보는 과감함을 보였다. 이곳에서는 근본주의자들이 유니언 신학교와 리버사이드처치 신학자들이 끼치는 악영향에 맞서 싸웠고, 고국에서는 고백교회가 제국교회에 맞서 싸웠다. 이는 경이로운 등식이었다. 본회퍼는 이렇게 말하고 싶었는지도 모른다. "독일에서는 우리가 주류에서 밀려나 있는데, 이곳에서는 저 교회가 주류에서 밀려나 있구나."

이 설교는 전에 내가 잘 몰랐던 미국의 일면을 열어서 보여주었다. 그러지 않았으면 나는 하나님이 요 며칠간 나를 지켜주신 것에 그다지 감사하지 못했을 것이다. 나는 고국에 있는 형제단과 그들에게 닥친 일을 끊임없이 생각하려고 애쓰다가 이곳에서의 일을 거의 회피하고 말았다. 고국을 염려하지 않는 게 배반처럼 여겨졌기 때문이다. 나는 아직도 적절한 균형을 잡지 않으면 안 된다. 바울은 자신이 교우들을 생각하면서 "쉬지 않고" 기도함과 동시에 손에 닿는 일에 온전히 몰두했다고 말한다. 나도 그렇게 하는 법을 배우지 않으면 안 된다. 그 일은 기도로만 이루어질 것이다. 하나님, 앞으로 몇 주간 저의 미래를 밝히 알려주시고 저로 하여금 기도로 형제단과의 사귐을 지속하게 하소서.[30]

월요일에도 독일에서 소식이 없었다. 이튿날은 라이퍼와 만나기로 한 중요한 날이었다. 하지만 본회퍼는 형제단 소식을 손꼽아 기다렸다. "저쪽 일이 어찌 돌아가고 있는지, 모든 일이 잘되고 있는지, 그들이 나를 필요로 하는 건 아닌지 알고 싶다. 내일 있을 중요한 만남에 앞서 독일로부터 어떤 암시를 받고 싶다. 어쩌면 암시가 오지 않은 것이 좋은 일인지도 모른다."

본회퍼는 국제 정세에도 관심을 기울였다.

중국 사정이 심상치 않다. 정세가 심각해지면, 제때 귀국할 수나 있을까? 도서관에서 꼬박 하루를 보냈다. 영어로 강의안을 작성했다. 영어로 작성하는 건 너무나 어렵다. 다들 내가 영어를 곧잘 한다고 말하지만, 그렇지 않다는 걸 잘 알고 있다. 독일어를 배우는 데도 여러 해, 아니 수십 년이 걸렸는데 여전히 잘 모른다! 영어는 절대로 배우지 않을 생각이다. 그것만으로도 독일에 돌아갈 이유가 될 것이다. 모국어가 없으면 우리는 길을 잃고 희망마저 잃은 외톨이가 되고 말 것이다.**31**

본회퍼는 그 어느 때도 이 이상 외로움을 느낀 적이 없었다. 또한 그 어느 때보다 자신이 독일인임을 절감했다. 따스한 6월에 뉴욕시에 있었지만, 그는 혈혈단신이었다. 폴 레만은 시카고에 있었다. 그날 저녁, 본회퍼는 영어로 강의안을 작성하느라 씨름하며 하루를 다 보내고 나서 지하철을 타고 타임스퀘어로 갔다. 한 시간 동안 뉴스 영화를 보고 나서 지하철을 타고 주택지구로 돌아갔다. 그런 다음 브로드웨이를 걸어 올라가 유니언 신학교로 가서 자신이 기거하는 방에 들어갔다. 일기를 쓰고 성경을 읽고 기도했다. 하지만 독일에 있는 형제들과 동시간대에 있지 않다는 걸 절감할 수밖에 없었다. 그래서 잠자리에 들기 전에 시차를 두고 이렇게 불평했다. "독일과 시차가 있어서 괴롭다. 시차가 독일에 있는 형제들과 함께 기도하는 걸 방해하고 있다. 저녁마다 괴로움이 반복된다. 하지만 '하나님이여 우리가 주께 감사하고 감사함은 주의 이름이 가까움이라'(시 75:1, 개역개정)."**32**

6월 20일 아침, 드디어 부모님에게서 편지 한 통이 도착했다. 하지만 형제단으로부터는 소식이 전혀 없었다. 그날은 라이퍼와 오찬을 함께하는 날이었다. 본회퍼와 라이퍼는 그래머시 파크에 있는 국립예술클럽에서 만났다. 라이퍼를 만나고 나서 본회퍼는 일기에 이렇게 썼다. "결정은 잘 내려졌다. 하지만 나는 그 결정을 거절했다. 다들 실망하고 기분이 약간 상한 것 같았다. 거절하는 게 묵인하는 것보다 낫다는 생각이 들었다. 하나님만이 그것을 아실 것이다."[33]

몇 해 뒤, 라이퍼는 국립예술클럽에서 가진 오찬 모임을 회상했다. 라이퍼는 오찬 모임을 즐거운 마음으로 기다렸지만, 본회퍼는 두려운 마음이 앞섰다. 라이퍼가 앞으로 함께할 일을 논의하고 싶어 했기 때문이다. 라이퍼는 이렇게 말했다. "나는 본회퍼가 하는 말을 듣고 깜짝 놀랐다. 독일에 있는 그의 동료들이 다음과 같은 긴급 호소문을 방금 보내왔다고 했다. '당신만이 할 수 있는 중요한 임무가 있으니 즉시 돌아와 주십시오.'" 우리는 본회퍼가 무슨 근거로 그런 말을 했는지 알 수 없다. 공모, 즉 그에게 긴급해 보이는 어떤 일에 관한 암호가 부모님이 보낸 편지에 들어 있었는지도 모른다. 어쩌면 그것이 그의 진로를 결정했을 것이다. 어쨌든 본회퍼는 하나님께 복종하기로 결심하고 그러려면 귀국을 해야 한다고 확신했다. 복종의 결과는 하나님이 알아서 하실 일이었다. 라이퍼는 이렇게 회상했다. "나는 그에게 그 일이 무엇인지 자세히 알려달라고 하지 않았다. 그의 태도와 긴장한 모습에서 그가 그 일을 자신이 맡지 않으면 안 된다고 생각한다는 게 여실히 드러났다."[34]

그날 저녁, 본회퍼는 일기에서 자신의 결정을 곰곰이 되새기며 그 모든 일을 둘러싼 묘한 신비에 혼란스러워했다.

이제까지 내가 불분명한 동기로 결단을 내렸다는 건 놀라운 일이 아닐 수 없다. 이는 내가 흐릿하거나 내적으로 불성실하다는 표시일까? 아니면 우리가 미지의 영역으로 인도되고 있다는 표시일까? 아니면 둘 다일까? … 오늘 성구는 하나님의 엄정한 심판을 대단히 거칠게 말한다. 그분은 확실히 개인의 감정을 속속들이 살피시고 오늘의 결단이 용감해 보여도 그 속에 얼마나 많은 불안이 도사리는지 아신다. 우리가 다른 사람들과 자기 자신에게 어떤 행위에 대한 이유를 제시하는 건 부적절하다. 매사에 이유를 대려 할 테니까 말이다. 결국 우리는 우리가 모르는 어떤 차원에 따라 행동한다. 따라서 우리는 하나님께 "우리를 판단하시고 우리를 용서해주소서"라고 청할 수밖에 없다. … 하루가 끝나가는 지금, 나는 하나님께 "오늘이라는 날과 오늘 이루어진 모든 결단을 자비로이 판단해주소서"라고 청할 수밖에 없다. 판단은 이제 그분의 손에 있다.[35]

어찌된 일인지 본회퍼는 다시 마음이 편안해졌다. 이튿날은 굉장히 더웠다. 본회퍼는 오전 내내 일하고 오후에 센트럴파크를 가로질러 대리석으로 지은 메트로폴리탄 미술관으로 피신했다. 그리고 기운을 내려고 유럽 문화를 한 모금 시원스레 들이마셨다. 엘 그레코의 〈톨레도의 정경〉과 한스 멤링의 〈그리스도의 얼굴〉이 특히 감명을 주었다. 본회퍼는 저녁시간을 독일인 친구인 베버 가족들과 함께 보내며 소외감과 향수를 달랬다. J. W. 베버는 본회퍼가 유니언 신학교 시절부터 알고 지낸 구약학자로 미가서에 관한 책을 갓 출판한 상태였다. 본회퍼는 일기에 이렇게 썼다. "다시 독일어로 생각하고 말할 수 있어서 좋았다. 이곳 뉴욕에서 영어가 나의 사유에 안겨주는 강한 거부감을 전혀 느낄 수 없었다. 영어권에 있으면 나 자신이 늘 불만스럽다."[36]

그러나 본회퍼는 이날 저녁 자신의 미래를 생각했다.

물론 나는 아직도 나의 결단을 놓고 재삼재사 생각한다. 혹자는 정반대 이유를 제시할지도 모른다. "당신은 이곳에 있습니다. 잘못된 생각이 계시였겠습니까? 당신이 이곳에 온 게 알려지면, 사람들이 그것을 기도에 대한 응답인 것 같다며 당신을 만나고 싶어 할 겁니다. 그들은 당신이 거절하는 이유, 곧 그들이 당신의 미래를 위해 세워놓은 계획을 당신이 뒤집어엎은 이유를 이해하지 못할 겁니다. 고국에서 소식이 없는 건 당신이 없어도 모든 일이 잘 돌아가고 있다는 표시인지도 모릅니다." 혹자는 이렇게 물을지도 모른다. "당신은 독일과 그곳 일이 그리워 독일 밖으로 나왔다는 말인가요? 이 이해할 수 없고 이제까지 알려진 바 없는 향수병이 당신의 거절을 더 용이하게 해주려고 위에서 내려온 표지란 말인가요?" 혹자는 또 이렇게 물을지도 모른다. "당신 자신의 미래와 다른 많은 사람의 미래에 대해 '아니오'라고 말하는 건 무책임한 행위 아닌가요? 후회하지 않겠어요?" 나는 후회하지 않을 것이다. … 오늘 성구를 읽으니 마음이 괴롭다. "그는 은을 정련하여 깨끗하게 하는 정련공처럼 자리를 잡고 앉아서 레위 자손을 깨끗하게 할 것이다"(말 3:3). 꼭 필요한 말씀이다. 나는 어찌할 바를 모른다. 하지만 그분은 아신다. 결국에는 모든 활동과 행위가 깨끗하고 순수해질 것이다.[37]

이튿날인 6월 22일, 본회퍼는 친척 뵈리케 가족으로부터 다음 주에 필라델피아에 들러달라는 초대장을 받았다. 하지만 지구르츠호프에 있는 형제단으로부터는 여전히 별다른 기별이 없었다. 그들이 일을 썩 잘 처리하고 헬무트 트라우프를 새 지도자로 선출했다는 걸 본회퍼는 모르고 있었다. 그는 니부어의 책을 읽고 나서 실망했다. 그날 저녁, 본회퍼는 뉴스 영화를 보러 갔다. "별다른 게 없었다." 그런 다음 신문을 읽었다.

베버가 나를 달랜다. 그것은 이쪽에 있는 한 독일인에게 참을 수 없는 일일 것이다. 하나가 둘로 갈라지는 것이기 때문이다. … 쓸데없이 이쪽으로 나왔다고 자기를 탓하고 자책하는 건 파괴적인 행위다. 그러나 우리는 우리의 운명에서 벗어날 수 없다. 타국에 있어도 벗어날 수 없다. … 이상하게도 요 며칠 그런 생각들과 더불어 힘들어도 하나의 거룩한 교회 Una Sancta만을 생각하며 전진하려면 어찌해야 하는지가 내 마음을 강하게 움직이고 있다. … 어제 저녁 이후 지금까지 이 일기를 썼다. … 이제 성경 읽기와 중보기도만 하면 된다. 아침에는 베버 및 판 두젠과 미래를 상의할 것이다. 8월에는 돌아가고 싶다. 그들은 나에게 더 머물라고 말한다. 그 사이에 아무 일도 일어나지 않는다면 8월 12일까지 머무를 생각이다. 그런 다음 자비네의 집에서 지낼 것이다.[38]

본회퍼가 데이비드 로버츠 부부와 점심을 먹으면서 미국의 인종 상황을 거론하자 로버츠가 미국에서 반유대주의가 두드러지고 있다고 말했다. 본회퍼가 그 문제를 거론한 건 산악 휴양지로 가는 길에 세워둔 푯말에 이런 글귀가 쓰여 있었기 때문이다. "900미터는 유대인들에게 너무 높다." 또 다른 푯말에는 이런 글귀가 쓰여 있었다. "이방 사람들 전용."[39]

6월 23일, 본회퍼는 방에서 책을 읽은 다음 허드슨 강으로 걸어갔다. 강둑에 앉아 지구르츠호프를 떠올렸지만, 그곳은 너무 멀리 떨어져 있었다. "어째서 소식이 없는 걸까?" 본회퍼는 혼란스러운 마음으로 니부어의 책을 마저 읽었다. 그리고 그 책이 유니언 신학교로 통하고 있다는 사실에 실망하고 이렇게 말했다. "이곳에서는 성경의 견지에서 사고하지 않는군." 그는 자기 방까지 들려오는 노래의 음질을 평가하는 것으로 일기를 마쳤다. "아래층 사람들이 방금 성가집 교정 모임을 마쳤다. 합창곡을 지나치게 질질 끌고 페달을 너무 많이 밟는다. 클라비코드가 더 나을 것이다. 성경을 읽고 중보기도를 했다."[40]

6월 24일 토요일, 드디어 기다리던 편지가 왔다. 본회퍼는 일기에 이렇게 썼다. "한시름 놓았다." 그리고 미국 교계를 숙고하면서 포용력이 진리를 널리 알리고 있다는 사실에 매혹되었다. 본회퍼는 1931년에 쓴 보고서와 상당히 유사한 분석을 내놓으면서 자신이 유니언에서 보낸 세월을 이해하려고 애썼다.[41]

미국이 종교개혁 없는 나라라는 게 참말인지 의아할 때가 종종 있다. 지상에서 하나님나라를 건설하는 일체의 방법이 잘못된 것임을 아는 것이 종교개혁이라면, 그것은 참말일 것이다. 하지만 그것은 영국의 경우에도 참말일까? 미국에도 루터교의 목소리가 있다. 하지만 그것은 여러 다른 목소리 가운데 하나일 뿐이다. 루터교는 다른 교단과 대결한 적이 한 번도 없었기 때문이다. 이 거대한 나라에서는 마주침이 거의 없다. 이 나라에서는 교단들이 서로 피한다. 마주침이 없고 자유가 유일한 통합의 요소인 곳에서 공동체를 전혀 알지 못하는 건 당연하다. 공동체는 마주침을 통해 형성되기 때문이다. 그 결과 공동생활 전체가 완전히 다르다. 문화 공동체든, 교회 공동체든, 그러한 곳에서는 독일식 공동체가 발전할 수 없을 것이다. 정말 그럴까?[42]

그날 저녁 본회퍼는 우편엽서를 쓰고 일기에 이렇게 썼다. "신문 기사가 오늘 다시 흉흉해졌다. 오늘 성구는 다음과 같다. '믿는 사람은 달아나지 않는다'(사 28:16). 고국으로 돌아갈 생각이다." 그는 이어서 그 성구가 자신의 결단을 이해하는 열쇠가 되었다면서 그 구절 전체를 아주 큰소리로 말했다. "믿는 사람은 달아나지 않는다." 미국에 머무르는 건 달아나는 행위나 다름없었다. 미국에서 도망치는 것이 주님을 믿고 신뢰하는 행위였다.[43]

본회퍼는 그날 일기 마지막 문장 다음에 이렇게 빈정거리는 말을 덧붙였다. "내일은 주일이다. 설교다운 설교를 들을 수 있으려나?"[44]

아침에는 그러한 바람을 안고 센트럴파크에 있는 루터파 교회를 찾았다.

1939년 6월 25일. 설교 본문은 누가복음 15장이었고 제목은 〈두려움의 극복〉이었다. 본문을 무리하게 적용한 설교였다. 그러지 않았으면 생생하고 독창적이었을 텐데, 분석이 너무 많고 복음은 거의 없었다. 그리스도인의 삶은 집으로 향하는 자의 일상적인 기쁨이라고 말하면서 본문으로 돌아왔지만, 실질적인 설명이 없었다. 너무나 빈약했다.[45]

예배 후 본회퍼는 베버 가족과 점심을 먹었고 오후 시간과 저녁 시간은 펠릭스 길버트와 함께 보냈다. 길버트는 본회퍼가 베를린에서 알고 지낸 동갑내기 역사학자였다. 본회퍼는 그날 일기 마지막 대목에 이렇게 썼다. "오늘은 아우크스부르크 신경이 공표된 것을 기념하는 날이다. 그래서인지 고국에 있는 형제단이 떠오른다. 오늘 성구는 다음과 같다. '나는 복음을 부끄러워하지 않습니다. 이 복음은 유대 사람을 비롯하여 그리스 사람에게 이르기까지 모든 믿는 사람을 구원하는 하나님의 능력입니다'(롬 1:16)."

1939년 6월 26일. 오늘 우연히 디모데후서 4장에서 "그대는 겨울이 되기 전에 서둘러 오십시오"(21절)라는 구절을 읽었다. 디모데에게 보내는 바울의 간청이다. 디모데는 바울과 고난을 함께 겪고 부끄러워하지 않은 사람이다. "겨울이 되기 전에 오십시오." 그러지 않으면 너무 늦을지도 모른다. 그 말씀이 하루 종일 내 마음속에 자리를 잡고 떠나지 않았다. 이 말씀은 전선에서 휴가를 받아 귀가했다가 모든 예상되는 일을 무릅쓰고 다시 전선으로 돌아가길 바라는 군인과 우리에게 주시는 말씀이다. 우리는 이제 전선에서 도망쳐서는 안 된다. 이는 우리가 필요해서도 아니고 우리가 하나님에게 쓸모가 있어서도 아니다. 우리의 목숨이 그곳에 있으니, 우리가 그 한가운데 있지 않으면 목숨을 잃게 되기 때문이다. 이는 경건한 감정이 아니라 다소 치명적인 충동에 훨씬 가깝다. 그러나 하나님은 경건한 감정을 통해서는 물론이고 치명적인 충동을 통해서도 활동하신다. "겨울이 되기 전에 오십시오." 이 말씀을 나에게 주시는 말씀으로 받아들이고 하나님이 나에게 그리할 수 있는 은총을 주신다면, 그것은 성경을 오용하는 것이 아닐 것이다.[46]

1939년 6월 27일. 부모님으로부터 편지가 도착했다. 대단히 기쁘고 놀라웠다. 점심시간과 오후 시간을 도서관에서 일하며 보냈다. … 저녁에 리처드슨 교수가 찾아와 오랫동안 대화를 나누었다. 그는 영국인이다. 미국인들보다는 그가 더 친근감이 있어 보인다. 나는 미국인이 우리를 결코 이해하지 못할 거라고 생각한다. 그들은 자신들의 신앙에 따라 스스로 자유를 누리며 살고자 유럽을 등진 자들이며, 신앙의 문제 속에서 궁극적인 해결을 고수하지 않은 자들이기 때문이다. 미국의 포용력은 그 때문일 것이며, 교리에 대한 무관심도 그 때문일 것이다. 호전적인 마주침은 없으면서 신앙의 일치를 바라는 마음만 지나칠 정도로 뜨겁다.[47]

1939년 6월 28일. 신문 기사들이 점점 불안감을 높이면서 우리 마음을 혼란스럽게 하고 있다. 전시에 특별한 일을 하지 않고 이곳에 머무르는 건 하나님의 뜻이 아니다. 가급적 빨리 기회가 되는 대로 떠나지 않으면 안 된다.[48]

같은 날, 본회퍼는 폴 레만에게서 편지 한 통을 받았다. 레만은 모든 준비가 끝났다고 생각했다. 그는 본회퍼 초청 문제를 처리하느라 상당한 고초를 겪었다.

자네는 우리가 자네 편지를 받으면 얼마나 기뻐하고 안도할지 모를 걸세. … 매리언과 나는 자네가 유니언에 도착했다는 소식을 간절히 기다려왔네. 이제 자네가 유니언에 있다고 하니, 우리는 자네가 이곳에서 우리와 함께할 때까지 기다리지 못하겠네. … 자네가 미국에 최대한의 기회를 베풀고 미국 신학에 이바지하여 미국이 풍요로워지기 전에 돌아간다는 건 상상도 할 수 없는 일이네. 적어도 나는 그렇게 생각하고 싶네. 자네는 이것을 책임으로 여겨야 할 거야.**49**

본회퍼는 최근에 내린 결정을 레만에게 알려야 한다는 걸 깨닫고 즉시 우편엽서를 보냈다. "나의 사정이 완전히 바뀌었네. 8월 2일 내지 7월 25일쯤에 독일로 돌아갈 생각이네. 정치 상황이 무시무시해지고 있거든. 하지만 독일로 떠나기 전에 자네 기별을 받고 싶어. 몇 주를 자유롭게 지낼 계획이지만, 참호(교회투쟁)로 돌아가야 한다고 생각하네."**50**

이튿날 본회퍼는 미국 교회가 처한 상태를 계속 숙고했다.

1939년 6월 29일. 교회와 국가가 분리되어 있다고 해서 교회가 자기 고유의 일에만 전념하는 건 아니다. 교회는 세속화를 막는 보루가 아니다. 원칙적으로 교회와 국가가 분리되어 있는 이곳만큼 교회가 더 많이 세속화된 곳은 없을 것이다. 이 분리는 정반대 결과를 야기하여 교회로 하여금 정치적인 일과 세속적인 일에 더 열심히 참여하게 할 수도 있다. 그것이야말로 우리가 독일에서 해야 할 중대한 결정이 아닐까 싶다.**51**

6월 30일, 본회퍼는 레만에게 편지를 보내 사정을 충분히 설명했다.

우정과 미래에 관한 희망이 넘치는 편지를 부쳐주어 고맙네. 몇 주 뒤 귀국하기로 결심했다는 걸 자네에게 알리려니 차마 입이 떨어지지 않는군. 사람들이 나를 이쪽으로 초대한 건 오해에서 비롯된 일이었네. 그들은 내가 미국에서 무한정 머물려 한다고 생각했던 거지. 그래서 이곳에 있는 독일 그리스도인 난민을 구제하는 일을 책임져달라고 제안한 거야. 필요한 일이긴 하지만 나의 귀국 가능성을 막을 수도 있는 일이었네. 그 일은 난민이 해야 할 일이었지. 그 사이에 모든 일이 해결되었고 고백교회와도 연락이 되었네. 7월이나 8월에 돌아갈 참이야. 한편으로는 아쉽지만 다른 한편으로는 조만간 저쪽을 다시 도울 수 있게 되어 기뻐. 형제들의 투쟁 속으로 다시 뛰어들 참이네.[52]

그러나 본회퍼는 시카고에 있는 카를 프리드리히의 전보를 받고 출국 날짜를 한 번 더 앞당기기로 했다. 일주일 안에 떠나기로 했다.

1939년 6월 30일. 카를 프리드리히 형이 보낸 전보가 도착했다. 형은 시카고에서 이곳으로 오는 중이다. 상의할 일이 많다. 형이 그곳에서 제의받은 근사한 교수직을 놓고 최종 결정을 한 다음 내 문제를 상의할 것이다. 지금 상태라면 늦어도 4주 뒤에 떠날 생각이었지만, 사정상 7월 8일에 카를 프리드리히 형과 함께 떠나기로 결심했다. 전쟁이 발발하면 이곳에 있고 싶지 않다. 이곳에서는 독일 정세에 관한 객관적인 정보를 얻을 수가 없다. 이는 중대한 결정이었다.[53]

이튿날 카를 프리드리히가 도착했다. 본회퍼는 여행용 모자를 쓰고 형과 함께 미드타운 맨해튼에서 하루를 보냈다.

1939년 7월 1일. 카를 프리드리히 형과 함께 상가에 들어가 선물을 사고 세계 최대 규모의 영화관 라디오시티뮤직홀에 들어갔다. 끔찍했다. 번지르르하고 야하고 저속한 색깔들, 음악과 육욕. 대도시에서 이런 공상 작품밖에 볼 수 없다니. 하지만 형은 생각이 달랐다. … 하루 종일 독일 상황과 교회 사정이 마음속을 떠나지 않았다. … 오늘 성구가 대단히 좋다. "누가 먼저 내게 주고 나로 하여금 갚게 하겠느냐 온 천하에 있는 것이 다 내 것이니라"(욥 41:11, 개역개정). "만물이 그에게서 나고, 그로 말미암아 있고, 그를 위하여 있습니다. 그에게 영광이 세세에 있기를 빕니다"(롬 11:36). 지구, 민족들, 독일, 그리고 무엇보다도 교회는 그분의 손에서 떨어지지 않을 것이다. 현 상황에서 "당신의 뜻이 이루어지이다" 하고 기도하기가 무척 어려웠다. 그러나 반드시 그래야 한다. 내일은 주일이다. 하나님께서 세상 모든 사람에게 말씀을 들려주시기를.**54**

1939년 7월 2일 일요일. 파크 애비뉴에 있는 교회. 라디오 방송 설교자 고크만 목사가 〈오늘은 우리의 것〉이라는 제목으로 설교했다. 본문도 없고 기독교적 선포의 흔적도 없었다. 실망. … 미국인들은 설교에서 자유를 아주 많이 언급한다. 소유로서의 자유는 수상한 자유다. 자유는 필요에 따라 획득해야 하기 때문이다. 교회의 자유는 하나님의 말씀을 선포할 필요에 따라 생긴다. 그렇지 않으면 자유는 방종이 되거나 새로운 속박이 될 뿐이다. 미국에 있는 교회가 정말로 자유로운지는 의문이다. 이쪽 사람들은 주일에 외롭게 지낸다. 말씀만이 참된 공동체를 만들 수 있다. 나는 모국어로 공동 기도를 바칠 필요가 있다. 신문 기사는 그다지 좋지 않다. 우리는 제때 도착할까? 오늘 성구는 다음과 같았다. "주님께 속량받은 사람들이 예루살렘으로 돌아올 것이다. 그들이 기뻐 노래하며 시온에 이를 것이다. 기쁨이 그들에게 영원히 머물고 즐거움과 기쁨이 넘칠 것이니 슬픔과 탄식이 사라질 것이다"(사 35:10). 중보기도.**55**

본회퍼는 월요일에 코핀과 니부어의 강연회에 참석했다. 그런 다음 글을 쓰고 한 신학생과 대화하며 남은 시간을 보냈다. 그리고 일기에 이렇게 썼다. "코핀이 인도한 아침 기도회는 대단히 초라했다. 성경 읽기와 기도를 소홀히 하지 않도록 조심해야겠다. 폴 레만이 편지를 보내왔다."[56] 레만은 실망스러운 소식이 담긴 본회퍼의 편지를 받고 이렇게 회신했다. "자네 편지 때문에 매리언과 내가 얼마나 걱정하고 있는지 차마 알리지 못하겠네. 대단히 무거운 마음으로 이렇게 몇 자 적어 보내네."[57]

이튿날 아침 본회퍼는 코핀을 만난 다음 니부어를 만났다. 니부어가 그를 저녁식사에 초대했다. 그날은 본회퍼가 미국에서 보낸 유일한 7월 4일이었다. 디트리히는 엠파이어스테이트 빌딩에서 카를 프리드리히와 함께 점심을 먹었다.

> 1939년 7월 5일. 출국 날짜가 가까워질수록 바쁜 나날을 보내고 있다. … 남부 지역 출신 신학생 두 명과 점심을 먹으면서 흑인 문제에 대해 대화를 나누었다. … 4주를 더 머무르면 좋을 것이다. 하지만 물가가 너무 높다. 에버하르트의 편지를 받고나니 무척 기쁘다.[58]

다음 이틀은 일기를 쓸 수 없을 만큼 바쁘게 보냈다. 7월 6일, 본회퍼는 중심가로 가서 배표를 구입한 다음 주택지구로 가는 길에 증권거래소를 둘러보았다. 오후 2시 30분에 예언자의 방에서 폴 레만을 다시 만났다. 1933년 이후 서로 만나지 못했으므로 너무나 기쁜 재회였다.

미국 체류 마지막 날인 이튿날 아침, 폴 레만이 출국을 만류하려고 애썼지만, 본회퍼는 이미 결정을 내린 상태였다. 이미 마음은 베를린을 향하고 있었다. 그는 뉴욕에서 꼬박 스무엿새를 보냈다.

그날 저녁, 폴 레만이 본회퍼를 배가 있는 곳까지 배웅하고 작별했다.

1939년 7월 7일. 11시 30분에 작별하고 12시 30분에 출항했다. 맨해튼은 한밤중이고 마천루 위에는 달이 떠 있다. 날씨가 무지 덥다. 여행은 이제 끝이다. 미국 생활도 즐거웠지만, 고국으로 돌아가게 되어 기쁘다. 9년 전 이곳에서 한 해를 보내며 배운 것보다 지난 한 달 동안 배운 게 더 많은 것 같다. 적어도 앞으로 결단을 내릴 때에는 무엇을 가장 중요한 기준으로 삼아야 하는지 알게 되었다. 이 여행이 나에게 많은 영향을 끼칠 것 같다. 대서양 한가운데서….[59]

1939년 7월 9일. 신학 문제를 놓고 카를 프리드리히 형과 대화를 나누고 상당한 분량의 책을 읽었다. 낮의 길이가 눈에 띄게 줄어들어 한 시간가량 짧아졌다. 배에 오르자마자 미래에 대한 내적 갈등이 멎었다. 미국에서 보낸 짧은 시간을 더는 탓하지 않기로 했다. 오늘 성구는 다음과 같다. "고난을 당한 것이 내게는 오히려 유익하게 되었습니다. 그 고난 때문에 나는 주님의 율례를 배웠습니다"(시 119:71). 내가 좋아하는 시편에서 뽑은 내가 좋아하는 구절 중 하나다.[60]

본회퍼는 영국에서 열흘을 보냈다. 벨 주교는 만나지 않고 프란츠 힐데브란트와 율리우스 리거만 만났다. 그런 다음 사랑하는 자비네, 라이프홀츠 부부와 그들의 두 딸과 함께 시간을 보냈다. 그들은 전쟁이 임박했고 당장이라도 세상이 뒤집어질 수 있다는 걸 알았다.

라이프홀츠 가족과 함께 지내는 동안 앞일을 어느 정도 짐작할 수 있게 하는 일이 본회퍼의 마음을 건드렸다. 마리안네와 크리스티아네에게 영국 동요를 가르치고 있는데, 고백교회 목사들 중 가장 용감한 목사에 속하는 파울 슈나이더가 부헨발트에서 맞아 죽었다는 흉보가 날아들었다. 본회퍼는 귀국하는 게 옳다고 확신했다. 그래서 자비네 및 그녀의 가족과 작별하고 독일로 돌아갔다.

　7월 27일, 베를린에 도착하자마자 본회퍼는 일을 속행하려고 지구르츠호프로 갔다. 하지만 헬무트 트라우프가 그의 뒤를 이어 훌륭히 일을 수행하고 있었다. 본회퍼는 트라우프를 잘 몰랐다. 트라우프는 갑자기 돌아온 본회퍼를 보고 깜짝 놀라던 상황을 이렇게 회상했다.

　나는 본회퍼가 독일에 있지 않고 임박한 공포 시대와 그 뒤에 올 파국을 면하게 되었다는 사실을 알고 기뻤다. 그는 그런 파국 속에서 스러져서는 안 될 사람이었다. 본회퍼는 교회를 재건할 방법을 아는 사람이었고, 독일 그리스도인들이 조건부로 승낙한 외적 숙명을 아는 것은 물론이고, 고백교회의 운명을 형성하는 데 일조한 덕에 고백교회의 내적 숙명도 아는 사람이었다. 본회퍼는 하르낙 시대의 자유주의 신학 가운데 알짬은 물론이고 가장 최근에 일어난 변증적 신학 운동까지 고루 갖춘 사람이요, 철학, 문학, 예술에 이르기까지 대단히 폭넓고 전반적인 소양을 갖춘 사람이었다. 그는 교회가 변해야 한다고 확신할 만큼 열린 사람, 편견이 없고 공평한 사람이었다. 그가 해외 여러 교회에서 자신감을 가질 수 있었던 것도 그 때문이다. … 그는 사실상 우리에게 확실히 닥쳐오고 있는 붕괴 이후에 개신교를 재건하도록 예정된 사람이었다. … 그의 위험한 처지를 말하지 않더라도, 그는 양심적 병역 거부자가 되려고 했으므로 자비를 바랄 수 없었다. 이 시기의 독일에는 그가 운신할 여지가 없었다. 그런 이유로 우리는 장차 그를 간절히 필요로 할 날이 올 것이고 그의 때가 올 거라고 생각했다.

　그러던 어느 날, 그가 돌아오겠다는 짤막한 기별을 보낸 뒤 우리 앞에 나타났다. 전혀 뜻밖의 일이었다. 실로 그에게는 평범한 상황에서조차 비범한 구석이 있었다. 나는 곧바로 화를 내며 안전하게 피신하느라 많은 고

1939년 7월, 미국에서 독일로 돌아가기 전에 런던에서 쌍둥이 여동생 자비네와 담소하는 디트리히

초를 겪었는데 뭐 하러 돌아왔느냐고 무심결에 말했다. 우리를 위한 피신이었건만, 이제 모든 것이 물거품이 되고 만 것이었다. 그는 매우 침착하게 담배에 불을 붙인 다음, 미국행은 실수였다며 자신이 왜 그랬는지 이해하지 못하겠다고 말했다. … 자유로운 나라들에서 발전할 자신의 수많은 가능성을 완전히 포기하고 우울한 종살이와 암울한 미래로 돌아온 셈이었다. 하지만 자신의 현실로 돌아온 것이기도 했다. 이는 그가 우리에게 말한 모든 것을 확고하고 즐겁게 붙잡은 것이었다. 그것은 생생히 깨달은 자유에서만 생겨나는 것이었다. 그는 자신이 분명한 조치를 취했다고 확신했지만, 그의 앞에 놓인 현실은 상당히 불투명했다.[61]

힌터포메른에서 이루어지던 부목사직을 위한 두 개의 집단생활은 그해 8월에도 이어지고 있었다. 하지만 전운이 감돌았고, 그들이 있

는 곳은 전쟁이 시작될 폴란드와 상당히 가까웠다. 본회퍼는 그들이 그곳에서 지내는 것이 대단히 위험하다고 판단하고 그곳을 떠나야 한다고 생각했다. 쾨슬린과 지구르츠호프에서 진행되던 학기가 조기에 종료되었고, 본회퍼는 8월 26일 베를린으로 돌아갔다.

22

독일의 종말

구세군식으로 전쟁을 벌여서는 안 된다. _아돌프 히틀러

    1939년 3월, 히틀러가 체코 프라하로 진군할 무렵 네빌 체임벌린은 찻잔을 내려놓고 상황을 주시했다. 그러다가 당근을 버리고 채찍을 들어 히틀러가 폴란드를 공격하면 영국이 폴란드를 지켜줄 거라고 단언했다. 그때가 다가왔다. 하지만 히틀러는 무작정 폴란드를 칠 수 없었다. 먼저 폴란드 침공이 정당방위에 의한 공격으로 보이게 해야 했다. 8월 22일, 히틀러는 장군들에게 이렇게 말했다. "내가 전쟁 개시 이유를 선전할 테니, 그대들은 그것이 그럴싸한지 그렇지 않은지 따지지 마시오. 내가 승리하면, 내가 선전한 것이 사실인지 아닌지도 묻지 마시오."[1]

히틀러가 세운 계획은 친위대가 폴란드 군복을 입고 폴란드 국경에 있는 독일 무선국을 치는 것이었다. 모든 정황을 진짜처럼 보이게 하려면 독일인 사상자가 있어야 했다. 그래서 자신들이 콘제르베(Konserve, 저장 식료품)라 부르는 자들, 즉 강제수용소에 수용된 자들을 활용하기로 했다. 희생자들에게 독일 군복을 입혀 독일 병사처럼 보이게 했다. 그리고 희생자 중 한 명에게 독극물을 주사한 다음 폴란드 병사들이 총격을 가한 것처럼 보이도록 몇 차례 총을 쏘았다. 한 사람을 의도적으로 살해하고 전 세계를 속이는 것이야말로 전쟁을 개시하는 데 가장 적당한 계획처럼 보였다. 이 일은 일정표대로 8월 31일에 일어났다.[2]

독일군이 앙갚음을 위해 9월 1일 새벽에 폴란드로 진격했다. 괴링이 이끄는 공군이 일부러 민간인을 살상하려고 하늘에서 불을 퍼부었다. 지상에서는 민간인 학살이 훨씬 규모 있게 진행되었다. 공포를 자아내고자 의도적으로 계획된 대학살이었으며, 근대에 한 번도 보지 못한 소행이었다. 폴란드인으로서는 난생 처음 맛본 쓴 맛이었다. 그들은 조만간 나치의 잔학성을 속속들이 알게 될 참이었다. 외부 세계는 한동안 그 사건의 진상을 알지 못하고 독일군이 버터를 가르는 뜨거운 칼처럼 폴란드를 가르고 있다는 소식만 접했다. 기갑사단이 폴란드 영토를 하루에 삼사십 마일씩 먹어치웠다.

그런데도 히틀러는 제국의사당에서 연설하면서 자신이 권리를 침해당한 피해자인 척했다. "여러분도 알다시피 나는 오스트리아, 주데텐란트, 보헤미아, 모라비아 문제를 평화적으로 해결하려고 끊임없이 애썼습니다. 하지만 모두 허사가 되고 말았습니다." 히틀러는 폴란드가 자신이 제안한 정중한 평화안을 받아들이기는커녕 냉정하게 뿌리치고 선한 믿음을 폭력으로 되갚았다면서 이렇게 말했다. "평화를 사랑하여 인내하는 나를 저들이 오해하고 잘못 판단한 것입니다. … 따라서 나는 폴란드가 지난 몇 달간 우리를 욕보인 것과 똑같은 방식으로 폴란드를 욕보이기로 했습니다." 인내심 강하고 평화를 사랑한다는 그 총통은 더는 참지 못하고 이렇게 말했다. "지난 밤 폴란드 정규군이 우리 영토를 향해 총격을 가해왔습니다. 우리는 오전 5시 45분경부터 응사했습니다. 이제부터 폭탄에는 폭탄으로 대처할 것입니다." 국방정보국 수장 카나리스 제독은 오래 전부터 이때를 우려해왔다. 그는 그 모든 일이 몰고 올 결과를 내다보고 감정을 주체하지 못했다. 당시 국방군 최고사령부에는 카나리스가 레지스탕스에서 함께 일하려고 충원한 외교관 한스 베른트 기제비우스가 있었다. 둘은 은밀히 내통하는 사이였다. 카나리스가 그를 한쪽으로 끌고 가서 이렇게 말했다. "이건 독일의 종말을 의미해요."[3]

이제 남은 건 영국이 선전포고를 하는 것뿐이었다. 그런데도 히틀러와 요아힘 폰 리벤트로프는 영국이 선전포고를 하지 않을 거라고 짐작했다. 오스트리아 침공이나 체코슬로바키아 침공 때와 마찬가지로 이번에도 외교적 해결을 선호할 거라고 말이다. 실제로 영국인들은 지난 이틀간 외교적으로 오락가락했다. 하지만 어느 순간 누군가가 체임벌린을 지지해주었고, 대영제국은 히틀러의 예상을 깨고 일요일에 선전포고를 했다.

그날 아침 디트리히와 카를 프리드리히는 집에서 몇 분 거리에서 만나 지난 며칠간 일어난 사건을 논의했다. 따스하고 눅눅한 아침이었고 낮게 걸린 구름이 베를린 상공을 덮고 있었다. 정오에 갑자기 사이렌이 울렸다. 디트리히는 자전거 페달을 급히 밟아 마리엔부르크 알레에 있는 집으로 돌아갔다. 그리고는 무슨 일이 일어나는지 기다리며 살폈다. 하지만 베를린 상공에는 비행기 한 대 떠다니지 않았다. 직접적인 공습은 없었다. 다소 생소하고 어처구니없었지만, 제2차 세계대전은 이미 시작된 상태였다.

1939년 9월 1일, 나치의 폴란드 침공이 있고 몇 시간 뒤에 총통은 제국의사당에서 이렇게 연설했다. "여러분도 알다시피 나는 오스트리아, 주데텐란트, 보헤미아, 모라비아 문제를 평화적으로 해결하려고 끊임없이 애썼습니다. 하지만 모두 허사가 되고 말았습니다. 평화를 사랑하여 인내하는 나를 저들이 오해하고 잘못 판단한 것입니다. … 이제부터 폭탄에는 폭탄으로 대처할 것입니다." 그 시간 이후 한스 베른트 기제비우스가 국방군 최고사령부에 있는 카나리스 제독과 손을 잡았다. 카나리스는 이렇게 말했다. "이건 독일의 종말을 의미해요."

1939년 9월

전쟁이 발발하고 처음 몇 주간 본회퍼는 자신의 처지를 숙고하면서 슐라베에 있는 유력자들과 친분을 쌓았다. 입영은 1년간 연기한 상태였다. 하지만 기한이 다 차면 어떻게 될까? 우선 군목직을 고려했다. 어쩌면 병원에 배치될 수도 있었다. 어머니 파울라가 자신의 사촌이자 베를린 방위군 사령관인 파울 폰 하제를 만나 가능성을 타진하고 신청서를 제출했다. 2월이 되어서야 회답을 받았다. 반응은 부정적이었다. 현역 복무자만 군목이 될 수 있었다.

그 사이에 핑켄발데, 쾨슬린, 슐라베, 지구르츠호프 일원이었던 사람들 상당수가 이미 소집을 받아 전장에 나갔다. 전쟁이 발발하고 사흘째 되던 날 한 명이 전사했다. 전쟁이 끝날 무렵에는 핑켄발데와 부목사직을 위한 모임 출신 젊은이 150명 중에 80명 이상이 전사했다. 9월 20일, 디트리히 본회퍼는 형제단에게 회람용 편지를 보냈다.

우리의 형제 테오도르 마아스가 9월 3일 폴란드에서 전사했다는 소식을 접하고 여러분에게 알려드립니다. 여러분도 이 소식을 접하면 나만큼 충격을 받을 겁니다. 하지만 여러분에게 부탁드리니, 그를 잊지 않게 해주신 하나님께 감사합시다. 그는 훌륭한 형제, 고백교회의 얌전하고 신실한 목사, 말씀과 성례전으로 살던 사람, 하나님께서 복음을 위해 고난을 겪을 자로 여기신 사람이었습니다. 나는 그가 죽을 준비가 되어 있었다고 확신합니다. 하나님이 틈을 크게 벌리시는 곳에서 우리는 인간의 말로 그 틈을 메우려 해서는 안 됩니다. 그 틈은 벌어진 채로 있어야 합니다. 우리의 유일한 위로는 부활의 하나님, 우리 주 예수 그리스도의 아버지이십니다. 또한 그분은 마아스 형제의 하나님이셨고 지금도 마찬가지입니다. 우리가 형제들을 알게 된 것은 그분 안에서입니다. 그분 안에는 이미 세상을 떠난 이들과 죽을 때를 기다리는 이들의 사귐이 생생히 살아 있습니다. 하나님께서 고인이 된 우리 형제로 말미암아 찬미를 받으시고 우리의 마지막 때에도 우리 모두에게 자비를 베푸시기를.[4]

전쟁이 본회퍼를 낯선 자리로 몰았다. 모순되어 보이는 면들이 그에게는 늘 있었지만, 전쟁이 그것들을 더 커보이게 했다. 자신은 히틀러가 이끄는 독일을 위해 싸울 수 없다는 걸 알고 있었지만, 자신처럼 사태를 바라보지 않는 젊은이들에게 전쟁이 닥쳤을 때에는 그들을 특히 따뜻하게 대했다. 또한 그는 그들이 하지 않는 선택을 하리라는 것도 알고 있었다. 알베르트 쇤헤어는 그때의 분위기를 이렇게 회상했다.

나치 선전과 상황 호도를 통해 우리가 느낀 것은 결국 우리가 실제로 참전할 수밖에 없으리라는 거였다. 조국을 지키지 않으면 안 되었기 때문이다. 물론 마음이 썩 내키는 것도 아니었고 열의를 가지고 할 일도 아니었다. … 어쨌든 병역 기피자가 참수되거나 처형되리라는 건 분명했다. 이때가 우리의 목숨과 가족 부양과 우리에게 중요한 모든 것을 포기해야 할 시점이었을까? 아니면 아직 때가 되지 않았던 것일까? 본회퍼는 우리의 참전을 만류하지 않았다. … 여러분이 오늘날의 시각으로 그때를 본다면 훨씬 비판적으로 볼 것이다. 지금의 우리는 그 당시에 일어난 일을 다 알고 있기 때문이다. 하지만 당시 우리는 사태를 명확히 알지 못했다. 나는 본회퍼가 병역을 완전히 거부한 한 사람을 후원했으며, 그 사람이 처형당한 것을 알고 슬퍼한 것으로 알고 있다. 우리 모두가 처해 있던 상황은 대단히 낯설었다.[5]

거울을 통해

폴란드 침공이 끝난 10월 중순, 부목사직을 위한 모임을 적어도 지구르츠호프에 하나 정도 재개해도 안전할 것 같았다. 목사 후보생 여덟 명이 그곳에 도착했고, 본회퍼는 자기가 떠났던 곳으로 돌아갔다. 그는 포메른 숲에 자리 잡은 동화 같은 전원과 음모가 난무하는 초현대적 베를린을 오갔다. 그해 겨울은 기록적일 정도로 혹독한 겨울이었지만, 전쟁에 대한 집요한 관심을 뒤로하고 원시 설원으로 탈주하는 것은 기쁜 일이었다.

하지만 전쟁에 대한 관심을 아예 끊고 지낼 수는 없었다. 본회퍼는 베를린에서 도나니를 만났고, 도나니는 평소처럼 그에게 모든 이야기를 들려주었다. 하지만 본회퍼는 전에 들어보지 못한 이야기, 그의 사고를 근본적으로 뒤바꿀 내용을 들었다. 그가 꿈꾸었던 것보다 훨씬 심각한 일이었다. 이제 본회퍼는 자신이 알게 된 내용으로 말미암아 전보다 더 외로운 신세가 되고 말았다. 교계 인사들과 에큐메니컬 세계 인사들 상당수는 전쟁을 끝내는 일에 엄청난 에너지를 쏟았지만, 본회퍼는 그러지 않았다. 이제 그는 히틀러를 권좌에서 내쫓는 것이 주요 목표라고 생각했다. 그런 뒤에야 독일이 평화협상을 할 수 있었다. 그가 아는 한, 히틀러와 평화협정을 체결하는 건 전쟁이나 다름없었다. 하지만 그는 히틀러 축출 계획을 에큐메니컬 동아리에서조차 발설할 수 없었다. 본회퍼는 이 무렵부터 자신이 히틀러 제거 공모에 가담했다는 걸 깨닫기 시작했다. 자신이 아는 것을 가장 친한 친구들과도 나눌 수 없었다. 대단히 위험한 일이었다. 본회퍼는 하나님과 단둘이 지내는 시간을 전보다 더 많이 갖고 자신의 행위를 하나님이 어찌 판단하실지에 마음을 썼다.

도대체 본회퍼는 무엇을 알았던 것일까?

그는 히틀러가 음험한 전쟁을 틈타 필설로 다할 수 없는 만행을 저질렀다는 말을 도나니에게 전해 들었다. 그 만행은 전쟁의 흔한 참사를 과거의 색다른 일로 만들어버릴 만큼 끔찍했다. 폴란드에서 날아온 보고서들에는 친위대가 저지른 말로 다할 수 없는 만행, 문명 시대에 들도 보도 못한 만행이 들어 있었다. 9월 10일, 일단의 친위대가 유대계 폴란드인 50명을 감독하여 강제로 다리를 복구하게 했다. 친위대는 복구 작업이 완료되자 그들을 유대교 회당에 몰아넣고 학살했다. 이 사건은 하나의 예에 불과했다. 국방군이 폴란드 진격을 조직 차원에서 폭넓게 진행하면서 민간인 대학살을 계획적으로 자행했다.

도나니의 주요 정보원은 상관 카나리스 제독이었다. 카나리스는 너무나 혼란스러워 독일군 수장 빌헬름 카이텔을 만나려고 했다. 9월 12일, 히틀러의 전용 열차에서 카이텔을 만나 독일을 파멸시킬 가증스런 악행을 저질렀느냐고 따져 물었다. 그러나 그렇게 문명화된 시설에서 카이텔을 만났지만, 그 만행이 앞으로도 계속될 것이고 훨씬 극악해지리라는 걸 전혀 알지 못했다. 그것은 독일을 그냥 파괴하는 것이 아니라, 그가 우려했던 것보다 훨씬 철저하게 파괴할 만행이었다. 카나리스와 도나니와 본회퍼가 알고 아끼던 독일 문화와 독일 문명이 역사에서 흔적도 없이 사라질 판이었다. 미래 세대들은 그러한 악행을 양산한 나라에 선한 구석이 전혀 없었다고 확신할 게 뻔했다. 그 세대는 이 악행들만 떠올릴 것이다. 마치 고삐 풀린 어둠의 세력들이 악마처럼 으스스하게 쓸고 지나간 것 같고, 그 세력들이 현재의 갈라진 틈을 통해 과거로 거슬러 올라가 독일의 과거까지 파괴해버린 것 같았다.

카나리스와 독일군 지도층에 속한 다른 인사들은 히틀러의 야수성을 한심스럽게 여겼지만, 정작 히틀러가 그 야수성을 계발하고 예찬했으며 그 야수성이 이데올로기의 일부가 되어 모든 유대인과 폴란드인, 성직자와 귀족의 숨통을 물어뜯어 갈가리 찢어놓았다는 걸 전혀 몰랐다. 독일군 장성들은 새로운 독일의 지표면 아래에서 검붉은 피의 강이 부글부글 거품을 내며 흐르다가 간헐천처럼 뿜어져 나왔다는 걸 알지 못했다. 이 모든 암시와 경고에도 불구하고 그들은 그것이 너무나 섬뜩해서 믿으려 하지 않았다.

히틀러의 때가 이르렀고 9월 초순 잔인한 신新다윈설이 유럽을 강타했다. 니체식 약육강식이 드디어 시작되었다. 쓸모 있는 약자들은 노예가 되었고 그렇지 못한 이들은 학살당했다. 무력으로 폴란드 영토를 접수하는 등 국제사회에 무례해 보이는 짓은 나치가 저지른 짓에 비하면 아무것도 아니었다. 나치의 인종차별 이데올로기는 영토 이상의 것을 요구했다. 폴란드는 거대한 노예 노동자 수용소가 되지 않으면 안 되었다. 폴란드인들은 '인간 이하의 존재Untermenschen'로 취급을 받았다. 영토만 빼앗긴 것이 아니었다. 온갖 탄압을 받아 고분고분한 자가 되었으며, 심지어 짐승 취급을 당하기까지 했다. 독일인들은 조금의 실수도 용납하지 않았고 약간의 자비도 베풀려 하지 않았다. 무자비와 잔인함을 덕으로 배양하려 했다.

카나리스는 일기에 이렇게 기록했다. "나는 카이텔 장군에게 폴란드에서 대규모 처형이 획책되고 있으며, 특히 귀족과 성직자가 몰살될 거라는 말이 들리는데, 사실이냐고 따져 물었다." 친위대가 "유대인, 지식인 계급, 성직자, 귀족 숙청"이라 칭한 계획을 언급한 말이었다. 폴란드의 모든 지도층 인사가 학살되었다. 한스 프랑크가 폴란드 총독으로 임명되었다. 프랑크는 곧바로 이렇게 선언했다. "폴란드인들은 독일 제국의 노예가 되어야 한다."[6]

경고는 줄곧 있어왔다. 가장 큰 경고는 히틀러의 《나의 투쟁》이었다. 서구 세계 전체가 앞일에 주의를 기울였더라면 힘을 소모하지 않아도 되었을 텐데, 누구도 그 일을 믿으려 하지 않았다. 8월 22일, 히틀러는 부하 장군들에게 앞으로 전쟁을 수행하다 보면 마음에 들지 않는 일들이 벌어질 거라고 뻔뻔하게 말했다. 평소에도 그는 앞으로 일어날 잔학 행위를 가리켜 "악마의 일"이라 불렀다. 언젠가는 이렇게 말하기도 했다. "구세군식으로 전쟁을 벌여서는 안 된다." 이 모든 것은 히틀러가 줄곧 계획해온 일이었다. 8월 22일에 열린 회의에서 히틀러는 장군들에게 이렇게 경고했다. "그대들은 그런 문제에 참견해서는 안 되오. 그대들은 그대들의 군복무에만 충실하면 될 것이오."[7]

독일 정신 속에는 그러한 암시에 곧잘 수긍하는 구석이 있었다. 하지만 더 넓은 그림을 고찰하는 용감한 영혼들도 더러 있었다. 니묄러가 확실히 그랬고, 이제는 카나리스가 그를 대신했다. 카나리스가 카이텔에게 이의를 제기한 것도 그 때문이었다. 하지만 이의제기는 무위로 끝나고 말았다. 그러한 잔인성이 히틀러가 실현시키는 암울한 광경의 핵심에 자리하고 있다는 걸 알아채지 못했기 때문이다. 카이텔은 자신의 급여 등급 너머에 있는 일들에는 관심이 없었다. 그는 카나리스에게 이렇게 말했다. "이 문제는 총통 각하께서 이미 결정하신 사항이오."[8]

나치 친위대가 가장 사악한 짓을 저질렀으므로 히틀러는 그 소문을 군 지도자들에게 알리지 않으려고 했다. 하지만 소문이 새어나갔고 상당수 장성들이 제정신을 잃고 격분했다. 블라스코비츠 장군은 자기가 목격한 만행을 적어 히틀러에게 보냈다. 독일군 병사들에게 미칠 영향을 크게 우려한 조치였다. 비정한 군 지도자들이 동요할 정도면, 전쟁터를 본 적이 없는 젊은 병사들에게 이 사태가 어떤 영향을 미칠지는 능히 짐작할 수 있는 일이었다. 블로크 장군은 블라스코비츠가 쓴 메모를 읽고 나서 "머리끝이 쭈뼛해졌고," 페첼 장군과 게오르크 폰 퀴흘러 장군은 자신들이 목격한 것을 두고 가능한 한 가장 강한 어조로 이의를 제기하며 민간인 학살을 그만두라고 요구했다. 울렉스 장군은 "민족 말살 정책"을 "독일 국민 전체의 명예를 실추시키는 오점"이라 불렀고, 레멜젠 장군은 유대인 50명을 총살하라고 지시한 나치 친위대 지도자 한 명을 체포하기까지 했다.[9]

그러나 처벌받은 자가 한 명도 없었다. 히틀러가 체포된 모든 자를 일괄 사면했기 때문이다. 하지만 이 가공할 만행에 대한 소문이 퍼지고 소문이 사실로 드러나면서 군 지도층 인사 상당수가 마침내 입장을 정하고 히틀러를 제거할 쿠데타에 가담했다.

그러나 브라우히치 같은 장성들 몇몇은 그다지 괴로워하지 않았다. 1940년 1월, 블라스코비츠가 또 다른 메모를 작성하여 브라우히치에게 보냈다. 블라스코비츠는 나치 친위대에 대한 군의 태도가 "혐오와 증오" 사이를 오락가락하고 있다고 묘사한 다음 "제국의 앞잡이들과 정부 대리인들이 폴란드에서 저지른 범죄 행위 때문에 모든 병사가 역겨움과 혐오감을 느끼고 있다"고 말했다. 브라우히치는 어깨만 으쓱했다. 군대가 그런 악행에 오염되는 걸 원치 않았지만, 나치 친위대가 가장 악한 행위를 저지르고 있는데도 소란을 피울 마음이 없었다.[10]

마음이 좀 더 고결한 장군들은 소란을 피웠다. 하지만 소란만 피워서는 안 된다는 걸 깨달았다. 더 많은 유대인과 폴란드인이 날마다 학살되고 있었다. 또 다른 쿠데타를 계획할 수밖에 없었다. 그들 중 상당수가 그리스도인이었다. 자신들이 목격한 것을 악이라 부르기를 주저하지 않았고, 어떤 희생을 치르더라도 그 악행을 중단시켜야겠다고 생각했다. 그 당시 수많은 사람에게 선한 독일인과 신실한 그리스도인이 된다는 건 조국을 이끄는 지도자에게 맞서 싸우는 것을 의미했다.

그들은 쿠데타 계획을 세밀하게 세우지 않으면 히틀러의 죽음이 사태를 더 악화시킬 수도 있다는 걸 알았다. 다음 두 가지가 중요했다. 첫째, 영국 관료들과 연락하여 공모자인 자신들이 히틀러나 나치와는 다른 대접을 받을 거라는 보장을 받아야 했다. 영국이 히틀러의 죽음에만 고무되어 독일을 파괴하면, 얻을 것이 거의 없을 테니 말이다. 둘째, 군 지도자들을 자기편으로 충분히 끌어들여 쿠데타를 완전히 마무리 지어야 했다. 아돌프 히틀러만 죽이고 군을 장악하지 못하면, 다른 나치가 집권하여 히틀러가 하던 일을 계속할지도 모르기 때문이다.

독일에서의 나치 세계관

히틀러는 수년 전부터 폴란드인을 노예로 만들고 유대인을 죽이려고 마음먹었듯이 모든 독일인 장애자를 살해하려고 마음먹었다. 이제 그 계획을 실행에 옮길 차례였다. 히틀러는 이미 1929년에 가장 허약한 독일인을 해마다 70만 명씩 제거하자고 공공연히 제안했다. 전쟁 전에 그런 조치를 취하면 항의가 빗발쳤을 것이다. 그러나 모든 사람이 전쟁에 정신이 팔려 있는 지금은 그런 악몽을 시작해도 전운이 자국에서 벌어진 수많은 범죄를 덮어줄 것이었다.

여러 해 전부터 준비해온 T-4 안락사 프로그램이 본격적으로 시작되었다. 1939년 8월, 독일 정부는 전국에 있는 모든 의사와 조산사들에게 유전적 결함을 지니고 태어난 모든 어린이를 1936년까지 소급하여 등록하라고 통보했다. 그리고 폴란드 전쟁이 시작된 9월, 이 심신장애자들을 살해하기 시작했다. 이후 몇 해 동안 어린이 5,000명이 살해되었다. 늦가을 무렵에는 다른 불치병 환자들에게 시선이 집중되었다. 빅토리아 바네트는 《민족정신을 위하여 For the Soul of the People》에서 그 역사를 이렇게 전한다.

서류를 받은 1차 시설들이 그들의 의도를 알아챈 것 같지는 않다. 환자마다 서류에 자신이 앓는 질환의 성격, 시설에서 보낸 기간, 인종적 혈통을 상세히 기입해야 했다. 시설 감독관들에게 보낸 첨부 문서에는 서류를 메우는 것이 꼭 필요한 통계 방법이며, 전시戰時 의료 시설 수요 때문에 특정 환자들을 다른 시설로 대량 이송해야 한다고 쓰여 있었다. 국가에서 임명한 전문가 셋이 작성된 서류를 정밀하게 살피고 이송할 환자들을 선별하고 원 시설에서 퇴거시킬 준비를 했다.[11]

폴란드 전쟁이 진행되자마자 성인 환자 대다수는 부적자不適者가 이송 환자용 버스에 태워졌다고 생각했다. 이 가련한 영혼들은 이송된 곳에서 살해되었다. 처음에는 독극물을 주입하여 살해하고 나중에는 일산화탄소 가스로 살해했다. 이 환자들의 부모나 친척 들은 사건 경위를 전혀 모르고 있다가 자신들이 사랑하는 이가 사망하여 소각되었음을 알리는 통지서를 받고 나서야 알게 되었다. 사인은 대개 폐렴이나 이와 유사한 질환으로 제시되었고, 남은 유해는 가족들에게 곧바로 배달되었다.

히틀러는 이 문제를 기록하면서 날짜를 실제보다 늦추어 9월 1일로 기록했다. 전쟁 개시일과 같은 날이었다. 그가 제시한 살해 근거는 조국을 위해 싸우다 부상당한 병사들이 써야 할 의료시설과 병상을 환자들이 차지하고 있다는 거였다. 제3제국은 자신의 적과 열심히 싸우는 동안 불치병 환자들의 치료비 지출을 금했다. 그들은 다른 모든 사람과 마찬가지로 더 큰 대의를 위해 목숨을 내놓지 않으면 안 되었다. 병사들의 부모들이 전쟁을 위해 자신들의 아들들을 궁극적으로 희생시켜야 했듯이 환자들의 부모들도 그렇게 하지 않으면 안 되었다. T-4 안락사 프로그램을 지휘한 사람은 히틀러의 주치의 카를 브란트였다. 그는 에르빈 주츠가 알프스에서 도보여행 중에 만난 적이 있는 인물이다.

 안락사 시설에서 사용한 살해 및 소각 방법은 나치가 대학살에 착수할 때 시도한 첫 번째 방법이었다. 나치는 이 무력한 환자들을 살해하는 데서 교훈을 얻어 살해 및 소각 방법을 매끄럽게 다듬었다. 그 방법은 죽음의 수용소에서 절정에 달했다. 나치는 그런 방법을 동원하여 수백만 명의 무고한 목숨을 살해했다.

쿠데타 계획 갱신

 9월 말이 다가오면서 독일에 있는 모든 사람은 평화가 멀지 않았다고 확신했다. 히틀러가 그토록 원하던 폴란드를 얻었으니, 이제 된 거 아니냐는 거였다. 하지만 바르샤바가 항복하던 9월 27일, 히틀러는 휘하 장성들을 소집하여 서부전선 공격 계획을 고지했다. 벨기에와 네덜란드를 공격하고 그 다음에는 프랑스와 영국을, 그 다음에는 덴마크와 노르웨이를 공격하겠다고 했다. 장군들은 히틀러의 말을 듣고 또 다시 충격을 받았다. 그래서 미치광이를 없앨 계획을 다시 꺼내 새롭게 다듬었다.

 베크도 도나니에게 '부끄러운 일의 연대기'에 새로운 자료를 추가하라고 지시했다. 그들은 장차 그 연대기 때문에 교수형에 처해지고 만다. 도나니는 연대기에 최신 자료를 추가하고자 동영상 필름을 확보했다. 이 필름에는 나치 친위대가 폴란드에서 저지른 수많은 만행이 담겨 있었다. 히틀러가 살해되고 독일이 연합국에게 패했을 때 일어날지도 모를 돌히슈토스 설을 피하려면 나치의 만행을 담은 증거를 확보해두어야 했던 것이다. 대화와 모임이 늘어났고 본회퍼도 그 중심에 있었다.

그러나 군이 더 많은 전쟁 태세를 갖추고 공모자들이 새로운 쿠데타를 준비할 무렵 전혀 뜻밖의 사건이 모든 사람을 그 자리에 멈춰 서게 했다. 예측 불가능한 마술사 아돌프 히틀러가 뒷다리와 궁둥이에서 말라빠진 올리브 가지를 과장된 몸짓으로 꺼내어 눈을 부라리는 세계 앞에 흔들었다. 10월 6일, 히틀러는 제국의사당에서 연설하면서 대단히 관대한 척했다. 그리고 나머지 세계를 일그러져 보이게 하는 반듯한 얼굴로 평화안을 제의했다. "나는 프랑스와의 관계에서 악의의 자취를 모두 지우고 양국이 견딜 수 있는 관계로 만들고자 노력했습니다. … 독일은 더 이상 프랑스에 배상을 요구하지 않을 것입니다. … 마찬가지로 나는 영국과 독일의 화합을 위해, 아니 영국과 독일의 우호관계를 위해 많은 노력을 기울였습니다." [12]

그것은 하나의 연기였다. 물론 히틀러가 생뚱맞은 강화조약을 제시하면서 입 밖에 내지 않은 조건은 전에 폴란드로 알려진 독일 영토, 즉 피로 물든 곳을 거론하지도 말고 한때 체코슬로바키아로 알려졌던 곳도 거론하지 말라는 것이었다. 그 지역들을 거론하지만 않으면, 조만간 평화가 이루어지리라는 거였다. 그러나 체임벌린은 희롱당한 여인처럼 히틀러가 내뱉는 달콤한 속삭임을 더는 귀담아들으려 하지 않았다. 그래서 신뢰를 얻고 싶다면 "말로만 떠들지 말고 행동으로 입증해 보여야 한다"고 말했다. 10월 13일, 체임벌린은 히틀러가 제시한 제안을 거절했다.[13]

한편, 군 장성들은 신속히 행동에 나서지 않으면 안 된다는 걸 깨달았다. 히틀러가 서쪽을 공격하기 전에 쿠데타를 일으켜야 했다. 일단 독일군이 벨기에와 네덜란드로 진격하면, 영국이 공모자들을 진지하게 받아들이는 일이 전보다 더 어려워질 테고, 무엇보다 그들 중 상당수가 폴란드 전역에서 벌어진 유혈사태의 책임자였기 때문이다. 게다가 히틀러는 웅크리고 앉아 있으려고 하지 않았다. 자기 마음에 드는 평화안을 영국이 제시하지 않으면 무력을 동원해서라도 얻어낼 생각이었다. 히틀러는 점잔을 피우며 할더 장군에게 말했다. "영국은 얻어터지고 나서야 얘기를 꺼낼 것이오." 히틀러는 가능한 한 빨리 서쪽으로 진군할 계획을 세웠다. 그리고 공모자들도 계획을 다시 수립하느라 부산을 떨었다.[14]

그러나 이 계획들은 히틀러 저격 방법을 모색하는 것 이상의 것들로 짜여 있었다. 첫째, 공모자들은 영국과 다른 강국들에 자신들의 존재를 알리고, 자신들이 결정적인 거사에 돌입할 때 강국들이 기꺼이 후원할 수 있도록 대책을 강구해야 했다. 그러지 않으면 영국과 프랑스가 히틀러의 갑작스런 죽음을 틈타 독일을 가혹하게 처벌할 수도 있기 때문이다. 그들에게는 영국과 프랑스의 평화 보장이 필요했다. 동쪽에 있는 러시아에게서도 눈을 뗄 수 없었다. 스탈린이 달려들어 다른 유럽 지역을 헐값에 찢어버릴 절호의 기회를 호시탐탐 노리고 있었기 때문이다. 공모자들이 거사에 성공하려면, 우호적인 해외 연락원들을 발굴하고 공모가 확실하다는 걸 알릴 필요가 있었다.

본회퍼가 가담한 것은 바로 이 대목에서였다. 그는 영국과 접촉하면서 이후 몇 년간 결정적인 역할을 했다. 그가 벨 주교나 다른 인사들과 연락을 취하고, 벨 주교가 영국 정부의 고위층 인사들과 연락을 취하는 것이 중요했다. 본회퍼는 노르웨이와 미국에도 연줄이 있었다. 그런데 본회퍼가 정말로 다른 이들을 심정적으로나 지적으로 후원하는 단계를 넘어 마지막 단계로 뛰어들었던 걸까? 실제로 암살 공모에 가담하여 그들과 함께 어울렸던 걸까? 이제부터 그것을 알아보도록 하자.

23

고백에서 공모로

1935년, 본회퍼는 소위 정치적 저항 문제를 우리에게 소개했다. … 점증하는 유대인 박해가 점점 더 적대적 상황을 야기했다. 본회퍼에게는 특히 그래 보였다. 우리는 고백이 아무리 용감해도 고백에만 머물러 있으면 살인자들과 공범이 될 수밖에 없다는 걸 깨달았다. _에버하르트 베트게

우리가 지금 느끼는 것보다 내가 더 깊이 믿는 것은 우리가 대단히 깊은 골짜기를 통과하지 않으면 안 되리라는 것입니다. 그런 뒤에야 우리는 다른 쪽으로 올라갈 수 있을 것입니다. _디트리히 본회퍼

    본회퍼는 공모의 중심에 있으면서 형 클라우스와 자형 도나니처럼 더 직접적으로 연루된 사람들에게 심정적인 지지와 격려를 보냈다. 그러면서도 전혀 거리낌이 없었다. 하지만 좀 더 공식적으로 공모에 가담하는 건 전혀 다른 일이었다.

    본회퍼의 입장은 복잡했다. 홀로 활동한다면 모를까, 고백교회 지도자였던 그로서는 선택하기가 훨씬 어려웠다. 무엇을 하려고 결심하든 양심적 병역 거부자가 되는 걸 거부할 때 그랬던 것처럼 다른 사람들을 고려하지 않으면 안 되었다. 자기가 원하는 대로 할 수 없었다. 그래서 본회퍼는 쉽게 결정을 내린 적이 한 번도 없었다. 하지만 일단

사태를 분명히 파악하고 나면 밀고 나가는 사람이었다. 뉴욕에서 돌아왔지만, 그는 아직 하나님이 자신을 이끄시어 무슨 일을 하게 하실지 명확히 이해하지 못했다.

이즈음 분명히 형수 엠미 본회퍼가 도발적으로 그를 들쑤셔 더 진지하게 공모에 가담하게 한 것 같다. 엠미와 클라우스 부부는 그리스도인이 아니었다. 엠미는 자기 남편은 목숨을 걸고 있건만 목사인 시동생이 투쟁을 초월하여 마음 편히 지낸다고 생각했을지도 모른다. 어쩌면 디트리히는 "현실적으로 전혀 쓸모없는 영적 기질"의 소유자였는지도 모른다. 엠미는 디트리히를 충분히 헤아려 자기 생각을 직접 말했다. "도런님 같은 그리스도인들은 자기가 꼭 해야 할 일로 알고 있는 일을 다른 누군가가 할 때 기뻐합니다. 하지만 자신의 손을 더럽힐 마음도, 그런 일을 할 마음도 없는 것 같습니다." 디트리히에게 암살자가 되라고 말한 건 아니었다. 하지만 그녀 남편과 도나니가 연루된 상태이건만, 디트리히는 연루되어 있지 않았던 것이다. 디트리히는 엠미가 한 말을 곰곰이 숙고했다. 그리고 누군가가 다른 누군가를 죽이려 하는데 기뻐할 사람이 있겠느냐고 말했지만, 엠미가 말하려 한 바를 떨쳐버릴 수 없었다. 그녀의 말에 일리가 있었기 때문이다. 그럼에도 디트리히는 어찌할지 결정하지 못했다.[1]

한편, 본회퍼가 있든 없든 공모는 활기차게 진행되었다. 도나니는 바티칸과 끈끈하게 연결되어 있는 요제프 뮐러 박사와 접촉했다. 공모에 가담한 사람들 사이에서 X씨로 통한 뮐러는 체력이 엄청났다. 유년기부터 친구들이 옥센제프(Ochsensepp, 황소 요제프)라 부를 정도였다. 1939년 10월, 뮐러가 지령을 받고 로마로 갔다. 표면적으로는 국방정보국의 공무를 처리하러 간 거였지만, 실제로는 영국 대사와 함께 교황청과 접촉하여 공모자들이 히틀러를 내쫓을 경우 영국으로부터 평화를 보장받기 위해서였다. 뮐러가 그 일을 성사시켰다. 영국의 요구 조건은 히틀러가 지난 두 해 동안 법석을 떨면서 독일 영토에 추가한 땅을 포기하는 것이었다. 그러나 요제프 뮐러는 더 멀리 나아갔다. 뮐러는 히틀러의 사망 후 수립될 신생 독일 정부와 영국 사이에서 중재 역할을 해달라고 제안했고 교황은 그 제안을 수락했다. 모든 것이 대단히 유망해 보였다. 본회퍼와 뮐러는 금방 친해졌고, 일 년 뒤 뮐러는 본회퍼가 알프스 산맥에 있는 에탈 수도원에 출입할 수 있게 주선해주기까지 했다. 하지만 지금 본회퍼는 지구르츠호프와 베를린을 오가는 신세였다.

공모자들은 히틀러가 서쪽 공격을 정식으로 허가하는 순간 쿠데타를 일으키기로 했다. 히틀러가 날짜를 정하면, 다들 쿠데타를 일으킬 태세였다. 하지만 히틀러가 막판에 서쪽 공격을 취소했다. 몇 개월에 걸쳐 스물다섯 번이나 취소하여 모든 사람을 반쯤 미치게 했다. 무르익은 군사 쿠데타를 성사시키는 데 필요한 지휘 계통이 대단히 복잡했다. 공교롭게도 브라우히치 장군의 최종 승인을 받아야 했다. 그를 설득하여 쿠데타에 가담시키는 것이 대단히 어려웠다. 브라우히치는 쿠데타를 계속 미루다가 마음이 흔들렸고, 그나마 가지고 있던 약간의 용기마저 잃고 말았다. 수많은 기회가 속절없이 날아갔다. 1940년 5월, 히틀러가 서쪽 공격 명령을 내렸을 때 꼴사나운 쿠데타는 제풀에 걸려 넘어졌고 아무 일도 일어나지 않았다. 실패하고 만 것이다.

고백에서 저항으로

3월 15일, 마지막 목사 후보생들이 학기를 마쳤고 이틀 뒤에는 게슈타포가 지구르츠호프를 폐쇄했다. 그렇게 마지막 둥지가 폐쇄됨으로써 1935년 칭스트에서 시작된 황금시대가 막을 내렸다. 본회퍼는 목사 후보생들을 더 이상 가르칠 수 없었다. 따라서 다음 일을 고심하면서 선택 가능한 것들 중에서 하나를 골라야 했다. 공모에 깊이 개입하는 쪽으로 나아갈 수밖에 없었지만, 그게 무얼 의미하는지는 아직 불확실했다.

국가의 수장을 암살하려는 음모에 연루된 한 그리스도인의 역설을 에버하르트 베트게만큼 잘 설명한 이도 없을 것이다. 베트게는 본회퍼가 정치적 저항의 길로 들어선 건 이전 사고에서 부당하게 우회한 것이 아니라, 이전 사고에서 비롯된 자연스럽고 불가피한 성취였다고 설명한다. 본회퍼는 언제나 용감하게 행동하고 어떤 일이 일어나더라도 진실을 말하려고 애썼다. 하지만 특정 시점에서 진실을 말하기만 하는 건 값싼 은혜를 연상시켰다. 베트게는 이렇게 설명한다.

1935년, 본회퍼는 소위 정치적 저항의 문제를 우리에게 소개했다. 더는 고백의 차원과 저항의 차원을 산뜻하게 따로 떼어놓고 생각할 수 없었다. 점증하는 유대인 박해가 점점 더 적대적인 상황을 야기했다. 본회퍼에게는 특히 그래 보였다. 우리는 고백이 아무리 용감해도 고백에만 머물러 있으면 살인자들과 공범이 될 수밖에 없다는 걸 깨달았다. 징집 거부라는 새로운 행위가 끊임없이 일어나고, 우리가 주일마다 '오직 그리스도'를 설교하더라도 우리는 살인자들과 공범이 될 수밖에 없었다. 나치 정부는 그런 설교를 금지할 필요를 못 느꼈다. 왜 그랬을까?[2]

그래서 우리는 고백과 저항의 경계로 다가갔다. 그 경계를 넘지 않으면, 우리의 고백은 범죄자들을 돕는 짓이 되고 말 것이었다. 이로써 고백교회의 문제가 어디에 있는지 분명해졌다. 말하자면 우리는 고백을 통해 저항하려고 했지, 저항을 통해 고백하려고 하지 않았던 것이다.

본회퍼는 일평생 자기 아버지가 과학적 쟁점에 적용한 것과 동일한 논리를 신학적 쟁점에 적용했다. 단 하나의 현실이 있을 뿐이며, 그리스도는 그 현실을 지배하는 주님이시라는 것이다. 본회퍼의 주요 논지는 모든 그리스도인은 하나님을 어떤 영적 영역으로 모셔 들이는 것이 아니라 자신의 삶 전체에 모셔 들임으로써 완전한 인간이 되어야 한다는 거였다. 천상적인 존재가 되어 하나님에 대해 이러쿵저러쿵 논하기만 할 뿐, 자신이 발 딛고 선 현실 세계 속에서 자신의 손을 더럽히려 하지 않는 것은 나쁜 신학이었다. 하나님은 우리가 이 세상을 떠나지 않고 그분의 말씀에 복종하면서 행동하기를 바라셨고, 그리스도를 통해 그것을 보여주셨다. 본회퍼가 자신의 손을 더럽히려고 한 건 그 때문이다. 말하자면 몸이 근질거려서가 아니라 하나님이 그에게 다른 단계의 복종에 대해 말씀하셨기 때문이다.

선을 넘다

히틀러는 몇 달간 연기를 거듭하더니 5월이 되자 군대에 서진西進을 명했다. 5월 11일, 독일군이 네덜란드를 침공했다. 네덜란드가 닷새 만에 항복하고 벨기에가 뒤이어 항복하자 독일군 탱크 부대가 굉음을 내며 프랑스를 누볐다. 6월 14일, 독일군이 파리에 입성했다. 사흘 뒤, 프랑스가 함락되는 소리가 전 세계를 뒤흔들었다. 귀가 먹먹할 정도의 붕괴였다.

그 사이 대륙 저편에서는 본회퍼와 베트게가 동프로이센에 있는 핑켄발데 형제들의 목사관을 시찰했다. 두 사람은 6월 17일 아침 목사들과 회의를 한 다음 나룻배를 타고 반도로 건너가서 야외 카페에 앉았다. 그 카페는 오늘날의 리투아니아 메멜에 있었다. 갑자기 라디오 확성기에서 트럼펫 팡파르를 울리며 "프랑스가 항복했다!"는 특보를 내보냈다. 독일이 치욕을 당한 지 22년 만에 히틀러가 형세를 역전시킨 것이다.

사람들이 열광했고, 일부는 껑충껑충 뛰면서 의자에 올라섰으며, 다른 이들은 탁자에 올라서기도 했다. 다들 팔을 뻗어 나치 경례를 하면서 제3제국의 국가로 '만유 위에 뛰어난 독일'이라는 뜻의 〈도이칠란트 위버 알레스〉를 목이 터져라 부르고, 뒤이어 나치당의 공식 찬송가 〈호르스트 베셀 리트〉를 불렀다. 애국심의 복마전이 따로 없었다. 본회퍼와 베트게는 핀에 꽂힌 딱정벌레처럼 꼼짝도 하지 못했다. 적어도 베트게는 그랬다. 그런데 어느 순간 본회퍼는 복마전의 일부가 된 것 같았다. 베트게는 소스라치게 놀랐다. 자신의 친구가 다른 모든 이들과 함께 일어서서 팔을 내민 채 "하일, 히틀러!"를 외치고 있었던 것이다. 베트게가 그곳에 서서 멍하니 바라보자 본회퍼가 그에게 작은 소리로 속삭였다. "자네 미쳤는가? 팔을 들어 올리게! 우리는 다른 많은 일에 목숨을 걸어야 하네. 이 어리석은 경례는 목숨을 걸 일이 아닐세!" 비범한 벗이자 스승인 본회퍼에게 지난 5년간 많은 걸 배워 왔지만, 베트게가 이번에 본 것은 전혀 새로운 모습이었다.[3]

베트게는 본회퍼가 선을 넘은 것이 그때였음을 깨달았다. 본회퍼의 행동은 공모자 같았다. 그는 병역 거부자로 여겨지길 바라지 않고 오히려 군중과 섞이길 원했다. 히틀러를 반대하는 듯한 인상을 주려고 하지 않은 것은 훨씬 중요한 일이 있었기 때문이다. 남들의 이목을 끌려고 하지 않은 것은 남들의 눈에 띄지 않은 채 하나님이 하라고 하시는 일들을 하려고 했기 때문이다. 베트게는 본회퍼가 공식적으로 공모에 가담한 정확한 날짜를 대는 건 불가능하다고 말한다. 하지만 베트게는 메멜의 카페에서 본회퍼가 "하일, 히틀러!"를 외칠 때 자신의 친구가 이미 경계를 넘어 다른 쪽으로 갔단 걸 알아챘다. 본회퍼는 그렇게 고백에서 저항으로 넘어갔다.[4]

히틀러의 위대한 승리

사흘 뒤 파리 북부에 있는 한 숲에서 묘한 광경이 펼쳐졌다. 자비를 인간 이하의 결점으로 여기는 히틀러가 콩피에뉴 숲에서 프랑스인에게 항복 문서에 서명하게 했다. 콩피에뉴 숲은 프랑스인들이 1918년에 독일인들에게 휴전협정에 서명하게 한 바로 그 장소였다. 히틀러가 그 치욕의 날을 잊지 않고 있다가 드디어 절호의 기회를 만들어 되갚은 것이다. 자신이 정복한 적을 독일이 치욕을 당한 현장으로 되돌아오게 하는 건 시작에 불과했다. 히틀러는 휴전협정 조인이 이루어졌던 열차를 박물관에서 콩피에뉴 숲으로 다시 끌어오게 함으로써 산소가 전혀 없는 고지, 즉 좀스러움이라는 고지로 기어 올라가려 했다. 히틀러는 공기착암기를 동원하여 박물관 벽을 제거하게 한 다음 열차를 끌어내어 독일 민족에게 치명적 상처를 안겨준 과거로 끌고 오게 했다. 그러나 이 제스처로도 성에 차지 않았는지 히틀러는 페르디낭 포슈가 앉았던 의자를 가져오게 했다. 콩피에뉴 숲에 옮겨진 열차 안에서 페르디낭 포슈가 앉았던 의자에 앉기 위해서였다. 그토록 상징적인 행위에 빠져 있던 히틀러가 베르사유조약을 금고에 넣어두기를 거부하고 대서양 한가운데 던져버린 건 의외의 행동이었다.

히틀러와 독일은 23년간 이 승리의 순간을 기다려왔다. 아돌프 히틀러가 독일 민족의 구원자가 된 때가 있다면, 바로 이때였을 것이다. 히틀러에게 의혹과 의심을 품었던 수많은 독일인이 이제는 견해를 싹 바꾸었다. 히틀러가 제1차 세계대전과 베르사유조약으로 입은 불치의 상처를 치료해주고 파산한 독일을 예전의 위대한 독일로 회복시켰기 때문이다. "옛것은 지나갔으니, 보라, 그가 모든 것을 새롭게 했다." 히틀러는 수많은 사람의 눈에 신과 같은 존재로 보였고, 그들이 기도하며 기다려온 메시아로 보였다. 따라서 히틀러의 통치는 천 년 동안 계속될 것 같았다.

이 시기에 본회퍼는 《윤리학》 집필에 매달렸다. 그리고 그 책에서 사람들이 얼마나 성공을 떠받드는지를 다루었다. 본회퍼는 그 주제에 푹 빠졌다. 몇 해 전에도 바르셀로나에서 보내는 편지에서 이를 언급한 적이 있었다. 투우장에서 군중의 마음이 얼마나 쉽게 변하는지, 군중이 어떻게 한 순간은 투우사에게 환호하고 다음 순간은 황소에게 환호하는지 똑똑히 보았기 때문이다. 군중이 원하는 건 성공, 무엇보다도 성공이었다. 본회퍼는 《윤리학》에서 이렇게 말했다.

성공이 모든 것의 척도가 되고 성공이 모든 것을 정당화하는 세계에서 사형 선고를 받아 십자가에 달린 이의 모습은 낯선 사람의 모습일 뿐이며, 기껏해야 연민의 대상일 뿐이다. 그런 세계를 정복할 수 있는 것은 성공뿐이다. 그 세계에서는 생각이나 견해가 결정하는 것이 아니라 업적이 결정한다. 성공만이 이미 저지른 악행을 정당화할 수 있다. … 역사는 지상의 어떤 권력도 스스로에게 허용하지 않는 솔직함과 냉정함을 가지고 자신을 위해 다음과 같은 격언을 주장한다. 바로 "목적이 수단을 정당화한다"는 것이다. … 십자가에 달린 이의 모습은 성공을 기준으로 삼는 모든 사고를 무력하게 만든다.[5]

하나님이 관심을 두시는 것은 성공이 아니라 복종이었다. 우리가 하나님께 복종하고 우리 앞에 닥치는 실패와 다른 모든 것을 기꺼이 감수하면, 이 세상이 상상할 수 없을 정도의 성공을 하나님이 보여주실 것이다. 그러나 그것은 좁은 길이었고, 그 길을 걸으려고 하는 이는 극히 드물었다.

독일의 저항 세력들에게는 우울한 시기였다. 그럼에도 그들은 몇몇 전선에서 노력을 이어갔다. 수많은 단체와 계획이 일시에 봇물처럼 터져 나왔다. 이 무렵 프리츠 디틀로프 폰 데어 슐렌부르크가 크라이사우 동아리 일원과 손을 잡았다. 다른 이들은 저 위대한 정복자가 어쩔 수 없이 승전 기념 행진을 하며 샹젤리제를 유유히 빠져나갈 때 저격수를 배치하여 저격할 계획을 세웠다. 하지만 행진은 이루어지지 않았다.

승전의 감격이 어찌나 컸던지 폴란드에서는 한스 프랑크가 기회를 포착하여 냉혹한 대학살을 지시하기까지 했다. 프랑크는 기회를 놓치려 하지 않았다.

오해를 받다

히틀러가 프랑스에서 성공을 거두고 새날이 밝았다. 본회퍼는 물론이고 레지스탕스에 몸담은 수많은 인사는 히틀러가 독일을 불행한 군사적 패배로 끌어들여 파멸시킬 거라고 확신했었다. 그러나 히틀러가 성공을 통해, 끊임없이 달아오르는 이기주의와 자기숭배의 축제를 통해 독일을 파멸시킬 줄 누가 알았으랴? 실제로 본회퍼는 히틀러가 집권하고 이틀 뒤에 행하다 흐지부지 그만둔 연설에서 그 점에 주의를 기울인 적이 있었다. 본회퍼는 독일이 여하한 우상을 숭배하면, 몰록 숭배자들이 자기 자식들을 불살라 바쳤듯이 독일도 자신의 미래를 태워 없애고 말 거란 걸 알고 있었다.

프랑스가 함락되고 나서 상당수 사람들이 히틀러가 성공을 통해 독일을 패망시킬 거라고 추측했다. 그해 7월, 본회퍼는 이것의 의미를 숙고하고 포츠담에서 열린 옛 프로이센 형제단 총회에서 연설을 했다. 하지만 연설은 크게 오해를 샀고, 본회퍼는 자신이 고백교회로부터 소외되고 있음을 뼈저리게 느꼈다.

본회퍼는 독일이 국가사회주의와 히틀러에게 완전한 찬의를 표했다고 말하면서 그것을 "역사적 찬의"라 불렀다. 프랑스 함락 전에는 히틀러를 처치하고 국가사회주의를 끝장낼 가능성이 많았지만, 이제는 그 가능성이 사라지고 없었다. 히틀러를 반대하던 이들도 새로운 상황에 익숙해져 그 상황을 이해하고 그에 따라 행동할 수밖에 없었다. 그 상황은 단기간이 아니라 장기간 계속될 것이었다. 따라서 다른 전술을 구사해야 했다. 본회퍼는 효과를 노리고 과장해서 말하는 경우가 왕왕 있었고 그 때문에 이따금 역풍을 맞기도 했는데, 지금이 그랬다.[6]

언젠가 그는 한 신학생에게 모든 설교에는 일말의 이단적인 내용이 들어 있어야 한다고 말한 적이 있다. 이는 진리를 표현하려면 이따금 무언가를 과장해서 말하고 이단사설처럼 들리게 하되 이단사설로 흘러서는 안 된다는 뜻이었다. "일말의 이단적인 내용"이라는 표현을 쓴 것도 효과를 노리고 무언가를 말하는 버릇을 드러낸 것이었다. 하지만 그 표현이 오해를 불렀다. 여러 사람이 그 표현을 붙잡고 늘어지면서 본회퍼는 정통 신학에 관심이 없다고 주장했다. 본회퍼는 종종 그런 함정에 빠지곤 했다. 그런 이유로 본회퍼는 이제껏 살았던 신학자들 중 오해를 가장 많이 받은 신학자가 아닐까 싶다.[7]

포츠담에서 연설하던 그날도 모든 이의 오해를 불식시키려 애썼지만, 그런 오해가 또 다시 빚어지고 말았다. 본회퍼가 히틀러가 이겼다고 말한 건 청중을 일깨워 방침을 바꾸게 하려는 의도였다. 그러나 국가사회주의가 이겼다고 말하자 청중 가운데 몇몇 사람이 그가 이 승리에 찬동하고 있다고 생각했다. 그들은 본회퍼가 사실상 다음과 같이 말한 것이나 다름없다고 생각했다. "그들을 칠 수 없다면, 그들과 하나가 되십시오." 본회퍼가 국방정보국을 위해 일하던 몇 년간 수많은 사람이 그날 한 발언을 떠올리며 그가 사실상 반대편으로 넘어가 히틀러와 나치를 위해 일하고 있다고 생각했다. 하지만 본회퍼는 표면상 독일 정부의 스파이였을 뿐 실제로는 레지스탕스 일원으로 활동하고 있었다.

진실이란 무엇인가

그날 본회퍼가 한 말은 히틀러에게 저항하는 이들이 독일의 새로운 상황에 접근하는 방식을 재고해야 한다는 뜻이었다. 본회퍼는 기꺼이 그 접근법을 재고하여 이전에 고수하던 외적인 대對정부 투쟁방식을 보류하고 갑자기 정부와 보조를 맞추는 척했다. 그렇게 해야 더 깊은 단계의 대정부 투쟁을 할 수 있었기 때문이다.

그 일에는 기만 술책이 필요했다. 당시 진지한 그리스도인 상당수는 신학적으로 본회퍼의 관점을 따를 수 없었고, 그도 자기를 따르라고 요구하지 않았다. 그들 대부분은 본회퍼가 조만간 발을 담그게 될 기만 술책을 거짓말과 다름없다고 여겼다. 본회퍼가 기만 술책에 기꺼이 발을 담근 건 기사騎士처럼 진실을 추구해서가 아니라 대단히 심원한 진실을 존중해서였다. 그가 율법주의자들이 중요하게 여기는 진실을 말하는 행위를 뛰어넘은 것도 그 때문이었다.

몇 해 뒤 본회퍼는 테겔 형무소에서 〈진실을 말한다는 것은 무엇을 뜻하는가?〉라는 소론을 쓰면서 그 주제와 씨름한다. 소론은 이렇게 시작된다. "말문이 트이는 순간부터 우리는 우리의 말이 진실해야 한다는 교육을 받는다. 이것은 무슨 뜻인가? 진실을 말한다는 건 무엇을 의미하는가? 우리에게 이것을 요구하는 자는 누구인가?"

하나님의 진실 기준은 단순히 거짓말하지 않는 것 이상을 요구한다. 예수는 산상수훈에서 이렇게 말했다. "너희는 '–해야 한다(–해서는 안 된다)'고 하는 말씀을 들었다. 그러나 나는 너희에게 말한다." 예수는 구약성경의 율법을 더 깊은 수준의 의미와 복종으로 이끌었고 율법의 자구字句에서 율법의 정신으로 나아갔다. 본회퍼가 보기에 율법의 자구를 따르는 건 바르트가 말한 죽은 종교였다. 그것은 하나님을 속여 우리가 복종하고 있다고 믿게 하려는 시도에 지나지 않았다. 이는 훨씬 심각한 기만 행위였다. 하나님은 언제나 종교적 율법주의보다 훨씬 심원한 것을 요구하는 분이었다.**8**

소론에서 본회퍼는 한 소녀를 예로 든다. 소녀의 선생이 급우들 앞에서 소녀에게 "네 아빠는 술고래시냐?"라고 묻는다. 소녀는 "아니에요"라고 대답한다. 본회퍼는 이렇게 말한다. "물론 우리는 그 아이의 대답을 거짓이라고 할 수 있다. 그렇지만 이 거짓말은 더 많은 진실을 담고 있다. 즉, 그것은 그 아이가 자기 아버지의 결점을 급우들 앞에서 폭로할 때보다 훨씬 진실에 가깝다." 말하자면 진실을 말하라고 막무가내로 다그쳐서는 안 된다는 뜻이다. 그 소녀가 급우들 앞에서 자기 아버지가 술고래라는 걸 인정하면, 그것은 자기 아버지를 욕되게 하는 짓이기 때문이다. '진실 말하기'는 상황을 고려하여 이루어져야 한다. 본회퍼는 살아 있는 진실이 얼마나 위험한지 잘 알았다. 그는 이렇게 말한다. 살아 있는 진실은 "진실이 특정한 상황에 따라 각색될 수 있고 그래도 된다는 느낌을 불러일으킨다. 진실이라는 개념이 완전히 해체되는 것이다. 더구나 허위와 진실은 구별할 수 없을 정도로 서로 가까이 붙어 있다."**9**

본회퍼는 거짓말하지 말라고 쉽게 말하는 종교적 율법주의의 이면에 진실 같은 것은 없으며 사실만 있을 뿐이라는 냉소가 자리하고 있다는 걸 알고 있었다. 이러한 견해는 우리가 예의나 분별없이 모든 것을 다 말해야 하며, 예의나 신중은 위선이자 일종의 속임수일 뿐이라는 냉소적 생각으로 이끌게 마련이다. 본회퍼는 《윤리학》에서 이렇게 말했다.

> 언제나 어디서나 모든 사람에게 한결같이 진실을 말하라고 요구하면서, 실제로는 진실의 죽은 이미지만 드러내 보이는 자는 냉소주의자일 뿐이다. … 그는 진실을 열광적으로 신봉하는 자의 후광을 걸치고 인간의 연약함을 일절 용납하지 않는다. 하지만 그는 사람들 사이에 살아 있는 진실을 파괴하는 자일 뿐이다. 그는 수치심에 상처를 입히고, 신비를 모독하고, 신뢰를 깨뜨리고, 자기가 몸담은 공동체를 배반하고, 자기가 만들어낸 참상과 진실을 말하지 못하는 인간의 연약함을 보고 거만하게 비웃는다.[10]

본회퍼는 하나님과의 관계가 다른 모든 것을 규제한다고 확신했다. 그래서 예수 그리스도와의 관계가 악곡의 정定선율*과 같다고 누차 말했다. 다른 모든 성부聲部가 가리키는 것, 다른 모든 성부를 아우르는 것, 그것이 바로 정선율이다. 하나님께 가장 깊이 진실하다는 건 율법적으로 살거나 규칙대로 혹은 원칙대로 사는 것이 아니라, 그분과의 관계를 생생히 유지하는 것을 의미했다. 어떤 행동을 하든지 하나님과의 관계를 유지하면 되는 거였다. 그것이 훨씬 벅차고 훨씬 성숙한 수준의 복종이었다. 이제 그리스도인들은 히틀러의 악행을 보고 자신들의 복종을 더 심화하고 하나님이 요구하시는 것이 무엇인지 더 열심히 생각해야 했다. 율법 종교가 전혀 적합해 보이지 않았기 때문이다.

도나니의 상관 오스터 장군이 말한 대로 국가사회주의는 "전통 가치 기준과 충성이 더는 적합하지 않을 정도로 사악한 패덕의 이데올로기"가 되었다. 본회퍼는 하나님이 모든 난제에 대한 답을 가지고

---

*다성 악곡의 바탕이 되는 주선율.

계심을 알고 자신의 처지를 두고 그분이 뭐라고 말씀하시는지 알려고 노력했다. 그래서 단순한 고백을 넘어 공모로 뛰어들었고, 그 공모는 고백교회에 속한 동료 상당수가 오해할 정도의 기만 술책을 요구했다. 카나리스 제독 휘하의 국방정보국을 위해 일하는 이중 스파이가 되면서 본회퍼는 사실상 대단히 고독한 자리로 옮겨간 것이나 다름없었다.[11]

성경의 기도서

본회퍼는 공모에 가담하여 임무를 수행하면서 목회 활동과 저술 활동을 이어갔다. 글은 생의 마지막 몇 달 전까지 썼지만, 생전에 마지막으로 출간한 책은 《성경의 기도서 *Das Gebetbuch der Bibel*》였다. 이 책은 1940년에 출간되었다. 본회퍼가 당시 구약성경 시편과 관련된 책을 출간한 건 학문적 진실에 대한 애착을 보여주는 증거이자, 그가 제3제국을 자진해서 속였음을 보여주는 증거이기도 하다.

본회퍼 연구가 제프리 켈리는 이렇게 말한다. "분명히 얘기하지만, 구약성경을 예우하는 태도에 대해 나치 독일이 강한 거부감을 보이는 상황에서 이 책은 출간된 순간부터 정치적으로나 신학적으로나 폭발력 있는 선언이었다." 그 책은 구약성경이 기독교와 교회에 대단히 중요하다고 말하는 강력한 선언이자, 유대교에서 유래한 모든 것을 훼손하려 애쓰는 나치에게 던지는 대담한 학문적 비난이었다.[12]

이 때문에 본회퍼는 제국 문서통제국과 충돌했다. 나중에 교도소에서 여러 차례 심문을 받으면서도 그랬지만, 이번에도 그는 멍청한 척하면서 그 책이 학문적 주석에 불과하다고 주장했다. 하지만 본회퍼는 모든 진정한 주석과 학문은 진실을 가리키게 마련이라는 사실을 잘 알았다. 그 진실은 나치가 빗발치는 탄환보다 더 싫어하는 것이었다. 본회퍼는 제국 문서통제국이 그에게 종교 저작 출판 금지령을 내린 것이 납득되지 않는다고 말했지만, 이는 《성경의 기도서》를 출간하기 전에 원고를 나치에게 제출했어야 한다는 걸 모르고 한 말이다.

그 사건은 본회퍼가 '진실 말하기'의 의미를 어떻게 이해했는지를 보여준다. 그에게는 하나님께 복종하여 친親유대교 서적을 출간하고, 국가사회주의자들이 그 책의 내용에 이의를 제기할 줄은 꿈에도 몰랐다고 영리하게 속이는 것이야말로 진실한 행동이었다. 본회퍼가 원고를 나치에게 미리 보냈다면, 원고는 빛을 보지 못했을 것이다. 본회퍼는 하나님이 그 책 속에 담긴 진실이 출간되길 원하신다고 확신했다. 그래서 원고와 관련된 진실을 나치에게 알리지 않았다. 이는 그의 소론 〈진실이란 무엇인가?〉에 등장하는 어린 소녀가 급우들에게 자기 아버지의 악덕과 관련된 진실을 밝히지 않은 것과 같은 행위였다.

그 책에서 본회퍼는 바르트가 말한 은혜 개념을 기도와 연결지어 우리 자신의 기도로는 하나님에게 이를 수 없고 그분의 기도, 즉 예수가 활용하여 기도했던 구약성경의 시편들로 기도함으로써 그 기도를 타고 효과적으로 하나님에게 이를 수 있다고 말했다. 우리는 "소원, 소망, 탄식, 비탄, 환호"처럼 우리가 자연스럽게 할 수 있는 것을 부자연스러운 기도, 곧 하나님이 우리의 외부에서 가르쳐주셔야 하는 기도와 혼동해서는 안 된다. 이 둘을 혼동하면 "이는 땅과 하늘, 인간과 하나님을 혼동하는 셈이 되고 말 것이다." 우리 스스로는 기도할 수 없다. 그가 말한 대로 "기도에는 반드시 예수 그리스도가 필요하다!" 우리는 시편으로 기도하면서 동시에 "그리스도께서 가르쳐주신 기도로 기도함으로써 하나님이 우리의 기도를 들으신다고 확신하며 기뻐할 수 있다. 우리의 의지와 온 마음이 그리스도의 기도에 합류할 때 우리의 기도는 올바른 기도가 될 수 있다. 우리는 예수 그리스도 안에서만 기도할 수 있다. 우리의 기도는 그분과 더불어서만 상달될 수 있다."[13]

나치는 그 사상을 유대교의 것으로 여겼을 것이고, 개신교도들 상당수는 그 사상을 가톨릭의 것으로 여기고 암송 기도에서 이교도의 공허한 반복을 보았을 것이다. 그러나 본회퍼는 성경에 충실하려고만 했다. 시편 기도는 핑켄발데 목사 후보생들과 그 이후에 참여한 목사 후보생들이 날마다 바치던 기도였다. 본회퍼는 흔들림이 없었다. "시편은 초대 기독교의 삶을 충만하게 해주었다. 그러나 이 모든 것보다 더 중요한 건 예수께서 십자가에 달려 숨을 거두시면서 시편에서 따온 구절로 기도하셨다는 것이다. 시편이 버림을 받을 때마다 교회에서는 비할 데 없는 보물이 사라졌다. 그러나 우리가 시편을 되찾는다면, 예기치 않은 능력이 우리에게 다가올 것이다."[14]

그 얇은 책에서 본회퍼가 주장하려고 한 것은 다음과 같다. 예수가 시편과 구약성경을 인가했고, 기독교는 유대교에 뿌리를 두고 있으며, 구약성경은 신약성경으로 대체되는 것이 아니라 신약성경과 떼려야 뗄 수 없게 연결되어 있고, 예수는 어쩔 수 없이 유대인이었다는 것이다. 또한 본회퍼는 시편이 예수를 증거하고 그분의 오심을 예언했다고 명시하기도 했다. 이듬해인 1941년 3월, 본회퍼는 이 얇은 주석서를 출간함으로써 다른 서적 출간을 금지당했다.

국방정보국에 합류하다

1940년 7월 14일, 본회퍼가 쾨니히스부르크에서 열린 교회 회의에서 설교할 때 게슈타포가 들이닥쳤다. 게슈타포는 그러한 집회를 금지하는 새로운 명령을 언급했고, 집회는 중단되고 말았다. 체포된 이는 없었지만, 본회퍼는 그러한 목회를 수행하는 자신의 능력이 끝나가고 있음을 알았다. 본회퍼와 베트게는 서서히 선두로 나서서 동프로이센에 있는 여러 교구를 시찰했다. 교구들 중에는 슈탈루푀넨, 트라케넨, 아이트쿠넨 같은 독일인 소읍이 포함되어 있었다.* 스탈린의 군대가 아주 가까이 있어서 불안한 분위기가 감돌았다. 본회퍼는 마을을 둘러본 다음 베를린으로 가서 앞으로의 계획을 놓고 도나니와 상의했다.

국방정보국과 게슈타포는 서로 경쟁하는 사이였다. 미국의 CIA와 FBI처럼 각자 독립된 활동 영역이 있었기 때문이다. 도나니는 국방정보국이 본회퍼를 공식 채용하면 게슈타포가 그를 가만히 내버려둘 수밖에 없을 거라고 추론했다. 여러 면에서 일리가 있었다. 그렇게만 되면, 본회퍼는 목회 활동을 지속할 자유를 얻음과 동시에 공모 활동을 펼치는 데 필요한 은신처를 얻게 될 것이었다. 또한 국방정보국의 매우 귀중한 자원이므로 병역 소집을 받지 않고 표면상 조국을 위해 중요한 임무를 수행하는 것처럼 보일 것이었다. 어마어마한 혜택이었다. 징집되면 어쩔 도리가 없었기 때문이다.

도나니, 베트게, 본회퍼, 기제비우스, 오스터가 그해 8월 본회퍼의 집에서 이 안을 놓고 논의했다. 그리고 그 안을 추진하기로 했다. 먼저 그들은 본회퍼에게 임무를 맡겨 동프로이센에 파견하려 했다. 러시아와의 전쟁이 임박했고, 게다가 그곳은 본회퍼가 목회 활동을 많이 한 곳이므로 그가 가는 것이 자연스러워 보였기 때문이다. 고백교회 목사가 국방정보국의 일에 활용되는 것을 게슈타포가 수상히 여기면, 정보국은 공산주의자들과 유대인들까지 활용한다고 말하면 그만이었다. 고백교회 목사직은 국방정보국의 활동에 더없이 좋은 위장술

---

* 전후에 이 읍들은 소련에 할양되었고 소련이 붕괴한 뒤에는 러시아의 역외 영토인 칼리닌그라드 오블라스트의 일부가 되었다.

이었다. 게다가 국방정보국은 복잡한 비밀 임무를 수행하는 군 첩보 기관이었다. 그러니 어떤 게슈타포가 그들을 의심하겠는가?

그리하여 그날이 다가왔다. 본회퍼가 공식적으로 공모에 합류했다. 이제 정보국의 보호를 받을 뿐 아니라 군 첩보기관의 일원이어서 오스터와 카나리스의 보호도 받을 수 있었다. 몇 가지 기만 술책이 동원되었다. 본회퍼는 실제로 목회를 하면서 자신이 원하는 대로 신학 저술 활동을 계속할 수 있었다. 공식적으로 이 일은 군 첩보기관의 나치 스파이로 활동하기 위한 위장 활동이었다. 그러나 그가 군 첩보기관에서 비공식적으로 맡은 일은 나치 정권에 저항하는 공모자로 활동하는 것이었다.

본회퍼는 목사인 척했지만, 이것은 어디까지나 위장을 위한 위장에 불과했다. 그는 실제로 목사였다. 또한 본회퍼는 군 첩보기관의 정보 요원으로서 히틀러를 위해 일하는 척했지만, 실제로는 도나니, 오스터, 카나리스, 기제비우스와 마찬가지로 히틀러에게 맞서 싸웠다. 본회퍼는 선의의 거짓말을 하지 않았다. 루터의 유명한 표현을 빌리자면, "과감하게 죄를 지었다." 그는 기만에 기만을 더하는 이판사판의 게임에 연루되었지만, 자신이 하나님에게 철저히 복종하고 있다고 확신했다. 그에게 그것은 아찔하고 복잡한 모든 활동을 일관되게 만들어주는 정定선율이었다.

그러나 그해 9월, 국방정보국과 치열히 경합하는 제국 중앙보안국이 본회퍼를 성가시게 했다. 제국 중앙보안국 수장은 미끌미끌한 칠성장어 같은 라인하르트 하이드리히였고, 하이드리히는 힘러의 직속 부하였다. 본회퍼는 체제 전복 활동을 한다는 이유로 제국 중앙보안국으로부터 강연 금지를 통보받았다. 설상가상으로 힌터포메른에 있는 슐라베 게슈타포 경찰서에 자신의 소재를 정기적으로 신고해야 했다. 그의 거주지가 공식적으로 힌터포메른으로 되어 있었기 때문이다. 고백교회와 협력할 가능성이 줄어들다 못해 사라지고 있었다. 고백교회는 그를 교사로 활용할 수 있었지만, 이 제재를 받고 나서는 그에게 신학 연구를 위한 휴가를 주기로 했다.

본회퍼는 이 트집을 좌시하지 않았다. 카운터펀치를 날리며 자신이 제3제국에 헌신하고 있다는 오해를 유지하는 것이 중요했다. 그래서 다시 한 번 멍청한 척하며 분노의 편지를 보내 자신을 애국주의자보다 못한 사람으로 규정하려는 움직임에 이의를 제기했다. 저명한 선조들과 친척들까지 들먹였다. 정상적인 상황에서라면 절대로 하지 않을 수작이었다. 그의 눈에도 건방지고 우스꽝스러운 짓으로 보였을 테니 말이다. 하지만 본회퍼는 완전히 뻔뻔스러운 얼굴로 그 모든 일을 하며 "하일, 히틀러!"라는 헛기침까지 덤으로 담아 편지를 마쳤다. 하지만 그런 편지를 보냈는데도 문제가 해결되지 않았다. 본회퍼는 또 다시 도나니에게 의지했다.

도나니와 상의한 결과 국방정보국에서 그가 맡은 역할이 더욱 중대해졌다. 히틀러의 심복들과 벌이는 게임, 즉 물고 물리는 게임이 본격적으로 시작되었다. 먼저, 도나니는 제국 중앙보안국의 방해공작에서 그를 빼내고 싶어 했다. 제국 중앙보안국은 본회퍼를 더 이상 포메른에 있지 못하게 하려 했고, 베를린에는 더더욱 머물지 못하게 하려 했다. 그래서 본회퍼에게 국방정보국 임무를 맡겨 뮌헨에 보내지 않으면 안 되었다.

도나니가 10월에 뮌헨으로 가서 사태를 놓고 동료들과 논의하는 사이 본회퍼는 클라인-크뢰신에서 《윤리학》을 집필하며 신호를 기다렸다. 그리고 10월 말, 전출 명령을 받고 뮌헨에 가서 시청에 뮌헨 거주자로 정식 등록했다. 카를 크로이트 백작 부인이 자기 집을 내주었다. 슐라베에서 지낼 때 관리감독 에두아르트 블로크의 주소가 그의 공식 주거지였듯이, 뮌헨에서는 카를 크로이트 백작 부인의 주소가 그의 공식 주거지였다. 본회퍼가 두 주거지에서 얼마나 많은 밤을 보냈는지는 또 하나의 얘깃거리다.

뮌헨 거주자로 등록하면, 국방정보국뮌헨 지부에서 근무할 수 있었고 실제로 그렇게 했다. 본회퍼는 신뢰의 사람을 뜻하는 파우 만V-mann 또는 퍼트라우엔스만Vertrauensmann으로 통하며 비밀리에 활동했다. 공식적으로는 민간인으로서 《윤리학》을 집필하고, 목사 노릇을 하고, 고백교회를 위해 일하는 등 자기가 하고 싶은 일을 계속할 수 있었다.

알프스 산맥의 에탈 수도원

본회퍼는 뮌헨에서 요제프 뮐러를 다시 만났다. 뮐러는 국방정보국 뮌헨 지부 소속으로 공모의 주도자였다. 본회퍼는 뮌헨에서 뮐러를 통해 레지스탕스와 협력했다. 본회퍼가 에탈 수도원에서 지낼 수 있게 초대장을 구해준 이도 뮐러였다. 에탈 수도원은 바이에른알프스의 가르미슈파르텐키르헨 지역에 둥지를 튼 아름다운 베네딕트 수도원이었다. 본회퍼에게는 작은 꿈이 실현된 것이나 다름없었다. 나치에 맞서 싸우는 가톨릭 성채에서 그는 베를린의 심리적 소란과는 거리가 먼 평화와 고요를 마음껏 맛보았다. 에탈 수도원은 1330년에 시작되었지만, 건물 대다수가 18세기에 바로크 양식으로 건축된 수도원이었다. 본회퍼는 수도원 원장 및 부원장과 친분을 쌓았고, 그들은 그가 원하는 만큼 오래 머물게 해주었다. 그는 11월부터 겨우내 수도원에서 지냈다.

11월 18일, 본회퍼는 베트게에게 이런 편지를 보냈다. "가장 따스한 환대를 받고 있네. 수도원 식당에서 식사하고, 호텔에서 잠자고, 도서관도 이용하고, 수도원으로 들어가는 열쇠도 가지고 있다네. 어

바이에른 알프스의 에탈 수도원. 본회퍼는 1940년에서 1941년으로 넘어가는 겨울에 에탈 수도원에서 《윤리학》을 집필했다.

제는 원장과 길고 유익한 대화를 나누었네." 대화를 나눈 시간은 한 시간밖에 안 되었지만, 가톨릭 신자가 아닌 사람에게는 꽤 길고 유익한 시간이었다. 에탈 수도원은 오버람머가우에서 도보로 4킬로미터 정도 떨어져 있었다. 오버람머가우는 1634년 이래로 주민들이 10년마다 한 번씩 유명한 수난극을 상연하는 마을이었다.[15]

본회퍼는 수도원의 판에 박힌 일과를 즐기면서 저술을 계속했다. 일과 중에는 식사 시간에 누군가가 큰소리로 낭독하는 관습이 있었다. 핑켄발데에서도 시행했지만, 목사 후보생들이 좋아하지 않아서 얼마 못 가서 중단되고 말았다. 하지만 에탈에서는 그 관습이 수세기 동안 그랬듯이 생생히 살아 있었다. 본회퍼는 그 시간이 즐거웠다. 하지만 신심과 무관한 책들, 예컨대 역사책을 전례에서 낭독하는 것을 보고 이상하게 여겼다. 그래서 부모님에게 이렇게 말했다. "이따금 주제가 웃길 때면, 웃음을 참지 못할 정도랍니다." 그곳에서 지내는 동안 원장 앙겔루스 쿠퍼 신부와 사제 몇 명이 본회퍼가 쓴 《신도의 공동생활》을 읽고 나중에 토론하기로 했다.[16]

본회퍼는 원장을 비롯해 여러 사제와 대화하면서 가톨릭을 새롭게 이해하고 《윤리학》에 자연법을 추가하여 다루었다. 개신교 신학에서 누락되었던 부분을 바로잡기로 한 것이다.

뮌헨은 에탈 수도원에서 기차로 90분 거리에 있었고, 본회퍼는 뮌헨으로 여러 번 나들이를 했다. 뮌헨으로 나들이를 할 때면 카를 크로이트 백작부인 집에서 지내기도 했지만, 대개는 가톨릭 호스텔인 오이로페이셔 호프에서 지냈다.

그해 성탄절에 본회퍼는 뮌헨에서 쇼핑을 했다. 선물에 관한 한 대단히 사려 깊고 너그러운 사람이었다. 여러 친구와 친지 들에게 슈테판 로흐너가 그린 〈그리스도의 탄생〉을 액자에 넣어 선사했다. 그때부터 그는 해마다 성탄절이 되면 스스로 부과한 과제를 떠맡아 핑켄발데 형제단에 속한 회원 하나하나에게도 선물을 보냈다. 당시 핑켄발데 형제단은 독일 전역에 흩어져 있었고, 상당수가 군인으로 복무하고 있었다. 본회퍼는 수많은 책을 보내고, 뮌헨에 있는 한 상점에서 알브레히트 알트도르퍼의 〈거룩한 밤〉이 인쇄된 우편엽서 백 장을 사서 크리스마스 선물에 한 장씩 넣어 보냈다. 베트게에게 보내는 편지에서 그는 이렇게 말했다. "그 그림이 시의적절해 보이더군. 폐허 속의 성탄절 말일세."[17]

본회퍼의 핑켄발데 형제단 사역은 소포와 잦은 편지 형태로 계속되었다. 그해 성탄절, 본회퍼는 90여 통의 편지와 함께 소포를 보냈다. 편지는 같은 먹지를 여러 번 사용하여 타자한 것 같았다. 먹지 소비를 조금이라도 줄이려는 의도였을 것이다. 그해 성탄절에 보내는 편지는 "이는 한 아기가 우리에게 났고"로 시작되는 이사야 9장 6-7절을 묵상한 또 하나의 아름다운 설교였다. 사태가 완전히 바뀌어서 전쟁 이전으로 돌이킬 수 없다는 생각을 곰곰이 되새김질한 것이었다. 본회퍼는 우리가 고통과 죽음 이전의 때로 돌아갈 수 있다는 생각이 잘못된 거라고 설명했다.

전쟁은 늘 존재하던 더 깊은 현실을 보여주고 있을 뿐입니다. 우리 눈에 포착되지 않는 순간들을 저속 사진 촬영이 훨씬 간결하고 예리하게 보여주듯이, 지난 여러 해 동안 이 세상의 본질로 우리에게 훨씬 무시무시하게 다가온 것을 전쟁이 특히 노골적으로 드러내고 있습니다. 죽음을 먼저 몰고 온 것은 전쟁이 아닙니다. 인간의 육신과 영혼의 고통을 먼저 만들어낸 것도 전쟁이 아닙니다. 거짓말과 불의와 폭력을 먼저 풀어놓은 것도 전쟁이 아닙니다. 우리의 존재를 대단히 불확실하게 하고 인간들을 무력하게 하여 인간의 소원과 계획이 지체 높은 유력자들의 훼방을 받아 훼손되는 것을 가장 먼저 보게 한 것도 전쟁이 아닙니다. 하지만 이전부터 존재하던 이 모든 것을 확산시켜 일부러 못 본 체하려고 하는 우리에게 불가피한 것이 되게 하는 것은 다름 아닌 전쟁입니다.[18]

본회퍼는 이렇게 설명했다. "전쟁 때문에 우리는 사태를 있는 그대로 볼 수 있게 되었습니다. 그래서 그리스도의 약속이 더더욱 실제적이고 바람직한 것입니다."

12월 13일, 본회퍼는 베트게에게 보내는 편지에서 이렇게 말했다. "이곳은 48시간 동안 계속해서 눈이 내렸다네. 지난해에 우리가 보았던 것보다 눈이 훨씬 높이 쌓여 더미를 이루고 있네. 이곳에서도 흔치 않은 일이지."[19] 베를린 상공에서 벌어지는 끊임없는 공습 때문에 도나니와 크리스티네는 바르바라, 클라우스, 크리스토프를 에탈에 있는 학교로 전학시키고 크리스티네가 자주 찾아갔다. 그래서 그해 크리스마스를 알프스의 눈과 얼음 속에서 보냈다. 아름다운 환경이 본회퍼의 마음을 사로잡았다. 베트게에게 보내는 편지에서는 "이겨낼 수 없는 산맥의 기품이 짐처럼 나의 일 위에 내려앉는다네"라고 말했다.[20]

베트게도 그해 크리스마스에 본회퍼를 찾아갔다. 본회퍼가 설피雪皮를 시험한 다음 다들 스키를 탔다. 그리고 독일에서 지켰던 관습대로 크리스마스이브에 선물을 개봉했다. 선물 하나가 그로스-슐륀비츠에서 먼 길을 달려 도착했다. 본회퍼의 목사 친구 에르빈 쉬츠가 보낸 선물이었다. 나중에 본회퍼는 이렇게 편지했다. "친애하는 쉬츠 형제, 내 조카들이 보는 앞에서 선물 상자를 열고 진짜 살아 있는 토끼가 나왔을 때, 그건 정말이지 엄청난 선물이자 비할 데 없는 흥분거리였답니다." 선물을 개봉하고 나서 다들 눈부신 수도원 교회에서 거행하는 미사에 참석했다.[21]

디트리히 부모님은 아들에게 불어 사전을 보냈다. 조만간 제네바에서 지내게 될 거라는 걸 알고 부모님에게 부탁한 것이었다. 부모님은 돋보기도 함께 보냈다. 죽은 지 스물두 해가 넘은 디트리히의 형 발터가 남긴 돋보기였다. 발터는 본회퍼 집안의 박물학자였다. 12월 28일, 본회퍼는 부모님에게 보내는 편지에서 선물에 감사를 표하고 한동안 변하지 않을 새로운 현실을 숙고했다. 하지만 삭막한 상황 한가운데에 숨어 있는 더 깊은 진실을 찾기로 했다. "우리는 지난해 연말을 맞이하여 새해에 결정적인 행동을 노리며 조금만 더 가다 보면 더 분명히 보게 될 거라고 생각했습니다. 이 희망이 성취되었는지는 유감스럽게도 여전히 의문입니다. … 미래에 대한 전망보다는 과거와 현재를 감사하는 마음으로 더 힘차게 살아야 할 것 같습니다."[22]

본회퍼는 쉬츠에게도 비슷한 편지를 보냈다. "우리가 지금 느끼는 것보다 내가 더 깊이 믿는 것은 우리가 대단히 깊은 골짜기를 통과하지 않으면 안 되리라는 것입니다. 그런 뒤에야 우리는 다른 쪽으로 올

1940년, 에탈에서 크리스마스를 함께 보내는 디트리히 본회퍼와 바바라 폰 도나니, 크리스토프 폰 도나니, 클라우스 폰 도나니, 에버하르트 베트게(왼쪽부터)

라갈 수 있을 것입니다. 우리 자신을 완전히 내어주고 묵묵히 참고 견디는 것이 중요합니다. 그런 뒤에야 모든 일이 잘 될 것입니다." 본회퍼는 어떤 경우에도 흔들리지 않고 오랫동안 들엎드려 지냈다.²³

본회퍼는 에탈에서 법무장관 귀르트너와 전임 라이프치히 시장 카를 괴어델러 같은 공모자를 만났다. 그리고 뮐러가 이따금 제집 드나들듯 찾아왔다. 그해 크리스마스에 본회퍼와 베트게는 도나니와 바티칸 사절을 만났다. 사절 중에는 교황 피우스 12세의 개인 비서 로베르트 라이버가 끼어 있었다. 귀르트너가 방문한 동안 본회퍼와 베트게는 그와 함께 알프스의 추위를 뚫고 오랫동안 거닐었다.* 세 사람은 고백교회가 제국교회를 상대하면서 겪는 어려움을 논의했다.

1941년 1월, 본회퍼는 뮌헨으로 가서 고백교회 수석 변호사 유스투스 페렐스를 만났다. 페렐스는 고백교회 목사들이 받는 처우와 관련하여 제국 정부를 상대로 열심히 로비를 했다. 고백교회 목사 상당

---

* 귀르트너는 추운 날씨에 산책을 하다 독감에 걸려 한 달 뒤에 숨을 거두고 말았다.

에탈 수도원 명판

수가 징집을 받고 전선에 배치되어 고백교회가 와해될 판이었다. 이는 나치가 치밀하게 계획한 작품이었다. 페렐스는 제국교회에 적용하는 것과 동일한 정책을 고백교회에 적용하도록 나치를 설득하려고 했다.

뮌헨에 머무는 동안 본회퍼는 페렐스와 함께 베토벤의 오페라 〈프로메테우스의 피조물〉을 관람했다. 본회퍼는 그 오페라에 "그다지 흥분하지 않았다." 두 사람은 실러의 생애를 다룬 영화도 보았다. 본회퍼는 베트게에게 보내는 편지에서 그 영화를 이렇게 평했다. "한 마디로 말해서 끔찍했네. 우스꽝스럽고 상투적이고 엉터리에다 비현실적이고 비역사적이고 형편없는 연기에 저속하기까지 하더군! 자네도 한 번 가서 보게나. 실러가 고등학교 저학년 학생으로 보일 정도였네."[24]

본회퍼와 베트게는 다섯 해 만에 처음으로 상당한 시간을 떨어져 지냈다. 본회퍼는 갈수록 베트게를 깊이 의지했다. 베트게가 본회퍼의 신학사상을 비판하고 형성하는 데 도움을 줄 정도였다. 《윤리학》을 집필하는 동안에는 자신의 사상을 친구와 함께 시험해보고 탐구하기도 했다. 둘은 여러 해 동안 거의 날마다 함께 기도하고 예배를 드렸다. 어찌나 절친했던지 서로 고해하는 사이이기도 했다. 둘은 상대방의 내적 고투를 알고 있었고 서로를 위해 중보기도를 했다. 2월 1일, 본회퍼는 베트게에게 보내는 편지에서 자신의 생일을 축하한 다음 둘의 우정을 곰곰이 생각했다.

우리 두 사람이 지난 5년간 일과 우정으로 연결될 수 있었다는 게 인생의 엄청난 기쁨이라고 생각하네. 한 사람을 객관적으로 그리고 개인적으로 이해해주는 이, 그 한 사람에게 성실한 조력자와 조언자가 되어주는 이를 얻는 것, 그건 정말로 엄청난 일일세. 자네는 언제나 나에게 그 두 가지 역할을 다 해주었네. 또한 자네는 그러한 우정의 가혹한 시련을 참을성 있게 견뎌주었네. 특히 나의 과격한 기질을 잘 참아주었지. 나도 싫어하고, 다행히 자네가 나에게 반복해서 솔직하게 일깨워준 기질 말일세. 그러면서도 자네는 전혀 괴로워하지 않았지. 그런 이유로 나는 자네에게 특별히 고마워하지 않을 수 없네. 셀 수 없이 많은 문제 속에서도 자네는 훨씬 분명하고 단순한 생각과 판단으로 나에게 결정적인 도움을 주었네. 경험을 통해 아는 사실이지만, 나를 위한 자네의 기도가 진짜 힘이 된다네.[25]

제 네 바   여 행

2월 24일, 국방정보국에서 본회퍼를 제네바로 파견했다. 제네바로 간 주요 목적은 독일 바깥에 있는 개신교 지도자들과 접촉하여 공모에 대해 알리고 뒤를 이을 정부와 평화협정을 체결할 의사가 있는지 타진하는 것이었다. 뮐러는 바티칸에서 가톨릭 지도자들과 유사한 대화를 나눴다. 그러나 본회퍼는 처음에 스위스에 입국할 수 없었다. 스위스에 있는 누군가가 보증인이 되어주어야 한다고 스위스 국경 경찰이 고집했기 때문이다. 본회퍼는 카를 바르트를 거명했고, 카를 바르트는 전화를 받고 동의해주었다. 하지만 오해가 없지 않았다.

당시 다른 이들과 마찬가지로 바르트도 본회퍼가 맡은 임무를 당혹스러워했다. 전쟁이 한창인데 어떻게 고백교회 목사가 스위스에 올 수 있단 말인가? 그가 보기에는 아무래도 본회퍼가 나치와 손을 잡은 것처럼 보였을 것이다. 전시가 불러온 손해였다. 신뢰 자체가 송두리째 무너져 내리는 것 같았다.

본회퍼는 남들에게 의심과 의혹을 받고 괴로웠을 것이다. 그럼에도 측근 이외의 사람들에게 자신이 무슨 일을 하고 있는지 설명하지 않았다. 이것은 본회퍼에게 또 하나의 죽음을 의미했다. 교회에서 쌓은 신망을 버리지 않으면 안 되었기 때문이다. 사람들은 본회퍼가 그의 세대가 짊어진 운명을 모면한 것을 두고 의아해했다. 남들은 고통과 죽음을 겪으면서 도덕적 타협이라는 참을 수 없는 입장에 놓여 있는데, 본회퍼는 글도 쓰고 여행도 다니고 이런저런 사람을 만나고 영화관과 음식점을 드나들고 비교적 특권과 자유를 누렸기 때문이다.

본회퍼가 국방정보국을 위해 일하고 있다는 걸 안 이들은 그 모든 것을 더 좋지 않게 여겼다. "이 고상하고 귀족적인 도덕가, 남들에게 불굴의 의지를 요구할 만큼 굽힘이 없던 사람이 결국 항복했다는 말인가? 그가 정말로 '유대인을 위해 목소리를 내는 사람들만이 그레고리오 성가를 부를 수 있다'고 말한 사람, 터무니없게도 하나님을 대신하여 '고백교회 밖에는 구원이 없다'고 선언한 사람이란 말인가?"

본회퍼가 "사실 나는 히틀러에게 맞서 싸우고 있답니다"라고 설명해도 고백교회에 속한 다수는 여전히 혼란스러워했을 것이고, 다른 이들은 분노했을 것이다. 형제들과 아들들과 아버지들이 조국을 위해 목숨을 내놓은 전시에 국가의 수장 암살을 골자로 하는 모의에 목사가 가담한다는 건 상상도 할 수 없는 일이었다. 본회퍼는 여러 면에서 대단히 고독한 자리로 나아갔다. 하지만 그를 그 자리로 보낸 이는 다름 아닌 하나님이었다. 그래서 그는 예레미야가 그랬던 것처럼 탈출구를 모색하지 않았다. 그것은 그가 껴안은 운명이었고 하나님께 복종하는 길이었다. 그는 그 운명을 기쁘게 받아들였다.

스위스에 있는 동안 본회퍼는 옥스퍼드에 있는 자비네와 게르하르트 라이프홀츠에게 편지를 보냈다. 독일에서는 할 수 없는 일이었다. 그들을 얼마나 그리워했던가! 벨 주교에게도 편지했다. 그리고 제네바에서 에르빈 주츠를 만났다. 소문에 따르면 주츠에게 이렇게 말했다고 한다. "장담하건대, 우리는 히틀러를 타도할 것이네!" 카를 바르트도 만났다. 하지만 긴 대화를 나눈 뒤에도 바르트는 마음을 푹 놓지 않았다. 본회퍼가 국방정보국과 연결되어 있었기 때문이다.[26]

본회퍼는 에큐메니컬 세계의 두 연락책 아돌프 프로이덴베르크와 자크 쿠르브와제도 만났다. 그러나 제네바에서 가진 주요한 만남은 런던 패딩턴 역에서 마지막으로 보았던 빌렘 아돌프 피스르트 후프트와의 만남이었다. 본회퍼는 그에게 독일 국내 정세를 소상히 알려주었고, 피스르트 후프트는 그 정보를 벨 주교에게 알렸으며, 벨 주교는 그것을 처칠 내각에 알렸다. 본회퍼는 고백교회가 나치와의 투쟁을 지속하고 있으며, 목사들이 체포되어 박해를 받고 안락사 프로그램이 실행되고 있다고 말했다. 이런 정보는 전쟁이 시작된 이래로 독일 밖으로 새어나가지 못한 정보였다. 벨 주교가 이 정보를 영국 외무상 로버트 이든 같은 누군가에게 성공적으로 전하기만 한다면, 본회퍼의 여행은 성공이었다.

본회퍼가 스위스에서 한 달을 보내고 3월 말에 뮌헨으로 돌아와 보니 제국 작가협회에서 보낸 편지가 도착해 있었다. 저술 금지 조치를 내린다는 통지서였다. 본회퍼는 조치를 무효화하려고 작가협회에 등록하기까지 했다. 역겹게 여겨졌지만, 그들에게 자신이 훌륭한 독일인이라는 인상을 주려고 한 행위였다. 본회퍼는 작가협회로 가서 자신의 아리안 혈통을 입증하는 증거 서류를 제출하기까지 했다. 하지만 이 불쾌한 책략도 그가 시편에 대해 쓴 《성경의 기도서》의 공세적이고 친유대교적인 내용을 상쇄하기에는 역부족이었다.

연설 금지 조치를 받았을 때와 마찬가지로 본회퍼는 이번에도 강력히 이의를 제기하고 자신의 저작이 학술서이며 그들이 말하는 범주에 속하지 않는다고 주장했다. 작가협회에서는 그에게 부과한 벌금을 취소했다. 이것도 작은 기적이었다. 그러나 본회퍼의 저작이 학술적 근거에서 저술 금지 조치를 면제받아야 한다는 주장에는 동의하지 않았다. 작가협회는 통지서에서 기독교에 대한 제3제국의 강한 편견을 드러내면서 이렇게 말했다. "대학교에서 교수로 근무하는 신학자만이 저술 금지 조치를 면제받는다. 성직자들은 교리에 전적으로 충성하는 까닭에 전문가로 인정할 수 없다." 하지만 본회퍼는 저술 금지령의 영향을 그다지 받지 않았다. 책을 출간할 마음 없이 글만 쓸 생각이었기 때문이다. 자신의 대작인 《윤리학》을 계속 집필했고 앞으로도 얼마 동안은 그럴 것이었다.[27]

본회퍼는 그해 부활절을 프리드리히스브룬에서 가족과 함께 보냈다. 본회퍼 일가는 제1차 세계대전 이전부터 하르츠 산맥을 찾아가곤 했다. 사람들의 손이 전혀 닿지 않은 아름다운 곳이었다. 부모님이 그 숲에 오두막을 구입할 무렵 본회퍼는 일곱 살이었다. 프리드리히스브룬은 그들 모두에게는 물론이고 본회퍼에게도 힘겨운 현실 너머의 영원한 세계와 연결된 곳이었다. 야콥 그림과 빌헬름 그림 형제의 동화 세계를 연상시키는 숲 속은 어린 발터가 동생 디트리히와 함께 산책하며 나무딸기와 버섯을 찾아다니던 황금 시절과 변함이 없었다. 3년 뒤, 즉 테겔 형무소에 수감되고 1년 뒤, 본회퍼는 프리드리히스브룬에 대해 쓰면서 그곳에서 보낸 기억이 자신의 마음을 어떻게 어루만져주었는지 이야기했다.

> 나는 자연 속에서, 즉 프리드리히스브룬 근처 숲 속에서 사는 내 모습을 상당히 많이 상상한다네. … 잔디밭에 누워 산들바람을 따라 푸른 하늘을 가로지르며 흘러가는 구름을 바라보고 숲 속에서 바스락거리는 소리를 귀여겨듣는다네. 이러한 유년 시절의 기억이 한 사람의 사고방식에 큰 영향을 미친다는 건 주목할 만한 사실이네. 이를테면 내 경우에는 산악지대나 바닷가에서 사는 것이 불가능하고 나의 본성에도 맞지 않는 것 같네. 나의 본성에 맞고 나를 형성해 준 곳은 하르츠 지대, 튀링겐 숲, 베저 산지 같은 중부 독일의 구릉지라네.[28]

그러나 그것은 기억에 불과한 것이 아니었다. 지금 본회퍼는 프리드리히스브룬에 있으면서 숲 속을 마음껏 거닐고 풀밭에 드러눕기도 하고 가족과 함께 즐거운 시간을 보내고 있다. 4월 13일은 부활절이어서 온 가족이 이곳에 와서 부활절을 경축했다. 다들 떠난 뒤에도 디트리히는 홀로 남아 평화롭고 고요한 분위기에서 《윤리학》을 집필했다. 이미 여러 해에 걸쳐 이곳에서 상당한 분량을 쓴 상태였다. 그곳은 전기가 들어오지 않았다. 그 후 2년이 지날 때까지도 가설하지 않았다. 그러나 석탄 난로가 있었다. 그맘때면 꼭 필요한 장비였다. 하지만 석탄이 없었다. 알 수 없는 이유로 석탄이 배달되지 않았던 것이다. 본회퍼는 장작불을 지펴 온기를 유지하고 글을 쓰다가 휴식이 필요할 때면 밖으로 나가서 장작을 조금씩 패곤 했다. 가족이 먼저 도착해서 보면 수북이 쌓여 있던 장작 일부가 사라지고 없었다. 그들이 모르는 누군가가 가져간 거였다. 하지만 본회퍼는 그곳을 떠날 때마다 장작더미 높이가 어느 정도인지 알리려고 벽에 작은 표시를 한 다음 부모님에게 말하곤 했다. 이렇게 하여 그가 떠난 뒤에 장작이 조금이라도 없어지면 바로 알아볼 수 있었다.[29]

24

히틀러 반대 음모

독일 국민은 앞으로 백 년이 흘러도 세계가 잊지 못할 죄 짐을 짊어지게 될 것이오. _헤닝 폰 트레스코브

죽음이 폭로하는 것은 이것입니다. 이 세상은 의당 되어야 할 존재로 있지 못하고 구원을 필요로 한다는 것입니다. 그리스도 한 분만이 죽음의 정복자이십니다. _디트리히 본회퍼

나는 게슈타포와 기관총 때문에 침묵하는 이들이 독일에 많다고 확신합니다. 그들은 사악한 나치 통치에서 구출되기를 바랄 뿐만 아니라 기독교적 체제가 도래하기를 바라고 있습니다. 그 체제는 그들과 우리가 참여할 수 있는 체제입니다. _조지 벨

    1년 전 프랑스가 함락되면서 쿠데타가 지연되었다. 히틀러가 전격적으로 신속하게 승전을 이루는 바람에 대다수 장성이 그에게 맞설 수 있다는 확신을 잃어버리고 말았다. 히틀러의 인기는 하늘 높은 줄 모르고 치솟았다. 최근 몇 달간 유고슬라비아, 그리스, 알바니아를 정복했고 롬멜 장군이 북아프리카에서도 전승을 거두었다. 아무도 히틀러를 제지할 수 없을 것 같았고, 대다수 장성은 떠오르는 독일의 조수를 따라 이리저리 표류할 뿐 그에게 맞서려 하지 않았다.
    도나니와 오스터는 최고위 장군들을 설득하는 것만이 히틀러를 쓰러뜨릴 유일한 희망이라는 걸 알았다. 전에는 민중운동을 통해 나치

를 밑에서부터 전복할 수 있다는 희망이 있었지만, 마르틴 니묄러가 투옥되고 나서는 그 희망이 아예 사라졌다. 나치에 대한 담대한 저항으로 보나 지도력으로 보나 그 희망을 성취할 완벽한 후보자는 누가 뭐래도 마르틴 니묄러였다. 히틀러가 그 불같은 그리스도인을 강제수용소에 보낸 건 그 때문이다. 이제는 위로부터 희망이 내려와야 했다. 위는 다름 아닌 군 장성들이었다.

고결한 몇몇 장성은 공모에 가담하여 당장에라도 행동에 돌입할 태세였다. 하지만 다른 많은 장성은 그다지 고결하지도 현명하지도 않았다. 베르사유조약이 몰고 온 늪과 치욕에서 벗어나고픈 열망이 너무 강해 히틀러에게 과감한 반격을 가하지 못했다. 그들 상당수는 히틀러가 목적을 달성했으니 조만간 비틀거릴 것이고, 그러면 덜 잔인한 누군가가 그를 대신할 거라고 생각했다. 여차하면 그 일을 직접 처리할 생각이었지만, 독일이 짜릿한 승리를 거두며 베르사유조약을 역전시키는 동안은 그럴 마음이 없었다. 장성들 상당수는 히틀러를 죽이면 그를 순교자로 만드는 꼴이 될지도 모른다고 우려하기도 했다. 자칫하면 또 하나의 돌히슈토스 설이 생겨나 브루투스와 카시우스 역을 맡은 자신들이 시저 역을 맡은 히틀러에게 맞서다가 영원히 내쳐질지도 모를 일이었다. 그러니 뭐하러 모험을 하겠는가? 뻔뻔한 브라우히치는 바람 부는 대로 움직이겠다고 작정한 사람들의 전형이었다. 그는 이렇게 말했다. "나는 아무 일도 하지 않겠소. 하지만 다른 사람이 한다면 막지는 않겠소."[1]

베크, 도나니, 오스터, 카나리스, 괴어델러, 그리고 다른 공모자들은 히틀러가 성공을 거듭하던 이 시기에 자신들이 할 수 있는 일을 했다. 하지만 본질적으로는 옴짝달싹할 수 없었다.

정치국원 제거 명령

1941년 6월 6일, 악명 높은 정치국원 제거 명령이 떨어졌다. 히틀러는 바르바로사 작전이라는 암호명으로 소련을 침공할 생각이었다. 폴란드인과 슬라브인 같은 동양 인종에 대한 끔찍한 경멸이 다시 드러날 판이었다. 정치국원 제거 명령은 독일군에게 체포된 소련군 지도자를 모두 총살하고 학살하라는 지시였다. 폴란드 전쟁에서는 가장 무시무시한 만행을 독일군의 손에 맡기지 않았었다. 독일군이 그런 만행을 마뜩찮게 여긴다는 걸 알았기 때문이다. 비열한 나치 친위대 소속 기동부대가 가장 비열하고 비인간적인 만행을 도맡았다. 하지만 이제는 히틀러가 독일군에게 도살과 학대를 직접 수행하라고 지시했다. 지난 수세기를 회고해보아도 모든 군법에 위배되는 짓이었다. 군 장성들은 히틀러의 지시를 유념했다. 그들 중 생각이 가장 크게 흔들리던 자들까지 호랑이 등에 올라탄 격이었다.

사로잡힌 붉은 군대 지도자들을 살해하는 건 생각도 할 수 없는 일이었지만, 히틀러는 낡은 도덕관과 명예심 따위에는 관심이 없었다. 히틀러는 그들에게 승리로 가는 잔인한 길을 보여주고자 완곡한 논법의 극악무도한 경구를 거침없이 내뱉었다. "동부 전선에서 미래로 가는 친절은 가혹함뿐이다." 독일군 지도자들은 "자신들의 도덕관념을 희생하지 않으면 안 되었다." 히틀러는 정치국원 제거 명령의 필요성을 설명하면서 붉은 군대 지도자들은 "야만스럽고 아시아적인 전쟁 방식을 구사하는 까닭에 즉결 처형되어야" 한다고 터무니없는 말을 하기도 했다.[2]

헤닝 폰 트레스코브는 명예와 전통을 대단히 중시하는 전형적인 프로이센 사람으로 처음부터 히틀러를 경멸했다. 그는 전선에서 공모자들과 가장 먼저 접촉한 지휘자였다. 정치국원 제거 명령을 듣자마자 트레스코브는 게르스도르프 장군에게 이렇게 말했다. "우리가 육군원수 보크를 설득하여 그 명령을 철회시키지 않으면, 독일 국민은 앞으로 백 년이 흘러도 세계가 잊지 못할 죄 짐을 짊어지게 될 것이오." 이어서 이렇게 덧붙였다. "히틀러와 그의 측근들은 물론이고 당신과 나, 당신의 아내와 나의 아내, 당신의 자식들과 나의 자식들까지 그 짐을 짊어지게 될 것이오." 상당수 장성들에게 이것은 전환점이나 다름없었다. 마음이 끊임없이 흔들리던 브라우히치가 정치국원 제거 명령에 충격을 받고 히틀러에게 이의를 제기했고, 히틀러는 그 연로한 장군의 머리에 잉크병을 집어던졌다.³

 1941년 6월 22일, 히틀러는 바르바로사 작전을 개시했다. 독일이 소련을 상대로 전쟁을 벌인 것이다. 히틀러는 여전히 불패 의식에 싸여 있었다. 하지만 상황이 좋을 때 그만두어야 하지 않을까라는 물음이 처음으로 제기되었다. 승전 가능성이 잠시 사라진 것일까? 정신이 온전한 사람이라면 진격을 멈출 만한 무언가가 있었다. 그것은 끝없이 펼쳐진 러시아 설원과 관계가 있었다. 그러나 히틀러는 정신이 나간 상태였다. 성공할 확률이 낮음에도 독일군의 모스크바 진군이 시작되었다.

 공모 지도자들은 때를 기다렸다. 히틀러의 정치국원 제거 명령이 그들에게 상당수 장성을 규합할 수 있게 해주었다. 그들은 명령의 잔혹한 면을 직접 목격하면서 전향자들을 점점 더 규합해나갔다. 그 와중에 오스터와 도나니는 카나리스 제독의 비호를 받으며 일을 계속 이어갔다. 이중생활을 앞장서서 한 이가 있다면 바로 카나리스였다. 카나리스는 아침마다 베를린 티어가르텐에서 잔인한 하이드리히와 승마를 하는 사이였지만, 이제부터는 자신의 능력을 발휘하여 하이드리히와 나치의 명예를 몰래 손상시켰다. 히틀러의 악행이 역겨웠기 때문이다. 카나리스는 스페인 여행길에 무개차를 타고 시골을 지나다가 옆으로 지나가는 양떼를 향해 히틀러 경례를 붙이면서 이렇게 말했다. "군중 속에 당의 중요 인물이 섞여 있을지도 모르는 일이네."⁴

본회퍼가 국방정보국의 지령을 받아 또 다시 스위스로 여행하려면 9월까지 기다려야 했다. 그 사이에 그는 《윤리학》을 계속 집필하면서 목회 활동을 했다. 본회퍼는 오스터와 도나니의 도움을 받아 고백교회 목사 상당수의 병역 면제와 입영 연기를 받아냈다. 그들을 위험에서 빼내려는 행동이기도 했지만, 그들에게 목사의 직무를 계속하게 하려는 의도이기도 했다. 그들이 맡은 회중들의 요구가 예전보다 더 컸기 때문이다. 전에도 여러 번 그랬듯이 대개는 지는 싸움이었다. 그럼에도 본회퍼는 그 일을 힘차게 수행했고, 자그마한 성공이라도 거두면 크게 감사했다.

본회퍼의 목회 활동은 대개 서신왕래를 통해 이루어졌다. 8월에는 목사 후보생 백여 명에게 회람용 편지를 보냈다. 우리는 그 편지에서 본회퍼의 죽음을 비추는 표현을 접하게 된다.

오늘 나는 우리 형제인 콘라트 보야크, F. A. 프로이스, 울리히 니탁, 게르하르트 슐체가 동부 전선에서 전사했다는 소식을 알립니다. … 그들은 우리보다 먼저 떠났지만, 언젠가는 우리도 그 뒤를 따르게 될 겁니다. 하나님께서는 특별한 호의를 베푸시어 여러분 가운데 전선으로 나갈 이들에게 준비를 갖추라고 말씀하십니다. … 물론 하나님께서는 친히 택하신 시간에만 여러분과 우리를 부르실 것입니다. 우리는 하나님의 손에 놓인 그 시간이 될 때까지는 극도의 위험 속에서도 보호를 받게 될 것입니다. 그러한 보호에 대해 감사할 때에만 최후의 부르심을 염두에 두고 끊임없이 새로운 준비를 하게 될 것입니다.

하나님이 그리 일찍 데려가시는 이들을 어떻게 선정하시는지 누가 알 수 있을까요? 젊은 그리스도인들의 때 이른 죽음은 그들을 가장 필요로 하는 시기에 하나님이 자신의 최상의 도구를 앗아 가신 것처럼 보입니다. 그러나 주님은 실수하시는 법이 없습니다. 하나님이 천상 세계에서 은밀한 일을 시키시려고 우리 대신 우리 형제들을 필요로 하신 것이 아닐까요? 우리는 더 많이 알려고 하는 인간적인 사고를 그만두고 확실한 것을 붙잡아야 합니다. 하나님은 친히 사랑하시는 사람을 본향으로 부르십니다. "그의 영혼이 주님의 뜻에 맞았기 때문에 주님은 그를 악의 소굴에서 미리 빼내신 것이다"(지혜 4:13, 공동번역)라고 하였으니 말입니다.

물론 우리는 하나님이 이 세상에서 악마와 싸우신다는 것을 알고 있고 악마가 죽음의 전권을 가지고 있다는 것도 알고 있습니다. 우리는 죽음과 마주하여 "그것은 하나님의 뜻이다"라고 숙명론적으로 말할 수 없습니다. 우리는 그 말을 "그것은 하나님의 뜻이 아니다"라는 말과 나란히 놓아야 합니다. 죽음이 폭로하는 것은 이것입니다. 이 세상은 의당 되어야 할 존재로 있지 못하고 구원을 필요로 한다는 것입니다. 그리스도 한 분만이 죽음의 정복자이십니다. 바로 여기에서 "그것은 하나님의 뜻이다"와 "그것은 하나님의 뜻이 아니다"가 날카롭게 대립하다가 해결책을 발견합니다. 하나님께서 자신의 뜻이 아닌 것에 동의하시는 것입니다. 그런 이유로 죽음 자체는 이제부터 하나님을 섬길 수밖에 없습니다. "그것은 하나님의 뜻이다"라는 말이 "그것은 하나님의 뜻이 아니다"라는 말까지 품어 안은 것입니다. 하나님이 원하시는 것은 예수 그리스도의 죽음을 통한 죽음의 정복입니다. 예수 그리스도의 십자가와 부활 속에서 죽음이 하나님의 능력 속으로 들어왔으므로 죽음은 이제 하나님의 의도에 봉사하지 않으면 안 됩니다. 숙명에 굴복하는 것으로는 죽음을 완전히 극복할 수 없습니다. 우리를 위해 죽으시고 부활하신 예수 그리스도를 믿는 살아 있는 믿음으로만 죽음을 완전히 극복할 수 있습니다.

예수 그리스도와 더불어 사는 삶 속에서 일반적인 운명으로 밖에서 우리에게 다가오는 죽음은 안에서 이루어지는 죽음, 우리 자신의 죽음, 예수 그리스도와 더불어 날마다 죽는 자유로운 죽음과 만나게 됩니다. 그리스도와 더불어 사는 이들은 자신들의 의지에 대하여 날마다 죽습니다. 우리 안에 계신 그리스도께서 우리를 죽음에 넘겨주시는 것은 친히 우리 안에서 사시려는 것입니다. 이런 식으로 우리의 내적인 죽음은 자라서 외부에서 다가오는 죽음과 만나게 됩니다. 그리스도인은 자신의 죽음을 이런 식으로 받아들입니다. 이런 식으로 우리의 육체적 죽음은 끝이 아니라 예수 그리스도와 함께하는 삶의 성취가 됩니다. 바로 여기에서 우리는 임종의 순간에 "다 이루었다" 하고 말씀하신 분과 함께하는 공동체에 들어가게 됩니다.[5]

본회퍼는 형제단과 개별적으로 서신을 주고받기도 했다. 핑켄발데 출신의 형제가 그에게 편지 한 통을 보냈다. 성경 본문 묵상에 이의를 제기하던 사람이었다. 그러나 전쟁 한가운데에서 성경 본문을 묵상하는 습관을 들이게 되었다. 너무 힘들어서 성경 구절을 묵상할 수 없을 때면, 그 구절을 그냥 암기하기만 했다. 그랬는데도 묵상할 때와 비슷한 효과가 있었다. 그는 본회퍼가 늘 말하던 대로 성경 구절들이 "뜻밖의 깊이에서 스스로를 열어보였다"고 하면서 이렇게 말했다. "우리는 성경 본문을 품고 살아야 합니다. 그러면 그것들이 스스로를 열어 보이거든요. 우리를 격려하여 그 습관을 유지할 수 있게 해주셔서 감사합니다."[6]

본회퍼가 수많은 사람과 서신을 주고받았다는 건 그가 목사직을 성실히 수행했다는 걸 보여주는 증거라 하겠다. 직접 전선에 있지는 않았지만, 그는 전선에 있는 형제들 상당수에게서 편지를 받고 답장으로 그들을 격려하고 그들을 위해 기도했다. 그들 중 하나인 에리히 클라프로트가 본회퍼에게 이런 편지를 보냈다. "기온이 영하 45도군요. 여러 날 손을 씻지 못하고 사체들을 뒤로하고 식사하러 갔다가 돌아와 소총을 붙잡곤 한답니다. 온 힘을 다해 동사凍死의 위험에 맞서 싸우고 과로사를 무릅쓰고 계속 움직이지 않으면 안 됩니다." 클라프로트는 고향으로 돌아가 고요하고 차분한 삶을 다시 시작할 수 있을지 알고 싶어 했다. 그 후 얼마 안 있어 본회퍼는 그의 전사 소식을 들었다.[7]

본회퍼는 절친한 벗 게르하르트 피브란스의 전사 소식을 접하고 특히 심한 충격을 받았다. 본회퍼는 피브란스의 미망인에게 보내는 편지에서 이렇게 말했다. "그의 죽음이 내 안에 남겨놓은 고통과 상실감은 그가 마치 나의 친형제였던 것만 같습니다."[8]

본회퍼는 고백교회를 위해 더 많은 수고를 아끼지 않았다. 나치는 전쟁을 빌미로 교회를 해치는 일에 혈안이 되어 있었다. 1941년 말, 본회퍼는 페렐스를 도와 군에 보내는 탄원서 초안을 작성했다.

> 개신교도들은 적어도 전시에는 교회 탄압이 그치기를 소망했습니다. 하지만 그 소망이 무참히 꺾이고 말았습니다. … 동시에 교회 탄압이 점점 더 가혹한 형태를 띠고 있습니다. 당과 게슈타포가 전쟁의 참화와 성직자의 부재를 의도적으로 이용하여 개신교회를 파괴하려 한다는 의구심이 여러 교회에서 점차 싹트고 있습니다.[9]

본회퍼는 탄원서에서 다양한 탄압을 열거했다. 힘러가 고백교회를 파괴하려고 열을 올렸고, 징집되지 않은 고백교회 목사들은 너나없이 목사직을 내놓고 다른 일을 맡아 "쓸모 있는 활동"을 해야 했다. 게슈타포는 목사들을 심문하면서 "대체로 범죄자와 똑같이" 취급했다. 본회퍼는 그리스도인들과 기독교에 대한 나치 지도층의 지독한 혐오를 보여주는 또 다른 사례도 지적했다.

자식을 동부 전선에서 잃은 개신교회의 한 저명한 평신도는 익명의 편지를 받고 엄청난 고통을 겪지 않으면 안 되었습니다. 그는 자기 아들의 죽음을 다음과 같은 말로 알렸습니다. "주님과 구세주를 믿는 믿음 안에서 숨을 거두었습니다." 하지만 그 익명의 편지는 그의 아들을 "미천한 순회 설교자"를 믿는 자로 매도하면서 이렇게 말했습니다. "독실한 체하는 종자들과 그들의 타락한 혈통에 수치를."[10]

마침내 독일 전역에서 그리스도인들이 안락사 조치에 맞서 반대투쟁을 벌였다.

지금은 교회 안에 잘 알려진 사실이지만, 모든 고백교회 그리스도인은 교회로부터 소위 무가치한 생명을 빼앗아 도살하는 행위를 바라보면서 극도로 불안해하고 혐오하고 있습니다. 고백교회 그리스도인들은 특히 십계명과 다른 법의 보호를 폐기한 것에 반감을 품고 있습니다. 그리스도인들은 그것을 제국 주요 당국자들의 반反기독교적 태도의 표지로 여깁니다.[11]

두 번째 스위스 여행

9월에 본회퍼는 국방정보국을 위해 다시 스위스로 갔다. 그리고 피스르트 후프트를 다시 만났다. 히틀러의 군대가 러시아 전쟁에서 성공을 거두고 있었으므로 사태가 레지스탕스에 불리한 것처럼 보였다. 그러나 본회퍼는 생각이 달랐다. 그래서 피스르트 후프트와 인사하면서 이렇게 말했다. "이것은 멸망의 시작이랍니다." 피스르트 후프트가 당혹스러워 "스탈린과 소련이 그렇다는 뜻인가요?"라고 묻자 본회퍼는 이렇게 대답했다. "절대 아닙니다. 멸망에 다가가고 있는 쪽은 히틀러입니다. 과도한 승전 때문이지요." 본회퍼는 히틀러가 저주스러운 흥행의 끝에 다가가고 있다고 확신하면서 "그 늙은이는 거기에서 절대로 벗어나지 못할 겁니다"라고 말했다.[12]

그러나 1941년 가을, 공모자들이 영국으로부터 평화 보장을 받을 수 있으리라는 희망이 모두 사라지고 말았다. 전쟁이 너무 지루하게 계속되었기 때문이다. 독일이 러시아와 전쟁을 벌이고 있었기에 처칠은 이판사판으로 여겼다. 공모 같은 것에는 전혀 관심이 없었다. 처칠은 모든 독일인에게 나치라는 오명을 씌울 만큼 단호해서 공모자들의 목소리에 귀를 기울이지 않았다. 그럼에도 벨 주교는 공모자들을 위해 목소리를 냈다. 히틀러의 죽음을 간절히 바라는 이들이 독일에 있다는 것을 영국에 알리려고 애썼다. 그해 초 벨 주교는 대규모 집회에서 연설하면서 영국 정부가 승리에 대해서만 이야기하고 영국 바깥에서 고통을 겪는 사람들에게 자비를 베푸는 것에 대해서는 이야기하지 않는다고 비난했다. 그는 본회퍼나 라이프홀츠 부부와 대화하면서 얻은 정보를 토대로 이렇게 말했다. "나는 게슈타포와 기관총 때문에 침묵하는 이들이 독일에 많다고 확신합니다. 그들은 사악한 나치 통치에서 구출되기를 바랄 뿐만 아니라 기독교적 체제가 도래하기를 바라고 있습니다. 그 체제는 그들과 우리가 참여할 수 있는 체제입니다. 영국에서 비상나팔을 불어 그들을 절망에서 일으켜 세워야 하지 않겠습니까?"[13]

처칠 수상과 외무상 로버트 이든은 꿈쩍도 하지 않았다. 그래도 본회퍼는 굽히지 않았다. 그는 장문의 메모를 작성하여 반反히틀러 쿠데타를 일으키려 하는 이들에 대한 연합국의 무관심이 그들을 낙담시켜 쿠데타를 일으키지 못하게 하고 있다고 말했다. 말하자면 공모에 가담한 선한 독일인들이 목숨을 걸었는데도 영국과 그 맹방들이 그들을 나치와 한통속으로 대한다면, 쿠데타를 일으킬 가치가 없다는 것이다. "히틀러와 그가 대표하는 모든 것을 전혀 계승하지 않는 독일 정부가 평화협정을 맺어 생존 기회를 얻을 수 있느냐가 관건입니다. … 분명한 것은 이 물음에 대한 답변이 시급하다는 것입니다. 독일에 있는 저항 세력들의 태도가 그 답변에 달려 있기 때문입니다."[14]

본회퍼는 이 메모를 여러 품격 있는 집단들이 회람하고 나면 영국 정부로부터 모종의 기별이 올 거라고 생각했다. 하지만 기별은 오지 않았다. 그해 9월 제네바에서 본회퍼를 만난 피스르트 후프트는 "당신은 무엇을 위해 기도합니까?"라고 물었다. 그러자 본회퍼는 이렇게 대답했다. "진실을 알고 싶습니까? 나는 내 조국이 패하게 해달라고 기도합니다. 내 조국이 세계에 일으킨 일체의 고통을 갚는 유일한 길은 그것뿐이라고 생각하기 때문입니다." 전선에서 최신 정보가 유입되었다. 본회퍼가 도나니를 통해 전해들은 내용은 가공할 정도로 소름이 끼쳤다. 어떤 희생을 치르더라도 히틀러를 저지해야만 했다.[15]

독일 군대가 모스크바로 진격하는 동안 나치 친위대는 거침없이 만행을 저질렀다. 악마와 그의 수하들이 지옥에서 기어 나와 땅 위를 걸어 다니는 것 같았다. 리투아니아에서는 나치 친위대의 분견대가 무방비 상태에 있는 유대인들을 한데 모아 곤봉으로 때려죽인 다음 시체들 위에서 음악에 맞춰 춤을 추었다. 희생자들이 치워지면, 또 다른 유대인 무리가 끌려왔고 섬뜩한 만행이 되풀이되었다.[16]

그러한 만행의 결과로 더 많은 군 지도층 인사가 공모에 가담하려고 몰려들었다. 어느 시점에서는 지휘관들이 육군원수 보크를 찾아가서 눈물을 흘리며 보리소프에서 진행 중인 학살 축제를 중지해달라고 하소연하기까지 했다. 그러나 보크 역시 힘이 없기는 마찬가지였다. 학살을 맡은 나치 친위대 지휘관을 소환했지만, 민간 위원 빌헬름 쿠베가 무례하게 콧방귀를 뀌었다. 히틀러가 나치 친위대에게 마음대로 할 수 있는 권한을 준 탓에 육군원수도 학살을 막을 수 없었다.[17]

페터 요르크 폰 바르텐부르크 백작과 그의 사촌 폰 슈타우펜베르크가 공모에 대한 반감을 이겨낸 건 그 무렵이었다. 두 사람은 독실한 그리스도인이자 독일 군 귀족 계급 출신이었다. 그들이 목격한 바는 그들이 소중히 간직해온 모든 가치와 대립하고 그 모든 가치를 비웃는 것이었다. 슈타우펜베르크는 1944년 7월 20일에 시도된 히틀러 암살 음모의 주동자가 되었다.

작전 7

9월 말, 본회퍼가 스위스에서 돌아와 보니 더 끔찍한 만행 소식이 들렸다. 그런데 그 만행들은 독일 안에서 자행되고 있었다. 독일에 있는 모든 유대인이 새로운 법령에 따라 노란색 별표를 달고 다녀야 했다. 상황이 새로운 국면으로 접어들었다. 본회퍼는 그것이 앞으로 다가올 사태의 전조에 불과하다는 걸 알아차렸다. 본회퍼는 도나니의 집에서 우리에게 널리 알려진 말을 했다. 필요하다면, 자기가 직접 히틀러를 죽이겠다는 거였다. 가당치 않은 일이었다. 그러나 본회퍼가 분명히 밝힌 사실이지만, 그는 원치 않는 일을 도울 사람이 아니었다. 본회퍼는 우선 고백교회에서 몸을 빼겠다고 말했다. 고백교회 구성원 대다수가 그 문제에 관한 견해를 지지하지 않으리라는 걸 알고 있었기 때문이다. 본회퍼는 자신이 혼자 떠맡은 어떤 일에 그들을 끌어들일 마음이 없었다. 그가 공모에서 맡은 역할은 그와 하나님만 아는 비밀이었다. 그 정도로 그는 많은 것을 알았다. 유대인들이 그랬고 예언자들이 그랬듯이, 하나님의 선택을 받는다는 건 불가해한 것임을 알고 있었다. 최고의 영예였지만, 소름끼치는 영예, 이제까지 누구도 추구한 적이 없는 영예였다.

이 무렵 본회퍼는 유대인 일곱 명을 죽음에서 구출하는 복잡한 계획에 가담했다. 국방정보국을 위해 맡은 첫 번째 중요한 임무였다. 이 계획의 암호명은 작전 7을 뜻하는 '운터네멘Unternehmen 7'의 줄임말인 U7이었다. 맨 먼저 구출할 유대인 숫자에서 따온 암호명이었다. 구출된 유대인 숫자는 배로 늘었다. 카나리스 제독이 유대인 친구 두 명과 부양가족을 도우려 했고, 도나니는 변호사인 친구 두 명을 도우려 했다. 그들은 일곱 명을 스위스로 탈출시켰다.

표면상의 목적은 독일인이 유대인에게 얼마나 잘하는지 스위스에 알리기 위함이었다. 힘러 패거리들은 유대인들이 나치를 위해 거짓말을 해주길 바랐다. 그래서 유대인들이 스위스 당국자들에게 나치를 좋게 말해주면 자유를 주겠다고 조건을 걸었다. 처음에 일부는 자신들이 그런 거짓말을 해야 한다는 걸 알고 참여하지 않으려 했다. 도나니는 위험을 무릅쓰고 그들을 설득하면서 이렇게 말했다. "이 작전은 역이용 작전입니다. 나는 여러분이 스위스 당국자들에게 진상을 알리고 자유의 몸이 되길 바랍니다." 도나니는 자신과 오스터 대령, 카나리스 제독, 몰트케 백작, 그리고 다른 사람들이 반反히틀러 공모에 가담하고 있음을 분명하게 밝혔다.

그러나 그 작전은 시간을 요하는 복잡한 작전이었다. 먼저 도나니가 그들을 강제 이송 명단에서 빼내어 본회퍼에게 했던 것처럼 국방정보국의 공식 정보요원으로 둔갑시켜야 했다. 그런 다음에는 그들을 받아들여 달라고 스위스를 설득해야 했다. 스위스를 설득하는 일이 가장 힘들었다. 스위스는 중립국이었으므로 독일계 유대인을 도와주려 하지 않았다. 이 막다른 골목에서 본회퍼와 유스투스 페렐스 그리고 칭스트에서 본회퍼의 조수로 일했던 빌헬름 로트가 에큐메니컬 연락원들을 활용했다. 생사가 달린 상황에서 스위스 교계 인사들에게 호소한 것이다. 이 유대인들은 조만간 독일을 탈출하지 않으면 끔찍한 최후를 맞을 것이었다. 로트는 자신들의 물음에 공식적으로 답해 줄 수 없음을 알면서도 스위스 교회연맹 회장에게 간청했다. "지금 우리가 묻는 것은 스위스 교계의 설명과 공식 조치로 스위스가 문을 잠시라도 열어 줄 수 있겠느냐는 겁니다. 최소한 우리가 간청하는 이번 경우만이라도 그리 되었으면 좋겠습니다." 로트의 간청에도 스위스는 꿈쩍도 하지 않았다. 그러자 본회퍼가 바르트에게 편지를 보내 도움을 청했다.

스위스가 유대인들의 체류 비용을 요구했고, 도나니는 거액의 외화를 확보하여 스위스로 보낼 수밖에 없었다. 스위스에서는 그 유대인들이 일할 수 없었기 때문이다. 그런데 지엽적인 것이나 다름없던 그 외화가 옭아매는 줄이 되고 말았다. 국방정보국의 맞수인 힘러와 하이드리히*가 그 줄을 적발하여 잡아당기면서 전모를 파헤치기 시작했고 결국 이 사건은 본회퍼의 체포로 이어졌다. 그러나 나치가 유대인들을 탄압하고 있었기에 본회퍼와 여러 공모자들은 행동에 돌입하지 않을 수 없었다. 그들은 1945년 사형 선고를 받았을 때 최종 변론에서 자신들이 다른 사람을 위험에 빠뜨린 적이 없다고 말할 수 있었다. 본회퍼의 형 클라우스와 자형 뤼디거 슐라이허는 자신들을 체포한 자들에게 자신들은 유대인을 위해 공모에 가담하게 되었다고 담대하게 말하며 충격을 안겨주기까지 했다.[18]

---

* 기제비우스에 따르면 이 두 악한은 종종 '사악한 쌍둥이'로 불렸다.

비틀거리는 히틀러

10월, 도나니와 오스터는 파비안 폰 슐라브렌도르프와 헤닝 폰 트레스코브 소장을 만났다. 두 사람은 히틀러를 전복시킬 때가 무르익었다고 생각했다. 러시아 전선에 있는 장군들도 히틀러의 간섭에 서서히 화를 내기 시작했다. 히틀러의 간섭과 나치 친위대의 끊임없는 만행 사이에서 여러 장군이 히틀러에게 맞설 채비를 했다. 본회퍼가 예언한 대로 히틀러는 끊임없는 성공의 끝자락에 다다른 상태였다.

1941년 11월, 육군원수 게르트 폰 룬트슈테트 휘하의 독일군이 스탈린그라드를 향해 으르렁거리며 나아갔다. 하지만 11월 26일, 로스토프에서 심각한 패배를 경험한 뒤 후퇴하기 시작했다. 히틀러의 군대가 결정적으로 방향을 튼 건 그때가 처음이었다. 그러나 총통의 오만은 조절이 불가능했다. 개인적으로 모욕을 당하기는 했지만, 히틀러는 전선에서 1,000마일가량 떨어진 동프로이센 숲에 마련한 벙커 볼프스산체에 우거하고 있었다. 히틀러는 룬트슈테트에게 어떤 희생을 치르더라도 물러서지 말라고 주문했다. 룬트슈테트의 군대가 온갖 희생을 치르고 온갖 짐을 짊어져야 한다는 거였다. 룬트슈테트는 그런 시도는 "미친 짓"이나 다름없다고 다시 타전하면서 이렇게 말했다. "되풀이해서 말씀드리지만, 이 명령은 철회해야 합니다. 그러지 않으려면 다른 사람을 알아보십시오." 히틀러는 룬트슈테트의 지휘권을 빼앗아 다른 사람에게 넘겼다.[19]

형세가 일변하고 있었다. 동부 전선에 나가 있는 나머지 군대는 악명 높은 혹한기에 돌입한 러시아의 흰 아가리 속으로 돌진했고, 히틀러의 분노는 날이 갈수록 심해졌다. 병사 수천 명이 극심한 동상에 걸려 죽어갔고 연료도 얼어붙었다. 탱크 아래 불을 피워야 시동이 걸릴 정도였다. 추위 때문에 기관총이 작동을 멈추었다. 망원 가늠자도 무용지물이었다.

  하지만 히틀러는 다른 장군들의 간청을 뿌리치고 군대를 무자비하게 진격시켰다. 12월 2일, 독일군 1개 대대가 크렘린궁의 동화 같은 금빛 원추형 탑이 얼핏 보이는 곳까지 밀고 나아갔다. 크렘린궁에서 14마일 떨어진 곳이었다. 독일군이 나아간 건 거기까지였다. 12월 4일에 기온이 영하 31도까지 떨어졌고 다음날은 영하 36도까지 떨어졌다. 보크 장군과 하인츠 구데리안 장군은 전투력과 군수물자가 한계에 이르렀다는 걸 알았다. 아무래도 퇴각하지 않으면 안 되었다. 육군 총사령관 브라우히치가 사임하기로 결심했다. 12월 6일에는 러시아군이 독일 참호를 공격하여 독일군을 혼비백산시켰다. 아돌프 히틀러의 무적 군대는 꽁무니를 빼며 총퇴각할 수밖에 없었다. 그들은 끝없이 펼쳐진 황량한 풍경을 가로지르며 퇴각했다. 어쨌든 퇴각하여 살아남는 것이 그나마 명예가 될 판이었다. 나폴레옹의 군대는 그런 대접도 받지 못했기 때문이다.

  역전된 전세가 단도처럼 히틀러를 찔렀지만, 12월 7일에 이루어진 일본의 비열한 진주만 공격 소식이 히틀러의 기분을 되살렸다. 히틀러는 일본의 은밀한 공격에 특히 환호하면서 그것이 자기 방식과 일치한다고 말했다. 그리고 일본이 자기와 똑같이 유쾌한 방식으로 미국인을 대량 학살한 것을 제때에 나타난 천우신조로 풀이했다. 일본과 독일에 대한 미국의 선전포고는 히틀러에게 멸망의 시작을 의미했고, 그는 스스로 목숨을 끊는 날까지 두 전선에서 전쟁을 치러야 했다. 하지만 히틀러는 냉혹한 미래를 내다보지 못했다. 당장은 마음이 러시아에 가 있었고, 세계 지배로 가는 길을 열기 위해 하얗게 쌓인 눈을 분주하게 치우고 있었던 탓이다.

  먼저 히틀러는 수치스러운 참사의 책임을 물어 장군들을 해임했다. 오래 전부터 해오던 버릇이었다. 보크의 자리를 교체하고 하인츠 구데리안을 해고했으며 에리히 회프너의 계급장을 빼앗고 장교복을 입지 못하게 했다. 또한 한스 그라프 폰 슈포넥을 투옥하고 사형 선고를 내렸다. 카이텔 장군은 수년간 성실히 아첨한 보답으로 호된 질책을 받았다. 이 시기에 총통은 훈장을 주렁주렁 단 그 무골無骨 장군을 얼간이라 부르기까지 했다. 브라우히치는 화려한 실수로 인한 실패를 책임지고 자리에서 물러났다.

공모자들에게는 비극이나 다름없었다. 오랫동안 브라우히치를 꼬드긴 끝에 최근에야 자신들의 계획을 알리고 동의를 얻어냈기 때문이다. 이제 그들은 그에게서 손을 떼고 후임에게 주의를 돌려야 했다. 하지만 브라우히치의 후임은 가담하지 않을 게 뻔했다. 히틀러가 브라우히치라는 중도파를 제거하고 자신이 직접 후임을 자처했기 때문이다. 자신이 군 총사령관이 되어 앞으로 이루어질 모든 군사 작전을 감독하려 한 것이다. 히틀러는 죽기 전까지 모든 일을 직접 처리할 생각이었다. 볼프스샨체에 테니스 코트가 여러 개 있었다면, 총통은 테니스 코트를 사용하는 이들의 시간표까지 감독하려 했을 것이다.

공모자들의 재편

브라우히치가 가버렸으므로 공모자들은 다른 길을 모색해야 했다. 영국 및 그 맹방과 평화협정을 체결할 기회가 날아가 실망스러웠지만, 절망하고 있을 시간이 없었다. 동부 지역으로 강제 이송되는 유대인이 점점 늘어나고 있었다. 4년 전에 탈출시키지 않았다면, 본회퍼의 누이 자비네와 그녀의 남편과 두 딸도 확실한 죽음으로 가는 화차貨車에 실리고 말았을 것이다. 본회퍼는 프란츠 힐데브란트를 생각했고, 베를린 대학교의 유대인 친구들을 생각했으며, 그루네발트에서 유년기를 함

반제 저택의 뒷모습, 2009년. 이곳에서 1942년 1월, 하이드리히가 유대인 문제에 대한 최종 해결책을 발표했다. 유럽 전역에서 유대인을 말살하는 정책이었다. 지금은 유대인 대학살 박물관으로 사용한다.

께 보낸 친구들을 생각했다. 오웰식 최종 해결책의 비호 아래 전 세계 유대인의 멸종이 시작되었다. 1942년 초에 열린 반제회의에서 제3제국의 관할권 안에 있는 모든 유대인의 운명이 결정되었다. 히틀러를 죽이고 세계에 대한 그의 섬뜩한 계획을 좌절시키는 일이 전보다 더 시급하고 중요하게 대두되었다. 하지만 어떻게 한단 말인가?

공모자들의 계획은 대체로 전과 다를 바 없었다. 4년 전에 항의의 뜻으로 사임한 베크 장군이 쿠데타를 주도하여 히틀러를 암살하고 새로운 정부의 수장이 되는 거였다. 기제비우스에 따르면 베크는 "모든 당파를 초월하여 … 신망을 잃지 않은 유일한 장군, 자원 은퇴한 유일한 장군이었다. 따라서 베크를 새로운 독일 정부의 수장으로 내세워 여러 장군들에게 앞으로 전진할 용기를 주면 되었다.[20]

한편 더 폭넓은 공모가 몇 가지 방향에서 추진되었다. 국방정보국이 4월 초에 본회퍼에게 임무를 맡겨 노르웨이로 파견한 것도 그중 하나였다. 하지만 1942년 2월, 도나니는 게슈타포가 자신과 본회퍼를 감시하고 있다는 소식을 처음 전해 들었다. 게슈타포가 도나니의 전화를 도청하고 편지를 가로채고 있었다. 마르틴 보어만과 창백한 하이드리히가 배후에 있는 것 같았다. 본회퍼는 점증하는 위험을 알아채고서 유서를 작성한 다음 베트게에게만 보냈다. 가족을 놀라게 하고 싶지 않았기 때문이다.

본회퍼는 형 클라우스와 정기적으로 만났다. 클라우스는 루프탄자의 수석 변호사로 고위층 사업가들을 많이 알고 있었다. 그는 동료 오토 요한네스를 공모에 끌어들였고, 요한네스는 프로이센의 루이스 페르디난트 공을 끌어들였다. 가담자 수가 상당히 많이 늘었다. 히틀러에 맞서는 주요 공모 집단은 대체로 두 집단이었다. 하나는 카나리스와 오스터와 국방정보국이 주도하는 집단이었고, 다른 하나는 헬무트 폰 몰트케 백작의 주도로 갓 결성된 크라이사우 동아리였다.

크라이사우 동아리

크라이사우 동아리라는 이름은 첫 번째 모임 장소인 몰트케의 크라이사우 별장에서 따왔다. 폰 몰트케는 프로이센 상원 의원이자 이름난 군인 집안의 아들이었다. 아버지는 제1차 세계대전 초기에 독일군을 지휘하고 황제 빌헬름 2세의 시종 무관으로 복무했다. 종조부이자 육군원수 헬무트 그라프 폰 몰트케는 전설적인 천재 군인이었다. 그가 프로이센-오스트리아 전쟁과 프로이센-프랑스 전쟁에서 세운 혁혁한 공은 1870년 독일 제국을 세우는 데 결정적인 기반이 되었다.*

크라이사우 동아리에 속한 여러 인사들과 마찬가지로 몰트케도 헌신적인 그리스도인이었다. 폴란드 전쟁이 발발했을 때 카나리스가 몰트케를 공모에 끌어들였다. 몰트케는 다양한 인권 탄압 사례를 문서로 작성하기도 했다. 1941년 10월, 그는 이렇게 기록했다. "날마다 1,000명 이상이 이런 식으로 살해되었고 또 다른 1,000명의 독일인 남자가 학살자가 되었습니다. … 누군가가 나에게 '당신은 그 시기에 무엇을 했습니까?'라고 묻는다면, 나는 어찌 대답해야 할까요?" 또 다른 편지에서는 이렇게 말했다. "토요일부터 베를린에 있는 유대인들이 체포되고 있습니다. 휴대할 수 있는 짐을 들고 쫓겨난 겁니다. … 이런 사정을 아는 사람이 어찌 마음 놓고 돌아다닐 수 있겠습니까?"

1945년 처형당하기 전에 몰트케는 아내에게 보내는 편지에서 이렇게 말했다. "나는 한 사람의 그리스도인으로 법정에 당당하게 서서 제3제국의 간담을 서늘하게 하였소. 기독교의 실제적이고 윤리적인 요구사항을 두고 개신교 성직자들 및 가톨릭 성직자들과도 논의했다고 말한 것이오. 우리가 유죄 판결을 받은 것은 다른 어떤 이유로가 아니

---

* 고명한 언어학자이기도 했지만, 입이 무겁기로 유명하여 '7개 국어로 침묵하는 사람'이라 불리기도 했다.

라 바로 그것 때문이었소. … 눈물을 조금 흘렸는데, 슬펐기 때문도 아니고 우울했기 때문도 아니었소. 그저 고맙고, 하나님이 현존하신다는 사실에 그저 감격했기 때문이었소." 아들들에게 보내는 편지에서는 자신이 나치의 희생자들을 열심히 도왔으며, 새로운 지도부로 교체할 길을 닦고자 열심히 노력했다면서 이렇게 말했다. "그 속에서 나의 양심이 나를 조종하더구나. … 결국에는 그것이 남자의 본분이란다." 몰트케는 하나님을 믿는 믿음으로만 나치의 완전한 적수가 될 수 있다고 생각했다. 처음부터 나치를 설득하여 제네바협정을 준수하게 하려고 애썼지만, 카이텔은 그것을 "지나간 시대의 기사도 정신"으로 깎아내리며 일축했다.

크라이사우 동아리의 다른 주요 인물은 페터 그라프 요르크 폰 바르텐부르크 백작이었다. 그의 사촌 클라우스 솅크 폰 슈타우펜베르크 백작은 1944년 7월 20일에 거사하여 실패한 발키리 음모를 주도할 사람이었다. 그러나 크라이사우 동아리는 암살에 단호히 반대하는 입장이었다. 크라이사우 동아리는 주로 히틀러를 제거한 뒤에 독일을 어떻게 운영할 것인가를 논의하는 데 공모를 국한시켰다. 따라서 국방정보국의 공모자들과는 폭넓은 교류가 없었다. 크라이사우 동아리는 몰트케의 별장에서 첫 모임을 가진 다음부터 베를린 리히터펠더 근처에 있는 요르크의 저택에서 모임을 가졌다. 요르크는 암살을 반대하던 기존 입장을 바꾸어 슈타우펜베르크 음모에서 핵심 인물이 되었다.

25

승리를 거두다

> 나치의 가공할 폭정에 맞서 싸울 준비가 되어 있는 이들이 독일에 있는데, 그들을 실망시키거나 무시하는 것이 옳은 일이겠습니까? 우리의 목적을 이루는 일에 그들의 원조를 거부할 여유가 있다는 말입니까?
> _조지 벨 주교가 영국 외무상 로버트 이든에게 보낸 편지

폰 몰트케와 본회퍼는 노르웨이 여행길에서 처음 만났다. 당시 노르웨이는 나치 협력자 비드쿤 크비슬링에 의해 히틀러에게 이양된 상태였다. 크비슬링이라는 이름은 매국노의 대명사가 되었다. 매국의 대가로 1942년 2월 1일에 신설된 괴뢰 정부 수상이 되었고, 수상직에 오르던 날 노르웨이 교회를 향해 호전적인 태도를 보이며 일격을 가했다. 노르웨이 교회 지도자인 프로보스트 프옐부에게 트론헤임에 있는 니다로스 대교회당에서 예배를 집전하지 못하게 한 것이다. 그런데 이것이 저항의 도화선이 되어 노르웨이 교회를 폭넓은 저항 세력과 제휴하게 만들었다. 신설 괴뢰 정부와 나치에게는 재앙이나 다름

없었다. 4월, 국방정보국은 본회퍼를 노르웨이에 파견하여 사태를 거들기로 했다. 물론 그 목적은 저항 세력을 돕기 위해서였다.

2월 20일, 크비슬링이 프옐부를 직위 해제했다. 하지만 독일에서와 달리 노르웨이에서는 교회 지도자들이 똘똘 뭉쳤다. 노르웨이의 모든 감독이 즉각 정부와 관계를 끊었다. 3월에 크비슬링이 다시 무리수를 두어 노르웨이판 히틀러 청년단을 창설하자 교사 1,000명이 곧바로 항의의 뜻으로 동맹파업을 벌였다.

4월에 노르웨이 교회가 다시 크비슬링에게 맞섰다. 세족 목요일에 크비슬링이 목사들로 이루어진 저항 단체의 영웅적 지도자 아이빈트 베르크그라프 감독을 가택에 연금했던 것이다. 부활절인 4월 5일, 감독들이 6주 전에 간청하고 본회퍼가 1933년 7월에 독일인 목사들에게 간청한 그대로 노르웨이에 있는 모든 목사가 파업에 돌입했다. 본회퍼는 3월 한 달 내내 키코브와 클라인-크뢰신에서 《윤리학》을 집필했다. 하지만 베르크그라프가 투옥되자 도나니가 그를 베를린으로 호출하여 새 임무를 설명했다.

본회퍼는 이 시기에 노르웨이 교회가 보여준 용기에 한껏 고무되었다. 그래서 거기 가서 그들을 격려하며 자신이 겪은 경험담을 들려주고 싶었다. 4월 10일, 본회퍼는 슈테틴에서 기차를 타고 북부 해안으로 갔다. 도나니와 북부 해안에서 폰 몰트케를 만나 함께 스웨덴 트렐레보리행 여객선을 탈 예정이었다.

폰 몰트케는 히틀러 암살을 도덕상 허락할 수 없는 행위로 여겼다. 암살 사건이 그를 순교자로 만들어 비열한 부관들로 하여금 정부를 장악하게 할지도 모른다고 생각했다. 몰트케의 주된 관심사는 나치 정권이 붕괴한 뒤에 사회주의적이고 민주적인 정부를 수립할 방안을 마련하는 데에 있었다. 그로부터 4주 뒤, 한 집단이 크라이사우에 있는 몰트케의 별장에서 그 문제를 놓고 논의했다. 크라이사우 동아리의 첫 모임인 셈이다. 본회퍼는 스위스에 갈 일이 생겨서 그 모임에 참석하지 못했다. 하지만 지금은 충분한 시간을 가지고 서로 견해를 주고받을 수 있었다. 그들이 놓쳐버린 여객선이 그날 마지막 여객선이었기 때문이다. 그들은 함께 어우러져 저녁을 먹고 영화를 보았다.

이튿날 아침, 그들은 여객선에 대한 기별이 없어서 오랫동안 산책하면서 노르웨이에 대한 전략을 명료하게 다듬었다. 폰 몰트케와 본회퍼는 해안을 따라 북쪽으로 4마일을 걸어 슈투벤카머 절벽까지 갔다가 되돌아왔다. 보이는 이라곤 고독한 나무꾼 한 명뿐이었다. 그들은 3시간 30분가량 걷고 나서 호텔로 돌아갔다. 여객선에 관한 소식은 여전히 없었다. 그래서 점심을 먹기로 했다. 폰 몰트케는 본회퍼보다 한 살 아래였지만, 10년 전에 결혼한 상태였다. 몰트케는 아내 프라이야에게 보내는 편지에서 이렇게 말했다. "우리가 테이블에 앉아 있을 때, 갑자기 여객선이 안개를 뚫고 나타났다오. 멋진 장면이었소. 우리는 항구로 달려갔지. 배가 두 시간 뒤에 출발한다고 하더군. 그래서 서둘러야 했소."[1]

그들은 여객선에 올랐다. 하지만 여객선은 두 시간 동안 얼음 속에 갇혀 꼼짝도 하지 못했다. 덕분에 말뫼에서 오슬로로 가는 마지막 기차를 놓치고 말았다. 할 수 없이 말뫼에서 하룻밤을 묵고 이튿날 아침에 오슬로로 갔다. 본회퍼가 독일 교회투쟁에서 얻은 경험을 풀어놓자 노르웨이 교회 지도자들이 그를 각별히 예우했다. 본회퍼가 취한 입장은 몇 해 전 독일에서 취한 것과 같았지만, 이번에는 다들 그의 충고를 귀담아 들었다. 본회퍼는 그들에게 이번에야말로 나치가 얼마나 잔인한지 노르웨이에 있는 모든 이들과 이 세상에 알릴 기회라고 말했다. 뒤로 물러나서는 안 된다는 거였다. 여러 해 뒤에 베르크그라프는 이렇게 말했다. "본회퍼는 격렬한 저항을 역설했다. 심지어 순교까지 해야 한다고 주장했다." 본회퍼와 몰트케는 수감 중인 베르크그라프를 면회할 수 없었지만, 그에게 편지를 보낼 수는 있었다. 그들은 노르웨이 정부를 설득하여 그를 석방시키는 임무를 성공리에 마쳤다. 베르크그라프는 그들이 스톡홀름을 떠나던 날 풀려났다.²

본회퍼와 몰트케는 베를린으로 돌아가 도나니에게 임무를 완수했다고 보고했다. 두 사람은 서로 알게 되어 기뻤지만, 몇 주 뒤 크라이사우 동아리가 첫 모임을 가질 때는 본회퍼가 국방정보국을 위해 세 번째 스위스 여행을 떠나고 없었다.

세 번째 제네바 여행

제네바에 도착한 본회퍼는 피스르트 후프트를 찾았다. 최근의 노르웨이 여행담을 들려주고 싶었기 때문이다. 하지만 실망스럽게도 피스르트 후프트는 그곳에 없었다. 수소문해보니 스페인과 영국을 돌아다니고 있었고 지금은 영국에 있었다. 후프트는 본회퍼가 지난해인 1941년 9월에 작성한 메모를 평화지원단이라 불리는 모임에 건넸다. 하지만 상황이 변해서 다소 시대에 뒤처진 감이 없지 않았다. 후프트가 영국에 머문 주된 이유는 스태퍼드 크립스 경을 만나기 위해서였다. 크립스는 처칠 전시내각의 요직에 있는 인물이었다. 피스르트 후프트는 크립스에게 아담 폰 트로트 추 졸츠가 작성한 메모를 넘겼다. 외무부에서 일하던 폰 트로트는 크라이사우 동아리에 꼭 필요한 인물이었다.* 트로트의 메모는 크립스를 경유하여 처칠에게 전달되어야 했다. 본회퍼는 트로트의 메모나 피스르트 후프트가 의도적으로 크립스에게 접촉하는 것에 대해 전혀 알지 못했다. 그 모든 일이

---

*트로트는 나중에 존 제이의 뒤를 이어 미 연방대법원 수석 판사가 되었다.

국방정보국의 공모 세계에서 나오지 않고, 크라이사우 동아리에서 나왔기 때문이다. 고의가 아니었지만, 두 집단 사이에는 연락이 거의 없었다. 군 첩보기관의 은밀한 세계와 전시의 공모 세계에서는 흔한 일이었다.

본회퍼는 제네바에서 에르빈 주츠를 다시 만나고 아돌프 프로이덴베르크와도 시간을 보냈다. 프로이덴베르크는 런던 성 조지 교회 부목사로 리거와 힐데브란트를 도와 난민 사역에 힘썼다. 어느 날 저녁, 본회퍼는 프로이덴베르크의 집에서 피스르트 후프트의 부인과 에큐메니컬 단체에 몸담은 다른 사람들을 만났다. 하지만 조금 덜 중요한 일도 했다. 프로이덴베르크 부인과 쇼핑을 하면서 유쾌한 오후를 보낸 것이다. 아돌프 프로이덴베르크는 어떤 음식점에서 슬럼 탐방을 하기로 했을 때 본회퍼가 내켜하지 않은 일을 회고하면서 이렇게 말했다.

우리는 졸졸 흐르는 아르베 호수 위에 있는 낭만적이면서도 꽤 더러운 맥줏집을 알고 있었다. 손님들 모두 그곳을 마음에 들어 했다. 하지만 디트리히는 그렇지 않았다. 웨이트리스는 물론이고 그녀가 식사 시중을 드는 방식, 고양이, 개, 늙은 거위, 반 벌거숭이 칠면조처럼 집요하게 음식을 구걸하며 손님을 성가시게 하는 동물들, 이 모든 것이 그의 미적 감각과 품위에 거슬렸던 것이다. 우리는 곧바로 자리를 떴다.[3]

스웨덴 여행

제네바를 방문하여 정처 없이 지내다가 본회퍼는 5월 23일 실질적인 소식을 접했다. 대외 정책이라는 새로운 장에서 그에게 가장 큰 성공을 안겨줄 소식이었다. 벨 주교가 3주간 스웨덴에서 체류할 예정이라고 했다. 전시에 그런 정보를 손에 넣는 건 쉽지 않았다. 독일인에게는 특히 그랬다. 벨 주교 같은 인물을 만나 계획을 조정하는 것도 있을 수 없는 일이었다. 벨 주교가 중립국인 스웨덴에 머물고 본회퍼가 그곳에서 그를 만나는 건 놓칠 수 없을 만큼 좋은 기회였다. 공모 소식을 영국 정부에 알릴 기회였기 때문이다. 벨 주교가 처칠 내각과 직접 연결되어 있었으므로 본회퍼는 스웨덴으로 떠나기 전에 그와 마주치기 위해 자신이 할 수 있는 모든 일을 하지 않으면 안 되었다.

본회퍼는 곧바로 제네바를 떠날 수밖에 없었다. 그리고 국방정보국을 통해 조정이 이루어져야 했다. 까다롭기는 했지만, 위험한 일은 아니었다. 본회퍼는 즉시 베를린으로 돌아가 도나니 및 오스터와 상의했다. 카나리스가 외무부를 통해 특별 통행 허가증을 얻어주었다. 그리하여 본회퍼는 5월 30일 스톡홀름행 비행기에 올랐다.

협잡이 난무하는 비밀 첩보 임무를 수행하다 보면, 한 손이 하는 일을 다른 손이 모르는 경우가 왕왕 있었다. 누가 믿을 만한 사람인지도 알 수 없었다. 그 무렵 한때 본회퍼의 적이었던 한스 쇤펠트가 스웨덴에 있으면서 이미 24일에 벨 주교를 만난 상태였다. 쇤펠트와 본회퍼는 수년간 여러 번 충돌했다. 쇤펠트는 고백교회와 관계가 없었고 에큐메니컬 세계에서는 기만적인 헤켈 감독과 결탁한 자였다. 본회퍼가 파뇌에서 평화 연설을 할 때에는 친親독일적인 발언을 듣고 싶어서 버럭 화를 내며 독일인 대다수가 채택한 인종차별적 민족신학을 본회퍼가 옹호했어야 한다고 생각했다. 물론 본회퍼는 그러한 신학이 성직 복장을 한 반유대주의에 불과하다는 것 외에는 아는 바가 없었다. 그랬던 두 사람이 갑자기 같은 편이 되어 반反히틀러 공모에 가담하고 있었다.

쇤펠트를 만났을 때 벨 주교는 경계를 누그러뜨리지 않았다. 쇤펠트가 제국교회와 연결되어 있다는 걸 알았기 때문이다. 쉰펠트의 전반적인 태도는 처칠이 "평화를 타진하는" 독일인들에게서 보았던 태도와 엇비슷했다. 그들은 전쟁이 끝날 때 영국이 독일을 너그럽게 봐주길 바랄 뿐 자신들이 잔인한 방법을 동원해 타국 영토를 정복했다는 걸 인정하지 않았다. 겸손이라고는 눈곱만큼도 없었고 정부가 저지른 만행을 부끄러워하지도 않았다. 처칠이 독일인들은 물론이고 반反히틀러 공모를 대표한다고 주장하는 사람들까지 상대하려 하지 않은 건 그 때문이었다. 쉰펠트는 그리 뻔뻔한 사람은 아니었다. 벨 주교는 그를 잘 몰라서 친절히 대하기만 했다. 하지만 냉대에 가까운 친절이었다. 벨 주교는 아무 언질도 주지 않았다.

　이제 본회퍼의 차례였다. 그는 5월 31일 성령강림절에 스톡홀름에 도착했다. 벨 주교는 시그투나에 있는 북유럽 에큐메니컬 연구소에 있었다. 본회퍼는 그곳으로 급히 달려가 옛 친구를 놀래주었다. 1939년 봄, 본회퍼가 뉴욕으로 떠나기 직전에 만나고 거의 3년 만이었다. 몇 번의 인생이 흘러간 것 같았다. 하지만 두 사람은 함께 있었고 어제 헤어졌다 다시 만난 것 같았다.

　벨은 본회퍼에게 자비네와 라이프홀츠의 소식을 전했다. 희소식이었다. 본회퍼 가족은 라이프홀츠 가족을 염려하고 있었고, 라이프홀츠 가족도 마찬가지였다. 지난 3년간 연락이 없었기 때문이다. 벨은 최근에 자신이 들은 소문을 본회퍼에게 전해주었다. 본회퍼가 노르웨이에서 투사 역할을 하며 투쟁의 길을 걸었다는 소문이었다. 두 사람이 같이 아는 한 친구도 본회퍼가 스웨덴에 들렸었다는 소식을 접하고 그가 노르웨이에서 투쟁의 길을 걸은 게 틀림없다고 추정했다. 하지만 독일인 하나가 스웨덴에서 달리 무슨 일을 할 수 있겠는가? 두 오랜 친구는 밀린 소식을 나누고 나서 공모 문제로 넘어갔다.[4]

　쉰펠트가 시그투나에 있다는 소문이 본회퍼의 귀에 들어왔다. 처음에는 혼란스러웠지만 다행이라는 생각이 들었다. 관점이 약간 다르기는 했지만, 쉰펠트가 말한 것 대부분을 확증할 수 있었기 때문이다. 본회퍼는 그 정보를 보강하여 벨에게 공모 가담자 명단을 건넸다. 이 명단은 쉰펠트가 모르는 사항이었다. 본회퍼는 오스터와 슐라브렌도르프를 통해 쿠데타를 개시할 두 장군이 육군원수 폰 보크와 폰 클루게라는 것도 알고 있었다. 벨은 그런 세부사항을 통해 공모가 현실적으로 깊이 진행되고 있다는 걸 확인할 수 있었고, 런던에 있는 유력한 지인들도 확인하게 될 터였다. 하지만 어떻게 쉰펠트와 본회퍼 양쪽이 공모를 위해 벨을 만나게 되었는지는 여전히 풀리지 않는 숙제다.

본회퍼는 쉰펠트가 자신과 다르기는 해도 어느 정도 변했으며, 근본적으로는 신뢰할 만한 사람이라는 걸 알게 되었다. 목숨을 걸고 이곳에 와서 적국 대표에게 히틀러 암살 음모를 은밀히 알렸기 때문이다. 아마도 쉰펠트는 크라이사우 동아리에 참여하여 공모에 가담한 것 같다. 사회주의 노선에 따라 나치 이후의 정부를 언급했으니 말이다. 본회퍼는 훨씬 보수적인 가능성을 언급했다. 거기에는 프로이센의 루이스 페르디난트 공과 함께 호엔촐레른 군주제로 복귀하는 것도 포함되어 있었다. 루이스 페르디난트[*]는 디트리히가 형 클라우스를 통해 알게 된 사람이었다.[5]

본회퍼와 쉰펠트는 전반적인 태도도 달랐다. 쉰펠트는 독일의 힘을 들먹이며 유리한 평화협정을 추구했다. 이를테면 영국은 전쟁에서 이길 수 없으니 공모자들과 협정을 맺는 것이 최고의 이익이라는 식이다. 그러나 본회퍼는 일부러 무력한 입장에서 영국의 정의감과 자비심에 호소하려 했다. 대단히 겸손한 태도로 독일이 저지른 죄악을 부끄러워하고 자신과 모든 독일인이 그러한 죄악 때문에 벌을 달게 받

---

[*] 페르디난트는 헨리 포드와 친구가 되어 디트로이트에 있는 포드 자동차 공장에서 잠시 일했다. 프랭클린 루스벨트 대통령과도 친분이 있었다.

아야 한다고 생각했다. 자신들이 깊이 뉘우치고 있다는 걸 세계에 보여주어야 한다는 거였다. 본회퍼는 자신들의 슬픔이 진심이라는 것, 이미 고통을 겪었고 지금도 겪고 있는 이들과 연대하고 있다는 것을 보여주고 싶었다. 독일의 이름으로 저지른 악행을 과소평가할 마음이 없었다. "회개하거나 대혼란을 겪는 것이 하나님의 뜻이라면, 그리스도인들은 그것을 피하려고 해서는 안 됩니다. 우리는 그리스도인으로서 이 심판을 받아야 합니다." 그리스도인들은 예수처럼 타자를 위해 기꺼이 고난을 겪어야 하며, 이제는 독일이 세계 앞에서 똑같이 해야 했다. 세부적인 것들을 가려내는 것은 하나님이 하실 일이었고, 그리스도인들은 그리스도처럼 다른 이들의 죗값을 치르고, 그 방면의 선구자가 되지 않으면 안 되었다. 본회퍼는 독일인들이 회개의 자세를 취하지 않으면 독일이 결코 원상태로 복구되지 못하리라는 걸 알았다. 독일인들을 권고하여 회개로 나아가게 하는 것이야말로 그가 해야 할 역할이자 교회가 해야 할 일이었다.[6]

벨은 두 사람에게 허심탄회하게 말했다. 그들의 제안에 처칠이 화답하리라는 희망을 품어서는 안 된다는 거였다. 전쟁이 점점 길어지고 있었기 때문이다. 그럼에도 그들은 영국이 교신을 원하면 어떤 식으로 영국과 교신할지 세부사항을 의논했다. 거기에는 암호명과 장소도 포함되어 있었다. 처음에는 스웨덴으로 정하려 했지만, 북유럽 에큐메니컬 연구소 소장인 만프레트 브요르크비스트 감독이 스웨덴의 중립성을 들어 불가능한 계획이라고 했다. 그래서 결국 영국 대표들과 독일 공모자들은 스위스에서 만나기로 했다. 베트게는 본회퍼가 1936년 핑켄발데 목사 후보생들을 이끌고 열흘간 스웨덴을 여행한 것 때문에 브요르크비스트가 본회퍼를 불편하게 여겼을 거라고 말했다. 브요르크비스트는 제국교회 및 헤켈 감독과 친했고 민족교회 신학을 옹호하는 자였다. 당시 수많은 주류 루터교도들과 마찬가지로 브요르크비스트는 본회퍼를 예의 주시했다. 한 성공회 주교가 독일 복음주의 교회의 한 신도에게 마음을 쓰고 있었기 때문이다. 그런 사람과 함께 목숨을 거는 건 다소 위험해 보였다.[7]

중립지역에 있는 동안 본회퍼는 자비네와 게르하르트 라이프홀츠 부부에게 편지를 보냈다. 편지는 영어로 썼다. 엉뚱한 이의 손에 들어갈 경우에 일어날 의심을 피하기 위해서였다.

1942년 6월 1일

사랑하는 이들에게,

조지를 통해 두 사람의 소식을 듣고 형언할 수 없이 기뻤습니다. 그 소식이 아직도 기적처럼 여겨지네요. … 우리가 이곳 스웨덴에서 들은 내용을 두 사람도 들었을 겁니다. 지금 독일 밖에서 사는 비非아리아 혈통의 독일인 모두가 국외로 추방된 사람들이라는 것을. 내가 아는 한 조국의 미래는 두 사람에게 좋은 일이니, 우리 모두가 갈망하는 그날이 되면 귀국이 더 용이해질 겁니다. 나는 두 사람이 그 점을 염려하지 않았으면 좋겠습니다.

요 며칠 내 마음은 감사로 충만하답니다. 조지는 내가 이제까지 살면서 만났던 대단한 위인 가운데 한 사람입니다. 나의 사랑을 두 조카에게도 전해주길 바랍니다. … 찰스와 그의 아내는 북쪽에 있는 시골로 가서 몇 주간 나의 벗들과 함께 지낼 겁니다. 그 여행이 그분들에게 도움이 될 겁니다.[8]

사랑을 듬뿍 담아

디트리히

'찰스와 그의 아내'는 본회퍼 가족이 전시에 사용하던 암호 중 하나로 부모님을 가리켰다. 찰스Charles는 카를Karl과 같은 어원의 영어식 이름이다. 카를과 파울라는 포메른으로 가서 클라인-크뢰신에 있는 루트 폰 클라이스트 레초브의 저택에서 지냈다. 디트리히는 한 주 뒤에 자신도 그곳에 있게 될 것이고 그 때문에 자기 인생이 영원히 바뀌게 되리라는 걸 꿈에도 몰랐다.

같은 날, 디트리히는 벨 주교에게 영어로 편지를 써 보냈다.

1942년 6월 1일
친애하는 주교님,
저와 함께 여러 시간을 보내주셔서 충심으로 감사를 드립니다. 주교님을 뵙고 함께 이야기를 나누고 주교님의 목소리를 듣게 된 것이 꿈만 같습니다. 우리가 함께 보낸 요 며칠이 제 기억 속에서 생의 가장 멋진 순간으로 남을 것 같습니다. 이 동료의식과 기독교적 형제애는 저로 하여금 가장 암울한 시간을 통과하게 해줄 것입니다. 사태가 우리가 바라고 기대하는 것보다 더 악화되더라도 요 며칠간 밝혀진 빛은 제 마음속에서 결코 꺼지지 않을 것입니다. 요 며칠의 감흥이 어찌나 압도적인지 말로 다 표현할 수 없을 정도입니다. 주교님이 보여주신 온갖 호의를 생각하노라면 그저 부끄럽지만, 저는 미래에 대한 희망을 듬뿍 느낍니다.

주교님의 귀국길과 주교님의 활동에 하나님이 함께하시고 늘 함께하시길 빕니다. 저는 수요일에 주교님을 생각할 것입니다. 우리를 위해서 기도해주시길 부탁드립니다. 우리는 주교님의 기도가 필요하거든요.[9]

심심한 감사를 표하며
디트리히

벨 주교는 독일의 제안에 대한 처칠의 냉소가 어느 정도인지 잘 알았지만, 본회퍼를 만나면서 자신이 할 수 있는 일을 하겠다고 마음을 굳게 다잡았다. 피스르트 후프트가 트로트의 메모를 건네려고 런던에 있었던 것도 그에게 힘이 되었다. 6월 18일, 벨은 시그투나에서의 만남에 관한 서한을 외무상 로버트 이든에게 보내며 면담을 청했다.

이든 귀하,

나는 독일 내부에서 저항하고 있는 두 단체의 제안과 관계된 대단히 중요한 비밀 정보를 가지고 스웨덴에서 방금 돌아왔습니다. 나와 열두 해 이상 친분을 유지해온 두 독일인 목사가 스톡홀름에 있는 나를 만나려고 베를린에서 급히 날아왔습니다. 이 중 한 사람은 나의 절친한 벗입니다. 두 단체는 개신교 지도자들과 가톨릭 지도자들이 후원하는 단체입니다. 그들은 나에게 상당히 세부적인 사항을 건네고 공모에 가담한 주요 인물들의 명단까지 건네주었습니다. 민간 행정기관, 노동운동, 군에 몸담은 이들입니다. 이 목사들은 대단히 믿을 만한 사람들입니다. 나는 그들이 고결한 사람이라고 확신할 뿐만 아니라, 그들이 위험을 무릅쓰고 있다고 확신합니다.[10]

벨은 6월 30일에 이든을 만나 장문의 메모를 건넸다. 거기에는 벨이 쇤펠트나 본회퍼와 논의한 내용이 담겨 있었다. 두 주가 지났는데도 소식이 없자 벨은 스태퍼드 크립스 경을 만났다. 크립스는 자신이 5월에 피스르트 후프트를 만나 아담 폰 트로트의 메모를 넘겨받았다는 소식을 전하며 그를 격려했다. 또 이든에게 잘 이야기해주겠다고 했다. 하지만 나흘 뒤에 들려온 소식은 상당히 좋지 않았다. "주교님에게 정보를 제공한 이들의 선의를 비난하는 것은 아니지만, 나는 그들에게 어떤 식으로든 답변을 하는 것이 국익에 부합하지 않는다고 확신합니다. 이 결정에 실망하리라는 걸 알지만, 해당 사안의 민감성을 고려하여 이 결정을 받아들이길 바랍니다."[11]

영국이 히틀러에 맞서 싸우는 독일인을 도와주려 하지 않은 건 스탈린을 달래려 했던 처칠의 바람과 상당히 관계가 있었다. 처칠 내각은 이미 1942년 5월 26일에 소련과 동맹을 체결한 상태였다. 베트게는 그 상태를 이렇게 표현했다. "런던은 동맹에 대한 신의를 떨어뜨리는 것처럼 보일까 봐 몸을 사렸다." 얄궂게도 처칠과 스탈린은 미래에도 서로 민감하게 반응했다. 처칠이 철의 장막이라는 말을 만들어내고, 스탈린이 그 장막을 건설했던 것이다.[12]

그러나 벨은 단념하지 않았다. 7월 25일 이든에게 편지를 보내면서 거듭거듭 탄원했다.

나는 스웨덴에서 두 목사에게 얻은 정보 외에도 나치와 다른 독일인들로 이루어진 큰 단체 사이에 분명한 차이가 있음을 보여주는 증거를 찾아냈습니다. 저항 세력은 영국 정부가 그 차이를 가장 뚜렷하게 구별해주기를 학수고대하고 있습니다. (중략)

처칠은 1940년 5월 13일 하원에서 수상 취임 연설을 하며 이렇게 말했습니다. "우리의 정책은 그동안 인류가 저지른 그 어떤 범죄보다 사악하고 끔찍한 히틀러의 폭정에 맞서 싸우는 것이며, 우리의 목적은 어떤 희생을 치르더라도 승리하는 것입니다." 나치의 끔찍한 폭정에 맞서 싸울 준비가 되어 있는 이들이 독일에 있는데, 그들을 실망시키거나 무시하는 것이 옳은 일이겠습니까? 우리의 목적을 이루는 일에 그들의 원조를 거부할 여유가 있다는 말입니까? 지금 우리는 침묵을 통해 그들에게 독일에는 희망이 없다고 믿게 하고 있습니다.[13]

게르하르트 라이프홀츠는 벨과 긴밀하게 접촉해온 터라 자신들이 난관에 봉착했다는 사실을 알고 있었다. 그래서 주츠에게 보내는 편지에서 벨의 수고에 대해 이렇게 말했다. "그의 친구들과 우리의 친구들 상당수가 유감스럽게도 그의 폭넓은 판단을 받아들이지 못하고, 잘못된 편견들로부터 힘겹게 벗어나게 되더라도, 나는 그의 노고에 가시적인 성과가 있길 간절히 바라고 있습니다."[14] 라이프홀츠는 유대인으로서 영국의 반유대주의를 알아챘다. 유럽 지역 유대인들이 겪는 곤경을 무심하게 바라보는 건 영국의 반유대주의 때문이었다. 또한 라이프홀츠는 독일인으로서 반反독일적 태도도 알아챘다. 그것 역시 인종적인 동기로 촉발되었다. 저널리스트인 요아힘 페스트는 이렇게 말했다. "영국에는 다음과 같은 확신이 자리 잡고 있었다. 이를테면 독일인들은 그들의 역사유산과 문화유산 때문에 속속들이 악하며, 적어도 그런 경향이 있다는 것이다. 이것은 결코 저속한 신문에만 국한된 시각이 아니었다."[15]

라이프홀츠는 벨에게 그 메모를 영국 주재 미국 대사 존 길버트 위넌트에게 가져가라고 권했다. 벨은 7월 30일에 그대로 했고 위넌트는 훨씬 고무적이었다. 정보를 루스벨트에게 넘기겠다고 약속했다. 하지만 벨은 그에게서 그 결과에 대한 소식을 듣지 못했다. 이미 루스벨트는 독일 공모자들이 제시한 다른 제안을 퉁명스럽게 내친 상태였다.

8월 4일, 이든이 답신을 보내왔다.

친애하는 주교님,

7월 25일 독일 문제에 관한 편지를 보내주셔서 대단히 감사합니다.

  독일에서 나치 정권에 맞서 싸우는 저항 세력의 사기를 떨어뜨려선 안 된다는 주교님 말씀이 얼마나 중요한지 잘 압니다. 주교님도 기억하시겠지만, 나는 지난 5월 8일 에든버러에서 행한 연설에서 독일에 대해 길게 말하는 중에 다음과 같은 말로 연설을 마쳤습니다. "독일 국민의 어느 파가 법과 개인의 권리를 존중하는 국가의 회복을 정말로 보고 싶다면, 그들은 이것을 이해해야 할 것입니다. 즉, 그들이 적극적인 조치를 취하여 자신들의 현 정권에서 벗어난 뒤에야 사람들이 그들을 믿어주리라는 것입니다."

  현재로서는 그 이상의 공개적 발언을 하는 건 현명하지 않은 것 같습니다. 독일 내 저항 세력이 노출될 위험성과 그들의 곤경을 잘 알지만, 그들은 자신들이 실재하고 있다는 증거를 별로 보여주지 않았습니다. 그들이 유럽의 피억압자들이 보여준 모범을 따라 위험을 무릅쓰고 적극적인 조치를 취하여 나치의 공포 통치에 저항하고 그 정권을 타도하는 모습을 보여주기 전에는, 나는 정부 요원들이 이미 독일을 두고 개진한 발언을 넘어서지 않을 것입니다. 그 발언들이 밝힌 바와 같이 우리는 독일이 미래의 유럽에서 자리를 차지하는 것을 거부할 마음이 없습니다. 하지만 독일 국민이 나치 정권을 묵인하는 기간이 길어지면 길어질수록 나치 정권이 자신의 이름으로 저지르는 범죄에 대해 독일 국민이 지게 될 책임도 그만큼 커질 겁니다.[16]

   진심으로 안녕을 빌며

로버트 이든

위의 편지에서는 예의를 차리느라 표현하지 않았지만, 이든은 벨의 편지 가장자리에 다음과 같은 생각을 적어 후세가 볼 수 있게 했다. "이 성가신 성직자를 다독여야 하는 이유를 도무지 모르겠어!"

그나마 하이드리히가 죽은 것이 사태의 긍정적인 면이었다. 5월 말, 그 백색 담비가 지붕 없는 메르세데스를 타고 갈 때 체코 레지스탕스 전사들이 매복하고 있다가 공격했다. 여드레 뒤 최종 해결책의 입안자 하이드리히는 아브라함과 이삭과 야곱의 하나님의 수중에 들어갔다.

26

사랑에 빠지다

> 요즘 들어 내 기분이 갑자기 좋아지는데 어째서 그런 걸까? … 거짓말 같은 사실은 그가 정말로 나와 결혼하고 싶어 한다는 것이다. 어떻게 그럴 수 있는지 아직도 모르겠다. _마리아 폰 베데마이어

스웨덴 여행 직후인 1942년 6월 8일, 본회퍼는 클라인-크뢰신에 가서 소중한 벗 루트 폰 클라이스트 레초브를 만났다. 루트의 손녀 마리아도 우연히 거기 있었다. 마리아는 고등학교를 갓 졸업하고 1년간 국민 의무를 시작하기 전에 잠시 친가에 들른 상태였다. 마리아는 당시 일을 이렇게 회상했다.

이 방문지들 중 첫 번째 방문지는 내가 늘 가까이 모신 외할머니 댁이었다. 외할머니는 내가 소녀 시절의 할머니를 닮았다고 생각하셨다. 그래서인지 외할머니와 나는 서로 마음이 통했다. 그곳에서 한 주를 보냈을 무렵

유명한 본회퍼 목사가 찾아와 함께 머물렀다. 솔직히 말하면 처음에는 약간 서먹서먹했다. 하지만 얼마 못 가서 우리 세 사람 사이가 썩 좋아졌다. 외할머니와 그는 내가 이해할 수 있다고 여겨 끼어들고 싶은 마음이 들 정도로 열성적으로 대화를 나누었다. 실제로 그 대화에 끼기도 했다.

나는 외할머니에게 건방진 어투로 말하곤 했다. 그래도 외할머니는 즐거워하셨다. 디트리히가 모습을 나타낼 때에도 그 어투를 그대로 썼다. 우리는 장래 계획을 놓고 이야기를 나누었다. 내가 수학을 전공하겠다고 하자 외할머니는 바보 같은 생각이라고 말씀하셨다. 디트리히는 외할머니와 같은 이유에서였을 테지만, 나의 생각을 곧이곧대로 받아들였다.

우리는 정원을 어슬렁어슬렁 거닐었다. 그는 미국에 다녀온 이야기를 했다. 우리는 내가 그곳에 있는 누군가를 만난 적이 전혀 없다는 걸 알고 깜짝 놀랐다.[1]

마리아가 이튿날 아침에 떠나는 바람에 함께 많은 시간을 보내진 못했지만, 본회퍼는 마리아에게 홀딱 반하고 말았다. 그러나 늘 그랬듯이 그가 느끼고 생각한 것을 진척시키려면 시간이 필요했다. 본회퍼는 자신이 이 아리땁고 지적이고 자신만만한 여성, 그것도 나이 어린 여성과 짧은 시간을 보내며 흠뻑 빠졌다는 걸 알고 깜짝 놀랐다. 마리아는 열여덟 살이었다.

1936년, 본회퍼가 마리아의 오빠와 두 사촌에게 견신례를 가르치기로 했을 때 마리아는 견신례 대상자로 받아들일 수 없을 만큼 어린 열두 살 소녀였다. 1942년 6월이 될 때까지 본회퍼는 마리아를 열두 살 소녀로만 여기고 있었다. 1936년 이래로 클라인-크뢰신과 키코브에서 몇 차례 보긴 했지만, 사실은 보지 못한 것이나 다름없었을 것이다. 이제 그녀는 아름답고 쾌활한 젊은 여성이 되었다. 그리고 수학을 전공하고 싶어 했다. 본회퍼는 포메른 귀족 계급을 깊이 존경했지만,

그 계급 여성들 중에서 그런 야망을 발견하고는 깜짝 놀랐다. 그루네발트에서는 흔한 일이었지만, 이곳에서는 의외의 일이었기 때문이다.

본회퍼는 마리아 가족과도 잘 아는 사이였다. 외할머니 루트 폰 클라이스트 레초브와의 변치 않는 우정 외에도 마리아의 오빠 막스와 많은 시간을 보냈었다. 막스는 마리아보다 두 살 위였고 마리아는 오빠를 존경했다. 당시 막스는 동부 전선에서 소위로 복무 중이었다. 본회퍼는 마리아의 부모님 한스 폰 베데마이어와 루트 폰 베데마이어도 알고 있었다. 베데마이어 부부는 독실한 그리스도인으로 히틀러를 반대했지만, 당시 그곳에 없었다.

한스 폰 베데마이어는 히틀러의 전임 제국 수상 프란츠 폰 파펜과 절친했다. 폰 파펜은 자신이 어떻게 해서든 히틀러를 제어할 수 있다는 생각에 속아 넘어간 인물이었다. 한스 폰 베데마이어도 그런 환상을 품고 있었다. 그의 아내는 히틀러가 수상이 되던 날 밤에 남편이 보인 반응을 이렇게 회상했다. "그가 그토록 지독한 절망에 휩싸인 건 처음 있는 일이었다. 나 역시 마찬가지였다." 폰 파펜은 히틀러의 부수상이 되었고 폰 베데마이어는 그의 참모진으로 일했다. 하지만 석 달 뒤, 그는 그 일을 더 이상 수행하지 못하고 물러났다. 잘한 일이었다. 1년 뒤, 긴 칼의 밤 사건이 일어났을 때 그의 후임이 그가 쓰던 책상에서 살해되었기 때문이다.[2]

1936년, 나치가 베데마이어의 뒤를 쫓았다. 그의 완고한 반히틀러 정견政見 때문이었다. 나치는 베데마이어에 맞서 여론전을 펼치며 패치히 영지 관리를 법적으로 막으려 했다. 인민재판의 대단원에서 나치 판사는 베데마이어를 45분간 서 있게 한 채 그의 "괘씸한 태도와 못된 성격"을 들먹이며 야단을 쳤다. 친구들 대다수가 항소하지 말라고 조언했지만, 그는 기어이 항소했다. 히틀러 반대 음모의 중심 인물이 된 사촌 파비안 폰 슐라브렌도르프의 도움을 받아 소송을 1년간

준비했다. 그리고 마침내 모든 혐의를 벗었다.[3]

베데마이어와 그의 아내는 베르노이히 운동의 지도자이기도 했다. 베르노이히 운동은 고루한 루터교에 생기를 불어넣으려고 애쓰는 복음주의 운동이었다. 그들은 해마다 패치히에서 모임을 열었다.

한스 폰 베데마이어는 보병부대 지휘관이 되어 스탈린그라드 근처에 있었다. 그 시대 많은 사람과 마찬가지로 그도 히틀러에 대한 적개심과 조국에 대한 사랑 사이에서 옴짝달싹 못했다. 베데마이어는 프로이센 군인으로서 군복무를 회피하지 않았다. 하지만 다른 많은 사람과 마찬가지로 독일 군대의 지휘관 신분이 자신의 처지와 근본적으로 맞지 않고, 자신이 알고 있는 옳음과 참됨에 본질적으로 위배되는 것이어서 괴로워했다.

그 주에 본회퍼는 클라인-크뢰신의 아름다운 환경에서 책을 집필했다. 마리아를 잠재적 신붓감으로 여겨 루트와 이야기를 나누었는지는 알 수 없다. 그런 생각이 루트의 마음속에 자리했을 수는 있다. 본회퍼와 마리아가 그 가능성을 놓고 공식적으로 이야기할 때, 그녀가 두 사람의 결합을 가장 열렬히 지지했기 때문이다. 루트는 솔직하고 의지가 굳은 사람이었다. 그러니 그녀가 본회퍼에게 그 의견을 제안했을 가능성이 크다.

서른여섯 살의 본회퍼에게는 마리아가 너무 어려 보였다. 어쩌면 자신의 나이가 너무 많아 보였을지도 모른다. 본회퍼는 오래 전에 결혼하지 않기로 결심한 상태였다. 6년 전, 엘리자베트 친과의 관계가 끝났을 때 결혼 가능성을 배제해버렸다. 자기가 부름 받았다고 여기는 삶과 결혼이 맞지 않아 보였기 때문이다.

클라인-크뢰신을 떠나고 두 주 뒤, 본회퍼는 핑켄발데 목사 후보생 중 하나인 구스타프 자이델로부터 약혼 소식을 듣고서 그에게 답장을 보냈다. 우리는 본회퍼의 답장에서 약혼에 대한 그의 생각을 엿볼 수 있다.

> 그대의 소식을 접하고서 내 마음이 얼마나 기쁜지 알리지 않을 수 없군요. 이와 같은 소식을 접할 때면 내 마음이 늘 기쁜데, 이는 미래를 얼핏 보고 다음날이나 다음해를 학수고대할 이유가 있다고 확신하기 때문입니다. 하나님이 우리에게 주시는 행복을 기쁜 마음으로 붙잡는 것이지요. 내 말을 오해하지 마시기 바랍니다. 이 말은 오늘날 만연하는 모든 잘못되고 거짓된 묵시사상에 대한 저항이나 다름없습니다. 나는 그대의 약혼을 참되고 건강한 믿음의 표지로 여겨 기쁜 마음으로 축하합니다. 우리는 현세의 사람으로서 현세의 미래에 주의를 기울이지 않을 수 없습니다. 우리는 그 미래를 위해 과제와 책무, 기쁨과 슬픔을 받아들여야 합니다. 불행이 너무 많다고 행복을 경멸해서는 안 됩니다. 하나님의 친절한 손을, 그것이 너무 딱딱하다는 이유로 오만하게 뿌리쳐서는 안 됩니다. 나는 요즘 같은 시절에는 무엇보다도 그 점을 서로 일깨워주는 것이 중요하다고 생각합니다. 나는 그대의 약혼 발표를 그 참된 일을 보여주는 멋진 증거로 감사히 받아들였습니다. … 하나님께서 그대를 준비시키셔서 그대가 이 신성한 애정을 경험하고, 또 필요하다면 신성한 역경도 견뎌내기를 바랍니다.[*4]

이 사상은 본회퍼가 마리아를 만났기 때문에 싹튼 것이 아니다. 본회퍼는 한 해 전인 1941년에 에르빈 주츠에게 보내는 편지에서도 이와 비슷한 내용을 이야기했다.

여러 해에 걸쳐 형제들 중 하나가 결혼할 때마다 편지를 쓰고 결혼식 설교

---

*자이델은 1943년 10월 우크라이나 전투에서 전사했다.

도 여러 번 했네. 그러한 경사들의 주된 특징은 본질적으로 다음과 같은 사실에 자리하고 있네. 말하자면 이 마지막 때를 마주하여 당사자가 담대하게 현세와 미래를 긍정하는 걸음을 걸으려 한다는 것이니. 이 표현은 종말론적인 의미에서 쓴 것이 아닐세. 나는 우리가 그리스도인으로서 참으로 힘찬 믿음과 은총을 바탕으로 해서만 그러한 걸음을 뗄 수 있다고 확신하네. 우리는 모든 것이 결정적으로 파괴되는 상황 속에서 세우기를 바라고, 날마다 시시각각 이루어지는 삶 한가운데에서 미래를 소망하고, 지구에서 쫓겨나더라도 약간의 공간을 원하고, 광범한 불행 한가운데에서 약간의 행복을 원한다네. 그리고 하나님이 이 낯선 갈망을 승낙하신다는 건 굉장한 사실이 아닐 수 없네. 하나님은 우리의 의지가 정반대가 되어야 할 때에도 그 의지를 승인하신다네.[5]

몇 주 뒤 본회퍼는 에버하르트 베트게에게 마리아에 대해 이야기했다. 늘 그랬듯이 하나님이 자기에게 무엇을 말씀하려고 하시는지 알아내려고 애썼다. 6월 25일, 본회퍼는 베트게에게 보내는 편지에서 이렇게 말했다.

마리아에게는 편지를 보내지 않았네. 아직은 그럴 때가 아니기 때문일세. 더 이상의 만남이 가능하지 않게 된다면, 상당히 긴장된 몇 분간의 유쾌한 생각이, 안 그래도 이미 빽빽이 들어찬 영역, 곧 실현되지 못한 공상의 영역으로 흩어지고 말 것이니. 그녀의 눈에 띄지 않게 그리고 그녀의 마음을 상하지 않게 하면서 만남을 성사시킬 방법을 모르겠네. 폰 클라이스트 여사가 이 만남을 주선해주길 바라는 건 가능한 일이 아니네. 그렇다고 내가 먼저 나설 수도 없네. 이 문제와 관련하여 내가 입장을 분명하게 정리하지 못했기 때문이네.[6]

6월 27일, 본회퍼는 국방정보국 업무를 수행하고자 도나니와 함께 베니스로 날아갔다. 한 주 뒤 로마에 들렀다가 7월 10일에 베를린으로 돌아왔다. 열흘 뒤에 클라인-크뢰신을 다시 찾을 생각이었지만, 8월 18일에야 갈 수 있었다. 지난번 만남 이래로 마리아와 연락하지 못한 상태였다. 이제 클라인-크뢰신에 있게 되었지만, 갑자기 비극이 들이닥쳤다. 마리아의 아버지가 스탈린그라드에서 전사한 것이다. 그의 나이 쉰네 살이었다.

한스 폰 베데마이어는 연대를 지휘하다가 그 당시 대부분의 병사들과 마찬가지로 피로에 지쳐 힘이 바닥난 상태였다. 8월 21일 밤, 러시아군이 포격을 개시했고 베데마이어는 그 포탄에 맞고 말았다. 당시 마리아는 하노버에 있었다. 그러다 아버지의 부고를 듣고 패치히에 있는 집으로 급히 갔다. 오빠 막스는 소식을 듣고 어머니에게 보내는 편지에서 이렇게 말했다. "어머니를 생각하면 아무 걱정이 없습니다. 하지만 사랑스러운 마리아를 생각하면 걱정이 됩니다. 정도 많고 대단히 예민한 아이니까요. 그 애가 어찌 지낼지 걱정입니다."[7]

본회퍼는 8월 26일까지 루트 폰 클라이스트 레초브와 함께 지냈다. 그리고 막스에게 보낸 8월 21일자 편지에서 이렇게 말했다.

사랑하는 막스,

자네 부친께서 돌아가셨네. 나는 이것이 자네에게 무얼 의미하는지 알고, 자네를 아주 많이 생각한다네. 자네는 아버지 없이 지내기에는 아직 어리기 때문일세. 하지만 자네는 하나님이 무엇을 주시고 무엇을 앗아가시든 자네 아버지로부터 하나님의 뜻을 받드는 법을 배웠네. 자네는 그분에게서 이런 사실도 배웠네. 인간의 힘은 하나님의 뜻과 하나가 되는 데에서만 온다는 것이네. 자네도 알겠지만, 하나님께서는 자네 아버지를 사랑하셨고 자네를 사랑하고 계시네. 하나님이 자네에게 무엇을 주시고 무엇을 요구하시든 간에 자네가 하나님을 끊임없이 사랑하는 것이야말로 자네 아버지의 바람이자 기도였네. 사랑하는 막스, 자네 마음이 이루 말할 수 없이 무겁겠지만, 하나님의 선하심으로 자네 아버지가 자네 안에 심어주신 것을 힘차게 키워가게. 자네가 받은 것을 잘 보존하고 키워갈 수 있게 해달라고 하나님께 마음을 다해 기도하게. 자네에게는 어머니도 있고, 할머니도 있고, 형제들도 있네. 이들이 모두 자네를 도와줄 것이네. 그러나 자네도 그들을 도와야 하네. 그들은 자네 도움을 절실히 필요로 할 거야. 이토록 힘겨운 시기에는 혼자 힘으로 많은 난관을 헤쳐 나가야 하네. 하나님 앞에서 홀로 무언가를 받아들이는 법을 배우지 않으면 안 될 거야. 그건 대단히 어려운 일이네. 하지만 이 시기는 인생에서 가장 중요한 시기일세.[8]

이튿날에는 폰 베데마이어 부인에게 이런 편지를 부쳤다.

친애하는 여사님,
7년 전 여사님의 부군께서 저의 핑켄발데 교무실에 앉아 막스가 받아야 하는 견신례 교육을 놓고 말씀하시던 때가 생각나는군요. 저는 그 만남을 결코 잊지 않았습니다. 견신례 교육 기간 내내 그랬습니다. 저는 막스가 부모님 슬하에서 중요한 교육을 이미 받았고 앞으로도 그러리라는 걸 알았습니다. 한 소년이 경건한 아버지, 생의 한가운데 우뚝 서 있는 아버지를 모신다는 것이 무슨 뜻인지 분명히 알 수 있었습니다. 그 시기에 여사님의 자녀들을 모두 알게 되면서, 저는 그리스도를 믿는 아버지에게서 흘러나오는 행복의 능력에 깊은 인상을 받았습니다. 이와 같은 인상은 여사님의 친척들을 만나면서 저에게 더더욱 중요하게 다가왔습니다. … 물론 이 행복은 순전히 영적인 것이 아니라, 현세적인 삶 속으로 깊이 이끄는 어떤 것입니다. 생은 바른 행복 아래 있을 때에만 건강하고 안전하고 기대할 만하고 활동적인 것이 됩니다. 그래야 생기, 힘, 기쁨, 활동성을 힘입어 살 수 있기 때문입니다. … 자신이 받은 복을 사랑하는 이들과 많은 이에게 전한 사람은 인생에서 가장 중요한 것을 성취한 것이나 다름없습니다. 하나님 안에서 스스로 행복한 사람이 되어 하나님 안에서 다른 이들까지 행복하게 해주었으니까요.⁹

본회퍼는 9월 1일 클라인-크뢰신으로 돌아가 이틀을 머물렀다. 그리고 9월 22일에도 이틀을 지냈다. 그러나 두 번 다 마리아를 보지 못했다. 그러다가 10월 2일 베를린에서 마리아를 만났다. 6월 초의 만남 이후 처음이었다.

루트 폰 클라이스트 레초브가 프란체스코 병원에서 눈 수술을 받으려고 베를린에 왔고, 마리아에게 간호를 부탁했다. 본회퍼는 루트의 병상에서 마리아를 다시 만났다. 본회퍼를 생각하는 마리아의 마음은 그녀를 생각하는 그의 마음과 같지 않았고, 그도 자신의 마음이 더 앞서가지 않게 했다. 어쨌든 본회퍼는 병원에서 목사 역할을 담당했다. 마리아가 아버지를 여읜 지 얼마 되지 않았기 때문이다.

몇 해 뒤, 마리아는 그때 일을 이렇게 회상했다. "디트리히가 병원을 자주 찾아와 나를 놀래주었다. 그의 헌신에 감명을 받았다. 이 시기에 우리는 긴 대화를 자주 나누었다. 6월과는 다른 환경에서 이루어진 재회였다. 나는 아버지의 소천으로 대단히 힘겨웠던 터라 디트리히의 도움이 필요했다." 그들은 함께 많은 시간을 보냈다. 다른 상황에서라면 그러지 못했을 것이다. 본회퍼는 베를린 토박이로서 주인장 역할을 했다. 어느 날 그는 마리아를 점심식사에 초대하며 병원 근처에 있는 작은 식당으로 가자고 했다. 그 식당이 마음껏 담소하기에 가장 안전한 장소라면서 말이다. 그 식당은 히틀러의 동생 소유였다.¹⁰

10월 15일, 디트리히는 가족 모임에 마리아를 초대했다. 누이 우르줄라의 집에서 열린 그날 모임은 이튿날 전선으로 떠날 조카 한스 발터 슐라이허를 위한 송별회였다. 디트리히는 그때쯤이면 그가 떠날 거라고 짐작하고 며칠 전에 한스 발터에게 편지를 부쳤다. 히틀러의 전쟁에서 일어나는 일로 보건대 그가 조카에 대해 보호본능을 느끼는 건 당연했다. 우리는 그 편지에서 디트리히가 자기와 함께 투옥될 사람들에게 어떤 마음을 품었는지 엿볼 수 있다.

한스 발터에게,

동갑내기 대다수와 달리 네가 군인이 되어 인생에 뛰어드는구나. 네가 지닌 가치관은 기초가 튼튼할 거야. 근본적인 인생관을 물려받았으니 말이야. 무의식적으로 익힌 것이겠지만, 그건 중요하지 않단다. 너는 훌륭한 가정생활, 훌륭한 부모, 올바름과 진실, 인간미와 교육, 그리고 전통이 얼마나 소중한지 알 거야. 수년간 음악을 만들어왔고, 최근 몇 년은 책을 많이 읽었지. 그 모든 것이 너에게 많은 영향을 주었을 거야. 또 너는 성경, 주님의 기도, 교회 음악이 무엇인지도 알 거야. 하지만 너는 절대로 완전히 사라지지 않을 독일의 이미지도 받아들였을 거야. 그것이 전쟁터에서도 너를 따라다닐 것이고, 너는 어디에 있든 누구와 대면하든 그것을 옹호하게 될 거야. 하지만 분명한 건, 너도 알겠지만, 네가 이것 때문에 충돌을 겪게 되리라는 거야. 날 때부터 성격이 거친 사람들과 충돌하는 것은 물론이고, 몇 주 안에 그들의 힘이 너에게 충격을 주기도 할 거야. 훌륭한 가문 출신인 네가 다른 모든 사람들과 다른 것은 물론이고, 외모의 가장 작은 부분까지 다르기 때문이지. 중요한 건 네가 다른 이들보다 뛰어난 점을 당연하게 여기지 않고 선물로 여기는 거야. 너는 틀림없이 그렇게 할 거라 믿는다! 그리고 네 자신을 다른 이들에게 완전히 내어주고 생활방식이 다르더라도 그들을 진심으로 예우할 거라 믿는다.[11]

그날 저녁, 마리아는 디트리히 부모님과 형제자매들을 만났다. 베트게도 그 자리에 있었을 것이다. 마리아는 자기가 기거하는 이모 집으로 돌아와 일기에 이렇게 썼다.

본회퍼 목사와 대단히 흥미로운 담소를 나누었다. 그는 젊은이들이 군에 자원 입대하여 자신들이 찬성하지도 않는 대의를 위해 목숨을 내놓는 것이 우리 시대의 전통이 되어버렸다고 말했다. 하지만 오로지 신념으로 싸우는 사람들도 있어야 할 것이다. 그들이 전쟁 명분에 찬성한다면, 어쩔 수 없는 일이다. 그렇지 않다면, 그들은 조국에 봉사하기 위해 국내 전선에 영향을 미치거나 정권 반대 투쟁을 벌일 수도 있을 것이다. 따라서 그들은 가급적 오랫동안 군복무를 기피하거나, 그것이 양심에 거리낄 경우에는 양심적 병역 거부자가 될 것이다.
　아아, 이제야 모든 것이 논리적으로 확연해진다. 그러나 이건 나의 아버지를 생각하면 끔찍한 일이지 않은가?[12]

마리아는 이튿날 일기에서 본회퍼가 공모에 가담한 것을 부끄러워하지 않았다고 기록했다. 물론 마리아의 삼촌 헤닝 폰 트레스코브가 공모 주동자였고, 그녀는 폰 슐라브렌도르프를 포함한 다른 많은 사람들과도 친척이었다.

10월 16일. 본회퍼는 자신이 내밀한 임무를 맡아 국가를 돕고 있으며 자신을 객관적인 여론을 형성할 수 있는 인물로 여긴다. 그와 같은 사람이 다른 방식으로 국가에 쓸모 있는 일을 하면서 가급적 오랫동안 병역을 기피하는 것이 옳은 일이라는 걸 이제야 알겠다. 정말로 올바른 행동 방침을 찾아내는 건 그의 몫이다. 불평분자가 되어 매사를 도덕적 견지에서 비난하고 투덜거리며 배후의 저의를 찾는 건 쉬운 일이다.[13]

이틀이 지난 일요일에 본회퍼는 병원에 가서 루트 폰 클라이스트 레초브를 문병했다. 병원에서 아침 예배를 인도하며 에베소서 5장 15-21절을 본문 삼아 설교했다. 마리아는 이렇게 회상했다.

> 10월 18일. 본회퍼 목사가 오늘 아침 예배를 인도하면서 이렇게 말했다. "여러분의 시간을 최대한 활용하십시오! 시간은 죽음에 속해 있고 악마에게 속해 있습니다. 우리는 악마에게서 그것을 사서 하나님께 돌려드려야 합니다. 그러면 그것이 정말로 하나님께 속하게 될 것입니다." "온갖 의심과 불신을 버리고 하나님의 뜻을 찾으십시오. 그러면 찾게 될 것입니다." "범사에 항상 감사하십시오." "범사에 하나님께 감사하지 않으면, 그분을 비난하게 될 것입니다."[14]

본회퍼의 예의범절과 목사로서 마리아에게 위안이 되려는 마음이 그녀와의 미래에 대해 많은 생각을 하는 걸 피할 수 있게 해주었을 것이다. 두 사람 중 어느 쪽도 이 일이 연로한 여인과 그녀의 손녀, 그것도 아버지를 갓 여읜 여자를 보살피는 가정 목회 이상이었다고 암시하는 말은 한 마디도 하지 않았다. 하지만 그들은 서로 같이 있는 것을 즐거워했다. 환경의 압박이 서로의 긴장을 쉽게 풀어주었을 것이다.

그러다가 10월 26일, 또 하나의 비극이 들이닥쳤다. 마리아의 오빠 막스가 전사한 것이다. 10월 31일, 본회퍼는 마리아에게 보내는 편지에서 이렇게 말했다.

> 친애하는 폰 베데마이어 양에게,
> 이것만은 당신에게 말씀드리고 싶군요. 막스의 죽음이 당신에게 의미하는 바를 내가 어렴풋하게나마 알 것 같다는 겁니다.

나도 이 아픔에 참여하고 있다고 말씀드리는 건 그다지 도움이 되지 않을 겁니다.

이와 같은 시기에는 아무 말 없이 우리 자신을 하나님 마음에 완전히 맡기는 것만이 도움이 될 겁니다. 그러려면 상당히 힘든 시간들, 낮과 밤이 필요할 것입니다. 하지만 우리가 하나님께로 완전히 뛰어들고 하나님께서 우리를 받아주실 때, 우리는 도움을 받게 될 겁니다. "밤새도록 눈물을 흘려도, 새벽이 오면 기쁨이 넘친다"(시 30:5). 하나님과 함께하는 곳에, 그리스도와 함께하는 곳에 기쁨이 있습니다! 그것을 믿으십시오.

그러나 우리는 저마다 이 길을 혼자 걸어야 합니다. 아니, 하나님께서 우리들 각 사람을 그 길로 하나하나 끌어당기십니다. 우리가 이 길을 따라 걸을 때에만 다른 이들의 기도와 격려도 뒤따를 겁니다.[15]

낭만적인 관계에 대한 생각을 접어야 할 때가 있다면, 지금이 그때였다. 베트게와 나눈 대화 이외에 본회퍼가 자기 감정을 다른 누군가에게 털어놓았는지는 의문이다. 마리아에게는 그러한 감정이 없었다. 따라서 마리아는 그를 상냥하고 독실한 목사 친구 이상으로 볼 수 없었다. 본회퍼가 포메른으로 가서 막스의 장례식에 참석하려고 한 건 그래서였을 것이다.

그러나 어찌된 일인지 병상에서 몇 주간 두 사람을 지켜보고 6월에 그들의 화학작용을 알아챘음에 틀림없는 마리아의 외할머니가 다른 생각을 가지고 어리석게도 자기 딸에게 두 사람 이야기를 꺼내고 말았다. 마리아의 어머니는 본회퍼에게 편지를 보내 장례식에 오지 말아달라고 부탁했다. 그는 어안이 벙벙했다. 폰 베데마이어 부인은 자기 딸이 너무 어려서 본회퍼 목사와 약혼할 수 없다고 여겼고, 그런 시기에 약혼 얘기를 꺼내는 건 적절치 않다고 생각했다. 본회퍼는 비밀이 탄로 났다고 생각하고 충격을 받았다. 자신이 털어놓지 않은 일을 누군가가 이야기하고 있었다. 오싹한 일이 아닐 수 없었다. 11월 11일, 본회퍼는 마리아의 어머니에게 편지를 받고 나서 곧바로 루트 폰 클라이스트 레초브에게 전화를 걸어 그녀가 문제의 시발점이라는 걸 알게 되었다.

마리아는 순식간에 기습을 당한 셈이었다. 그녀는 본회퍼에게 보내는 편지에서 이렇게 말했다. "할머니가 꺼내신 어리석은 잡담 때문에 어머니가 목사님에게 장례식에 오지 말아달라고 부탁하셨다더군요." 마리아로서는 당황하는 것 외에 달리 할 일이 없었다.

본회퍼는 이렇게 답장했다.

1942년 11월 13일

친애하는 폰 베데마이어 양에게,

쓸데없이 혼란스러운 상황을 당신의 편지가 유익하게 정리해주었습니다. 그 점에 대해 진심으로 감사드리고 당신이 용감하게 대처해준 것에 대해서도 감사드립니다. 당신의 어머니가 요구한 것을 내가 알아듣지 못했더라도 이해해주시길 바랍니다. 내가 느끼는 바와 일치하기 때문이지만, 나는 지금 같이 힘겨운 몇 날 몇 주 동안은 다른 일로 걱정하거나 괴로워하고 싶지 않다는 뜻으로 받아들였습니다. 당신의 어머니가 그런 요구를 하는 까닭이 편지에 명확히 설명되어 있지 않았고, 그 까닭을 물어볼 권리가 나에게는 없었습니다. (중략)

당신도 나만큼, 아니 나보다 더, 논의에 적합하지 않은 사항이 훤히 드러난 것을 고통스러운 마음의 부담으로 여길 겁니다. 솔직히 말씀드리면, 나는 당신 외할머니의 행동을 아무 일도 없었다는 듯이 받아들이지 못하겠습니다. 그러한 사항을 논의하고 싶지 않고, 그런 논의를 하게 되면 당사자 모두에게 해가 될 뿐이라고 그분께 누차 말씀드렸기 때문입니다. 나는 그분이 아프고 연로하셔서 자신이 목격했다고 여기는 바를 마음속에 조용히 담아두지 못하셨을 거라고 생각합니다. 그분과 대화할 때면 참기 힘든 경우가 종종 있었습니다. 그분이 나의 부탁에 주의를 기울이지 않았거든요. 나는 당신이 베를린을 서둘러 떠난 것도 그런 맥락으로 이해했고, 그래서 마음이 아팠습니다. … 우리가 그분에게 유감을 품지 않으려면 상당히 많은 노력을 기울여야 할 것 같습니다.[16]

한편 본회퍼는 이 편지에서 상당히 부드러운 방식으로 마음을 털어놓을 기회를 잡아 앞으로 어찌할지 암시했다.

평화롭고 자유롭고 치유된 마음에서만 선하고 바른 것이 생겨날 수 있습니다. 나는 살면서 그것을 몇 번이고 경험했습니다. 다음과 같이 말하는 것을 용서해주길 바라면서 하나님께서 조만간 우리에게 이것을 허락해주시길 빕니다.

　이 모든 것을 이해할 수 있겠지요? 나처럼 그것을 경험할 수 있는지요? 꼭 그렇게 되기를 바랍니다. 사실, 나는 다른 것은 생각하지도 않는답니다. 하지만 이것은 당신에게도 대단히 힘겨울 것입니다!
　이 편지를 보내어 내가 느끼는 바를 서툴게 말하는 것을 부디 용서해주길 바랍니다. 나의 사정을 털어놓으려고 말을 꺼내는 게 대단히 어렵게 느껴지는군요. 나를 둘러싼 이들에게 큰 부담이 될 테니까요. 당신의 외할머니는 내가 무심하다고 심하게 나무라곤 하셨습니다. 그분은 그 정도로 다른 분입니다. 하지만 사람은 서로 있는 그대로 받아들이고 있는 그대로 품지 않으면 안 됩니다. … 나는 당신의 외할머니에게 침묵과 인내를 부탁하기 위해 짧게나마 편지를 쓰고 있습니다. 내일은 당신의 어머니에게 편지를 보내어 외할머니가 뭐라고 쓰시건 간에 화내지 말라고 말씀드릴 생각입니다. 당신의 외할머니가 쓰실 내용을 생각하면 그저 두렵기만 합니다.[17]

본회퍼의 편지를 읽고 마리아가 어찌 생각했는지는 알 수 없다. 하지만 본회퍼가 자기를 좋아하고 있다는 걸 단번에 알아차렸을 것이다. 본회퍼는 이틀 뒤인 11월 15일에도 마리아에게 편지를 보냈다. 베데마이어 집안에서 일어나는 일로 보나, 그들을 둘러싼 세계에서 일어나는 다른 모든 일로 보나, 거칠고 혼란스러운 시기였다. 본회퍼는 유명한 교회 음악 작곡가 후고 디스틀러가 유대인 친구들의 강제이송에 절망하여 자살한 사건을 언급하면서 이렇게 말했다. "그가 대교회당에 있는 자기 사무실에서 성경과 십자가를 손에 쥔 채 숨졌다는 소식이 들리는군요. … 그의 나이는 서른 살이었습니다. 나는 이 소식을 듣고 크게 동요했습니다. 그를 도와줄 이가 아무도 없었다니 어찌된 노릇일까요?"[18]

폰 베데마이어 부인은 잇단 편지들 때문에 마음이 불쾌해져 어머니 루트나 딸 마리아와 불쾌한 대화를 나눈 상태였다. 11월 19일, 베데마이어 부인은 디트리히 부모님 댁에 전화를 걸어 디트리히와 통화를 했다. 그리고 마리아가 더 이상 편지를 받고 싶어 하지 않는다고 말했다. 하지만 그건 폰 베데마이어 부인이 자기 딸을 위해 내린 결정이었을 것이다. 본회퍼는 그날 늦게 마리아에게 편지를 부쳤다.

친애하는 폰 베데마이어 양에게,

오늘 아침 당신 어머니가 나에게 전화를 걸어 당신이 바라는 바를 말씀하시더군요. 전화는 의사소통의 적절한 수단이 아닌 것 같습니다. 통화 중에 혼자 있을 수 없었거든요. 내가 편지를 여러 통 보내 당신에게 큰 부담을 안겨드렸다면, 부디 용서하길 바랍니다. 내가 바란 건 그런 것이 아니라 당신 마음의 평화였습니다. 당신 어머니를 이해할 수밖에 없으므로 지금부터 우리는 편지를 주고받을 수 없을 것 같습니다. 나는 당신과 우리를 위해 하나님께 문의하면서 하나님께서 우리의 길을 보여주실 때까지 기다

1942년의 마리아 폰 베데마이어, 본회퍼의 약혼녀. 본회퍼는 결혼을 하나님의 대지에 대한 긍정이라 보았다. 마리아와의 약혼은 그가 믿는 대로 살기 위해 선택한 길이었다. 계산이 아니라 믿음의 행위였다.

릴 생각입니다. 하나님과 평화롭고, 다른 사람들과도 평화롭고, 우리 자신과도 평화롭게 지낼 때에만, 우리는 커다란 자신감을 갖게 될 것입니다. 그러니 조급하게 굴거나 성급하게 움직일 필요가 없습니다.

당신이 답장하고 싶어 하지 않고 이 편지를 받고 싶어 하지도 않는데, 이렇게 보냈다고 생각하지 말아주십시오. 내가 그리 멀지 않은 미래의 어느 시점에 클라인-크뢰신에 갈 수도 있을 텐데, 당신은 그것마저 금하실 셈인가요? 어쨌든 나는 그럴 생각입니다.

내가 이 편지에서 당신을 불쾌하게 하고 하나님이 이미 우리 위에 얹어놓으신 것 이외의 짐을 당신에게 안겨준 표현이 있다면, 부디 잊어주길 바랍니다.

당신에게 이렇게 한 번 더 편지할 수밖에 없다는 걸 알리려고 이미 당신 어머니에게 편지했다는 걸 알려드립니다.

하나님께서 당신과 우리 모두를 지켜주시길 빕니다.[19]

진심으로 안녕을 빌며

디트리히 본회퍼

본회퍼의 청혼

그다음에 무슨 일이 일어났는지는 알 수 없다. 그러나 루트 폰 클라이스트 레초브의 커다란 입이 호의를 베풀어 새를 그 은신처에서 풀어놓았다. 사태가 이리 될 줄은 아무도 몰랐다. 모든 것이 갑자기 드러났기 때문이다. 11월 24일, 본회퍼는 패치히로 가서 폰 베데마이어 부인을 만났다. 어찌된 일인지 갑자기 마리아와 결혼하기로 결심하고 그녀 어머니에게 결혼 승낙을 받으러 간 것이다.

본회퍼는 폰 베데마이어 부인을 존경했지만, 그녀가 지나치게 독실하면 어쩌나 하고 염려했다. 그는 사흘 뒤 베트게에게 보내는 편지에서 이렇게 말했다. "그 집안에 지나치게 영적인 분위기가 흐르면 어쩌나 하는 나의 우려와 달리 그 집안 가풍은 대단히 유쾌한 느낌을 자아냈네. 폰 베데마이어 여사는 내가 우려했던 바와 달리 차분하고 친절하고 여유가 있었네." 그녀는 결혼을 막무가내로 반대하지 않고 "터무니없는 결정을 제시했다." 1년간 떨어져 있을 것을 제안했던 것이다. 본회퍼는 "요즘 1년은 5년이 될 수도 있고 10년이 될 수도 있습니다. 따라서 그것은 무기한 연기나 다름없습니다"라고 대답했다. 그럼에도 본회퍼는 폰 베데마이어 부인에게 "저는 여사님이 어머니로서 따님에 대해 가지고 계신 권위를 이해하고 인정합니다"라고 말했다. 기한이 실제로 1년이 될 거라고 생각하지 않아서였을까? 본회퍼는 결정을 강요할 마음이 없었다. 폰 베데마이어 부인이 최근에 남편을 여읜 상태였기 때문이다.[20]

폰 베데마이어 부인은 대화를 끝내고 나서 문제가 어찌 처리되었는지 자기 어머니에게 알려달라고 본회퍼에게 부탁했다. 마리아의 외할머니는 자기 딸이 그토록 모진 태도를 취했다는 소식을 듣자마자 폭발했다. 본회퍼는 괄괄한 성격의 루트가 더 큰 불화를 일으킬지도 모른다고 생각했다. 본회퍼는 방문 기간 동안 마리아를 보지 못한 채 폰 베데마이어 부인의 말만 듣고서 그녀가 별거 조건을 순순히 받아들였을 거라고 추측했다. 하지만 마리아는 그 문제에 대해 발언권이 거의 없었다.

같은 시기에 에버하르트 베트게는 디트리히의 조카 레나테 슐라이허에게 청혼했다. 레나테의 나이는 열여섯 살이었다. 레나테의 부모 우르줄라 슐라이허와 뤼디거 슐라이허는 비슷한 이유로 딸의 결혼을 걱정했다. 당시 베트게의 나이는 서른셋이었다. 본회퍼는 베트게에게 보내는 편지에서 클라인-크뢰신을 방문했던 일을 자세히 이야기하고 나서 베트게의 사정을 물었다. 슐라이허 부부도 오랫동안 떨어져 지낼 것을 제안했다. 본회퍼는 이렇게 말했다. "자네에게 안 좋은 쪽으로 일이 풀릴 것 같으면 … 내가 내 사정을 조금 이야기해보겠네. 그러면 자네 사정을 레나테의 시각에서는 물론이고 자네의 시각에서도 고려하게 될 걸세. 그러나 지금은 잠자코 있을 생각이네."[21]

우리는 마리아가 사흘 뒤, 한 달 뒤, 여섯 주 뒤에 쓴 일기에서 감정의 추이를 엿볼 수 있다.

11월 27일. 요즘 들어 내 기분이 갑자기 좋아지는데 어째서 그런 걸까? 먼저는 안도감을 느낀다. 나의 모든 숙고, 검토, 걱정을 나중으로 미룰 수 있게 되어서다. 그러나 그것들을 처박아둘 수 있게 되었다고 해서 안도감을 느끼는 건 아니다. 어머니가 디트리히를 만났다고 전화로 알려주셔서 다시 숨을 마음껏 쉴 수 있게 된 것이다. 그가 어머니에게 엄청난 감동을 주었음에 틀림없다. 그는 실패할 사람이 아니니까.

거짓말 같은 사실은 그가 정말로 나와 결혼하고 싶어 한다는 것이다. 어떻게 그럴 수 있는지 아직도 잘 모르겠다.[22]

1942년 12월 19일, 패치히.
집에 가면 나의 결심이 흔들릴 수도 있다고 생각했다. 외할머니의 영향, 더 정확히 말하면 외할머니의 과장되고 비현실적인 사상에 영향을 받았다고 생각했지만, 사실이 아니다. 비록 내가 그를 사랑하지 않는다고 해도, 가장 깊은 진실은 여전히 그대로다. 나는 그를 사랑하게 되리라는 것을 안다.

그것을 반대할 피상적인 이유는 여러 가지다. 그는 나이를 먹었고 그 나이에 걸맞게 지혜롭다. 나는 그가 속속들이 학구적인 사람이라고 생각한다. 춤, 승마, 스포츠, 오락을 좋아하는 내가 그 모든 것을 버릴 수 있을까? … 어머니는 그가 이상주의자여서 꼼꼼히 생각하지 않았을 거라고 말씀하신다. 나는 그리 생각하지 않는다.[23]

1943년 1월 10일. 이곳으로 오는 길에 어머니와 이야기를 나누었다. 어머니는 내가 무척 그리워하면서도 대단히 어려워하는 분이다. 눈물이 흘러나왔다. 뜨겁고 굵은 눈물이. "하지만 사랑받는 건 얼마나 행복한 일인가!" 그것은 즐겁고 생산적인 일이지 않은가? 나는 그리 되기를 바란다. 그것이 나의 생에 결정적이었고 지금도 그러하다고 느끼기 때문이다. 또한 나는 내가 어머니에게 에둘러 말하지 않고 납득시켜서 어머니가 그냥 인정해주시기만 하는 것이 아니라 그것을 바람직한 진로로 여겨주시길 바란다.[24]

"오 늘 나 는 당 신 에 게 '예'라 고 말 할 수 있 습 니 다"

본회퍼는 11월 이후로 마리아와 연락을 주고받지 못했다. 하지만 1월 10일, 마리아가 자기 어머니와 후견인이자 외삼촌인 한스 위르겐 폰 클라이스트 레초브와 이야기하며 그들을 설득하여 본회퍼에게 편지를 보내도 된다는 허락을 받아냈다. 마리아는 13일에 편지를 보냈다.

친애하는 본회퍼 목사님,
집에 도착한 이래 당신에게 편지를 써 보내야 한다는 걸 알고 그럴 수 있는 날을 손꼽아 기다려왔습니다.
 최근에 어머니 및 키코브에서 오신 외삼촌과 이야기를 나누었고, 이제야 이렇게 편지를 보내며 당신에게 답장을 청할 수 있게 되었습니다.

직접 말하기 힘든 내용을 글로 쓰려니 어렵군요. 이 편지에 기록되고 싶어 하는 모든 단어를 싹 다 치워버리고 싶습니다. 우아하게 전달되고 싶어 하는 내용들을 담기에는 단어들이 너무 투박하고 드세기 때문입니다. 그러나 당신이 나에게 묻지도 않은 문제에 대답할 권리가 없지만, 당신이 나를 잘 이해해주신다는 것을 경험으로 알고 있기에, 이렇게 용기를 내어 편지를 씁니다. 오늘 나는 당신에게 "예"라고 말할 수 있습니다.

어머니가 못마땅하게 여겨 뒤로 미루고 우리에게 강요한 것을 이해해 주시기 바랍니다. 아직도 어머니는 과거의 경험 때문에, 우리의 결심이 지속될 거라고 생각하지 않으십니다. 그리고 나는 외할머니께서 당신에게 나의 장점만 말씀하셔서 당신이 나를 잘못 그리실까 봐 늘 걱정입니다. 당신이 나의 본모습이 아닌 것을 사랑하실 수도 있다고 생각하면, 내가 비참해질 테니까요.

누군가가 나의 본모습을 알면 나를 그다지 좋아하지 않을 것 같습니다. 당신의 마음을 아프게 하고 싶지 않지만, 어쨌든 말씀드려야 할 것 같습니다.

내가 그다지 착하지 않다는 것을 당신이 아셔서 나에게 오고 싶지 않으시다면, 그리하시기 바랍니다. 그러면 나는 당신에게 그 이유를 물을 것입니다. 나중에 내가 그 이유를 알게 되면, 대단히 힘들어질 테니까요. 나는 시간을 조금 더 가지고 나의 결심을 시험할 필요가 있다고 확신합니다. 적십자사 근무가 고되리라는 걸 알기에 나에게는 그 시간이 꼭 필요합니다.

이것은 다른 누군가의 일이 아니라 우리 두 사람의 일입니다. 다른 사람들, 특히 외할머니가 뭐라고 하실까 걱정입니다. 이 부탁을 들어주실 수 있는지요?

최근에 나를 위해 해주신 모든 일에 마음 깊이 감사드립니다. 나는 그 일이 대단히 어려웠을 거라고 생각합니다. 참고 견디는 것이 얼마나 힘든 일인지 잘 알기 때문입니다.[25]

당신의 마리아

본회퍼는 곧바로 답장을 보냈다. 난생 처음 그녀의 기독교식 이름을 적어 보내는 편지였다. 두 번째 단락에는 이렇게 쓰여 있었다. "사랑하는 마리아, 그대의 전갈에 감사합니다." 당신을 뜻하는 Sie라는 표현이 그대를 뜻하는 격의 없는 표현 du로 바뀌었다.

사랑하는 마리아,

편지가 나흘 동안 배송되어 방금 한 시간 전에 도착했습니다! 편지를 읽고 한 시간 안에 답장을 쓰고 있지만, 하고 싶은 말이 아직 떠오르지 않아 서두 인사와 감사의 말만 겨우 썼습니다. 내 마음속에 있는 것을 그냥 말해도 되겠지요? 지난 몇 주간 더 이상 겪고 싶지 않은 혼란을 겪은 터라 비길 데 없는 선물이 나에게 주어졌다는 것을 알고 나니 얼얼하군요. 상상할 수 없을 정도로 크고 복된 선물을 받고 보니, 내 마음이 활짝 열려 한없이 넓어지고, 감사와 부끄러움이 넘쳐 끌어안을 수 없을 정도입니다. 우리의 평생에 결정적인 것이 될 이 "예" 말입니다. 서로 마주보고 직접 말할 수 있다면, 할 말이 참 많을 겁니다! 하지만 근본적으로는 같은 말일 겁니다. 조만간 만날 수 있을까요? 어디에서 만날까요? 다른 사람들의 입방아를 두려워하지 않고 만날 수 있을까요? 아니면 이런저런 이유로 이 만남이 여전히 불가능하게 될까요? 나는 지금 우리의 만남이 이루어져야 한다고 생각합니다.

마음속으로 자주 하던 것과 다른 식으로 말하지 못하겠습니다. 한 남자가 인생을 함께 헤쳐 나가고 싶어 하는 여성, 그 남자에게 "예"라고 말한 여성에게 말하듯이, 나도 그대에게 말하고자 합니다. 사랑하는 마리아, 그대의 전갈에 감사하고, 그대가 나를 위해 참고 견뎌준 것에 감사하며, 그대의 현재 모습과 앞으로의 모습에도 감사합니다. 이제 서로의 안에 있으면서 행복하게 지냅시다. 그대의 마음을 가다듬는 데 필요한 시간과 말미가 얼마나 되건, 형식이 어떠하건, 그대 좋을 대로 가지십시오. 그대가

"예"라고 말했으니, 이제 나는 마음 편히 기다릴 수 있습니다. 그 "예"가 없으면 예전과 마찬가지로 앞으로도 기다리는 것이 힘겨웠을 테지만, 이제는 기다리는 것이 쉽습니다. 그대가 그것을 원하고 필요로 한다는 걸 아는 까닭입니다. 나는 그대를 재촉하거나 흠칫 놀라게 할 마음이 절대로 없습니다. 그대를 돌보고 싶고, 우리 생의 동트는 기쁨이 그대를 밝게 해주고 행복하게 해주기를 바랄 따름입니다. 그대가 당분간 완전히 혼자 지내고 싶어 하는 것을 충분히 이해합니다. 나도 오랫동안 홀로 지내면서 고독의 복(과 위험)을 알게 되었으니까요. 아픔이 전혀 없는 것은 아니었지만, 나는 지난 몇 주 내내 그대가 나에게 "예"라고 말하는 것이 쉽지 않을 거라고 생각했습니다. 그대가 나에게 "예"라고 말해준 것을 나는 절대로 잊지 못할 겁니다. 나에게 용기를 주어 더 이상 나 자신에게 "안 돼"라고 말하지 않게 할 수 있는 건 그대의 "예"뿐이기 때문입니다. 내가 그대의 "이미지를 잘못 그리고" 있을 거라고 말하지 마십시오. 내가 원하는 것은 이미지가 아닙니다. 내가 바라는 건 그대입니다. 마찬가지로 나는 그대가 원하는 것이 나의 이미지가 아니라 나 자신이기를 간절히 바랍니다. 그대는 나의 이미지와 나 자신이 다르다는 걸 알아야 합니다. 그러나 우리 각자 안에 숨어서 힘을 행사하는 나쁜 점에 신경 쓰지 말고, 커다란 용서와 아낌없는 사랑으로 서로를 만나고, 서로를 있는 그대로 받아들입시다. 감사함과 하나님을 믿는 믿음으로 받아들입시다. 하나님께서는 우리를 여기까지 인도하셨고, 지금도 우리를 사랑하십니다.

그대가 내일 받아볼 수 있도록 이 편지를 당장 부치겠습니다. 하나님께서 그대와 우리를 지켜주시길 빕니다.[26]

당신의 믿음직한 디트리히

이로써 디트리히 본회퍼는 약혼한 사람이 되었다. 두 사람은 1월 17일을 공식적인 약혼 날짜로 회고했다. 극히 드문 약혼이었을 것이다. 물론 두 사람 중 어느 한쪽이 앞일을 알았더라면, 일을 상당히 다른 식으로 정리했을 것이다. 그러나 누구도 앞일을 몰랐고 두 사람도 앞일을 알 수 없었다. 그러나 본회퍼는 자신의 걱정거리와 예상되는 일을 하나님께 맡겼다. 그는 자신이 하나님의 수중에 있으며, 마리아와의 약혼도 하나님의 수중에 있다는 걸 알고 있었다.

두 사람은 여전히 기다리지 않으면 안 되었다. 그러나 이제는 다른 종류의 기다림이었다. 어떤 점에서 두 사람은 이미 서로에게 속해 있었고 떨어져 있어도 기꺼이 서로에게 속해 있을 수 있었다. 본회퍼에게는 마음을 써야 할 것이 많았다. 아직 눈치채지 못하고 있었지만, 게슈타포가 그를 미행하고 있었고, 공모 집단이 또 다른 히틀러 암살 계획을 가지고 앞으로 내달리고 있었다.

엿새가 지나도 답장이 오지 않자 본회퍼는 다시 편지를 썼다. 모든 것이 괜찮으니 압박감을 느끼지 않아도 된다고 말하기 위해서였다. 그는 이렇게 말했다. "하나님께서 우리에게 길을 보여줄 테니 기다리라고 명령하시는 것 같습니다."[27]

이튿날인 1월 24일 일요일, 편지가 도착했다. 마리아는 여섯 달 정도 기다렸다가 서신왕래를 해도 되는지 물었다. 마리아의 어머니가 그녀를 설득하여 이런 질문을 하게 했는지는 알 수 없다. 본회퍼는 그 편지를 받고 놀랐을 것이다. 그러나 무척 행복해서 그다지 괴로워하지 않았다. 사랑에 빠져 있었던 것이다.

나의 사랑하는 마리아,

이제야 그대의 정성어린 편지가 도착했습니다. 그 편지에 감사하고 그것을 새로 읽을 때마다 그대에게 거듭 감사합니다. 나는 다른 누군가에게 감사한다는 것이 무슨 뜻인지, 감사가 얼마나 큰 변화의 능력일 수 있는지 난생 처음 경험한 것 같습니다. "예"라는 이 단어는 그만큼 어렵고 불가사의한 것 같습니다. 이 모든 것은 유한한 것들로부터 터져 나오는 것이지만 좀처럼 접하기 어려운 것 같습니다. 모든 "예"의 근원이신 하나님께서 우리가 이 "예"를 늘 말하고 평생토록 서로에게 늘 말할 수 있게 해주시길 빕니다.

나는 그대 편지에 적힌 단어 하나하나에서 우리 사이가 좋아지리라는 유쾌한 확신을 얻었습니다. 우리가 하나님의 선하심을 통해 지향하는 동거는 한 그루 나무처럼 뿌리 깊은 곳에서부터 말없이 은밀하게, 강하고 자유롭게 자랄 것입니다.[28]

본회퍼는 마리아더러 외할머니에게 새로운 상황을 알려드려 의지가 굳은 그 여인이 더 이상 오해하는 일이 없게 해달라는 부탁도 곁들였다.

본회퍼는 서른일곱 번째 생일 다음날 루트 폰 클라이스트 레초브의 편지를 받았다. 마리아에게서 소식을 듣고 보낸 편지였다.

굳이 말하지 않아도 알겠지만, 나는 때가 되면 자네를 손자사위로 맞아들일 생각이네. 그 기간이 길어질 것 같은데, 이건 그 애 엄마와 한스 위르겐의 결정인 것 같네. 어쩌면 마리아에게 잘 된 일인지도 모르네. 그 애 기분이 산뜻해질 테니 말일세. 그 애와 자네에게 그 기간이 너무 길게 느껴진다면, 단축할 방법이 있을 걸세. 어쨌든 시간도 어쩌지 못할 걸세. … 오오, 나는 지금 행복하다네.[29]

할머니

27

아돌프 히틀러 죽이기

내가 쏴도 될까요? 권총을 차고 총통의 본부로 들어갈 수 있거든요. 언제 어디서 회의가 열리는지도 압니다. 내가 총통에게 접근하지요. _베르너 폰 헤프텐이 디트리히 본회퍼에게 한 말

    폰 베데마이어 부인이 본회퍼를 우려한 건 나이 때문만은 아니었다. 본회퍼가 국방정보국을 위해 일하고 있다는 사실도 걱정거리였다. 폰 베데마이어 부인은 본회퍼가 공모에 가담하고 있다는 사실까지 알고 있었는지도 모른다. 그가 하는 일이 무엇이든 간에 불투명하고 위험한 일이었다. 미래가 불투명한 사람이 열여덟 살 소녀와 사귀는 게 이기적으로 보였을 것이다. 본회퍼는 언제라도 체포될 수 있었고, 더 나쁜 일도 겪을 수 있는 사람이었다. 폰 베데마이어 부인이 남편과 아들을 여읜 것도 그런 반신반의에 한몫했다. 약혼에 동의하고도 한동안 그 사실을 공개하지 말라고 주문한 것은 그 때문이었다. 본

회퍼는 1943년 2월에 부모님에게 약혼 사실을 알렸다. 약혼 사실을 아는 이는 부모님과 베트게뿐이었다.

마리아의 언니 루트 알리세 폰 비스마르크는 마리아보다 여섯 살 위였다. 그녀와 그녀의 남편도 본회퍼가 하는 위험한 일을 우려하면서 청혼을 이기적인 행동이라 여겼다. 본회퍼는 자기가 체포되어 투옥되거나 죽임을 당할 때 마리아가 어떤 상처를 받을지 몰랐던 걸까? 이 격동기에 다른 많은 사람이 그러하듯 기다리는 게 바람직하지 않았을까? 게다가 지난해 10월 본회퍼가 작전 7에 가담한 뒤로는 게슈타포가 이미 그의 뒤를 밟고 있었는데 말이다.[1]

작전 7은 결국 성공했다. 그런데 작전 세부사항 중 하나가 게슈타포의 주의를 끌었다. 프라하 세관 직원이 빌헬름 슈미트후버와 연결된 외화 밀반출 행위를 적발해낸 것이다. 슈미트후버는 국방정보국 요원으로 1940년 12월 에탈 수도원에서 본회퍼를 만난 적이 있다. 게슈타포는 슈미트후버를 바로 찾아냈고, 그는 외화 밀반출 혐의로 심문을 받았다. 국방정보국의 비호 아래 한 행위였지만, 전시에 외화 밀반출은 중대 범죄였다. 슈미트후버는 밀반출한 외화를 본회퍼의 가톨릭 친구인 요제프 뮐러에게 건넸다. 대단히 난처한 일이 아닐 수 없었다. 슈미트후버가 베를린 프린츠-알브레히트 슈트라세에 있는 악명 높은 게슈타포 교도소로 이감될 경우 특히 그랬다. 슈미트후버가 도나니와 오스터, 본회퍼에 관한 정보를 넘긴 상태라 이제 남은 건 시간과의 싸움이었다. 게슈타포가 조치를 취해 자신들의 경쟁자인 국방정보국 사람들을 체포하기 전에 반反히틀러 쿠데타를 개시하지 않으면 안 되었다.

"죄책과 자유"

본회퍼는 체포되어 살해당할 수도 있다는 걸 알았지만, 현실을 받아들이기로 했다. 또한 자이델과 주츠에게 보내는 편지에서 말한 대로 그런 상황에서도 결혼을 추진하기로 했다. 미래에 일어날 일들 때문에 움츠러들지 않고 자유 안에서 당당히 걷는 것을 하나님을 믿는 믿음의 행위로 여겼다.

이런 사상은 본회퍼의 공모 가담에도 영향을 미쳤다. 1942년 12월, 그는 교회 동료 오스카 함멜스베크와 이야기를 나누었다.

본회퍼는 나에게 털어놓은 대로 다음과 같은 확신에 따라 반反히틀러 저항 세력에 능동적으로 가담했다. "책임적 행동의 구조는 죄책과 자유를 기꺼이 받아들이는 것을 포함한다"(《윤리학》 209쪽). "죄책을 짊어지지 않으려고 하는 자는 인간 존재의 궁극적 현실로부터 이탈하는 자이며, 죄 없이 죄책을 짊어진 예수 그리스도의 구원의 신비로부터 스스로를 끊어내는 자다. 그는 죄 없이 죄책을 짊어진 예수 그리스도의 구원 사건 위에 놓인 하나님의 칭의에 참여할 수 없다"(《윤리학》 210쪽).[2]

본회퍼는 죄책을 짊어지길 두려워하며 사는 것 자체가 죄스러운 것이라고 생각했다. 말하자면 하나님이 원하시는 건 그분의 사랑하는 자녀들이 자유와 기쁨 속에서 움직이며 옳고 선한 일을 하는 것이지, 실수할까 봐 벌벌 떠는 것이 아니라는 말이다. 공포와 죄의식 속에서 사는 건 종교적인 것이나 다름없었다. 그것은 본회퍼가 종종 대화와 설교 속에서 경멸적인 의미로 말한 삶이었다. 그는 거리낌 없이 행동하다 보면 뜻하지 않게 잘못을 저지를 수 있고 죄책을 초래할 수도 있다는 걸 알고 있었다. 실제로 그는 이런 식으로 살다 보면 죄책을 초래할 수밖에 없지만, 책임감 있게 충만히 살려면 기꺼이 그렇게 살아야 한다고 생각했다.

본회퍼의 제자 볼프 디터 침머만은 1942년 11월의 어느 특별한 날을 회고했다. 그날은 본회퍼가 침머만 부부가 사는 베를린 인근의 작은 집을 방문한 날이었다. 그 자리에는 베르너 폰 헤프텐도 있었다. 베르너는 한스 베른트 폰 헤프텐의 동생이었다. 한스 베른트는 스무 해 전에 본회퍼가 감독한 그루네발트 견신례 반 학생이었고, 그가 코펜하겐에 있을 때에는 본회퍼가 파뇌로 가는 길에 잠시 들르기도 했다. 한스 베른트는 현재 크라이사우 동아리를 통해 공모에 가담한 상태였다. 그런데 베르너는 형보다 더 깊이 공모에 가담했다. 그는 1944년 7월 20일의 거사를 주도할 슈타우펜베르크의 부관이었다. 침머만의 집에서 베르너는 자기가 히틀러를 죽여도 되겠느냐고 반복해서 물으며 본회퍼를 성가시게 했다. 침머만은 그때의 대화를 이렇게 회상했다.

내 가족의 오랜 친구인 베르너 폰 헤프텐은 육군 사령부 참모진이었다. 처음에는 아무 말이 없었고 우리도 그가 어떤 일을 하는지 자세히 묻지 않았다. 그런데 베르너가 느닷없이 본회퍼에게 얼굴을 돌리며 이렇게 말했다. "내가 쏴도 될까요? 권총을 차고 총통의 본부로 들어갈 수 있거든요. 언제 어디서 회의가 열리는지도 압니다. 내가 총통에게 접근하지요." 우리는 이 말을 듣고 모두 기겁했다. 함께한 이들이 저마다 옆 사람을 진정시키려고 애쓸 정도로 베르너의 발언은 폭발적이었다. 논의가 몇 시간 동안 이어졌다. 본회퍼는 총격 자체는 아무 의미가 없으며, 그것으로 무언가를, 이를테면 정세 변화나 정권 교체 같은 것을 얻어내야 한다고 설명했다. 히틀러를 제거하는 것 자체는 쓸모가 없었다. 사태가 더 악화될 수도 있기 때문이다. 본회퍼는 이 때문에 저항 활동이 어렵다고, 따라서 그 후까지 조심스레 대비해야 한다고 말했다. 오래된 장교 집안 출신의 폰 헤프텐은 점잖고 열성적이고 이상주의적인 사람이었지만, 유구한 전통을 신뢰하는 기독교적 신념의 소유자이기도 했다. 그는 니묄러에게 견신례를 받았다. 이론뿐인 숙고에 만족하지 못하고 갑자기 엄청난 에너지를 발휘하여 문제를 끊임없이 제기하고 더 깊이 파고들었다. 늘 기회를 노리고 있었기에 자신이 그 기회를 잡은 건 아닐까 하고 생각했다. 그래서 자신이 행동에 돌입할 수 있고 가담할 수 있는 몇 안 되는 사람 중 하나라고 거듭해서 말했다. 그는 자기 목숨을 중요하게 여기지 않았다. 반면에 본회퍼는 그를 몇 번이고 타이르면서 신중히 생각하고 계획을 깔끔하게 세우고 예기치 않은 복잡한 경우들까지 간파해야 한다고 말했다. 어떤 것도 운에 맡겨서는 안 된다는 거였다. 마침내 폰 헤프텐이 직접적인 질문을 던졌다. "내가 … 할까요? 내가 … 해도 될까요?" 본회퍼는 그건 자기가 결정할 사안이 아니라고 대답했다. 위험을 무릅쓰는 건 폰 헤프텐이 감당해야 할 몫이었다. 기회를 이용하지 못해도 죄책이 따르겠지만, 상황을 낙관해도 죄책이 따를 것이다. 아무도 죄책 없이 자기가 처한 상황에서 벗어날 수 없었다. 그러나 그 죄책은 언제나 고통 속에서 태어난 죄책이었다.

두 사람은 몇 시간 동안 이야기를 나누었다. 우리들 나머지는 약간의 말참견만 했다. 어떤 결정도 이루어지지 않았다. 베르너 폰 헤프텐은 어떤 지침도 얻지 못한 채 근무지로 돌아갔다. 결정은 그가 스스로 해야 할 몫이었다. 그리고 나중에 그는 스스로 결정했다. 슈타우펜베르크의 부관으로서 히틀러 암살 시도에 가담한 사람 중 하나가 된 것이다. 또한 1944년 7월 20일 저녁에 벤틀러슈트라세 육군 사령부 안마당에서 총살된 사람 중 하나이기도 했다. 목격자들에 따르면 차분하고 용감하게 죽음을 맞이했다고 한다.[3]

전광석화 작전

1943년 1월과 2월, 게슈타포가 본회퍼와 도나니에 대한 정보를 수집하고 있을 때 3월에 있을 쿠데타를 위한 준비가 진행 중이었다. 게슈타포의 올가미가 팽팽해지고 있었지만, 쿠데타만 성공하면 모든 문제가 해결될 것이었다. 이 노력의 암호명은 '전광석화 작전'이었다. 단어의 뜻에서 알 수 있듯이 이 작전의 화려한 절정은 히틀러가 전용기를 타고 민스크 상공을 지나갈 때 전용기를 폭파시키는 것이었다.

주연 배우는 프리드리히 올브리히트 장군, 헤닝 폰 트레스코브 장군, 폰 트레스코브의 부관이자 사촌인 파비안 폰 슐라브렌도르프였다. 슐라브렌도르프는 마리아 폰 베데마이어의 사촌 루이트가르트 폰 비스마르크와 결혼한 사람이었다. 또한 1944년 7월 20일에 시도된 쿠데타에서 슈타우펜베르크의 부관으로서 주요 역할을 한 인물이기도 하다. 폰 트레스코브는 마리아의 삼촌이었고, 올브리히트는 고백교회 목사들의 군 면제를 받아내는 데 이바지한 인물이었다.

슐라브렌도르프가 스몰렌스크에서 히틀러의 전용기에 폭탄을 설치해야 했다. 1943년 3월 13일, 히틀러가 동부 전선 스몰렌스크에 있는 부대를 시찰할 예정이었다. 몇 해 뒤, 슐라브렌도르프는 그때의 일을 이렇게 설명했다. "정치적으로 불리한 살해를 피하려면 사고로 보여야 했다. 당시 히틀러에게는 추종자가 많았고 거사 후에 그들이 우리의 반란에 강력히 저항할 것으로 예상되었기 때문이다." 히틀러의 사체가 민스크 전역에 뿔뿔이 흩어진 것이 확인되면, 장군들이 쿠데타를 개시할 예정이었다. 슐라브렌도르프와 트레스코브는 수많은 폭탄으로 실험을 마친 상태였지만, 아돌프 히틀러라는 신화와 인간을 폭발시키는 영예는 영국산 폭탄에 맡겨졌다. 독일제 폭탄은 쉽게 발각될 만큼 소음이 컸다. 그래서 슐라브렌도르프와 트레스코브가 찾아낸 것이 영국제 폭탄이었다. 책자 크기의 플라스틱 폭약으로 시한장치나 도화선이 없었다. 덕분에 짤깍짤깍하는 소리나 쉿 하며 도화선이 타는 소리도 없었다. 슐라브렌도르프가 단추만 누르면, 유리병이 깨지게 되어 있었다. 유리병 안에는 부식성 화학물질이 들어 있었다. 흘러나온 화학물질이 금속선을 먹어치우며 용수철에 닿으면, 용수철이 튀어 뇌관을 때리고 뇌관이 폭탄을 터뜨리게 되어 있었다. 그런 다음에는 히틀러가 죽음을 맞게 될 것이었다.[4]

그 특수 폭약은 국방정보국만 입수할 수 있었다. 도나니가 베를린에서 기차를 타고 폭약을 러시아 전선의 스몰렌스크까지 가져가야 했다. 그 무렵 도나니는 베트게를 국방정보국 요원으로 충원한 상태였다. 베트게로 하여금 군복무를 피하게 하기 위해서였다. 베트게가 도나니의 조카딸 레나테 슐라이허와 결혼할 예정이었기 때문이다. 공교롭게도 도나니가 야간열차를 타고 러시아에 갈 수 있도록 베트게가 카를 본회퍼의 메르세데스를 빌려 타고 도나니를 기차역까지 태워다 주어야 했다. 카를 본회퍼는 자신의 공무용 자가용이 히틀러 암살을 위한 폭약을 운반하는 데 사용될 줄은 꿈에도 몰랐다. 베트게도 마찬가지였다. 자신이 그런 물건을 실어 나르리라고는 전혀 생각하지 못했다. 베트게는 도나니와 폭탄을 운반해주었고, 도나니는 폭탄을 휴대하고 스몰렌스크까지 갔다.

3월 13일, 폭탄을 전달받은 트레스코브와 슐라브렌도르프는 폭탄을 조기에 터뜨리려고 두 번이나 히틀러에게 접근했다. 그러나 두 번 다 쿠데타를 주도할 장군들도 그 자리에 있었다. 그래서 원래 계획대로 히틀러 전용기에 폭탄을 들여보내기로 했다. 그러나 어떻게? 그 사이에 장군들은 총통과 함께 점심식사를 하게 되었다. 슐라브렌도르프는 점잖은 사람이었지만, 몇 해 뒤 식탁에 앉아 있던 히틀러의 역겨운 모습을 이렇게 떠올렸다. "히틀러가 식사하는 모습은 정말이지 역겨웠다. 왼손을 자기 넓적다리에 올려놓고 오른손으로는 온갖 푸성귀로 이루어진 음식을 입속으로 꾸역꾸역 쑤셔 넣었다. 손을 들어 올려 입으로 가져가지 않고 오른손을 식탁 윗면에 평평하게 올려놓은 채 입을 끌어내려 음식을 처먹었다."[5]

채식주의자로 유명한 제3제국 지도자가 고기 없이 풀만 들어 있는 죽을 천박하게 삼킬 때 주위에 있던 귀족 장군들은 그 광경이 끔찍했지만 세련된 대화에 몰두했다. 몇몇은 그 식사가 히틀러 전용기에 탈 사람들의 마지막 식사가 될 거라는 걸 알고 있었다. 대단히 긴장된 식사였을 그 시간에 트레스코브 장군은 자기와 함께 밥을 먹는 하인츠 브란트 대령에게 불쑥 부탁을 했다. 브란트는 히틀러의 수행원이었다. 트레스코브는 브란트에게 브랜디 선물을 라스트베르크로 가져가 자기의 오랜 벗 슈티프 장군에게 전해줄 수 있느냐고 물었다. 트레스코브는 자신이 점잖은 내기에 져서 브랜디를 보내는 거라고 넌지시 말했다. 브란트가 그러겠다고 하고 잠시 뒤 그들이 비행장으로 향하자 슐라브렌도르프가 브란트 대령에게 소포를 건넸다. 이미 마법의 단추를 눌러 작동시킨 상태였다. 대략 30분이 지나면, 지상에서 훨씬 벗어난 어딘가에서 제3제국 위로 마지막 버저가 울릴 것이었다.

히틀러가 곧바로 비행기에 타지 않았으면 난감했을 것이다. 하지만 그는 자신의 수행원 및 브란트와 전용기에 올랐다. 가짜 브랜디는 그들 아래에 있는 화물칸에 안전하게 놓여 있었다. 마침내 비행기가 이륙했고 전투기 부대가 그 뒤를 따랐다. 이 전투기 부대가 총통의 갑작스러운 서거를 무선으로 알릴 것이었다. 이제 남은 건 기다림의 고통뿐이었다.

총통은 암살을 피하기 위해 자신의 움직임과 활동을 놀라울 정도로 치밀하게 계획했다. 모든 식사는 그가 어디로 가든 늘 데리고 다니는 요리사가 준비했다. 고대의 전제군주처럼 그도 자기 앞에 요리가 놓일 때마다 돌팔이 주치의 테오도르 모렐 박사에게 먼저 시식하게 하고 옆에서 지켜보았다. 또한 굉장히 무거운 철모를 머리에 썼다. 장군들이 육군원수 폰 클루게의 병사에서 모일 때 슐라브렌도르프가 그 철모를 남몰래 들어보니 "대포알만큼 무거웠다." 1.5킬로그램 정도의 강철로 안을 댄 모자였다. 히틀러의 전용기는 몇 칸으로 나눠져 있었다. 슐라브렌도르프는 이렇게 말했다. "히틀러 전용실은 장갑裝甲 처리가 되어 있었고 낙하산 투하 장치를 갖추고 있었다. 그러나 우리가 계산한 바에 따르면 폭탄 속에 들어 있는 장약은 장갑 처리된 전용실은 물론이고 비행기를 통째로 날려버릴 만큼 충분했다. 설령 그렇게 되지 않더라도 일단 비행기가 충돌하면 전용실을 비롯한 비행기의 주요 부위가 결딴나고 말 것이었다."[6]

두 시간이 지나도 소식이 들리지 않다가 히틀러가 동프로이센에 무사히 착륙했다는 믿기 어려운 소식이 들려왔다. 쿠데타 시도가 실패한 거였다. 다들 그 결과에 풀이 죽어 공포에 질렸다. 폭탄이 발각될지도 모른다고 생각했다. 하지만 트레스코브 장군이 냉정을 되찾아 히틀러의 본부로 전화를 걸어 브란트를 바꿔달라고 했다. 브란트가 전화를 받자 브랜디를 슈티프 장군에게 전했느냐고 물었다. 아직 전달하지 않았다고 했다. 트레스코브는 브란트에게 소포를 잘못 건넸다고 설명하면서 "슐라브렌도르프가 이튿날 그곳에 들러 제대로 된 소포와 맞바꾸어도 괜찮겠느냐?"고 물었다. 때마침 공무로 그곳에 갈 일이 생겼던 것이다.

슐라브렌도르프가 그곳에 도착하면 무슨 일이 그를 맞을지 알 수 없었다. 따라서 기차를 타고 그리로 가서 히틀러의 본부를 방문하는 건 엄청난 용기가 필요했다. 그러나 그가 불발탄을 수거하러 그곳에 왔다는 걸 아무도 모르는 것 같았다. 브란트가 폭탄을 건네줄 때까지는 모든 것이 썩 좋았다. 브란트가 조심성 없이 소포를 건넸고 슐라브렌도르프는 하마터면 심장발작을 일으켜 때늦게 우르르 꽝 하는 소리를 들을 뻔했다. 하지만 그럴 일은 일어나지 않았다. 그들은 상냥하게 소포를 맞교환했다. 슐라브렌도르프가 브란트에게 진짜 브랜디가 든 소포를 건네고 브란트가 슐라브렌도르프에게 가짜 브랜디를 건넸다.

베를린행 기차에 오른 슐라브렌도르프는 침대차 문을 잠그고 소포를 개봉하여 무엇이 잘못되었는지 살폈다. 모든 것이 완벽하게 작동한 상태였다. 유리병이 깨지고 부식성 액체가 금속선을 갉아먹고 금속선이 용수철을 놓아주고 용수철이 튀어 신관을 쳤다. 그런데 신관이 폭약에 불을 붙이지 못했다. 극히 드문 불발탄 중 하나였거나 화물칸의 추위가 원인이었을 수도 있었다. 어느 쪽이든 묘하게 명이 긴 총통은 다시 한 번 죽음을 모면했다.

다들 작전 실패에 혼비백산했지만, 곧 폭탄이 적발되지 않았다는 사실에 안도했다. 자칫 그 모든 것이 훨씬 좋지 않은 결과를 일으킬 수도 있었기 때문이다. 3월 15일 오전, 슐라브렌도르프는 도나니와 오스터에게 불발탄을 보여주었다. 하지만 우유를 엎지르고 울어봤자 소용없는 일이었다. 다시 시도하면 되는 거였다. 3월 21일, 히틀러가 힘러와 괴링을 데리고 베를린에 있을 예정이었다. 이 사악한 3인조를 저세상으로 보내버릴 너무 좋은 기회여서 사실 같지 않았다. 그들은 좀처럼 함께 다니는 법이 없었지만, 운터 덴 린덴에 있는 무기박물관에서 전몰장병 추념일, 즉 현충일 행사에 참석했다가 소련에서 포획한 무기를 시찰할 예정이었다. 공모자들은 다시 행동에 돌입했다.

외투 폭탄

하지만 곤란한 문제가 있었다. 먼저 이번 작전은 자폭 임무여야 했다. 그런데도 클루게의 참모인 루돌프 크리스토프 폰 게르스도르프 소령이 용감하게 자원했다. 게르스도르프는 추념식이 끝나면 히틀러와 그의 측근들을 수행하여 포획 무기 전시실로 안내하기로 되어 있었다. 그가 폭탄 두 개를 자기 외투 속에 휴대하기로 했다. 히틀러 전용기에서 터지지 않은 폭탄과 같은 종류였지만, 도화선을 훨씬 짧게 한 폭탄이었다. 도화선을 더 짧게 하고 싶었지만, 일단 10분 정도 걸리도록 장치했다. 히틀러가 그곳에서 30분 정도 머무를 예정이었기 때문이다. 일단 도화선을 당겨 유리병이 깨지면, 금속선이 녹아 용수철을 튀게 하는 데 10분이라는 긴 시간이 걸린다. 총통에게 무기류에 대해 설명하는 동안 게르스도르프는 자신의 죽음이 시시각각 다가오고 있음을 절감할 터였다. 전날 밤, 게르스도르프는 에덴 호텔 객실에서 슐라브렌도르프를 만났고, 슐라브렌도르프는 그에게 폭탄 두 개를 건넸다. 모든 준비가 끝났다.

이튿날 일요일, 본회퍼 일가는 모두 마리엔부르크 알레 14번지에 있는 슐라이허의 집에 모여 열흘 뒤에 있을 카를 본회퍼의 일흔다섯 번째 생일을 축하하고자 음악회 예행연습을 했다. 그들이 선택한 곡은 헬무트 발하의 칸타타 〈주님을 찬양하라〉였다. 디트리히는 피아노를 치고 뤼디거 슐라이허는 바이올린을 켜고 한스 폰 도나니는 합창단에 끼었다. 이 세 사람과 크리스티네는 6마일 정도 떨어진 무기박물관에서 벌어질 일을 알고 있었다. 그런 까닭에 음악에 집중하기가 대단히 어려웠다. 당장 그 일이 벌어지거나 이미 벌어졌을지도 모르는 일이었다.

그들은 눈을 시계에 고정하고 귀를 쫑긋 세운 채 모든 것이 변하여 그들의 남은 생을 축하해도 된다고 알리는 전화를 기다렸다. 도나니의 자동차가 그가 가고자 하는 곳으로 가급적 빨리 실어 나를 준비를 하고서 현관 입구에 대기하고 있었다. 제3제국이라 불리는 악몽의 끝이 임박해 있었다. 전화 도청과 지난 몇 달간 빈번해진 게슈타포의 미행이 끝나면, 그들은 자신들의 소중한 독일을 전에 자랑스러워하던 상태로 복구하는 데 재능과 에너지를 쏟을 참이었다. 시간이 오래 걸리고 힘이 드는 일일 테지만 기꺼이 환영할 만한 일이었다.

대가족은 무기박물관 행사가 한 시간 정도 연기되었다는 사실을 모르고 음악회 예행연습을 계속하며 어째서 전화가 울리지 않는 것일까 의아해했다. 게르스도르프는 군용 외투 속에 폭탄을 품은 채 계획대로 기다렸다. 드디어 히틀러가 도착하여 짤막한 연설을 하고 자신의 빨판상어들, 곧 괴링, 힘러, 카이텔 장군, 해군 수장 카를 되니츠 제독과 함께 무기전시실로 갔다.

히틀러가 다가오고 있었으므로 게르스도르프는 외투 속에 손을 넣어 단추를 눌렀다. 유리병이 깨지고, 산성 용액이 금속선을 서서히 먹어치우기 시작했다. 게르스도르프는 총통에게 경례를 붙인 다음 수없이 연습한 연기를 매우 용감하고 절도 있게 펼치기 시작했다. 러시아 무기류에 관심 있는 척하며 총통에게 무기를 자세히 설명했다. 그러나 히틀러는 갑자기 시찰을 끝내기로 마음먹고 순식간에 운터 덴 린덴 쪽으로 나 있는 옆 출구로 걸어 나갔다. 30분 정도 걸릴 일을 몇 분 만에 끝내고 만 것이다. 게르스도르프는 여전히 외투를 입고 있었다. 거기에는 조만간 터질 폭탄이 장치되어 있었다. 그 폭탄에는 정지 스위치가 없었다. 산성 용액이 용해 작용을 하면서 매순간 금속선을 녹이고 있었다. 히틀러가 떠나자마자 게르스도르프는 화장실로 달려가서 폭탄 두 개의 신관을 떼어냈다. 계획대로라면 그날 오후에 죽었을 테지만, 이 용감한 사람은 1980년까지 살았다. 히틀러는 그렇게 또 한 번 죽음을 모면했다.[7]

본회퍼 일가는 그날 행복한 전화벨을 듣지 못했고 게슈타포는 서서히 다가오고 있었다.

1943년 3월 31일, 카를 본회퍼의 일흔다섯 번째 생일을 맞아 온 가족이 함께 모였다. 본회퍼 일가가 근사하게 치른 마지막 행사였다. 디트리히 본회퍼는 닷새 뒤에 체포되었다.

열흘 뒤, 본회퍼 일가는 카를 본회퍼의 일흔다섯 번째 생일 파티를 성대하게 치렀다. 그들 중 아무도 알지 못했지만, 그것은 본회퍼 일가가 근사하게 치른 마지막 행사였다. 어떤 면에서는 그러한 행사를 여러 해 동안 치러온 비범한 가족에게 어울리는 최고의 순간이었을 것이다. 그들의 삶은 앞으로 5년 안에 극적으로 바뀔 것이었다. 다시는 이런 식으로 모이지 못할 것이었다.

그러나 지금은 한자리에서 〈주님을 찬양하라〉를 노래했다. 그날 모든 이가 그 자리에 있었다. 예전에 가정교사로 일했던 마리아 스체판과 베트게도 그 자리에 있었다. 베트게는 한 달 안에 그 집안 식구가 될 몸이었다. 빠진 이는 영국에 있는 라이프홀츠 가족뿐이었다. 그러나 그들도 에르빈 주츠를 통해 축하 전보를 보낸 상태이니 얼굴을 내민 것이나 다름없었다.

얄궂은 일이지만 히틀러의 대리인도 그 자리에 방문했다. 카를 본회퍼가 일평생 독일을 위해 봉사했다는 이유로 제국 문화부 소속 공무원이 그에게 괴테 메달을 수여하려고 나타난 것이다. 괴테 메달은 독일인들이 선망하는 메달이었다. 그 메달이 특별 증서와 함께 온 가족이 보는 앞에서 카를 본회퍼에게 수여되었다. 특별 증서에는 이런 글귀가 쓰여 있었다. "나는 독일 국민의 이름으로 본회퍼 명예교수에게 작고한 제국 대통령 힌덴부르크가 제정한 괴테 메달을 수여합니다. 총통 아돌프 히틀러."[8]

닷새 뒤에는 히틀러 정부의 또 다른 대리인들이 마리엔부르크 알레 43번지로 찾아왔다. 이번에는 누군가를 칭찬하기 위해서가 아니었다. 그들의 출현은 예상치 못한 일이었다.

28

테겔 형무소 92호실

이렇게는 지낼 수 없습니다. 나도 알아야겠습니다. 당신이 정말로 위험에 빠진 건가요? _마리아 폰 베데마이어

누가 확고하게 서는가? 자신의 이성, 자신의 원칙, 자신의 양심, 자신의 자유, 자신의 덕행을 최후의 척도로 삼지 않는 사람만이 꿋꿋이 버틴다. 그는 하나님에 대한 믿음과 그분에 대한 전적인 충성 속에서 이루어지는 복종과 책임감 있는 행위로 부름 받아 이 모든 이성과 원칙, 양심, 자유, 덕행을 기꺼이 희생하는 사람이다. 말하자면 자신의 온 생애를 하나님의 하문과 부르심에 대한 응답이 되게 하려고 애쓰는 책임감 있는 인간만이 꿋꿋이 버틸 수 있다. _디트리히 본회퍼

사람들은 비종교적 기독교라는 유명한 용어를 똑 떼어 사용하고 전함으로써 본회퍼를 비변증적이고 천박한 모더니즘 옹호자로 둔갑시키고 말았습니다. 하지만 그러한 모더니즘은 그가 살아 계신 하나님에 대해 말하고자 한 모든 것을 모호하게 할 뿐입니다. _에버하르트 베트게

4월 5일, 디트리히 본회퍼는 집에 있었다. 그리고 정오 무렵 도나니 가족에게 전화를 걸었다. 수화기에서 낯선 사람의 목소리가 들렸다. 디트리히는 곧바로 전화를 끊었다. 그리고 무슨 일이 벌어지고 있는지 알아챘다. 게슈타포가 마침내 행동에 나선 것이다. 게슈타포가 도나니의 집을 수색하고 있었다. 디트리히는 침착하게 옆집으로 가서 우르줄라를 만나 무슨 일이 벌어졌는지, 앞으로 무슨 일이 벌어질지를 알렸다. 게슈타포가 들이닥쳐 자신도 체포할 거라는 얘기였다. 우르줄라는 디트리히를 위해 영양이 풍부한 식사를 준비했고, 디트리히는 집으로 돌아가 문서를 정리했다. 게슈타포가 그들의 습관대로 살

마리엔부르크 알레 43번지에 있는 본회퍼의 저택, 2008년. 현재는 박물관으로 사용하고 있다. 디트리히의 방은 꼭대기 층에 있었다. 디트리히는 1943년 4월 5일에 그 방에서 체포되었다.

샅샅이 뒤질 것이었다. 오랫동안 이 순간을 대비해온 까닭에 그들을 위해 기록물 몇 가지를 남겨놓기까지 했다.

그런 다음 다시 슐라이허와 우르줄라의 집에 가서 기다렸다. 오후 네 시에 아버지가 건너와 남자 둘이 그와 이야기하고 싶어 한다고 전했다. 그들은 이층에 있는 그의 방에 있었다. 육군고등군법회의 검사 만프레트 뢰더와 게슈타포 형사 존더레거였다. 디트리히는 그들과 마주쳤고 이어 자신의 성경을 챙겼다. 그런 다음 그들이 타고 온 검은색 메르세데스에 실려 집을 떠났다. 그리고 다시는 그곳으로 돌아올 수 없었다.

마리아와의 약혼

약혼과 체포 사이의 3개월간 디트리히는 마리아와 연락이 두절된 상태였다. 1년간 기다렸다가 결혼하기로 동의했기 때문이다. 마리아가 약혼 후 6개월 동안 서로 편지하지 말자고 요청했으니 연락 두절은 1월 말부터 시작되었을 것이다. 기다리기에는 너무 긴 시간이었지만, 디트리히는 편지에서 말한 대로 기꺼이 그러기로 했다. 마리아는 다른 식으로 대처했다. 디트리히에게 편지를 쓰되 부치지는 않기로 한 것이다. 그래서 일기에다 편지를 썼다. 별거가 끝나면 디트리히에게 건넬 생각이었을 것이다.

게슈타포가 본회퍼와 도나니를 포위해올 무렵인 2월과 3월에도 마리아는 본회퍼에게 보내는 편지를 몇 차례 일기에 썼다. 그가 멋모르고 자신에게 말려들었으며, 어린 나이와 자유로운 성격으로 보아 자신이 그에게 어울리지 않는다며 종종 걱정하기도 했다. 본회퍼는 그녀의 우려가 잘못된 거라고 말하느라 애를 먹었다. 그럼에도 마리아는 자신의 일기에 쓴 2월 3일자 편지에서 이렇게 말했다. 패치히에서 쓴 글이다.

내가 이곳에서 이런 식으로 사는 모습을 보신다면, 그대는 몇 번이고 나를 좋아하시지 않을 것 같습니다. 예컨대 나는 미치광이처럼 말을 타고 농장 노동자들에게 사투리로 말하거든요. 움찔움찔 놀랄 때도 간혹 있는데, 내가 그런 식으로 행동하는 것을 보시면 한심하게 여기실 겁니다. 나는 구멍이 뻥 뚫린 스타킹을 신은 채 축음기를 틀어놓고 한 발로 깡충깡충 뛰며 방을 가로지르다가도, 그대가 그런 내 모습을 보실지 모른다는 생각에 두려워 떨며 침대에 털썩 주저앉기도 한답니다. 나는 이보다 좋지 않은 짓들도 한답니다. 이제까지 한 번도 피워본 적이 없지만, 어떤 건지 알아야겠다는 생각에 담배를 피우다가 점심과 저녁을 먹지 못할 만큼 끔찍한 고통을 느끼기도 했답니다. 한밤중에 일어나 긴 드레스를 입고 응접실에서 격렬한 춤을 추거나 개 하로를 데리고 산책을 나갔다가 돌아와 이튿날 오전이 다 지나도록 퍼질러 자기도 하고요.

   나는 그대가 끔찍하게 여길 거라는 걸 능히 짐작할 수 있습니다. 그대가 이곳에 계시면 그런 짓을 하지 않으려고 애쓰련만, 그런 짓이 이따금 제멋대로 일어나는군요. 나는 어떻게 해서든지 긴장을 풀 수밖에 없습니다. 하지만 적십자사가 나의 품행을 다소 개선시켜 그대의 수고를 덜어줄 거라고 확신합니다.[1]

마리아는 자신의 피앙세가 체포되기 몇 달 전부터 위험에 직면해 있었다는 걸 모르다가 수다 떨기 좋아하는 외할머니가 2월 16일자 편지에서 본회퍼를 걱정해야 하는 이유를 알려준 뒤에야 안 것 같다. 편지에 암시된 위험, 곧 본회퍼가 직면한 위험은 마리아를 당혹스럽게 하기에 충분했다. 마리아는 일기에다 본회퍼에게 보내는 편지를 썼다.

이렇게는 지낼 수 없습니다. 나도 알아야겠습니다. 그대가 정말로 위험에 빠진 건가요? 디트리히, 내가 어찌하면 좋겠습니까? 나의 약함을 용서해 주세요. 그대에게 전화를 걸어야겠습니다. 어찌된 일인지 그대에게 직접 들어야겠습니다. 어째서 나에게 알리지 않은 건가요? 그대를 이해하지 못하겠습니다. 그대가 나에게 무슨 짓을 하고 있는지 깨닫지 못하신 것 같군요. 나는 그대에게 무슨 일이 일어나면 견딜 수 없을 것 같은데, 그대는 그걸 모른단 말인가요? 그대를 알게 된 이래로 그대의 안전에 대한 염려를 떨쳐버릴 수 없었건만, 그대는 그걸 느끼지 못한단 말인가요?

   그대에게 말씀드렸잖아요. 나에게 전화하거나 편지를 부쳐도 좋다고! 디트리히, 괜찮다고 나에게 말해주세요. 내가 이 모든 내용을 그대에게 듣지 않고 외할머니에게 들었다는 이유로 그대가 조급해지지 않았으면 좋겠

---

* 마리아는 조만간 하노버에서 간호사 일을 시작하기로 되어 있었다.

습니다. 오오, 디트리히, 이렇게 부탁합니다. 나에게 알려주세요.[2]

마리아는 3주간 걱정거리를 마음에 품기도 하고 일기에 쓰기도 하다가 3월 9일에 약혼 규칙을 깨고 본회퍼에게 전화를 걸었다. 그는 베를린에 있었다. 마리아 어머니가 그 전화 통화를 알았는지는 알 수 없다. 이틀날 마리아는 정말로 편지를 써서 부쳤다.

그대에게 전화를 걸어 그대 음성을 들었습니다. 사랑하는 디트리히, 우리가 나눈 모든 말을 아직도 기억하는지요? 그대는 이렇게 말했지요. "에이, 뭐가 문제예요?" 아아, 울지 않으려고 애를 썼고 점심시간이어서 울 수도 없었지만, 나의 뺨 위로 눈물이 흘러내렸답니다. 처음에 그대는 내가 던지는 말을 이해하지 못했지요. 내가 너무 어리석게 말했기 때문일 거예요. 하지만 그대는 곧이어 웃었지요. 그 웃음이 참 유쾌했습니다. 그대를 생각하면 그렇게 웃을 수 있을 것 같습니다! 그 모든 것에 감사드립니다. 그대가 웃으며 나에게 걱정하지 말라고 말했을 때, 나는 외할머니가 말씀하신 모든 것이 사실이 아니며, 나의 모든 걱정과 눈물이 쓸데없는 것이었으며, 그대가 괜찮으며, 내가 전화해주어 기뻐한다는 걸 단번에 알아챘습니다. 기뻐서 웃은 게 맞지요? 그러고 나서 나도 웃었답니다.[3]

같은 날, 본회퍼도 마리아에게 편지를 부쳤다. 두 사람이 앞으로 연락을 하기로 했는지는 알 수 없지만, 두 사람 다 연락두절 기간을 충분히 보냈던 것 같다. 둘은 미친 듯이 사랑에 빠졌고 같이 있고 싶어 했다. 같이 있을 수 없다면, 적어도 서로에게 편지라도 써 보내야 했다.

사랑하는 마리아,
아직도 내 심장 소리가 귀에 들릴 만큼 쿵쿵 뛴답니다. 기쁘고 놀라서, 그리고 당혹스럽게도 그대가 걱정해서, 내 안의 모든 것이 일종의 변화를 겪었답니다. 나는 늘 이렇게 바보 같은 짓을 한답니다. 그대가 이곳에 있어서 우리가 함께 이야기를 나눌 수 있다면, 내가 그대의 외할머니에게 얼마나 어리석은 말을 했는지 그대에게 말해주련만. 아니, 그대는 한 순간도 걱정할 필요가 없습니다. 나도 걱정하지 않겠습니다. 물론 그대는, 우리가 서로에게 거의 말하지 않은 내용이지만, 위험이 저기 전선에만 있는 것이 아니라 국내에도 있다는 걸 알 겁니다. 전선에는 오히려 위험이 더 적고 국내에 위험이 더 많을 때도 간혹 있습니다. 오늘날 남자가 어찌 그 위험을 피하겠습니까? 남자가 여자에게 짐을 안겨주려 하지 않는다고 해도 여자가 어찌 그 짐을 함께 지지 않겠습니까? 그가 사랑하는 여자가 용기와 인내, 무엇보다 기도로 그를 지원한다면, 이는 그에게 더없는 행복이 될 겁니다. 사랑하는 착한 마리아, 나는 그대의 발랄한 모습이 최근 몇 주 동안 나에게 엄청난 도움이 되었다고 말씀드립니다. 이것은 내가 공상에 잠겨서 하는 말이 아닙니다. 공상에 잠겨서 말하는 건 나와는 맞지 않는답니다. 하지만 그대에게 걱정을 끼쳐드렸다고 생각하니 내 마음이 너무나 슬픕니다. 부디 마음을 가라앉히고 자신 있게 행복하게 지내기를 바랍니다. 그대가 지금까지 그래왔고, 내가 그대를 끊임없이 생각하는 것처럼, 나를 생각해주길 바랍니다.[4]

본회퍼는 2주 뒤에도 편지를 보내 자기가 병원을 찾아가 그녀의 외할머니를 문병했다고 말했다. 마리아의 외할머니는 잘 지내는 것 같지 않았다. 본회퍼와 마리아가 잊은 지 오래인 지난겨울의 곤경을 떠올리며 계속 괴로워하는 듯했다. 본회퍼는 아무래도 마리아가 편지를 보내 외할머니의 마음을 편하게 해주는 편이 좋겠다고 생각했다. 안 그래도 마리아는 외할머니를 찾아뵐 생각이었고, 3월 26일 본회퍼에게 편지를 보내 그렇게 하겠다고 말했다. 마리아도 희소식을 접했다.

제국근로봉사대 소집을 잠시 면제받은 것이다. 제국근로봉사대는 미혼 여성을 일종의 군복무에 투입시키는 국가 프로그램이었다. 마리아는 제국근로봉사대에 소집되는 게 두려워 간호사로 대체복무를 하고 싶어 했었다. 한 해 뒤 그 위협이 다시 고개를 들었을 때, 카를 본회퍼가 마리아를 고용하여 자기 비서로 일하게 했다. 레나테도 베트게와 신속히 결혼함으로써 그 불쾌한 복무를 피할 수 있었다.[5]

편지를 보내고 열흘밖에 안 되었을 때, 마리아는 무언가가 잘못되었다는 걸 감지했다. 4월 5일, 마리아는 디트리히에게 보내는 편지를 일기에 적으며 이렇게 말했다. "무언가 좋지 않은 일이 일어난 거죠? 대단히 나쁜 일일까 봐 걱정입니다." 본회퍼가 그날 체포되었다는 걸 몰랐음에도, 무언가 불길한 조짐을 느껴 그렇게 적었다. 이 시기에 마리아는 디트리히나 그의 가족과 연락이 두절된 상태였다.[6]

4월 18일, 마리아는 동생 한스 베르너의 견신례 때문에 패치히에 있었다. 그 무렵은 마리아가 자신의 처지를 바라보며 감정이 폭발하기 직전이었다. 마리아는 자기 어머니의 고집을 꺾기로 결심했다. 어머니가 본회퍼와 만나서는 안 된다고 계속 우겼기 때문이다. 마리아는 그날 형부 클라우스 폰 비스마르크에게도 똑같이 말했다. 그렇게 하고 얼마 지나지 않아 비스마르크 부부와 함께 대저택으로 돌아가 외삼촌 한스 위르겐 폰 클라이스트와 의논했다. 본회퍼가 체포된 걸 알고 있던 한스 위르겐이 체포 사실을 그들에게 알렸다. 마리아는 그때 처음 그 소식을 들었다.

이제는 너무 늦어서 본회퍼를 볼 수 없었다. 마리아는 자기 어머니의 바람을 꺾지 못한 걸 남은 생애 내내 후회했다. 그녀의 어머니도 같은 이유로 자기 행동을 후회하며 자책했다. 마리아는 어머니를 용서하느라 많은 애를 먹었다.

테겔 형무소에서 보낸 처음 며칠

게슈타포는 국방정보국에 있는 경쟁자들에 대한 정보를 오랫동안 수집해왔다. 그들은 이 불량 조직을 굴복시키고 싶어 했다. 그러나 카나리스는 대단히 빈틈없는 사람이었고 도나니와 오스터도 대단히 신중한 사람이어서 그들이 무엇을 하느라 분주한지 하마터면 파헤치지 못할 뻔했다. 게슈타포는 국방정보국이 음모와 반국가 공모의 요새라는 심증을 가지고 있었다. 게슈타포는 그것을 샅샅이 밝히고 그들을 체포할 수 있을 정도로 정보를 확보한 다음 치려고 했다.

본회퍼가 체포되던 날, 도나니와 요제프 뮐러도 체포되었다. 두 사람은 레어터 슈트라세에 있는 국방군 형무소에 수감되었다. 국방군 형무소는 고위직 장교들을 수감하는 곳이었다. 요제프 뮐러의 부인이 체포될 때 디트리히의 누나 크리스티네도 체포되었다. 두 여인은 샤를로텐부르크에 있는 여자 교도소에 수감되었다. 디트리히는 테겔 군형무소에 따로 수감되었다.

몇 달 뒤, 디트리히는 그곳에서 보낸 처음 며칠을 이렇게 기록했다.

정식 수감 절차가 제대로 마무리되었다. 난생 처음 감방에 갇혀 밤을 지냈다. 접이식 침대에 있는 담요는 고약한 냄새가 나서 추위에도 불구하고 쓸 수 없었다. 이튿날 아침 간수가 빵 한 조각을 감방에 던져주었다. 마룻바닥에서 집어 올려야 했다. 커피의 4분의 1은 찌꺼기로 이루어져 있었다. 조사를 위해 붙잡힌 죄수들을 형무소 직원들이 심하게 학대하는 소리가 처음으로 감방을 뚫고 들어왔다. 그 후 날마다 아침부터 밤중까지 그 소리가 들려왔다. 신참 죄수들과 함께 행진할 때 간수 중 하나가 우리에게 "악당들" 하고 소리쳤다. 우리는 어째서 체포되었느냐는 질문을 받았고, 나는 그 이유를 모르겠다고 말했다. 그러자 간수가 비웃으며 "조만간 알게 될 거야" 하고 말했다. 나의 체포 영장을 받기까지 6개월이 걸렸다고 한다. 우리가 여러 취조실을 거치는 동안 몇몇 하사관이 나의 직업이 무엇인지 듣고서 나와 몇 마디 말을 나누고 싶어 했다. … 나는 맨 꼭대기 층에 있는 독방으로 옮겨졌다. 감방 밖에는 "특별 허가를 받지 않고 접근하는 것을 금함"이라는 경고문이 붙어 있었다. 나는 별도의 통지가 있을 때까지 모든 서신왕래를 금하며, 다른 죄수들과 달리 하루 30분의 바깥출입도 금한다는 말을 들었다. 하지만 형무소 규정에 따르면 나에게는 그럴 권리가 있었다. 신문이나 담배를 전혀 받지 못했다. 그들은 48시간이 지나서야 성경을 돌려주었다. 그 속에 톱이나 면도칼 같은 걸 숨기지 않았는지 샅샅이 뒤진 상태였다. 그다음 열이틀 동안 음식을 들여보내고 양동이를 내갈 때에만 감방 문이 열렸다. 누구도 말을 걸지 않았다. 내가 붙잡힌 이유에 대해 한 마디도 듣지 못했고, 감방에 얼마 동안 있어야 되는지도 듣지 못했다. 여러 차례 관찰하며 추측하고 나중에 확인한 사실이지만, 나는 중죄인을 다루는 구역에 갇혀 있었다. 사형수들이 쇠고랑을 차고 지내는 곳이었다.[7]

열이틀 동안 본회퍼는 중죄인 취급을 받았다. 주위에 있는 감방들은 사형 선고를 받은 자들 차지였다. 본회퍼가 그곳에서 묵던 첫날 밤 질질 짜며 잠을 방해한 사람도 그들 중 하나였다. 감방 벽에는 이전 수감자가 휘갈긴 심술궂은 낙서가 쓰여 있었다. "100년이 지나야 형기를 다 채울 것이다." 그러나 몇 주가 지나고 몇 달이 지나면서 최악의 절망 상태였던 사정이 차츰 좋아졌다. 처음 며칠에 비하면 본회퍼가 테겔 형무소에서 보낸 18개월은 아무것도 아니었다.[8]

그러나 그 기간 내내 한결같이 이루어진 것이 하나 있었다. 본회퍼는 수감생활 시작부터 마지막까지 매일 성구 묵상과 기도를 이어갔다. 이 두 가지는 그가 10년 넘게 몸에 익힌 것이었다. 아침마다 적어도 30분간 성경 한 구절을 묵상했다. 그런 다음 친구들과 친척들, 전선에 나가 있거나 강제수용소에 있는 고백교회 친구들을 위해 기도했다. 성경을 돌려받은 뒤부터 날마다 몇 시간씩 성경을 읽었다. 그렇게 해서 11월까지 구약성경 전체를 두 번 완독하고 반을 더 읽었다. 또한 칭스트나 핑켄발데, 슐라베, 지구르츠호프, 그리고 다른 장소에서 그랬듯이 시편으로 기도하면서 힘을 얻었다. 일찍이 본회퍼는 출장 여행을 앞둔 베트게에게 "여행을 떠나거든 날마다 하던 훈련을 지속하여 확고함과 연속성과 명료함을 부여하는 것이 중요하네"라고 말하기도 했다. 부모님 집과는 사뭇 다른 환경에 떠밀렸지만, 그도 동일한 훈련을 실행에 옮겼다.

처음에는 형무소 맨 꼭대기 층인 4층에 있었지만, 얼마 안 있어 3층으로 옮겼다. "남쪽으로 형무소를 가로지르는 드넓은 광경과 함께 소나무 숲이 보이는 감방"이었다. 가로 7피트 세로 10피트의 92호 감방은 《92호 감방에서 보내온 연애편지》로 말미암아 영원히 잊히지 않게 되었다.* 92호 감방은 판자 침대 한 개, 한쪽 벽을 따라 놓인 긴 의자 한 개, 걸상 한 개, 꼭 필요한 양동이 한 개, 간수들이 감시할 수 있도록 작은 원형 창문이 달린 목재 문 한 개, 햇빛과 신선한 공기를 공급하기 위해 머리 위에 달린 작지 않은 창문 한 개로 이루어져 있었다.[9] 아마도 우리가 생각하는 것보다 훨씬 열악했을 것이다. 본회퍼 가족은 남쪽으로 7마일 정도 떨어진 곳에 살았으므로 디트리히를 자주 면회하고 음식과 의류와 책과 그 밖의 물품을 들여보냈다. 수감되고 아흐레 뒤에 집으로 보낸 첫 번째 편지의 추신에서 디트리히는 다음과 같은 물품을 부탁했다. "실내화, 검정색 긴 구두끈, 구두약, 편지

---

*이 탁월한 서간집을 편집한 사람은 마리아의 언니 루트 알리세 폰 비스마르크다. 마리아는 1977년 암으로 죽기 전에 편지 출간을 허락했다. 편지들은 마리아와 디트리히 본회퍼의 관계에 얽힌 이야기를 전하고, 다른 어디에서도 볼 수 없는 정황과 배경을 알려준다.

베를린 테겔 군 형무소. 디트리히 본회퍼는 이곳에서 18개월간 갇혀 있다가 프린츠-알브레히트-슈트라세에 있는 게슈타포 지하 교도소로 이감되었다. X표가 되어 있는 곳이 본회퍼가 처음 수감되었던 감방이다. 얼마 안 있어 3층 92호실로 옮겼다.

지와 봉투, 잉크, 흡연자 등록증, 면도용 크림, 반짇고리, 갈아입을 옷 한 벌."10

본회퍼는 전부터 검소하게 살아온 터였다. 에탈 수도원에서 3개월을 보낼 때에는 수사의 작은 방에서 지냈고, 지난 몇 해 동안은 늘 이동 중이었다. 마리엔부르크 알레 43번지에 있는 그의 방도 가구가 검소하게 갖추어져 있었다.

본회퍼의 처지는 모든 면에서 나아질 것이었다. 처음에는 편지를 열흘에 한 통씩 보내되 한 쪽을 넘겨서는 안 된다는 엄격한 규정을 지켜야 했다. 이 규정이 몹시 짜증났지만, 재빨리 여러 간수의 환심을 샀고, 간수들이 그를 위해 다른 편지를 몰래 배달하곤 했다. 그 결과 본회퍼가 열흘에 한 번꼴로 보낸 공식 편지 외에도 서신왕래가 활발하게 이뤄졌다. 1943년 11월부터 1944년 8월까지 본회퍼가 친구 에버하르트 베트게에게 보낸 편지만 해도 무려 200쪽 분량이었다. 쪽마다 빽빽하게 쓴 편지들이다. 피아노는 없었지만, 조만간 많은 책과 논문을 입수할 수 있었다. 부모님이 생일축하용 꽃을 포함하여 온갖 작은 선물을 보내주었고 마리아도 그랬다. 마리아는 12월에 어마어마한 크기의 크리스마스트리까지 가져다주었다. 하지만 너무 커서 감방에 놓지 못하고 간수들 방에 놓아야 했다. 그래서 강림절 화환을 따로 챙겨주었다. 본회퍼는 자기가 좋아하는 예술작품을 감방 여기저기에 붙여 놓을 수 있었고 담배도 피울 수 있었다.

그러나 본회퍼의 사고방식은 이러한 시설에 구애받지 않았다. 그는 집으로 보낸 첫 번째 편지에서 마음자세를 이렇게 표현했다.

사랑하는 부모님께!
부모님께서 제가 잘 지내고 있다고 생각하셨으면 좋겠습니다.[*] 부모님께 더 빨리 편지를 보내드리지 못해서 죄송합니다. 허락을 받지 못했거든요. 하지만 처음 열흘 동안 아주 잘 지냈습니다. 이상한 일이지만, 사람들이 일반적으로 수감생활과 연결 짓는 불편사항들, 육체의 고초에도 그다지 괴롭지 않습니다. 아침에는 사람들이 마른 빵을 양껏 먹을 수 있습니다. 저는 그 밖에도 다양한 것을 덤으로 얻었습니다. 감방에 있는 침대가 딱딱하기는 하지만, 조금도 괴롭지 않습니다. 다들 저녁 8시부터 아침 6시까지 실컷 잘 수 있습니다. 특히 놀란 건 제가 여기에 들어온 순간부터 흡연 욕구를 전혀 느끼지 못했다는 겁니다. 하지만 이 모든 것에는 심리적 요인이 더 큰 역할을 한다고 생각합니다. 갑작스런 체포로 인해 생겨나는 심리

---

[*] 영어 역본에 실린 이 문장은 독일어 원문보다 어조가 훨씬 약하다. 독일어 원문 "Vor allem … dir wissen und auch wirklich glauben, das es mir gut geht"를 더 낫게 번역하면 다음과 같다. "무엇보다도 제가 잘 지내고 있다는 걸 부모님께서 아시고 정말로 그렇게 믿어주셨으면…"

적 격변은 자기 마음 상태를 살피게 하고 완전히 새로운 환경을 감수하게 하는데, 이 모든 것은 신체적인 것이 퇴보하여 중요성을 잃어버리는 걸 의미합니다. 저는 그것이 제 경험을 실제로 풍요롭게 해준다고 생각합니다. 다른 사람들은 몰라도 저는 홀로 지내는 것이 그다지 낯설지 않습니다. 홀로 지내는 건 정말 영적으로 유익한 터키탕이나 다름없습니다. 다만 저를 괴롭게 하거나 앞으로 괴롭게 할 유일한 것은 부모님께서 저에 대한 걱정으로 괴로워하시며 잠도 제대로 못 주무시고 식사도 제대로 못하시는 겁니다. 부모님께 대단히 많은 걱정을 끼쳐드린 걸 용서해주시길 바랍니다. 이것은 저 때문이기보다는 적대적 운명 때문인 것 같습니다. 그 운명에 맞서는 좋은 방법으로 저는 지금 파울 게르하르트의 찬송가를 읽으며 암송하고 있습니다. 게다가 제 성경과 이곳 도서관에서 구한 몇 가지 읽을거리를 가지고 있고 편지지도 넉넉합니다.

   부모님께서도 능히 짐작하시겠지만, 제가 지금 특히 걱정하는 이는 저의 피앙세입니다. 그녀는 최근에 동부전선에서 아버지와 오빠를 여읜 상태라 이 상황을 견디기가 대단히 어려울 겁니다. 장교의 딸로서 특히 저의 투옥을 받아들이기 어려울 겁니다. 저라도 그녀에게 몇 마디 해줄 수 있으면 좋으련만! 이제는 부모님께서 그렇게 해주셔야 할 것 같습니다. 어쩌면 그녀가 부모님을 찾아뵈러 베를린에 올지도 모르겠습니다. 그게 좋겠습니다.

   2주 전 오늘은 아버님의 일흔다섯 번째 생신이었습니다. 그날은 더없이 좋은 날이었습니다. 우리가 목소리와 악기를 총동원하여 아침과 저녁에 부른 성가가 아직도 귀에 쟁쟁합니다. "다 찬양하여라. 전능왕 창조의 주께 … 포근한 날개 밑 늘 품어주시는 주님." 그 성가는 진정한 성가입니다. 우리가 늘 의지해야 할 곡입니다.

   이제 정말로 봄이 오고 있군요. 정원에서 하실 일이 많겠군요. 레나테의 결혼 준비가 잘되길 바랍니다. 이곳 감옥 구내에서는 개똥지빠귀가 아침저녁으로 아름답게 노래한답니다. 다들 하찮은 것에도 감사하네요. 이로운 것임에 틀림없습니다. 안녕히 계십시오.

 감사의 마음과 사랑의 마음으로 부모님과 남은 가족들 그리고 친구들을 생각하고 있습니다.[11]

부모님의 아들 디트리히

디트리히가 받은 가정교육이 그로 하여금 자기 연민에 빠지지 않게 해주었을 것이다. 그는 다른 이들이 자기 연민에 빠지는 것도 거부했지만, 자신이 그런 연민에 빠지는 건 더더욱 참지 못했다. 부모님은 아들이 용감하고 강하다는 걸 알고 있었다. 그 점이 그들에게 커다란 위안이 되었을 것이다. 그들의 모든 자녀가 그러했고 끝까지 그럴 것이었다. 이는 1918년에 발터가 보낸 마지막 편지에서도 여실히 드러났다. 발터는 편지에서 자신의 고통을 억누르고 동료 병사들에 대한 걱정을 드러냈다. 본회퍼가 보낸 편지도 부모님 마음을 편하게 해주려고 쓴 것이었다. 그러나 그가 쓴 이 편지와 다른 많은 편지는 그를 기소할 만프레트 뢰더의 검열을 거친 거였다. 따라서 디트리히는 두 가지를 염두에 두고 편지를 썼다. 하나는 부모님을 염두에 두고 쓴 것이었고, 다른 하나는 기소할 증거를 찾으려고 어정거리는 적대적인 두 눈을 염두에 두고 쓴 것이었다. 하지만 본회퍼는 기소할 증거를 말하지 않으려고 애쓰기만 한 게 아니었다. 그는 이 편지와 다른 편지들을 이용하여 뢰더에게 특별한 그림을 그려 보이려고 했다. 뢰더에게 일반적인 틀을 제공하여 자신이 심문을 받으면서 말한 내용을 해석할 수 있게 하려 함이었다. 본회퍼는 이 첫 번째 편지처럼 무해하고 정직한 편지에서조차 커다란 기만행위를 시작한 것이다.

 애초에 본회퍼는 정확히 어떤 이유로 체포되었던 걸까? 히틀러 암살 음모에 가담하였으므로 사형을 당할 테지만, 그가 체포된 건 그 때문이 아니었다. 1943년 4월, 나치는 본회퍼의 공모 가담을 알아채지 못했거나 공모가 있다는 사실을 모르는 상태였다. 공모는 숨겨져 있었고, 슈타우펜베르크의 폭탄 공작이 실패하려면 1년 이상의 시간이 남아 있었다. 본회퍼와 도나니가 이후 15개월간 수감생활을 한 건 훨씬 무해한 이유들 때문이었다. 우선 작전 7과 관계가 있었다. 게슈타포는 작전 7을 돈 세탁 계획으로 이해했다. 그들은 본회퍼와 다른 사람들이 유대인들의 운명에 깊이 관여했다는 사실을 알지 못했다. 다른 이유는 국방정보국이 고백교회 목사들을 위해 병역 면제를 받아내려 시도한 것과 관계가 있었다. 이처럼 본회퍼는 비교적 중요하지 않은 이유로 체포되었다. 어찌 보면 다른 어떤 일보다 도나니와 연결된 탓에 체포되었을 것이다.

본회퍼와 다른 사람들은 나치가 공모를 알아채지 못했다는 걸 알고 있었다. 그래서 다층적인 기만 게임을 이어갔다. 옥중에 있는 동안에도 공모는 진행되었다. 당장에라도 히틀러가 암살되면 자신들이 풀려날 거란 걸 알고 있었다. 그런 까닭에 게슈타포가 알고 있는 것 이외의 것을 누설하면 안 되었다. 게슈타포가 알고 있는 건 그리 많지 않았다. 그들은 자신들에게 씌워진 죄목조차 모르는 척하고, 그러한 죄목 이외에 달리 조사할 것이 없는 척했다. 그리고 그 게임에서 성공을 거두려 했다.

전략

거대한 책략의 일환으로 도나니와 본회퍼는 하나의 허구를 유지하려 했다. 이를테면 본회퍼가 더 광범위한 쟁점들에 대해 아는 것이 거의 없거나, 아는 것이 전혀 없는 순진한 목사에 불과하다는 것이다. 그리하면 모든 초점이 도나니에게 쏠릴 것이고, 그러면 탁월한 법률

지식의 소유자이자 얽히고설킨 것들을 더 많이 아는 도나니가 뢰더의 공격을 수월하게 받아넘길 것이었다. 목적을 달성하고자 도나니는 부활절에 장인과 장모에게 편지를 보내지 않고 디트리히에게 편지를 보냈다. 뢰더가 편지를 검열할 걸 알았기 때문이다. 도나니는 사태를 정리하여 뢰더의 눈에 보여주려 했다. 그래서 4월 23일 성금요일에 보내는 편지에서 이렇게 말했다.

> 사랑하는 디트리히,
>
> 이런 인사 편지를 자네에게 보내도 되는지 모르지만, 어쨌든 시도는 해보려네. 밖에서는 예배를 알리는 종소리가 울리고 있네. … 자네와 크리스티네와 아이들과 장인 장모님이 나 때문에 이 같은 고통을 겪게 되어서, 그리고 나의 사랑하는 아내와 자네가 나 때문에 자유를 빼앗기게 되어, 내 마음이 얼마나 착잡한지 자네는 상상도 못할 걸세. 불행 속에서 친구를 가졌다는 것은 위안이 되기도 하지만, (불행 속에서 친구를) 갖는 것은 대단히 무거운 짐이 되기도 한다네. … 자네의 모든 식구들과 자네가 나를 나쁘게 생각하지 않는다는 걸 알게 된다면, 마음이 홀가분해질 것 같네. 자네 남매가 자유를 되찾을 수만 있다면, 무슨 일이든 할 것이네. 자네가 이런 고통을 면할 수만 있다면, 어떤 책임이든 달게 지겠네.[12]

본회퍼 일가가 이런 기만 행위를 제대로 해낼 수 있었던 건 그들의 뛰어난 지성과 다층적 의사소통 능력, 그리고 늘 그랬듯이 서로의 말을 알아들을 거라는 확신 덕분이었다. 이제 본회퍼는 집으로 편지를 보낼 수 있게 되었고, 도나니도 위의 편지를 본회퍼에게 보낼 수 있게 되었다. 두 사람 다 자기가 보내는 편지가 이중적으로 읽히고 이해될 거라는 걸 알았다. 디트리히의 부모님은 아들이 보내온 편지가 부분적으로는 뢰더를 우롱하려고 쓴 편지라는 걸 알아챘을 것이다. 디트리히는 부모님을 염두에 두고 쓴 것과 뢰더를 염두에 두고 쓴 것을 부모님이 알아서 해독할 수 있다고 믿었다. 그들은 수년간 이런 일을 했다. 제3제국 안에서는 누군가가 말한 것을 반대쪽에서 도청할 가능성이 늘 있었다. 하지만 본회퍼 일가는 적들을 능가하는 기술을 치밀하게 갈고 닦았다.

가족들 중 누군가가 투옥될 때 연락할 방법을 미리 마련해놓았고, 이제 그 방법을 써먹을 때가 된 것이다. 한 가지 방법은 반입이 허락된 책 속에 암호화된 메시지를 새겨 넣는 것이었다. 디트리히는 부모님을 통해 많은 책을 받아서 다 읽으면 다시 내보냈다. 책 속에 암호화된 메시지가 있다는 걸 알리고자 면지나 표지 안쪽에 써놓은 책 주인 이름에 밑줄을 그었다. 디트리히 본회퍼에 밑줄이 그어져 있으면, 수령자는 책 속에 메시지가 있다는 걸 알 수 있었다. 메시지는 특정 페이지에 있는 글자들 밑에 연필로 일련의 표시를 하여 전했다. 3쪽마다 혹은 10쪽마다 페이지에 있는 글자 밑에 연필 점을 보일락 말락 찍었다. 이를 테면 10쪽이 지날 때마다 또 하나의 글자에 점을 찍는 식이다. 대개 책 뒤쪽부터 점을 찍기 시작하여 앞으로 나아가곤 했다. 300쪽짜리 책이라면 서른 글자로 된 소식을 전할 수 있었다. 메시지는 대체로 아주 중요하고 위험한 내용이었다. 도나니가 심문관에게 털어놓은 정보가 있으면, 디트리히가 그 정보를 보강하여 도나니가 말한 내용과 모순되는 말을 하지 않게 신경을 썼다. 예컨대 이런 메시지가 있었다. "O가 로마 난수표를 공식적으로 승인한다는군." 이 경우 'O'는 오스터를 지칭하는 표현이었다. 뢰더 검사라면 그 난수표가 더 중대한 범죄를 가리킨다고 여겼을 테지만, 어쨌든 국방정보국이 공식적인 용무를 위해 동원하는 비밀 엄수의 일부로 비쳐졌을 것이다. 책 속에 암호화된 메시지에는 이런 내용도 있었다. "나는 한스의 교정이 담긴 편지를 찾아냈는지 확신할 수 없지만, 그랬을 거라고 생

각한다." 기이해 보였지만, 본회퍼 일가는 그렇게 할 수밖에 없었다.[13]

레나테 베트게가 회상한 바에 따르면, 보일락 말락 표시된 연필 점을 찾아내는 일은 레나테를 비롯해 어린아이들이 맡았다고 한다. 점을 찾아내는 데에는 아이들의 시력이 훨씬 좋았기 때문이다. 점이 연필로 찍힌 것인지, 책 인쇄 과정에서 잘못 찍힌 것인지 알려고 지우개를 사용하기도 했다.[14] 물론 다른 방법도 썼다. 크리스토퍼 폰 도나니가 회상한 바에 따르면, 다음과 같은 메시지를 나치 몰래 전달할 수 있었다. "잼이나 마멀레이드가 담긴 유리잔을 받으시게 될 거예요. 그 잔에는 두 겹 뚜껑이 씌워져 있을 거예요. 뚜껑은 두 겹 마분지로 되어 있을 거예요. 마분지와 금속 사이에 어머니와 우리가 속지를 동그랗게 오려 넣을 거예요. 가장 위험한 내용은 거기에 쓰시면 되요!" 한스 폰 도나니는 편지를 보낼 때마다 이 비밀 편지지에 깨알 같은 글씨를 적어 보냈다.[15]

본회퍼는 테겔 형무소에서 18개월간 수감생활을 하면서 줄곧 정치 문제에 관심이 없는 단순하고 이상주의적인 목사 행세를 성공리에 수행했다. 심문을 받거나 뢰더에게 장문의 편지를 보낼 때면 곧잘 멍청한 척했다. "나는 국방정보국 업무처럼 생소하고 낯설고 복잡한 활동을 하면서 실수를 범했을 것이라고 주장하는 뻔뻔스럽기 그지없는 사람입니다. … 당신의 질문 속도를 따라잡지 못할 때가 종종 있는데, 이는 내가 그 속도에 익숙하지 않아서일 것입니다." 본회퍼는 당시의 전형적인 루터교 목사, 즉 고차원적 음모에 대해서는 아는 것이 거의 없고, 세상물정을 모르며 오로지 교회만 아는 사람인 척했다. 그리고 고도의 법학 지식을 지닌 천재 도나니가 중요한 것을 모두 알고 있다면서 이렇게 말했다. "나의 교회 연줄로 볼 때, 국방정보국에서 근무해도 되겠다고 말한 이는 매형이었습니다. 양심의 가책이 상당했지만, 나는 그의 제안을 받아들였습니다. 전쟁 발발 이래로 내가 원했던 전시 노역을 할 수 있었고 신학자로서의 능력을 써먹을 수 있었기 때문입니다."[16]

본회퍼는 게슈타포의 고발로 강연과 저술을 금지당하는 상처를 입긴 했지만, 국방정보국을 위해 일하게 되어 만족스럽다고 너스레를 떨면서 위태위태하게 춤을 추었다.

이것은 대단한 내적 해방을 의미했습니다. 나는 그것을 나의 명예를 회복하여 국가 당국자들의 눈에 들게 할 절호의 기회로 여겼습니다. 모욕적이고 대단히 부당한 비난을 접하고서 꼭 하고 싶었던 일이거든요. 나는 내가 군사 부문에서 쓰임을 받고 있다는 걸 알았고, 그것은 나에게 대단히 중요한 일이었습니다. 나는 이 명예 회복의 기회를 얻고자 그리고 국가를 섬기고자 막대한 희생을 치렀고, 군사적 용도를 위해 나의 모든 에큐메니컬 연줄을 제공했습니다.[17]

본회퍼는 국가의 권위에 대해 전형적인 루터교의 태도를 취했다. 로마서 13장을 극히 단순화시켜 해석한 데에서 비롯된 태도였다. 그는 자기가 국가에 대드는 것이 아니냐는 의혹을 믿지 못하겠다는 듯 화를 내며 이렇게 말했다.

정말로 나에게 그런 죄목을 씌우다니 믿을 수 없군요. 그랬다면 내가 오랜 장교 가문, 그것도 전쟁이 시작된 이래로 아버지들과 아들들이 참전하여, 그들 상당수가 최고의 훈장을 받고 목숨과 사지를 희생한 가문에 문의하여, 아버지와 오빠를 전선에서 여읜 내 미래의 신붓감을 찾았겠습니까? 그랬다면 내가 미국에서 떠맡은 모든 일을 포기하고 전쟁 발발 전의 독일로 돌아왔겠습니까? 곧바로 소집될 걸 뻔히 알면서 말입니다.[18]

신학적으로 무지한 나치는 자신들이 상대하는 사람이 그들의 기호에 맞서 신학적 기만책을 구사했다는 걸 전혀 알지 못했다. 어떤 면에서 본회퍼는 그들에게 최악의 악몽이었다. 그는 "세속적이거나 세상과 타협한" 목사가 아니라, 하나님에 대한 진정한 헌신 때문에 사악한 권력자들을 기만하기까지 하는 목사였다. 하나님을 섬기면서 그들 모두를 오랫동안 속인 사람이었다.

10년 후

본회퍼는 체포되기 몇 달 전 〈10년 후: 1943년으로의 전환에 대한 해명〉이라는 소론을 썼다. 1942년 크리스마스에 베트게, 도나니, 한스 오스터에게 사본을 하나씩 보내고, 네 번째 사본은 다락방 천정에 숨겼다. 이 소론은 그들이 히틀러의 집권 이래 겪은 일과 10년 동안의 특별한 경험에서 배운 것들을 평가한 것이었다. 여기에는 본회퍼와 그들 모두를 이끌어 비범한 조치를 취하게 하여 끊임없이 나치 정권에 맞서게 한 생각이 잘 담겨 있다. 또한 이 소론은 본회퍼가 공모에서 중요한 역할을 했음을 확인해준다. 바로 신학자로서의 역할과 도덕적 나침반으로서의 역할이다. 본회퍼는 그들에게 지금 하고 있는 일을 어째서 해야 하는지, 그 일을 하는 것이 어째서 옳은지, 그 일이 어째서 하나님의 뜻인지 정확히 볼 수 있게 해주었다.

본회퍼는 사태를 정리하면서 이렇게 터놓고 이야기했다.

인류 역사에서 전에도 딛고 설 땅이 없는 사람들, 유효한 모든 대안을 참을 수 없고 비위에 거슬리고 무익한 것으로 여기는 사람들, 현존하는 이 모든 대안을 넘어 과거나 미래에서 힘의 원천을 찾는 사람들, 그러면서도 몽상가가 되지 않고 대의를 성취할 날을 조용히 담대하게 기다릴 수 있는 사람들이 있었던가?

　악의 거대한 가면무도회가 우리의 윤리적 개념들을 모두 엉망으로 만들었다. 악이 빛, 자애, 역사적 필연성, 사회 정의를 가장하고 나타나서 우리처럼 전통적이고 윤리적인 개념 속에서 자란 사람들을 어리둥절하게 하고 있다. 삶의 근거를 성경에 두는 그리스도인에게 그것은 악의 근본적인 사악성을 확인해줄 뿐이다.[19]

　그런 다음 본회퍼는 자신들이 직면한 일반적 대응을 내치고 그 대응들 하나하나가 어째서 실패할 수밖에 없는지를 설명했다. "누가 확고하게 서는가?"라고 물으면서 이렇게 말했다. "자신의 이성, 자신의 원칙, 자신의 양심, 자신의 자유, 자신의 덕행을 최후의 척도로 삼지 않는 사람만이 꿋꿋이 버틴다. 그는 하나님에 대한 믿음과 그분에 대한 전적인 충성 속에서 이루어지는 복종과 책임감 있는 행위로 부름받아 이 모든 이성과 원칙, 양심, 자유, 덕행을 기꺼이 희생하는 사람이다. 말하자면 자신의 온 생애를 하나님의 하문下間과 부르심에 대한 응답이 되게 하려고 애쓰는 책임감 있는 인간만이 확고하게 설 수 있다."[20]

　본회퍼는 자기가 하는 일을 그런 식으로 보았다. 신학을 바탕으로 그리스도인의 삶을 수동적인 것이 아니라 능동적인 것으로 다시 뜻매김했다. 그리스도인의 삶은 죄를 피하는 것과 아무 관계가 없으며, 신학적 견해와 원리와 규정과 교의 들을 그저 떠들어 대고 가르치고 믿는 것과도 아무 관계가 없었다. 그리스도인의 삶은 평생토록 활동을 통해 하나님의 부르심에 복종하며 사는 것과 관계가 있었다. 그리스도인의 삶은 마음만 필요로 하는 것이 아니라 몸도 필요로 하는 삶이었다. 충분히 인간답게 되는 것, 우리를 지으신 분에게 인간으로서 복종하며 사는 것, 그것이야말로 하나님의 요구였다. 그리스도인의 삶은 갑갑한 삶, 위축된 삶, 조마조마한 삶이 아니라 멋지고 즐겁고 후련한 자유를 맛보는 삶이었다. 하나님에게 복종한다는 건 그런 것이었다. 도나니나 오스터가 이 모든 것을 베트게만큼 이해했는지는 확실치 않다. 그러나 자신들이 하는 일에 본회퍼의 조언과 참여를 요구한 것으로 보아 그들 역시 그 모든 것을 충분히 이해할 만큼 명석한 사람들이었을 것이다.

본회퍼는 자기희생과 권위에 대한 복종을 추구하는 독일인의 기질이 어떻게 나치의 악한 목적에 이용되었는지를 논했다. 성경의 하나님을 깊이 이해하고 그분께 헌신하는 것만이 그러한 사악성에 맞설 수 있었다. "그것은 담대한 신앙의 모험 속에서 책임감 있는 행동을 요구하시는 하나님, 그러한 모험 속에서 죄인이 된 사람에게 용서와 위로를 약속하시는 하나님을 의지하는 것이다." 중요한 건 이거였다. 죄를 피하기보다는 하나님의 마음에 들기 위해 힘쓰고, 하나님의 목적을 위해 자신을 송두리째 바치고, 도덕적 실수를 범하는 지경에까지 이르러야 하는 것이다. 하나님에 대한 복종은 미래지향적이고, 열성적이고, 대범해야 하며, 단순히 도덕가나 경건파가 되는 것은 그러한 삶을 불가능하게 할 뿐이라는 것이다.[21]

그리스도인이 되고자 한다면, 그리스도의 너른 마음에 참여하여 위험한 순간이 닥칠 때 책임감을 가지고 거침없이 행동하고, 고통당하는 모든 이에게 진정한 자비를 보여주어야 한다. 이 진정한 자비의 출처는 두려움이 아니라 해방하시고 구원하시는 그리스도의 사랑이다. 무작정 기다리며 방관하는 건 그리스도인의 자세가 아니다. 그리스도인이 자비와 행동으로 부름 받는 건 자신의 고난 때문이 아니라 동료 형제들의 고난 때문이다. 그리스도께서는 그들을 위해 고난을 당하셨다.[22]

본회퍼는 죽음에 대해서도 말했다.

근자에 우리는 죽음에 대한 생각과 점점 친숙해졌다. 우리는 우리 동지 중 한 사람의 부고를 듣고도 무덤덤한 자신을 보고 놀라곤 한다. 우리는 예전처럼 죽음을 미워하지 않는다. 죽음에서 선한 것을 찾아내고 죽음과 거의 화해한 상태이기 때문이다. 근본적으로 우리는 이미 죽음에 속해 있음을 느끼고 새로운 날 하루하루가 기적임을 느끼고 있다. 역병과 마찬가지로 우리가 피해야 할 권태가 있음을 모르는 바는 아니지만 죽음을 알고 싶다고 해서, 좀 더 진지하게 말하면 우리 삶의 부서진 조각들이 갖는 의미에 대해 더 많은 것을 알고 싶다고 해서, 죽음을 기꺼이 받아들인다고 말하는 건 옳지 않은 것 같다. … 우리는 여전히 삶을 사랑한다. 하지만 나는 죽음이 우리의 허를 찌를 수 있다고 생각하지 않는다. 전쟁 중에 무언가를 겪고 나서 감히 받아들이려 하지 않지만, 우리가 반겨야 할 죽음은 어떤 하찮은 이유 때문에 불시에 다가오는 죽음이 아니라, 삶을 충만히 살고 모든 위험을 무릅쓴 뒤에 다가오는 죽음이다. 죽음을 죽음답게 만드는 것, 죽음을 기꺼이 자원하여 받아들일 수 있는 것으로 만드는 건 우리 자신이지 외적인 상황이 아니다.[23]

테겔 형무소 생활

국방정보국의 수장 카나리스 제독은 도나니와 본회퍼를 보호하려고 할 수 있는 모든 조치를 취했다. 그러나 1944년 2월 카나리스가 게슈타포와 힘러에게 패해 쫓겨남으로써 상황이 바뀌고 만다. 하지만 테겔에서 처음 열 달을 지내는 동안은 본회퍼와 도나니 둘 다 카나리스의 비호를 확신했다.

테겔 형무소에 있던 본회퍼에게는 그 외에도 유리한 면이 있었다. 외삼촌 파울 폰 하제가 베를린 방위군 사령관인데다 테겔 형무소 소장의 상관이었기 때문이다. 테겔 형무소 간수들이 이 사실을 알면서부터 모든 대우가 달라졌다. 상상할 수 없는 일이었지만, 폰 하제의 조카가 수감자였던 것이다! 그들 한가운데에 유명인이 자리하고 있는 것 같았다. 외삼촌 폰 하제 때문이기도 했지만, 수감생활에서 풍겨 나오는 엄청난 신비 때문이기도 했다. 본회퍼는 목사였고 의심할 여지 없이 나치 국가의 적이었다. 수감자 상당수도 나치를 은밀히 반대하는 이들이었다. 따라서 본회퍼에게 반하는 건 당연했다. 그들은 본회퍼를 알게 되면서 그가 정말로 친절하고 다정한 사람이라는 걸 알게 되었다. 그 모습은 그들 상당수에게 대단히 충격적이었다. 본회퍼는 수감자들이 경멸하는 간수들에게까지 친절을 베풀었다. 정말로 선한 사람이었고, 힘 있는 자들이 힘없는 이들을 억압할 때 힘 있는 자들을 나무라기까지 하는 사람이었다.

본회퍼는 얼마 안 있어 여러 특권을 누렸다. 외삼촌 때문이기도 했지만, 불쾌한 환경에 처한 다른 이들이 그를 위로의 원천으로 여겨 가까이하고 싶어 했기 때문이다. 그들은 본회퍼와 이야기를 나누고 자신들의 문제를 털어놓고 무언가를 고백했다. 그저 옆에 있고 싶어 하기도 했다. 본회퍼는 유죄 선고를 받은 몇몇 죄수들과 몇몇 간수들에게도 조언을 아끼지 않았다. 앞으로 살펴보겠지만, 간수 크노블로흐는 본회퍼의 인품에 흠뻑 반한 나머지 그의 탈출을 도우려고 온갖 수단을 동원한 사람이다. 규정에 위배되는 일이었지만, 본회퍼는 다른 이들과 함께 지내는 감방에서 홀로 있는 시간을 허락받기도 했다. 의무실에서 수감자가 아닌 교정 담당 목사 역할을 하면서 시간을 보내기도 했다. 대체로 본회퍼는 테겔 형무소에서 목회 활동을 하면서 상당히 많은 시간을 보냈다. 글을 쓰고 독서하는 시간을 너무 많이 줄였다고 느낄 정도였다.

1943년 크리스마스는 본회퍼가 테겔 형무소에서 보낸 유일한 크리스마스였다. 정식 교정 담당 목사인 하랄트 포엘하우가 수감자들에게 배포할 신문을 작성해달라고 본회퍼에게 부탁했다. 그래서 신문에다 이런 기도문을 포함하여 여러 기도문을 썼다.

> 아아, 하나님,
> 이른 아침에 당신께 부르짖습니다.
> 나를 도우시어 기도하게 하시고
> 당신만을 생각하게 하소서.
> 내 안에는 어둠이 자리하고 있으나
> 당신에게는 빛이 있습니다.
> 나는 고독하지만, 당신은 나를 버리지 않으십니다.
> 내 마음은 약하지만, 당신은 나를 버리지 않으십니다.
> 나는 불안하지만, 당신에게는 평안이 있습니다.
> 내 안에는 고통이 있지만, 당신에게는 인내가 있습니다.
> 당신의 길은 이해 너머에 있지만,
> 당신은 나를 위한 길을 아십니다.[24]

포엘하우의 회고에 따르면, 본회퍼는 감옥에서도 품위를 잃지 않았다.

> 어느 날 그가 나에게 커피를 함께 마시자고 청했다. … 옆 감방에 있는 동료 수감자가 우리 두 사람을 초청했다고 말했다. 여차하면 그 수감자가 다른 감방에 감금될 수도 있는 일이었다. 그 수감자는 영국인 장교였다. 우리는 적당한 때에 건너가 공습이 진행되는 동안 쓰려고 감방 한 귀퉁이에

1944년 초여름, 테겔 형무소 안마당에서 이탈리아 공군 장교 포로들과 함께 걷는 본회퍼

비치해둔 모래더미에 휴대용 석유난로를 받쳐놓고 작은 파티를 열었다. 커피를 마시고 그 행사를 위해 모아놓은 흰 빵을 먹었다. 심각한 이야기도 나누고 유쾌한 이야기도 나누었다. 그렇게 하면서 전쟁을 잊고 지낼 수 있었다.[25]

본회퍼의 당당한 자세와 베풂은 주목할 만한 것이었고, 이는 그가 숨지는 날까지 이어졌다. 테겔 형무소에서 사비를 들여 경제적 여유가 없는 젊은 수감자에게 법적 도움을 주었고, 자기 변호사에게 동료 수감자의 사건을 맡아달라고 부탁하기도 했다.

1943년 여름, 본회퍼는 2층에 있는 조금 더 시원한 감방으로 옮겨주겠다고 하자 거부했다. 그렇게 하면 자기가 쓰던 방을 다른 누군가가 써야 했기 때문이다. 본회퍼는 자신의 처우 개선이 외삼촌의 지위 때문이라는 걸 알고 있었다. 형무소 관계자들이 외삼촌의 신분을 알게 되었을 때 자신의 심정을 이렇게 기록했다. "그 순간부터 모든 것이 바뀌었다. 참으로 난감했다." 곧바로 음식 배급량이 늘었지만 거절

했다. 다른 수감자들이 받는 배급량이 줄어들 거란 걸 알았기 때문이다. 본회퍼는 작은 특혜에 감사하기도 하고 역겨워하기도 했다. 형무소 직원 몇 사람이 본회퍼의 외삼촌이 누구인지 알고 나서 "몰라 뵈어 죄송하다"고 말하자, 그는 "괴로웠다!"고 기록했다.[26]

본회퍼는 불의에 화를 내고 고참 간수들이 수감자를 학대할 때마다 노발대발했다. 하지만 힘없는 이들을 위해서는 자기 신분을 이용해 적극 변호했다. 한때는 개선이 필요한 사항들에 관계자들의 주의를 끌려고 형무소 생활에 관한 보고서를 쓰기도 했다. 폰 하제의 조카라는 신분이 이런 문제에 도움이 될 거란 걸 알고 자기가 관찰한 불의를 자세히 제시하여 교인들에게 설교하던 대로 목소리를 잃은 자들의 목소리가 되어주었다.

마리아 폰 베데마이어

디트리히에게는 마리아와의 관계가 힘과 희망의 원천이었다. 장차 장모가 될 폰 베데마이어 부인이 그가 체포되었다는 소식을 듣고 약혼 공개를 허락하는 쪽으로 마음을 바꾸었다. 디트리히는 이 친절한 조치에 몹시 고마워했다. 디트리히와 마리아는 자신들이 함께할 미래가 조만간 현실이 될 거라는 희망에 부풀었다. 공식적으로는 1년이 될 때까지 가족에게조차 약혼을 알리지 않기로 했었다. 11월이면 딱 1년이었다. 다들 뢰더의 심문이 마무리되고 사태가 해결되면 디트리히가 곧바로 풀려날 것이고, 그러면 결혼도 곧바로 이루어질 거라고 확신했다. 디트리히는 테겔 형무소에 수감되고 처음 두 달간 마리아에게 편지를 쓸 수 없었다. 그래서 부모님에게 편지를 써 보냈고 부모님은 편지 내용 중에서 생기 넘치는 부분을 뽑아 마리아에게 전했다.

5월 23일, 마리아가 베를린에 있는 디트리히 부모님을 찾아갔고, 부모님은 마리아를 아들의 피앙세로 받아들였다. 마리아는 디트리히의 방에서 홀로 긴 시간을 보냈다. 그런 다음 하노버에서 이런 편지를 써 보냈다.

친애하고 사랑하는 디트리히,

어제 내 생각을 하셨나요? 그대가 늘 내 곁에 계시며 나와 함께 저 낯선 방들을 지나 저 모든 사람을 만나주셔서, 모든 것이 갑자기 친숙하고 익숙하고 소중해진 것 같습니다. 디트리히, 베를린에서 보낸 날들을 떠올리니, 내 마음이 행복하네요. 형언할 수 없을 만큼 행복해서 그대와 그대 부모님께 감사할 따름입니다. 나의 행복감이 어찌나 깊고 확고한지, 이따금 거대해 보이던 슬픔마저 미치지 못할 것 같습니다.

그대의 부모님이 좋습니다. 그대 어머니가 나를 맞이해주시는 순간, 나는 내가 기대를 저버릴 수 없으며, 그대가 내가 꿈꾸었던 것보다 훨씬 많은 것을 나에게 주고 있다는 걸 알았습니다. 오오, 나는 모든 것에 반했답니다. 그대의 집, 정원, 무엇보다도 그대의 방에 반했답니다. 그대의 책상용 깔개에 번진 잉크 얼룩은 보기만 해도 다시 앉고 싶을 정도랍니다. 나에게는 모든 것이 실제적이고 분명했습니다. 어제 그대 부모님 댁에서 그대를 만났기 때문입니다. 그대가 앉아서 책을 쓰고 나에게 보내는 편지를 쓰던 책상, 그대의 안락의자와 재떨이, 선반에 놓인 그대의 구두와 그대가 아끼는 그림들…. 지금만큼 그대를 그리워하고 간절히 바란 적이 없었던 것 같습니다. 어제보다 갑절로 그대가 그립습니다.

내가 가장 사랑하는 디트리히, 우리가 매일 아침 6시에 두 손을 모으고 기도한다면, 서로를 믿게 되는 건 물론이고 그 이상의 일도 할 수 있을 거예요. 그러면 그대는 결코 슬프지 않을 거예요. 조만간 다시 편지할게요.

내가 무엇을 생각하든지, 무슨 일을 하든지, 나는 언제나 그대의 마리

아랍니다.[27]

다음에 부친 5월 30일자의 편지에서 마리아는 클라인-크뢰신에서 디트리히를 운명적으로 만난 지 1년이 되었다는 걸 알고 깜짝 놀라 이렇게 말했다. "이미 1년 전 일이 되었군요. 그냥 상상만 해보세요. 그 당시 내가 만나 이름과 〈릴리 마를렌〉,* 데이지, 그 밖의 다른 주제를 놓고 토론한 신사가 그대라니 불가해한 일이 아닐 수 없습니다. 그대가 그때 일을 떠올렸다고 외할머니께서 나에게 이야기해주셨고, 나는 내가 했던 온갖 어리석은 말을 떠올리고는 얼굴이 빨개졌답니다."

6월 초, 뢰더의 허가가 떨어졌다. 본회퍼가 마리아에게 편지를 써 보내도 된다는 허가였다. 본회퍼의 첫 편지를 받고 나서 마리아는 이렇게 답장했다.

1943년 6월 9일
사랑하는 디트리히,

그대의 편지는 너무나 감미로웠습니다. … 열흘에 한 번씩 그런 편지를 기대할 수 있다니 믿을 수 없을 정도로 기분이 좋아요. 편지를 읽고 어찌나 행복한지 갑자기 이 꿈에서 깨어나야 한다는 생각, 이 꿈이 전혀 현실이 아니라는 깨달음, 그렇게 행복해하는 자신에 대한 비웃음이 들 정도입니다. 행복감이 여전히 슬픔보다 크다는 걸 그대도 아실 겁니다. 그대는 정말로 그리 믿어야 합니다. 나는 우리가 머잖아 서로 보게 될 거라고 확신하고, 밤에도 아침에도 그대와 나에게 그렇게 말한답니다. (중략)

결혼식 계획을 듣고 싶다고요? 충분하고도 넘치게 세웠답니다. 우리는 다시 만나자마자 공식 약혼식을 하게 될 거예요. 가족 중 극소수만 약혼

----
*당시 독일군 사이에 인기를 누렸던 노래로, 독일군 방송은 매일 밤 이 노래로 취침시간을 알렸다.

사실을 알고 있으니까요. … 그대도 약혼식을 하고 싶을 겁니다. 하지만 우리는 약혼식이 끝나자마자 곧바로 결혼할 거예요. 패치히가 가장 아름다워 보이는 여름철에 결혼하고 싶습니다. 8월의 패치히를 그대에게 보여줄 날을 학수고대해왔거든요. 그대가 이제까지 본 건 아무것도 아니랍니다. 8월의 패치히는 내가 그대에게 자세히 묘사해준 그대로랍니다. 그대가 기차를 타고 오시면 내가 마중하여, 그대와 함께 산책하면서, 내가 좋아하는 모든 곳, 경치, 나무, 동물 들을 보여드리지요. 그러면 그대도 마음에 들 거예요. 그런 다음 그곳에 함께 살 집을 마련할 거예요. 그러니 우울해하지 마시고 비관하지도 마세요. 나중에 우리가 얼마나 행복하게 살지만 생각하시고, 이 모든 일이 우리에게 일어나면, 우리의 삶이 참으로 멋진 삶이 될 것이고, 그런 삶에 감사하게 될 거라고 그대 자신에게 말하세요. … 그대는 찬송가와 성경 본문 들을 지금부터 골라야 할 거예요. 나는 파울 게르하르트가 쓴 찬송가 〈나의 하나님을 찬양해야 하지 않겠는가〉와 시편 103편을 좋아한답니다. … 이 두 개를 꼭 포함시켜주세요. 나머지는 그대의 신념과 제안대로 하겠습니다. 아참, 그대는 패치히 교회당을 아실 거예요. (중략)

허니문도 가질 거예요. 어디가 좋을까요? 그런 다음에는 무얼 할까요? 가장 중요한 건 우리 두 사람이 행복하게 되는 것입니다. 그 밖의 것은 그다지 중요하지 않겠지요?

베를린 아우구스타 병원으로 전출을 신청하고 지금은 그곳에 배치될 날을 기다리고 있답니다. 며칠 안 있으면 그리 될 것입니다. 그대 곁에 있게 되면 참으로 좋을 것입니다. 그대 부모님을 더 자주 찾아뵐 수 있게 되기를 학수고대하고 있답니다. 그대가 다시 자유의 몸이 되는 날, 그날이 얼마나 근사한 날이 될까 생각해보세요.

사랑하는 디트리히, 내가 그대의 짐을 조금이라도 덜어줄 수만 있다면 좋으련만. 그럴 수만 있다면 무슨 일이든 할 겁니다. 굉장히 멀리 떨어져 있지만, 매순간 그대와 함께할 것입니다. 그리고 정말로 그대와 함께 있게 될 날을 간절히 바라고 있답니다. 그대도 아시겠지만, 나는 언제나 그대의 마리아랍니다."[28]

마리아는 6월 24일에 면회 허가를 받았다. 하지만 본회퍼는 그녀가 면회하러 올 줄 모르고 있었다. 열일곱 번의 면회 가운데 첫 번째 면회였다. 열여섯 번의 면회는 그날과 이듬해인 1944년 6월 27일 사이에 이루어졌다.* 마지막 면회는 1944년 7월 20일 히틀러 암살이 시도되고 한 달 뒤인 8월 23일이었다. 하지만 마리아가 처음으로 디트리히를 면회하러 간 1943년 6월 24일에 두 사람은 재판과 석방이 조기에 이루어질 거라는 희망에 부풀어서 임박한 결혼에 대해서만 끊임없이 생각했다.

면회는 언제나 얼마간 어색했다. 두 사람만 따로 있지 못하고 뢰더가 늘 동석했기 때문이다. 6월 24일 첫 면회가 있던 날, 뢰더는 마리아를 면회실로 데려와 본회퍼를 놀라게 했다. 본회퍼는 너무나 놀라 한 마디도 할 수 없었다. 그녀를 그 자리에 있게 한 저의가 의심스러웠기 때문이다. 이는 비열한 술책이었다. 몇 년 뒤 마리아는 이렇게 썼다. "뢰더가 나를 면회실로 데리고 갔다. 그는 디트리히에게 아무 예고도 하지 않은 상태였다. 디트리히의 눈이 떨렸다. 처음에는 침묵으로 반응했지만, 곧이어 통상적인 대화를 나누었다. 그는 나의 손을 잡는 압력으로만 자신의 감정을 전했다."[29]

면회가 끝나자 뢰더가 마리아를 왔던 방향으로 데려갔고 본회퍼는 다른 문으로 나갈 수밖에 없었다. 그들은 1942년 11월 이후 한 번도

*마리아가 1943년에 본회퍼를 면회한 날짜는 6월 24일, 7월 30일, 8월 26일, 10월 7일, 11월 10일과 26일, 12월 10일과 22일이었다. 1944년에 면회한 날짜는 1월 1일과 24일, 본회퍼의 생일인 2월 4일, 3월 30일, 4월 18일과 25일, 5월 22일, 6월 27일, 8월 23일이었다.

보지 못했고 이제야 소중한 순간이 주어졌건만, 갑자기 면회가 끝나고 만 것이다. 그러나 마리아는 면회실을 나서려다가 주특기인 독립심과 강인한 의지를 여지없이 보여주었다. 뒤돌아보니 면회실 건너편 문을 빠져나가는 사랑스런 디트리히의 모습이 보였다. 그녀는 뢰더의 바람과 달리 급히 뒤돌아서서 면회실을 가로질러 자신의 피앙세를 껴안았다.

본회퍼는 감방으로 돌아와 부모님에게 보내는 편지를 마저 썼다.

방금 마리아를 만나고 돌아왔습니다. 형언할 수 없는 놀라움과 기쁨이었습니다! 면회하기 1분 전에야 그녀가 면회하러 왔다는 말을 들었거든요. 아직도 꿈만 같습니다. 현실에서는 거의 상상도 할 수 없는 상황이니까요. 그런 일을 어찌 상상할 수 있겠습니까? 그 순간에 우리가 주고받을 수 있는 말은 하찮은 것이지만, 그건 중요하지 않습니다. 중요한 건 그녀가 용기를 내어 찾아왔다는 겁니다. 저는 그녀에게 면회를 와달라고 말할 엄두도 내지 못했거든요. 그건 저보다 그녀에게 훨씬 더 어려운 일이었을 겁니다. 저는 제가 어디에 있는지 잘 알지만, 그녀에게는 모든 것이 상상할 수 없고 수수께끼 같고 두려운 일일 겁니다. 이 악몽이 지나가고 나면 어찌될까요?[30]

마리아가 초기에 보낸 편지들에는 결혼식 구상과 계획으로 가득 차 있었다. 혼숫감을 장만하기 시작했다고 적었고, 한 편지에는 새 집에 가구를 배치하는 법을 함께 생각해보자면서 신방에 놓을 가구를 손으로 그려 동봉하기도 했다. 외할머니가 "슈테틴에 있는 푸른색 소파와 안락의자와 탁자"를 주기로 했다고 전하기도 했다. 또 결혼식 주례를 어느 목사님이 맡으면 좋을지 물으면서 본회퍼에게 이렇게 실토했다. "지난해 9월, 우리 두 사람이 앞으로 몇 달 안에 무슨 일이 벌어질지 모르던 시절, 나는 그대를 목사로만 생각하고 일기에 이렇게 적었답니다. '내 결혼식 주례는 그가 맡아주었으면 좋겠다.' 안타깝게도 그게 불가능해지고 말았습니다!!!"[31]

마리아는 본회퍼에게 보내는 편지라고 상상하면서 일기에 계속 써 나갔다. 7월 30일, 두 번째 면회를 다녀온 뒤에는 이렇게 썼다.

붉은 색 우단으로 만든 소파에 앉아 있었습니다. 그때 그대가 들어오더군요. 하마터면 그대를 "당신 Sie"이라고 부를 뻔했답니다.[*] 거무튀튀하지만 잘 어울리는 복장, 고등군법회의 검사에게 하는 판에 박힌 인사가 이상하게도 낯설었습니다.

그대의 두 눈을 들여다보았을 때에는 어둔 빛이 보였는데, 그대가 내 입에 입 맞추자 그대를 새롭게 발견한 것 같았습니다. 전에 그대를 소유할 때보다 훨씬 새롭게 그대를 발견한 느낌이었습니다.

첫 키스 때와는 사뭇 달랐습니다. 그대는 더 차분하고 더 침착하고 더 믿음직스러웠습니다. 나는 그 모든 것을 느꼈습니다. 그 모든 것이 슬프고 풀죽은 내 마음에 내려앉아 나를 기쁘고 행복하게 해주었습니다. 그 순간에 우리가 나누는 얘기는 … 자동차 운전, 날씨, 가족의 안부뿐일 겁니다.[**] 하지만 그건 큰 의미가 있었고, 지난 한 달간의 고독보다 훨씬 중요한 의미가 있었습니다. 그대는 한 순간 나를 꼭 붙잡았지요. 내색하지는 않았지만, 내 가슴이 떨렸답니다. 그대의 손이 따스해서 어찌나 좋았던지, 그대가 그 자리를 떠나주길 바랄 정도였습니다. 그대의 손이 전류를 흘려 나를 가득 채우며 도무지 생각할 겨를을 주지 않았거든요.[32]

이 무렵 본회퍼는 열흘에 한 번이 아니라 나흘에 한 번씩 편지를 쓸

---

[*] 독일어에서 Sie는 격식을 차려 정중하게 부르는 존칭 대명사이고, du는 절친한 친구 사이나 가족 간에 격의 없이 부르는 단수 2인칭 대명사다.
[**] 두 사람이 얘기를 나눌 때 뢰더가 곁에 앉아 지켜보고 있었다.

수 있게 되었다. 그래서 부모님과 마리아에게 번갈아 편지하기로 했다. 모든 편지가 검열을 거쳐야 했으므로 가끔 열흘이나 걸려 수령자에게 닿을 때도 있었다. 부모님에게 보내는 편지는 감방에서 집까지 거리가 7마일이 안 되는데도 그랬다. 본회퍼와 마리아는 면회가 끝나면 곧바로 서로에게 편지하고는 했다. 면회일에 임박해서 편지를 쓰고 싶지 않았다. 편지가 도착하기 전에 면회를 하게 될 수도 있었기 때문이다.

7월 30일에 있은 두 번째 면회 후 마리아는 본회퍼에게 보내는 편지에서 기차를 타고 패치히로 돌아가는 길에 게르하르트 트레스코브 삼촌을 만났다고 말했다. 트레스코브는 두 차례 히틀러 암살 시도에서 중요한 역할을 한 헤닝 폰 트레스코브와 형제 사이였다. 마리아는 그 편지에서 본회퍼에게 이렇게 말했다. "삼촌은 약혼 소식을 모르고 있었습니다. 나를 보시더니 내가 열두 살 때 삼촌에게 내 결혼식에 와 달라고 초대했던 일이 생각난다면서 그 초대를 잊지 않겠다고 말씀하셨습니다."[33]

또 마리아는 본회퍼와 함께 할 미래를 계획하면서 이렇게 말하기도 했다. "외할머니가 주실 푸른색 소파는 그대의 방에 두는 게 나을 것 같아요. 신학 토론, 서가, 담배 연기와 썩 잘 어울리거든요. 그리고 그랜드 피아노는 거실에 두는 게 좋겠어요." 두 사람이 주고받은 편지는 위트와 사랑 고백이 넘쳐났다. 1943년 8월, 본회퍼는 다음과 같은 편지를 써 보냈다. "그대는 지금의 처지에서 내가 그대를 만나는 것이 어떤 의미를 지니는지 상상도 할 수 없을 겁니다. 이곳에서 하나님의 특별한 보호를 받고 있습니다. 나는 그것을 분명하게 느낀답니다. 체포되기 전 그토록 짧은 시간에 우리가 서로 알게 된 건 하나님의 보호를 가리키는 분명한 표지인 것 같습니다. 한 번 더 말하지만, '인간의 혼동과 하나님의 섭리에 따라' 일이 그리 된 것 같습니다."[34]

이 편지에서 본회퍼는 자신의 유명한 사상을 피력했다. 두 사람의 결혼이 "하나님의 대지大地에 대한 '긍정'이라는 것"이다. 약혼은 그가 믿는 대로 살기 위해 선택한 방법이었다. 그가 한 모든 일은 하나님을 위한 것이었으며, 마리아와의 약혼도 그랬다. 계산이 아니라 믿음의 행위였다.

세계정세, 우리 개인의 운명을 뒤덮은 총체적 어둠, 그리고 나의 투옥을 고려하건대, 우리의 결합은 경솔한 짓이 아니라 우리를 믿음으로 부르시는 하나님, 은혜롭고 선하신 하나님의 표지이지 싶습니다. 그 점을 보지 못한다면, 우리는 청맹과니나 다름없을 것입니다. 예레미야는 백성들이 가장 큰 곤경에 처한 시기에 이렇게 말했습니다. "사람들이 이 나라에서 다시 집과 밭과 포도원을 살 것이다."* 그것은 미래에 대한 확신의 표지였습니다. 그것은 믿음을 요구합니다. 하나님께서 우리에게 날마다 믿음을 허락해주시기를. 내가 말하는 믿음은 속세를 피하여 은둔하는 믿음이 아니라, 세상이 우리에게 안겨주는 온갖 고초에도 불구하고 그 속에서 참고, 사랑하고, 세상에 참된 것을 보여주는 믿음입니다. 우리의 결혼은 하나님의 대지에 대한 긍정이 되어야 합니다. 우리의 결혼은 이 세상에서 무언가를 하며 성취하겠다는 결단을 강화해주어야 합니다. 나는 이 세상에서 한쪽 다리로만 서려고 하는 그리스도인들이 천국에서도 한쪽 다리로만 서게 될까 두렵습니다.[35]

감방에서 보내온 결혼식 설교

가족 중에 약혼하고 결혼을 앞둔 사람은 디트리히만이 아니었다.

* 예레미야 32장 15절.

열여섯 살이 된 조카 레나테도 디트리히의 가장 친한 친구 에버하르트 베트게와 결혼을 앞두고 있었다. 당장 결혼하지 않으면, 레나테가 제국근로봉사대에 소집될 판이었다. 슐라이허 부부는 딸이 에버하르트와의 결혼을 1-2년 앞당기는 것보다 히틀러 정권에서 징집되는 걸 더 싫어했다. 결혼식 날짜가 5월 15일로 잡혔다. 본회퍼는 오래 전부터 이 결혼식에서 설교하고 싶어 했지만, 조기 석방의 희망이 곧 이루어질 것 같지 않았다. 그럼에도 그는 설교문을 작성했다. 제시간에 도착하지 못해 결혼식 자리에서 읽히지는 못했지만, 본회퍼가 쓴 다른 글들과 마찬가지로 이 설교문도 그가 염두에 두었던 것보다 훨씬 많은 청중을 얻었다. 많은 이들이 기념일을 맞아 읽는 하나의 작은 고전이 되었다.

마리아에게 보내는 편지에서 두 사람의 결혼을 "하나님의 대지에 대한 긍정"으로 기술했듯이, 베트게의 임박한 결혼식에서도 하나님의 역할을 긍정하면서 부부의 역할도 긍정했다. 본회퍼는 하나님을 바르게 찬양하려면 인간을 충분히 이해하고 찬양해야 한다고 말했다. 하나님과 인간, 하늘과 땅 사이의 잘못된 선택을 바로잡으려고 끊임없이 시도했다. 말하자면 하나님이 원하신 것은 인간과 땅의 폐기가 아니라 인간과 땅의 구원이라는 것이다. 본회퍼는 논지를 가급적 분명히 전달하고자 과장해서 말하는 버릇이 있었는데, 이번에도 그랬다.

우리는 하나님의 뜻과 인도하심을 너무 성급하게 종교적으로 말해서는 안 됩니다. 명백한 사실, 간과하지 말아야 할 사실은 이것입니다. 이 자리에서 움직이며 승리를 구가하는 것은 그대 두 사람의 인간적인 의지라는 것입니다. 그대들이 가는 길은 그대들이 스스로 선택한 길입니다. 그대들이 해왔고 지금도 하고 있는 일은 종교적인 것이 아니라 대단히 세속적인 일입니다. … 오늘 그대 두 사람이 "이것은 우리 두 사람의 결단, 우리 두 사람의 사랑, 우리 두 사람의 길이다"라고 담대히 말하지 않는다면, 잘못된 경건에서 위안을 구하는 셈이 될 것입니다. "쇠와 강철은 삭아서 없어질지라도, 우리의 사랑은 영원히 남아 있습니다." 그대들이 서로에게서 발견하려 하는 현세적 행복에 대한 갈망, 중세기의 노랫말로 표현하면, 한 사람이 영혼과 육체로 다른 사람의 위로가 되는 것은 하나님과 사람 앞에서 옳다고 인정된 갈망입니다.[36]

본회퍼는 지난 20년 동안 그래왔듯이 모든 것을 하나님에게 맞추려고 애썼다. 결혼생활의 종교적인 부분이 중요한 것이 아니라, 결혼생활 전체가 중요하다고 말했다. 배우자를 고를 자유는 우리를 자기 형상대로 지으신 하나님의 선물이다. 현세적 행복은 우리가 하나님의 등 뒤에서 훔쳐내야 할 무엇이 아니라, 우리가 갈망해야 할 무엇이다. 하나님은 우리가 그렇게 하기를 바라셨다. 우리는 삶과 결혼생활을 하나님으로부터 분리해서는 안 된다. 삶과 결혼생활을 우리에게만 속한 것으로 여겨 하나님이 보시지 못하게 숨기려 해서도 안 되고, 잘못된 경건을 통해 그것을 송두리째 파괴하려 해서도 안 된다. 잘못된 경건은 삶과 결혼생활의 존재를 부인하기 때문이다.

현세적 행복과 인성人性은 협소한 종교적 의미에서가 아니라 충분히 인간적인 의미에서 하나님에게 속해 있다. 본회퍼는 하나님이 인성을 지으셨고 성육신을 통해 인성에 참여하심으로써 인성을 구원하셨다는 사상을 열렬히 옹호했다. 그러나 한쪽 방향으로 멀리 나아가 충분히 인간적인 관점을 개진한 다음에는 반대쪽으로 돌아서서 충분히 신적인 관점도 개진했다.

그대들은 누구도 그러한 삶을 자기 힘으로 만들거나 취할 수 없다는 걸 알고 있습니다. 또한 그대들은 그러한 삶이 누구에게는 주어지고, 누구에게는 주어지지 않는다는 사실도 알고 있습니다. 우리는 그것을 일컬어 하나님의 인도하심이라고 부릅니다. 그대들은 그대들의 목표를 달성하여 크게 기뻐하는 만큼 하나님의 뜻과 길이 그대들을 여기까지 인도하셨다는 사실에도 감사할 것입니다. 또한 그대들은 오늘 그대들의 행동에 대한 책임을 자신 있게 받아들이는 만큼, 그 책임을 똑같이 자신 있게 하나님의 손에 맡길 것입니다.[37]

이로써 두 가지를 다 말한 셈이 되었다. 하지만 본회퍼가 각각의 것을 분명하게 살핀 것은 두 가지를 결합하기 위해서였다. 그는 두 가지를 이렇게 짜 맞추었다.

그대들의 "예"에 자신의 "예"를 덧붙이시고, 자신의 의지로 그대들의 의지가 옳음을 증명하시고, 그대들의 승리와 환희와 자부심을 허락하심으로써 하나님은 그대들을 자신의 의지와 계획의 도구로 삼으십니다. 그분의 의지와 계획은 여러분을 위한 것이자 다른 이들을 위한 것이기도 합니다. 하나님은 깊이를 헤아릴 수 없을 만큼 겸손한 자세로 그대들의 "예"에 자신 "예"를 덧붙이십니다. 그러나 그렇게 하심으로써 그대들의 사랑에서 전혀 새로운 것, 즉 거룩한 결혼생활을 만들어내십니다.[38]

본회퍼는 거의 형언할 수 없는 역설, 이른바 하나님과의 올바른 관계를 온 힘을 다해 표현하려 했다. 그는 결혼생활에 대한 높은 식견을 지니고 있었다. "결혼생활은 서로를 향한 그대들의 사랑 이상입니다. 결혼생활은 더 높은 존엄성과 힘을 지니고 있습니다. 결혼은 하나님의 거룩한 율례이기 때문입니다. 하나님은 결혼을 통해 인류를 마지막 때까지 지속시키길 원하십니다." 이 설교에서 가장 기억할 만한 문장은 다음 문장이 아닐까 싶다. "그대들의 사랑이 결혼생활을 떠받치는 것이 아닙니다. 이제부터는 결혼생활이 그대들의 사랑을 떠받칠 것입니다."³⁹

독서

투옥 기간이 길어지리라고 전혀 예상하지 못했다. 처음에는 재판 날짜를 잡을 요량으로 검사에게 가급적 많은 정보를 주려고 했다. 죄과는 본회퍼와 도나니가 충분히 변호하여 이길 수 있다고 생각할 만큼 비교적 가벼웠다. 그러나 무대 뒤에서 도나니와 본회퍼를 위해 움직이던 카나리스와 자크는 사태를 질질 끄는 편이 더 낫다고 생각했다. 재판을 피할 심산이었다. 히틀러 암살 계획이 진행 중이었기 때문이다. 계획이 성사되면, 재판은 미결로 끝나고 말 것이었다. 그렇게 몇 달이 흐르면서 법적 싸움이 치열해졌다. 10월이 되면서 본회퍼가 테겔 형무소 생활을 한 지 6개월이 되었다. 생각했던 것보다 훨씬 긴 시간이 지나가고 말았다.

디트리히는 형무소에서 가족과 마리아를 면회하고 독서와 글쓰기 등을 하면서 보냈다. 10월 12일, 카를과 파울라 본회퍼가 정원에서 달리아 몇 송이를 꺾어 들고 다녀갔다. 이튿날 디트리히는 부모님에게 보내는 편지에서 덴마크계 독일 시인 테오도르 슈토름의 〈10월의 노래〉가 뇌리를 스친다면서 이렇게 말했다.

기독교적이든 비기독교적이든
밖에서는 여전히 광풍이 휘몰아치건만,
세상, 아름다운 세상은

전혀 변함이 없구나.

화사한 가을꽃 몇 송이, 감방 창문으로 보이는 정경, 형무소 마당에서 하는 30분가량의 운동만 있으면 이 시를 제대로 느낄 수 있답니다. 형무소 마당에는 아름다운 밤나무와 보리수나무가 몇 그루 있답니다. 그러나 결국 세상은 제가 보고 싶어 하고 함께 있고 싶어 하는 몇 사람으로 이루어져 있습니다. 적어도 제게는 그렇습니다. 까마득히 먼 곳에서 온 것처럼 짧은 시간 동안 뵙는 것이지만, 이따금 뵙는 부모님 모습과 마리아의 모습이야말로 제가 살아가는 목표이자 이유랍니다. 그 외에 주일날 간혹 훌륭한 설교를 들을 수 있다면 더욱 좋을 것입니다. 이따금 바람결에 성가대 합창소리가 단편적으로 들려오기는 합니다. (중략)

　최근에 다시 상당 분량의 글을 썼습니다. 제가 계획한 대로 일하려면 하루가 너무 짧은 것 같습니다. 그래서 우습기는 하지만 이런저런 덜 중요한 일 때문에 시간이 없다고 느낄 때도 간혹 있습니다! 일곱 시경에 아침을 먹고 나면 신학서적을 어느 정도 읽고 점심때까지 글을 씁니다. 오후에는 독서를 하고 그런 다음 델브뤼크의 《세계사 Weltgeschichte》 한 장을 읽고 영문법을 익힙니다. 영문법에 관해 온갖 것을 배운답니다. 마지막으로 기분 내키는 대로 다시 글을 쓰거나 책을 읽습니다. 이윽고 밤이 찾아오고, 그러면 자리에 눕는 것이 좋을 만큼 충분히 피곤해집니다. 그렇다고 곧바로 잠자리에 드는 건 아닙니다.[40]

본회퍼는 테겔 형무소에서 18개월을 보내는 동안 인상적일 만큼 많은 책을 읽고 많은 글을 썼다. 12월에 에버하르트 베트게에게 보내는 편지에서 이렇게 말했다.

　최근에 《런던 경찰청 이야기 A History of Scotland Yard》, 《매춘의 역사 A History *of Prostitution*》를 손에 잡히는 대로 읽고 델브뤼크의 책을 다 읽었네. 델브뤼크의 문제 제기는 그다지 재미가 없었네. 라인홀트 슈나이더의《소네트*Sonette*》도 읽었는데, 질적으로 대단히 다양하고 몇 편은 아주 좋았네. 최신 서적들은 내가 보기에 대체로 위대하고 자유로운 지적 성취에서 엿보이는 쾌활함이 없는 것 같네. 탁 트인 분위기에서 창작되었다기보다는 다소 괴롭고 긴장된 분위기에서 제작되었다는 인상을 풍기더군. … 지금은 휴 월폴이 1909년에 쓴 두툼한 영문 소설, 1500년부터 현재까지 아우르는 소설을 읽고 있네. 딜타이의 책도 흥미롭더군. 만일의 사태에 대비해 날마다 한 시간씩 공중위생학도 공부하고 있다네.[41]

이는 빙산의 일각에 지나지 않았다. 몇 달 전에는 아달베르트 슈티프터가 쓴 중세 역사소설《비티코*Witiko*》가 읽고 싶어서 부모님에게 사본을 구해달라고 조르기까지 했다. 그러나 부모님도 사본을 구하지 못했다. 그런데 놀랍게도 형무소 도서관에서 한 권을 찾아냈다. 본회퍼는 몹시 기뻐했다. 모든 도서관에서 일체의 반反독일 문학을 추방하려는 괴벨스의 손길이 19세기의 문학까지는 미치지 못했던 것이다. 본회퍼는 부모님에게 보낸 일련의 편지에서 자기가 읽은 그 역사소설에 대해 이렇게 말했다.

거의 매일 슈티프터의 책을 조금씩 읽고 있습니다. 사려 깊은 사람들을 고풍스럽게 묘사하는 것뿐이지만, 그가 그려낸 인물들의 은밀하고 눈에 띄지 않는 삶은 이곳 형무소 분위기에 대단히 유익한 것을 제공하고, 무엇이 인생의 본질적 알짬인지 생각하게 합니다. 이곳 감방에서 저는 안팎으로 가장 단순한 삶에 끌린답니다. 그래서인지 릴케의 작품은 읽어도 흥미를 느낄 수 없습니다.[42]

이 책은 무려 1,000쪽이 넘어서 대충 읽을 수 없고 꾸준히 읽어야 하는 까닭에 대부분의 사람들에게 버거운 책입니다. 그래서 두 분께 권해드려야 할지 모르겠습니다. 저에게는 제가 아는 가장 좋은 책 중 하나입니다. 이 책을 읽다 보면 언어와 인물의 순수성에 매료되어 특별하고 묘한 행복감에 젖어듭니다. … 이 책은 독보적인 책입니다. … 지금까지 제게 이 책만큼 감명을 준 역사소설은 《돈키호테》와 고트헬프의 《시대정신과 베른의 정신 *Zeitgeist und Berner Geist*》뿐이랍니다.[43]

저는 지금 독서를 하면서 19세기에서 살고 있습니다. 이번 달에는 고트헬프, 슈티프터, 임머만, 폰타네, 켈러의 작품을 감탄하며 읽었습니다. 19세기 사람들이 그토록 명확하고 단순하게 독일어를 쓸 수 있었던 건 필경 그들이 대단히 건강한 정신을 소유했기 때문일 겁니다. 가장 섬세한 것을 말하되 감상에 빠지지 않았고, 가장 힘찬 것을 말하되 경박하지 않았으며, 설득하되 격하지 않았고, 말하거나 대상을 묘사할 때에는 지나치게 단순하지도 지나치게 복잡하지도 않았습니다. 그 모든 것이 제 마음에 들었고 대단히 건전해 보였습니다. 그러나 그것은 그들이 엄청난 노력을 기울여 훌륭한 독일어로 자신의 사상을 표현하고 고요를 누릴 기회를 풍성히 가지고 있었다는 뜻일 겁니다.[44]

본회퍼의 문화 수준은 굉장히 높았다. 베트게에게 보내는 편지에는 이렇게 적었다.

유감스럽게도 마리아 폰 베데마이어 세대는 동시대의 천박한 문학으로 양육되었네. 그녀 세대가 더 오래된 문헌을 접하는 건 우리 세대보다 더 어려울 거야. 우리가 실로 좋은 작품을 접하면 접할수록, 더 최근에 생산된 싱거운 레몬수는 밋밋하다 못해 메슥메슥한 맛을 낼 걸세. 자네는 최근 15년 사이에 나온 형편없는 책들 중에서 세월이 지나도 오래 남을 것 같은 책을 한 권이라도 꼽을 수 있겠는가? 나는 그렇게 못하겠네. 최근에 나온 책들은 대개 잡담 아니면 조악한 신념, 우는 소리 잘하는 감상주의로 얼룩져 있기 때문일세. 인식이라든가 사상이라든가 명료함이라든가 실체 같은 것을 결여한 채 천박하고 부자유한 언어로 쓰여 있기 때문일세. 그 점에서 나는 지나간 시대를 찬양하는 사람이라고 할 수 있네.[45]

본회퍼는 1943년 11월 초에 베트게에게 보내는 편지들을 밀반출할 수 있었다. 이 통로가 열리자 본회퍼는 신학적, 음악적, 문학적 소양을 지닌 친구에게 엄청난 분량의 글을 흘려보내며 친교를 이어갔다. 그리고 베트게에게 이렇게 말했다. "나는 자네와 이야기하지 않고, 적어도 자네가 뭐라고 할지 스스로 자문해보지 않고는 책 한 권 읽을 수 없고, 글 한 줄 쓸 수 없다네."[46]

내면의 생각들

본회퍼는 베트게에게 보내는 편지에서 교양을 논하기만 한 것이 아니었다. 베트게 말고도 부모님과 교양을 논할 수 있었고, 또 그렇게 했다. 하지만 베트게와는 남과 논의할 수 없는 내용도 논의할 수 있었다. 베트게는 본회퍼가 자신의 연약함을 털어놓고 속생각을 함께 파고들 수 있는 유일한 사람, 그러면서도 자신을 오해하지 않을 거라고 믿을 수 있는 유일한 사람이었다. 본회퍼에게 다른 이들은 목회 대상으로만 여겨졌지만, 베트게는 본회퍼에게 도움을 줄 수 있는 유일한 사람이었다. 핑켄발데 시절부터 본회퍼에게 고해사와 목사 역할을 해왔고 자기 친구의 어두운 면을 잘 알고 있었다.

베트게에게 보내는 첫 번째 편지에서 본회퍼는 이따금 자신을 괴롭히는 우울증이 더는 문제가 되지 않는다고 말했다. 그리고 베트게가 그 문제 때문에 걱정할까 봐 염려했다.

1943년 11월 18일

지난 몇 달간 예배, 참회, 성만찬, 형제들의 위로 없이 지냈네. 과거에 종종 그랬던 것처럼, 내 담당 목사인 자네가 다시 한 번 내 곁에서 내 말을 들어주었으면 좋겠네. 자네 부부에게 하고 싶은 말이 끝도 없이 많지만, 오늘은 본질적인 것만 얘기하겠네. 이 편지는 자네에게만 보내는 것이네. … 요즈음 나는 온갖 심각한 시련으로부터 보호를 받고 있네. 자네만 아는 사실이지만, 한때는 '우울'과 '슬픔'이 종종 나를 따라다니면서 무시무시한 결과를 일으켰었지. 이 때문에 자네는 나를 걱정했을지도 모르겠네. 당시에 나는 자네가 나를 걱정할까 봐 우려했었네. 그러나 나는 처음부터 이렇게 다짐했네. "나는 이와 관련하여 사람에게든 악마에게든 호의를 보이지 않을 거야. 해볼 테면, 그들 혼자서 해보라고 해. 나는 끄떡없을 테니." 처음에는 내가 자네 부부에게 그런 걱정을 끼치는 것이 참으로 그리스도의 대의일까 물으며 불안해하기도 했지만, 곧바로 이 물음을 유혹으로 여겨 머리에서 지워버렸네. 그러고는 문제투성이의 한계 상황을 극복하는 것이 나의 임무라고 확신하며 기뻐했고, 오늘까지 그 상태를 유지해왔네. 베드로전서 2:20, 3:14.*47

본회퍼는 시편과 요한계시록이 그 기간에 큰 위안이 되었다고 말했다. 파울 게르하르트가 쓴 찬송가도 그랬다. 본회퍼는 찬송가 여

---

* "죄를 짓고 매를 맞으면서 참으면, 그것이 무슨 자랑이 되겠습니까? 그러나 선을 행하다가 고난을 당하면서 참으면, 그것은 하나님께서 보시기에 아름다운 일입니다"(벧전 2:20). "그러나 정의를 위하여 고난을 받으면, 여러분은 복이 있습니다. 그들의 위협을 무서워하지 말며 흔들리지 마십시오"(벧전 3:14).

러 편을 암기했다. 이처럼 그는 날 때부터 강인하고 용감한 사람이 아니었다. 그가 보여준 마음의 평정은 자기훈련의 결과이자 신중히 하나님을 의지한 결과였다. 두 주 뒤, 본회퍼는 베트게에게 공습에 관해 이야기했다. "자네에게 개인적으로 다음의 사실을 말해야겠네. 지난 공습 때, 나는 투하탄 때문에 의무실의 창유리들이 떨어져 나가고, 약병과 약제가 약장과 선반에서 떨어지는 와중에, 어둠 속에서 바닥에 납죽 엎드린 채 무사히 빠져나갈 희망을 전혀 품지 못했었네. 하지만 나는 그 심한 공습들 덕분에 다시 기도와 성경으로 돌아가고 있네."[48]

공습이 진행되는 동안 본회퍼가 얼마나 용감했는지, 다들 죽음이 임박했다고 여기는 순간에 주위 사람들에게 어떻게 위로와 성채가 되어주었는지 사람들은 다양한 진술을 통해 말한다. 그러나 본회퍼가 보여준 용기는 그가 하나님에게 받아서 다른 사람들에게 제공한 것이었다. 본회퍼는 자신의 연약함과 두려움을 베트게에게 털어놓기를 두려워하지 않았다. 그런 까닭에 그가 보인 용기는 진짜라고 할 수 있다. 본회퍼는 정말로 하나님을 신뢰하고, 그래서 후회나 실제적 두려움이 전혀 없었던 것 같다.

1944년 1월 23일
직접 관여할 수 있는 거의 모든 가능성이 갑자기 차단되면, 다른 사람에 대한 모든 불안을 딛고, 그의 삶이 좀 더 낫고 좀 더 강한 손안에 놓여 있음을 의식하게 되네. 이 손에 서로를 맡기는 것이야말로 앞으로 몇 주 동안, 어쩌면 몇 달 동안, 자네 부부와 우리가 감당해야 할 과제일 것이네. … 사실로 굳어지기 전에는 인간의 수많은 실패와 계산 착오와 과실이 있을 수 있지만, 일단 사실로 굳어지면 그 속에는 하나님이 자리하시네. 앞으로 몇 주 혹은 몇 달을 통과하고 나면, 모든 일이 우리에게 다가와 지금에 이른 것이 잘된 것임을 매우 분명히 깨닫게 될 것이네. 우리가 조금 덜 용감하게 살았더라면 삶의 여러 어려움을 피할 수 있었을 것이라는 생각은 정말 너무 얼빠진 생각이네. … 나는 자네 부부의 과거에 비추어, 지금까지 일어난 것도 옳았고, 현재의 것도 옳을 수밖에 없다고 확신하네. 고통을 피하려고 진정한 기쁨과 인생의 의미를 회피하는 것은, 사실 그리스도인의 자세도 아니고 인간적인 자세도 아니네.**49**

1944년 3월 9일

여러 편지에서 나의 '고난'에 대해 말하는 표현들을 읽을 때면 내적 거부감을 느끼곤 하네. 그러한 표현들이 신성 모독으로 여겨져서 말이지. 이까짓 것을 과장해서는 안 될 것 같네. 내가 자네나 대다수 사람보다 '고난'을 더 많이 '겪고' 있는지는 의문이네. 물론 끔찍한 일이 많지만, 어딘들 그렇지 않겠나? 어쩌면 우리는 이 문제에 너무 무겁고 너무 엄숙한 의미를 부여해왔는지도 모르네. … 아니, 고난은 내가 이제껏 경험한 것과는 전혀 다른 것, 전혀 다른 차원임이 틀림없네.**50**

1944년 4월 11일

어제 듣자니, 이곳의 누군가가 지난 몇 해는 완전히 잃어버린 세월이라고 말하더군. 기쁘게도, 나는 아직 그런 생각을 한순간도 해본 적이 없네. 나는 1939년 여름에 단행한 나의 결단을 후회한 적이 없고, 어쨌든 외적인 삶의 경영에 관한 한, 내 삶은 매우 직선적으로 거침없이 달려왔다고 생각하네. 내 삶은 경험의 부단한 확충이었네. 나는 이 사실에 대해 그저 감사할 따름이네. 설령 나의 현 상태가 내 인생의 마지막 단계라고 해도, 거기에는 의미가 있을 것이며, 나는 그 의미까지 이해할 수 있을 것으로 생각하네. 다른 한편으로, 이 모든 것은 새로운 시작을 위한 철저한 준비일지도 모르네. 그 시작은 결혼, 평화, 새로운 과제로 특징지어지겠지.**51**

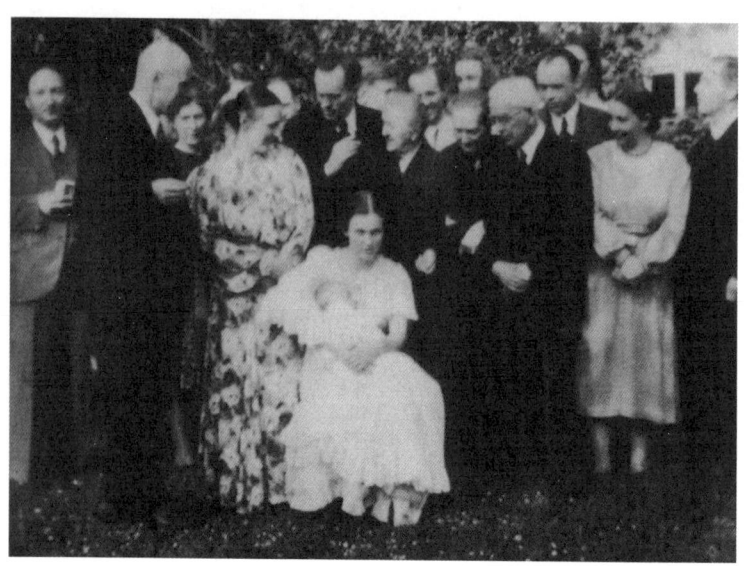

마리엔부르크 알레 42번지 정원에서 디트리히 빌헬름 뤼디거 베트게가 세례를 받는 모습

본회퍼는 지난해 5월에 있은 베트게와 레나테의 결혼식에 참석하지 못해 상심한 상태였다. 하지만 두 사람이 아기를 기다리고 있다는 소식을 듣자마자 조만간 출소하여 세례식 설교를 할 수 있을 거라고 여겼다. 아기 이름도 디트리히의 이름에서 따왔고 그가 아기의 대부가 되었다. 그러나 그날이 다가오면서 본회퍼는 조만간 출소하여 대부 역할을 하는 게 불가능하다는 걸 알았다.

1944년 5월 9일

사실 같지 않은 일이 발생하고, 그날마저 자네 부부와 함께 축하할 수 없어서 마음이 아프지만, 나는 이 현실을 온전히 받아들였네. 나는 나에게 일어나는 일 가운데 무의미한 일은 없으며, 우리의 바람들에 어긋나는 일조차도 우리 모두에게 좋은 것으로 생각하네. 나는 나의 현재 생활을 하나의 과업으로 여기며, 이 과업을 내가 꼭 성취하기만을 바랄 따름이네. 원

대한 목표에서 바라보면, 모든 부자유와 성취되지 않은 소원들은 사소한 것에 지나지 않을 거야. 자네 부부가 며칠 뒤에 경험하게 될 흔치 않은 큰 기쁨의 순간에 나의 현재 운명을 불행으로 여기려고 하는 것만큼 모욕적이고 잘못된 것은 없을 것이니. 그것은 내 뜻을 거스르는 행위이자, 내가 나의 처지를 주시하며 품는 확신을 내게서 빼앗는 행위와 다름없네. 우리는 개인의 모든 경사스러운 일에 감사하되, 우리가 살면서 이루려고 애쓰는 위대한 일들을 한순간도 시야에서 놓쳐선 안 되네. 그럴 때만 어떤 우울함을 능가하는 특별한 빛이 자네 부부의 기쁨 위에 비칠 것이니.[52]

한 주 뒤, 본회퍼는 베트게 부부에게 〈디트리히 빌헬름 뤼디거 베트게의 세례 일에 대한 단상〉이라는 글을 보냈다. 두 사람의 결혼식을 위해 작성한 설교문과 마찬가지로 이 글도 작은 걸작이라고 할 수 있다. 본회퍼는 이 에세이와 함께 보내는 편지에서 "부디 나에 대한 슬픔을 품지 마시게. 마르틴 니묄러도 거의 7년 세월을 보냈네. 그리고 그건 전혀 다른 문제일세"라고 썼다.[53]

"비종교적 기독교"

1944년 4월의 어느 날, 본회퍼의 신학적 사고에 새로운 변화가 일어났다. 하지만 상황이 상황이니만큼 베트게에게 보내는 편지에서만 자신이 숙고한 것들을 전할 수 있었다. 시도하기는 했지만, 달리 책을 쓸 시간이 없었다. 게슈타포 교도소로 이감될 때까지 책을 한 권 쓰고 있었던 것 같지만, 원고는 발견되지 않았다. 이따금 베트게에게 편지 형식으로 보낸 미완성 사색들이 우리가 가지고 있는 전부다. 그리고 그것들은 그의 유산을 혼란스럽게 했다. 상당수 사람들이 본회퍼를 비종교적 기독교Das religionslose Christentum라는 수상한 개념을 만들어낸 사람으로만 알고 있다. 그리고 얄궂게도 "신은 죽었다"고 외치는 상당수 사람들이 그를 일종의 예언자로 여겼다.

본회퍼는 내면의 생각들을 친구 에버하르트 베트게와 허심탄회하게 나누었지만, 그 경우를 제외하면 대단히 신중한 편이었다. 자신의 사적이고 부실하게 표현된 신학 사상이 장차 신학교에서 논의되리라는 걸 알았더라면, 난감해하는 것은 물론이고 대단히 심란해했을 것이다. 베트게가 편지를 핑켄발데 출신 형제들 몇몇과 함께 나눠도 되겠느냐는 뜻으로 "이 편지에 쓰인 단락들을 알브레히트 쉰헤어, 빈프리트 메흘러, 볼프 디터 침머만 같은 이들에게 보내주어도 괜찮을까?"라고 물었을 때, 본회퍼는 만류하면서 이렇게 말했다. "아직은 그러지 않았으면 좋겠네. 내가 생각나는 대로 말할 수 있는 사람은 자네밖에 없고, 내가 그리하는 건 생각을 명료하게 다듬기 위해서이니까 말일세." 그리고 같은 편지 뒷부분에서 이렇게 말했다. "자네가 나의 신학적 편지들을 버리지 않고, 짐이 될 텐데도 그것들을 이따금 레나테에게 보낸다니 잘 된 일이네. 나중에 연구를 위해 그것들을 다시 한 번 읽어보고 싶네. 책보다는 편지에서 무언가를 훨씬 자연스럽고 생생하게 쓸 수 있는 것 같네. 나는 혼자 글을 쓸 때보다는 편지로 대화할 때 더 좋은 생각을 얻는다네."[54]

이 때문에 베트게는 본회퍼가 죽고 난 뒤에야 편지 일부를 다른 신학자들과 공유할 수 있었다. 제2차 세계대전 이후 낯선 신학 사조와 순교한 본회퍼에 대한 관심 때문이었겠지만, 굶주린 솔개들과 덜 순수한 새들이 이 개인적인 편지에 담긴 얼마 안 되는 단편들을 덮쳤다. 그 후예들 상당수는 여전히 그것들을 갉아먹고 있다. 그들은 본회퍼의 신학에 대한 끔찍한 오해를 불렀고, 안타깝게도 그의 초기 사상과 초기 저작에까지 여파가 미쳤다. 그 뒤 여러 기괴한 신학 풍조가 본회퍼를 자기네 사람이라고 주장하려 했고, 그렇게 하기 위해 그가 쓴 작품 상당수를 무시했다.* 엄밀히 말하면, 이는 몇몇 신학자들이 얼마 안 되는 단편들을 가지고 신학적 필트다운인** 같은 것을 만들어낸 거라고 할 수 있다. 날림으로 지어놓고 그것을 진짜로 여기는 것이나 다름없다.

비종교적 기독교를 언급한 것을 놓고 아주 끔찍한 해석이 이루어졌다. 1967년, 영국 코번트리 대성당에서 열린 강연에서 에버하르트 베트게는 이렇게 말했다. "사람들은 비종교적 기독교라는 유명한 용어를 뚝 떼어 사용하고 전함으로써 본회퍼를 비변증적이고 천박한 모더니즘의 옹호자로 둔갑시키고 말았습니다. 하지만 그러한 모더니즘은 그가 살아 계신 하나님에 대해 말하고자 한 모든 것을 모호하게 할 뿐입니다."55 본회퍼는 1944년 4월 30일에 베트게에게 보내는 편지에서 이렇게 말했다.

> 기독교는 오늘 우리에게 무엇인가, 그리스도는 오늘 우리에게 누구이냐는 물음이 내 마음을 끊임없이 움직이고 있네. 신학적인 말이건 신앙적인 말이건 간에, 사람들에게 말로 기독교를 알리는 시대는 지나갔네. 내면성의 시대와 양심의 시대도 지나갔네. 이를테면 종교 일반의 시대가 지나간 것이네. 우리는 완전히 종교 없는 시대를 맞이하고 있네. 사람들이 지금의 모습으로는 더는 종교인으로 살아갈 수 없는 시대를 말일세. 자신을 거리낌 없이 '종교인'으로 소개하는 자들조차 그대로 살고 있지 않네. 그들은 '종교인'이라는 말을 전혀 다른 의미로 사용하는지도 모르겠네.56

---

* 어떤 이는 본회퍼와 베트게의 관계가 지적인 사랑과 가족 간의 사랑을 넘어서 무언가 특별한 냄새를 풍긴다고 주장하려 할는지도 모른다.
** 1912년 영국 이스트 서섹스 주 필트다운에서 두개골이 발견된 선사인으로 나중에 가짜로 판명되었다.

요컨대 본회퍼는 어떤 역사적 척도를 통해 상황을 대단히 쓸쓸하게 보았고, 근본적인 것 몇 가지를 재고하면서 현대인이 종교를 넘어선 건 아닐까 하고 생각했다. 본회퍼가 언급한 종교는 진정한 기독교를 가리키는 것이 아니라, 자신이 일생을 바쳐 맞서 싸운 기독교, 즉 대용품으로 축소된 기독교를 가리키는 말이었다. 이 종교적 기독교는 엄청난 위기의 시대에 독일과 서양의 기대를 저버렸다. 본회퍼는 예수 그리스도의 주권이 이미 주일 아침과 교회들을 지나서 온 세상 속으로 들어간 게 아닐까 하고 생각했다. 그러나 이것은 그저 그가 전에 피력했던 성경 중심 신학과 그리스도 중심 신학의 연장이었을 뿐이다.

본회퍼의 새로운 견해는 충분한 시간을 가지고 다듬은 것이 아니었건만, 지나치게 열심인 신학자들은 흩어져 있는 얼마 안 되는 벽돌을 가지고 자그마한 지구라트를 세웠다. 본회퍼는 이렇게 말했다. "어떻게 우리는 '비종교적 – 세상적으로' 그리스도인이 되는가? 어떻게 우리는 자신을 종교적 특권을 지닌 자로 여기지 않고, 완전히 세상에 속한 자로 여기면서, 에클레시아 ἐκκλησία, 곧 부름받은 자가 되는가? 여기에 답할 수 있을 때, 그리스도는 더는 종교의 대상이 되지 않고 전혀 다른 무엇이 되시고, 실제로 세상의 주님이 되실 것이네. 하지만 이것은 무엇을 의미하는가?"[57]

이는 20년 전에 숙고하고 말한 것을 새롭게 숙고한 것이었다. 말하자면 하나님은 누구나가 상상하는 것보다 훨씬 크신 분이시며 자신에게 주어진 것보다 더 많은 추종자들과 더 넓은 세상을 원하신다는 것이다. 본회퍼는 표준 규격에 짜 맞춘 종교가 하나님을 축소시키고 주님을 설명이 불가능한 것들만 다스리는 분으로 만들어버렸다는 걸 알아냈다. 그러한 종교적 하나님은 틈의 하나님, 우리의 은밀한 죄와 숨은 생각에만 관계하는 하나님에 불과했다. 그러나 본회퍼는 그렇게 축소된 하나님을 거부했다. 성경의 하나님은 만물을 다스리시고 모든 과학적 발견까지 다스리시는 주님이었다. 성경의 하나님은 우리가 알지 못하는 것은 물론이고 우리가 아는 것과 과학을 통해 발견한 것까지 다스리시는 주님이었다. 본회퍼는 하나님을 온 세상 속으로 모시고 들어갈 때가 되지 않았을까 하고 생각했다. 이를테면 그분을 우리가 따로 마련해둔 종교적 구석에서만 살게 해서는 안 된다는 것이다.

> 우리가 하나님을 위해 공간을 남겨두려 하는 것도 그저 불안해서인 것 같네. 나는 삶의 가장자리에서가 아니라 삶의 한복판에서 하나님에 대해 말하고 싶네. 나는 약할 때가 아니라 힘이 있을 때 하나님에 대해 말하고 싶네. 나는 죽을 때나 죄를 지었을 때가 아니라 삶과 인간의 선 안에서 하나님에 대해 말하고 싶네. … 교회는 인간의 능력이 통하지 않는 곳에, 즉 한계에 있지 않고, 마을 한복판에 있네. 바로 이것이 구약성서의 관점이네. 이런 의미에서 말하면 우리는 신약성서를 구약성서의 관점에서 너무 적게 읽고 있다고 할 수 있지. 이러한 비종교적 기독교가 어떤 모습으로 보이며, 어떤 형태를 취할 것인지에 대해서는 좀 더 숙고하여 조만간 더 많이 써 보내겠네.[58]

본회퍼의 신학은 언제나 성육신 사상을 지향했다. 그것은 세상을 피하지 않고 세상을 초월의 대상이 아닌 기뻐하고 찬미할 하나님의 선한 피조물로 여기는 사상이었다. 말하자면 하나님께서 예수 그리스도를 통해 인류를 구원하시고 우리를 선한 존재로 재창조하셨으니, 우리가 현세적인 우리의 인성을 내쳐서는 안 된다는 것이다. 본회퍼는 하나님이 그분에 대한 우리의 "예"를 손수 창조하신 세상에 대한 "예"로 만들고 싶어 하신다고 말했다. 이것은 신神 죽음의 신학을 부르짖으며 본회퍼의 망토를 자기네 것이라고 주장하는 자유주의 신학자들의 천박한 사이비휴머니즘도 아니고, 본회퍼의 신학을 자유주의자들에게 양도해버리는 독실하고 종교적인 신학자들의 반反휴머니즘도 아니다. 그것은 전혀 다른 무엇, 즉 예수 그리스도 안에서 구원받은 하나님의 휴머니즘이었다.

본회퍼의 대작

본회퍼는 《윤리학》을 자신의 대작으로 여겼다. 《윤리학》은 미완성 작품으로 에탈과 클라인-크뢰신, 프리드리히스브룬, 그리고 베를린에 있는 다락방을 전전하며 여러 해에 걸쳐 쓴 것이다. 1943년, 베트게에게 보내는 편지에서 그는 이렇게 말했다. "나의 수명이 어느 정도 다 된 것 같다는 생각, 그래서 이제부터는 《윤리학》을 완성해야겠다는 생각을 이따금 한다네." 본회퍼가 자기 마음에 들 정도로 완성한 것은 아니지만, 그 책은 《나를 따르라》, 《신도의 공동생활》과 더불어 본질적인 완성작,* 디트리히 본회퍼를 충분히 이해하는 데 꼭 필요한 작품이라고 할 수 있다.[59]

《윤리학》은 이렇게 시작된다. "기독교 윤리 문제에 초점을 맞추려는 이들은 엄청난 요구에 직면하게 된다. 말하자면 그들로 하여금 윤리적 문제와 씨름하게 하는 두 가지 물음, 곧 '선하게 되려면 어찌해야 하는가?'와 '선한 일을 하려면 어찌해야 하는가?'라는 물음은 처음부터 기독교 윤리에 부적합한 것이니 포기하고, 전혀 다른 물음, 곧 '무엇이 하나님의 뜻인가?'라는 완전히 다른 물음을 던져야 하는 것이다."

본회퍼는 하나님을 떠난 현실, 하나님으로부터 벗어난 선은 존재하

---

* 에버하르트 베트게가 유고를 편집했다.

지 않는다고 보았다. 하나님을 떠나 선한 척하는 모든 것은 바르트가 경멸적인 의미로 말한 종교에 불과하다. 그것은 하나님을 완전히 뒤엎고 타락한 인간의 길을 하늘로 만들려는 책략일 뿐이다. 그것은 바르트가 언급한 대로 바벨탑에 불과하며, 하나님을 농락하려고 하다가 실패하고 마는 무화과나무 잎일 뿐이다.

본회퍼는 이렇게 말했다. "모든 것을 하나님 안에서 보지 않고 인식하지 않으면, 그것은 일그러진 거울 속에 비친 것처럼 보일 뿐이다." 하나님은 종교의 개념이나 종교적 현실에 불과한 분이 아니다. 현실을 지은 분은 하나님이시다. 따라서 현실은 하나님 안에 있을 때에만 제대로 보인다. 존재하는 것 중 그분의 영역 바깥에 있는 것은 하나도 없다. 하나님의 뜻을 실행하는 것에서 벗어난 윤리는 있을 수 없다. 하나님과 예수 그리스도는 인간의 윤리 방정식에서 반드시 다루어야 하는 대상이다.

예수 그리스도 안에서 하나님의 현실이 이 세상의 현실 속으로 들어왔다. 하나님의 현실에 대한 물음과 세상의 현실에 대한 물음이 동시에 답을 얻을 수 있는 장소는 예수 그리스도라는 이름뿐이다. 이 이름 속에 하나님과 세상이 들어 있다. … 예수 그리스도에 관해 말하지 않고는 하나님이나 세상에 관해 올바르게 말할 수 없다. 예수 그리스도를 간과하는 현실의 모든 개념은 추상 개념일 뿐이다.[60]

그리스도와 세상을 서로 충돌하고 배척하는 두 영역으로 그리는 한 우리에게 남은 것은 다음과 같은 선택권뿐이다. 즉 현실 전체를 포기한 채 두 영역 중 어느 한 쪽에 속하여 세계 없는 그리스도만 원하거나, 그리스도 없는 세계만 원하는 것이다. 두 경우 다 우리 자신을 기만하는 짓일 뿐이다. … 두 현실이 존재하는 것이 아니라 오직 하나의 현실만이 존재한다. 그리고 그 현실은 세상의 현실 속에 있는 것으로 그리스도 안에서 계시된 하나님의 현실이다. 우리는 그리스도와 함께함으로써 하나님의 현실에 참여함과 동시에 세상의 현실에도 참여한다. 그리스도의 현실은 세상의 현실을 껴안는다. 세상은 자신만의 독자적인 현실을 가지고 있지 않다. 그것은 그리스도 안에서 이루어진 하나님의 계시와 연결되어 있다. … 교회사를 반복해서 지배해온 주제, 곧 두 영역이라는 주제는 신약성경에서 낯선 주제다.⁶¹

본회퍼는 역사적으로 말해서 모든 사람이 다음과 같은 사실을 깨달을 때가 되었다고 생각했다. 이를테면 낡은 윤리, 낡은 규칙, 낡은 원칙을 통해서는 나치의 사악함을 물리칠 수 없고, 하나님 한 분만이 그것에 맞서 싸우실 수 있다는 것이다. 그가 말한 대로 정상적인 상황에서는 사람들이 옳고 그름에 관심을 갖는다. 그들은 옳아 보이는 일을 행하고 그릇된 일은 피하려고 한다. 하지만 나치의 시대에는 그런 종교적 접근법의 실패가 더 명백해진 상태였다. 본회퍼는 이렇게 말했다. "셰익스피어의 희곡에 나오는 인물들이 우리들 가운데 있다. 악인과 성인은 윤리 프로그램과 거의 관계가 없거나 전혀 무관하다." 히틀러가 인간 조건의 실상을 덜 기피할 만한 것으로 만들고, 악이 세계무대 중심에 등장하여 가면을 벗은 상태였다.

《윤리학》에서 본회퍼는 악을 다루는 여러 방법을 검토한 다음 하나씩 내쳤다. 그가 말한 대로 "이성적 인간은 이음매가 무너진 구조를 자그마한 이성으로 다시 짜 맞출 수 있다"고 생각한다. 윤리적 "열광주의자들은 자신들의 순수한 의지와 원리로 악의 힘에 맞설 수 있다고 믿는다." "양심적인 인간들은 악이 그럴싸한 의상과 매혹적인 가면으로 변장하고 다가와 양심을 불안하고 초조하게 하기 때문에 지고 만다. 결국 그들은 선한 양심 대신 진정된 양심으로 만족하고 만다. 결국 절망하지 않기 위해 양심을 속이지 않으면 안 된다." 그리고 어떤 이들은 마침내 "사적인 덕행"에 틀어박히고 만다.

> 그러한 자들은 훔치지도 않고, 살인하지도 않고, 간음하지도 않고, 자기 능력껏 선을 행한다. 그러나 … 그들은 자기 주위에서 일어나는 불의에 눈과 귀를 닫게 마련이다. 자신의 결백을 지킨답시고 자기를 기만하고 자신의 사적인 결백을 지킨답시고 이 세상에서 책임감 있는 행동을 하지 않으려고 한다. 그들은 무슨 일을 하든지 간에 자기가 하지 않은 일 때문에 평안을 얻지 못할 것이다. 그들은 그러한 불안 때문에 파멸을 당하거나 모든 바리새인들 가운데 가장 위선적인 자가 될 것이다.[62]

이는 본회퍼가 누군가를 염두에 둔 것은 물론이고 자신도 염두에 두고 한 말이다. 당시 독일에서 일어난 사건들에서 볼 수 있듯이 모든 이들이 윤리적 불능 상태에 빠져 있었다. 곳곳에서 자행되는 가공할 악행을 접하면서 사람들이 무슨 일을 할 수 있었겠는가? 목사 후보생들이 그에게 보내는 편지에서 우리는 그들이 언제 저항할지, 언제 응할지, 불의한 것을 알면서도 언제 참전할지, 언제 단호한 태도를 취할지를 놓고 괴로워하는 대목을 접한다. 그들 중 한 사람은 본회퍼에게 보내는 편지에서 죄수들을 살해하지 않으면 안 되는 상황을 언급하면서 살해에 동의하지 않으면 자신이 죽으리라는 것을 알기에 마음이 갈기갈기 찢어지는 것 같다고 말하기도 했다. 이 같은 일이 비일비재했다. 강제수용소에서 벌어지는 만행은 감히 헤아릴 수 없을 정도였다. 유대인들은 강제수용소에서 자기 목숨을 부지하기 위해 다른 유대인들에게 말로 다할 수 없는 짓을 하지 않으면 안 되었다. 악이 자신의 극악함을 여지없이 드러내 보이며, 악을 처리하려는 인간의 윤리적 시도가 실패했음을 보여주고 있었다. 악의 문제는 우리에게 너무나 버거운 문제다. 우리는 너나없이 악에 물들고, 이를 피할 수 없기 때문이다.

그러나 본회퍼는 도덕적 논조를 취하지 않고 자신을 악의 문제에 당혹해하는 사람들 속에 포함시키며 우리 모두를 돈키호테에 빗댄다. 본회퍼는 돈키호테를 인간 조건의 중요한 상징으로 여긴다. 그는 《윤리학》에서 선한 일을 하려고 애쓰는 우리는 풍차를 향해 돌진하는 저 슬픈 표정의 기사나 다름없다고 말한다. 우리가 선을 행하면서 악에 맞서 싸운다고 생각하지만, 실은 착각 속에서 살고 있다는 것이다. 그러나 본회퍼의 말에는 도덕적 비난이 전혀 없다. 그는 이렇게 말한다. "오직 비열한 인간만이 돈키호테의 운명에 참여하거나 감동받지 않은 채 그의 운명을 읽을 수 있다."[63]

해결책은 하나님의 뜻을 수행하되 철저하고 용감하고 즐겁게 수행하는 것이다. 하나님을 벗어나거나 그분의 뜻에 복종하지 않으면서 옳고 그름을 설명하려고 애쓰는 것, 즉 윤리를 논하는 것은 불가능한 일이다. "원칙은 하나님의 손에 들려 있는 도구일 뿐이다. 쓸모가 없어지면 곧바로 버림을 받을 것이다." 우리는 하나님만 바라보아야 한다. 그분 안에서만 이 세상에 놓여 있는 우리의 처지를 감수할 수 있다. 우리가 원칙과 규칙만 바라본다면, 우리는 하나님과는 무관한 타락한 영역에 거하고 말 것이다.

"너희는 뱀과 같이 슬기롭고 비둘기와 같이 순진해져라"(마 10:16)는 말씀은 예수께서 하신 말씀이다. 그분의 다른 말씀과 마찬가지로 이 말씀도 그분 자신을 통해서만 해석된다. 하나님과 세상이 갈라져 있는 한 어느 누구도 하나님과 세상의 현실을 갈라지지 않은 시선으로 바라볼 수 없다. 그러지 않으려 아무리 애써도 우리의 눈은 한 곳에서 다른 곳으로 쏠리게 마련이다. 그러나 하나님과 세상의 현실이 서로 화해하고 하나님과 인간이 하나가 되는 장소가 있다. 그 장소가 있기 때문에, 그리고 그 장소에서만 하나님과 세상을 동시에 바라보는 것이 가능하다. 이 장소는 현실 너머의 어딘가에, 곧 이념의 영역에 있는 것이 아니라 역사 한가운데에 신적인 기적으로서 자리하고 있다. 그 장소는 세상의 중재자이신 예수 그리스도 안에 있다.[64]

본회퍼가 말한 대로 우리는 예수 그리스도를 떠나서는 옳음을 알 수 없고 옳은 일을 할 수도 없다. 우리가 처한 상황이 어떠하든 우리는 그분을 바라보아야 한다. 그분 안에서만 바닥을 알 수 없는 이 세상의 악에 치명상을 입힐 수 있다. 비종교적 기독교에 관한 본회퍼의 몇 마디 안 되는 말을 그가 이제까지 말한 모든 것의 필수조건으로 여기는 자들에게 이 완고한 그리스도중심주의는 그가 《윤리학》에서 선언한 여러 쟁점만큼이나 질긴 고기일 것이다. 예컨대 그는 낙태에 대해 이렇게 말했다.

어머니의 자궁에 있는 태아를 죽이는 것은 하나님께서 이 태아에게 부여하신 생존권을 침해하는 짓이다. 태아가 이미 하나의 인간인지 아닌지를 묻는 것은 하나님이 한 인간을 창조하기를 원하셨는데도 누군가가 이 태아의 생명을 고의로 박탈했다는 사실을 헛갈리게 할 뿐이다. 그것은 살인이나 다름없다.[65]

그러나 본회퍼는 쟁점의 양면을 다 보았다. 전체 그림에서 하나님의 은총을 제거해서는 안 된다는 것이다.

매우 다양한 동기가 이러한 행위로 이끌 수 있다. 만일 그것이 인간적으로 혹은 경제적으로 극심한 빈곤과 고통의 상황에서 빚어진 절망의 행위라면, 그것은 개인의 죄라기보다는 공동체의 죄라고 할 수 있다. 이와 관련하여 가난한 이들이 어쩔 수 없이 범한 잘못은 훨씬 쉽게 드러나지만, 부자들은 많은 악행을 돈으로 감출 수 있다. 이러한 사정 모두 당사자를 바라보는 개인 혹은 목회자의 태도에 결정적인 영향을 미칠 것이다. 그러나 그런 사정들이 살인의 사실을 없앨 수 있는 것은 아니다.⁶⁶

테겔 형무소 면회자들

본회퍼 신학의 핵심에 자리한 것은 성육신의 신비였다. 그는 회람용 편지에서 이렇게 말했다. "베들레헴의 요람 곁에 서 있던 이는 사제도 아니고 신학자도 아니었습니다. 하지만 기독교 신학의 깊디깊은 신비는 거룩한 밤의 광휘와 함께 타오르고 있습니다." 그런 이유로 본회퍼는 종교적 경건주의자들이 할 수 없는 방식으로 예수 그리스도의 인성을 껴안았고, 이 세상의 좋은 것을 피해야 할 유혹으로 여기지 않고 하나님의 손에서 온 선물로 여겼다. 본회퍼는 감옥에서조차 사람들을 기꺼이 맞이하고 생을 생생히 즐겼다.⁶⁷

본회퍼가 테겔 형무소에서 18개월을 보내면서 특히 좋아한 때는, 비록 뢰더의 감시하에 이루어지기는 했지만, 방문자들을 면회하던 때였다. 몇 달이 지나면서 그는 간수들의 허락으로 이따금 면회자와 오붓한 시간을 보내기도 했다.

1943년 11월 26일, 본회퍼는 특별 대우를 받았다. 그가 세상에서 가장 사랑하는 네 사람, 곧 마리아와 부모님과 에버하르트 베트게가 면회를 온 것이다. 그들은 함께 면회를 왔고, 면회를 마친 본회퍼는 감방으로 돌아가 흥분을 감추지 못했다.

한순간의 면회였지만 … 내 인생에서 나와 가장 가까운 네 사람이 나와 함께 한순간을 보냈으니, 나는 그 장면을 오래도록 품고 다닐 것이네. 나는 내 감방으로 올라와서도 한 시간 동안 이리저리 서성댔고, 그 바람에 음식이 식어버리고 말았지. 내가 이따금 "정말 좋았어!"라는 말만 스테레오판처럼 되풀이하고 있다는 것을 깨닫고는 급기야 웃음까지 터뜨렸다네. 나는 무언가를 두고 '형언할 수 없는'이라는 단어를 사용할 때면 항상 지적으로 머뭇거리곤 하는데, 약간의 노력을 기울여 필요한 명확성을 짜내면, '형언할 수 없는 것'은 거의 존재하지 않으리라고 여기기 때문이지. 그러나 지금은 오늘 오전의 일이 그런 경우에 속하는 것 같네.[68]

형무소 면회조차 작은 축제로 만들어버리는 것에서 알 수 있듯이 본회퍼 일가는 어떤 상황에서도 유쾌한 분위기를 연출했다. 이번에도 그들은 여러 가지 선물을 가지고 왔다. 그중에는 카를 바르트가 보낸 담배도 들어 있었다. 마리아는 강림절 화환을 만들어주었고, 베트게는 삶은 달걀을 여러 개 선물했다. 대단히 큰 달걀이었다.* 1943년 크리스마스 때 마리아는 그에게 손목시계를 선물했다. 마리아의 아버지가 전사할 때 차고 있던 시계였다. 부모님도 그에게 조상 전래의 가보를 선물로 주었다. "1845년산 외증조부의 잔이 제 책상 위에 놓여 있고 그 속에는 상록수 가지가 들어 있습니다." 이로부터 한 달여의 시간이 지난 아들의 생일에 어머니는 또 다른 가보인 헤르츨리프 상자를 선물로 주었다. 한때 괴테가 소유했다가 자신의 친구 민나 헤르츨리프에게 준 상자로 로즈우드를 조각하여 정교하게 만든 작은 찬장이었다. 디트리히가 성탄절에 받은 잔과 마찬가지로 그의 외증조부 카를 아우구스트 폰 하제를 통해 집안에 유입된 가보였다.[69]

서른여덟 번째 생일에 본회퍼는 마리아의 면회를 받았다. 그녀가 가져온 소식은 뜻밖에도 딱딱한 뉴스였다. 그녀가 건네준 여러 권의

---

* 몇몇 자료에서 이 달걀을 타조 알로 오해하기도 했다. 본회퍼가 베트게에게 보내는 편지에서 달걀을 그런 식으로 언급했기 때문이다.

책 중 한 권에 부모님이 보낸 메시지가 암호로 처리되어 있었다. "카나리스 제독이 직위 해제되었다." 게슈타포와 제국 중앙보안국이 평소 노리던 목표를 달성한 것이다. 그들은 배신자 국방정보국을 재판에 회부했다. 카나리스가 짧은 시간 동안 효과적으로 움직이기는 했지만, 이 충격적인 사건에서 비롯된 가장 중요한 진전은 긍정적이었다. 히틀러 암살 공모의 지도부가 사라진 것이 아니라 새로운 사람들의 손아귀로 넘어간 것이다. 새로운 집단의 공모자들이 출현했고, 클라우스 솅크 폰 슈타우펜베르크 대령이 그들을 이끌었다. 그리고 이 집단은 다른 이들이 몇 번이고 실패한 자리에서 뒤를 이었다.

테겔 형무소에 있는 동안 디트리히 본회퍼가 쓴 시 〈나는 누구인가?〉의 친필 원고. 1944년 옥중에서 쓴 이 시에는 자신의 내면을 정직하게 들여다보는 사람만이 할 수 있는 고백이 담겨 있다.

나는 누구인가?

나는 누구인가?
남들은 종종 내게 말하기를
감방에서 나오는 나의 모습이
어찌나 침착하고 명랑하고 확고한지
마치 성에서 나오는 영주 같다는데
나는 누구인가?
남들은 종종 내게 말하기를
간수들과 대화하는 내 모습이
어찌나 자유롭고 사근사근하고 밝은지
마치 내가 명령하는 것 같다는데

나는 누구인가?
남들은 종종 내게 말하기를
불행한 나날을 견디는 내 모습이
어찌나 한결같고 벙글거리고 당당한지
늘 승리하는 사람 같다는데
남들이 말하는 내가 참 나인가?
나 스스로 아는 내가 참 나인가?
새장에 갇힌 새처럼 불안하고 그립고 병약한 나
목 졸린 사람처럼 숨을 쉬려고 버둥거리는 나

빛깔과 꽃, 새소리에 주리고
따스한 말과 인정에 목말라하는 나
방자함과 사소한 모욕에도 치를 떠는 나
좋은 일을 학수고대하며 서성거리는 나
멀리 있는 벗의 신변을 무력하게 걱정하는 나
기도에도, 생각에도, 일에도 지쳐 멍한 나
풀이 죽어 작별을 준비하는 나인데

나는 누구인가?
이것이 나인가? 저것이 나인가?
오늘은 이 사람이고 내일은 저 사람인가?
둘 다인가?
사람들 앞에서는 허세를 부리고,
자신 앞에선 천박하게 우는소리 잘하는 겁쟁이인가?
내 속에 남아 있는 것은
이미 거둔 승리 앞에서 꽁무니를 빼는 패잔병 같은가?
나는 누구인가? 고독하게 던지는 물음이 나를 조롱합니다.
내가 누구인지, 당신은 아시오니, 나는 당신의 것입니다. 오, 하나님!

29

발키리 작전과
슈타우펜베르크 음모

지금은 무언가를 해야 할 때다. 용감하게 행동에 나서는 사람은 자신이 독일 역사에서 반역자로 스러질 수도 있음을 알아야 한다. 그러나 행동에 나서지 않는다면, 그는 자신의 양심 앞에서 반역자가 될 것이다.
_클라우스 솅크 폰 슈타우펜베르크

나는 그대가 나와 함께 기다리며 인내하고 지금보다 더 인내하기를 바랍니다. 그러니 슬퍼하지 마십시오. 그대가 무슨 생각을 하고 있는지 나에게 알려주고, 그대가 꼭 해야겠다 생각하는 대로 행동하기를 바랍니다. 그러나 내가 그대를 아주 많이 사랑하고 그대를 대단히 소중하게 여긴다는 점을 알고 안심하기를 바랍니다. _디트리히 본회퍼가 마리아 폰 베데마이어에게 보낸 편지

1944년 6월 30일, 베를린 방위군 사령관 파울 폰 하제가 테겔 형무소를 찾았다. 92호 감방에 수감된 디트리히 본회퍼를 만나기 위해서였다. 파울 폰 하제의 방문은 점심시간에 히틀러가 갑자기 모습을 나타낸 것과 같은 사건이었다. 본회퍼는 베트게에게 이런 편지를 써 보냈다. "다들 날갯짓하듯 허둥거리고, 몇 안 되는 예외의 사람도 있었지만, 품위 없이 전력을 다하는 모습은 정말이지 우스꽝스러웠네. 그러나 상당수의 사람이 지금처럼 할 수밖에 없는 것은 곤혹스러운 일이 아닐 수 없네." 파울 폰 하제의 출현은 다소 놀라운 사건이었을 것이다. 형무소 소장 마에츠에게는 특히 그랬다. 이미 본회퍼에게 알랑

거리며 굽실거리고 있었지만, 본회퍼를 그런 식으로 예우해야 할 진짜 이유가 도착했던 것이다. 폰 하제가 다섯 시간 넘게 그곳에 머무른 것도 믿기지 않는 일이었다. 본회퍼는 이렇게 말했다. "외삼촌이 스페인산 백포도주 젝트 네 병을 가져오게 했는데, 이 형무소 역사상 전례 없는 일이었네." 본회퍼는 외삼촌이 자신의 조카와 함께 서 있는 모습을 모든 이에게 보여주려고, 그리고 "신경과민에 현학적인 마에츠에게 자신이 무엇을 기대하는지" 분명히 알리려고 방문한 거라고 추측했다. 또한 본회퍼는 외삼촌이 나치 검찰에 반감을 품고 조카 편을 든 게 "가장 놀랄 만한" 일이라고 생각했다.[1]

외삼촌의 대담한 출현은 쿠데타가 임박했으며, 히틀러가 조만간 죽어 그들 모두 삶을 다시 시작하게 될 것임을 암시했다. 쿠데타가 진행 중이라는 건 본회퍼도 이미 아는 사실이었지만, 외삼촌이 방문하여 강하게 확인해준 셈이었다. 폰 하제는 쿠데타를 아는 건 물론이고 중요한 가담자이기도 했다. 암호명이 발키리Valkyrie인 이 음모는 한 해 전부터 있었지만, 실행에 옮기지 못한 상태였다. 아직까지는.

쿠데타 준비

상황은 이상과 거리가 멀었지만, 필사적인 노력은 늘어났다. 공모자들은 생각만 하던 쪽에서 실행에 옮기는 쪽으로 나아갔다. 그들이 오랜 시간에 걸쳐 히틀러를 암살하고자 한 것은 연합국으로부터 더 나은 평화협정을 얻어내기 위해서였다. 하지만 처칠의 냉대가 절대 영도에 이르자 하루하루가 지날수록 자신들이 목표에서 멀어지고 있다는 걸 깨달았다. 전쟁이 계속되었고 신규 연합국의 희생자가 늘어났다. 무고한 유대인들은 물론이고 다른 사람들까지 희생되었다. 연합국으로부터 아무것도 기대할 수 없었지만, 그들은 그것이 더 이상 중요하지 않다는 결론에 이르렀다. 이제는 어떤 일이 일어나더라도 옳은 일을 하면 그만이었다. 슈타우펜베르크는 이렇게 말했다. "지금은 무언가를 해야 할 때다. 용감하게 행동에 나서는 사람은 자신이 독일 역사에서 반역자로 스러질 수도 있음을 알아야 한다. 그러나 행동에 나서지 않는다면, 그는 자신의 양심 앞에서 반역자가 될 것이다." [2]

마리아의 삼촌 헤닝 폰 트레스코브도 이와 비슷한 말을 했다. "어떤 희생을 치르더라도 암살을 시도해야 한다. 설령 암살에 실패하더라도, 우리는 베를린에서 거사해야 한다. 실제 목적은 더 이상 중요하지 않다. 지금 중요한 건 독일 저항 세력이 세계와 역사가 보는 앞에서 모험을 해야 한다는 것이다. 그것에 비하면, 다른 것은 중요하지 않다." [3]

마지막이자 유명한 거사인 7월 20일 거사를 주도할 사람은 귀족 가문 출신의 독실한 가톨릭 신자 슈타우펜베르크였다. 그가 히틀러에게 반감을 품은 건 1939년 나치 친위대가 폴란드인 포로들을 처리하는 모습을 보고 나서였다. 유대인 학살에 비견되는 그 사건을 목격하면서 슈타우펜베르크는 히틀러의 통치를 끝장내기 위해 할 수 있는 모든 일을 하기로 결심했다. 1943년 말, 그는 동료 공모자 악셀 폰 뎀 부셰에게 이렇게 말했다. "단도직입적으로 말하지요. 나는 지금 온 힘을 다해 고도의 반역죄를 저지르고 있습니다."

슈타우펜베르크는 필요한 모든 에너지와 초점을 그 임무에 맞추었다. 그는 그 거사를 위해 선택된 사람이기도 했다. 폰 하제가 방문하여 본회퍼에게 분명하게 알린 사실도 거사가 임박했다는 거였다. 그러나 히틀러를 그의 더러운 용사 두셋과 함께 날려버리는 건 아직은 이상일 뿐이었다.

드디어 날짜가 잡혔다. 7월 11일, 슈타우펜베르크는 오버잘츠베르크에 있는 히틀러를 찾아갔다. 서류 가방에 폭탄을 장착한 채였다. 그러나 슈타우펜베르크가 도착했을 때 힘러가 자리에 없었다. 그러자 슈티프 장군이 계획 진행을 강하게 반대했다. 슈타우펜베르크는 슈티프에게 이렇게 말했다. "그래서는 안 된다는 말입니까?" 베를린으로 돌아왔을 때에는 다들 기다리며 잔뜩 기대에 부풀어 있었다. 하지만 슈티프가 만류했다. 거사를 진행하지 않았다는 말을 듣고 괴어델러가 노발대발했다. "그들은 절대로 하지 못할 거요!"⁴

슈티프와 펠기벨은 여러 번 기회가 있을 거라는 걸 알고 있었다. 과연, 슈타우펜베르크는 나흘 뒤에 동프로이센에 있는 히틀러의 본부로 호출되었다. 다시 한 번 서류 가방에 폭탄을 장착하고 도착했지만, 또 다시 힘러가 그 자리에 없었고 슈티프가 또 다시 기다리자고 고집했다. 이번에는 펠기벨과 동행한 채였다. 슈타우펜베르크는 화를 냈지만, 펠기벨과 슈티프가 함께하지 않으면 두 손이 묶일 판이었다. 엄청난 노력을 기울여 펠기벨을 같은 편으로 끌어들인 상태였고, 더 확대된 음모에서 그가 할 역할이 결정적이었기 때문이다. 슈타우펜베르크는 또 다시 베를린으로 돌아갔다.

그러나 다들 쿠데타가 임박했다는 걸 알고 있었다. 7월 8일, 본회퍼는 베트게에게 이렇게 써 보냈다. "어쩌면 너무 자주 편지하지 않아도 될 것 같네. 우리는 기대한 것보다 더 빨리 서로 만나게 될 것 같네. … 이제 곧 우리는 1940년 여름에 함께했던 시찰여행과 나의 마지막 설교들을 생각하게 될 것이네." 이는 암호였다. 본회퍼의 마지막 설교는 그가 동프로이센의 부목사직을 위한 모임에서 선포한 설교로, 히틀러의 본부인 볼프스샨체를 가리킬 때 쓰던 완곡한 표현이었다. 그곳은 곧 폭탄이 터질 곳이었다.[5]

1944년 7월 20일

아돌프라는 이름은 고귀한 늑대를 뜻하는 옛 독일 단어 아델볼프 Adelwolf의 줄임말이다. 히틀러는 이 어원을 알고서 괴이하게도 늑대라는 게르만족 특유의 토템 상징을 차용했다. 야생에서 육식하는 그 무자비한 동물에 마음이 끌려 일찍부터 늑대와 자신을 동일시했다. 1920년대에는 이따금 호텔 숙박부에 자기 이름을 헤어 볼프Herr Wolf로 기재했다. 늑대 씨라는 뜻이다. 오버잘츠베르크 자택도 헤어 볼프라는 이름으로 구입했고, 바그너의 자녀들은 그를 온켈 볼프(Onkel Wolf, 늑대 아저씨)라 불렀다.* 프랑스 전쟁 중에는 자기가 지휘하는 군 사령부를 볼프스슐루흐트(Wlofsschlucht, 늑대 골짜기)라 부르는가 하면, 동부전선에서는 지휘소를 베어볼프(Werwolf, 늑대 인간)라 불렀다. 그러나 히틀러의 늑대 서식지 가운데 가장 유명한 곳은 동프로이센에 있는 군사령부 볼프스샨체(Wolfsschanze, 늑대 소굴)였다.[6]

7월 19일에 슈타우펜베르크는 이튿날 오후 1시 볼프스샨체에서 열리는 회의에 참석하라는 통보를 받았다. 드디어 끈기 있게 기다려온 기회가 찾아왔다. 슈타우펜베르크는 이튿날인 7월 20일 아침 다섯 시에 일어나 볼프스샨체로 떠나기 전에 형제 베르톨트에게 이렇게 말했다. "우리는 루비콘 강을 건넜어." 그리고 부관 베르너 폰 헤프텐과 함께 비행장으로 차를 몰았다. 베르너 폰 헤프텐은 전에 총통 암살을 놓고 본회퍼와 몇 시간 동안 이야기를 나눈 적이 있었다. 이제 바로 그 일을 하러 가는 중이었다. 슈타우펜베르크의 서류 가방에는 중요한 서류와 셔츠에 싸인 폭탄이 들어 있었다. 공모자들을 몇 차례 골치 아프게 한 것과 같은 종류의 플라스틱 폭탄이었지만, 이번에는 역사

---

* 히틀러는 리하르트 바그너를 숭배했다. 바그너의 미망인 코시마를 1923년에 만난 다음에는 해마다 바이로이트에 있는 바그너의 자택에서 바그너의 자녀, 손자 들과 많은 시간을 보냈다.

가 우리에게 말해주듯이 반드시 터질 폭탄이었다. 폭탄이 터지면 수천 명을 죽이게 되어 있었지만, 의도대로 되지는 않았다.

그들은 한 가톨릭 예배당 앞에 차를 세웠고 슈타우펜베르크가 기도하러 들어갔다. 그 시간에는 예배당이 잠겨 있었으므로 베를레 신부가 그를 맞아들였다. 열흘 전, 슈타우펜베르크는 마음에 걸리는 물음을 신부에게 던졌다. "압제자의 목숨을 앗은 살인자의 죄를 교회가 용서해줄 수 있는지요?" 그때 베를레 신부는 교황만이 사면령을 내릴 수 있다고 말했다. 슈타우펜베르크가 다시 찾아간 건 그 문제를 더 자세히 알아보고 싶어서였다. 이 질문은 헤프텐이 18개월 전에 본회퍼에게 던진 질문이기도 했다.

슈타우펜베르크는 비행장에서 이렇게 말했다. "이것은 우리가 희망하던 것 이상이 될 것이오. … 운명이 우리에게 이 기회를 주었고, 나는 무슨 일이 일어나더라도 이 기회를 물리치지 않을 것이오. 나는 하나님과 나 자신 앞에서 나의 양심을 찾았소. 이 자는 악의 화신이오."[7]

두 사람은 비행기로 세 시간을 날아가 10시경에 라스텐베르크에 도착했다. 참모용 차량에 올라탄 이들은 히틀러의 사령부가 있는 동프로이센의 음침한 숲으로 들어갔다. 요새들, 지뢰밭, 전기가 통하는 가시철망 울타리, 그 지역을 순찰하는 나치 친위대 초소를 차례차례 통과했다. 이제 슈타우펜베르크는 총통이 무방비 상태로 있는 안전 지대에 있었다. 남은 일은 폭탄의 단추를 눌러 총통 가까이 장치하고 폭탄이 터지기 전에 회의실에서 나와 그때쯤이면 바짝 경계하고 있을 나치 친위대 초소와 전기가 통하는 울타리와 지뢰밭과 요새들을 차례로 빠져나오는 것뿐이었다. 그러면 이 모든 일을 완수하는 셈이었다.[8]

그러나 아직은 회의가 시작될 때까지 세 시간이 남아 있었다. 먼저 그들은 아침식사를 했다. 그 후 슈타우펜베르크는 펠기벨을 만났다. 폭탄이 터지면 펠기벨이 베를린에 있는 공모자들에게 알리기로 되어 있었다. 펠기벨은 국방군 최고사령부 통신 담당 수장으로서 전화, 무전, 전신을 포함한 모든 통신을 차단하여 볼프스샨체를 외부세계로부터 효과적으로 단절하고 발키리 작전이 진행될 수 있도록 시간을 오래 끌어줄 인물이었다. 펠기벨과 의견을 조율한 뒤 슈타우펜베르크는 국방군 최고사령부 수장인 카이텔 장군의 집무실로 갔다. 그런데 기분 나쁜 카이텔이 조금 좋지 않은 소식을 꺼냈다. 무솔리니가 오고 있다는 거였다! 무솔리니는 오후 2시 30분에 도착하기로 되어 있었다. 그래서 히틀러 앞에서 하기로 되어 있는 슈타우펜베르크의 발표를 12시 30분으로 앞당겨야 했다. 게다가 카이텔은 히틀러가 서둘러 떠날 거라고 말했다. 슈타우펜베르크는 발표하는 중에 일을 처리할 수밖에 없었다. 금속 도화선이 삭는 시간보다 회의 시간이 더 짧아질까 염려되었지만, 한 가지 생각이 떠올랐다. 회의실에 도착하기 전에 폭탄의 단추를 미리 누르면 될 일이었다. 그때 카이텔이 또 하나의 소식을 전했다. 더위 때문에 회의가 지하 벙커에서 열리지 않고 지상에 있는 회의용 막사에서 열린다는 거였다. 지하 벙커에서 열리면, 지하 벙커의 벽들이 폭발의 여파를 가두어 효과가 배가될 텐데, 아무래도 좋은 소식이 아니었다. 하지만 폭발력이 충분히 강한 폭탄이었다.

　12시 30분 직전에 카이텔이 시간이 되었다고 말했다. 즉시 회의실로 가야 했다. 하지만 슈타우펜베르크는 카이텔의 집무실을 떠나기 전에 얼굴을 씻어도 되겠느냐고 물었다. 세면실에서 폭탄을 작동시키기 위해서였다. 하지만 세면실이 바람직한 장소가 아니라는 것을 알고 카이텔의 부관에게 셔츠를 갈아입어도 되겠느냐고 물었다. 카이텔의 부관이 슈타우펜베르크를 다른 방으로 안내했고, 거기서 그는 방 문을 닫고 재빨리 서류 가방을 열어 폭탄의 포장을 벗기고 폭탄을 싸고 있던 셔츠를 입은 다음, 단추를 눌러 폭탄의 유리병을 깼다. 폭탄은 10분 안에 터지게 되어 있었다. 슈타우펜베르크는 카이텔의 자동차로 서둘러 달려가 카이텔과 함께 순식간에 회의용 막사에 도착했다.

 카이텔과 슈타우펜베르크가 히틀러의 회의실로 들어갔을 때는 이미 4분이 흐른 상태였다. 히틀러는 슈타우펜베르크의 인사를 건성으로 받은 다음 호이징거 장군의 발표를 계속 들었다. 슈타우펜베르크가 막사를 둘러보니 문제가 더 있었다. 힘러와 괴벨스가 자리에 없었던 것이다. 그럼에도 그는 히틀러 근처에 앉으면서 서류 가방을 탁자 밑에 두었다. 서류 가방은 총통의 다리에서 6피트가량 떨어져 있었다. 총통이 자리를 뜨지만 않으면, 그의 두 다리는 5분 안에 성마른 주인의 몸체에서 떨어져 나갈 것이었다.

 하지만 역사적 폭발의 방향이 원래 의도된 표적에 미치지 못하게 하려고, 받침돌이라 불리는 무언가가 말 그대로 방해물로 자리하고 있었다. 받침돌은 받침기둥으로 쓰이는 육중한 돌이다. 회의가 열리는 전투상황실에는 거대한 참나무 탁자 두 개가 나란히 붙어 있었다. 크기는 대략 가로 18피트, 세로 5피트였고 두 받침돌은 탁자 너비만큼 넓었다. 이 야릇하고 다리 없는 탁자는 디트리히 본회퍼와 그의 형 클라우스, 두 자형 슈타우펜베르크와 헤프텐, 수백 명의 또 다른 공모자, 그리고 그 순간에도 죽음의 수용소에서 고통을 겪으며 절망하는 수백만 명의 무고한 사람을 학살할 자들에게 중요한 역할을 해온 셈이었다. 역사의 진로가 가구의 기형적인 디자인에 달려 있었다는 건 엄연한 사실이자 수수께끼가 아닐 수 없다.

 슈타우펜베르크는 3분이 지나면 폭탄이 터지리라는 걸 알고 있었다. 자리를 뜰 시간이었다. 그는 갑자기 양해를 구한 다음 발표에 쓸 총계를 전화로 알아보고 오겠다고 웅얼거리며 자리를 떴다. 누군가가 아돌프 히틀러보다 먼저 자리를 뜨는 건 전례 없는 일이었지만, 슈타우펜베르크에게는 그럴 만한 절박한 이유가 있었다. 전력질주하고 싶은 강렬한 유혹에 맞서 싸우며 걸어서 건물을 빠져나왔다. 회의실에서는 호이징거가 청승맞은 소리로 계속 발표하고 있었다. 그러다 그의 입에서 나오던 문장이 폭발로 중단되었다. 이미 200야드 밖에 있던 슈타우펜베르크의 두 눈에 푸른빛과 노란빛의 화염이 1,000분의 1초 전에 흐리멍덩하게 작전 지도를 보고 있던 고위급 장교 몇 명과 함께 창문 밖으로 튕겨 나오는 것이 보일 정도로 강력한 폭발이었다.

참나무 탁자가 산산조각 났고 머리카락이 불탔다. 천장이 바닥으로 내려앉고 몇 사람이 죽어서 널브러져 있었다. 그러나 슈타우펜베르크가 비행장으로 달려가면서 생각한 것과 달리 죽은 이들은 악의 화신이 아니었다. 히틀러는 만화처럼 짓구겨지긴 했지만 여전히 건재했다. 히틀러의 비서 게르트라우트 융게는 그때 일을 이렇게 회상했다. "총통의 모습이 대단히 이상해 보였다. 머리카락이 고슴도치 가시처럼 곤두섰고 옷은 누더기가 되어 있었다. 그러나 그 모든 것에도 불구하고 그는 황홀해했다. 자신은 살아남지 않았느냐는 거였다."9

히틀러는 이렇게 선언했다. "나의 목숨을 건진 것은 천우신조였습니다. 이것은 내가 바른 길에 서 있음을 보여주는 증거나 다름없습니다. 나는 이것이 내 모든 과업의 정당성을 증명해주었다고 생각합니다." 연기와 죽음 한가운데서 이루어진 자신의 비범한 생존이야말로 자신이 바른 시대정신Zeitgeist에 걸터앉아 있음을 보여주는 증거라는 거였다. 그러나 궁둥이는 멍든 상태였다. 폭발로 바지가 갈가리 찢겨 훌라춤용 치마가 되고 말았다. 엉뚱하게도 히틀러는 그 바지를 베르히테스가덴에 있는 에바 브라운에게 부쳐 그녀가 사랑하는 총통의 초인적 영속성을 보여주는 기념품으로 삼게 했다. 다음과 같은 메모도 함께 보냈다. "그대에게 저 불쾌한 날의 제복을 보내오. 천우신조로 내가 보호를 받았으니, 우리가 더 이상 적들을 두려워할 필요가 없음을 알리는 증거물인 셈이오."10

그러나 히틀러는 바지를 에바에게 보내고 나서 독일 국민에게로 얼

1944년 7월 20일 이후 괴벨스를 만나는 히틀러. 그는 나중에 이렇게 선언했다. "나의 목숨을 건진 것은 천우신조였습니다. 이것은 내가 바른 길에 서 있음을 보여주는 증거나 다름없습니다. 나는 이것이 내 모든 과업의 정당성을 증명해주었다고 생각합니다."

굴을 돌렸다. 자신이 무사함을 알려 그들을 안심시키지 않으면 안 되었기 때문이다. 자정 무렵 라디오 송화기가 설치되고 독일 전역이 총통의 목소리를 들었다.

내가 오늘 여러분에게 연설하는 이유는 두 가지 때문입니다. 첫째, 여러분에게 내 목소리를 들려주어 내가 건재하다는 걸 알리기 위해서입니다. 둘째, 여러분에게 독일 역사상 유례없는 범죄를 상세히 들려주기 위해서입니다. 한 줌도 안 되는 도당, 곧 야심차고 파렴치하고 괘씸하고 어리석은 장교 도당이 나를 제거하고 국방군 최고사령부 소속 참모 장교들을 몰살시키려고 음모를 꾸몄습니다. 폭탄이 내 오른쪽으로 2미터 정도 떨어진 곳에서 터졌습니다. 폰 슈타우펜베르크 대령이 설치한 폭탄이었습니다. 동료 몇 명이 다치고 한 명이 사망했습니다. 나는 전혀 다치지 않았습니다. … 우리는 지금 한 줌도 안 되는 범죄 분자 무리인 찬탈자 도당을 무자비하게 몰살하고 있습니다. … 우리 국가사회주의자들이 늘 그랬듯이 이번에도 그 숫자를 발표할 것입니다. … 나는 나와 함께 투쟁한 옛 동지들에게 특히 인사를 전하고 싶습니다. 죽음을 면하는 것이 나에게 또 다시 허락되었기 때문입니다. 나는 죽음이 조금도 두렵지 않지만, 독일 국민은 죽음이 두려웠을 것입니다. 나는 이 사건 속에서 나의 과업을 계속 수행해야 한다는 천우신조의 또 다른 표지를 봅니다.[11]

그 뒤 군악이 흘러나왔고 괴링이 이어서 말했다.

독일 공군 동지들이여! 폰 슈타우펜베르크 대령이 오늘 우리 총통을 살해하려고 상상도 할 수 없을 만큼 비열한 짓을 꾀했습니다. 퇴역 장군들로 이루어진 파렴치한 도당의 지시를 받아 한 짓이었습니다. 그 장군들은 비열하고 비겁한 전쟁 행위로 직위에서 쫓겨난 자들입니다. 총통은 기적적으로 목숨을 건졌습니다. … 우리 총통께서는 만수무강하시고 전능하신 하나님께서는 오늘 그에게 복을 내리소서![12]

그런 다음 또 다른 군악이 흘러나왔고 해군 수장 카를 되니츠가 뒤를 이었다.

해군 여러분! 사랑하는 총통의 목숨을 앗아가려 한 범죄 행위를 접하고 보니 거룩한 분노와 끝없는 격분이 우리 마음에 가득 차오르는군요. 신께서 그 범죄 행위를 응징하기를 원하시어 총통을 지켜주시고 보호해주셨습니다. 신께서 우리의 조국 독일을 버리지 않으신 것입니다. 장군들로 이루어진 한 줌도 안 되는 미치광이 도당은….[13]

진상은 도저히 참을 수 없는 것이었다. 독일 엘리트들이 가담한 거

1944년 7월 20일, 동프로이센 볼프스산체. 슈타우펜베르크가 히틀러를 죽이는 데 실패하고 몇 시간 뒤, 기이할 정도로 목숨이 질긴 총통이 마르틴 보어만(왼쪽), 알프레트 요들, 그 밖의 다른 지휘관과 함께 포즈를 취했다.

대한 모의였기 때문이다. 훨씬 오래 전부터 존재해왔고, 그들이 꿈꾸었던 것보다 훨씬 광범위한 공모였다. 그러한 소식은 히틀러의 자존심에 심각한 타격을 주었고, 그는 그것을 참으려 하지 않았다. 히틀러는 저항 세력의 모든 자취를 일소하고 있을 법한 출처에서 온 정보를 왜곡하려 했다. 그리고 이 공모와 관련된 자들의 아내와 자녀들 그리고 다른 가족 구성원들까지 추적하고 체포하여 강제수용소로 보냈다. 공모의 최후가 시작된 것이다.

제3제국에서 여전히 출간되는 교회 신문은 하나뿐이었다. 쿠데타 기도가 있고 며칠 뒤 그 신문이 또 다른 찬사를 바쳤다.

소름끼치는 날이었습니다. 용감한 우리 군이 조국을 지키고 최후 승리를 얻으려고 고투하고 있건만, 한 줌밖에 안 되는 파렴치한 장교들이 야망에 사로잡혀 섬뜩한 범죄를 감행하고 총통을 시해하려고 기도했습니다. 총통은 목숨을 건졌고 입에 담기도 싫은 재앙이 우리 국민을 비껴갔습니다. 이 일로 우리는 마음을 다해 하나님께 감사드리고, 총통이 가장 힘든 시기에 수행하려고 하는 중대한 과업에 원조와 도움을 베풀어달라고 온 교회와 함께 하나님께 기도합니다.[14]

그런데 또 다른 신문도 공모자들을 향해 이와 비슷한 비난을 퍼부었다. 〈뉴욕 타임스〉는 이렇게 보도했다. "독일 국가의 수장과 독일군 통수권자를 납치하거나 살해하려 시도한 자들이 장교 집단 내지 문명화된 정부 안에서라면 상상도 할 수도 없는 짓을 저질렀다."[15] 윈스턴 처칠은 공모 조직을 고사시키려고 안간힘을 써온 터라 그 공모로 죽은 공모자들을 걷어차며 그 시도를 "독일 제국의 고위직 인사들이 서로 학살한" 사건이라 불렀다.[16]

쿠데타 실패 소식을 접하다

7월 21일, 본회퍼는 의무실에서 라디오 방송을 듣다가 암살 시도가 실패했다는 소식을 접했다. 그 결과들이 어떠하리라는 걸 알고 있었지만, 상황에 흔들리지 않았다. 그리고 실패 한가운데에서도 평정을 잃지 않았다. 그날 베트게에게 써 보내는 편지에서 본회퍼는 이렇게 말했다.

오늘은 자네에게 짧은 안부만 전하려네. 자네는 생각으로라도 자주 이곳의 우리와 함께하면서, 설령 신학적 대화가 중단되더라도 살아 있다는 소식을 접하는 것으로 기뻐하리라 생각하네. 사실 나는 신학적 사고에 부단히 몰두하고 있지만, 삶의 과정과 신앙의 과정을 반성하지 않고 그럭저럭

사는 것으로 만족할 때도 있네. 그날의 성구만으로 기뻐할 때도 있지. 예컨대 어제의 성구와 오늘의 성구를 읽으니 특히 기분이 좋네. 나는 파울 게르하르트의 아름다운 찬송가로 돌아가, 이것을 소유하고 있다는 이유로 기뻐하기도 하네.[17]

7월 20일에 읽은 성구는 다음과 같았다. "어떤 이는 전차를 자랑하고, 어떤 이는 기마를 자랑하지만, 우리는 주 우리 하나님의 이름만을 자랑합니다"(시 20:7). "하나님이 우리 편이시면, 누가 우리를 대적하겠습니까?"(롬 8:31) 이튿날 읽은 성구는 다음과 같았다. "주님은 나의 목자시니, 내게 부족함 없어라"(시 23:1). "나는 선한 목자이다. 나는 내 양들을 알고 내 양들은 나를 안다"(요 10:14).

본회퍼는 틀림없이 이 성구들에서 실제적인 위안을 얻고 하나님이 가장 암울한 시기에 그에게 특별히 주시는 말씀으로 받아들였을 것이다. 그는 같은 편지에서 신학 사상도 표현했다.

나는 지난 몇 해 동안 기독교의 현세성을 점점 더 많이 알고 이해하는 법을 배웠네. 그리스도인은 종교적 인간 *homo religiosus*이 아니라, 전형적 인간이네. 예수는 세례자 요한과 다른 인간이었네. 내가 말하는 현세성은 교양인들, 분주한 자들, 나태한 자들, 호색한들의 천박하고 저속한 현세성이 아니라, 충분히 훈련되고 죽음과 부활을 늘 생생히 의식하는 심오한 현세성이네.[18]

본회퍼는 그 편지에서 이런 유명한 말도 했다. "나는 오늘날 《나를 따르라》가 얼마나 위험한 책인지 분명히 알지만, 전과 마찬가지로 그 책의 입장을 지지할 것이네." 그가 그렇게 말한 건 그 책에서 옹호한 기독교적인 삶 속에 경멸적인 의미의 종교인이 되고 싶은 유혹이 늘 있기 때문이다. 이를테면 삶을 더 충만히 살기보다는 삶을 회피하는 수단으로 기독교 신앙을 이용하는 것이다. 이어서 그는 이렇게 말했다.

그 후 나는 현세에서 충만히 살 때만 비로소 믿는 법을 배울 수 있음을 알았고, 지금도 그렇게 알고 있네. 성인이건, 회개한 죄인이건, 교인(성직자!)이건, 의인이건, 불의한 사람이건, 병든 사람이건, 건강한 사람이건 간에, 제 스스로의 힘으로 무언가를 하겠다는 생각을 완전히 포기할 때—이것을 일컬어 나는 현세성이라고 부르는데, 그것은 이를테면 많은 과제와 문제, 성공과 실패, 경험과 속수무책 속에서 살아가는 것이네—비로소 우리는 하나님의 품으로 뛰어들고, 이 세상에서 우리 자신의 고난을 진지하게 받아들이는 것이 아니라 하나님의 고난을 진지하게 받아들이고, 겟세마네의 그리스도와 함께 깨어 있게 되는 것이네. 나는 그것이 신앙이고 회개 μετάνοια 라고 생각하네. 그럴 때만 우리는 인간이 되고 그리스도인이 되는 것이네(예레미야 45장을 참조하게!). 세상살이에서 하나님의 고난을 함께 나누는 사람이 어찌 성공했다고 우쭐하겠으며, 실패했다고 낙담하겠는가? 내가 짧게 말해도 그게 무슨 말인지 자네는 이해할 거야. 나는 이것을 알게 되었으니 감사한 일이 아닐 수 없네. 나는 내가 걸어온 길에서만 그것을 알 수 있었네. 나의 과거와 현재를 생각하면 그저 감사하고 그저 만족스러울 뿐이네. (중략)

하나님께서 이 시대 내내 우리를 평화로이 인도해주시기를. 무엇보다도 그분께서 우리를 그분에게로 인도해주시기를. (중략)

몸 건강히 잘 지내고, 우리가 곧 다시 보게 되리라는 희망을 잃지 말게. 신실함과 감사 가운데 항상 자네를 생각하며.[19]

자네의 디트리히

본회퍼는 그 편지에 시 한 편도 동봉하면서 이렇게 썼다. "이 시는 내가 지난 밤 몇 시간 동안 쓴 것이네. 매우 거친 시일세. … 오늘 아침 일찍 읽어보니, 한 번 더 고쳐 지어야 할 것 같네만, 날림 상태로나마 자네에게 부치고 싶네. 나는 시인이 아니니 말일세!" 그러나 그는 시인이었다. 그 시는 당시 그가 품고 있던 신학을 증류한 것이라 할 수 있다.

자유에 이르는 길 위의 정거장들

훈련
자유를 찾아 나서려거든, 먼저 감각과 그대의 영혼을
훈련하는 법을 익혀, 욕망과
그대의 지체가 그대를 이리저리 끌고 다니지 못하게 하라.
그대의 정신과 그대의 몸을 순결하게 하고, 그대 자신에게
완전히 복종시켜, 정해진 목표를 순순히 추구하게 하라.
훈련을 통하지 않고는 누구도 자유의 신비를 경험할 수 없음이니.

행동
제멋대로 행할 것이 아니라 옳은 일을 행하며 시도하고,
가능성 속에서 허우적거릴 것이 아니라 현실적인 것을 과감히 붙잡아라.
자유는 도망치는 생각 속에 있지 않고 행동 속에만 있음이니.
하나님의 계명과 그대의 신앙만을 수레 삼아
불안하게 머뭇거리지 말고 사건의 폭풍 속으로 들어가라.
자유가 기뻐 소리치며 그대의 영을 맞이하리니.

고난

놀라운 변화! 힘차게 일하는 손이

그대에게 연결되어 있군요. 그대는 지금 그대의 행위가

한계에 이른 것을 힘없이 외롭게 지켜보고 있군요.

하지만 안도의 한숨을 쉬면서, 옳은 일을 차분하고 침착하게

더 강한 손에 맡기고 만족하세요.

한 순간이라도 자유와 접촉하는 복을 얻게 되거든,

자유를 하나님께 넘겨드리세요. 그분께서 멋지게 완성하시리니.

죽음

어서 오라, 영원한 길 위에 있는 최고의 향연이여,

죽음이여, 덧없는 육신의 성가신 사슬을 끊고

눈먼 영혼의 벽을 허물어라.

이 세상에서 볼 수 없던 것을 마침내 볼 수 있게.

자유여, 우리는 오랫동안 훈련하고 행동하고 고난을 겪으면서

그대를 찾아다녔노라.

죽을 지경에 이르러서야 하나님의 얼굴에서 그대를 보노라. [20]

7월 말, 본회퍼는 베트게에게 여러 가지 단상을 보냈다. "다소 과장된 이 단상을 부디 너그러이 봐주게. 나눈 적이 없는 대화의 단편들이네. 그런 점에서 이 단편은 자네 것일세. 나처럼 자기 생각 속에서 살지 않으면 안 되는 이는 마음속에 떠오르는 가장 어리석은 것, 곧 잡동사니 생각까지 글로 적어둔다네!" [21]

단상들 중 하나는 다음과 같다. "절대적 진지함은 유머가 전혀 없는 것이 아니다." 또 다른 단상은 그리스도인이 된다는 것은 죄를 피하려고 조심하는 것이 아니라 하나님의 뜻을 용감하고 활기차게 행하는 것이라는 논지를 되풀이해서 말한다. "순결의 본질은 욕망을 억누르

는 것이 아니라 자신의 삶을 목표에 완전히 일치시키는 것이다. 그러한 목표가 없으면, 순결은 웃음거리가 되고 만다. 순결은 정신 차리기와 집중의 필수조건이다." 마지막 단상은 그가 쓴 시의 반복인 듯하다. "죽음은 자유에 이르는 길 위에서 맛볼 수 있는 최상의 축제다."

암살 실패의 여파

이틀 뒤 카나리스가 체포되었다는 소식이 들려왔다. 그리고 곧이어 실패한 음모에 대한 자세한 소식이 들렸다. 슈타우펜베르크를 조준하여 쏜 총알 세례 속으로 베르너 폰 헤프텐이 용감하게 뛰어들어 죽었으며, 잠시 뒤에 슈타우펜베르크도 용감하게 죽었다는 소식이었다. 슈타우펜베르크는 처형되기 직전에 이렇게 외쳤다고 한다. "신성한 독일이여, 영원하라!"[22]

헤닝 폰 트레스코브와 다른 인사들은 스스로 목숨을 끊었다. 고문을 받다가 다른 이들의 이름을 발설할까 봐 두려웠기 때문이다. 슐라브렌도르프는 트레스코브가 죽기 전에 자기에게 한 말을 이렇게 회상했다.

온 세상이 우리를 비방할 것이네. 하지만 나는 우리가 옳은 일을 했다고 굳게 확신하네. 히틀러는 독일은 물론이고 전 세계의 대적일세. 몇 시간 뒤 하나님 앞에 가서 내가 한 일과 하지 않은 일을 말씀드릴 때, 나는 반反히틀러 투쟁에서 내가 한 일이 옳다는 걸 내 선한 양심을 걸고 주장할 수 있을 것이네. 하나님께서는 소돔에 의인이 열 명만 있어도 그 도시를 멸망시키지 않겠다고 아브라함에게 약속하셨네. 따라서 나는 하나님께서 우리를 보아서라도 독일을 멸망시키지 않으시길 바라네. 우리 가운데 누구도 자신의 죽음을 슬퍼하지 않을 것이네. 우리의 동아리에 가담하기로 한 이들은 네소스의 옷*을 입었네. 자기 신념을 위해 목숨을 걸 준비가 되어 있을 때에만 인간은 도덕적으로 흠 없는 삶을 시작할 수 있네.²³

공모에 깊이 가담하지 않은 자들까지 체포되어 심문을 받고 대부분 고문을 받았다. 8월 7일과 8일, 공모자 중 첫 번째 사람이 인민 재판소에 회부되었다. 재판을 주관한 사람은 윌리엄 샤이러가 "비열하고 악독한 미치광이이자 하이드리히 이후 제3제국에서 가장 사악하고 잔인한 나치"라고 평한 롤란트 프라이슬러였다. 프라이슬러는 1930년대에 모스크바에서 열린 공개 재판을 흠모한 나머지 그대로 흉내 내려고 했다. 히틀러는 그런 프라이슬러를 마음에 쏙 들어 했다. 인민 재판소는 독일 대법원에서 이루어진 제국의사당 방화사건 재판 결과를 못마땅하게 여긴 히틀러가 1934년 반역 사건들을 다시 판결하려고 설치했다.²⁴

  8월 8일, 디트리히의 외삼촌 파울 폰 하제가 프라이슬러에게 사형 선고를 받고 플뢰첸제 교도소에서 교수형을 당했다. 그의 나이 쉰아홉 살이었다. 공모에 가담한 이들의 배우자와 친지들이 그랬듯이 그의 아내도 체포되었다. 8월 22일에는 한스 폰 도나니가 작센하우젠 강제수용소로 이송되었다. 9월 20일, '부끄러운 일의 연대기'라는 이름이 붙은 문서철이 초센에서 발각되었다. 본회퍼와 도나니에게는 재앙 중의 재앙이나 다름없었다. 그 문서철은 나치의 잔혹한 범죄를 기록한 것으로 1938년 이래로 도나니가 간수해왔다. 문서철 발각으로 전모가 훤히 드러났고, 본회퍼와 도나니도 그 사실을 알았다. 위장이 끝난 것이다.
  그러나 사악한 정권에 저항한 이들의 용맹도 드러나기 시작했다.

---

*네소스는 그리스 신화에 나오는 반인반수이며, 네소스의 옷은 수령자에게 고통과 재난을 초래하는 선물을 뜻한다.

두들겨 맞아 쇠약해진 이들 상당수가 재판이 진행되는 동안 후세를 위해 진술을 했다. 그 진술들은 프라이슬러와 다른 골수 나치를 크게 놀라게 했음에 틀림없다. 에발트 폰 클라이스트 슈멘친은 히틀러 정권에 대한 반역 행위야말로 "하나님의 명령"이라고 말했으며, 한스 베른트 폰 헤프텐은 히틀러가 세계사 연표에 "가장 사악한 범죄자"로 기록될 것이라고 말했다. 프리츠 디틀로프 그라프 폰 데어 슐렌베르크는 재판정에서 이렇게 말했다. "우리는 독일을 형언할 수 없는 불행에서 건지려고 이 일을 일으키기로 한 것입니다. 나는 내가 그 일에 가담했다는 이유로 교수형을 당하리라는 것을 압니다. 하지만 내가 한 일을 후회하지 않습니다. 다만 상황이 좋아지면 다른 누군가가 그 일을 떠맡기를 바랄 뿐입니다." 다른 여러 사람들도 이와 비슷한 발언을 했다. 이윽고 히틀러는 재판 보도가 더 이상 흘러나가지 못하게 했다.[25]

마리아, 희망을 잃다

7월 20일 암살 시도가 실패하기 몇 달 전부터 기다림과 스트레스가 마리아에게 타격을 준 것 같다. 편지를 보내는 간격이 차츰차츰 벌어졌다. 두통과 불면증, 졸도로 괴로움을 겪기 시작한 것이다. 마리아의 언니 루트 알리세에 따르면 "그녀가 정서적 위기를 겪고 있음을 보여주는 여러 징후"가 있었다. 친척들은 마리아가 테겔에서 돌아올 때마다 절망하는 것 같았다고 말했다. 디트리히의 사정이 더 이상 좋아지지 않으리라는 걸 안 것 같았다. 6월에 마리아는 둘의 처지를 두고 디트리히에게 편지를 보냈다. 그 편지는 남아 있지 않지만, 본회퍼가 6월 27일에 보낸 답장은 그녀의 감정이 어떠했는지 짐작하게 한다.

내가 가장 사랑하는 마리아,

　그대의 편지에 마음 깊이 감사드립니다. 편지를 읽고 내 마음은 우울하지 않았습니다. 오히려 행복하고 한없이 행복했습니다. 우리가 서로 깊이, 지금 느끼는 것보다 훨씬 깊이 사랑하지 않았다면, 서로에게 그런 식으로 말할 수 없다는 걸 알기 때문입니다. … 그대가 편지에 쓴 내용에도 놀라거나 낙담하지 않았습니다. 내가 생각하는 바와 다소 같았기 때문입니다. 우리가 서로의 얼굴을 좀처럼 보지 못한다면, 그대가 나를 사랑한다는 걸 내가 어찌 믿을 수 있겠습니까? 그대의 사랑의 표시가 아무리 작다고 해도, 내가 어찌 기뻐하지 않을 수 있겠습니까? (중략)

　나를 생각하면 이따금 괴롭다고 했지요? 내가 사랑하고 가장 사랑하는 마리아, 내가 일생 바라던 것보다 훨씬 많이 그대가 나를 기쁘게 하고 행복하게 해주었다는 걸 아는 것으로 충분하지 않은지요? 그대가 나에 대한 그대의 사랑을 의심한다고 해도 나는 그대를 있는 그대로 사랑하고 그대 외에는 아무것도, 아무 희생도 바라지 않는데, 이것으로 충분하지 않은지요? 나는 그대가 무언가에 대한 결핍을 느껴서, 그대가 내 안에서 찾는 것을 내가 제공하지 못해서 불행해지는 것을 원치 않습니다. 그대는 성령강림절 이튿날 못 살겠다는 생각을 했는데, 그렇다면 나에게 말해 보세요. 그대는 내가 없어도 살 수 있는지요? 그대가 그럴 수 있다고 느낀다고 해도 나는 그대가 없으면 살 수 없답니다. 그런데도 그대는 혼자서 살 수 있다는 말인가요? 아니요, 절대로 그럴 수 없습니다. 사랑하는 마리아, 괴로워하지 마세요. 나는 그대가 어찌 느끼는지 알고 있답니다. 그럴 수밖에 없을 겁니다. 그렇지 않은 척한다면, 거짓과 위선이 될 것입니다. 하지만 우리가 지금 이대로라도 지낸다면, 우리는 연인 사이로 같이 있게 될 것입니다. 나는 그대를 놓아 보내지 않고 그대를 꼭 붙잡을 겁니다. 그래서 우리가 연인 사이로 함께 있을 수밖에 없다는 걸 당신에게 알려줄 겁니다. (중략)

내가 그대에게 털어놓은 세월*을 놓고 편지를 써 보내주어 특히 고맙습니다. 그대 소식을 너무나 오랫동안 듣지 못해서 그대가 실망했을까 봐 걱정했답니다. 하지만 그대가 실망할 거라고는 믿지 않았습니다. 나는 그대의 말에서 그대가 1943년 1월 13일에 나에게 써 보낸 "예"의 반복을 봅니다. 나는 잠시라도 편지를 기다려야 할 때가 되면 그 "예"를 붙잡는답니다. 그럴 때면 나는 그 "예, 예, 예!"를 몇 번이고 되풀이해서 듣고, 그 소리에 감격하여 행복해한답니다.

한동안 오지 않겠다고 했는데, 사랑하는 마리아, 그러지 않는 것이 옳다는 건 말할 것도 없습니다. 이 단계에서 서로 얼굴을 되풀이해서 보는 것보다 더 중요한 일이 어디에 있겠습니까? 일부러 서로의 얼굴을 보지 않는다면, 우리 사이에 장벽을 세우는 짓이 되지 않겠습니까? (중략)

터놓고 말해봅시다. 몇 차례가 되건 간에 우리는 이 세상에서 서로의 얼굴을 얼마나 자주 보게 될지 전혀 모릅니다. 우리가 돌이킬 수 없는 일을 저질러 스스로를 책망하게 될 걸 생각하면 마음이 몹시 우울해집니다. 물론 질병이나 여행 금지 같은 외적인 장애물이 있을 수 있습니다. 그것은 어쩔 수 없는 일입니다. 그러나 내적 장애를 극복할 수 없어서 서로 얼굴을 보지 못한다면, 우리는 자책을 피할 수 없을 것입니다. (중략)

약혼한 쌍들은 서로에게 속해 있습니다. 그들 중 어느 쌍도 지금의 내 처지보다 더 그러하지는 못할 겁니다. 사랑하는 마리아, 나는 그대가 나 때문에 비할 데 없는 희생과 고난을 겪고 있으며 엄청난 고생을 하고 있다는 걸 누구보다 잘 압니다. 누구도 그러한 것들을 그대에게 안겨주지 않았을 테니까요. 나는 그대의 면회가 외로운 나에게 주는 기쁨을 포기할까 하다가 우리 자신과 장차 있을 결혼을 위해 그래서는 안 된다고 생각했습니다. 나는 우리의 사랑을 위해, 보답할 길이 없지만, 그대에게

---

*엘리자베트 친과의 관계를 털어놓은 편지를 가리킨다.

이 희생을 요구할 수밖에 없습니다. 그대가 아프거나 육체적으로 부담이 되어 오지 못하는 건 당연하지만, 우리는 영적 난관을 함께 이겨내야 합니다! (중략)

내가 어찌 느끼는지를 그대에게 상당히 솔직하게 말했습니다. 나는 지나간 일에는 마음을 쓰지 않습니다. 그러나 미래는 우리가 책임져야 합니다. 그 점에서 모든 것이 분명하고 솔직하고 자발적이어야 합니다. 그렇지 않습니까? 무엇보다도 우리는 서로에게 속해 있는, 이 단 하나의 중요한 일에 헌신하고 그에 걸맞게 처신해야 합니다.

이런 내용을 편지로 이야기하는 것이 쉽지 않지만, 하나님께서 그렇게 하기를 바라셨습니다. 우리는 인내력을 잃어서는 안 됩니다. 하나님의 뜻과 그에 대한 우리의 복종은 논쟁의 여지가 없습니다. 그대와 마찬가지로 나도 동정은 싫습니다. 나는 그대가 나와 함께 기다리며 인내하고 지금보다 더 인내하기를 바랍니다. 그러니 슬퍼하지 마십시오. 그대가 무슨 생각을 하고 있는지 나에게 알려주고, 그대가 꼭 해야겠다 생각하는 대로 행동하기를 바랍니다. 그러나 내가 그대를 아주 많이 사랑하고 그대를 대단히 소중하게 여긴다는 점을 알고 안심하기를 바랍니다.[26]

그대의 디트리히

6월 27일, 마리아가 면회하러 왔다. 그녀가 그의 편지를 면회 전에 받았는지 그 후에 받았는지는 분명하지 않다. 본회퍼는 8월 13일에 다시 편지를 써 보냈다.

내 사랑하는 마리아.

요즘은 우리의 편지가 목적지에 닿기까지 시간이 꽤 오래 걸리는군요. 아마도 공습 때문일 겁니다. … 지난 6주 동안 그대의 편지를 한 통밖에 받지 못했습니다. 부모님이 전해주시는 그대의 소식이 그분들의 지난번 면회 때와 같아서 걱정입니다. 그러나 그대도 알겠지만, 편지는 우리가 서로에게 속해 있음을 표시하는 연약한 증거일 뿐이니, 우리는 무엇보다도 서로에 대한 생각과 기도로 그것을 표시해야 할 것 같습니다. 편지가 도착하든 않든, 생각과 기도는 할 수 있으니 말입니다. 그대가 드디어 베를린에서 일을 시작했군요.[*] 고된 일은 수세기 동안 걱정과 염려를 치료하는 최고의 방법으로 격찬을 받아왔습니다. 많은 사람이 생각하는 것처럼 노동의 가장 유익한 면은 정신의 고통을 완화해주는 게 아닐까 싶습니다. 개인적으로 내가 중요하게 여기는 건 이것입니다. 올바른 일은 사람을 이타적으로 만들어주고, 마음이 개인의 이익과 염려로 가득 찬 사람은 타자에게 봉사하면서 이타적 삶의 욕구를 발전시킬 수 있다는 겁니다. 사랑하는 마리아, 나는 그대의 새 일이 그러한 은택을 그대에게 안겨주기를 바라고, 일이 힘겨울수록 그대의 영적 해방감도 커지기를 진심으로 바랍니다. 힘든 일에 대한 열의는 물론이고 그대의 타고난 활기로 보건대, 나는 그 일이 그대에게 벅차지 않을 거라고 생각합니다. 내가 나 자신을 위해 일하지 않고 타자들을 위해 일할 때 어떤 해방감을 느꼈는지, 그대는 모를 겁니다. 나는 나의 책들 속에 침잠하여 새로운 것을 많이 배우고 나의 연구에 필요한 한두 가지 견해와 인용문을 적어둘 수 있어서 날마다 새롭게 감사한답니다. 최근에는 가브리엘레 폰 뷜로브 폰 훔볼트[**]의 회고록을 다시 읽으면서 커다란 기쁨을 맛보았습니다. 그녀는 약혼 직후 피앙세와 3년간 떨어져 지냈지요! 그 시대 사람들은 인내심과 자제력이 대단하고 끌어당기는 힘도 대단했던 것 같습니다! 편지가 배달되는 데 6주 넘게 걸렸지요. 그들은 기술이 우리에게서 앗아가 버린 것을 찾아서 하는 법을 익혔습니다. 날마다 서로를 위해 하나님께 기도하고, 서로에 대한 신뢰를 하나님께

---

[*] 마리아가 적십자에서 일을 시작했을 것이다.
[**] 19세기 독일 귀족 부인이다.

둔 것입니다. 우리는 지금 그것을 다시 익히고 있는 것 같습니다. 그러니 우리는 아무리 힘들어도 감사해야 할 것입니다.

나의 사랑하는 마리아, 우리에게 무슨 일이 일어나더라도 믿음을 잃지 맙시다. 그러면 선하고 친절한 손길이 그 모든 것을 우리에게 베풀 것입니다. 나는 8월 22일에 그대를 아주 많이 생각할 겁니다.* 사랑하는 마리아, 잘 지내세요. 하나님께서 우리 모두를 지켜주시길 기원합니다.27

신실한 마음을 담아

디트리히

이 편지를 보내고 나서 부모님이 그에게 소식을 전했다. 마리아가 디트리히 부모님 집으로 이사하고 부모님을 돕기로 했다는 거였다. 표면상 그녀가 맡은 일은 카를 본회퍼 박사의 비서 업무였고 진료실은 1층에 있었다. 디트리히는 마리아에게 이런 편지를 써 보냈다.

내가 끔찍이 사랑하는 마리아,

내가 거듭 부탁한 것도 아닌데 그대가 자진하여 이곳으로 와서 부모님을 돕기로 했다고 하더군요. 지금 내가 얼마나 행복한지 그대에게 말하지 않을 수 없군요. 부모님이 그 소식을 알려주었을 때 처음에는 믿지 못했답니다. 그런 일이 어떻게 일어났는지, 그런 일이 어떻게 가능하게 되었는지 지금도 얼떨떨합니다. … 방금 전까지는 그대가 적십자에 재소집을 받으면 우리가 서로 오랫동안 보지 못하게 될 거라고 생각했는데, 이제는 모든 것이 완전히 변했습니다. 내가 보기에 이건 하나님의 선물 같습니다. 공습이 진행되는 동안은 그대를 걱정해야 할 테지만, 그때마다 그대가 매일 매시간 내 곁에 있다는 걸 알게 되겠지요. 그대의 결정은 참으로 근사한 일

---

*8월 22일은 마리아 부친의 기일이었다.

이 아닐 수 없습니다! 그대에게 깊이 감사드립니다!

　아주 큰 부탁을 하나 해도 될까요? 어머니를 도와서 어머니가 반복되는 근심을 잘 극복하게 해주시고, 인내심을 가지고 어머니를 잘 대해주십시오. 그것이 그대가 나에게 해줄 수 있는 최고의 행동입니다. 선하신 주님께서 그대를 어머니에게 알맞게 보내주신 것 같습니다. 이런 시기에는 어머니에게 좋은 며느리가 필요하거든요. 어머니를 알면 알수록 어머니가 자신을 위해서는 아무것도 바라지 않으시고, 어머니의 바람과 행위와 생각이 온통 다른 이들에게 맞추어져 있다는 걸 알게 될 겁니다. 그대가 성공할 수 있게 해달라고 함께 기도합시다. 그리고 조만간 그대를 보고 싶습니다!! 사랑하는 마리아, 우리 다시 힘을 모아 잘 참아내기로 합시다. 하나님께서는 인간의 마음을 지상의 어떤 힘보다 강하게 해주셨습니다. 사랑하는 마리아, 잘 지내기를 바라고 범사에 그대에게 감사드립니다![28]
그대에게 부드러운 포옹과 입맞춤을 보내며

그대의 디트리히

8월 23일, 마리아가 본회퍼를 면회했다. 밝혀진 바와 같이 그것이 그들의 마지막 면회였다. 본회퍼는 그날 베트게에게 보내는 편지에서 이렇게 말했다. "마리아가 오늘 이곳을 다녀갔네. 생기 있으면서 확고부동하고 차분했네. 내가 좀처럼 보지 못한 모습이었네."[29]

탈옥을 계획하다

9월에 본회퍼는 테겔 형무소를 탈출하기로 결심했다. 형무소를 마음 놓고 돌아다닐 수 있었기에 언제든 마음만 먹으면 탈출할 수 있었다. 그러나 그렇게 하지 않은 것은 여러 가지 이유 때문이었다. 그런

데 이제는 그곳에 머무는 것을 가치 있게 해주던 희망의 가도街道가 봉쇄되고 말았다. 공모를 위해 움직이던 모든 이가 거의 다 체포되고 공모도 끝장났다. 나치가 그들이 해온 일에 대해 확실한 증거를 잡고 잔혹한 심문을 통해 더 많은 정보를 얻어내려 하고 있었다. 히틀러가 그들을 다 처형시키지 않은 이유는 오직 하나, 가능한 한 많은 정보를 얻기 위해서였다. 공모자들 이름과 지난 여러 해 동안 그의 등 뒤에서 꾸며진 거대한 악을 낱낱이 알고 싶어 했다. 탈출해야 한다면, 지금이 그때였다. 물론 전쟁은 조만간 끝날 것이다. 독일인들이 히틀러를 죽이는 일에 성공하지 못해도 연합국이 조만간 그 일을 해줄 것이다.

간수들 중 본회퍼의 절친한 친구인 크노블로흐 하사가 도우미를 자처했다. 본회퍼의 탈출 의향이 가족에게 전달되었고, 가족들은 디트리히의 치수에 맞게 수리공 복장을 마련하여 테겔 형무소에서 4마일 정도 떨어진 크노블로흐의 집으로 배송해야 했다. 식량 배급표와 돈도 마련해야 했다. 크노블로흐는 그 모든 것을 독일인들이 교외에 마련해놓은 작은 정자 한 곳에 은닉해 두었다. 탈옥 후 그가 본회퍼를 데리고 거기로 가기로 되어 있었다. 본회퍼는 수리공 옷을 입고 크노블로흐의 하루 일과가 끝날 즈음 그와 함께 형무소 밖으로 걸어 나가면 되었다. 가장 큰 장애물은 본회퍼가 은신하고 있다가 붙잡히기 전에 독일을 떠날 수 있느냐는 거였다.

9월 24일 일요일, 디트리히의 누나 우르줄라와 그녀의 남편 슐라이허, 그리고 딸 레나테가 크노블로흐의 집으로 차를 몰고 가서 수리공 복장과 식량 배급표와 돈이 들어 있는 꾸러미를 건넸다. 본회퍼가 독일을 벗어나는 것에 관한 세부사항을 제외하면 탈옥 준비가 끝난 셈이었다. 이유는 불분명하지만 본회퍼는 그 주에 탈출하지 않았다. 독일을 탈출할 계획이 분명하지 않았던 게 아마도 탈옥을 막았을 것이다.

그 주말에 터진 또 다른 사건이 탈출 생각을 잊게 만들었다. 9월 30일 토요일, 클라우스 본회퍼는 자동차 한 대가 자기 집 근처에 주차되어 있는 걸 보았다. 그는 즉시 방향을 바꾸어 차를 몰았다. 클라우스의 아내 엠미는 자녀들을 방문하려고 슐레스비히-홀슈타인에 가고 없었다. 연합국의 폭격 때문에 자녀들을 그곳으로 보냈던 것이다. 클라우스는 그 자동차가 게슈타포 차량이라고 확신했다. 집으로 가면 체포되어 연행될 게 분명했다. 그래서 차를 몰고 마리엔부르크 알레에 있는 우르줄라의 집으로 가서 밤을 새웠다. 이 괴로운 시간 동안 우르줄라는 오빠 클라우스의 자살을 가까스로 만류했다. 클라우스가 체포되어 고문을 당하고 처형당한 뒤에 우르줄라는 그 일을 후회했다.

하루 동안 올가미가 바짝 죄어졌다. 클라우스가 은신처를 찾아 우르줄라의 집에 나타난 그날, 파울 폰 하제 장군의 아내인 그들의 사촌이 감옥에서 풀려나와 우르줄라의 집에 나타났다. 폰 하제가 인민 재판소에 의해 처형된 상황이라 달리 갈 곳이 없었다. 남편이 공모에서 맡은 역할 때문에 친척들 중에서 우르줄라와 뤼디거 슐라이허 외에 누구도 그녀를 맞아들이지 않았던 것이다.

그날 같은 시각에 크노블로흐 하사가 디트리히의 독일 탈출에 관한 세부사항을 논의하기 위해 왔다. 슐라이허 부부가 위조 여권을 마련해주고 스웨덴행 비행기를 주선해야 한다는 거였다. 그러나 우르줄라와 뤼디거는 계획에 차질이 생겼다고 설명했다. 클라우스가 체포되기 직전이었기 때문이다. 디트리히의 탈출은 그와 관련된 모든 이를 중죄인으로 보이게 할 뿐이었다.

이튿날인 일요일 아침, 게슈타포가 도착하여 클라우스를 연행해갔다. 월요일에 크노블로흐가 슐라이허 부부의 집을 다시 찾아가 디트리히가 탈출하지 않기로 했다고 말했다. 그가 탈출하면 사태를 악화시켜 모든 이들, 특히 클라우스를 난처하게 만들고 게슈타포가 거리 낌 없이 부모님과 마리아의 뒤까지 밟을 수 있었기 때문이다. 그 정도까지는 아니었지만, 그 주 수요일에 게슈타포가 마리엔부르크 알레에 다시 나타나 뤼디거를 체포했다. 본회퍼 집안의 아들 둘과 사위 둘이 구속된 것이다.

1944년 10월 8일, 18개월간 이어진 본회퍼의 테겔 형무소 생활이 끝났다. 그리고 프린츠-알브레히트-슈트라세에 있는 게슈타포 교도소로 몰래 이감되었다. 디트리히 본회퍼는 이제 국가의 관리 대상이었다.

게 슈 타 포   교 도 소

본회퍼가 게슈타포 교도소에서 보낸 4개월은 테겔 형무소에서 보낸 시간과는 사뭇 달랐다. 감방은 지하에 있었다. 가로 5피트 세로 8피트의 감방이었다. 햇빛이 전혀 들어오지 않았다. 거닐 만한 마당도, 노래를 불러주는 개똥지빠귀도, 붙임성 있는 간수도 없었다. 카나리스 제독이 그에게 말했다. "이곳은 지옥이랍니다." 그곳에는 카를 괴어델러, 요제프 뮐러, 오스터 장군, 자크 판사도 있었다. 마리아의 사촌 파비안 폰 슐라브렌도르프도 그곳에 있었다. 공모를 위해 힘쓰던 모든 이가 옥에 갇힌 것 같았다. 에버하르트 베트게도 체포된 상태였다. 하지만 그는 이 끔찍한 곳에 있지 않았다.

본회퍼는 첫 심문을 받으면서 고문의 위협을 받았다. 부모님과 다른 가족들, 약혼녀의 생사가 그의 자백에 달려 있다는 말을 들었다. 본회퍼는 폰 슐라브렌도르프와 이야기할 기회를 얻어 "솔직히 말해 불쾌한" 심문이라고 말했다.[30] 디트리히가 고문을 받았다고 여길 만한 근거는 없지만, 형 클라우스와 다른 사람들 대다수는 고문을 받았다. 슐라브렌도르프는 《그들은 히틀러를 거의 죽일 뻔했다 They Almost Killed Hitler》에서 자신이 직접 겪은 일을 고백했다. "내가 조만간 풀려날 것 같습니다"라고 슐라브렌도르프가 말하자 본회퍼가 이렇게 부탁했다. "내 아버지를 찾아가 이 말을 전해주십시오. 힘러를 개인적으로 만나보라고 말입니다."[31] 그러나 슐라브렌도르프는 그 시기에 풀려나지 못했다.

도나니의 사정은 또 달랐다. 몸이 크게 축났다. 연합국의 폭격이 진행되는 동안 타격을 받아 몸의 일부가 마비되고 눈까지 멀었다. 하지만 나치는 그에게 일말의 자비도 베풀지 않았다. 그들은 도나니가 공모 지도자 중 하나라는 걸 알고 그에게 정보를 얻어내기 위해 무슨 짓이든 하려고 했다. 고통이 어찌나 컸던지 아내에게 디프테리아균을 교도소 안에 몰래 넣어달라고 재촉하기도 했다. 균에 감염되면 심문을 받을 일이 없었기 때문이다.

마리아에게 보내는 편지에서 본회퍼는 이렇게 말했다.

언젠가 슈티프터는 이런 말을 했습니다. "고통은 영원히 감추어져 있는 보화를 인간들에게 보여주는 거룩한 천사다. 인간은 세상의 온갖 기쁨보다는 그 천사를 통해 더 위대하게 된다." 당연히 그래야 하고, 나는 지금의 처지에서 그 말을 나에게 거듭 속삭인답니다. 하지만 고통은 매번 극복해야 합니다. 고통이라는 천사보다 훨씬 더 거룩한 천사가 있기 때문입니다. 그 천사는 다름 아닌 하나님 안에서의 기쁨이라는 천사입니다.[32]

그러나 본회퍼는 마리아에게 더 이상 편지할 수 없었다. 마리아는 면회 승인이 떨어지기를 고대하면서 여러 번 교도소를 찾아갔지만, 매번 거절당했다. 거칠기는 했지만 상황이 예전만큼 나쁘지는 않았다. 힘러와 나치 친위대는 전세가 기울어 독일에 불리해지고 있다는 걸 알았다. 그들은 평화협상을 타진할 때 이 수감자들을 협상 카드로 이용할 생각이었다. 본회퍼가 마리아에게 성탄절 편지를 써 보낼 수 있게 해준 것도 그 때문이었다.

1944년 12월 19일
친애하는 마리아,

그대에게 성탄절 편지를 써 보내고 그대를 통해 부모님과 형제자매들에게 나의 사랑을 전하고 모두에게 감사할 수 있게 되어 기쁩니다. 이 무렵 우리들 집은 대단히 조용하겠지요. 그러나 나는 내 주위 환경이 고요하면 고요할수록 내가 모두와 연결되어 있다는 걸 더 생생히 느낀답니다. 고독 속에 있으면, 영혼이 우리가 평소 잘 알아채지 못하는 기관들을 발달시키는 것 같습니다. 그래서인지 잠시나마 외로움과 쓸쓸함을 느끼지 않았습니다. 그대와 나의 부모님, 친구들과 현역복무 중인 제자들을 포함하여 모든 이들은 나의 변치 않는 동반자들입니다. 여러분의 기도와 다정한 생각, 성경 구절, 오랫동안 잊힌 대화, 음악, 책, 이 모든 것은 예전에 없던 삶과 현실로 싸여 있습니다. 나는 눈에 보이지 않는 거대한 참 존재의 왕국에서 살고 있습니다. 나는 그 존재 안에 있음을 의심하지 않습니다. 옛 동요는 천사를 두고 이렇게 노래합니다. "두 천사는 나를 보호하고, 두 천사는 나를 깨우네." 오늘날 우리 어른들은 어린아이와 다름없어서 밤과 아침마다 눈에 보이지 않는 친절한 능력의 보호가 필요합니다. 그러니 내가 불행하다고 생각하지 마십시오. 행복과 불행이 무엇입니까? 행복과 불행은 환경의 영향을 받기보다 우리 내면에서 일어나는 것의 영향을 더 많이 받는답니다. 나는 그대와 여러분 모두를 만나게 되어 날마다 감사하고 행복해하고 기뻐한답니다.

겉으로 보면 이곳은 테겔과 거의 다르지 않습니다. 일과는 똑같고, 중

식은 상당히 좋으며, 아침식사와 저녁식사는 테겔보다 조금 부족합니다. 그대가 나에게 가져다준 모든 것에 감사합니다. 이곳에서 규칙에 따라 좋은 대우를 받고 있습니다. 난방 상태도 좋습니다. 부족한 건 신체운동뿐입니다. 그래서 창문을 활짝 열어놓고 운동도 하고 감방을 이리저리 왔다 갔다 한답니다. … 교도소 측에서 흡연을 허락해주어 기분이 좋습니다. 나를 생각해주고 나를 위해 할 수 있는 모든 일을 해주어 고맙습니다. 내가 보기에는 그것을 아는 것이 가장 중요한 것 같습니다.

친애하는 마리아, 지금까지 우리 두 사람은 거의 두 해 동안 서로 그리워했습니다. 낙담하지 마십시오! 그대가 나의 부모님과 함께 있어서 기쁩니다. 나의 가장 깊은 사랑을 어머니와 온 가족에게 전해주십시오. 지난 며칠 밤 내게 떠오른 시구를 동봉합니다. 그대와 부모님과 형제자매에게 보내는 크리스마스 인사인 셈입니다. 그대와 부모님과 형제자매에게 큰 사랑과 감사를 담아 보냅니다.[33]

그대를 껴안으며

그대의 디트리히

본회퍼가 편지에 동봉하여 보낸 시는 독일 곳곳에서 유명해졌고 지금은 여러 교과서에 수록되어 있으며 교회에서 찬송가로 불리고 있다.

선한 권능에 감싸여

선한 권능에 어린애같이 고요히 감싸여
보호와 위로를 받으니 놀라워라.
나 이날들을 그대들과 함께 살려네.
새해를 그대들과 함께 맞이하려네.

묵은해가 우리의 마음을 괴롭히고,
괴로운 날들의 무거운 짐이 우리를 누르려 하니,
오오 주님, 우리의 놀란 영혼에
우리를 위해 행하신 구원을 베푸소서.

당신께서 괴로운 잔, 쓴 잔,
철철 넘치는 고난의 잔을 건네시니,
당신의 선하시고 사랑스러운 손에서
떨지 않고 감사히 받아 마십니다.

그러나 당신께서 우리에게 다시 한 번 기쁨을 베푸시어
이 세상과 그 햇살을 보게 하신다면,
과거를 잊지 않고
우리의 일생을 온전히 당신께 바치겠습니다.

당신께서 우리의 어둠 속에 들여보내신
양초가 오늘 따스하게 환히 타오르게 하시고,
되도록 우리를 다시 만나게 해주소서!
우리는 아오니, 당신의 빛은 밤에 반짝입니다.

고요가 우리 주위에 짙게 퍼지고 있으니,
우리에게 들려주소서, 보이지 않게 주위에 퍼지는
세상의 저 충만한 소리를,
당신의 모든 자녀가 부르는 힘찬 찬송 소리를.

놀랍게도 선한 권능에 감싸여 보호를 받으니

우리는 다가올 일을 자신 있게 기다리노라.
하나님은 저녁에도 아침에도 우리와 함께하시고,
새날에도 확실히 함께하신다.[34]

이후 본회퍼와 관련된 정보는 얼마 없다. 게슈타포 교도소에서 4개월간 어찌 지냈는지 우리가 아는 건 대부분 슐라브렌도르프의 자료에 따른 것이다. 《내가 만난 디트리히 본회퍼 I Knew Dietrich Bonhoeffer》에서 그는 이렇게 말했다.

디트리히 본회퍼를 언뜻 보았을 때 무지 많이 놀랐지만, 꼿꼿한 모습과 침착한 눈빛을 보고나니 위안이 되었다. 마음의 평정을 잃지 않은 게 틀림없었다. 이튿날 아침, 나는 몇몇 사람이 용변을 보는 세면실에서 그와 몇 마디를 나누었다. 하지만 규정에 따르면 수감자들은 서로 이야기를 나누지 못하게 되어 있었다. 수감자들끼리 대화하는 건 대개 엄격한 감시를 받았다. 우리는 전쟁이 터지기 얼마 전부터 아는 사이였다. 디트리히 본회퍼가 나의 사촌 마리아 폰 베데마이어와 약혼하면서 우리는 더 가까워졌다. 디트리히는 나를 보자마자 게슈타포의 모든 노력에 맞설 것이며, 우리 친구들의 운명이 걸린 내용을 발설하지 않고 비밀을 유지하기로 했다고 나에게 알렸다. 며칠 뒤, 그는 19호 감방에서 24호 감방으로 옮겨졌다. 그리하여 나의 옆방 사람이 되었고, 우리는 서로 이야기할 기회를 얻어 날마다 짤막한 대화를 나눌 수 있었다. 아침이면 우리는 샤워를 할 수 있는 세면실로 서둘러 달려가 물이 차갑기는 했지만 이 기회를 마음껏 이용했다. 그렇게 해야 교도관들의 감시를 피해 짧게나마 생각을 나눌 수 있었기 때문이다. 저녁에도 이런 일이 반복되었다.

  감방 문은 우리 복도에 있는 모든 수감자가 돌아올 때까지 열려 있었다. 그럴 때면 우리는 감방을 가르는 문의 경첩 구멍으로 열심히 이야기를 나누었다. 날마다 밤낮으로 이루어지는 공습경보 중에도 만났다. 기회가 있을 때마다 생각과 경험을 서로에게 알려주었다. 오랜 기간 엄격한 독방에 감금되었던 사람만이 누군가와 이야기할 이 기회가 그 긴 몇 달 동안 우리에게 어떤 의미였는지를 이해할 수 있을 것이다. 디트리히 본회퍼는 자신이 받은 심문에 대해 말했다. 그의 고귀하고 순수한 영혼이 강한 고통을 겪은 게 틀림없었다. 그러나 그는 전혀 내색하지 않았다. 늘 상냥했고 모든 이를 한결같이 친절하고 정중하게 대했다. 놀랍게도 그는 늘 친절하지만은 않은 교도관들을 짧은 시간에 자기편으로 만들었다. 내가 간간이 우울증에 시달릴 때면 그는 오히려 희망에 찬 사람이 되었다. 그것이 우리의 관계에 대단히 중요했다. 그는 나를 끊임없이 격려하고 위로하면서 우리가 포기하면 지는 것이나 다름없다고 반복해서 말했다. 내 손에 여러 번 작은 쪽지를 쥐어주곤 했는데, 위로와 희망을 주는 성경 구절을 직접 쓴 쪽지였다.

    그는 자신의 처지도 낙천적으로 보았다. 게슈타포가 자신의 실제 활동에 대한 단서를 전혀 잡지 못했다고 반복해서 말했다. 그는 괴어델러와의 친분을 하찮아 보이게 할 수 있었다. 고백교회 고문변호사 페렐스와의 관계도 게슈타포가 기소하기에는 그다지 중요한 게 아니었다. 게슈타포는 그의 해외 출장과 영국 교회 고위 인사들과의 잦은 접촉이 어떤 의도와 취지로 이루어진 건지 전혀 알아채지 못했다. 현재의 속도로 조사가 이루어진다면, 몇 해가 지나야 결론이 날 것이었다. 그는 희망에 부풀어 있었다. 어떤 유력 인사가 용기를 내어 게슈타포에게 자신을 좋게 말해주면, 재판 없이 풀려날 거라고 추측하기도 했다. 또한 심문관들에게 매형 폰 도나니와의 관계를 그럴싸하게 들먹인 상태이니 자신에게 중죄가 씌워지지는 않을 거라고 생각하기도 했다. 도나니가 프린츠-알브레히트-슈트라세 교도소(게슈타포 교도소)로 이감되자 그와 연락하기도 했다. 공습경보가 끝나고 콘크리트 방공호에서 그와 함께 돌아왔을 때, 도나니는 자신의 감방에서 들것에 누워 있었다. 두 다리가 마비된 몸이었기 때문이다. 디트리히 본회퍼는 아무도 상상할 수 없을 정도로 민첩하게 매형의 감방으로 뛰어 들어갔다. 교도관들 중에 그 모습을 본 자가 없다는 게 기적이었다. 그러나 본회퍼는 더 어려운 모험에도 성공했다. 남의 눈에 띄지 않게 도나니의 감방에서 빠져나와 복도를 따라 줄지어 행진하는 수감자들의 행렬에 끼어든 것이다. 그날 밤 그는 나에게 이후 증언과 관련된 본질적인 요점들을 놓고 도나니와 의견을 조율했다고 말했다. 사태가 점차 악화되고 있다고 생각한 적이 딱 한 번 있었는데, 정보를 더 불지 않으면 약혼녀와 연로한 부모님과 누이들을 체포하겠다는 협박을 받은 탓이었다. 그때 그는 자신이 국가사회주의의 적임을 밝힐 때가 되었다고 생각했다. 그는 그런 식으로 진술했고, 그런 태도는 그의 기독교적 신념에 따른 것이었다. 그는 나와 이야기하면서 대역죄를 입증할 증거가 나오지 않을 거라는 견해를 고수했다.

다른 수감자들과 마찬가지로 우리도 사적이고 인간적인 생활 면에서 기쁨과 슬픔을 함께 나누었다. 우리는 각자 소유하고 있는 얼마 안 되는 물건들, 친척들과 친구들에게 받은 물건들을 각자의 필요에 따라 교환해서 썼다. 그는 반짝이는 눈빛으로 나에게 자신의 피앙세와 부모님에게서 온 편지에 대해 이야기했다. 게슈타포 교도소 안에서도 그들의 사랑을 가까이 느끼는 듯했다. 수요일마다 세탁물 꾸러미를 받았다. 그 속에는 담배나 사과, 빵이 들어 있었다. 그는 같은 날 저녁 감시의 눈을 피해 그것들을 나에게 나누어주는 걸 잊지 않았다. 감옥 안에서도 동료 수감자를 도울 수 있다는 사실에 기뻐했고, 자기가 가진 것을 기꺼이 나누었다.

1945년 2월 3일 아침, 공습이 베를린 시를 폐허로 만들었다. 게슈타포 본청 건물도 전소되었다. 폭탄이 엄청난 폭발음과 함께 게슈타포 본청을 칠 때 우리는 방공호 안에 빽빽이 밀집한 채 서 있었다. 잠시 동안 방공호가 터져 천장이 우리 머리 위로 무너져 내릴 것 같았다. 방공호는 폭풍우에 흔들리는 배처럼 흔들리다가 버텨냈다. 그 순간 디트리히 본회퍼는 자신의 기개를 유감없이 보여주었다. 대단히 침착했고 눈 하나 까딱하지 않았다. 까딱도 하지 않고 서서 무슨 일이 있었냐는 듯 태연했다.

1945년 2월 7일, 그와 마지막으로 이야기를 나누었다. 같은 날 정오 무렵 그의 감방 호수를 특별히 호출했다. 수감자들이 두 집단으로 나뉘었다. 본회퍼는 바이마르 근처에 있는 부헨발트 강제수용소로 이송되었다.[35]

"악당이 죽었다!"

1945년 2월 초는 아무리 줄여 말하더라도 사건이 많았다. 전세가 기울고 있었지만, 히틀러 정권의 잔혹한 만행은 계속되었다. 2월 2일, 인민 재판소의 악명 높은 롤란트 프라이슬러가 클라우스 본회퍼와 뤼디거 슐라이허에게 사형 선고를 내렸다. 2월 3일에는 슐라브렌도르프에게도 사형 선고를 내릴 예정이었다. 하지만 미국의 제8 비행대대가 1,000여 대의 비행요새 B-17 폭격기를 베를린에 출격시켰다. 폭격기들은 짧은 시간 동안 3,000톤가량의 폭탄을 투하했다. 베트게는 그때 장면을 이렇게 기록했다. "비행 대대가 두 시간 동안 베를린의 청명한 겨울 하늘에 줄줄이 떠 있으면서 동물원 동쪽 지역을 연기와 재가 난무하는 황무지로 만들어버렸다." 미국의 폭탄이 본회퍼가 수감되어 있는 게슈타포 교도소를 때렸다. 본회퍼와 다른 수감자들이 이송될 수밖에 없었던 건 피해가 너무나 막심했기 때문이다.[36]

인민 재판소도 호되게 두드려 맞았다. 미국의 폭탄이 투하될 때 프라이슬러는 슐라브렌도르프의 사형 선고를 준비하고 있었다. '남의 불행을 고소해하는 마음'을 가리키는 샤덴프로이데Schadenfreude라는 단어의 탄생 배경이 되었을 법한 순간, 극악한 프라이슬러는 천정 들보에 머리를 맞아 전혀 다른 법정으로 급파되었다. 그에게 익숙하지 않아 보이는 법정이었다. 프라이슬러가 예정에 없던 다른 법정에 출현한 덕에 슐라브렌도르프가 이 세상을 하직하는 것도 수십 년 늦춰졌다.* 하지만 그날의 사태는 점점 더 야릇하게 꼬였다.

미국의 폭탄이 인민 재판소 위에 떨어질 때 뤼디거 슐라이허의 동생 롤프 슐라이허 박사가 베를린 지하철 역사 안에 있었다. 슈투트가르트 병원의 선임 의료진으로 프라이슬러가 자기 형에게 내린 사형 선고에 항소하러 베를린에 온 거였다. 하지만 폭격이 멈출 때까지는 아무도 그곳을 안전하게 떠날 수 없었다. 슐라이허 박사는 지상으로 올라와 전날 프라이슬러가 자기 형에게 사형 선고를 내린 인민 재판소를 그냥 지나쳐 갔다. 인민 재판소가 심한 폭격을 맞아 불타고 있었다. 누군가가 그가 입은 의사 가운을 보고 그를 안마당으로 끌고 가서 부상자 한 사람을 거들게 했다. 응급 처치가 필요한 다소 중요한 인사였다. 슐라이허 박사가 면밀히 살펴보니 그가 할 수 있는 일이 전혀 없었다. 이미 죽은 상태였기 때문이다. 놀랍게도 그는 하루 전에 슬피 우는 듯한 목소리로 뤼디거 슐라이허를 조롱하다가 고소하다는 듯이 사형 선고를 내린 롤란트 프라이슬러였다.

슐라이허 박사는 사망확인서를 써달라는 압력을 받았지만, 거절하고 법무장관 오토 게오르크 티어라크를 찾아갔다. 티어라크는 불가사의한 우연의 일치에 상당한 충격을 받고 그에게 말했다. "선처를 바라는 탄원서"가 제출될 때까지는 그의 형 뤼디거의 처형이 연기될 거라는 얘기였다. 슐라이허 박사는 그날 늦게 마리엔부르크 알레에 있는 형의 집에 도착하여 "악당이 죽었다!"고 의기양양하게 말할 수 있었다.

* 슐라브렌도르프는 1980년까지 살았다.

베를린을 떠나다

2월 7일 이른 오후, 본회퍼와 다른 주요 수감자들 상당수는 감방에서 끌려나와 두 대의 유개有蓋 화차 근처에서 대기했다. 그들을 부헨발트 강제수용소와 플로센뷔르크 강제수용소로 실어 나를 기차였다. 공모에 가담한 주요 인사 모두 그 자리에 있었다. 이보다 더한 것을 상상할 수 없을 만큼 화려한 명사들의 행렬이었다.

그중에는 전임 오스트리아 수상 쿠르트 폰 슈슈니크 박사도 있었다. 게슈타포가 그를 처치한 건 제3제국 연대기에 기록된 가장 큰 오점 중 하나였다. 행렬 속에는 전임 제국은행 총재 히알마르 샤흐트도 있었다. 히틀러의 집권을 가능하게 했지만, 이후 자기가 도움을 주었던 그 괴물에 맞서 싸우고, 처음부터 유대인 처치에 반대하여 1938년 음모에 가담한 인물이다. 다른 여러 인사들과 마찬가지로 그도 슈타우펜베르크 음모가 실패한 뒤에 체포되었다. 행렬에는 카나리스 제독, 오스터 장군, 자크 판사도 끼여 있었다. 본회퍼는 두 달 뒤에 이들 세 사람과 플로센뷔르크에서 합류하게 될 터였다. 프란츠 할더 장군, 토마스 장군, 오스터의 동료 테오도르 슈트링크도 행렬에 끼여 있었다. 이들 모두는 플로센뷔르크행 화차를 타야 했다.

다른 화차 앞에는 두 번째 무리가 서 있었다. 거기에는 제1차 세계대전 때 독일의 점령 기간 동안 벨기에의 총독이었던 폰 팔켄하우젠 장군, 카나리스 휘하에서 일한 해군 코르벳함 함장 프란츠 리디히 중령, 카나리스 휘하에서 일한 국방정보국 장교 루트비히 게레, 오토 폰 비스마르크의 손자 고트프리트 카운트 비스마르크, 1934년 히틀러에 대한 충성 맹세를 거절하고 이후 나치의 기피 대상이 된 일흔 살의 베르너 폰 알벤스레벤 백작이 속해 있었다. 헤르만 퓐더 박사도 그 무리에 끼여 있었다. 히틀러의 집권 직전에 국무장관을 역임한 가톨릭 정치가였다. 요제프 뮐러 박사도 있었다. 뮐러는 여러 해에 걸쳐 게슈타포에게 학대를 받았지만, 그들이 집요하게 찾는 정보를 전혀 불지 않았다. 페인 베스트는 뮐러를 "우리가 상상할 수 있는 사람 중에서 가장 용감하고 단호한 사람"이라 묘사했다.

또한 그 무리에는 서른아홉 번째 생일을 맞은 지 얼마 안 되고 4개월 만에 햇빛을 보는 디트리히 본회퍼도 들어 있었다. 무리에 속한 사람들 상당수는 그보다 훨씬 오랫동안 햇빛을 보지 못했다. 목적지가 어디든 이 비범한 무리에 섞여 야외로 나가는 건 모든 이의 기분을 들뜨게 하는 일이었다. 다들 전쟁이 끝나고 히틀러가 끝장난 게 틀림없다고 여겼다. 이 무리 중 누가 살아남아 그것을 볼지는 별개의 이야기였다.

화차에 올라탈 시간이 되자 본회퍼와 뮐러의 손에 수갑이 채워졌다. 본회퍼가 이의를 제기했지만 허사였다. 천 배나 더 심한 고통을 겪은 뮐러는 자신의 벗과 동료 신자를 격려하면서 이렇게 말했다. "그리스도인답게 차분히 교수대로 갑시다." 본회퍼는 사슬에 매인 특사가 되어 머나먼 여행을 하게 될 것이었다. 부헨발트에 닿으려면 남쪽으로 200마일을 가야 했다.[37]

30

부헨발트

> 그의 영혼은 우리가 갇혀 있던 교도소의 절망적인 어둠 속에서 확실히 빛났습니다. … 본회퍼는 자신이 그러한 시험을 견딜 만큼 충분히 강인하지 못할까 봐 늘 두려워했지만, 인생에는 두려워할 만한 것이 없다는 걸 알았습니다. _페인 베스트가 자비네에게 보낸 편지 중에서

부헨발트는 나치가 설치한 죽음의 수용소 중 하나였다.* 그러나 부헨발트는 사람들이 죽기만 하는 곳이 아니었다. 죽음을 찬양하고 숭배하는 곳이기도 했다. 보델슈빙의 베텔 공동체가 약자를 돌보고 사랑하는 생활 복음의 생생한 표현이었다면, 제3제국에 설치된 부헨발트와 그에 상응하는 곳들은 약자를 괴롭히고 짓밟는 나치 친위대의 악마적 세계관의 생생한 온상이었다. 그곳에서는 이따금 가죽을 얻기 위해 사람을 죽였다. 그렇게 손에 넣은 가죽은 나치 친위대의 지갑과

---

*부헨발트라는 명칭은 너도밤나무 숲을 의미한다. 본래는 집단학살수용소가 아니었건만, 연합군이 1945년 4월에 해방할 때까지 그곳에서 강제 노역, 총살, 교수형, 의학 실험을 통해 5만 6,545명이 살해되었다.

칼집 같은 기념품을 만드는 데 썼다. 죄수들의 머리를 오그라뜨려 선물로 보내기도 했다. 이 혐오스러운 소행들은 본회퍼가 도나니를 통해 직접 들은 내용이었다. 하지만 그 무렵 다른 독일인들은 그런 소식을 거의 알지 못했다. 몇몇 수용소에서 사람의 지방으로 비누를 만든다고 엠미 본회퍼가 이웃사람들에게 말하자, 그들은 그 말을 믿지 못하고 반反독일 선전에 불과하다고 확신했다.

본회퍼는 부헨발트 강제수용소에서 7주를 보냈다. 본 수용소에 있지 않고 바깥에 있는 차가운 임시 감옥에 있었다. 감옥은 수용소 직원용 숙소로 지은 누르스름한 공동주택 건물 지하에 있었다. 5-6층 높이의 건물로 축축한 지하실은 예전에 나치 친위대가 감옥으로 쓰던 곳이었다. 이제 그보다 더 유명한 죄수 열일곱 명이 그 지하실에 있는 열두 감방에 수용되었다.*

부 헨 발 트 에 수 용 된 인 물 들

|

이 시기에 본회퍼가 보낸 편지는 존재하지 않는다. 그렇지만 그가 부헨발트에서 만난 영국 첩보 장교 페인 베스트 대위가 독일 포로수용소에서 직접 겪은 일을 《벤로 사건 The Venlo Incident》이라는 책에 담았다. 이 책은 본회퍼의 마지막 두 달에 관한 정보를 담고 있다. 베스트는 2월 24일 다른 수감자 세 명과 함께 부헨발트에 도착했다. 한 사람은 또 다른 영국군 장교 휴 폴커너였고, 다른 한 사람은 스탈린의 부

---

*1, 2, 3, 4, 6, 7, 8호실은 지하실 한쪽 면에 있었는데, 대단히 비좁았다. 같은 쪽에 있던 5호실은 다른 감방의 두 배 넓이였다. 맞은편에는 9, 10, 11, 12호실이 있었는데, 작은 감방의 두 배 넓이였다. 2열 감방 사이에는 벽돌로 만든 벽이 두 개 있었고, 벽 사이로 통로가 하나 나 있었다. 2열 감방 입구는 통로 쪽에 있었고 중앙 통로는 지하실 입구와 연결되었다.

하인 몰로토프의 조카이자 소련 공군 장교인 바실리 코코린이었고, 나머지 한 사람은 본회퍼와 같은 감방에 투옥된 프리드리히 폰 라베나우 장군이었다.

예순 살의 라베나우는 처음부터 믿음을 따라 히틀러에게 반기를 든 그리스도인이었다. 1937년에 〈알프레트 로젠베르크의 신학에 반대하는 복음주의 교회 지도자 96인의 성명서〉에 서명하고 로젠베르크의 반反기독교적이고 친親나치적인 철학을 비난하고 반박했다. 1942년에는 조기 은퇴하고 본회퍼처럼 베를린 대학교에서 2년을 보내며 신학 박사학위를 받았다. 또한 저항에 적극 가담하여 베크와 괴어델러를 잇는 연락원으로 활동했다. 독일군 지도자 한스 폰 제크트의 전기를 쓰기도 했다. 본회퍼도 읽은 적이 있는 두툼하고 평판이 좋은 책이었다. 옆 감방을 썼던 푄더에 따르면, 라베나우는 부헨발트에서 자서전을 계속 집필했다고 한다. 본회퍼도 글을 쓴 것 같은데, 원고가 전혀 남아 있지 않다. 푄더는 라베나우와 본회퍼가 여러 시간 동안 신학 토론을 했고, 자신은 두 사람의 토론을 즐겨 들었다고 전한다. 라베나우와 본회퍼는 페인 베스트가 라베나우에게 준 체스판에 체스를 두기도 했다.

베스트는 벤로 사건으로 알려진 1940년 전복 기도에 관여한 주요 인물 중 하나였다. 벤로 사건은 베스트가 쓴 책 제목이기도 하다. 논픽션이었는데도 베스트는 자신을 때로는 영화 〈콰이강의 다리〉에 나오는 니콜슨 대령처럼, 때로는 테리 토마스처럼 그렸고, 또 때로는 폰 뮌히하우젠 남작처럼 그렸다.* 과장된 면이 없지 않지만, 이는 사실 자기 자신을 조롱한 것이라고 할 수 있다. 그는 다른 누군가의 회고록

---

* 테리 토마스는 영국 희극 배우였다. 폰 뮌히하우젠 남작은 러시아 기병대로 터키 전쟁에 두 번 참전하고 독일 하노버에서 사냥과 낚시로 말년을 보냈다. 자신의 모험담과 무용담을 과장되게 부풀려서 발표했다. 예컨대 자신이 포탄을 타고 적진으로 날아가 적의 동향을 살피거나 열기구를 타고 달나라까지 갔다고 허풍을 쳤다.

에서 따온 인용구를 이렇게 자신의 책에 삽입했다.

> 특히 이목을 끄는 베스트 씨를 언급해야겠다. 그는 1940년에 네덜란드에서 납치된 첩보원으로서 국제적으로 이름난 전형적인 영국인이었다. 키가 대단히 크고 홀쭉했으며 쇠약한 나머지 조금 구부정했다. 움푹 꺼진 두 뺨과 뻐드렁니를 지닌 인물로 외알 안경과 플란넬 바지와 체크무늬 재킷을 착용하고 담배를 피웠다. 말의 이빨로 만든 의치를 보이며 상냥한 미소를 짓고 강한 확신을 불러일으키는 믿음직한 판단력을 보여주었다.[1]

그런 다음 베스트는 자신에 대한 저자의 묘사를 이렇게 평했다. "내 치아에 대한 묘사를 인정하며 그림을 그리는 것 같은 저자의 문장에 우쭐해진다. 특히 그 치아는 나의 본래 치아가 아니라, 작센하우젠에 사는 치과의사가 제작한 것이기 때문이다. 그 의사는 기술을 동원하여 자신이 그리는 영국인에 걸맞게 나의 외모를 만들었을 것이다."[2]

개성적인 베스트 대위의 외알 안경을 통해 본회퍼의 마지막 며칠을 보는 건 생소한 경험일 수 있지만, 지칠 줄 모르고 발산되는 베스트의 명랑한 성격은 이따금 비참한 광경을 밝게 해준다. 자신을 방어하는 처지에 있었기에 작센하우젠 강제수용소에서 보낸 6년 세월은 베스트의 음울한 유머감각을 돋우어줄 수밖에 없었을 것이다.

이 지하 감옥에는 전임 스페인 주재 독일 대사 에리히 헤베를라인 박사와 그의 아내 마르고트도 있었다. 베스트는 두 사람을 이렇게 묘사했다. "헤베를라인 부부로 말할 것 같으면, 잿빛 암말이 더 나았다. 아일랜드계 혈통과 스페인계 혈통의 혼합이니 발랄하고 비범한 인물을 낳을 수밖에 없었을 것이다. … 그녀는 체포자들에게 두 영국 수감자만큼이나 큰 골칫거리였다. 말을 많이 했기 때문이다. 그녀의 남편은 어땠냐고? 매력적인 사람이자 과거의 전통에 속한 외교관, 완

벽한 예절을 갖춘 사람이자 자신의 계급을 잘 소화하지 못하는 사람이었다."³

베스트에 따르면 뮐러의 감방 동료 게레 대령은 "서른 살가량의 마르고 거무스름하면서 잘생긴 남자였다." 게레의 실제 나이는 쉰 살이었다. 게레는 슈타우펜베르크 공모가 실패한 뒤 게슈타포의 추적을 받았다. 그래서 아내와 함께 자살함으로써 추적을 피하려 했다. 아내를 총으로 쏴 죽인 다음 총구를 자신에게로 돌렸지만 한쪽 눈만 맞혔다. 결국 게슈타포가 그를 붙잡아 고문하고 심문했다. 게레는 본회퍼, 카나리스, 오스터, 자크와 함께 플로센뷔르크에서 4월 9일에 죽을 예정이었다.⁴

베르너 폰 알벤스레벤 백작은 폰 페터스도르프 대령과 함께 4호실 감방에 있었다. 페터스도르프는 제1차 세계대전에서 여섯 번이나 부상을 입은 바 있다. 베스트는 그를 처음부터 히틀러에게 반기를 든 "거칠고 대담한 사내"로 묘사했다. 2월 3일, 미국의 폭탄이 레어터슈트라세 교도소에 있던 그를 덮쳤다. 폐와 신장에 상처를 입었지만, 치료를 전혀 받지 못해 병세가 상당히 악화되었다. 그의 감방 동료 알벤스레벤은 7월 20일 공모 이후 체포된 많은 사람의 표본이었다. 공모 가담자 일부와 친하게 지낸 것 외에는 공모에서 아무 짓도 하지 않았다. 그렇듯 그 공모로 체포된 사람이 수천 명이었다. 혈연으로 연결된 이는 누구나 연좌로 엮여 책임을 져야 했고, 피고의 친인척도 체포되어 처벌을 받았다. 아내와 부모와 자녀들까지 그랬다. 어린 자녀들은 부모와 헤어져 다시는 볼 수 없었다.

수감자 열일곱 명 중에는 에리히 회프너 장군의 동생 회프너 박사도 있었다. 히틀러가 가학적인 즐거움을 위해 필름에 담은 무시무시한 광경을 보면, 에리히 회프너 장군은 플뢰첸제 교도소에서 가장 먼저 교수형에 처해진 인사 중 하나였다. 베스트는 회프너 장군의 동생을 이렇게 묘사했다. "그는 내가 투옥 기간에 만난 사람 중 비굴하리만치 겁을 내는 유일한 사람이었다." 베스트의 감방은 회프너 박사의 감방 바로 옆에 있었다. 한 번은 베스트가 간수들과 무시무시한 논쟁을 벌였다. 베스트는 그때까지 6년간 자신들을 인솔해온 강제수용소 간수들을 아주 잘 다루었고, 간수들에게 한 치도 양보하지 않는 것을 자랑으로 여기는 듯했다. 그러나 회프너 박사는 이 논쟁 소리를 듣고 "신경과민 상태가 되어 감방 바닥에 맥없이 주저앉았다." 의사들이 그의 신경 발작 때문에 두 번이나 왕진해야 했다.[5]

회프너에게 공평하게 말하자면, 그곳은 잔인한 환경이었다. 최고로 용감한 베스트마저 다음과 같이 생각할 정도였다. "이곳은 1개월짜리 지옥으로서 나의 이전 수감생활을 모두 합친 것보다 나를 더 괴롭힌 곳이다. 집으로 돌아갈 수나 있을지 의심스럽다. 우리 영국군이 가까이 접근하면 권총 탄환에 맞아 죽을지도 모른다. 지금 내가 정말로 바라는 건 저들을 철저히 멸망시키는 것뿐이다. 그러니 저들 손안에 있는 우리 목숨을 아낄 필요가 없다!"[6]

더 넓은 감방에 속하는 5호실에는 폰 팔켄하우젠 장군이 있었다. 베스트는 그를 두고 "이제껏 내가 만난 가장 훌륭한 사람 중 하나였다"고 회상했다. 폰 팔켄하우젠 장군은 제1차 세계대전 때 독일 최고의 무공 훈장인 푸르르메리트 훈장을 받았다. 슈슈니크에 따르면 팔켄하우젠은 감방에서도 "반짝이는 적색 천으로 안을 댄" 제복을 제대로 갖춰 입고 목에는 푸르르메리트 훈장을 걸고 있었다. 옆 감방에는 영국 비행대대 지도자 휴 폴커너가 있었고, 그 옆 감방에는 코코린이 있었다. 밀러와 게레는 8호실을 함께 썼다. 마지막 두 수감자는 다른 수감자들과 사뭇 달랐다. 첫 번째 수감자는 하이들이란 이름으로만 알려져 있다. 독일 여배우 출신으로 나중에 수도회 수녀가 된 이자 페어메렌은 하이들을 이렇게 묘사했다. "뭐라고 말할 수 없을 만큼 아주

기분 나쁜 여성. 그 여자의 진짜 이름, 국적, 언어를 아는 이가 아무도 없었다. 스파이로 간주된 하이들은 게슈타포를 위해 스파이 활동을 했거나 자신의 고상한 직업에 충실하여 양측의 관심을 동시에 받을 만큼 영악한 사람이었을 거라는 의심을 받았다."[7]

베스트는 하이들을 이렇게 묘사했다. "키가 작고 금발에다 땅딸막한 20대 초반의 여자였다. 키만 아니었으면 독일을 상징하는 여신, 젊은 게르마니아의 전형인 체했을지도 모른다. 하지만 그녀는 줄곧 우리의 골칫거리였다." 하이들은 작센하우젠 매음굴에서 기숙하며 "여자 포주들의 어투와 버릇을 몸에 붙인" 사람이었다. 코코린도 그녀와 함께 이송되었지만, 이 점에서는 완전히 혼자였다. 본회퍼가 생의 마지막 두 달을 함께 보낸 모든 이들 중 가장 낯선 인물은 제3제국에서 가장 사악한 인물에 속하는 발데마르 호벤 박사와 지그문트 라셔 박사였다. 본회퍼가 도착했을 때 호벤은 죄수 신세였지만, 3주 뒤에 의사가 부족하다는 이유로 풀려났다. 호벤은 부헨발트 강제수용소 수석 의사로서 수많은 수감자들의 살해를 감독했다. 그렇게 살해된 자들의 일부는 병자였고 일부는 건강한 자였다. 또한 호벤은 수용소 소장의 아내 일제 코흐의 정부로서 이름을 떨치기도 했다. 일제 코흐는 잔혹하기로 유명한 여자였다. 부헨발트 강제수용소에 수용되어 호벤과 함께 일했던 어떤 사람은 뉘른베르크 재판소에서 이렇게 증언했다.[8]

호벤 박사와 함께 의무실 창가에 서 있었습니다. 호벤 박사가 한 죄수를 지목했습니다. 내가 모르는 사람이었습니다. 그 사람은 점호가 이루어지는 곳을 가로질러 가고 있었습니다. 호벤 박사가 나에게 말했습니다. "내일 저녁 저 죄수의 두개골을 내 책상 위에서 보고 싶군." 그가 죄수의 번호를 기록했고 죄수는 의무실에 출두하라는 통보를 받았습니다. 사체는 같은 날 해부실로 보내졌습니다. 부검 결과 주사액에 의해 살해된 것으로 드

러났습니다. 두개골은 지시대로 수습되어 호벤 박사에게 보내졌습니다.⁹

2월 28일경, 서른여섯 살의 라셔가 호벤의 자리를 차지했다. 베스트는 어느 날 아침 세면실에서 그와 마주쳤다. 그리고 라셔를 이렇게 묘사했다. "황갈색 콧수염을 단 땅딸보, 괴짜, 이제까지 내 앞에 나타난 자들 중 가장 괴상한 인물이었다." 라셔는 베스트에게 자신이 "가스실을 설계하고 건축을 감독했으니 죄수들을 기니피그 삼아 의학 연구에 활용하는 것도 자기 몫"이라고 말했다. 베스트는 이렇게 말했다.¹⁰

분명히 그는 이 일에서 잘못된 점을 보지 못하고 그것을 편의의 문제로 여겼다. 가스실에 관해 말하면서 대단히 인정 많은 힘러가 불안과 고통을 가장 적게 주는 방식으로 죄수들을 몰살시키길 간절히 바랐으며, 사형실을 용도가 불분명해 보이게 설계하고, 병자들이 자기가 깨어나지 못할 걸 모른 채 잠들도록 살인 가스 유출을 조절하느라 수고를 아끼지 않았다고 말했다. 하지만 라셔가 말했듯이, 그들은 다양한 사람들이 독가스 효과에 다양하게 저항하는 것을 해결하지 못했다. 다른 사람들보다 훨씬 오래 버티면서 자신들이 어디에 있고 무슨 일이 벌어지고 있는지 알아채는 소수의 사람이 늘 있었다. 라셔는 가스실이 가득 차는 걸 막을 수 없을 만큼 살해되어야 할 사람들 수가 너무 많은 게 주된 문제였으며, 이로 말미암아 항상 고른 사망률을 유지하려는 시도가 모두 좌절되었다고 말했다.¹¹

어째서 라셔가 그곳에 있게 되었는지는 불분명하다. 라셔는 힘러의 부하였으며 다하우 강제수용소 수석 군의관이었다. 라셔가 주로 저지르겠다고 주장한 만행은 생체 실험이다. 비행기 조종사들이 고高고도에 이르렀을 때 무슨 일이 벌어지는지 아는 이가 아무도 없었다. 라셔가 그 실험을 시작한 건 그 때문이었다. 그는 힘러에게 보내는 편지에서 이렇게 제안했다.

존경하는 친위대 제국 총통 각하!

제 둘째 아들의 출생을 맞아 각하의 간곡한 기원을 꽃다발에 담아 보내주신 것에 진심으로 감사드립니다. 3주 앞당겨 태어나긴 했지만, 그 아이는 지금 튼튼합니다. 허락해주신다면 아주 적당한 때에 두 아이의 사진을 보내드리겠습니다.

저는 뮌헨 제7 공군 군관구 사령부에 배속되어 의료 과정을 밟아왔습니다. 영국 전투기 작전의 비행 고도보다 높게 설정된 고高고도 비행 연구를 주로 하는 이 기간에 유감스러운 일이 적지 않았습니다. 인체 실험을 할 수 없었기 때문입니다. 인체 실험은 대단히 위험하고 또 실험 대상이 되겠다고 자원하는 이도 없습니다. 따라서 진지하게 문의 드립니다. 이 실험을 수행할 수 있도록 각하께서 상습범 두세 명을 구해주실 수 있는지요? 물론 실험 대상자는 죽을 수밖에 없겠지만, 그 실험은 저의 협력과 함께 이루어질 것입니다. 인체 실험은 고高고도 비행 연구에 필수적입니다. 이전에 해온 것처럼 원숭이를 대상으로 해서는 실험을 제대로 수행할 수 없습니다. 원숭이는 전혀 다른 실험 지수를 제공하기 때문입니다. 저는 이 실험을 수행하는 공군 군의관 대표와 밀담을 나누었습니다. 그도 인체 실험으로만 문제가 해결될 수 있다는 생각입니다. 정신박약자를 실험 대상으로 활용할 수도 있을 것입니다.

존경하는 친위대 총통 각하, 저는 각하께서 지고 계신 과중한 업무에도 불구하고 각하께서 최상의 건강을 유지하시기를 간절히 바랍니다.[12]

진심으로 히틀러 총통과 각하께 기꺼이 충성하는

지그문트 라셔

바로 허가가 떨어졌다. 오스트리아인 수감자가 그 실험을 아래와 같이 기술했다.

> 진공실 안에 있는 한 죄수의 심폐기관이 파열되는 걸 감압실 투시창으로 목격했다. … 그들은 미칠 지경이 되어 머리카락을 잡아 뜯으며 압력을 떨어뜨리려고 안간힘을 썼다. 미친 자기 몸을 상처 내려고 손가락과 손톱으로 머리와 얼굴을 할퀴고 고막에 가해지는 압력을 떨어뜨리려고 애쓰면서 손바닥과 머리로 벽을 두드리며 비명을 질렀다. 이런 상태는 대개 피실험자의 사망으로 끝났다.[13]

피수용자 200여 명이 이런 만행을 겪고 나서야 실험이 종결되었다. 절반가량이 죽었고 살아남은 이들은 곧바로 살해되었다. 그들이 겪은 일을 증언하지 못하게 하려는 심산이었을 것이다. 라셔는 자신이 찾아낸 정보로 극찬을 받았다. 그리고 곧바로 또 다른 생각을 품었다. 비행기 조종사들이 극도의 저온 상태에 떨어지면 어떤 일이 벌어질까 하고 의문을 품은 것이다. 뉘른베르크 재판에서 나온 진술은 그 이야기를 이렇게 전한다.

> 한 죄수가 저녁에 막사 바깥에서 벌거벗은 몸으로 들것에 누워 있었습니다. 실험자들이 그의 몸에 시트를 덮고 시간마다 냉수 한 양동이를 부었습니다. 피실험자는 아침이 될 때까지 이런 상태로 옥외에 놓여 있었습니다. 실험자들이 여러 번 체온을 측정했습니다. 뒤에 라셔 박사가 피실험자에게 시트를 덮고 물을 부은 것이 실수였다고 말하더군요. 앞으로는 피실험자에게 시트를 덮지 않고 물을 부어야겠다는 거였습니다.[14]

라셔는 다하우 강제수용소보다는 아우슈비츠 강제수용소를 활용하여 이 실험을 수행하고 싶어 했다. 아우슈비츠가 더 추웠고 마당이

"넓어 수용소 안에서 소동이 덜 일어날 거라 생각했기 때문이다. 피실험자들은 얼어 죽어가면서 고함을 질러댔다." 그러나 라셔는 그 실험을 다하우에서 수행할 수밖에 없었다. 힘러에게 보내는 편지에서 그는 이렇게 말했다. "고맙게도 다하우의 날씨가 갑자기 추워졌습니다. 몇 사람을 열네 시간 동안 옥외에 두었습니다. 옥외 기온은 섭씨 영하 6도, 실내 기온은 섭씨 25도였습니다. 미미한 동상만 입었습니다."[15]

라셔는 또 다른 방법으로 피실험자들을 얼음물 탱크에 집어넣기도 했다. 불행하게도 다하우 강제수용소에서 라셔의 잡역부로 일한 죄수가 뉘른베르크 재판에서 말한 바에 따르면, 희생자들이 얼어 죽어가는 동안 실험자들이 그들의 체온, 심장박동, 호흡을 일정한 시간에 맞춰 측정했다고 한다. 처음에 라셔는 마취를 허락하지 않았다. 하지만 "피실험자들이 큰 소동을 일으켜서" 어쩔 수 없이 마취를 허락했다.[16]

공군 군의관 몇 명이 실험 소식을 듣고 종교적인 이유로 반대했다. 힘러는 그들의 반대에 격분했다. 그래서 라셔를 친위대로 전속시켜 공군 군의관들의 반대를 피하기로 마음먹었다. 친위대에서는 기독교적인 양심의 가책이 문제되지 않았기 때문이다. 그는 공군 원수 에어하르트 밀히*에게 이런 편지를 써 보냈다.

친애하는 밀히 동지,

동지도 기억하시겠지만, 내가 볼프 장군을 통해 친위대 지휘관이나 다름없는 라셔 박사의 업무를 동지에게 특별히 추천한 건 동지를 존중해서였습니다. 라셔 박사는 지금 휴가 중인 공군 의사입니다. 인체가 고高고도에

*밀히의 아버지는 유대인이었다. 1935년에 이 소문이 일자 게슈타포가 조사를 시작했다. 게슈타포는 괴링을 다그쳐 밀히에게 적당한 알리바이가 있는지 확인하게 했다. 결국 밀히의 어머니는 밀히의 유대계 아버지가 사실은 친부가 아니고, 아리안계 삼촌이 친부라고 거짓 증언을 할 수밖에 없었다. 밀히는 공식적인 독일 혈통 증명서도 받았다. 게슈타포의 소환에 괴링이 모욕을 당한 셈이었다. 괴링은 이 어간에 다음과 같이 유명한 말을 했다. "누가 유대인인지는 내가 결정한다!"

서 어떻게 반응하는지, 인체를 차가운 물속에 담가 서서히 냉각시키면 어떤 증상이 나타나는지를 연구하고, 공군에 특히 중요한 이와 유사한 문제들을 연구하는 이 일은 우리가 특히 능률적으로 수행할 수 있습니다. 강제 수용소에서 죽을 수밖에 없는 반사회적 인물과 상습범* 들을 이 실험에 조달하는 책임을 내가 직접 맡았기 때문입니다.

최근에 라셔 박사가 항공성에서 행한 연구를 보고하려 했을 때 동지는 공교롭게도 시간을 내지 않았더군요. 나는 그 보고에 큰 희망을 걸었었습니다. 그 보고대로 해야 내가 책임지고 있는 라셔 박사의 실험에 반대하는 종교적 이유를 제거할 수 있다고 생각하기 때문입니다.

그 어려움들은 예전과 마찬가지입니다. 이 기독교 의료 동아리의 입장은 당연히 젊은 독일인 조종사가 목숨을 걸어야 하며, 입영 소집을 받지 않았지만 범죄자의 생명도 대단히 신성하기에 그런 목적에 이용해서는 안 되며, 자신들은 이 범죄로 더러워질 마음이 없다는 것입니다. 나는 동지가 예비 군의관 라셔 박사를 공군에서 내가 있는 친위대로 전속시켜주시길 바랍니다. 그러면 나 혼자 책임을 지고 같은 분야에서 실험이 이루어지게 하여 성과를 내겠습니다. 우리 친위대는 동부 전선에서 동상을 입은 장병들을 위해 그 성과의 일부만 사용하고, 나머지는 모두 공군의 처분에 맡기겠습니다. 그러나 나는 이와 관련하여 비非그리스도인 의사를 동지와 볼프 사이의 연락책으로 세울 것을 제안합니다. (중략)

감압실과 승압 펌프를 우리 마음대로 쓸 수 있도록 조치해주시면 고맙겠습니다. 더 높은 고도에서도 실험을 해야 하기 때문입니다.[17]

진심이 담긴 인사와 함께 하일 히틀러를 외치며

친위대 제국 총통 힘러

---

*이 상습범 상당수에게 '민족보호법 위반 죄'라는 딱지가 붙었다. 독일인 여성과 성관계를 했다는 의미였다.

라셔는 피실험자 300명을 대상으로 냉동 실험을 400회나 수행했다. 3분의 1이 얼어 죽었고 남은 이들은 독가스에 취해 죽거나 총에 맞아 죽었다.

부헨발트에서는 간수들이 심문을 위해 수감자들을 잘 보살피게 되어 있었다. 수감자들은 정오에 수프를 받았고 저녁에는 "빵, 기름, 마멀레이드"를 받았다. 날마다 운동 허가를 받아 30분간 중앙 통로를 이리저리 왔다갔다했다. 수감자 열일곱 명은 누구와도 접촉해서는 안 되었다. 운동은 혼자 하거나 감방 동료와 해야 했다. 그러나 감방 문을 열고 잠그는 업무와 수감자 각 사람의 운동 시간을 지키는 업무는 간수들에게 지루하기 그지없었다. 간수들은 따뜻한 경비실에 머물며 책임을 적게 지는 편을 좋아했다. 결국 그들은 수감자들이 감방에서 나와 여섯 명 내지 그 이상으로 무리를 지어 접촉할 수 있게 내버려두었다.[18]

처음에는 한 사람이, 2인용 감방일 경우에는 두 사람이 중앙 통로를 산책해야 했다. 하지만 얼마 지나지 않아 우리는 서로 만나서 마음껏 이야기를 나눌 수 있었다. 날마다 감방 밖으로 나가는 시간을 바꿔가며 동료 수감자를 모두 만나고 그들과 이야기를 나눴다. 아침에는 여섯 시부터 여덟 시까지 모든 감방 문이 동시에 열렸고 우리 남자들은 세면실에서 만났다. 그 사이에 모범수들이 감방을 청소하고 잠자리를 정돈했다.[19]

우리는 본회퍼가 그곳에서 2개월간 수감자들 대다수와 접촉했을 거라고 추측할 수 있다.

베스트에 따르면 라셔는 자신이 수행한 실험을 대단히 중요하게 여겼다. 그 실험들이 "대단히 값진 과학적 성과로 판명되었다"는 것이다. 베스트는 이렇게 덧붙였다.

그는 20여 명을 강추위, 얼음물, 찬 공기에 노출시켰다가 소생시키는 실험을 하면서 아무 거리낌도 없었다. 오히려 기술을 개발하여 강추위나 얼음물이나 차가운 공기에 노출되어 죽을지도 모르는 수천 명의 생명을 건지게 된 것을 대단히 자랑스러워했다. 그가 투옥된 이유는 인체 실험 연구 결과를 스위스 의학지에 게재하려 했기 때문이었다. 이는 영국 수병들을 이롭게 할 수 있었다. 함선이 어뢰에 맞았을 때 바다에서 구조된 영국 수병들이 의식을 회복하지 못하고 죽는 경우가 빈번했기 때문이다.[20]

베스트가 라셔를 한패로 받아들인 건 수수께끼가 아닐 수 없다.

그 당시 나는 라셔의 이야기에 그다지 충격을 받지 않았다. 우리 동료 수감자들도 그를 알게 되었을 때 그다지 놀라지 않았다. 우리 모두는 급사急死가 다반사로 일어나는 환경에 단련되어 있었다. 당장에라도 명령이 떨어지면, 몇 사람 내지 우리 모두가 가스실로 보내지거나, 총살을 당하거나, 교수형을 당할 수 있었다. 우리는 무의식적으로 생존을 위한 투쟁에 몰두했으므로 알지도 못하는 익명의 사람들, 이미 죽은 사람들의 고통을 동정할 힘이 없었다. 게다가 라셔는 우리 모두에게 상당히 괜찮은 동지였다. 이 대목에서 그의 기이한 성격 모순이 힘을 발휘한다. 우리가 그와 교제하는 내내 그는 용기와 이타주의, 충성심으로 유명했다. 힘겨운 시기에 그는 우리의 활력소였다. 위험을 잘 알면서도 우리를 쥐락펴락하는 잔인한 간수들에게 용감히 맞섰다.[21]

본회퍼가 이런 견해에 동조했을 거라고는 추측할 수 없다. 라셔와 본회퍼의 차이는 현격했다. 베스트는 본회퍼를 이렇게 기술했다. "한

결같이 겸손하고 친절했다. 지극히 하찮은 사건에서도 늘 행복의 기운, 기쁨의 기운을 발산하고 그저 살아 있다는 사실만으로도 깊이 감사하는 것 같았다. … 그의 하나님은 실재하시고 그와 늘 가까이하시는 것 같았다. 내가 이제껏 만났던 얼마 안 되는 사람들 중에서 그런 사람은 그가 유일했다."[22]

베스트는 1951년 자비네에게 보내는 편지에서 디트리히를 이렇게 묘사했다. "남다르고 상당히 차분하고 정상적이고 마음이 더할 나위 없이 편안해 보였습니다. 그의 영혼은 우리가 갇혀 있던 교도소의 절망적인 어둠 속에서 확실히 빛났습니다. … 본회퍼는 자신이 그러한 시험을 견딜 만큼 충분히 강인하지 못할까 봐 늘 두려워했지만, 인생에는 두려워할 만한 것이 없다는 걸 알았습니다." 본회퍼는 "유쾌하고 농담을 맞받아칠 줄 아는 사람"이기도 했다.[23]

폴커너는 본회퍼와 라베나우를 두고 이렇게 말했다. "그들은 감방을 같이 쓰는 수감자들 중에서 사이가 원만하고 서로 말벗이 되는 것을 즐거워하는 유일한 쌍이었다." 폴커너와 베스트는 다른 독일인 사이에서 일어난 말다툼과 불신도 언급했다. 베스트는 이렇게 말했다.[24]

> 다른 수감자들과 처음 접촉했을 때 독일인 대다수가 서로 강하게 불신하는 걸 보고 심한 충격을 받을 수밖에 없었다. 그들은 나를 볼 때마다 너나없이 다른 누군가를 가리키면서 게슈타포 스파이일 수 있으니 조심하라고 경고했다. 이러한 의심의 분위기는 나치 독일의 특징이었다. 하지만 그들은 게슈타포에 의해 투옥되었으면서도 이상하게도 공동의 대오를 형성하여 협력하지 않았다.[25]

베스트는 수감자들이 단결했으면 쉽게 탈출할 수 있었을 거라고 확신했다. 간수들은 연합군이 진격해올 때 자신들에게 일어날 일을 놓고 걱정했고, 독일인 수감자들은 베스트가 확신한 대로 간수들을 설득하여 함께 탈출하면 될 일이었다. 서부 전선에서는 미국인들이 성큼성큼 다가오고, 동부 전선에서는 러시아인들이 쳐들어오고 있었다. 독일 영토가 점점 홀쭉해지고 있었다. 수감자들은 머지않아 해방될 것이었다. 간수 지파흐는 미국인들이 다가오기 전에 내빼겠다고 말했다. 그러나 또 다른 간수 디트만은 최후의 순간까지 싸우다가 총알 두 발을 남겨놓겠다고 말했다. 한 발은 자기가 미워하는 베스트를 쏘고 나머지 한 발은 자신을 쏘겠다는 거였다. 디트만은 베스트에게 이렇게 말했다. "네 놈은 이곳을 살아서 떠나지 못할 거야!" 베스트가 많은 시간을 들여 간수들을 상대로 자신의 기개를 입증해 보였기 때문이다. 라셔가 그에게 "부헨발트는 작센하우젠과 상당히 다른 곳이니 더욱 조심해야 합니다"라고 충고할 정도였다.[26]

본회퍼와 수감자들 모두 당장에라도 해방되거나 살해되리라는 걸 아는 까닭에 추위와 굶주림을 참고 견뎠다. 마침내 그들은 전황을 접하고 미국인들이 정말로 가까이 다가왔다는 걸 실감했다. 간수들의 신경이 곤두섰다. 그들은 폰 팔켄하우젠 장군에게 경비실 라디오로 전황 발표를 청취하게 했고 팔켄하우젠은 독일의 패망이 임박했다고 설명했다.

3월 30일은 성금요일이었다. 조용한 틈을 타서 하건, 머릿속으로만 하건, 본회퍼는 매일 성구 묵상, 기도, 찬송 부르기를 계속했을 것이다. 4월 1일 부활절, 미국의 대포 소리가 멀리서 들려왔다. 미국인들은 베라 강 저쪽 어딘가에 있었다. 본회퍼와 서양 기독교계의 모든 이가 그리스도의 부활을 기리던 그날, 희망이 도래했으니 상당히 그럴싸했을 것이다.

그날의 어느 무렵, 수석 간수 지파흐가 수감자들에게 떠날 준비를 하라고 지시했다. 아무도 목적지를 알지 못했다. 가져갈 소지품이 많은 이는 거의 없었다. 하지만 베스트는 타자기, 여행 가방, 커다란 상자 세 개를 소지하고 있었다. 그날은 더 이상의 소식을 접하지 못했다. 그러나 이튿날, 또 다른 간수 디트만이 모든 이에게 도보로 떠날 준비를 해야 한다고 말했다. 베스트는 화를 냈다. 소지품 일부를 버리지 않으면 안 되었기 때문이다. 하지만 상황이 긴박했다. 식량도 부족하고 수송 수단도 부족했다. 수송 수단이 있다고 해도 연료를 구할 수 없었다. 걸어가야 하고 게다가 몇 사람은 건강이 좋지 않았는데도 놀라는 이가 전혀 없었다.* 게레와 뮐러와 폰 페터스도르프가 최악의 몰골이었지만, 다들 식량 부족과 맹추위로 약해진 상태였다. 하지만 더 이상의 지시가 없었다.

 4월 3일 화요일 오후, 지파흐가 한 시간 내로 떠나야 한다고 말했다. 하지만 그러고도 몇 시간이 흘러갔다. 그날 밤 10시경, 명령이 떨어졌다. 결국 그들은 걷지 않아도 되었다. 하지만 그들을 운반할 화차는 수화물 없이 여덟 명만 수용할 수 있게 설계되어 있었다. 그들은 열여섯 명이었고 수화물도 있었다. 화차의 연료는 장작이었다. 동력 발생기 속에 장작을 투입해야 했다. 화차의 앞 공간에 장작이 가득 쌓여 있었다. 도중에 한 차례 매캐한 장작 연기가 객실을 가득 채웠다. 그럼에도 그들은 부헨발트를 뒤로하고 떠났다.

---

*연합군이 다가오자 나치는 독일 전역에 있는 강제수용소에서 사람들을 필사적으로 철수시켰다. 병약한 피수용자들을 강제로 행군시키다가 도중에 상당수를 사살했다.

31

자유에 이르는 길 위에서

본회퍼는 내가 그와 알고 지낸 기간 내내 대단히 행복하게 살았고 우울증과 불안에 시달리는 더 약한 형제들 일부를 상당히 많이 보살펴주었습니다. _휴 폴커너, 1945년 10월에 게르하르트 라이프홀츠에게 보낸 편지

이로써 끝입니다. 그러나 나에게는 삶의 시작입니다. _디트리히 본회퍼

그 시간부터 누구도 하나님과 하나님나라를 믿지 않았고, 누구도 부활한 자들의 왕국에 대해 듣지 않았으며, 향수병에 걸려 육적 존재로부터 놓여나기를 기다리거나 학수고대하지 않았습니다. … 우리가 믿음으로 죽음을 변화시키지 않으면, 죽음은 지옥과 어둠과 쌀쌀맞은 것이 되고 말 것입니다. 그러나 놀라운 사실은 우리가 죽음을 변화시킬 수 있다는 것입니다. _디트리히 본회퍼, 1933년 11월 런던에서 한 설교

여하한 기준으로 보아도 별난 패거리임에 틀림없는 수감자 열여섯 명은 수화물을 들고 화차 속으로 꾸역꾸역 밀려들어갔다.* 상당수는 글자 그대로 옴짝달싹할 수 없었다. 훈장을 단 귀족 장군들, 해군 지휘관 1명, 외교관 1명과 그의 아내, 우울증에 걸린 러시아 공군 장교 1명, 가톨릭 변호사 1명, 신학자 1명, 행실이 의심스러운 여자 1명, 강제수용소 의사 1명이 섞인 그야말로 오합지졸이었다. 그런데 그들이 화차에 들어가고 뒷문이 잠기자마자 공습경보가 울렸다. 간수들은

* 페인 베스트는 인원을 열여섯 명으로 언급한다. 원래 열일곱 중에 누가 빠졌는지는 불분명하다.

화차 안에 갇힌 그들을 버려두고 화차로부터 안전한 곳으로, 지하실과 탄약고에서 가능한 한 멀리 온 힘을 다해 줄행랑을 쳤다. 수감자들은 폭탄에 맞을 수도 있다는 걸 모른 채 캄캄한 화차 뒷좌석에 방치되어 있었다. 마침내 공습경보 해제 사이렌이 울렸고 군 요원이 돌아와 기관차에 시동을 걸었다. 화차는 90미터가량 이동하다가 멈췄다. 장작을 연료로 사용하는 엔진이 계속 겉돌았다. 이내 화차에 증기가 가득 차서 증기를 들이마실 수밖에 없었다. 가스실을 설계하는 데 도움을 준 남자 라셔가 울부짖었다. "큰일 났습니다. 이 화차는 죽음의 화차입니다. 독가스가 들어오고 있어요!"[1]

라셔가 그렇게 말한 데에는 나름의 이유가 있었다. 독일인들은 1940년 이래로 안락사 프로그램에 따라 가스 화차를 이용하여 정신지체장애자들과 다른 질환자들을 살해하고, 그 뒤에는 그 화차를 이용하여 유대인들을 살해했다. 사람들이 탄 화차에는 처음부터 숨을 거의 쉴 수 없을 만큼 인원이 빼곡하게 차 있었다. 기관차에 시동이 걸리면, 배기가스가 곧바로 화차 내부로 유입되었고, 화차가 목적지에 도착할 무렵에는 승객들이 시체가 되어 있었다. 그러면 시체들을 끌어내려 화장장 소각로에 집어넣었다.

페인 베스트가 구멍으로 보이는 무언가를 통해 빛이 들어오는 걸 보고 자신들의 전문의 라셔에게 물었다. 가스 화차에서도 그런 빛을 볼 수 있느냐는 거였다. 라셔는 그렇지 않다고 대답하고, 만일 자신들이 이런 식으로 죽는다면 우연일 거라고 말했다. 드디어 화차가 다시 움직이기 시작했고 증기가 빠져나가 숨 쉬는 게 가능했다. 그러나 라베나우와 두 여자 마르고트 헤베를라인과 하이들은 실신하고 말았다.

그들은 밤 10시가 넘어 출발하여 시간당 15마일의 속도로 덜커덩거리며 밤새도록 이동했다. 시속 8-9마일로 느릿느릿 움직일 때도 있었다. 매시간 한 번씩 멈춰서 굴뚝을 청소하고 동력 발생기에 장작을 다시 투입해야 했다. 매번 같은 조치가 취해졌고, 승객들은 어둠 속에서 불안하게 기다려야 했으며, 매번 힘겹게 기관차에 시동을 걸었다. 기관차는 15분간 달리다가 충분한 동력을 다시 공급해야 전진할 수 있었다. 기관차가 겉돌면 화차 내부에는 배기가스가 다시 가득 차올랐다. 베스트는 "이 여행은 지옥 여행이었다"고 요약하면서 자세히 회상했다.[2]

본회퍼가 베푼 것을 제외하면, 빛도 없고 먹을 것도 없고 마실 것도 없었다. 본회퍼는 끽연가였음에도 자신에게 배급된 얼마 안 되는 담배를 아껴 두었다가 모두를 위해 내놓겠다고 고집했다. 그래서 흡연할 것은 있었다. 그는 훌륭한 사람이자 거룩한 사람이었다. 말 그대로 우리는 미동도 할 수 없었다. 두 다리가 수화물 속에 끼여 있었고 두 팔은 옆구리에 고정되어 있었기 때문이다. 우리 뒤에 있는 좌석에는 가장 작은 수화물까지 바리바리 쌓여 있었다. 나무 벤치의 날카로운 모서리에 간신히 걸친 엉덩이는 신경통을 앓았다. 한 시간 달리고 한 시간 멈추기를 반복하면서 밤새도록 덜컹대고 흔들렸다. 통풍 구멍에서 희미한 빛이 새어들 때까지 경직, 피로, 배고픔, 목마름에 시달렸다. 밤새도록 잠을 자지 못했는데도 몸이 생리적 요구를 하는 때가 다가왔고, 곧이어 사방에서 아우성이 터져 나왔다. "더 이상 못 참겠어. 당장 멈추어야 해." 우리는 화차가 급정거할 때까지 벽을 탕탕 두들겼다. 문이 열리고 간수가 소리쳤다. "도대체 무슨 일이야?" 두 여인이 앞에 있는 터라 우리는 생리적 요구를 우아하게 설명했고, 질문한 간수는 유치하게도 밖에 있는 동료 간수들에게 큰소리로 자세히 설명했다.[3]

간수 셋이서 그 문제를 놓고 의논했다. 결국 화차의 문이 열리고 다들 밖으로 나갔다. 화차가 멈춰 선 곳은 최적의 장소가 아니었다. 몸을 조금이라도 가릴 수 있는 곳이 필요했건만, 식물 군락이나 기복이 전혀 없었다. 저 멀리 쓰러진 고목들이 있었고 두 여자는 간수 한 명과 함께 그쪽으로 민첩하게 뛰어갔다. 남자 열다섯 명은 기관총을 조준하고 있는 다른 간수 두 명을 등진 채 생리적 요구를 마음껏 발산했다. 베스트는 이렇게 썼다. "여자들이 우리보다 신속했다. 여자들이 다가오는 방향을 등지고 있었지만, 우리는 너나없이 노출 과다 상태였다."[4]

이제 한낮이었다. 그들은 일고여덟 시간을 철로 위에서 가다 서다를 반복하며 대략 100마일을 이동했다. 어디로 가고 있는지 수감자들은 여전히 알지 못했다. 상당히 많은 장작을 소모한 상태였다. 휴 폴커너가 "탁월한 기지를 발휘하여" 장작을 서둘러 넣기를 반복하여 전보다 훨씬 많은 공간을 확보했다. 두 사람이 화차 입구 창가에 설 수 있게 되었고 다들 돌아가면서 그렇게 했다. 간수들이 빵 두 덩이와 커다란 소시지 한 개를 주기에 나누어 먹었다. 마실 것도 있었다.

어느 순간 창을 통해 마을이 눈에 들어왔다. 그들은 자신들이 남쪽으로 이동해왔음에 틀림없으며, 따라서 플로센뷔르크로 가고 있을 거라고 추론했다. 하지만 플로센뷔르크는 집단학살수용소로 알려져 있었으므로 이 추론은 그다지 달가운 것이 아니었다. 그들은 열세 시간을 이동하고 나서 정오 무렵에 바이덴에 이르렀다. 바이덴은 바이에른 북부에 있는 인구 3만 명의 소읍이었다. 플로센뷔르크는 동쪽으로 10마일가량 떨어져 있었다.

그들은 바이덴에 정차하여 경찰서에 들렀다. 간수들이 안으로 들어갔다가 돌아왔다. 그중 조금 친절한 간수가 포로들에게 말했다. "더 멀리 가야 할 것 같습니다. 저들이 여러분을 받아들이지 않겠다는군요. 수용소가 꽉 차서요." 무슨 뜻이었을까? 화차 안에는 강제수용소를 잘 아는 자가 있었다. 그는 그 말뜻을 모두 알고 있었다. 라셔 박사는 그들 모두가 죽을 운명은 아닌 것 같다고 말했다. 플로센뷔르크가 규칙을 무시한 채 다른 시체나 조만간 시체가 될 이들을 받아들이지 않을 만큼 꽉 찬 적이 없다는 거였다. "꽉 찼다"는 말은 살아서 숨을 쉬는 죄수들에게만 해당되는 말이었다. 그들이 죽을 운명이었다면, 수용소에서 기꺼이 받아줬을 것이다. 그러므로 이는 좋은 소식이었다. 어쨌든 그날 학살되지는 않을 것 같았다.[5]

줄곧 플로센뷔르크를 향해 달려왔지만, 학살되거나 소각될 운명은 아니었다. 플로센뷔르크가 그들을 외면하고 만 것이다. 그러면 이제 어디로 가야 하는가? 간수들이 되돌아왔고 일행은 남쪽으로 계속 이동했다. 소읍 변두리에 이르렀을 즈음 자동차 한 대가 그들을 지나치더니 정차하라고 했다. 경찰관 두 명이 자동차에서 나왔고 그중 한 명이 화차의 문을 열었다. 그 다음에 무슨 일이 있었는지는 불분명하다. 하지만 플로센뷔르크 강제수용소는 죄수 세 명을 더 수용할 수 있었던 것 같다. 리디히와 뮐러가 호명되었고 두 사람은 짐을 챙겨 화차 밖으로 나갔다. 본회퍼도 호명되었던 것 같다. 그러나 그는 화차 뒷자리에 있었다. 무슨 까닭에서인지 게레가 대신 나갔다. 베트게에 따르면 본회퍼는 눈에 띄지 않으려고 화차 안에서 일부러 몸을 뒤로 젖혔다고 한다. 이는 본회퍼도 밖으로 나오라고 호명되었다는 뜻이다. 그러나 페인 베스트에 따르면, 게레가 리디히, 뮐러와 함께 나갔다고 한다. 어쩌면 감방을 함께 쓰면서 가까워진 뮐러와 떨어지고 싶지 않아서 함께 내렸는지도 모른다. 아니면 경찰들이 게레를 본회퍼로 착각했을 수도 있다. 어쨌든 게레와 리디히, 뮐러가 동료들에게 작별인사를 하고 경찰들을 따라갔다. 4월 4일 수요일 오후의 일이었다. 베스트는 이렇게 말했다.

바이덴을 떠난 뒤부터 친위대 간수 세 명의 태도가 현저하게 바뀌었다.

1 플로센뷔르크 강제수용소 세탁실. 이곳에서 SS 군법회의가 업무를 보았다.
2 플로센뷔르크 강제수용소 사형장

우리를 플로센뷔르크로 이송하라는 지시를 받고서 부헨발트를 떠나오는 내내 자신들을 지휘하는 당국의 판단력에 갑갑함을 느꼈던 것이다. 플로센뷔르크가 우리를 받아주지 않자 우리를 맡길 만한 곳을 찾을 때까지 남행南行을 계속하라는 막연한 지시에 따라 움직이는 것 같았다. 그러면서 자신들이 우리와 운명을 함께하고 있으며, 우리와 마찬가지로 정처 없이 미지의 땅으로 나아가고 있다고 느낀 것 같다.[6]

본회퍼와 열세 명의 동료를 태운 화차는 정처 없이 씨근대고 덜컹대며 남쪽으로 계속 나아갔다. 마치 베리만 감독의 〈제7 봉인〉에 나오는 배우들 같았다. 유쾌하게 돌아다니다가도 두건을 쓴 음산한 죽음의 형상이 지나갈 때면 우울해지고 마는 배우들 같았다. 어찌된 일인지 하이들조차 싸구려 마타하리에서 청초한 처녀로 바뀌었다. 매캐한 연기가 자욱한 밀폐된 어둠 속에서 밤새도록 공포에 떨던 때와는 너무나 달랐다. 동력 발생기에 다시 불을 지피고 굴뚝을 청소하려고 화차가 멈출 때마다 간수들이 문을 열고서 수감자들에게 화차에서 내려 기지개를 켜겠느냐고 물었다. 한 시간에 한 번꼴로 그렇게 했다. 어떤 이는 그 화차에 녹색 호송차라는 애정 어린 별명을 붙이기도 했다.

그날 오후 무렵 한 농가 앞에 정차했다. 하이들과 헤베를라인 부인이 허락을 받고 농가에 들어가 몸을 씻었고 남자들은 펌프 옆에서 차례로 몸을 씻었다. 배고픔과 수면 부족으로 녹초가 되어 펌프 주변에서 햇볕을 받으며 서 있는 이 당당한 남자들에게 그 장면은 이상하리만치 유쾌한 장면이었을 것이다. 그 자리에는 베스트, 퓐더, 폰 알벤스레벤, 폰 페터스도르프, 폴커너, 코코린, 회프너, 폰 라베나우가 있었고, 지그문트 라셔와 디트리히 본회퍼도 있었다. 지그문트 라셔와 디트리히 본회퍼는 앞으로 몇 주 뒤 운명을 같이 할 사람이었지만, 지금은 그 사실을 아는 이가 아무도 없었다. 지금은 온통 화창함과 자유와 신선한 공기뿐이었다. 부헨발트에서 두 달간 수감생활을 하고 나서 바이에른에 있는 농가 앞에 내려 오후의 햇살을 받으며 서 있는 건 상당히 근사했다.

농부 아내가 호밀 빵 몇 덩어리와 우유 한 주전자를 가지고 나타났다. 베스트는 이렇게 말했다. "지난 몇 해 동안 우리 중 누구도 맛보지 못한 진짜 훌륭한 호밀 빵이었다." 몇몇은 훨씬 널찍해진 화차 안에 들어가 선잠을 잤다. 베스트는 이어서 이렇게 말했다. "화차 문 위에 난 창문이 활짝 열려 있었고 우리 보금자리 안에 있는 모든 것이 근사해 보일 정도로 멋진 날이었다." 그들은 여러 소읍을 거치면서 같은 과정을 되풀이했고 계속 남쪽으로 이동하면서 나아프 골짜기를 통과했다. 그들 상당수는 천연의 아름다움과 농촌 마을을 지닌 독일이 기억으로만이 아니라 현실에 존재한다는 사실을 거의 망각할 정도였다.[7]

대략 여섯 시간 동안 50마일을 이동하고 땅거미가 내려앉을 무렵 그들은 레겐스부르크에 접근하고 있다는 걸 알았다. 레겐스부르크는 다뉴브 강과 레겐 강이 합류하는 중세 도시다. 화차는 시내를 돌아나가면서 가다 서다를 반복했고, 간수들은 화차 승객들이 밤을 지낼 장소를 물색했다. 그러나 번번이 실패하고 돌아와 화차를 몰았다.

날이 어두워지고서야 연방 교도소 정문 앞에 이르렀다. 이번에는 간수들이 화차의 문을 열고 모든 사람을 밖으로 내보냈다. 계단을 밟고 건물 안으로 들어가자 교도소 간수 하나가 그들에게 무례한 지시를 내렸다. 그러자 그들을 인솔해온 간수 하나가 교도소 간수가 내린 지시를 중단시키며 그들이 평범한 죄수들이 아니라 정중히 대해야 할 특별한 죄수들이라고 설명했다. 그러자 레겐스부르크 교도소 간수가 다음과 같이 말했다. "오오! 지체 높은 귀족들이시군! 자, 저들을 이

층에 있는 다른 이들과 운명을 같이하게 하셔."[8]

그들은 소지품을 질질 끌고 가파른 철제 계단을 타고 이층으로 올라갔다. "상당히 품위 있고 나이 지긋한 간수"가 그들을 맞으면서 감방 동료를 택하게 했다. 어디나 그랬겠지만, 교도소 사정이 상당히 빠듯해 보였다. 남자 다섯 명이 한 감방에서 자야 했고, 감방 바닥에는 밀짚으로 만든 매트리스 세 개가 깔려 있었다. 본회퍼는 퓐더, 라베나우, 팔켄하우젠, 회프너와 감방을 같이 썼다.

다들 굶주린 상태였다. 그런데 간수들은 그 시각에 음식을 구하기는 어렵다고 했다. 부엌이 닫혀 있었기 때문이다. 하지만 아우성이 커지자 간수들은 실질적인 것을 생각하지 않으면 안 된다는 걸 깨달았다. 같은 층에 있는 다른 감방 '귀족들'도 음식을 달라고 아우성을 쳤다. 결국 간수들은 "큰 그릇에 담긴 상당히 괜찮은 야채 스프, 커다란 빵 한 덩어리, 커피 한 잔"으로 답했다.

아침에 감방 문이 열리고 남자들은 허락을 받고 세면실로 가려고 복도를 따라 내려갔다. 그리고 자신들의 눈을 의심했다. 남자, 여자, 아이 들이 복도에 빽빽이 들어차 있었다. 모두 슈타우펜베르크 음모로 처형되거나 체포된 이들의 가족들이었다. 슈타우펜베르크의 가족 상당수도 이곳에 있었다.* 여기에는 일흔세 살의 실업가 프리츠 티센과 그의 아내도 있었다. 티센은 히틀러를 후원하고 집권을 도운 인물로 나중에 히틀러가 하는 짓을 보고 섬뜩해했다. 1938년에 일어난 '수정의 밤 사건'을 보고 맡고 있던 정부 직책을 사임했다. 전쟁이 발발하자 괴링에게 전보를 쳐서 전쟁을 반대한다고 말하고 아내와 함께 스위스로 이주했다. 그러나 곧 티센 부부는 나치에게 체포되어

---

*폰 슈타우펜베르크 백작의 부인 니나 폰 슈타우펜베르크는 남편이 7월 20일에 처형되자마자 체포되었다. 다섯째 아이를 임신 중이었다. 네 자녀는 고아원으로 보내졌고 이름도 바뀌었다. 니나 폰 슈타우펜베르크는 감옥에서 다섯째 아이를 출산했다.

전쟁 기간 대부분을 작센하우젠과 다하우 강제수용소에서 보냈다. 프란츠 할더 장군의 아내도 여기 있었다. 처형당한 울리히 폰 하셀 장군의 딸로 두 살과 네 살된 아들을 빼앗긴 상태였다. 베스트에 따르면 "두 아들을 다시는 못 보게 될까 봐 괴로워했다"고 한다. 카바레 가수이자 영화배우인 이자 페어메렌도 여기 있었다. 저항의 또 다른 주역인 에리히 페어메렌의 누이였다. 팔켄하우젠과 페터스도르프는 이곳에 수용된 이들 상당수를 아는 것 같았다. 본회퍼도 마찬가지였다.[9]

베스트는 이 사람 저 사람에게 자신을 소개했다. 교도소 화장실을 사용하려고 길게 늘어선 줄이라기보다는 마치 환영회 같았다. 독일 귀족들은 한 사람 건너 한 사람은 아는 사람이거나 친척인 듯했다. 페어메렌 남매는 디트리히와 마리아의 결혼식에 참석하기로 했던 프란츠 폰 파펜의 친척이었다.

수감자들이 교도소를 장악한 것 같았다. 서로 이야기를 나누려고만 할 뿐 감방으로 돌아가려 하지 않았다. 결국 간수들이 그들을 유인하느라 조반을 감방 안에 두어야 했다. 그러나 본회퍼는 감방에서도 카를 괴어델러의 미망인 쪽으로 열린 작은 문을 통해 게슈타포 교도소에서 그녀의 남편과 함께 보낸 마지막 며칠에 대해 이야기해주었다. 괴어델러는 2월 2일에 처형되었다.

얼마 안 있어 공습경보 사이렌이 울렸다. 다들 다시 밖으로 나가 교도소 지하실로 들어가야 했다. 베스트가 말한 대로 재미가 다시 시작되었고, 다들 이야기를 나누고, 상대방의 이야기를 가로막고, 개인적인 퍼즐 조각을 맞추느라 열을 올렸다. 교도소 옆에는 이미 폭격을 받아 사라진 조차장操車場이 있었다. 더 이상 파괴할 것도 없는 것처럼 보였다. 공습경보 해제 사이렌이 울리자 군중은 이층 복도로 올라가 자신들을 감방에 넣으려 하는 간수들에게 다시 저항했다.

그날 오후 다섯 시경, 부헨발트에서 화차를 운전해온 간수 하나가 나타나 이제 떠날 시간이라고 말했다. 부헨발트에서 온 죄수 열네 명은 소지품을 챙기고 작별인사를 한 다음 타고 온 화차로 향했다. 레겐스부르크에서 벗어나 다뉴브 강을 끼고 다시 남쪽으로 이동하는 동안 모든 이의 기분이 상당히 좋아져 있었다.

그런데 도회지를 벗어나 몇 마일 가는가 싶더니 화차가 난폭하게 비틀거리다 완전히 멈춰 서고 말았다. 휴 폴커너가 기술자라 간수들이 그를 설득하여 의견을 구했다. 폴커너는 조향 장치가 부러졌다며 수리가 불가능하다고 말했다. 레겐스부르크는 몇 마일 뒤에 있었고 그 사이에는 아무것도 없었다. 그들은 크게 낙담한 채 휑뎅그렁하니 곧게 뻗은 철로 위에 있었다. 철길 옆에는 포탄 구덩이가 있었고 연합군의 폭격에 당한 자동차들의 잔해가 여기저기 널브러져 있었다. 맞은편에서 자전거 한 대가 다가왔고 간수들이 자전거 운전자를 세웠다. 그리고 레겐스부르크 경찰서에 가서 다른 화차를 보내달라는 말을 전해달라고 부탁했다. 자전거 운전자는 그러겠다고 하고 자전거 페달을 밟아 먼 곳으로 사라졌다. 그동안 그들은 그 자리에 앉아서 무작정 기다렸다. 먹을 것도 없고 마실 것도 없었다. 어둠이 깔리자 기온이 떨어졌다. 아무도 오지 않았다. 게다가 비까지 내리기 시작했다. 몇 시간이 흘러갔다. 베스트는 간수들이 불쌍하게도 겁을 내는 것처럼 보였으며 "조난당한 전우"에 가까웠다고 말했다. 빗줄기가 강해졌고 밤은 더디게만 흘러갔다. 하지만 아무도 오지 않았다.

마침내 동이 텄다. 간수들이 화차의 문을 열어 다들 나오게 했다. 하지만 아침이 다 지나도록 자동차 한 대 보이지 않았다. 드디어 오토바이 한 대가 나타났다. 간수들은 요행수를 바라지 않고 오토바이를 세운 다음 한 명이 뒷자리에 올라타고 레겐스부르크로 갔다. 부활절이 지난 4월 6일 금요일 오전의 일이었다.

오전 중간 무렵, 간수가 소식을 가지고 돌아왔다. 앞서 지나간 자전거 운전자가 약속대로 경찰서에 그들의 처지를 알렸고 경찰이 기관사 한 명을 보냈지만, 알 수 없는 이유로 그 기관사가 그들로부터 200미터 정도 떨어진 곳에서 멈춘 다음 돌아와 그들을 발견하지 못했다고 말했다는 거였다.

11시 정각이 되어서야 도움의 손길이 찾아왔다. 그들 앞으로 굴러와 멈춰 선 것은 거대한 버스였다. 창이 대형 판유리로 되어 있고 편안한 좌석에 천을 씌운 버스였다. 초라한 무리는 소지품을 챙겨 버스에 올라탔다. 하지만 부헨발트에서 온 간수들과는 헤어질 수밖에 없었다. 간수들은 수명이 다한 녹색 화차와 함께 남았다. 기관총을 멘 친위대 분견대원 열 명이 그 버스를 타고 도착했기 때문이다.

버스는 그들을 태우고 화차의 두 배 속도로 다뉴브 강 남쪽을 따라 쉬지 않고 달렸다. 그리고 10시경에 슈트라우빙에 도착했다. 죄수들 중 누구도 목적지를 알지 못했지만, 친위대 분견대는 강을 건널 심산이었다. 그러나 연합군이 다리를 폭파한 상태였다. 그래서 다음 교각까지 이동했지만, 그 교각도 폭격을 당한 상태였다. 다음 교각도, 그다음 교각도 마찬가지였다. 그들은 드디어 부교浮橋에 이르러 다리를 건넜다. 그리고는 북쪽으로 방향을 틀어 바이에른 지방으로 향했다.

풍경이 점점 험해지고 숲이 울창해지더니 길이 꼬불꼬불하고 폭이 좁아졌다. 쇤베르크를 향해 가고 있었지만, 본회퍼와 동료들은 알지 못했다. 아는 거라곤 자신들이 굶주려 기진맥진해 있다는 사실뿐이었다. 그래도 전보다는 훨씬 편했다. 자신들이 죽게 될지 아니면 풀려날지 알지 못했다. 그저 괴상한 꿈만 같았다. 그들이 탄 버스가 4월 초 어느 오후에 바이에른 지방 숲 속을 달리고 있었기 때문이다.

마을 소녀 몇 명이 깃발을 흔들어 그들을 세운 다음 자신들도 버스에 태워달라고 부탁했다. 버스에 올라탄 소녀들은 이미 타고 있던 사람들을 의아하게 보았다. 기관총을 멘 친위대 분견대원 열 명과 볼썽사나운 귀족 무리가 한 차에 타고 있었다. 소녀들이 뭐하는 사람들이냐고 묻자 분견대원들은 영화사 직원들이라며 선전 영화를 찍으러 가는 중이라고 했다. 이 대목에서는 무엇이 사실이고 무엇이 사실이 아닌지를 말하기가 어려웠다. 어디에서 잘 건지, 밤새도록 이동해야 하는지 아는 이가 없었다. 그들은 메틴 수도원을 지나 동쪽을 향해 가고 있었다. 그리고 스물네 시간이 넘도록 아무것도 먹지 못했다. 베스트가 배를 채울 수 있는 묘책을 짜냈다.

그 지역 사람들은 닭고기를 좋아하는 것 같았다. 수많은 닭이 길을 가로지르려 하는 바람에 버스 운전수가 피하느라 안간힘을 썼다. 하지만 우리는 버스가 사고를 내주길 바랐다. 그러면 모두 잘 구운 닭고기를 먹을 수 있을 테니까 말이다. 나는 간수 하나에게 잠시 정차해서 한 농가에서 달걀을 조금 구할 수 있는지 알아보자고 제안했다. 내 제안은 곧바로 받아들여졌지만, 그 간수는 달걀을 모자에 가득 담아 와서 우리에게는 하나도 주지 않았다. 우리는 허리띠를 졸라매고 다음 식사 때가 다가오기만을 바랐다.[10]

이른 오후에 그들은 바이에른 지방의 쉰베르크라는 작은 마을에 이르러 학교 앞에 정차했다. 학교는 4층짜리 네모난 백색 건물이었다. 드디어 목적지에 이르렀다. 쉰베르크는 원래 인구가 700명이었지만, 최근 몇 달간 소련의 붉은 군대가 서진해오면서 그들을 피해 도망친 사람들 상당수가 쉰베르크에 머물고 있었다. 이제는 주민이 1,300명이었고 식량도 턱없이 부족한데, 정치범까지 도착한 것이다. 공교롭게도 그들이 레겐스부르크에 남겨두고 왔던 귀족 집단도 이미 이곳에 와 있었다. 그래서 정치범의 수는 모두 150명이었다.

본회퍼와 동료 수감자들은 학교 안으로 옮겨져 1층에 있는 큰 방으로 들어갔다. 공동으로 쓸 감방이었다. 원래 여학생용 양호실이었던 그 방에는 침대가 여럿 있었다. 대단히 쾌적한 환경이었다. 담요는 밝은 색깔이었고 침대는 흰색 깃털로 되어 있어서 푹신했다. 베스트는 이렇게 말했다. "피로와 배고픔에도 불구하고 우리는 기분이 너무나 좋아 잔뜩 흥분한 상태였으며 거의 광적으로 웃을 정도였다." 방의 삼면에는 대형 창문이 있어서 다들 밖을 내다보며 녹색 풍광의 골짜기를 황홀하게 바라보았다.[11]

각자 침대를 골랐고 헤베를라인 부부는 하이들이 해를 입지 않도록 방 한쪽 끝으로 데려가 두 사람 사이에 자리를 잡게 했다. 본회퍼는 코코린 옆 침대를 차지했다. 눈이 핑핑 돌아가는 상황인데도 저마다 "라셔의 익살스러운 제안에 따라" 침대에 자기 이름을 적었다.[12]

본회퍼는 창가에서 햇볕을 쬐며 기도도 하고 사색도 했다. 퓐더와 대화하며 시간을 보냈고 코코린과도 시간을 보냈다. 주소도 교환했다. 본회퍼는 책도 몇 권 가지고 있었다. 괴테의 책 한 권과 성경과 《플루타르크 영웅전 Plutarch's Lives》이었다.

자리를 잡고 난 다음에는 배고픔을 깨닫고 간수가 올 때까지 방문을 세게 두드려댔다. 음식을 달라는 요구에 간수는 머리를 긁적이며 바더 대위를 설득하러 갔다. 베스트는 바더를 가리켜 "다루기 힘든 악질"이라 불렀다. "고위 게슈타포 처형단 일원으로서 일평생 강제수용소를 전전하며 피수용자들을 몰살시키는 데 몰두한 악질 장교였다." 풍채가 커서 그다지 격려가 되지 않았지만, 바더는 그들을 충분히 우대했다. 하지만 마을에서는 양식을 구할 수 없었다. 피난민 1,300명이 메뚜기 떼처럼 내려온 터라 풀잎 하나 남은 게 없었다. 식량은 파사우에 있었지만, 파사우는 25마일이나 떨어져 있었다. 게다가 파사우에 가려면 가솔린이 필요했다. 하지만 가솔린이 없었다. 할 수 있는 일이 아무것도 없었다.[13]

그러나 꾀바른 마르고트 헤베를라인이 무언가를 해놓은 상태였다. 수세식 변기를 쓰고 싶다고 간수에게 말한 다음 화장실에 가는 도중에 우연히 학교 관리인과 마주쳤던 것이다. 관리인은 친절한 노파였다. 30분 뒤 노파는 감자와 뜨거운 커피 몇 주전자를 들고 다시 나타났다. 다들 감사하며 소량이나마 게걸스럽게 먹었지만, 그래도 여전히 배가 고팠다. 잠자는 것 외에 달리 할 일이 없었다. 부헨발트 강제수용소에 있는 판자 침대에서 몇 달을 지낸 터라 푹신한 침대에서 밤을 지내는 것이 음식을 먹는 것보다 더 좋았을 것이다. 남자들과 두 여자 사이에 놓인 칸막이가 넘어졌을 때는 충동적인 밤의 하이라이트가 연출되었다. 베스트는 이렇게 기록했다.

> 헤베를라인 부인의 옷차림이 간신히 몸을 가리는 상태에서 멈추자마자 하이들이 눈치 없게 칸막이를 때려눕혔다. … 결국 우리는 잠자리에 들었고, 전등이 꺼졌으며, 여기저기서 편안한 수면을 기원하는 밤 인사가 터져 나왔다. 침대가 어찌나 푹신한지 공중에 떠 있는 것 같았다. 나는 곧바로 잠들었다. 거의 한 주 만에 맛보는 숙면이었다.[14]

이튿날 잠에서 깨어났지만 조반이 없었다. 하지만 베스트의 소지품 중에 전기면도기가 있었다. 방 안에 전기 콘센트가 있어서 모든 남자가 돌아가며 전기면도기를 사용했다. 어느 순간, 마을 사람 중에 인정 많은 몇몇 영혼이 특별한 죄수들과 그들이 처한 곤경에 관해 듣고서 감자 샐러드와 커다란 빵 두 덩어리를 보내왔다. 그들은 또 다시 감사했지만, 그날 먹은 음식은 그것이 전부였다. 아마도 그것이 본회퍼가 마지막으로 먹은 음식이었을 것이다. 그날은 4월 7일 토요일이었다.

휴 폴커너는 그해 가을에 게르하르트 라이프홀츠에게 보내는 편지에서 이렇게 말했다.

본회퍼는 내가 그와 알고 지낸 기간 내내 대단히 행복하게 살았고 우울증과 불안에 시달리는 더 약한 형제 몇몇을 보살펴주었습니다. 그는 바실리 바실리에브 코코린과 상당히 많은 시간을 보냈습니다. 코코린은 몰로토프의 조카로 무신론자였지만, 쾌활한 청년이었습니다. 당신의 처남은 시간을 쪼개어 그와 함께하면서 기독교의 기초를 조금씩 가르치면서 러시아어를 배운 것 같습니다.[15]

본회퍼의 마지막 하루

이튿날인 4월 8일은 부활절을 보내고 맞이한 첫 번째 주일이었다. 독일에서는 그날을 콰시모도 주일이라 불렀다.[*] 퓐더 박사가 본회퍼에게 예배를 인도해달라고 부탁했다. 퓐더 박사는 다른 이들 상당수와 마찬가지로 가톨릭 신자였다. 이 때문에, 그리고 코코린이 무신론자라는 사실 때문에 본회퍼는 예배 집례를 사양했다. 예배를 강요할 마음이 없었던 것이다. 그런데 코코린이 직접 나서서 본회퍼에게 예배를 인도해달라고 고집했다.

이 세상을 떠나기까지 스물네 시간도 안 남은 상황에서 본회퍼는 목사의 직무를 수행했다. 감방으로 쓰는 근사한 쇤베르크 교실에서 작은 예배를 인도했다. 먼저 기도를 바치고 그날을 위한 성경 구절을

---

[*] *Quasimodo*는 두 라틴어 단어에서 유래했다. *quasi*는 '–처럼'을 뜻하고 *modo*는 '–의 방법'을 뜻한다. 이 두 단어는 부활절이 지나고 처음 맞는 주일에 드리는 로마 가톨릭 미사 입당송에 가장 먼저 나오는 단어다. 베드로전서 2장 2절 "갓난아이들처럼"에서 나왔으며, 말 그대로 '–의 방식대로' 또는 '–의 방법대로'를 뜻한다. 콰시모도라는 이름은 빅토르 위고가 쓴 《노트르담의 곱추》에 처음 나왔다. 주인공이 교회력상 그 주일에 태어난 것으로 추정되었기 때문이다.

낭독했다. 이사야 53장 5절과 베드로전서 1장 3절이었다.* 본회퍼는 이 성경 구절을 모든 이에게 풀이해주었다. 베스트는 그때의 장면을 이렇게 회상했다. "본회퍼는 모든 이의 가슴에 와 닿게 말했다. 투옥된 우리의 기분과 거기서 비롯되는 생각과 결심을 표현하기에 알맞은 단어만 골라서 말했다." 16

교사校舍에 있던 다른 수감자들도 본회퍼가 자기들을 위해 예배를 인도해주길 바랐다. 그러나 그렇게 할 시간이 없었던 것 같다. 무슨 일이 있었는지 베스트의 말을 들어보자.

> 그가 마지막 기도를 거의 마칠 즈음 문이 열리고 신사복 차림의 인상 나쁜 남자 둘이 들어와 이렇게 말했다.
> "본회퍼 죄수, 우리와 함께 가게 준비하시오." "우리와 함께 가게"라는 말은 모든 죄수에게 한 가지만을 의미했다. 바로 교수형이었다.
> 우리는 그에게 작별인사를 했다. 그가 나를 옆으로 불러서 이렇게 말했다. "이로써 끝입니다. 그러나 나에게는 삶의 시작입니다." 17

본회퍼는 베스트에게 이렇게 부탁하기도 했다. "나를 기억해달라는 말을 벨 주교에게 전해주십시오." 6년 뒤, 베스트는 본회퍼 가족에게 보내는 편지에서 자기 책에 쓴 내용을 떠올리면서 이렇게 말했다. "그는 훌륭한 사람이자 거룩한 사람이었습니다." 그리고 한 걸음 더 나아갔다. "사실상 나는 이 말이 함축하는 것보다 훨씬 강렬한 느낌을 받았습니다. 그는 내가 이제껏 만난 사람 중에서 가장 훌륭하고 가장 사

---

* "그러나 그가 찔린 것은 우리의 허물 때문이고, 그가 상처를 받은 것은 우리의 악함 때문이다. 그가 징계를 받음으로써 우리가 평화를 누리고, 그가 매를 맞음으로써 우리의 병이 나았다"(사 53:5). "우리 주 예수 그리스도의 하나님 아버지께 찬양을 드립시다. 하나님께서는 그 크신 자비로 우리를 새로 태어나게 하셨습니다. 그리하여 그는 죽은 사람들 가운데서 예수 그리스도가 부활하심으로 말미암아 우리로 하여금 산 소망을 갖게 해주셨으며"(벧전 1:3).

랑스러운 사람이었습니다."[18]

본회퍼는 두 달 전에 게슈타포 교도소를 떠난 이래로 가족들에게 소식을 전혀 알리지 못했다. 그래서 원래 소재지를 알리는 단서를 남기려고 무딘 연필을 들고 《플루타르크 영웅전》 앞부분과 중간 부분, 뒷부분에 자기 이름과 주소를 적은 다음 책을 남겨놓았다. 《플루타르크 영웅전》은 두 달 전에 그의 생일을 맞아 가족이 선물한 책이었다. 교사校舍에 있던 카를 괴어델러의 아들 하나가 그 책을 휴대하고 있다가 몇 년 뒤에 가족에게 건네주었다. 본회퍼는 괴어델러가 베를린에서 처형당하기 전 마지막 며칠을 함께 보냈지만, 이제는 자신을 처형장으로 태우고 갈 화차에 올라타려고 학교 계단을 걸어 내려가다가 괴어델러의 미망인과 마주쳤고 그녀와 마지막 작별인사를 나누었다.

본회퍼는 플로센뷔르크로 가고 있었다. 일요일 오후에 북북서 방향으로 100마일가량 가야 하는 여정이었다. 괴테의 책을 지니고 있었다. 그 일요일 오후에 자신이 어디로 가고 있는지 아는 것 같았다.

오스터와 도나니의 사형 선고와 마찬가지로 본회퍼의 사형 선고도 히틀러가 직접 내린 게 거의 확실했다. 히틀러도 자신과 독일이 모든 것을 잃었으며, 다른 사람들을 죽여 봐야 별 의미가 없다는 걸 알았을 것이다. 하지만 그는 속이 대단히 좁은 자여서 복수를 위해 시간과 인원과 가솔린처럼 대단히 귀중한 자원을 동원하는 데 익숙했다.

카나리스가 작성한 상당 분량의 일지가 초센에서 우연찮게 발견된 4월 4일, 본회퍼를 처형할 기계가 가동했다. 초센은 도나니의 문서철이 적발된 곳이었다. 이튿날 고발 자료는 베를린에 머물던 히틀러의 수중에 들어갔다. 히틀러는 자료를 몇 쪽 읽고서 이성의 한계를 넘어 폭발할 지경이었다. 그 자료에서 히틀러는 물건 자체나 다름없었다. 제3제국의 등에 꽂혀 제3제국을 옴짝달싹 못하게 하는 비수로 묘사되었다. 거기에는 승리할 거라고 예견했던 그가 실패한 이유도 적혀 있었다. 카나리스를 필두로 한 역적들만 아니었으면, 자신이 건설하려고 했던 큰길 가운데 하나를 신처럼 가로지르며 활보하고 있을 텐데…. 그러기는커녕 자신이 꿈꾸는 천년 왕국의 왕관이 되었어야 할 도시에서 쥐새끼처럼 깨진 벽돌더미 아래로 허둥지둥 도망쳐 잿빛 벙커에 갇혀 있었다. 스스로 목숨을 끊기 3주 전 히틀러는 마지막 감정을 폭발하며 자기에게 이런 짓을 저지른 사람들을 저주하며 친위대 지휘관 라텐후버에게 이렇게 명령했다. "그 공모자들을 죽여 버려!" 카나리스, 오스터, 자크, 본회퍼의 죽음이 결정된 건 그 때문이었다.

그러나 히틀러는 독일에서 적법성이라는 허구를 끝까지 유지하려 했다. 독일 법학의 시체까지 발굴하여 합법성의 이미지를 만들어내려 했다. 친위대 검사 후펜코텐이 그 일을 위해 솜씨를 발휘했다. 그는 약식 군법회의를 열기 위해 플로센뷔르크 강제수용소로 가는 내내 문서를 들고 있었다. 거기에는 카나리스의 고발 일지도 들어 있었다. 후펜코텐은 4월 7일에 플로센뷔르크 강제수용소로 갔다. 그곳에는 친위대 판사 오토 토르벡 박사도 있었다. 그리하여 그 토요일 밤, 카나리스, 오스터, 자크 박사, 슈트륑크, 게레, 본회퍼가 재판을 받고 이튿날 아침에 처형되었다.

하지만 4월 7일 토요일, 플로센뷔르크 강제수용소에는 본회퍼가 없었다. 본회퍼는 부헨발트 강제수용소에서 그리로 보내진 게 아니었던가? 파비안 슐라브렌도프가 플로센뷔르크 강제수용소에 있었다. 그는 자신이 본회퍼가 틀림없다는 공식적인 주장 때문에 두 번이나 조사를 받았다. 그러나 슐라브렌도르프는 본회퍼가 아니었다. 본회퍼의 오랜 친구 요제프 뮐러도 플로센뷔르크 강제수용소에 있었다. 그 역시 그가 본회퍼라고 주장하는 누군가 때문에 샅샅이 조사를 받았다. 리디히도 본회퍼로 의심받았지만, 그 역시 본회퍼가 아니었다. 본회퍼는 어디에 있었는가?

마침내 무슨 일이 있었는지 알아냈다. 나흘 전, 바이덴에서 실수로 리디히, 뮐러, 게레만 녹색 화차에서 내리고 본회퍼는 화차 안쪽에 남았던 것이다. 본회퍼는 쇤베르크의 학교에 있는 게 틀림없었다. 두 사람이 급파되어 100마일을 달려갔다. 그를 플로센뷔르크 강제수용소로 데려오기 위해서였다. 그들이 도착했을 때는 본회퍼가 주일 예배 인도를 마친 직후였다.

삶 의 시 작

본회퍼는 주일 느지막이 플로센뷔르크 강제수용소에 도착했다. 베트게는 이렇게 썼다.

토르벡이 의장을 맡고 후펜코텐이 검사를 맡고 수용소 소장 쾨글이 배석 판사를 맡은 약식 군법회의가 심의를 충분히 했다고 주장했다. 모든 피고를 개별적으로 심문한 다음 서로 대질시켰다. 카나리스와 오스터를 대질 심문하고, 자크와 슈트륑크 그리고 게레를 대질심문했으며, 마지막으로 디트리히 본회퍼도 심문했다. 자정이 넘어 카나리스가 잠시 비웠던 감방으로 돌아와 옆 감방에 있는 덴마크인 룬딩 대령에게 다 틀렸다고 노크로 알렸다.[19]

본회퍼가 잠을 잤는지는 알 수 없다. 약식 군법회의가 종료된 시각에서 처형이 이뤄질 새벽까지는 시간이 얼마 없었다. 주목할 만한 것은 본회퍼와 밀접히 관련된 플로센뷔르크에서 그가 겨우 열두 시간을 보냈다는 점이다.

본회퍼는 〈자유에 이르는 길 위의 정거장들〉이라는 시에서 말한 대로 죽음을 자유에 이르는 길의 마지막 정거장으로 여겼을 것이다. 수백만 명이 본회퍼의 죽음을 비극적인 일로 그리고 요절로 여길지라도, 우리는 그가 자신의 죽음을 그런 식으로 여기지 않았다고 확신할 수 있다. 런던에서 목회하던 시절에 선포한 설교에서 그는 이렇게 말했다.

그 시간부터 누구도 하나님과 하나님나라를 믿지 않았고, 누구도 부활한 자들의 왕국에 대해 듣지 않았으며, 향수병에 걸려 육적 존재로부터 놓여나기를 기다리거나 학수고대하지 않았습니다.

우리가 젊었느냐 늙었느냐는 중요하지 않습니다. 20년이든 30년이든 50년이든 하나님 앞에서 무슨 차이가 있겠습니까? 자기가 이미 목적지에 가까이 이르렀는지, 우리 중 누가 알겠습니까? 세상살이가 끝날 때에만 삶은 시작됩니다. 이 세상에 있는 것은 모두 막이 오르기 전 도입에 불과합니다. 그것은 젊은 사람이나 늙은 사람이나 똑같이 생각해야 할 문제입니다. 그러니 우리가 죽음을 생각하며 두려워할 이유가 어디에 있겠습니까? … 죽음이 공포의 대상인 것은 사람이 죽음을 두려워하고 무서워하며 살기 때문입니다. 우리가 잠잠히 하나님의 말씀을 굳게 붙잡는다면, 죽음은 사납지도 무섭지도 않을 것입니다. 우리가 괴로워하지 않는다면, 죽음은 견디기 어려운 것이 아닐 것입니다. 죽음은 하나님을 믿는 이들에게 하나님이 베푸시는 은총이며, 가장 큰 은혜의 선물입니다. 죽음은 부드럽습니다. 죽음은 달콤하고 온화합니다. 죽음이 우리의 본향, 기쁨의 장막, 영원한 평화의 왕국에 이르는 문이라는 것을 우리가 깨닫기만 한다면, 죽음은 천상의 능력으로 우리를 손짓하여 부를 것입니다.

어째서 우리는 죽음을 이토록 두려워하는 것일까요? 우리가 인간적인 두려움과 번민에 빠져 이 세상에서 가장 영화롭고 거룩하고 복된 사건을

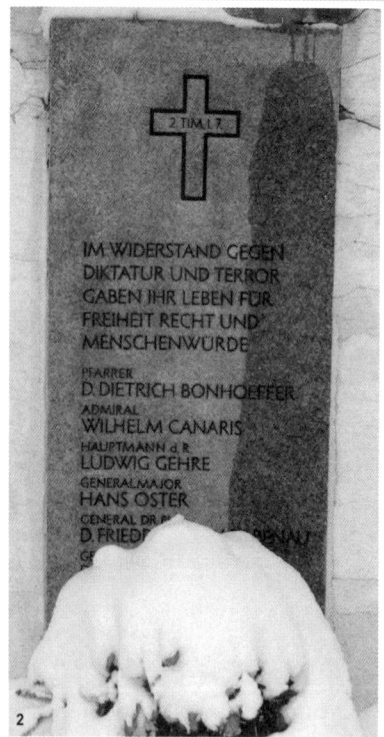

플로센뷔르크 강제수용소. 본회퍼는 이곳에서 1945년 4월 9일 새벽에 빌헬름 카나리스 제독, 루트비히 게레 대령, 한스 오스터 준장을 비롯한 여러 사람과 함께 처형되었다. 기념 명판에는 이런 글귀가 새겨져 있다. "그들은 독재와 테러에 저항하며 자유, 정의, 인류애를 위해 목숨을 바쳤다." 플로센뷔르크 강제수용소 담당 의사는 본회퍼의 죽음을 목격하고 이렇게 말했다. "지난 50년간 의사로 일하면서 그토록 경건하게 죽음을 맞이한 사람을 본 적이 없다."

본회퍼는 언젠가 이렇게 설교한 적이 있다. "그 시간부터 누구도 하나님과 하나님나라를 믿지 않았고, 누구도 부활한 자들의 왕국에 대해 듣지 않았으며, 향수병에 걸려 육적 존재로부터 놓여나기를 기다리거나 학수고대하지 않았습니다. … 우리가 믿음으로 죽음을 변화시키지 않으면, 죽음은 지옥과 어둠과 쌀쌀맞은 것이 되고 말 것입니다. 그러나 놀라운 사실은 우리가 죽음을 변화시킬 수 있다는 것입니다."

보고 와들와들 떨며 몸서리치기만 하는 건 아닌지 누가 알겠습니까? 우리가 믿음으로 죽음을 변화시키지 않으면, 죽음은 지옥과 어둠과 쌀쌀맞은 것이 되고 말 것입니다. 그러나 놀라운 사실은 우리가 죽음을 변화시킬 수 있다는 것입니다.[20]

플로센뷔르크 강제수용소를 담당한 의사는 피셔 휠슈트룽이었다. 당시에는 자기가 지켜보는 사람이 누구인지를 몰랐지만, 여러 해 뒤에 본회퍼의 마지막 몇 분을 이렇게 기술했다.

그날 아침 5시와 6시 사이에 카나리스 제독, 오스터 장군, 토마스 장군, 자크 판사 등 피고들이 감방에서 끌려나왔다. 군법회의에서 그들에게 판결문을 낭독했다. 막사에 있는 방의 반쯤 열린 문을 통해 나는 본회퍼 목사가 죄수복을 벗기 전에 바닥에 무릎을 꿇고 자신의 주 하나님께 진심으로 기도하는 모습을 보았다. 나는 이 사랑스러운 사람이 기도하는 방식을 보고 깊은 감명을 받았다. 어찌나 경건한지, 하나님이 그의 기도를 들어주셨다고 확신할 정도였다. 그는 형장에서 다시 짤막한 기도를 드린 다음 용감하고 침착하게 계단을 밟고 교수대에 올랐다. 그리고 몇 초 뒤에 죽었다. 지난 50년간 의사로 일하면서 그토록 경건하게 죽음을 맞이한 사람을 본 적이 없다.[21]

본회퍼는 고난당하는 이들과 함께 고난당하는 것을 그리스도인의 순전한 의무이자 특권과 영예로 여겼다. 자기보다 먼저 그곳에서 죽어간 유대인들의 고난에 참여하는 것을 하나님이 허락하신 특권으로 여겼다. 슐라브렌도르프에 따르면 플로센뷔르크 소각장은 가동되지 않았고, 그날 아침 교수형으로 죽은 이들의 시신은 더미로 쌓여 불살라졌다고 한다. 이 점에서도 본회퍼는 제3제국에 의해 희생된 수백만 명과 함께하는 영예를 누렸다고 하겠다.

헤세의 필립 공은 수년간 플로센뷔르크 강제수용소에 수용되어 있었고, 그해 4월에도 거기에 있었다. 월요일 오전, 그는 경비실에서 책을 몇 권 입수했다. 본회퍼가 지니고 있던 괴테의 책도 거기에 있었다. 뒤에 간수들이 그 책들도 빼앗아 불살랐다.
2주 뒤인 4월 23일, 연합국 군대가 플로센뷔르크 강제수용소로 진군했다. 그로부터 한 주 뒤 히틀러가 자살했고 전쟁이 끝났다. 그때까지 마리아는 물론이고 본회퍼 가족도 그가 어찌되었는지 알지 못했다. 누이동생 자비네가 오빠의 부고를 들은 날은 5월 31일이었다.

율리우스 리거 목사가 런던에서 전화를 걸어 우리가 집에 있는지 물었다. 우리에게 전할 말이 있다고 했다. 게르하르트가 전화에 대고 "목사님 목소리를 듣게 되어 대단히 반갑습니다" 하고 답했다.[22]
　얼마 안 있어 창밖으로 리거 목사가 집 앞에 도착하는 것이 보였다. 문을 열고 그를 맞이하는 순간 두려움이 엄습했다. 그의 표정이 너무나 창백하게 일그러져 있어서 무언가 심각한 일이 벌어졌다는 걸 짐작할 수 있었다. 나는 그와 함께 게르하르트가 있는 방으로 들어갔다. 리거 목사가 비통해하며 이렇게 말했다. "디트리히 말입니다. 그는 더 이상 이 세상에 존재하지 않습니다. 클라우스도 그러하고요."
　게르하르트가 깊이 신음하며 "오오, 안 돼, 안 돼" 하고 말했다.
　리거가 우리 앞에서 전보를 책상에 올려놓았다. 그런 다음 외투 주머니에서 신약성경을 꺼내 마태복음 10장을 읽기 시작했다. 오늘날까지 내가 그 말씀을 붙잡지 않았으면 그 순간들을 어찌 지냈을지 모르겠다. "보아라, 내가 너희를 내보내는 것이 마치 양을 이리 떼 가운데로 보내는 것과 같다. … 사람들을 조심하여라. 그들이 너희를 법정에 넘겨주고, 그들의 회당에서 매질을 할 것이다. 또 너희는 나 때문에 총독들과 임금들 앞에 끌려나가서 그들과 이방 사람 앞에서 증언할 것이다. 사람들이 너희를 관가에 넘겨줄 때에, 어떻게 말할까, 또는 무엇을 말할까, 하고 걱정하지 말아라. 너희가 무슨 말을 해야 할지, 그 때에 지시를 받을 것이다. 말하는 이는 너희가 아니라, 너희 안에서 말씀하시는 아버지의 영이시다. … 덮어 둔 것이라고 해도 벗겨지지 않을 것이 없고, 숨긴 것이라 해도 알려지지 않을 것이 없다. … 누구든지 사람들 앞에서 나를 시인하면, 나도 하늘에 계신 내 아버지 앞에서 그 사람을 시인할 것이다. 그러나 누구든지 사람들 앞에서 나를 부인하면, 나도 하늘에 계신 내 아버지 앞에서 그 사람을 부인할 것이다. … 또 자기 십자가를 지고 나를 따르지 않는 사람도 내게 적합하지 않다. 자기 목숨을 얻으려는 사람은 목숨을 잃을 것이요, 나를 위하여 자기 목숨을 잃는 사람은 목숨을 얻을 것이다."

리거 목사는 우리에게 마태복음 10장의 다른 구절들도 모두 읽어주면서, 디트리히가 《나를 따르라》에서 그 구절들을 특히 뛰어나게 설명했음을 일깨워주었다. 그 밖에 그날 해가 질 때까지 무슨 일이 있었는지 더는 기억이 나지 않지만, 눈물을 흘리던 게르하르트의 얼굴과 흐느껴 울던 아이들의 모습만은 또렷하다. (중략)

어쨌든 나는 새로운 독일, 더 나은 독일에서 디트리히와 재회할 순간, 체험담을 서로 이야기하고 이 힘겨운 세월에 일어난 모든 사건에 대해 우리가 아는 소식을 교환할 순간을 손꼽아 기다리며 살아왔었다. (중략)

나는 지상군이 강제수용소들에 가까이 이르기 전에 연합군이 낙하산부대 투입 작전을 펼쳐 강제수용소들을 접수하고, 거기 수용된 이들을 해방해주길 간절히 바랐었다. 상당수 영국인이 우리와 함께하면서 꼭 그리 될 거라고 믿었다. 하지만 그들이 그렇게 말한 건 우리의 불안을 누그러뜨리기 위해서였을 것이다. 어쨌든 그건 꿈에 지나지 않았다. 그게 과연 불가능의 영역이었는지 나는 판단할 수 없다. 그러나 그 일이 이루어지지 않은 것이 전쟁 지휘자들이 지나치게 감정에 치우쳤기 때문이 아닐까라는 의구심을 떨칠 수 없다. 이는 독일 저항 세력을 대하는 지독한 정책으로도 설명되는 사실이다. 치체스터의 주교가 우리에게 보낸 편지에 따르면 그 당시 처칠은 "다른 모든 것을 배제한 채 전쟁에만" 골몰했다고 한다.

카를과 파울라 본회퍼는 아들 클라우스의 부고와 사위 뤼디거 슐라이허의 부고를 접하고 7월에 자비네와 게르하르트에게 편지를 보냈다. 베를린과 바깥 세계의 통신이 거의 불가능한 상태였다. 디트리히가 죽었다는 소식을 들었지만, 아직까지 확인하지 못한 상황이었다.

1945년 7월 23일
내 사랑하는 자녀들에게,
방금 전에 우리 안부와 소식을 너희에게 보낼 기회가 생겼다는 말을 듣고 이렇게 편지를 쓴다. 너희 편지를 마지막으로 받아본 지도 어언 3년이 되었구나. 방금 게르하르트가 사랑스런 디트리히의 부고를 알리려고 스위스로 전보를 쳤다는 소식도 들었단다. 그 소식을 접하고 너희가 살아 있다는 결론을 내렸단다. 그 사실이 사랑스런 클라우스, 디트리히, 뤼디거의 부고를 접하고 깊은 슬픔에 빠진 우리에게 큰 위안이 되는구나.
　디트리히는 테겔 군 형무소에서 18개월을 보내다가 지난해 10월에 게슈타포에게 넘겨져 프린츠-알브레히트슈트라세에 있는 친위대 교도소로 이감되었단다. 그리고 2월 초에 그곳에서 나와 부헨발트 강제수용소와 바이덴 인근의 플로센뷔르크 강제수용소 같은 여러 수용소로 이송되었다고 하는데, 우리는 그 애가 어디에 있는지 알지 못했단다.
　지금까지 우리와 함께 지내고 있는 그 애의 약혼녀 마리아 폰 베데마이어가 그 애가 어디에 있는지 알아내려고 혼자 애썼지만 알아내지 못했단다. 연합군이 승리하고 들려온 소식에 따르면 디트리히가 살아 있다고 하더구나. 하지만 그 뒤에 우리는 미국 군대가 도착하기 직전에 그 애가 게슈타포에게 학살되었다는 소식을 들었단다.²³

그러는 동안 리거 목사와 힐데브란트 목사 그리고 벨 주교가 게르하르트 및 자비네와 상의하여 디트리히와 클라우스 본회퍼의 추모 예배를 준비했다. 추모 예배는 7월 27일 브롬프턴가 성삼위일체교회에서 거행하기로 했다. 벨 주교가 추모 예배를 독일로 송출해도 되겠느냐며 게르하르트와 자비네에게 허락을 구했고 동의를 받았다. 그리하여 카를과 파울라 본회퍼는 자택에서 방송을 들으며 디트리히의 부고를 확인할 수 있었다. 추모 예배 이틀 전, 벨 주교가 자비네와 게르하르트에게 이런 편지를 써 보냈다.

1945년 7월 25일, 치체스터 주교관에서
친애하는 자비네, 자매님이 보내주신 편지에 깊이 감사드립니다. 과분하게도 자매님이 하신 모든 말씀이 나에게 큰 위로가 되는군요. 그리고 디트리히의 사진을 구하게 되어 대단히 기쁩니다. 그의 우정과 사랑이 나에게 어떤 의미인지는 자매님도 아실 겁니다. 내 마음은 자매님에 대한 염려로 가득하답니다. 디트리히와 클라우스가 남긴 빈자리를 결코 메울 수 없을 것 같아서입니다. 하나님께서 자매님의 부모님과 애통해하는 모든 이에게 평안과 힘을 베푸시고 강복하시기를 기원합니다.

　금요일에 자매님과 자매님의 남편을 뵙게 되기를 간절히 바랍니다. 자매님의 두 따님이 그 자리에 참석할지 알 수 없지만, 방금 보낸 전보에는 자매님의 두 따님도 포함시켰습니다.²⁴
　자매님의 신실한

조지 벨

추 모 예 배

7월 27일, 추모 예배가 브롬프턴가 성삼위일체교회에서 거행되었다. 같은 시각 디트리히 부모님은 마리엔부르크 알레 43번지에 있는 자택에서 라디오로 예배를 청취했다. 예배는 유명한 영국 성공회 찬송가 〈모든 성도를 위해〉로 시작되었다. 가사는 다음과 같다.

수고를 끝내고 쉬는 모든 성도를 위해
세상 사람들 앞에서 믿음으로 당신을 시인한 모든 성도를 위해
오 예수여, 당신의 이름이 영원토록 기림을 받게 하소서.
알렐루야!

온 회중이 그 찬송가를 7절까지 부른 다음 벨 주교가 기원과 감사 기도를 드렸다. 그러고 나서 온 회중이 또 다른 찬송가 〈들어라, 선구자의 목소리가 부른다〉를 영어와 독일어로 불렀다. 그런 다음 복음서가 낭독되었다. 적절하게도 본문은 마태복음 10장 17-42절이었다.

사람들을 조심하여라. 그들이 너희를 법정에 넘겨주고, 그들의 회당에서 매질을 할 것이다. 또 너희는 나 때문에, 총독들과 임금들 앞에 끌려나가서, 그들과 이방 사람 앞에서 증언할 것이다. 사람들이 너희를 관가에 넘겨줄 때에, 어떻게 말할까, 또는 무엇을 말할까, 하고 걱정하지 말아라. 너희가 무슨 말을 해야 할지, 그때에 지시를 받을 것이다. 말하는 이는 너희가 아니라, 너희 안에서 말씀하시는 아버지의 영이시다. 형제가 형제를 죽음에 넘겨주고, 아버지가 자식을 또한 그렇게 하고, 자식이 부모를 거슬러 일어나서 부모를 죽일 것이다. 너희는 내 이름 때문에 모든 사람에게서 미

움을 받을 것이다. 그러나 끝까지 견디는 사람은 구원을 얻을 것이다. 이 고을에서 너희를 박해하거든, 저 고을로 피하여라. 내가 진정으로 너희에게 말한다. 너희가 이스라엘의 고을들을 다 돌기 전에 인자가 올 것이다. 제자가 스승보다 높지 않고, 종이 주인보다 높지 않다. 제자가 제 스승만큼 되고, 종이 제 주인만큼 되면, 충분하다. 그들이 집주인을 바알세불이라고 불렀거든, 하물며 그 집 사람들에게야 얼마나 더 심하겠느냐! 그러므로 너희는 그들을 두려워하지 말아라. 덮어 둔 것이라고 해도 벗겨지지 않을 것이 없고, 숨긴 것이라 해도 알려지지 않을 것이 없다. 내가 너희에게 어두운 데서 말하는 것을, 너희는 밝은 데서 말하여라. 너희가 귓속말로 듣는 것을, 지붕 위에서 외쳐라. 그리고 몸은 죽일지라도 영혼은 죽이지 못하는 이를 두려워하지 말고, 영혼도 몸도 둘 다 지옥에 던져서 멸망시킬 수 있는 분을 두려워하여라. 참새 두 마리가 한 냥에 팔리지 않느냐? 그러나 그 가운데서 하나라도 너희 아버지께서 허락하지 않으시면, 땅에 떨어지지 않을 것이다. 아버지께서는 너희의 머리카락까지도 다 세어 놓고 계신다. 그러니 두려워하지 말아라. 너희는 많은 참새보다 더 귀하다. 누구든지 사람들 앞에서 나를 시인하면, 나도 하늘에 계신 내 아버지 앞에서 그 사람을 시인할 것이다. 그러나 누구든지 사람들 앞에서 나를 부인하면, 나도 하늘에 계신 내 아버지 앞에서 그 사람을 부인할 것이다. 너희는 내가 세상에 평화를 주려고 온 줄로 생각하지 말아라. 평화가 아니라 칼을 주려고 왔다. 나는, 사람이 자기 아버지와 맞서게 하고, 딸이 자기 어머니와 맞서게 하고, 며느리가 자기 시어머니와 맞서게 하려고 왔다. 사람의 원수가 자기 집안 식구일 것이다. 나보다 아버지나 어머니를 더 사랑하는 사람은 내게 적합하지 않고, 나보다 아들이나 딸을 더 사랑하는 사람도 내게 적합하지 않다. 또 자기 십자가를 지고 나를 따르지 않는 사람도 내게 적합하지 않다. 자기 목숨을 얻으려는 사람은 목숨을 잃을 것이요, 나를 위하여 자기 목숨을 잃는 사람은 목숨을 얻을 것이다. 너희를 맞아들이는 사람은 나를 맞아들이는 것이요, 나를 맞아들이는 사람은 나를 보내신 분을 맞아들이는 것이다. 예언자를 예언자로 맞아들이는 사람은, 예언자가 받을 상을 받을 것이요, 의인을 의인이라고 해서 맞아들이는 사람은, 의인이 받을 상을 받을 것이다. 내가 진정으로 너희에게 말한다. 이 작은 사람들 가운데 하나에게, 내 제자라고 해서 냉수 한 그릇이라도 주는 사람은, 절대로 자기가 받을 상을 잃지 않을 것이다.

자비네는 그 예배를 회고하며 이렇게 말했다.

전에 디트리히가 목회한 교회 성가대가 〈너 하나님께 이끌리어〉를 특히 아름답게 불렀고, 그 뒤에 우리는 디트리히가 런던에서 고별 설교를 한 다음 부르려고 편곡한 찬송가 〈우리의 영웅 그리스도께서 나를 따르라 말씀하신다〉를 함께 불렀다.[25]

그리고 벨 주교가 설교를 했다.

그는 신념이 매우 분명한 사람이었습니다. 연소했음에도 불구하고 겸손했으며, 진실을 알아보고 절대적인 자유를 가지고 두려움 없이 그 진실을 알렸습니다. 1942년, 그가 히틀러 저항 단체의 밀사로서 나를 만나려고 스톡홀름에 왔을 때, 그는 늘 그랬듯이 활짝 열려 있었고 자신의 몸과 안전을 전혀 걱정하지 않았습니다. 그는 어디로 가든, 젊은 사람과 대화하건, 나이 많은 사람과 대화하건 간에 두려움이 없었으며 자신을 돌보지 않았습니다. 게다가 그는 하나님의 뜻대로 자신의 마음과 영혼을 자기 부모와 친구들과 조국에 바치고, 자신의 교회와 주님께 바쳤습니다.[26]

벨은 다음과 같은 말로 설교를 마쳤다. "순교자의 피는 교회의 씨앗입니다." 율리우스 리거와 프란츠 힐데브란트도 설교했다. 프란츠 힐데브란트는 이렇게 설교했다.

"어찌할 바도 알지 못하고, 이렇게 주님만 바라보고 있을 뿐입니다"(대하 20:12).

히틀러가 집권하기 몇 달 전인 1932년 5월, 디트리히 본회퍼는 베를린 삼위일체교회 설교단에서 이 본문으로 설교했습니다. 당시 그는 공과대학 학생들의 교목으로 사역하면서 베를린 대학교에서 강사로 일했습니다. 이 본문은 오래 전부터 그의 마음속에 자리한 본문이었습니다. 오늘은 이 본문을 우리가 기억하는 그의 생애에 바치는 헌사로 삼고자 합니다. 이 중요한 자리에서 전기를 상세히 묘사하는 것은 우리의 친구이자 형제인 그에게 폐가 되겠지만, 저 개인의 추억을 그가 생각의 중심에 담아두고 그 사역에 몰두한 말씀의 예화로 삼고자 합니다.[27]

그는 학문 전통을 중시하는 가정에서 태어나 학자의 삶을 살아갈 운명이었던 것 같습니다. 그는 자기 선조들의 학자 전통과 가족 문화를 부끄러워하지 않았습니다. 그에게는 인성을 경멸하는 신학 풍조가 전혀 없었습니다. 그는 비판하기에 앞서 예술, 음악, 문학 분야의 고전을 알았고, 자신의 견해를 표현하기에 앞서 읽는 법과 경청하는 법을 알았습니다. 그가 박사학위 논문《성도의 교제》와 교수자격 취득 논문《행위와 존재》에서 자신의 견해를 난생 처음 공개적으로 피력했을 때, 두 논문의 저자가 스물한 살과 스물네 살이라고는 믿을 수 없을 정도의 성숙도와 집중력을 보여주었습니다. 이로 말미암아 방겐하임슈트라세에 있는 그의 집에서는 그를 자랑으로 여겼을 것입니다. 집에서는 그의 형들도 자랑으로 여겼습니다. 형들 중 한 사람은 그와 운명을 같이했고, 한 사람은 제1차 세계대전에서 어린 나이에 전사했고, 남은 한 사람은 살아 있기는 하지만 지금까지도 디트리히의 죽음을 모르고 있습니다. (중략)

"어찌할 바도 알지 못하고." 그 젊은 신학자는 그리스도인의 삶과 행위를 붙들고 씨름했습니다. 일시적이고 상투적인 답에 만족하려 하지 않았습니다. 소크라테스적 철저함을 가지고 남들이 그만둔 물음을 계속 이어가려 했습니다. 그리고 그 물음을 그의 제자들이 이어받았습니다. 그가 타고난 교육자였음이 이내 분명해졌습니다. 그가 베를린 북부에서 3개월간 가장 가까이하며 지낸 견신례 반은 나중에 핑켄발데 신학원에서 실현된 계획의 서곡이었습니다. 그 사이에 그는 마음만 먹으면 학자로서 화려하고 안정된 성공을 거둘 수도 있었을 것입니다.

하지만 그는 그렇게 하는 대신 런던으로 갔습니다. 그러나 런던은 그의 첫 해외 사역지가 아니었습니다. 그는 부목사로서 바르셀로나에도 있었고, 교환 학생과 선생으로서 뉴욕 유니언 신학교에도 있었습니다. 에큐메니컬 운동과 중요한 접촉도 이루어졌습니다. 그러나 그가 1933년 10월에 베를린에서 런던으로 떠난 것은 특별한 의의를 가지고 있었습니다. 제3 제국 교회와의 절교를 의미했으니까요. 그가 런던 독일인 교회와의 관계에서 자신의 입장을 숨기지 않자 새로운 베를린 학자 한 사람은 이렇게 말했습니다. "당신은 참 까다로운 사람이군요!" 그는 디트리히 본회퍼를 조금도 알지 못했습니다. 그는 까다롭기는 했지만, 옳고 그름을 의심하지 않았습니다. 그가 윤리 문제를 연구한 것은 변증 신학 놀이를 즐기기 위해서가 아니었습니다. 탐색은 목적지에 이르러야 했고 탐구는 답을 요구했습니다.

런던에서 보낸 18개월이 결국 그의 진로를 명쾌하게 해주었습니다. 그가 알드게이트에 있는 성 바울 교회와 시드넘에 있는 교회에서 목사로 사역한 것은 다른 이들이 널리 알려야 할 일입니다. 오늘 우리와 자리를 같이한 그의 교구민들은 그의 단기 사역이 자신들의 역사에 어떤 영향을 주었는지 잘 알고 있을 테니 말입니다. 그의 손님이 되어 포레스트 힐에서 그와 함께 지낸 우리는 그때를 결코 잊지 못할 것입니다. 그가 1933년 종전 기념주일*에 한 설교가 생각나는군요. 본문은 의인에 대해 말하는 솔로몬의 지혜서 3장 3절로 "우리 곁을 떠나는 것이 아주 없어져 버리는 것으로 생각되겠지만, 의인들은 평화를 누리고 있다"였습니다. 그는 그 본문을 의사들이 포기한 환자 이야기와 연결 지었습니다. 의식을 잃고 생사의 경계를 넘나들다가 경계 너머를 보았다는 듯이 "나의 하나님, 이곳은 아름다운 곳이군요!"라고 외치는 환자 이야기였습니다. 그 시절에 나눈 수많은 대화에서 그는 서른여섯 살 내지 서른일곱 살까지 사는 것만으로도 그리스도인에게 족하다고 말했습니다.

하지만 그에게는 10년 세월이 남아 있었습니다. 그리고 그는 "어찌할 바도 알지 못하고"라는 말씀이 얼마나 무거운지를 실감했습니다. 그가 지내던 목사관 옆 하숙집 여주인이 나에게 이런 편지를 보내왔습니다. "우리 거실을 왔다갔다하면서 이곳에 남을지, 아니면 이곳에 있는 교회를 포기하고 독일에서 박해를 받는 교회로 돌아갈지를 결정하려고 고심하고, 인도에 있는 간디를 방문하고 싶어 하고, 이번 기회를 잡지 않으면 절대로 가지 못할 거라고 예감하던 그분의 모습이 잊히지 않는군요. 나는 그분이 어떤 결정을 내릴지 알고 있었습니다." 그 결정은 제2차 세계대전이 발발하기 직전에 미국 친구들이 그를 초청하여 미국에 머무르게 하려고 시도할 때에도 되풀이되었습니다. 단기 미국 방문은 영구 귀국으로 끝났습니다. 그가 있을 자리는 곤경에 처한 형제단과 목회 중인 제자들 곁이었으며, 그리스도와 적그리스도 사이의 전투에 점점 빠져들던 그의 가족 곁이었습니다.

"우리는 … 어찌할 바도 알지 못하고, 이렇게 주님만 바라보고 있을 뿐입니다." 불안한 모색은 그리스도의 제자도로 끝납니다. 그리스도의 제자도는 그가 마지막으로 출간한 책의 주제이자 그가 삶으로 실천한 주제였

---

* 종전 기념주일은 영국에서 11월 둘째 주에 지킨다. 제1차 세계대전이 끝난 11월 11일 종전 기념일과 가장 가까운 주일을 가리키며 영령 기념주일이라 부르기도 한다.

습니다. 율법과 복음, 계명과 언약은 그가 추구한 분명하고 확실한 길을 가리킵니다. 그는 그 길을 이렇게 표현했습니다. "믿는 사람만이 복종하고 복종하는 사람만이 믿는다." 그가 소책자에서 다루고 신학원에서 형제애로 표현된 공동생활에서 어째서 본문이 "우리는"이라는 복수형으로 말하는지 분명해집니다. 교회 공동체 안에서만 주님의 부르심을 들을 수 있고 따를 수 있기 때문입니다. 물론 여기서 말하는 교회는 하나의 거룩한 공교회를 가리킵니다. 디트리히 본회퍼는 자신의 신앙고백에 충실했던 까닭에 고백교회 안에서 자행된 잘못을 눈감아주지 않았고, 자신이 다른 전통들에서 배우고 받아들여 책에서 증언한 것을 잊은 적이 없었습니다.

이처럼 그의 태도는 보편적이고, 어쩌면 그의 세대 여느 신학자보다 더 그러할 것입니다. 그는 제2차 세계대전에 적극적인 전투원으로 참전하기를 거부하고, 국경이 봉쇄되어 중립 국가 출장이 이전보다 더 위험해진 뒤에도 영국 형제들과의 만남을 재개했습니다. 그는 고립된 독일 그리스도인들이 점점 더 궁지에 몰리는 걸 보았습니다. 삼손 이야기에서처럼 한 사람의 손이 집 전체를 무너뜨리겠다고 위협했습니다. 극히 드문 예외를 빼면, 이해의 목소리도 없고 밖에서 오는 도움의 손길도 없었습니다. 정치 활동이 불가피해졌습니다. 이곳을 마지막으로 방문했을 때, 디트리히는 이렇게 말했습니다. "혁명을 일으키는 이들이 어째서 늘 악인이 되어야 하는 걸까요?"

그는 이 전투에 전부를 걸었습니다. 그의 형, 매형, 친구들도 그랬습니다. 어쨌든 그들로 보나 대의로 보나 결과는 불분명했습니다. 벨 주교님이 스톡홀름에서 그와 마지막으로 나눈 대화의 묵시적 함의를 말씀하셨듯이, 그의 마음속에서는 임박한 독일과 유럽의 파멸이 확실했던 것 같습니다. 그러나 "어찌할 바도 알지 못하고, 이렇게 주님만 바라보고 있을 뿐입니다"라는 말씀은 여전히 유효했습니다. 그가 말년에 감옥에서 의외의 목회를 하며 보낸 두 해, 그리고 클라우스와 함께 사형 선고를 받고 나서 보낸 두 달은 새로운 단계의 제자도, 더 고차적인 제자도를 실천하는 기회였습니다. 그는 순교의 은총에 대해 썼습니다. 첫 설교 본문은 이랬습니다. "이와 같이, 너희도 명령을 받은 대로 다 하고 나서 '우리는 쓸모없는 종입니다. 우리는 마땅히 해야 할 일을 하였을 뿐입니다' 하여라"(눅 17:10). 의미심장하게도 우리에게는 잘 찍은 그의 사진이 별로 없는 것 같습니다. 그가 사진사들을 싫어했기 때문입니다. 잘 찍은 사진들은 한집안 속에 있는 그를 보여줍니다. 그는 가족에게 속해 있었고 가족은 그를 끝까지 호위해주었습니다. 부모님이 시련을 겪고 두 매형이 강제수용소에 수용되었고 형 하나가 죽기까지 했습니다. 독일에서 가장 행복하고 가장 자유로우며 가장 용감한 집안 가운데 하나가 자녀들을 빼앗겼습니다. 이 전쟁의 실제적인 희생자를 꼽는다면, 이 집안일 것입니다. 말과 희망은 우리의 기대를 저버리게 마련입니다. 우리는 어찌할 바도 알지 못하기 때문입니다. 그러나 이 자리에서 멈추지 말고 "이렇게 주님만 바라보고 있을 뿐입니다"라고 한 오늘 본문 말씀대로 하십시다. 디트리히 본회퍼의 비밀과 그가 남긴 유산은 대담한 제자도를 고통스럽게 추구하다가 이와 같이 돌아선 데에 있습니다. 우리는 그의 문체를 살펴봄으로써 이를 고찰할 수 있습니다. 초기의 추상적인 분석에서 《나를 따르라》의 마지막 페이지에 이르기까지 그의 문체는 점차 간결해지고 편안해집니다. 〈창조와 타락Schöpfung und Fall〉의 한 비평가는 이렇게 말합니다. "100쪽 분량의 이 책이 방대한 분량의 신학서보다 훨씬 뛰어나다. 단어마다 숙고를 거쳤고 문장 하나하나가 적합하다." 그의 생애도 다르지 않았습니다. 그가 멘 멍에는 쉬웠고 그의 주인의 짐은 가벼웠습니다. 자기를 여의고 예수에게 의지하면서 그의 통찰력이 맑아졌습니다. 그는 몇 해 전에 그리스도인의 희망에 대해 썼는데, 그대로 되었습니다. "그는 자신의 본래 모습, 곧 아이가 됩니다."

우리는 어찌할 바도 알지 못합니다. 친애하는 자비네와 게르하르트, 우리는 이 조마조마하고 불확실한 몇 주를 당신들과 당신들의 부모님과 함

1946년 10월 27일, 마리아교회에서 열린 독일-영국 연합 예배 전에 찍은 사진. 치체스터의 주교 조지 벨을 중심으로 왼쪽이 마르틴 니묄러, 오른쪽이 오토 디벨리우스다.

께 겪었습니다. 우리가 기댔고 교회가 간절히 필요로 하는 우리 형제의 조언을 얻지 못하게 되어 어찌할 바를 모르겠습니다. 카를 홀 교수가 운명했을 때 하르낙 교수가 한 말이 오늘에야 이해되는군요. 그는 이렇게 말했지요. "내 인생의 한 부분이 그와 함께 무덤에 묻혔습니다." 그러나 우리는 주님만 바라볼 뿐입니다. 우리는 성도의 교제와 죄의 용서와 몸의 부활과 영생을 믿습니다. 우리 형제의 삶과 고난과 증언으로 말미암아 하나님께 감사드립니다. 우리는 그의 친구가 되는 특권을 받았습니다. 하나님께서 우리를 인도해주시어 우리가 그의 제자도를 통해 이 세상에서 그분의 하늘 왕국에 들어가게 해주시기를 바랍니다. 디트리히가 하르낙의 장례식에서 추도사를 마치면서 말한 그대로 하나님께서 우리 안에서 이루어주시기를 빕니다. "주님을 신뢰하는 동안 나는 기뻐하지 않을 수 없다."

예배가 끝나자 카를과 파울라 본회퍼는 라디오를 껐다.

감 사 의 말

내가 처음 디트리히 본회퍼를 들어서 알게 된 때, 곧 내가 영적으로 태어난 찬란한 때는 1988년 여름이었다. 나는 이 일로 친구 에드 터틀에게 신세를 졌다. 그는 위대한 의사이신 분을 친히 섬기면서 나의 행복한 재생을 지켜보았을 뿐만 아니라 《나를 따르라》를 나에게 건네주고, 기독교 신앙 때문에 나치에 맞서다가 결국 목숨까지 잃은 사람의 매혹적인 이야기를 나와 함께 나누었다. 그 시기에 고통을 겪은 독일인의 아들이자 손자로서 나는 그 이야기에 깊이 감동하고 전율했으며, 그 이야기를 듣게 된 것을 영광으로 여기고 이내 다른 이들에게 그 이야기를 알리기 시작했다. 내가 그 이야기를 들려준 이들 중에는 나의 또 다른 친구 길베르트 폰 데어 슐렌베르크 아렌스가 있다. 그도 나처럼 제2차 세계대전에서 할아버지를 잃었다. 그는 자기 할아버지와 삼촌이 히틀러 암살 공모에 가담하여 목숨을 잃은 고귀한 독일인 중 하나라고 말했다. 본회퍼의 이야기를 더 많은 청중에게 들려주어야겠다는 나의 바람을 생생히 유지할 수 있도록 도와준 길베르트에게 감사한다. 또한 나의 바람을 가능하게 해준 하퍼원 출판사 편집자 믹

키 모들린에게도 감사한다. 그는 나에게 윌리엄 윌버포스의 전기를 써보라고 하면서 내가 여러 편의 전기를 쓸 수 있을 거라고 처음으로 말해준 사람이다.

나의 멋진 친구 조엘 투치아론에게 특별히 감사한다. 윌리엄 윌버포스의 절친한 벗 아이작 밀너처럼 그는 절망의 구렁텅이에 빠진 나를 발견하고는 나를 단호하게 잡아채어 브루클린에 있는 식당으로 데려가 자기 친구 아서 사무엘슨을 만나게 해주었다. 토마스 넬슨이 괜찮은 출판사일 거라고 예상한 사무엘슨이 식당 공중전화 박스에서 데이비드 모버그에게 전화를 걸었고, 모버그가 본서 편집자 조엘 밀러에게 연락을 취해주었다. 나는 이 세 분에게 대단히 많은 신세를 졌다.

또한 다큐멘터리 영화 〈본회퍼〉의 감독 마틴 도블마이어에게도 심심한 감사를 표한다. 그는 최종 편집 이전의 인터뷰 장면을 마음대로 이용할 수 있게 해주었을 뿐만 아니라, 인터뷰 대상 두 사람을 나와 연결해준 장본인이다. 그 두 사람은 본회퍼의 약혼녀 마리아의 언니 루트 알리세 폰 비스마르크와 에버하르트 베트게의 미망인이자 디트리히 본회퍼의 조카인 레나테 베트게다. 나는 대단히 유쾌한 이 두 성도에게 감사를 표한다. 2008년 초봄 오후에 그들은 함부르크와 빌리프로스트에서 아내와 나를 각자의 집으로 맞아들여 커피와 쿠키로 환대하고, 1930년대와 1940년대 디트리히 본회퍼와 관련된 이야기들로 우리를 감격시켰다. 그분들과 함께 식사하면서 본서의 주제를 나눈 것은 내가 평생토록 소중히 간직할 과분한 영광이었다.

나보다 먼저 디트리히 본회퍼에 관한 책을 쓰고 출판한 모든 분에게 감사를 표한다. 그분들의 노고가 있어서 나와 본서가 있게 되었으니 감사한 일이 아닐 수 없다. 나는 물론이고 본회퍼 연구자들 모두는 옥스버그 포트리스에서 펴낸 디트리히 본회퍼 전집 편집자들과 발행인들에게 빚을 지고 있으며, 동생과 본회퍼 사이에 오간 연애편지를 묶어 《92호 감방에서 보내온 연애편지》를 편집한 루트 알리세 폰 비스마르크에게도 신세를 지고 있다. 끝으로 에버하르트 베트게에게 심심한 감사를 표한다. 이제까지 그의 가장 절친한 벗 디트리히 본회퍼에 관한 모든 음절이 기록되거나 전달될 수 있었던 것은 그가 온 생애를 바쳐 쓴 불후의 전기가 든든한 기초를 형성하고 있기 때문이다.

주님을 찬양하라!

에릭 메택시스
2010년 2월, 뉴욕에서

미 주

참고문헌

사진 출처

찾아보기

미주

1장 가족과 유년기

1. Eberhard Bethge, *Dietrich Bonhoeffer: A Biography*, rev. ed.(Minneapolis: Augsburg Fortress, 2000), 8.
2. Bethge, *Dietrich Bonhoeffer: A Biography*, 7.
3. Mary Bosanquet, *The Life and Death of Dietrich Bonhoeffer*(New York: Harper and Row, 1968), 18.
4. Bosanquet, *The Life and Death of Dietrich Bonhoeffer*, 18.
5. Ibid., 19.
6. Bethge, *Dietrich Bonhoeffer: A Biography*, 16.
7. Renate Bethge and Christian Gremmels, ed., *Dietrich Bonhoeffer: A Life in Pictures*, trans. Brian McNeil(Minneapolis: Fortress Press, 2006), 22. 《디트리히 본회퍼, 사진으로 보는 그의 삶》(가치창조).
8. Bethge and Gremmels, *A Life in Pictures*, 24.
9. Bosanquet, *The Life and Death of Dietrich Bonhoeffer*, 24.
10. Wolf-Dieter Zimmermann and Ronald G. Smith, eds. *I Knew Dietrich Bonhoeffer*, trans. Käthe Gregor Smith(New York: Harper and Row, 1966), 25.
11. Zimmermann and Smith, *I Knew Dietrich Bonhoeffer*, 27.
12. Ibid., 24.
13. Bosanquet, *The Life and Death of Dietrich Bonhoeffer*, 24.
14. Sabine Leibholz-Bonhoeffer, *The Bonhoeffers: Portrait of a Family*(New York: St. Martin's Press, 1971), 37.
15. Bosanquet, *The Life and Death of Dietrich Bonhoeffer*, 29.
16. Ibid., 29.
17. Bethge, *Dietrich Bonhoeffer: A Biography*, 21.
18. Ibid., 22.
19. Ibid., 17.
20. Leibholz-Bonhoeffer, *The Bonhoeffers*, 12.
21. Ibid., 7.
22. Zimmermann and Smith, *I Knew Dietrich Bonhoeffer*, 37.
23. Leibholz-Bonhoeffer, *The Bonhoeffers*, 12.
24. Ibid., 11.
25. Bethge, *Dietrich Bonhoeffer: A Biography*, 10.
26. Bosanquet, *The Life and Death of Dietrich Bonhoeffer*, 31.
27. Bethge, *Dietrich Bonhoeffer: A Biography*, 24.
28. Leibholz-Bonhoeffer, *The Bonhoeffers*, 7.
29. Ibid., 8.
30. Ibid., 8-9.

31. Zimmermann and Smith, *I Knew Dietrich Bonhoeffer*, 26.
32. Ibid.
33. Leibholz-Bonhoeffer, *The Bonhoeffers*, 4.
34. Bosanquet, *The Life and Death of Dietrich Bonhoeffer*, 34.
35. Leibholz-Bonhoeffer, *The Bonhoeffers*, 5.
36. Bethge and Gremmels, *A Life in Pictures*, 28.
37. Zimmermann and Smith, *I Knew Dietrich Bonhoeffer*, 24.
38. Ibid., 27-28.
39. Karl Bonhoeffer to Paul Jossmann, 1945.
40. Leibholz-Bonhoeffer, *The Bonhoeffers*, 21-22.
41. Ibid., 22-23.
42. Christoph von Hase, interview by Martin Doblmeier, *Bonhoeffer: Pastor, Pacifist, Nazi Resister*. A documentary film by Martin Doblmeier, date of interview, Princeton University. 이 익숙하지 않은 영화 필름은 감독의 허락으로 이 자리에 인용할 수 있었다.
43. *The Young Bonhoeffer: 1918-1927*, vol. 9, *Dietrich Bonhoeffer Works*, trans. and ed. Hans Pfeifer et al.(New York: Fortress Press, 2002), 19.
44. *The Young Bonhoeffer*, 21.
45. Ibid., 21-22.
46. Ibid., 23-24.
47. Ibid., 24.
48. Bethge, *Dietrich Bonhoeffer: A Biography*, 28.
49. Ibid., 27.
50. Ibid., 25.
51. Ibid., 27.
52. Zimmermann and Smith, *I Knew Dietrich Bonhoeffer*, 29.
53. Ibid., 35.
54. Ibid., 36.
55. Ibid.
56. Ibid., 177.
57. Ibid., 31.
58. *The Young Bonhoeffer*, 49.
59. Bethge, *Dietrich Bonhoeffer: A Biography*, 33.
60. *The Young Bonhoeffer*, 50.

2장 튀빙겐, 1923년

1. Eberhard Bethge, *Dietrich Bonhoeffer: A Biography, rev. ed.*(Minneapolis: Augsburg Fortress, 2000), 45.
2. Bethge, *Dietrich Bonhoeffer: A Biography*, 50.
3. Archilochus, quoted in Isaiah Berlin, *The Hedgehog and the Fox: An Essay on Tolstoy's View of History*(London: Weidenfeld & Nicolson, 1953; New York: Simon and Schuster, 1953; New York: New American Library, 1957; New York: Simon Schuster, 1986).

4. *The Young Bonhoeffer: 1918-1927*, vol. 9, *Dietrich Bonhoeffer Works*, trans. and ed. Hans Pfeifer et al.(New York: Fortress Press, 2002), 60.
5. *The Young Bonhoeffer*, 70.
6. Ibid.
7. Ibid., 71.
8. Ibid., 72.
9. Mary Bosanquet, *The Life and Death of Dietrich Bonhoeffer*(New York: Harper and Row, 1968), 21.
10. *The Young Bonhoeffer*, 78.

3장 로마의 휴일, 1924년

1. Eberhard Bethge, *Dietrich Bonhoeffer: A Biography*, rev. ed.(Minneapolis: Augsburg Fortress, 2000), 57.
2. *The Young Bonhoeffer: 1918-1927*, vol. 9, *Dietrich Bonhoeffer Works*, trans. and ed. Hans Pfeifer et al.(New York: Fortress Press, 2002), 83.
3. *The Young Bonhoeffer*, 83.
4. Ibid., 84.
5. Ibid., 89.
6. Ibid., 86.
7. Ibid., 91.
8. Ibid., 101.
9. Ibid., 102.
10. Ibid., 103.
11. Ibid., 94.
12. Ibid.
13. Ibid., 89.
14. Ibid., 88.
15. Ibid., 99-100.
16. Ibid., 88-89.
17. Ibid., 106-107.
18. Ibid., 111.
19. Ibid.
20. Ibid., 93.
21. Ibid., 107.
22. Ibid., 108.
23. Ibid., 528-529.

4장 베를린에서 공부하다, 1924-1927년

1. Eberhard Bethge, *Dietrich Bonhoeffer: Man of Vision, Man of Courage*, ed. Edwin Robertson(New York: Harper & Row, 1970; Minneapolis: Augsburg Fortress, 2000), 44. 인용구들

은 옥스버그 출판사본에 있는 것들이다.
2. Bethge, Man of Vision, 45.
3. Eberhard Bethge, interview by Martin Doblmeier, *Bonhoeffer: Pastor, Pacifist, Nazi Resister*. A documentary film by Martin Doblmeier, date of interview, Princeton University. 이 익숙하지 않은 영화 필름은 감독의 허락으로 이 자리에 인용할 수 있었다.
4. Ruth-Alice von Bismarck, interview with author, Hamburg, Germany, March 2008.
5. Ruth-Alice von Bismarck and Ulrich Kabitz, eds. *Love Letters from Cell 92: The Correspondence Between Dietrich Bonhoeffer and Maria von Wedemeyer, 1943-1945*, trans. John Brownjohn(New York: Abingdon Press, 1995), 246.
6. Dietrich Bonhoeffer, *A Testament to Freedom: The Essential Writings of Dietrich Bonhoeffer*, rev. ed., eds. Geffrey B. Kelly and F. Burton Nelson(New York: Harper One, 1995), 424.
7. *Barcelona, Berlin, New York: 1928-1931*, vol. 10, *Dietrich Bonhoeffer Works*, ed. Clifford J. Green, trans. Douglas W Scott(New York: Fortress Press, 2008), 57.

5장 바르셀로나, 1928년

1. *Barcelona, Berlin, New York: 1928-1931*, vol. 10, *Dietrich Bonhoeffer Works*, ed. Clifford J. Green, trans. Douglas W. Scott(New York: Fortress Press, 2008), 58.
2. *Barcelona, Berlin, New York: 1928-1931*, 58.
3. Ibid., 59.
4. Ibid.
5. Ibid., 59-60.
6. Ibid., 60.
7. Ibid., 62.
8. Ibid., 78.
9. Ibid., 118.
10. Dietrich Bonhoeffer to Max Diestel, Barcelona, June 18, 1928.
11. *Barcelona, Berlin, New York: 1928-1931*, 83.
12. Ibid., 89.
13. Ibid., 147.
14. Klaus Bonhoeffer to his parents, Téftouan, May 5, 1928.
15. Dietrich Bonhoeffer to Paula Bonhoeffer, Barcelona, February 20, 1928.
16. Dietrich Bonhoeffer to Walter Dress, Barcelona, March 13, 1928.
17. Dietrich Bonhoeffer to Paula Bonhoeffer, Barcelona, February 20, 1928.
18. *Barcelona, Berlin, New York: 1928-1931*, 127.
19. Ibid., 110.
20. Ibid., 127.
21. Ibid., 112.
22. Ibid., 126.
23. Ibid., 527-531.
24. Ibid., 127.

25. Ibid., 343.
26. Ibid.
27. Ibid., 354.
28. Ibid.
29. Ibid.
30. Ibid., 355.
31. Ibid., 356.
32. Dietrich Bonhoeffer to Walter Dress, Barcelona, September 1, 1928.

6장 베를린, 1929년

1. Eberhard Bethge, *Dietrich Bonhoeffer: A Biography*, rev. ed.(Minneapolis: Augsburg Fortress, 2000), 134.
2. Bethge, *Dietrich Bonhoeffer: A Biography*, 129.
3. *Barcelona, Berlin, New York: 1928-1931*, vol. 10, *Dietrich Bonhoeffer Works*, ed. Clifford J. Green, trans. Douglas W. Scott(New York: Fortress Press, 2008), 423-433.
4. Ibid., 138.
5. Ibid., 139.
6. *Barcelona, Berlin, New York: 1928-1931*, 241.
7. Bethge, *Dietrich Bonhoeffer: A Biography*, 130-131.

7장 미국 체류, 1930-1931년

1. *Barcelona, Berlin, New York: 1928-1931*, vol. 10, *Dietrich Bonhoeffer Works*, ed. Clifford J. Green, trans. Douglas W. Scott(New York: Fortress Press, 2008), 243.
2. *Barcelona, Berlin, New York: 1928-1931*, 265-266.
3. "Religion: Riverside Church," *Time*, October 6, 1930.
4. *Barcelona, Berlin, New York: 1928-1931*, 306.
5. Ibid., 306-307.
6. Ibid., 308.
7. Ibid., 309-310.
8. Ibid., 266.
9. Ibid., 313.
10. Ibid., 313-314.
11. Adam Clayton Powell Sr., Harlem, New York, November 1927.
12. Dietrich Bonhoeffer to his parents, Philadelphia, December 1, 1930.
13. Ibid., 258.
14. Ibid., 293.
15. Eberhard Bethge, *Dietriczh Bonhoeffer: A Biography*, rev. ed.(Minneapolis: Augsburg Fortress, 2000), 151.
16. Mary Bosanquet, *The Life and Death of Dietrich Bonhoeffer*(New York: Harper and Row, 1968), 89.

17. Dietrich Bonhoeffer to Max Diestel, New York, April 25, 1931.
18. Ruth-Alice von Bismarck and Ulrich Kabitz, eds. *Love Letters from Cell 92: The Correspondence Between Dietrich Bonhoeffer and Maria von Wedemeyer, 1943-1945*, trans. John Brownjohn(New York: Abingdon Press, 1995), 68.
19. *Barcelona, Berlin, New York: 1928-1931*, 369.
20. Ibid., 170-271.
21. Bosanquet, *The Life and Death of Dietrich Bonhoeffer*, 88.
22. *Barcelona, Berlin, New York: 1928-1931*, 294-295.
23. Edwin Robertson, *The Shame and the Sacrifice: The Life and Martyrdom of Dietrich Bonhoeffer*(New York: Macmillan, 1988), 66.
24. Paul Lehman to Jean Lasserre and Dietrich Bonhoeffer, telegram, May 19, 1931.
25. *Barcelona, Berlin, New York: 1928-1931*, 304.

8장 베를린, 1931-1932년

1. Dietrich Bonhoeffer to his parents, Bonn, July 1931.
2. Dietrich Bonhoeffer, *A Testament to Freedom: The Essential Writings of Dietrich Bonhoeffer, rev. ed.*, eds. Geffrey B. Kelly and F. Burton Nelson(New York: Harper One, 1995), 383.
3. Eberhard Bethge, *Dietrich Bonhoeffer: A Biography, rev. ed.*(Minneapolis: Augsburg Fortress, 2000), 178.
4. Bonhoeffer, *A Testament to Freedom*, 384.
5. *Berlin 1932-1933*, vol. 12, *Dietrich Bonhoeffer Works, ed.* Larry L.Rasmussen (Minneapolis: Augsburg Fortress, 2009), 439.
6. Bonhoeffer, *A Testament to Freedom*, 424-425.
7. Wolf-Dieter Zimmermann and Ronald G. Smith, eds. *I Knew Dietrich Bonhoeffer*, trans. Käthe Gregor Smith(New York: Harper and Row, 1966), 60.
8. Zimmermann and Smith, *I Knew Dietrich Bonhoeffer*, 68.
9. Ibid., 69.
10. Otto Duzus, interview by Martin Doblmeier, *Bonhoeffer: Pastor, Pacifist, Nazi Resister*. A documentary film by Martin Doblmeier, date of interview, Princeton University. 많은 이들에게 익숙하지 않은 이 장면은 마틴 도블마이어 감독의 허락을 받아 인용했다.
11. Inge Karding, interview by Martin Doblmeier, *Bonhoeffer: Pastor, Pacifist, Nazi Resister*. A documentary film by Martin Doblmeier, date of interview, Princeton University. 마틴 도블마이어 감독의 허락을 받아 인용했다.
12. Albert Schönherr, interview by Martin Doblmeier, *Bonhoeffer: Pastor, Pacifist, Nazi Resister*. A documentary film by Martin Doblmeier, date of interview, Princeton University. 마틴 도블마이어 감독의 허락을 받아 인용했다.
13. Zimmermann and Smith, *I Knew Dietrich Bonhoeffer*, 64-65.
14. Inge Karding, interview by Martin Doblmeier.
15. Ibid.
16. Dietrich Bonhoeffer to Erwin Sutz, Wedding, November 1931.

17. Bethge, *Dietrich Bonhoeffer: A Biography*, 226.
18. Dietrich Bonhoeffer to Erwin Sutz, Wedding, November 1931.
19. Zimmermann and Smith, *I Knew Dietrich Bonhoeffer*, 57.
20. No Rusty Swords: *Letters, Lectures and Notes 1928-1936*, vol. 1, *Collected Works of Dietrich Bonhoeffer*, ed. Edwin H. Robertson, trans. Edwin H. Robertson and John Bowden(New York: Harper and Row, 1965), 151.
21. *No Rusty Swords*, 150.
22. Mary Bosanquet, *The Life and Death of Dietrich Bonhoeffer*(New York: Harper and Row, 1968), 104.
23. Bethge, *Dietrich Bonhoeffer: A Biography*, 228-229.
24. Bosanquet, *The Life and Death of Dietrich Bonhoeffer*, 109.

9장 총통 원리, 1933년

1. No Rusty Swords: *Letters, Lectures and Notes 1928-1936*, vol. 1, *Collected Works of Dietrich Bonhoeffer*, ed. Edwin H. Robertson, trans. Edwin H. Robertson and John Bowden(New York: Harper and Row, 1965), 195.
2. *No Rusty Swords*, 202.
3. Ibid., 203-204.
4. Richard Steigmann-Gall, *The Holy Reich: Nazi Conceptions of Christianity, 1919-1945*(Cambridge: Cambridge University Press, 2003), 115.
5. Steigmann-Gall, *The Holy Reich*, 116.
6. Eberhard Bethge, *Dietrich Bonhoeffer: A Biography, rev. ed.*(Minneapolis: Augsburg Fortress, 2000), 258.
7. Bethge, *Dietrich Bonhoeffer: A Biography*, 257.
8. Donald Moffitt, letter to the editor, "Tunes With a Past," *Yale Alumni Magazine*, March 2000.
9. William L. Shirer, *The Rise and Fall of the Third Reich: A History of Nazi Germany*(New York: Simon and Schuster, 1960), 47.
10. Mary Bosanquet, *The Life and Death of Dietrich Bonhoeffer*(New York: Harper and Row, 1968), 117.
11. Bethge, *Dietrich Bonhoeffer: A Biography*, 265.
12. Name, "Germany: Göring Afraid?," *Time*, November 13, 1933, pg.
13. Shirer, *The Rise and Fall of the third Reich*, 194.

10장 유대인 문제에 직면한 교회

1. Dietrich Bonhoeffer, "The Church and the Jewish Question," in *No Rusty Swords: Letters, Lectures and Notes 1928-1936*(New York: Harper and Row, 1965), 226.
2. Sabine Leibholz-Bonhoeffer, *The Bonhoeffers: Portrait of a Family*(New York: St. Martin's Press, 1971), 83.
3. Leibholz-Bonhoeffer, *The Bonhoeffers*, 84.
4. Eberhard Bethge, *Dietrich Bonhoeffer: A Biography, rev. ed.*(Minneapolis: Augsburg

Fortress, 2000), 275-276.
5. Bethge, *Dietrich Bonhoeffer: A Biography*, 279.
6. Elizabeth Raum, *Dietrich Bonhoeffer: Called by God*(New York: Simon and Schuster, 1960), 80.
7. Heinrich Heine, *Religion and Philosophy in Germany: A Fragment*(London: Trübner and Co., 1882), 177.

11장 나치 신학

1. *Inside the Third Reich: Memoirs* by Albert Speer, trans. Richard Winston and Clara Winston(New York: Macmillan, 1970), 114-115.
2. *The Goebbels Diaries 1942-1943*, ed. Louis P. Lochner(Garden City, NY: Doubleday, 1948), 375.
3. Inside the Third Reich, 114.
4. Ibid., 147-148.
5. *The Complete Works of Friedrich Nietzsche, ed.* Oscar Levy, trans. Thomas Common(New York: Macmillan, 1911).
6. William L. Shirer, *The Rise and Fall of the Third Reich: A History of Nazi Germany*(New York: Simon and Schuster, 1960), 100.
7. Hans B. Gisevius, *To the Bitter End: An Insider's Account of the Plot to Kill Hitler, 1933-1944*, trans. Richard Winston and Clara Winston(New York: Da Capo Press, 1998), 189.
8. Adolf Hitler quoted in *Inside the Third Reich: Memoirs*, by Albert Speer(New York: Simon and Schuster, 1970), 94.
9. Shirer, *The Rise and Fall of the Third Reich*, 240.
10. Ibid.
11. Karl Barth, "Protestant Churches in Europe," *Foreign Affairs* 21(1943), 263-265.
12. Georg Schneider, *Our Faith: A Guide for German Christians*(Germany: Institute for Research into and Elimination of Jewish Influence in German Church Life, 1940).
13. Doris L. Bergen, *Twisted Cross: The German Christian Movement in the Third Reich*(Chapel Hill, NC: University of North Carolina Press, 1996), 47.
14. Bergen, *Twisted Cross*, 68.
15. Ibid., 158.
16. Ibid., 103.
17. Ibid., 148.

12장 교회투쟁이 시작되다

1. Eberhard Bethge, *Dietrich Bonhoeffer: A Biography, rev. ed.*(Minneapolis: Augsburg Fortress, 2000), 286.
2. William L. Shirer, *The Rise and Fall of the Third Reich: A History of Nazi Germany*(New York: Simon and Schuster, 1960), 238.
3. Adolf Hitler, "Concordant Between the Holy See and the German Reich [With Supplementary Protocol and Secret Supplement]," July 20, 1933, trans., Muriel Frasier, http://www.concordatwatch.eu/showkb.php?org_id=858&kb_header_id=752&kb_id=1211.

4. Adolf Hitler, "Concordant."
5. Bethge, *Dietrich Bonhoeffer: A Biography*, 301.

13장 베텔 신앙고백

1. Dietrich Bonhoeffer to Julie Tafel Bonhoeffer, Bethel, August 20, 1933.
2. *No Rusty Swords: Letters, Lectures and Notes 1928-1936*, vol. 1, *Collected Works of Dietrich Bonhoeffer*, ed. Edwin H. Robertson, trans. Edwin H. Robertson and John Bowden(New York: Harper and Row, 1965), 251.
3. Dietrich Bonhoeffer to Julie Tafel Bonhoeffer, Bethel, August 20, 1933.
4. Eberhard Bethge, *Dietrich Bonhoeffer: A Biography, rev. ed.*(Minneapolis: Augsburg Fortress, 2000), 300.
5. Dietrich Bonhoeffer, *A Testament to Freedom: The Essential Writings of Dietrich Bonhoeffer, rev. ed.*, eds. Geffrey B. Kelly and F. Burton Nelson(New York: Harper One, 1995), 419.
6. Wolf-Dieter Zimmermann and Ronald G. Smith, eds. *I Knew Dietrich Bonhoeffer*, trans. Käthe Gregor Smith(New York: Harper and Row, 1966), 129.
7. Bethge, *Dietrich Bonhoeffer: A Biography*, 308-309.
8. Ibid., 312.
9. Ibid., 315.
10. Ibid., 315.
11. Ibid., 323.
12. William L. Shirer, *The Rise and Fall of the Third Reich: A History of Nazi Germany*(New York: Simon and Schuster, 1960), 211.
13. Doris L. Bergen, *Twisted Cross: The German Christian Movement in the Third Reich*(Chapel Hill, NC: University of North Carolina Press, 1996), 145.

14장 런던 사역, 1934-1935년

1. Dietrich Bonhoeffer, *A Testament to Freedom: The Essential Writings of Dietrich Bonhoeffer, rev. ed.*, eds. Geffrey B. Kelly and F. Burton Nelson(New York: Harper One, 1995), 411.
2. *London: 1933-1935*, vol. 13, *Dietrich Bonhoeffer Works*, ed. Keith Clements, trans. Isabel Best(New York: Fortress Press, 2007), 135.
3. Ibid., 23.
4. Ibid., 39-41.
5. Amos Cresswell and Maxwell Tow, *Dr. Franz Hildebrandt: Mr. Valiant for Truth*(Grand Rapids: Smyth and Helwys, 2000), 52-53.
6. Wolf-Dieter Zimmermann and Ronald G. Smith, eds. *I Knew Dietrich Bonhoeffer*, trans. Käthe Gregor Smith(New York: Harper and Row, 1966), 78.
7. Amos Cresswell and Maxwell Tow, *Dr. Franz Hildebrandt: Mr. Valiant for Truth*, 122.
8. Dietrich Bonhoeffer to Gerhard and Sabine Leibholz, London, November 23, 1933.

15장 한층 달아오른 교회투쟁

1. Eberhard Bethge, *Dietrich Bonhoeffer: A Biography, rev. ed.*(Minneapolis: Augsburg Fortress, 2000), 341.
2. Bethge, *Dietrich Bonhoeffer: A Biography*, 344.
3. *London: 1933-1935*, vol. 13, *Dietrich Bonhoeffer Works*, ed. Keith Clements, trans. Isabel Best(New York: Fortress Press, 2007), 349.
4. *London: 1933-1935*, 350.
5. Ibid., 351-353.
6. Ibid.
7. James Bently, *Martin Niemöller: 1892-1984*(New York: Free Press, 1984), 86.
8. Theodor Heckel to German Congregations and Pastors Abroad, Berlin-Charlottenburg, January 31, 1934.
9. *London: 1933-1935*, 97-98.
10. Friedrich Wehran, Julius Rieger, Gustav Schönberger, Dietrich Bonhoeffer, Memorandum from the Pastors in London, London, February 5, 1934.
11. Bethge, *Dietrich Bonhoeffer: A Biography*, 348-350.
12. *London: 1933-1935*, 118-119.
13. Ibid., 120.
14. Ibid., 126-127.
15. Ibid., 129.
16. Ibid., 134-135.
17. Ibid., 144-145.
18. Ibid., 151-152.
19. Barmen Theological Doctrine, May 29-30, 1934.
20. Ibid., 175.
21. Ibid., 179-180.
22. Joachim Fest, *Plotting Hitler's Death: The German Resistance to Hitler, 1933-1945*, trans. Bruce Little(New York: Metropolitan Books, 1996), 26.
23. William L. Shirer, *The Rise and Fall of the Third Reich: A History of Nazi Germany*(New York: Simon and Schuster, 1960), 226.
24. Inge Karding, interview by Martin Doblmeier, *Bonhoeffer: Pastor, Pacifist, Nazi Resister*. A documentary film by Martin Doblmeier, date of interview, Princeton University. 마틴 도블마이어 감독의 허락을 받아 인용했다.
25. Alice von Hildebrand, *The Soul of a Lion: Dietrich von Hildebrand: a Biography*(San Francisco: Ignatius Press, 2000), 255.
26. Fest, *Plotting Hitler's Death*, 56.

16장 파뇌 대회

1. *London: 1933-1935*, vol. 13, *Dietrich Bonhoeffer Works*, ed. Keith Clements, trans. Isabel Best(New York: Fortress Press, 2007), 191-192.

2. *Barcelona, Berlin, New York: 1928-1931*, vol. 10, *Dietrich Bonhoeffer Works*, ed. Clifford J. Green, trans. Douglas W Scott(New York: Fortress Press, 2008), 201.
3. Wolf-Dieter Zimmermann and Ronald G. Smith, eds. *I Knew Dietrich Bonhoeffer*, trans. Käthe Gregor Smith(New York: Harper and Row, 1966), 91.
4. Zimmermann and Smith, *I Knew Dietrich Bonhoeffer*, 91.
5. Eberhard Bethge, *Dietrich Bonhoeffer: A Biography*, rev. ed.(Minneapolis: Augsburg Fortress, 2000), 479.
6. *London: 1933-1935*, 308-309.
7. Bethge, *Dietrich Bonhoeffer: A Biography*, 388.
8. "German Church and state," *London Times*, August 27, 1934.
9. Bethge, *Dietrich Bonhoeffer: A Biography*, 385.
10. Sabine Leibholz-Bonhoeffer, *The Bonhoeffers: Portrait of a Family*(New York: St. Martin's Press, 1971), 88.
11. Bethge, *Dietrich Bonhoeffer: A Biography*, 392.

17장 칭스트와 핑켄발데 가는 길

1. *London: 1933-1935*, vol. 13, *Dietrich Bonhoeffer Works*, ed. Keith Clements, trans. Isabel Best(New York: Fortress Press, 2007), 217.
2. *London: 1933-1935*, 408.
3. Ibid., 152.
4. Ibid., 217-218.
5. Ibid., 218.
6. Hanna Arendt, *Eichmann in Jerusalem: A Report on the Banality of Evil*(New York: Viking, 1963).
7. "Foreign News: Meisser v. Muller," *Time*, Oct. 22, 1934.
8. Eberhard Bethge, *Dietrich Bonhoeffer: A Biography*, rev. ed.(Minneapolis: Augsburg Fortress, 2000), 394.
9. Bethge, *Dietrich Bonhoeffer: A Biography*, 395.
10. *London: 1933-1935*, 396.
11. Ibid., 248-249.
12. Ibid., 252-253.
13. Ibid., 253-254.
14. Ibid., 254-255.
15. Ibid., 266-267.
16. Bethge, *Dietrich Bonhoeffer: A Biography*, 408.
17. *London: 1933-1935*, 229-230.
18. Ibid., 284.

18장 칭스트와 핑켄발데

1. Eberhard Bethge, interview by Martin Doblmeier, *Bonhoeffer: Pastor, Pacifist, Nazi*

Resister. A documentary film by Martin Doblmeier, date of interview, Princeton University. 마틴 도블마이어 감독의 허락을 받아 인용했다.
2. Eberhard Bethge, *Dietrich Bonhoeffer: A Biography*, rev. ed.(Minneapolis: Augsburg Fortress, 2000), 426.
3. Bethge, *Dietrich Bonhoeffer: A Biography*, 427.
4. Eberhard Bethge, interview by Martin Doblmeier, date.
5. Bethge, *Dietrich Bonhoeffer: A Biography*, 429.
6. Eberhard Bethge, *Friendship and Resistance: Essays on Dietrich Bonhoeffer*(Grand Rapids: Eerdmans, 1995), 5.
7. Albert Schönherr, interview by Martin Doblmeier, *Bonhoeffer: Pastor, Pacifist, Nazi Resister*. A documentary film by Martin Doblmeier, date of interview, Princeton University. 마틴 도블마이어 감독의 허락을 받아 인용했다.
8. Schönherr, interview by Martin Doblmeier, date.
9. Wolf-Dieter Zimmermann and Ronald G. Smith, eds. *I Knew Dietrich Bonhoeffer*, trans. Käthe Gregor Smith(New York: Harper and Row, 1966), 107.
10. *The Way to Freedom: Letters, Lectures and Notes, 1935-1939*, vol. 2, *Collected Works of Dietrich Bonhoeffer*, ed. Edwin H. Robertson, trans. Edwin H. Robertson and John Bowden(New York: Harper and Row, 1966), 121-122.
11. Schönherr, interview by Martin Doblmeier, date.
12. Eberhard Bethge, *Friendship and Resistance*, 5.
13. Schönherr, interview by Martin Doblmeier, date.
14. Dietrich Bonhoeffer, *A Testament to Freedom: The Essential Writings of Dietrich Bonhoeffer*, rev. ed., eds. Geffrey B. Kelly and F. Burton Nelson(New York: Harper One, 1995), 431-432.
15. Bethge, *Dietrich Bonhoeffer: A Biography*, 443.
16. Ibid., 234.
17. Ibid., 442.
18. Zimmermann and Smith, *I Knew Dietrich Bonhoeffer*, 134.
19. Ibid., 72.
20. *Letters and Papers from Prison*, vol. 8, *Dietrich Bonhoeffer Works*, ed. John W. De Gruchy(Minneapolis: Augsburg Fortress, 2010), 276.
21. *Letters and Papers from Prison*, 189.
22. Ruth-Alice von Bismarck and Ulrich Kabitz, eds. *Love Letters from Cell 92: The Correspondence Between Dietrich Bonhoeffer and Maria von Wedemeyer, 1943-1945*, trans. John Brownjohn(New York: Abingdon Press, 1995), 306.
23. Ruth-Alice von Bismarck, interview with author, Hamburg, Germany, March 2008.

19장 진퇴양난, 1935-1937년

1. Eberhard Bethge, *Dietrich Bonhoeffer: A Biography*, rev. ed.(Minneapolis: Augsburg Fortress, 2000), 607.
2. Albert Schönherr, interview by Martin Doblmeier, *Bonhoeffer: Pastor, Pacifist, Nazi*

Resister. A documentary film by Martin Doblmeier, date of interview, Princeton University. 마틴 도블마이어 감독의 허락을 받아 인용했다.
3. Bethge, *Dietrich Bonhoeffer: A Biography*, 483.
4. Germany, Nuremberg Laws, September 15, 1935.
5. Sabine Leibholz-Bonhoeffer, *The Bonhoeffers: Portrait of a Family*(New York: St. Martin's Press, 1971), 90.
6. Bethge, *Dietrich Bonhoeffer: A Biography*, 490.
7. Leibholz-Bonhoeffer, *The Bonhoeffers*, 83.
8. Wolf-Dieter Zimmermann and Ronald G. Smith, eds. *I Knew Dietrich Bonhoeffer*, trans. Käthe Gregor Smith(New York: Harper and Row, 1966), 152-153.
9. Bethge, *Dietrich Bonhoeffer: A Biography*, 510.
10. Ibid., 512.
11. Ibid.
12. *The Way to Freedom: Letters, Lectures and Notes, 1935-1939*, vol. 2, *Collected Works of Dietrich Bonhoeffer, ed.* Edwin H. Robertson, trans. Edwin H. Robertson and John Bowden(New York: Harper and Row, 1966), 90-91.
13. Bethge, Dietrich Bonhoeffer: A Biography, 522-523.
14. The Way to Freedom, 110.
15. Bethge, *Dietrich Bonhoeffer: A Biography*, 536.
16. Ibid., 539.
17. Garth Lean, *On the Tail of a Comet: The Life of Frank Buchman, a Small Town American Who Awakened the Conscience of the World*(New York: Concordia House, 2002), 235.
18. Bethge, *Dietrich Bonhoeffer: A Biography*, 542.
19. Ibid., 544.
20. Ibid.
21. Ibid.
22. *The Way to Freedom*, 149.
23. Ibid., 151.
24. James Bentley, *Martin Niemöller 1892-1984*(New York: Free Press, 1984), 129.
25. Bethge, *Dietrich Bonhoeffer: A Biography*, 577.
26. Ibid., 582-583.
27. Ruth von Kleist-Retzow to Werner Koch, Klein-Krässin, 1937.
28. Amos Cresswell and Maxwell Tow, *Dr. Franz Hildebrandt: Mr. Valiant for Truth*(Grand Rapids: Smyth and Helwys, 2000), 78.
29. Cresswell and Tow, *Dr. Franz Hildebrandt*, 79.
30. Bethge, *Dietrich Bonhoeffer: A Biography*, 591.
31. Mary Bosanquet, *The Life and Death of Dietrich Bonhoeffer*(New York: Harper and Row, 1968), 192.
32. Bosanquet, *The Life and Death of Dietrich Bonhoeffer*, 193-194.
33. Bethge, *Dietrich Bonhoeffer: A Biography*, 591.
34. Ibid.

35. Ibid., 591-592.

20장 떠오르는 전쟁, 1938년

1. Hans B. Gisevius, *To the Bitter End: An Insider's Account of the Plot to Kill Hitler, 1933-1944*, trans. Richard Winston and Clara Winston(New York: Da Capo Press, 1998), 363.
2. Gisevius, *To the Bitter End*, 283.
3. Joachim Fest, *Plotting Hitler's Death: The German Resistance to Hitler, 1933-1945*, trans. Bruce Little(New York: Metropolitan Books, 1996), 86.
4. William L. Shirer, *The Rise and Fall of the Third Reich: A History of Nazi Germany*(New York: Simon and Schuster, 1960), 314-316.
5. Lothar Machtan, *The Hidden Hitler*, trans. John Brownjohn and Susanne Ehlert(New York: Basic Books, 2001), pg.
6. Fest, Plotting Hitler's Death, 77.
7. Ibid., 26.
8. Shirer, *The Rise and Fall of the Third Reich*, 317-319.
9. Fest, *Plotting Hitler's Death*, 62.
10. Eberhard Bethge, *Dietrich Bonhoeffer: A Biography, rev. ed.*(Minneapolis: Augsburg Fortress, 2000), 599.
11. Bethge, *Dietrich Bonhoeffer: A Biography*, 600.
12. Ibid., 602.
13. Ruth-Alice von Bismarck and Ulrich Kabitz, eds. *Love Letters from Cell 92: The Correspondence Between Dietrich Bonhoeffer and Maria von Wedemeyer, 1943-1945*, trans. John Brownjohn(New York: Abingdon Press, 1995), 298.
14. Sabine Leibholz-Bonhoeffer, *The Bonhoeffers: Portrait of a Family*(New York: St. Martin's Press, 1971), 92.
15. Leibholz-Bonhoeffer, *The Bonhoeffers*, 97-100.
16. Bethge, *Dietrich Bonhoeffer: A Biography*, 606.
17. Shirer, *The Rise and Fall of the Third Reich*, 424-426.
18. Eberhard Bethge, interview by Martin Doblmeier, *Bonhoeffer: Pastor, Pacifist, Nazi Resister*. A documentary film by Martin Doblmeier, date of interview, Princeton University. 마틴 도블마이어 감독의 허락을 받아 인용했다.
19. Dietrich Bonhoeffer, *A Testament to Freedom: The Essential Writings of Dietrich Bonhoeffer, rev. ed.*, eds. Geffrey B. Kelly and F. Burton Nelson(New York: Harper One, 1995), 442.
20. Wolf-Dieter Zimmermann and Ronald G. Smith, eds. *I Knew Dietrich Bonhoeffer*, trans. Käthe Gregor Smith(New York: Harper and Row, 1966), 153-154.
21. *The Way to Freedom: Letters, Lectures and Notes, 1935-1939*, vol. 2, *Collected Works of Dietrich Bonhoeffer*, ed. Edwin H. Robertson, trans. Edwin H. Robertson and John Bowden(New York: Harper and Row, 1966), 199-200.
22. Renate Bethge, *Dietrich Bonhoeffer: A Brief Life*(New York: Fortress, 2006), 40.

21장 위대한 결단, 1939년

1. Dietrich Bonhoeffer, *A Testament to Freedom: The Essential Writings of Dietrich Bonhoeffer*, rev. ed., eds. Geffrey B. Kelly and F. Burton Nelson(New York: Harper One, 1995), 479-480.
2. Bonhoeffer, *A Testament to Freedom*, 468.
3. Eberhard Bethge, *Dietrich Bonhoeffer: A Biography*, rev. ed.(Minneapolis: Augsburg Fortress, 2000), pg.
4. Bethge, *Dietrich Bonhoeffer: A Biography*, 646.
5. Edwin Robertson, *The Shame and the Sacrifice: The Life and Martyrdom of Dietrich Bonhoeffer*(New York: Macmillan, 1988), 164.
6. Bethge, *Dietrich Bonhoeffer: A Biography*, 648.
7. Ibid.
8. *The Way to Freedom: Letters, Lectures and Notes, 1935-1939*, vol. 2, Collected Works of Dietrich Bonhoeffer, ed. Edwin H. Robertson, trans. Edwin H. Robertson and John Bowden(New York: Harper and Row, 1966), 212.
9. *The Way to Freedom*, 222.
10. Wolf-Dieter Zimmermann and Ronald G. Smith, eds. *I Knew Dietrich Bonhoeffer*, trans. Käthe Gregor Smith(New York: Harper and Row, 1966), 166.
11. Otto Duzus, interview by Martin Doblmeier, *Bonhoeffer: Pastor, Pacifist, Nazi Resister*. A documentary film by Martin Doblmeier, date of interview, Princeton University. 마틴 도블마이어 감독의 허락을 받아 인용했다.
12. *The Way to Freedom*, 213-216.
13. Ibid., 216-217.
14. Ibid., 227.
15. Ibid.
16. "Religion: Protagonist," *Time*, November 15, 1926.
17. Ibid., 228.
18. Ibid.
19. Ibid., 228-229.
20. Ibid., 229.
21. Ibid.
22. *A Testament to Freedom*, 477-478.
23. *The Way to Freedom*, 229.
24. Ibid., 230.
25. Ibid., 230-231.
26. Ibid., 231.
27. Ibid.
28. Ibid.
29. Ibid.
30. Ibid., 231-232.
31. Ibid., 232.

32. Ibid., 233.
33. Ibid.
34. Zimmermann and Smith, *I Knew Dietrich Bonhoeffer*, 93.
35. *The Way to Freedom*, 233-234.
36. Ibid., 234.
37. Ibid., 234-235.
38. Ibid., 235.
39. Ibid., 236.
40. Ibid.
41. Ibid.
42. Ibid.
43. Ibid., 237.
44. Ibid.
45. Ibid.
46. Ibid., 237-238.
47. Ibid., 238.
48. Ibid., 238-239.
49. Ibid., 224-225.
50. Ibid., 226.
51. Ibid., 239.
52. Mary Bosanquet, *The Life and Death of Dietrich Bonhoeffer*(New York: Harper and Row, 1968), 215-216.
53. *The Way to Freedom*, 239-240.
54. Ibid., 240.
55. Ibid., 240-241.
56. Ibid., 241.
57. Bosanquet, *The Life and Death of Dietrich Bonhoeffer*, 216.
58. *The Way to Freedom*, 241.
59. Bosanquet, *The Life and Death of Dietrich Bonhoeffer*, 217-218.
60. *The Way to Freedom*, 247.
61. Zimmermann and Smith, *I Knew Dietrich Bonhoeffer*, 158-160.

22장 독일의 종말

1. Victor, George, *Hitler: The Pathology of Evil*(Dulles, VA: Brassey's, 1998), 184.
2. William L. Shirer, *The Rise and Fall of the Third Reich: A History of Nazi Germany*(New York: Simon and Schuster, 1960), 594-595.
3. Shirer, *The Rise and Fall of the Third Reich*, 596.
4. Dietrich Bonhoeffer, *A Testament to Freedom: The Essential Writings of Dietrich Bonhoeffer*, rev. ed., eds. Geffrey B. Kelly and F. Burton Nelson(New York: Harper One, 1995), 445.
5. Albert Schönherr, interview by Martin Doblmeier, *Bonhoeffer: Pastor, Pacifist, Nazi*

Resister. A documentary film by Martin Doblmeier, date of interview, Princeton University. 마틴 도블마이어 감독의 허락을 받아 인용했다.
6. Shirer, *The Rise and Fall of the Third Reich*, 661-662.
7. Joachim Fest, *Plotting Hitler's Death: The German Resistance to Hitler, 1933-1945*, trans. Bruce Little(New York: Metropolitan Books, 1996), 116.
8. Fest, *Plotting Hitler's Death*, 114.
9. Ibid., 115, 117.
10. Ibid., 118.
11. Victoria Barnett, *For the Soul of the People: Protestant Protest Against Hitler*(New York: Oxford University Press, 1992), 107.
12. Shirer, *The Rise and Fall of the Third Reich*, 641.
13. Ibid., 643.
14. Ibid., 347.

23장 고백에서 공모로

1. Emmi Bonhoeffer, interview by Trinity Films, *Dietrich Bonhoeffer: Memories and Perspectives*, distributed by Vision Video.
2. Eberhard Bethge, *Friendship and Resistance: Essays on Dietrich Bonhoeffer*(Grand Rapids: Eerdmans, 1995), 24.
3. Eberhard Bethge, *Dietrich Bonhoeffer: A Biography*, rev. ed.(Minneapolis: Augsburg Fortress, 2000), 681.
4. Christian Gremmels, interview by Martin Doblmeier, *Bonhoeffer: Pastor, Pacifist, Nazi Resister*. A documentary film by Martin Doblmeier, date of interview, Princeton University. 마틴 도블마이어 감독의 허락을 받아 인용했다.
5. *Ethics*, vol. 6, *Dietrich Bonhoeffer Works*, ed. Clifford J. Green, trans. Douglas W. Scott(New York: Augsburg Fortress, 2008), 88-89.
6. Bethge, *Dietrich Bonhoeffer: A Biography*, 682-684.
7. *Conspiracy and Imprisonment: 1940-1945*, vol. 16, *Dietrich Bonhoeffer Works*, ed. Mark S. Brocker, trans. Lisa E. Dahill with Douglas W. Scott(New York: Fortress, 2006), 601.
8. *Conspiracy and Imprisonment*, 606.
9. Ibid., 605-605.
10. *Ethics*, 360-361.
11. Joachim Fest, *Plotting Hitler's Death: The German Resistance to Hitler, 1933-1945*, trans. Bruce Little(New York: Metropolitan Books, 1996), 138.
12. *Life Together; Prayerbook of the Bible*, vol. 5, *Dietrich Bonhoeffer Works*, ed. Geffrey B. Kelly, trans. Daniel W. Bloesch(Minneapolis: Fortress, 2005), 143.
13. *Life Together*; 155-156.
14. Ibid.
15. *Conspiracy and Imprisonment*, 86.
16. Ibid., 87.
17. Dietrich Bonhoeffer to Eberhard Bethge, Munich, November 29, 1940.

18. *Conspiracy and Imprisonment*, 106.
19. Ibid., 109-110.
20. Ibid., 96.
21. Ibid., 114.
22. Ibid., 113.
23. Ibid., 115.
24. Ibid., 128.
25. Ibid., 136.
26. Bethge, *Dietrich Bonhoeffer: A Biography*, 728.
27. *Conspiracy and Imprisonment*, 190.
28. Bethge, *Dietrich Bonhoeffer: A Biography*, 24.
29. *Conspiracy and Imprisonment*, 186.

24장 히틀러 반대 음모

1. "Walther von Brauchitsch," Wikipedia, http://en.wikipedia.org/wiki/Walther_von_Brauchitsch.
2. Joachim Fest, Plotting Hitler's Death: The German Resistance to Hitler, 1933-1945, trans. Bruce Little(New York: Metropolitan Books, 1996), 171.
3. Fest, *Plotting Hitler's Death*, 175.
4. Ibid., 168.
5. *Conspiracy and Imprisonment: 1940-1945*, vol. 16, *Dietrich Bonhoeffer Works*, ed. Mark S. Brocker, trans. Lisa E. Dahill with Douglas W. Scott(New York: Fortress, 2006), 207-208.
6. Eberhard Bethge, *Dietrich Bonhoeffer: A Biography, rev. ed.*(Minneapolis: Augsburg Fortress, 2000), 703.
7. Bethge, *Dietrich Bonhoeffer: A Biography*, 704.
8. Ibid., 705.
9. *Conspiracy and Imprisonment*, 241.
10. Ibid., 244.
11. Ibid., 245.
12. Wolf-Dieter Zimmermann and Ronald G. Smith, eds. *I Knew Dietrich Bonhoeffer*, trans. Käthe Gregor Smith(New York: Harper and Row, 1966), 167-168.
13. Bethge, *Dietrich Bonhoeffer: A Biography*, 738.
14. Ibid., 740.
15. Mary Bosanquet, *The Life and Death of Dietrich Bonhoeffer*(New York: Harper and Row, 1968), 229.
16. Fest, *Plotting Hitler's Death*, 179.
17. Ibid., 180.
18. Eberhard Bethge, *Friendship and Resistance: Essays on Dietrich Bonhoeffer*(Grand Rapids: Eerdmans, 1995), 54.
19. William L. Shirer, *The Rise and Fall of the Third Reich: A History of Nazi Germany*(New York: Simon and Schuster, 1960), 861-864.

20. Hans B. Gisevius, *To the Bitter End: An Insider's Account of the Plot to Kill Hitler, 1933-1944*, trans. Richard Winston and Clara Winston(New York: Da Capo Press, 1998), 435.

25장 승리를 거두다

1. *Conspiracy and Imprisonment: 1940-1945*, vol. 16, *Dietrich Bonhoeffer Works*, ed. Mark S. Brocker, trans. Lisa E. Dahill with Douglas W. Scott(New York: Fortress, 2006), 267; Helmut von Moltke to his wife, April 15, 1942.
2. Eberhard Bethge, *Dietrich Bonhoeffer: A Biography, rev. ed.*(Minneapolis: Augsburg Fortress, 2000), 754.
3. Wolf-Dieter Zimmermann and Ronald G. Smith, eds. *I Knew Dietrich Bonhoeffer*, trans. Käthe Gregor Smith(New York: Harper and Row, 1966), 169-170.
4. *Conspiracy and Imprisonment*, 327.
5. Ibid., 322.
6. Ibid., 300; Bishop Bell, diary notes on the meeting with Bonhoeffer in Sigtuna, date of entry.
7. Bethge, *Dietrich Bonhoeffer: A Biography*, 761.
8. *Conspiracy and Imprisonment*, 312-313.
9. Ibid., 311-312.
10. Ibid., 318.
11. Bethge, *Dietrich Bonhoeffer: A Biography*, 764.
12. Ibid.
13. *Conspiracy and Imprisonment*, 347-348.
14. Bethge, *Dietrich Bonhoeffer: A Biography*, 763.
15. Joachim Fest, *Plotting Hitler's Death: The German Resistance to Hitler, 1933-1945*, trans. Bruce Little(New York: Metropolitan Books, 1996), 78-79.
16. *Conspiracy and Imprisonment*, 349.

26장 사랑에 빠지다

1. Ruth-Alice von Bismarck and Ulrich Kabitz, eds. *Love Letters from Cell 92: The Correspondence Between Dietrich Bonhoeffer and Maria von Wedemeyer, 1943-1945*, trans. John Brownjohn(New York: Abingdon Press, 1995), 330.
2. Bismarck and Kabitz, *Love Letters from Cell 92*, 291.
3. Ibid., 291-292.
4. *Conspiracy and Imprisonment: 1940-1945*, vol. 16, *Dietrich Bonhoeffer Works*, ed. Mark S. Brocker, trans. Lisa E. Dahill with Douglas W. Scott(New York: Fortress, 2006), 328.
5. *Conspiracy and Imprisonment*, 220-221.
6. Ibid., 329-330.
7. Bismarck and Kabitz, *Love Letters from Cell 92*, 298.
8. *Conspiracy and Imprisonment*, 350-351.

9. Ibid., 351-352.
10. Ibid., 331.
11. Ibid., 365.
12. Bismarck and Kabitz, *Love Letters from Cell 92*, 331-332.
13. Ibid., 332.
14. Ibid., 332-333.
15. *Conspiracy and Imprisonment*, 366-367.
16. Ibid., 369-370.
17. Ibid., 370-371.
18. Ibid., 373.
19. Ibid., 373-374.
20. Ibid., 374-375.
21. Ibid., 375.
22. Bismarck and Kabitz, *Love Letters from Cell 92*, 336.
23. Ibid., 337.
24. Ibid.
25. Ibid., 338-339.
26. *Conspiracy and Imprisonment*, 383-384.
27. Ibid., 386.
28. Ibid., 387.
29. Ibid., 390.

27장 아돌프 히틀러 죽이기

1. Ruth-Alice von Bismarck, interview with author, Hamburg, Germany, March 2008.
2. Wolf-Dieter Zimmermann and Ronald G. Smith, eds. *I Knew Dietrich Bonhoeffer*, trans. Käthe Gregor Smith(New York: Harper and Row, 1966), 182.
3. Zimmermann and Smith, *I Knew Dietrich Bonhoeffer*, 190-192.
4. Gero V. S. Gaevernitz, *They Almost Killed Hitler: Based on the Personal Account of Fabian von Schlabrendorff*(New York: Macmillan, 1947), 54.
5. Gaevernitz, *They Almost Killed Hitler*, 57.
6. Ibid., 56-58.
7. Joachim Fest, *Plotting Hitler's Death: The German Resistance to Hitler, 1933-1945*, trans. Bruce Little(New York: Metropolitan Books, 1996), 196.
8. Eberhard Bethge, *Dietrich Bonhoeffer: A Biography*, rev. ed.(Minneapolis: Augsburg Fortress, 2000), 785.

28장 테겔 형무소 92호실

1. Ruth-Alice von Bismarck and Ulrich Kabitz, eds. *Love Letters from Cell 92: The Correspondence Between Dietrich Bonhoeffer and Maria von Wedemeyer, 1943-1945*, trans. John Brownjohn(New York: Abingdon Press, 1995), 342-343.

2. Bismarck and Kabitz, *Love Letters from Cell 92*, 343.
3. Ibid., 343-344.
4. Ibid., 344-345.
5. Ibid., 345-346.
6. Ibid., 347.
7. Mary Bosanquet, *The Life and Death of Dietrich Bonhoeffer*(New York: Harper and Row, 1968), 247-248.
8. Eberhard Bethge, *Dietrich Bonhoeffer: Man of Vision, Man of Courage*, ed. Edwin Robertson(New York: Harper & Row, 1970; Minneapolis: Augsburg Fortress, 2000), 734. 인용구들은 옥스버그 출판사본에 있는 것들이다.
9. Wolf-Dieter Zimmermann and Ronald G. Smith, eds. *I Knew Dietrich Bonhoeffer*, trans. Käthe Gregor Smith(New York: Harper and Row, 1966), 222.
10. *Letters and Papers from Prison*, vol. 8, *Dietrich Bonhoeffer Works*, ed. John W. De Gruchy(Minneapolis: Augsburg Fortress, 2010), 21.
11. *Letters and Papers from Prison*, 21-22.
12. Eberhard Bethge, *Dietrich Bonhoeffer: A Biography, rev. ed.*(Minneapolis: Augsburg Fortress, 2000), 800-801.
13. Bethge, *Man of Vision*, 716.
14. Renate Bethge, interview by Martin Doblmeier, *Bonhoeffer: Pastor, Pacifist, Nazi Resister*. A documentary film by Martin Doblmeier, date of interview, Princeton University. 마틴 도블마이어 감독의 허락을 받아 인용했다.
15. Christopher von Dohnanyi, interview by Martin Doblmeier, *Bonhoeffer: Pastor, Pacifist, Nazi Resister*. A documentary film by Martin Doblmeier, date of interview, Princeton University. 마틴 도블마이어 감독의 허락을 받아 인용했다.
16. Bethge, *Dietrich Bonhoeffer: A Biography*, 813-814.
17. Ibid., 814-815.
18. Bethge, *Man of Vision*, 720.
19. *Letters and Papers from Prison*, 3-4.
20. Ibid., 5.
21. Ibid., 14.
22. Ibid.
23. Ibid., 24.
24. Zimmermann and Smith, *I Knew Dietrich Bonhoeffer*, 224-225.
25. Ibid., 223.
26. *Letters and Papers from Prison*, 248.
27. Bismarck and Kabitz, *Love Letters from Cell* 92, 26-27.
28. Ibid., 33-34.
29. Ibid., 27.
30. *Letters and Papers from Prison*, 71-72.
31. Bismarck and Kabitz, *Love Letters from Cell 92*, 40-41, 44, 52.
32. Ibid., 55.
33. Ibid., 58.

34. Ibid., 58, 63.
35. Ibid., 63-64.
36. *Letters and Papers from Prison*, 41-42.
37. Ibid., 42.
38. Ibid.
39. Ibid., 43.
40. Ibid., 119.
41. Ibid., 189.
42. Bismarck and Kabitz, *Love Letters from Cell 92*, 32.
43. *Letters and Papers from Prison*, 125.
44. Ibid., 77-78.
45. Bethge, *Dietrich Bonhoeffer: A Biography*, 844.
46. *Letters and Papers from Prison*, 223.
47. Ibid., 131-132.
48. Ibid., 131, 149.
49. Ibid.
50. Ibid., 231-232.
51. Ibid., 272.
52. Ibid., 289-290.
53. Ibid., 293.
54. Bethge, *Dietrich Bonhoeffer: A Biography*, 861.
55. Bosanquet, *The Life and Death of Dietrich Bonhoeffer*, 279.
56. *Letters and Papers from Prison*, 279.
57. Ibid., 279-281.
58. Ibid., 282.
59. Ibid., 163.
60. *Ethics*, vol. 6, *Dietrich Bonhoeffer Works*, ed. Clifford J. Green, trans. Douglas W. Scott(New York: Augsburg Fortress, 2008), 54.
61. *Ethics*, 58.
62. Ibid., 80.
63. Ibid.
64. Ibid., 82.
65. Ibid., 206.
66. Ibid., 206-207.
67. Dietrich Bonhoeffer, *A Testament to Freedom: The Essential Writings of Dietrich Bonhoeffer*, rev. ed., eds. Geffrey B. Kelly and F. Burton Nelson(New York: Harper One, 1995), 448.
68. *Letters and Papers from Prison*, 144-145.
69. Ibid., 179.

29장 발키리 작전과 슈타우펜베르크 음모

1. *Letters and Papers from Prison*, vol. 8, *Dietrich Bonhoeffer Works*, ed. John W. De Gruchy(Minneapolis: Augsburg Fortress, 2010), 340-421.
2. Joachim Fest, *Plotting Hitler's Death: The German Resistance to Hitler, 1933-1945*, trans. Bruce Little(New York: Metropolitan Books, 1996), 240-241.
3. Fest, *Plotting Hitler's Death*, 236.
4. Ibid., 243.
5. Dietrich Bonhoeffer to Eberhard Bethge, Tegel, July 16, 1944.
6. Pierre Galante and Eugene Silianoff, *Operation Valkyrie: The German General's Plot Against Hitler*(New York: Harper and Row, 1981), 2-3.
7. Galante, *Operation Valkyrie*, 6.
8. William L. Shirer, *The Rise and Fall of the Third Reich: A History of Nazi Germany*(New York: Simon and Schuster, 1960), 1048.
9. Galante, *Operation Valkyrie*, 15.
10. Ibid.
11. Shirer, *The Rise and Fall of the Third Reich*, 1069.
12. Hans B. Gisevius, *To the Bitter End: An Insider's Account of the Plot to Kill Hitler, 1933-1944*, trans. Richard Winston and Clara Winston(New York: Da Capo Press, 1998), 574-575.
13. Gisevius, *To the Bitter End*, 575.
14. Eberhard Bethge, *Dietrich Bonhoeffer: Man of Vision, Man of Courage*, ed. Edwin Robertson(New York: Harper & Row, 1970; Minneapolis: Augsburg Fortress, 2000), 730. 인용구들은 옥스버그 출판사본에 있는 것들이다.
15. Fest, *Plotting Hitler's Death*, 165.
16. Edwin Robertson, *The Shame and the Sacrifice: The Life and Martyrdom of Dietrich Bonhoeffer*(New York: Macmillan, 1988), 262.
17. *Letters and Papers from Prison*, 369.
18. Ibid., 369.
19. Ibid., 369-370.
20. Ibid., 370-372.
21. Ibid., 376.
22. Fest, *Plotting Hitler's Death*, 278.
23. Ibid., 289-290.
24. Shirer, *The Rise and Fall of the Third Reich*, 1070, 1023.
25. Fest, *Plotting Hitler's Death*, 301, 295.
26. Ruth-Alice von Bismarck and Ulrich Kabitz, eds. *Love Letters from Cell 92: The Correspondence Between Dietrich Bonhoeffer and Maria von Wedemeyer, 1943-1945*, trans. John Brownjohn(New York: Abingdon Press, 1995), 254-257.
27. Bismarck and Kabitz, *Love Letters from Cell 92*, 259-261.
28. Ibid., 261-262.
29. *Letters and Papers from Prison*, 393-394.

30. Eberhard Bethge, *Dietrich Bonhoeffer: A Biography*, rev. ed.(Minneapolis: Augsburg Fortress, 2000), 900.
31. Bethge, *Man of Vision*, 804-805.
32. Bismarck and Kabitz, *Love Letters from Cell 92*, 118.
33. Ibid., 268-270.
34. *Letters and Papers from Prison*, 400-401.
35. Wolf-Dieter Zimmermann and Ronald G. Smith, eds. *I Knew Dietrich Bonhoeffer*, trans. *Käthe Gregor Smith*(New York: Harper and Row, 1966), 226-230.
36. Bethge, *Dietrich Bonhoeffer: A Biography*, 914.
37. Ibid., 918.

30장 부헨발트

1. S. Payne Best, *The Venlo Incident*(Watford, Herts: Hutchinson, 1950), 194.
2. Best, *The Venlo Incident*, 194.
3. Ibid., 181.
4. Ibid., 180.
5. Ibid., 189.
6. Ibid., 190.
7. Ibid., 184, 197.
8. Ibid., 196.
9. Josef Ackermann, testimony at Nuremberg Military Tribunal, date, http://www.mazal.org/archive/02/NMT02-T0003.htm.
10. Best, *The Venlo Incident*, 186.
11. Ibid.
12. Sigmund Rascher to Heinrich Himmler, 15 May, 1941, http://nuremberg.law.havard.edu/NurTranscript/Archive/full_transcript_6_days.htm.
13. William L. Shirer, *The Rise and Fall of the Third Reich: A History of Nazi Germany*(New York: Simon and Schuster, 1960), 985.
14. Shirer, *The Rise and Fall of the Third Reich*, 988.
15. Ibid.
16. Ibid.
17. Heinrich Himmler to General Field Marshall Milch, November 13, 1942, http://www.ess.uwe.ac.uk/genocide/rascher3.htm.
18. Eberhard Bethge, *Dietrich Bonhoeffer: A Biography*, rev. ed.(Minneapolis: Augsburg Fortress, 2000), 919.
19. Best, *The Venlo Incident*, 176.
20. Ibid., 186.
21. Ibid., 187.
22. Ibid., 180.
23. Mary Bosanquet, *The Life and Death of Dietrich Bonhoeffer*(New York: Harper and Row, 1968), 271.

24. Bethge, *Dietrich Bonhoeffer: A Biography*, 919.
25. Best, *The Venlo Incident*, 179.
26. Ibid., 189.

31장 자유에 이르는 길 위에서

1. S. Payne Best, *The Venlo Incident*(Watford, Herts: Hutchinson, 1950), 190.
2. Best, *The Venlo Incident*, 190.
3. Ibid., 191.
4. Ibid.
5. Ibid., 192.
6. Ibid.
7. Ibid., 192-193.
8. Ibid.
9. Ibid., 194.
10. Ibid., 195-196.
11. Ibid., 196.
12. Ibid., 13.
13. Ibid., 199.
14. Ibid., 198.
15. Sabine Leibholz-Bonhoeffer, *The Bonhoeffers: Portrait of a Family*(New York: St. Martin's Press, 1971), 198-199.
16. Best, *The Venlo Incident*, 200.
17. Ibid.
18. Eberhard Bethge, *Dietrich Bonhoeffer: A Biography, rev. ed.*(Minneapolis: Augsburg Fortress, 2000), 920.
19. Bethge, *Dietrich Bonhoeffer: A Biography*, 927.
20. *London: 1933-1935*, vol. 13, *Dietrich Bonhoeffer Works*, ed. Keith Clements, trans. Isabel Best(New York: Fortress Press, 2007), 331.
21. Bethge, *Dietrich Bonhoeffer: A Biography*, 927-928.
22. Leibholz-Bonhoeffer, *The Bonhoeffers*, 184-186.
23. Ibid., 190.
24. Ibid., 187-188.
25. Ibid., 188.
26. Ibid., 188-189.
27. Amos Cresswell and Maxwell Tow, *Dr. Franz Hildebrandt: Mr. Valiant for Truth*(Grand Rapids: Smyth and Helwys, 2000), 223-227.

참고문헌

Bailey, J. M., and Douglas Gilbert. *The Steps of Bonhoeffer: A Pictorial Album*. Philadelphia: Pilgrim Press, 1969.
Barnett, Victoria. *For the Soul of the People: Protestant Protest against Hitler*. New York: Oxford University Press, 1992.
Bassett, Richard. *Hitler's Spy Chief: The Wilhelm Canaris Mystery*. London: Cassell, 2005.
Bentley, James. *Martin Niemöller 1892-1984*. New York: Free Press, 1984.
Bergen, Doris L. *Twisted Cross: The German Christian Movement in the Third Reich*. Chapel Hill: University of North Carolina Press, 1996.
Best, S. Payne. *The Venlo Incident*. Watford, Herts: Hutchinson & Co., 1950.
Bethge, Eberhard. *Dietrich Bonhoeffer: A Biography*. Minneapolis: Fortress Press, 1967
_____. *Dietrich Bonhoeffer: Man of Vision, Man of Courage*. Edited by Edwin Robertson. New York: Harper & Row, 1970.
_____. *Friendship and Resistance: Essays on Dietrich Bonhoeffer*. Chicago: World Council of Churches, 1995.
_____. *Friendship and Resistance: Essays on Dietrich Bonhoeffer*. Grand Rapids: Eerdmans, 1995.
Bethge, Renate, and Christian Gremmels, eds. *Dietrich Bonhoeffer: A Life in Pictures*. Centenary ed. Translated by Brian McNeil. Minneapolis: Fortress Press, 2006, 《디트리히 본회퍼, 사진으로 보는 그의 삶》(가치창조).
Bethge, Renate. *Dietrich Bonhoeffer: A Brief Life*. New York: Fortress Press, 2004.
Bird, Eugene K. *Prisoner #7: Rudolf Hess: The Thirty Years in Jail of Hitler's Deputy Führer*. New York: Viking Press, 1974.
Bonhoeffer, Dietrich. *A Testament to Freedom: The Essential Writings of Dietrich Bonhoeffer*. rev. ed. Edited by Geffrey B. Kelly and F. Burton Nelson. New York: Harper One, 1995.
_____. *Christ the Center*. Translated by Edwin H. Robertson. New York: Harper San Francisco, 1978.
_____. *Collected Works of Dietrich Bonhoeffer*. Edited by Edwin H. Robertson. 3 vols. New York: Harper & Row, 1965-1973.
_____. *Creation and Fall: A Theological Exposition of Genesis 1-3*. Edited by John W. De Gruchy. Translated by Douglas S. Bax. New York: Fortress Press, 1997.
_____. *Dietrich Bonhoeffer Works Series*. Edited by Victoria J. Barnett and Barbara Wojhoski. 16 vols. Minneapolis: Augsburg Fortress, 1995-2010.
Bosanquet, Mary. *The Life and Death of Dietrich Bonhoeffer*. New York: Harper and Row, 1968.
Cresswell, Amos, and Maxwell Tow. *Dr. Franz Hildebrandt: Mr. Valiant for Truth*. Grand Rapids: Smyth and Helwys, 2000.
De Gruchy, John W. Daring, *Trusting Spirit: Bonhoeffer's Friend Eberhard Bethge*.

Minneapolis: Augsburg Fortress, 2005.

De Gruchy, John W., ed. *The Cambridge Companion to Dietrich Bonhoeffer*. New York: Cambridge University Press, 1999.

Fest, Joachim C. *Plotting Hitler's Death: The German Resistance to Hitler, 1933-1945*. Translated by Bruce Little. New York: Metropolitan Books, 1996.

Gaevernitz, Gero V. S., ed. *They Almost Killed Hitler*. New York: Macmillan, 1947.

Galante, Pierre, and Eugene Silianoff. *Operation Valkyrie: The German Generals' Plot against Hitler*. Translated by Mark Howson and Cary Ryan. New York: Harper & Row, 1981.

Gill, Theodore A. *A Memo for a Movie: A Short Life of Dietrich Bonhoeffer*. New York: Macmillan, 1971.

Gisevius, Hans B. *To the Bitter End: An Insider's Account of the Plot to Kill Hitler, 1933-1944*. Translated by Richard Winston and Clara Winston. New York: Da Capo Press, 1998.

Goddard, Donald. *The Last Days of Dietrich Bonhoeffer*. New York: Harper & Row, 1976.

Haynes, Stephen R. *The Bonhoeffer Phenomenon: Post-Holocaust Perspectives*. New York: Fortress Press, 2004.

Huntemann, Georg. *The Other Bonhoeffer: An Evangelical Reassessment of Dietrich Bonhoeffer*. Translated by Todd Huizinga. Grand Rapids: Baker, 1993.

Kelley, Geffrey B., F. Burton Nelson, and Renate Bethge. *The Cost of Moral Leadership: The Spirituality of Dietrich Bonhoeffer*. Boston: Eerdmans, 2002.

Kleinhans, Theodore J. *Till the Night Be Past: The Life and Times of Dietrich Bonhoeffer*. New York: Concordia House, 2002.

Kuhns, William. *In Pursuit of Dietrich Bonhoeffer*. Dayton: Pflaum Press, 1967.

Lean, Garth. *On the Tail of a Comet: The Life of Frank Buchman*. New York: Helmers and Howard, 1988.

Leibholz-Bonhoeffer, Sabine. *The Bonhoeffers: Portrait of a Family*. New York: St. Martin's, 1971.

Lochner, Louis P., ed. *The Goebbels Diaries 1942-1943*. Garden City, NY: Doubleday, 1948.

Machtan, Lothar. *Hidden Hitler*. Trans. John Brownjohn and Susanne Ehlert. New York: Basic Books, 2001.

Marty, Martin E., ed. *The Place of Bonhoeffer: Problems and Possibilities in His Thought*. New York: Association Press, 1962.

Patten, Thomas E. *The Twisted Cross and Dietrich Bonhoeffer*. Lima, OH: Fairway Press, 1992.

Rasmussen, Larry L. *Dietrich Bonhoeffer: Reality and Resistance. Studies in Christian Ethics Series*. Nashville: Abingdon Press, 1972.

Raum, Elizabeth. *Dietrich Bonhoeffer: Called by God*. London: Burns and Oates, 2002.

Ritter, Gerhard. *The German Resistance: Karl Goerdeler's Struggle against Tyranny*. Translated by R. T. Clark. New York: Frederick A. Praeger, 1958.

Robertson, Edwin H. *The Shame and the Sacrifice: The Life and Martyrdom of Dietrich Bonhoeffer*. New York: Macmillan, 1988.

Shirer, William L. *The Rise and Fall of the Third Reich: A History of Nazi Germany*. New York: Simon and Schuster, 1960.

Sklar, Dusty. *The Nazis and the Occult*. New York: Dorset Press, 1977.

Slane, Craig J. *Bonhoeffer as Martyr: Social Responsibility and Modern Christian Commitment*. New York: Brazos Press, 2004.

Speer, Albert. *Inside the Third Reich: Memories by Albert Speer*. Translated by Richard Winston and Clara Winston. New York: Macmillan, 1970.

Steigmann-Gall, Richard. *The Holy Reich: Nazi Conceptions of Christianity*, 1919-1945. Cambridge: Cambridge University Press, 2003.

Von Bismarck, Ruth-Alice, and Ulrich Kabitz, eds. *Love Letters from Cell 92: The Correspondence Between Dietrich Bonhoeffer and Maria Von Wedemeyer, 1943-1945*. Translated by John Brownjohn. New York: Abingdon Press, 1995.

Wind, Renate. *Dietrich Bonhoeffer: A Spoke in the Wheel*. Translated by John Bowden. Grand Rapids: Eerdmans, 2002.

Wustenberg, Ralf K. *A Theology of Life: Dietrich Bonhoeffer's Religionless Christianity*. Translated by Douglas Scott. Grand Rapids: Eerdmans, 1998.

Zimmermann, Wolf-Dieter, and Ronald G. Smith, eds. *I Knew Dietrich Bonhoeffer*. Translated by Käthe G. Smith. New York: Harper and Row, 1966.

사진출처

17쪽　튀빙겐 시절 카를 본회퍼: Gütersloher Verlagshaus*
18쪽　카를과 파울라: Gütersloher Verlagshaus
22쪽　사형제와 카를 본회퍼: Getty
22쪽　디트리히와 자비네: Gütersloher Verlagshaus
26쪽　본회퍼가 팔남매와 가정교사: Art Resource Inc.
30쪽　팔남매와 파울라 본회퍼: Gütersloher Verlagshaus
30쪽　주잔네의 세례식: Gütersloher Verlagshaus
33쪽　카를과 파울라: Art Resource Inc.
45쪽　디트리히 본회퍼: Art Resource Inc.
49쪽　방겐하임슈트라세 14번지: Eric Metaxas
54쪽　발터 본회퍼: Gütersloher Verlagshaus
70쪽　그루네발트 고등학교 학우들: Art Resource Inc.
76쪽　고슴도치 학우회: Gütersloher Verlagshaus
102쪽　아돌프 폰 하르낙: Gütersloher Verlagshaus
102쪽　라인홀트 제베르크: Gütersloher Verlagshaus
117쪽　디트리히 본회퍼: Art Resource Inc.
123쪽　어린이 예배 참석자들: Gütersloher Verlagshaus
141쪽　크리스티네와 한스 폰 도나니: Gütersloher Verlagshaus
156쪽　유니언 신학교 교수들: Gütersloher Verlagshaus
187쪽　베를린 대학교 주말 수업: Gütersloher Verlagshaus
197쪽　치온교회 견신례 대상자들: Gütersloher Verlagshaus
202쪽　프리드리히스브룬 별장에서: Art Resource Inc.
240쪽　오페른플라츠 명패: Eric Metaxas
249쪽　하인리히 힘러: Getty
252쪽　독일 그리스도인들의 회합: Gütersloher Verlagshaus
259쪽　마르틴 니묄러: Gütersloher Verlagshaus
287쪽　카를 바르트: Getty
335쪽　파뇌 대회: Gütersloher Verlagshaus
340쪽　파뇌 바닷가: Gütersloher Verlagshaus
357쪽　뮐러의 취임식: Gütersloher Verlagshaus
374쪽　칭스트 농장에서 디트리히: Gütersloher Verlagshaus
382쪽　알베르트 쉰헤어: Gütersloher Verlagshaus
393쪽　레초브 가문의 장원: Gütersloher Verlagshaus
401쪽　율리 타펠 본회퍼: Gütersloher Verlagshaus
423쪽　본회퍼와 베트게: Art Resource Inc.
426쪽　지구르츠호프 신학생들: Art Resource Inc.
434쪽　카를 괴어델러: Getty
442쪽　자비네와 라이프홀츠: Gütersloher Verlagshaus

448쪽　라인하르트 하이드리히: Getty
465쪽　브레멘호를 탄 본회퍼: Art Resource Inc.
490쪽　자비네와 디트리히: Art Resource Inc.
495쪽　히틀러: Art Resource Inc.
528쪽　에탈 수도원: Eric Metaxas
532쪽　에탈에서의 크리스마스: Gütersloher Verlagshaus
533쪽　에탈 수도원 명판: Eric Metaxas
557쪽　반제 저택: Eric Metaxas
592쪽　마리아 폰 베데마이어: Gütersloher Verlagshaus
614쪽　카를 본회퍼의 생일: Gütersloher Verlagshaus
617쪽　본회퍼의 저택: Eric Metaxas
626쪽　테겔 군 형무소: Getty
641쪽　본회퍼와 포로들: Gütersloher Verlagshaus
662쪽　디트리히 베트게의 세례식: Gütersloher Verlagshaus
689쪽　히틀러와 괴벨스: Gütersloher Verlagshaus
691쪽　볼프스샨체에서: Gütersloher Verlagshaus
742쪽　플로센뷔르크 강제수용소 세탁실: Gütersloher Verlagshaus
742쪽　플로센뷔르크 강제수용소 사형장: Gütersloher Verlagshaus
758쪽　플로센뷔르크 강제수용소: Eric Metaxas
758쪽　플로센뷔르크 강제수용소 기념 명판: Eric Metaxas
772쪽　조지 벨, 마르틴 니묄러, 오토 디벨리우스: AP

* Christian Gremmels/Renate Bethge(Hrsg.), Dietrich Bonhoeffer-Bilder eines Lebens
　ⓒ2005, Gütersloher Verlangshaus, Gütersloh, in der Verlangsgruppe Random House GmbH

찾아보기

ㄱ

《92호 감방에서 보내온 연애편지》 115, 631, 686
가우프, 로베르트(Gaupp, Robert) 38
가톨릭 체제 48
간디, 모한다스(Gandhi, Mohandas) 87, 128, 180, 294, 358, 373, 374, 376, 775
갈색 셔츠 279, 362
갈색 총회 280
값싼 은혜 40, 379, 402, 420, 452, 517
강제 낙태 362
강제수용소 113, 226, 239, 270, 285, 335, 343, 362, 406, 415, 474, 499, 631, 677, 697, 721, 723, 727, 729, 731-733, 735, 736, 742, 743, 746-748, 761, 762, 764-768, 777
거울의 방 69
검은 제복의 국방군 85
게르스도르프, 루돌프 크리스토프 프라이헤르 폰(Gersdorf, Rudolf Christoph Freiherr von) 549, 618, 619
게르스도르프, 루돌프-크리스토프 폰(Gersdorff, Rudolf-Christoph von) 549, 618, 619
게르하르트, 파울(Gerhardt, Paul) 71, 634, 651, 665, 699
게슈타포 262, 269, 270, 396, 418, 424-427, 434, 435, 439, 454, 529-531, 553, 555, 564, 606, 609, 613, 619, 622-624, 629, 636, 640, 669, 682, 713, 714, 718-722, 724, 730, 732, 736, 740, 752, 756, 760
경건주의 35, 358, 390, 397, 680
계몽주의 138
고데스베르크 선언문 465
고백교회 99, 106, 116, 200, 234, 257, 260, 271, 280, 301, 304, 305, 309, 319, 324-326, 329-332, 340, 341, 343, 353-360, 364-367, 371-373, 376, 378, 379, 382, 384, 391, 401, 404-406, 412-418, 420, 421-427, 429, 434, 443, 444, 450, 457, 459, 462, 464, 466, 469, 481, 491, 494, 495, 501, 514, 522, 527, 530, 532, 538, 539, 541, 542, 550, 553, 554, 557, 572, 631, 636, 720, 776
〈고백교회와 에큐메니컬 협의회〉 402
고백운동 99, 324
고백의 상황 233, 234, 279, 291, 317
고백총회 325, 330, 339, 352, 357, 364, 365, 405
고슴도치 학우회 81, 82, 84, 85, 89, 107
괴링, 헤르만(Göring, Heramnn) 223, 225, 226, 237, 238, 243, 305, 306, 309, 335, 438, 441, 499, 617, 696, 736, 751
괴벨스, 요제프(Goebbels, Joseph) 152, 176, 221-223, 236, 245, 246, 249, 250, 302, 416, 441, 662, 693
괴스, 헬무트(Goes, Helmut) 104

괴어델러, 카를(Goerdeler, Karl) 441, 452, 460, 538, 547, 689, 720, 728, 752, 760
괴테 메달 621
괴테, 요한 볼프강 폰(Goethe, Johann Wolfgang von) 25, 113, 212, 681, 756, 760, 766
괴팅겐 106, 236, 240, 241, 244, 323, 353, 354, 446, 449, 451
교회 교의학》 186, 449
교회 선거 269, 271
《교회 안에서의 아리안 조항》 277, 278
교회 친선을 위한 세계동맹 281, 342
〈교회의 범위와 교회 일치에 대하여〉 412
교회투쟁 188, 243, 251, 257, 260, 265, 267, 277, 285, 290, 291, 296, 297, 302, 311, 317, 322, 323, 324, 358, 363, 364, 367, 370-372, 381, 382, 430, 490, 569
구데리안, 하인츠(Guderian Heinz) 561
국가 교회 229, 256, 268, 318
국가사회주의자 67, 97, 176, 342, 405, 528, 696
국방군 최고사령부 441, 500, 692, 695
국방정보국(Abwehr) 441, 460, 500, 523, 527, 530-533, 540-542, 550, 554, 558, 559, 564, 568, 570, 572, 588, 608, 609, 614, 629, 636, 638-640, 644, 682, 724
국제연맹 284, 286, 288
군에 보내는 탄원서 553
군주제 42, 67, 68, 82, 333, 334, 574
굼펠츠하이머, 아담(Gumpelzhaimer, Adam) 385
《권력에의 의지》 252
귀르트너, 프란츠(Gürtner, Franz) 460, 538
《그들은 히틀러를 거의 죽일 뻔했다》 715
그로쉬, 괴츠(Grosch, Goetz) 113
그로스 슐뢴비츠 409, 430, 431, 449, 454, 537
그로스, 빌헬름(Gross, Wilhelm) 384
그루네발트 김나지움 90
그뤼네발트, 마티아스(Grünewald, Matthias) 113
그리스 정교회 412
근본주의 162, 163, 165, 167, 168, 390, 480, 481
기제비우스, 한스(Gisevius, Hans) 255, 437, 500, 530, 531, 564
기포드 강좌 463
긴 칼의 밤(Nacht der Langen Messer) 333-335, 584
길버트, 펠릭스(Gilbert, Felix) 488

ㄴ

《나를 따르라》 177, 348, 379, 397, 402, 427, 674, 699, 767, 777
《나의 투쟁》 252, 256, 506
나치 돌격대 222, 227, 236, 237, 241, 267, 268, 334, 336, 354, 406
나치 친위대 176, 250, 254, 255, 336, 364, 439, 454, 460, 499, 505-508, 511, 548, 556, 557,

560, 688, 691, 716, 726, 727, 734, 736, 737, 747, 754, 755, 761, 768
《내가 만난 디트리히 본회퍼》 718
노이라트, 콘스탄틴 폰(Neurath, Konstantin von) 436
뉘른베르크 법령 402-406
뉘른베르크 재판소 732
〈뉴욕 월드 텔레그램〉 417
〈뉴욕 타임스〉 698
니묄러, 마르틴(Niemöller, Martin) 255, 257, 264, 265, 272, 278-280, 285, 290, 304, 305, 309-311, 315, 317, 322, 330, 356, 373, 378, 414, 416, 422, 424-427, 429, 480, 507, 547, 612, 669
니부어, 라인홀드(Niebuhr, Reinhold) 175, 463, 465-468, 474, 485, 486, 492, 493
니체, 프리드리히 빌헬름(Nietzsche, Friedrich Wilhelm) 251-253, 260, 274, 275, 506
니탁, 울리히(Nithack, Ulrich) 550

ㄷ
다이스만, 아돌프(Deissmann, Adolf) 105
다하우 강제수용소 733, 735, 736, 752
달렘 선언문 364
덜레스, 존 포스터(Dulles, John Foster) 163
데이비슨, 랜달(Davidson, Randall) 294
데 프레, 조스캥(des Prez, Josquin) 385
델브뤼크, 막스(Delbrück, Max) 146
델브뤼크, 엠미 → 본회퍼, 엠미를 보라.
델브뤼크, 유스투스(Delbrück, Justus) 146
도나니, 그레테 폰(Dohnanyi, Grete von) 146
도나니, 크리스티네 폰(Dohnanyi, Christine von) 208, 298, 406,
도나니, 한스 폰(Dohnanyi, Hans von) 146, 208, 228, 298, 333, 335, 364, 403, 426, 428, 435, 436, 437, 439, 445, 446, 451, 460, 461, 504, 505, 511, 514, 515, 526, 530, 531, 532, 538, 546, 547, 549, 550, 556-560, 564, 568, 570, 572, 588, 613, 614, 617, 618, 622, 624, 629, 636-639, 641, 643, 644, 660, 704, 715, 720, 727, 760
도이체 힐프스페어라인(Deutsche Hilfsverein) 131
독일 그리스도인들 230, 237, 238, 242, 243, 258-264, 266, 268-272, 276, 277, 279, 281, 283, 285-288, 294, 295, 301, 311-313, 324, 326, 329, 353, 379, 382, 412, 418
독일 대학생연합회 244
독일 루터교 34, 97, 99, 100, 152, 188, 189, 231, 261, 262, 325, 358, 262, 378, 379, 383, 393, 394, 404, 405, 415, 487, 575, 585, 639, 640
독일 복음주의 교회의 질서 상태 회복에 관한 법률 302
《독일의 종교와 철학》 246
돌푸스, 엥겔베르트(Dollfuss, Engelbert) 336, 339, 344
돌히슈토스 설 66, 67, 511, 547
되니츠, 카를(Dönitz, Karl) 619, 696

두추스, 오토(Dudzus, Otto) 195, 198, 345, 349, 469
드레스, 발터(Dress, Walter) 89, 111, 117, 141, 146, 298, 367,
드레스, 일제(Dress, Ilse) 111
드레스, 주잔네(Dress, Susanne) 29, 32, 33, 45, 53, 72, 111, 112, 146, 298
디미트로프(Dimitroff) 225
디벨리우스, 오토(Dibelius, Otto) 201
디스텔, 막스(Diestel, Max) 125, 161, 177
디스틀러, 후고(Distler, Hugo) 597
디트만(Dittmann) 741, 742
딜타이, 빌헬름(Dilthey, Wilhelm) 26, 662

ㄹ
라세르, 장(Lassere, Jean) 170, 174-177, 181-184, 290, 341, 355
라셔, 지그문트(Rascher, Sigmund) 732-739, 741, 744, 746, 749, 756
라이먼 박사(Dr, Lyman) 167
라이퍼, 헨리 스미스(Leiper, Henry Smith) 346-348, 467, 468, 473, 476, 481, 483
라이프홀츠, 게르하르트(Leibholz, Gerhard) 103, 148, 236, 240, 241, 244, 299, 301, 354, 406,
    411, 427, 445, 446, 449, 451, 452, 463, 465, 494, 542, 555, 573, 576, 579, 580, 620, 757
라이프홀츠, 자비네(Leibholz, Sabine) 29, 32-34, 40, 41, 43, 44, 45, 47, 49, 50, 51, 53, 56, 58,
    60, 61, 62, 65, 75-77, 81, 86, 88, 103, 111, 114, 123, 126, 127, 148, 179, 180, 148, 236,
    240, 241, 298, 301, 323, 353, 406, 427, 445-449, 463, 486, 494, 495, 542, 562, 573, 576,
    740, 766, 768, 769, 772, 777
라인란트 성경학교 377
라테나우, 발터(Rathenau, Walther) 77
라트, 게르하르트 폰(Rad, Gerhard von) 74, 75
라트, 에른스트 폼(Rath, Ernst vom) 453, 454
〈레갈 가제테〉 442
레마르크, 에리히 마리아(Remarque, Erich Maria) 175, 176, 244
레만, 폴(Lehmann, Paul) 170, 180-183, 192, 237-239, 341, 467, 468, 482, 489, 490, 493
레멜젠, 요아힘(Lemelsen Joachim) 508
렌헨(Lenchen) 42, 45, 46, 50
로버츠, 데이비드(Roberts, David) 486
로젠베르크, 알프레트(Rosenberg, Alfred) 75, 254, 256, 728
로트, 빌헬름(Rott, Wilhelm) 378, 393, 410, 559
록펠러, 존 D.(Rockefeller, John D.) 162, 165, 478
록펠러재단 163
롬멜 장군(General Rommel) 546
뢰더, 만프레트(Roeder, Manfred) 623, 635, 637-639, 648, 650, 652-654, 680
뢰슬러, 헬무트(Rössler, Helmut) 117, 131, 132, 135, 367, 368, 370, 372
룀, 에른스트(Röhm, Ernst) 334-336, 438
루스벨트, 프랭클린 D.(Roosevelt, Franklin D.) 239, 574, 580

루이스, C, S.(Lewis, C, S.) 137, 453
루카스, 에드문드 드 롱(Lucas, Edmund De Long) 157, 180
루터, 마르틴(Luther, Martin) 47, 48, 109, 149-152, 168, 186, 188, 189, 232-234, 259, 261, 262, 282, 283, 304, 311, 363, 378, 379, 385, 394, 405, 413, 443, 458, 465, 474, 531
룩셈부르크, 로자(Luxemburg, Rosa) 66-69
룬트슈테트, 게르트 폰(Rundstedt, Gerd von) 560
《룰라만》 46
리거, 율리우스(Rieger, Julius) 301, 340, 352, 365, 372, 427, 453, 465, 494, 766
리디히, 프란츠(Liedig, Franz) 724, 747, 761, 762
리버사이드처치 162-164, 478
리스트, 프란츠(Liszt, Franz) 25
리펜슈탈, 레니(Riefenstahl, Leni) 416
리프크네히트, 카를(Liebknecht, Karl) 68, 69

ㅁ
마아스, 테오도르(Maass, Theodor) 502
마이어, 오스카(Meyer, Oskar) 22
매콤 박사(Dr, McComb) 480
메이시 목사(Rev, Macy) 473
메흘러, 빈프리트(Mechler, Winfried) 198, 384, 469, 670
멘델스존, 펠릭스(Mendelssohn, Felix) 441
〈모닝 포스트〉 414
모라비안 형제단 34, 479
모렐, 테오도르(Morrel, Theodor) 616
모르겐슈테른, 크리스티안(Morgenstern, Christian) 345
모이만, 카를(Meumann, Karl) 111
목사긴급동맹 280, 282, 283, 285, 301, 303, 304, 317, 318, 321, 324, 405, 424
목요 동아리 101, 112, 113, 119, 136, 194, 196
몰트케, 헬무트 폰(Moltke, Helmut von) 558, 564-570
무솔리니, 베니토(Mussolini, Benito) 336, 344, 450, 692
문화투쟁(Kulurkampf) 155
뮐러, 요제프(Müller, Joseph) 515, 516, 533, 538, 540, 609, 629, 714, 724, 725, 730, 731, 742, 747, 761, 762
뮐러, 요한 하인리히 루트비히(Müller, Johann Heinrich Ludwig) 238, 260, 264, 266-268, 271, 276, 282-284, 288, 290, 294, 300-305, 309, 310, 312-314, 321, 322, 324, 330, 340, 347, 348, 351, 354, 362-366, 369, 371, 379, 381, 402, 418
미국교회협의회 473
밀히, 에어하르트(Milch, Erhard) 736

ㅂ

'부끄러운 일의 연대기' 461, 511, 704
바그너, 리하르트(Wagner, Richard) 690
바그너, 코시마(Wagner, Cosima) 690
바네트, 빅토리아(Barnett, Victoria) 509
바르멘 선언 324, 325, 329, 331, 413
바르바로사 작전 548, 549
바르텐부르크, 페터 요르크 폰(Wartenburg, Peter Yorck von) 557, 566
바르텐부르크, 한스 루트비히 요르크 폰(Wartenburg, Hans Ludwig Yorck von) 25
바르트, 카를(Barth, Karl) 106, 107, 109, 135, 138, 140, 145, 168, 185-187, 235, 238, 257, 260, 262, 275, 279, 280, 288, 291-294, 324, 358, 360, 379, 388, 390, 443, 444, 449, 450, 465, 474, 525, 528, 541, 542, 559, 675, 681
바우어, 발터(Bauer, Walter) 241
바이마르 대공(Bernard of Saxe-Weimar) 25
반유대주의 43, 149, 152, 153, 230, 240, 262, 324, 354, 413, 414, 454, 455, 486, 572, 579, 580
발키리 음모 459, 566
방겐하임슈트라세 54, 62, 104, 111, 146, 239, 282, 311, 773
버겐, 도리스(Bergen, Doris) 257
벌새 작전 333
베데마이어, 루트 폰(Wedemeyer, Ruth von) 584
베데마이어, 마리아 폰(Wedemeyer, Maria von) 115, 398, 400, 444, 582-588, 590, 592-595, 597, 599-604, 606, 607, 609, 613, 620, 623-628, 631, 633, 648-650, 652-657, 660, 661, 663, 680, 681, 688, 705-711, 714-717, 719, 752, 766, 768
베데마이어, 막스 폰(Wedemeyer, Max von) 398, 400, 444, 445, 584, 588, 589, 593, 594
베데마이어, 한스 폰(Wedemeyer, Hans von) 584, 585, 588
베르너, 프리드리히(Werner, Friedrich) 442
베르노이히 운동(Berneuchen movement) 585
베르니케, 카를(Wernicke, Karl) 22, 38
베르사유조약 69, 70, 77, 83, 85, 90, 284, 372, 382, 520, 547
베르크그라프, 아이빈트(Berggrav, Eiwind) 568, 570
베버, J. W.(Bewer, J. W.) 484, 485, 486, 488
베셀, 빌헬름(Wessel, Wilhelm) 266
베셀, 호르스트(Wessel, Horst) 266
베스트, 페인(Best, Payne) 724, 727-733, 738-750, 752, 753, 755-757, 759
베일리, 존(Baillie, John) 168
베케트, 토마스(Becket, Thomas à) 294
베크, 루트비히(Beck, Ludwig) 337, 396, 436, 437, 440, 511, 547, 564, 728
베트게, 레나테(Bethge, Renate) 31,
베트게, 에버하르트(Bethge, Eberhard) 26, 37, 38, 80, 97, 104, 139, 145, 152, 153, 158, 202, 349, 350, 353, 379, 381, 382, 385, 386, 389, 392, 394, 395, 397, 411, 417, 422, 424, 427, 428, 430, 431, 446-449, 451, 457, 463, 469-471, 517-519, 530, 533, 535-540, 564, 575, 578, 587, 594, 600, 601, 609, 614, 620, 628, 631, 633, 639, 641, 643, 657, 661, 663-666,

668-671, 674, 680, 681, 686, 689, 698, 702, 711, 714, 722, 747, 780, 781
벨, 조지(Bell, George) 20, 238, 271, 281, 291, 293, 295, 301, 305, 315, 318, 321, 322, 323, 329, 340, 341, 346, 348, 372, 373, 396, 397, 427, 453, 463, 465, 466, 494, 513, 542, 555, 571-573, 577, 759, 769, 770, 772, 776
벨체크, 요한네스 폰(Welczeck, Johannes von) 453
보델슈빙, 프리드리히 폰(Bodelschwingh, Friedrich von) 264-266, 268, 272, 274, 275, 280, 304, 321, 332, 339, 340, 362, 726
보른캄, 귄터(Bornkamm, Günter) 116
보버민, 게오르크(Wobbermin, Georg) 187
보야크, 콘라트(Bojack, Konrad) 550
보어만, 마르틴(Bormann, Martin) 250, 251, 254, 564
복음주의 청년단 303
본회퍼, 발터(Bonhoeffer, Walter) 53, 57-63, 65, 71, 75, 147, 262, 537, 543, 635
본회퍼, 엠미(Bonhoeffer, Emmi) 53, 72, 146, 155
본회퍼, 우르줄라 → 슐라이허, 우르줄라를 보라.
본회퍼, 율리(Bonhoeffer, Julie) 27, 80, 111, 152, 208, 237, 237, 407
본회퍼, 자비네 → 라이프홀츠, 자비네를 보라.
본회퍼, 주잔네 → 드레스, 주잔네를 보라.
본회퍼, 카를 프리드리히(Bonhoeffer, Karl-Friedrich) 29, 53, 57, 61, 62, 65, 67, 72, 74, 80, 81, 104, 111, 122, 131, 133, 146, 153, 160, 173, 197, 374, 491, 494, 500
본회퍼, 카를(Bonhoeffer, Karl) 22, 24, 26-31, 37, 38, 40-43, 49, 50, 54, 57, 59, 62, 79, 82-84, 105, 110, 154, 213, 219, 223, 224, 239, 243, 244, 275, 311, 407, 435, 450, 459, 614, 618, 620, 621, 628, 710
본회퍼, 크리스티네 → 도나니, 크리스티네 폰을 보라.
본회퍼, 클라우스(Bonhoeffer, Klaus) 20, 29, 33, 41, 57, 61, 67, 72, 74, 80, 81, 89-91, 94, 95, 110, 126-128, 146, 155, 197, 239, 345, 459, 461, 514, 515, 536, 576, 559, 564, 566, 574, 628, 660, 682, 693, 713-175, 722, 766, 768, 769, 776, 778
본회퍼, 파울라(Bonhoeffer, Paula) 24, 25, 29-31, 34, 35, 40, 43, 44, 51, 56, 57, 60-62, 67, 75, 81, 84, 110, 111, 210, 236, 262, 296, 305, 311, 424, 428, 459, 502, 576, 660, 768, 769, 778
볼셰비즘 67, 230
부스, 브람웰(Booth, Bramwell) 75, 76
부캐넌, 월터 던컨(Buchanon, Walter Duncan) 163
부크만, 프랑크(Buchman, Frank) 295, 360, 361, 417, 419
부헨발트 강제수용소 721, 727, 732, 761, 768
브라우히치, 발터 폰(Brauchitsch, Walther von) 508, 516, 549, 561, 562
브라운, 에바(Braun, Eva) 694
브란트, 카를(Brandt, Karl) 361, 362, 510
브란트, 하인츠(Brandt, Heinz) 615-617
블라스코비츠, 요한네스(Blaskowitz, Johannes) 507, 508
블랙먼(Blackman, E, C.) 343
블로크, 에두아르트(Block, Eduard) 430, 532
블롬베르크(Blomberg) 438

블롬베르크, 베르너 폰(Blomberg, Werner von) 438
비스마르크, 루이트가르트 폰(Bismarck, Luitgard von) 613
비스마르크, 루트 알리세 폰(Bismarck, Ruth-Alice von) 609, 631
비스마르크, 슈페스 폰(Bismarck, Spes von) 398, 400, 444
비스마르크, 오토 폰(Bismarck, Otto von) 81, 82, 366
비스마르크, 클라우스 폰(Bismarck, Klaus von) 628
비스마르크, 한스 오토 폰(Bismarck, Hans-Otto von) 398
비종교적 기독교 670, 671, 679
비트, 빅토르 추(Wied, Victor zu) 410
빈터하거, 위르겐(Winterhager, Jürgen) 198, 340

ㅅ
사민당 68
사회진화론 260
생활과 실천 협의회 281
샤이데만, 필립(Scheidemann, Philipp) 68, 70
샤이러, 윌리엄(Shirer, William) 222, 252-254, 704
샤이트, 자무엘(Scheidt, Samuel) 385
샤인, 요한(Schein, Johann) 385
샤흐트, 히알마르(Schacht, Hjalmar) 333, 435, 440, 724
《서부전선 이상 없다》 175
《성경의 기도서》 527, 528, 543
세계교회협의회 465
세이어즈, 도로시(Sayers, Dorothy) 294
쇤펠트, 한스(Schönfeld, Hans) 330, 572-574, 578
쇤헤어, 알베르트(Schönherr, Albert) 196, 198, 386, 387, 389, 469, 503
쇤헤어, 알브레히트(Schönherr, Albrecht) 670
수권법 227, 236
수정의 밤(Kristallnacht) 454, 457, 751
쉬츠, 에르빈(Schütz, Erwin) 537
쉬츠, 하인리히(Schütz, Heinrich) 385
슈나이더, 게오르크(Schneider, Georg) 258
슈나이더, 파울(Schneider, Paul) 494
슈뢰더, 바론(Schroeder, Baron) 303
슈미트후버, 빌헬름(Schmidhuber, Wilhelm) 609
슈슈니크, 쿠르트 폰(Schuschnigg, Kurt von) 724, 731
슈타우펜베르크, 클라우스 솅크 그라프(Stauffenberg, Claus Schenk Graf) 566, 611, 612, 613, 636, 682, 688-696, 703, 730, 751
슈테벤, 게르트루트(Staewen, Gertrud) 282
슈톨텐호프, 에른스트(Stoltehoff, Ernst) 413
슈트라우스, 리하르트(Strauss, Richard) 238, 386

슈트라이허, 율리우스(Streicher, Julius) 152
슈트룅크, 테오도르(Strünck, Theodor) 274, 761, 762
슈페어, 알베르트(Speer, Albert) 250
슐라브렌도르프, 파비안 폰(Schlabrendorff, Fabian von) 396, 560, 584, 592, 613-618, 714, 715, 718, 722, 761, 765
슐라브렌도르프, 파비안 폰(Schlabrendorff, Fabian von) 396, 560, 584, 592, 613-618, 714, 715, 718, 722, 761, 765
슐라이어마허, 프리드리히 다니엘 에른스트(Schleiermacher, Friedrich Daniel Ernst) 104, 106, 187, 199, 261
슐라이허, 레나테(Schleicher, Renate) 614
슐라이허, 롤프(Schleicher, Rolf) 722, 723
슐라이허, 뤼디거(Schleicher, Rüdiger) 79, 127, 139, 210, 334, 428, 460, 461, 559, 600, 618, 623, 713, 722
슐라이허, 우르줄라(Schleicher, Ursula) 29, 45, 63, 79, 80, 418, 600, 622, 623, 712, 713
슐라이허, 한스 발터(Schleicher, Hans-Walter) 591
슐라터, 아돌프(Schlatter, Adolf) 98
슐체, 게르하르트(Schulze, Gerhard) 550
슐체, 베르타(Schulze, Bertha) 311
슐츠, 게오르크(Schulz, Georg) 242
스위스 교회연맹 559
스체판, 리하르트(Czeppan, Richard) 79
스체판, 마리아(Czeppan, Maria) 620
슬로언 학회 64, 153, 346, 474
《신도의 공동생활》 449, 535, 674
신비주의 141, 255
〈신약성경에 나타난 열쇠들의 능력과 교회 훈련에 관한 진술〉 420
실러, 프리드리히 폰(Schiller, Friedrich von) 72, 73, 113, 212, 539

ㅇ
아들러, 알프레트(Adler, Alfred) 37
아렌스, 길베르트 폰 데어 슐렌베르크(Ahrens, Gilbert von der Schulenberg) 779
아렌트, 한나(Arendt, Hannah) 361
아리안 조항 89, 228-230, 234, 267, 277, 278, 280, 283, 291, 295, 302, 313, 314, 316, 465
아문센, 발데마르(Ammundsen, Valdemar) 281, 315, 329, 332, 341, 345
아비시니안 침례교회 76, 170-172
아우슈비츠 강제수용소 735
아우크스부르크 신경 283, 488
알벤스레벤, 베르너 폰(Alvensleben, Werner von) 724, 730
앙리오, 헨리 루이스(Henriod, Henry Louis) 318, 319, 320, 331, 332, 346
야코비, 게르하르트(Jacobi, Gerhard) 188, 229, 243, 269, 279, 290, 296, 317, 356, 394, 416
에벨링, 게르하르트(Ebeling, Gerhard) 469

에큐메니컬 협의회 20, 105, 116, 175, 271, 281, 283, 318-321, 330-332, 342, 352, 353, 402, 409, 416, 421, 466
에탈 수도원 516, 533-535, 609, 632
〈여덟 조항의 복음주의 교리〉 243
예거, 아우구스트(Jäger, August) 321, 351, 352, 363-365, 402
〈예수 승천일 교서〉 322, 323
옌젠, 한스 베르너(Jensen, Hans-Werner) 409, 449, 457
옐레, 헤르베르트(Jehle Herbert) 198
오나쉬, 프리츠(Onnasch, Fritz) 429, 430, 434, 458
오스터, 한스(Oster, Hans) 441, 460, 526, 530, 546, 547, 549, 550, 558, 560, 564, 572, 574, 609, 617, 629, 638, 641, 643, 714, 724, 730, 760-762, 765
올덴, 페터(Olden, Peter) 77, 120
올브리히트, 프리드리히(Olbricht, Friedrich) 122, 128-130, 133, 134, 136, 138, 613
와이즈, 스티븐(Wise, Stephen) 180, 239
외팅거, 프리드리히 크리스토프(Oetinger, Friedrich Christoph) 114
요한네스, 오토(Johannes, Otto) 564
위넌트, 존 길버트(Winant, John Gilbert) 580
〈유대인 문제에 직면한 교회〉 229, 235, 277
〈유대인과 그들의 속임수에 대하여〉 151
《윤리학》 397, 521, 525, 532, 533, 535, 539, 543, 544, 550, 568, 610, 674, 676, 679
율법주의 390, 391, 524, 525
〈융게 키르헤〉 467
융게, 게르트라우트(Junge, Gertraud) 694
이든, 로버트(Eden, Robert) 555, 577, 581
인민 재판소 704, 722, 723
《일상생활의 영웅들》 46
입막음 법령 302, 340

ㅈ
자세, 헤르만(Sasse, Hermann) 272, 276, 413, 442
자우어브루흐, 페르디난트(Sauerbruch, Ferdinand) 459
자유 교회 279, 332, 367
〈자유에 이르는 길 위의 정거장들〉 763
자이델, 구스타프(Seydel, Gustav) 585, 586, 610
자크, 카를(Sack, Karl) 460, 660, 714, 724, 730, 761, 762, 765
작센하우젠 강제수용소 704, 729, 752
작전 7 558, 609, 636
적극적 기독교 230, 260, 313
전광석화 작전 613
제국교회 230, 263, 283, 291, 301-304, 312, 314-371, 321-323, 326, 329-332, 340, 341, 351, 353, 356, 358, 359, 364-366, 402, 416, 421, 442, 465, 538, 539, 572, 575

제국의사당 방화사건 222, 223, 225, 226, 704
제국의사당 화재 법령 239
제네바협정 285, 566
제베르크, 라인홀트(Seeberg, Reinhold) 109, 110, 148
《제3제국의 흥망》 222
제임스, 윌리엄(James, William) 478
주데텐란트 사태 449, 460
주츠, 에르빈(Sutz, Erwin) 170, 178, 182, 185-187, 204, 205, 290, 321, 357, 360, 361, 413, 510, 542, 571, 579, 586, 610, 620
〈진실을 말한다는 것은 무엇을 뜻하는가〉 524

ㅊ

처칠, 윈스턴(Churchill, Winston) 18, 19, 445, 452, 460, 542, 555, 570, 572, 573, 575, 577-579, 687, 698, 768
철십자 훈장 264, 269
체임벌린, 네빌(Chamberlain, Neville) 452, 460, 463, 498, 500, 512
체임벌린, 휴스턴 스튜어트(Chamberlain, Houston Stewart) 253
초교파 구호 중앙사무국 468
초센 문서 461
총통 원리 213-215, 217, 221, 229, 237, 310, 323
츠바이크, 슈테판(Zweig, Stefan) 238
치온 교회 201
친, 엘리자베트(Zinn, Elisabeth) 114-116146, 191, 299, 311, 585, 707
친첸도르프(Zinzendorf) 34, 35
침머만, 볼프 디터(Zimmermann, Wolf-Dieter) 193, 196-198, 213, 297, 298, 611, 670

ㅋ

카나리스, 빌헬름(Canaris, Wilhelm) 460, 461, 500, 505-507, 527, 531, 574, 579, 550, 558, 565, 572, 644, 660, 682, 703, 724, 730, 760-762, 765
카니츠, 요아힘(Kanitz, Joachim) 198, 200
카르딩, 잉게(Karding, Inge) 195, 198-200, 335
카이저 빌헬름 연구소 80
카이텔, 빌헬름(Keitel, Wilhelm) 441, 505, 506, 562, 566, 619, 692, 693
칼슈트룀, 닐스(Karlström, Nils) 409
칼크로이트, 레오폴트(Kalkreuth, Leopold) 25
칼크로이트, 슈타니슬라우스(Karlkreuth, Stanislaus) 25
캄니츠, 요아힘(Kamnitz, Joachim) 385
켈리, 제프리(Kelly, Geffrey) 527
코코린, 바실리(Kokorin, Vassily) 728, 731, 732, 749, 756, 758
코핀, 헨리 슬로언(Coffin, Henry Sloane) 467, 473, 474, 492, 493

코흐, 베르너(Koch, Werner) 423
코흐, 일제(Koch, Ilse) 732
코흐, 카를(Koch, Karl) 330, 332, 339, 340, 352, 357, 365
쿠르브와제, 자크(Courvoisier, Jacques) 542
쿠베, 빌헬름(Kube, Wilhelm) 557
퀴흘러, 게오르크 폰(Küchler, Georg von) 507
크라몬, 모니 폰(Cramon, Moni von) 417
크라우제, 라인홀트(Krause, Reinhold) 261, 287, 288
크라이사우 동아리 564-566, 568, 570, 571, 574, 611
크로이처, 레오니트(Kreutzer, Leonid) 75
〈크로이츠차이퉁〉 214
크립스, 스태퍼드(Cripps, Stafford) 570, 578
크비슬링, 비드쿤(Quisling, Vidkun) 567, 568
클라이스트 레초브, 루트 폰(Kleist-Retzow, Ruth von) 396-398, 423, 435, 444, 582, 584, 588, 590, 593, 595, 599, 607
클라이스트 레초브, 한스 위르겐 폰(Kleist-Retzow, Hans-Jürgen von) 628
클라이스트 레초브, 한스 프리드리히 폰(Kleist-Retzow, Hans-Friedrich von) 400, 444
클라이스트 슈멘친, 에발트 폰(Kleist-Schmenzin, Ewald von) 384, 396, 445, 460, 705
클라프로트, 에리히(Klapproth, Erich) 553
키르케고르, 쇠렌 A.(Kierkegaard, Søren A.) 41

E
〈타임〉 164, 225, 363, 474
〈타임스〉 295, 297, 321, 323, 329, 351
테겔 군 형무소 629, 768
톨루크, 프리드리히(Tholuck, Friedrich) 390
《톰 아저씨의 오두막》 46
툼, 헤르만(Thumm, Hermann) 125
트라우프, 헬무트(Traub, Hellmut) 197, 485, 495
트레스코브, 게르하르트(Treskow, Gerhard) 655
트레스코브, 헤닝 폰(Treskow, Henning von) 548, 549, 592, 613-616, 688, 703
티센, 프리츠(Tyssen, Fritz) 751
티어라크, 오토(Tierack, Otto) 723

ㅍ
파뇌 대회 330, 331, 339, 340, 341, 345, 348, 351
〈파르시팔〉 113
파월, 애덤 클레이턴(Powell, Adam Clayton) 170, 171
페렐스, 유스투스(Perels Justus) 538, 539, 553, 559, 720
페르디난트, 루이스(Ferdinand, Louis) 564, 574

페어메렌, 에리히(Vermehren, Erich) 752
페어메렌, 이자(Vermehren, Isa) 752
페처, 카를(Fezer, Karl) 294, 295, 317
페첼, 발터(Petzel, Walter) 507
펠기벨, 에리히(Fellgiebel, Erich) 689, 691, 692
포겔, 하인리히(Vogel, Heinrich) 243, 292
포메른의 형제단 399
포스딕, 해리 에머슨(Fosdick, Harry Emerson) 162-165, 169, 478, 480
파펜, 프란츠 폰(Papen, Franz von) 584
팔켄하우젠, 알렉산더 폰(Falkenhausen, Alexander von) 724, 731, 741, 751, 752
폴커너, 휴(Falconer, Hugh) 727, 731, 740, 749, 753, 757
퓐더, 헤르만(Pünder, Hermann) 724, 728, 749, 751, 756, 758
프라이슬러, 롤란트(Freisler, Roland) 704, 705, 722, 723
프로이덴베르크, 아돌프(Freudenberg, Adolf) 468, 542, 571
프리베, 헤르만(Priebe, Hermann) 75
프리치, 빌헬름 폰(Fritsch, Wilhelm von) 437-442
프옐부, 아르네(Fjelbu, Arne) 567, 568
《플루타르크 영웅전》 46, 756, 760
《피노키오》 46
피브란스, 게르하르트(Vibrans, Gerhard) 417, 419, 420, 553
피셔, 앨버트 프랭클린 프랭크(Fisher, Albert Franklin "Frank") 170, 172, 173, 341
피셔 휠슈트룽, H.(Fischer-Hüllstrung, H.) 765
피스르트 후프트, 빌렘 A.(Visser't Hooft, Willem A.) 466, 542, 554, 556, 570, 577, 578

ㅎ
《행위와 존재》 96, 133, 145, 147, 155, 773
〈호르스트 베셀 리트〉 226, 519
〈후아레스〉 476
하르낙, 아돌프 폰(Harnack, Adolf von) 104-109, 147, 153, 154, 161, 165, 199, 209, 261, 495, 778
하셀, 울리히 폰(Hassel, Ulrich von) 752
하이네, 하인리히(Heine, Heinrich) 244-246
하이드리히, 라인하르트(Heydrich, Reinhard) 254, 255, 439, 454, 536, 549, 564, 581, 704
하임, 카를(Heim, Karl) 194, 195
하제, 카를 아우구스트 폰(Hase, Karl August von) 25, 27, 55, 56, 91, 209
하제, 파울 폰(Hase, Paul von) 459, 502, 645, 686, 704, 713
하제, 한스 크리스토프 폰(Hase, Hans-Christoph von) 46
하제, 한스 폰(Hase, Hans von) 61
할더, 프란츠(Halder, Franz) 437, 513, 724, 752
함멜스베크, 오스카(Hammelsbeck, Oskar) 610
헤들램, 아서 케일리(Headlam, Arthur Cayley) 295

헤른후트 공동체 34, 35, 358
헤스, 루돌프(Hess, Rudolf) 373
헤켈, 테오도르(Heckel, Theodor) 351, 352, 365, 366, 368-371, 402, 409-411, 572, 575
헤프텐, 베르너 폰(Haeften, Werner von) 611, 612, 690, 691, 693, 703, 705
호른, 마리아 판(Horn, Maria van) 34, 53, 62, 79
호른, 케테 판(Horn, Käthe van) 33, 34, 44, 62, 178
호센펠더, 요아힘(Hossenfelder, Joachim) 294, 295, 317
홀, 카를(Holl, Karl) 105, 110
후펜코텐, 발터(Huppenkothen, Walter) 761, 762
히틀러 청년단 176, 303, 314, 315, 568
힌덴부르크, 파울 폰(Hindenburg, Paul von) 67, 188, 225, 226, 268, 304, 305, 306, 309, 333, 336-340, 396, 621
힐데브란트, 프란츠(Hildebrandt, Franz) 362, 363, 377, 392, 397, 405, 414, 424-427, 453, 465, 494, 562, 571, 769, 773
힘러, 하인리히(Himmler, Heinrich) 250, 254-256, 335, 336, 417, 419, 438-440, 531, 553, 558, 559, 617, 619, 644, 689, 693, 715, 716, 733, 736, 737